U0736617

市南年鉴

Shinan Yearbook 2017

中共青岛市市南区委员会　青岛市市南区人民政府　主办
青岛市市南区史志办公室　青岛市市南区档案局（馆）　承编

中国海洋大学出版社

胶

大港

州

中港

市 北

小港

湾

云南路街道

劈柴院

观象山公园

江

伏龙山

青岛电视塔

轮渡码头

隧道入口

天主教堂

江苏路街道办

贮水山

太平山象道

云南路街道办

中

观海山公园

信号山

动物园

隧道出口

青岛火车站

中山路街

苏

青岛德国总督楼旧址

山

山

湖北路

道

路

青岛基督教堂

八关山

八大关街道

台西三路

西陵路

中山路街道办

广

西

太

小鱼山公园

京山路

延安路

中山公园

西藏路

长途汽车站

州

平

路

文登路

青岛天秦体育场

隧道入口

汉上路路

第六海水浴场

栈桥

路

莱

汇泉广场

八大关街道办

隧道出口

贵州路

回澜阁

阳

第一海水浴场

香港西路

八大峡街道

瞿塘峡

路

南

海

路

正阳关路

八大峡街道办

青岛湾

汇泉湾

公主楼

八大峡广场

小青岛公园

鲁迅公园

团岛湾

中苑广场

第二海水浴场

花石楼

团岛

太平湾

汇泉角

青岛胶州湾隧道

黄

区

崂山区

福州北路

银川西路

延吉路

宁夏路

绍兴路

兴路

红领立交桥

澳柯玛立交桥

八大湖街道办

颐中立交桥

金门路街道

★市南区政府

八大湖街道

徐州路

金门路街道办

香港中路街道办

江西路

福州南路

燕儿岛路

市政府
★

香港中路街道

珠海路

泉州路

太平山

湛山寺

香港中路

珠海支路街道

湛山街道办

珠海路街道办

青岛市植物园

湛山街道

五四广场

香港西路

延安三路

东海西路

珠海路

东海路

音乐广场

第三海水浴场

浮山湾

青岛奥林匹克帆船中心

燕儿岛

银海国际游艇俱乐部

海

青岛市勘察测绘研究院|青岛市基础地理信息与遥感中心编制
本图界线不作定界依据 审图号：鲁SG（2016）111号

图例

★ 市政府
☆ 区政府
◎ 街道办事处
▲ 山系
• 景点
⬭ 体育场
绿地广场
🚌 长途汽车站

▬▬ 区级市政区界线
---- 街道政区界线
🚉 铁路及车站
▬▬ 高架路
—— 城区路
▬▬ 隧道
—— 滨海木栈道

市南区在青岛的位置

平度市

莱西市

烟台市

潍坊市

即墨市

胶州市

城阳区

崂山区

李沧区

市北区

市南区

黄岛区

黄海

2017年1月22~25日，中国共产党青岛市市南区第十三次代表大会举行。

　　区委书记华玉松代表中共青岛市市南区第十二届委员会向大会作题为《贯彻新理念 引领新发展 加快建设时尚幸福的现代化国际城区》的报告。

主席团第一次会议。

代表投票。

第十三届区委常委（从左至右依次为）：张伟、周国栋、付荣云、张忠、华玉松、高健、张永国、 韩峰、刘存东、杨克敏。

第十三届区纪委常委（从左至右依次为）：李志杰、张涛、徐明祥、张永国、邵建英、王惠敏、张青磊。

2017年2月25~28日，青岛市市南区第十八届人民代表大会第一次会议举行。

区人大常委会主任韩连德代表区第十七届人大常委会向大会作工作报告。

第十八届区人大常委会主任、副主任（从左至右依次为）：岳洁、孟祥杰、韩连德、张守润、苏刚、蒋延灿。

区政府代理区长高健代表市南区第十七届人民政府向大会作工作报告。

与会代表热烈讨论。

代表投票。

第十八届区人民政府区长、副区长（从左至右依次为）：宋建青、管寿果、高健、刘存东、孙晋华、辛民志。

与会代表热烈讨论。

新当选的市南区第十八届人民代表大会各专门委员会委员向宪法宣誓。

2017年2月25～28日，中国人民政治协商会议第十三届青岛市市南区委员会第一次会议举行。

区政协主席任宝光在政协第十三届青岛市市南区委员会第一次会议上讲话。

主席团第一次会议。

区政协往届老领导参加大会。

区委书记华玉松参加政协委员分组讨论。

与会政协委员热烈讨论。

政协委员投票。

第十三届区政协主席、副主席、秘书长（从左至右依次为）：刘树国、吕俊川、杨斌、任宝光、王胜山、修先约、王宇平、王守强。

市南美景

编 辑 说 明

一、《市南年鉴》是由中共青岛市市南区委员会、青岛市市南区人民政府主办，市南区史志办公室、市南区档案局（馆）承编的系统记述市南区行政区域自然、政治、经济、文化、社会等方面情况的年度资料性文献。旨在真实地反映市南区的基本情况，为各级领导、社会各界和国内外广大读者全面、系统、翔实地了解、研究市南提供依据，为领导统筹规划、科学决策提供参考，为全区新一轮创业发展提供服务。

二、《市南年鉴》以马克思列宁主义、毛泽东思想、邓小平理论、"三个代表"重要思想、科学发展观、习近平新时代中国特色社会主义思想为指导，紧紧围绕区委、区政府的中心工作，全面客观地反映区委、区政府的主要工作和各部门、各行业取得的重大成就。力求做到观点正确、框架科学、资料翔实、记述准确、编写规范、特色鲜明，突出时效性，讲求实用性。

三、《市南年鉴 2017》设正文、随文照片、宣传彩页等三大部分。正文设特载、区情综述、大事纪要、政治·政务、经济、城区建设与管理、社会生活与各项事业、街道概况、附录等 9 个类目，文字总量为 55 万字左右；全书图文并茂，力求形象直观。

四、本年鉴主要记述 2016 年度的有关情况，截止时间为 2016 年 12 月 31 日，个别资料下延至 2017 年 2 月。

五、本年鉴由各街道办事处、区直各部门和驻区中央、省、市有关单位供稿并经各单位时任主要领导审阅，区史志办公室组织统编，中共市南区委、区人民政府审定。

六、本年鉴是市南区和驻区单位各级领导、广大作者和有关人士通力合作的结果，谨向他们表示敬意和感谢，并希望继续得到支持和帮助。疏漏、错误之处，真诚欢迎批评指正。

2017 年 11 月

《市南年鉴 2017》

主　　　审　　华玉松　　高　健

副　主　审　　张　忠　　韩　峰　　管寿果

主　　　编　　吴大钢

副　主　编　　王蜀鲁

编　　　辑　　赵凯军　　王艳丽　　王　军　　崔圣鹏　　毛　洁

　　　　　　　陈　磊　　韩　佳　　张美玉　　李姝怡　　郑明霞

　　　　　　　魏　弘

英　文　翻　译　　邵成军

摄　　　影　　李　伟　　陈　亮　　何　强　　刘永来

审稿人名单(按姓氏笔画排序)

王 建	王长生	王宇平	王守强	牛鲁彬
方 健	孔兆锋	申天寿	白玉光	毕建国
吕俊川	朱庆祝	朱俊萍	刘 志	刘 岩
刘 静	刘卫国	刘云峰	刘立德	刘鹏飞
齐 炜	许 群	孙 林	孙 明	孙立强
孙海岩	苏维明	杜瀛山	李 义	李 军
李文生	李汉礼	李毓君	杨克敏	杨鸿清
吴 坚	吴大钢	吴玉廷	吴启涛	吴绍元
张 艺	张万华	张云飞	张正宾	张永国
张庆元	张钦利	张惠臣	范晓燕	岳 菊
金 霞	周国栋	赵 青	赵 辉	赵爱萍
荆会平	胡东明	姜在强	姜岱勇	姜爱君
徐工华	郭进奎	谈 华	黄国辉	曹俊涛
董晓斌	蒋延灿	韩 峰	鲍 伟	管学军

供稿人名单(按姓氏笔画排序)

丁旭军	马 立	王 珊	王书春	王志广
王志远	王丽萍	王佩佩	王春磊	王树杉
王桂芝	王海青	韦润苏	牛治艳	毛 洁
卢 佳	白 玉	冯晓凤	兰 忠	宁 波

邢珊珊　　乔　文　　乔　乔　　仲君维　　刘　佳

刘东红　　刘永来　　刘成亮　　刘春梅　　刘晓丹

刘祥红　　许　洋　　孙　哲　　牟文沛　　李　扬

李　玮　　李　原　　李文静　　李吉山　　李延青

李朝华　　杨　文　　杨　萌　　吴亮杰　　吴晓兵

宋丽君　　宋晓慧　　张　兵　　张　玮（规划市南分局）

张　玮（湛山街道办）　　　　张　俊　　张　钰

张　涛　　张立强　　张永进　　邵　彬　　邵小强

罗　强　　岳震霞　　周　璇　　周孝令　　周玫锦

赵　文　　赵雅卿　　胡晓辉　　段　敏　　段立军

高忠诚　　葛　帅　　焦旭萍　　滕　帅　　薛　淼

目　录

特　载

贯彻新理念 引领新发展 加快建设时尚幸福的现代化国际城区——在中国共产党青岛市市南区第十三次代表大会上的报告 …………… 1

政府工作报告——在青岛市市南区第十八届人民代表大会第一次会议上 ………… 9

青岛市市南区人大常委会工作报告——在青岛市市南区第十八届人民代表大会第一次会议上 …………… 18

中国人民政治协商会议第十二届青岛市市南区委员会常务委员会工作报告——在政协第十三届青岛市市南区委员会第一次会议上 ………… 23

推动全面从严治党向纵深发展——在中共青岛市市南区纪委十三届二次全体会议上的工作报告 …………… 28

中共青岛市市南区委 2016 年工作要点 ………… 32

蹄疾步稳 惠民当先——2016 年青岛市市南区经济社会发展亮点盘点 …………… 36

区情综述

市南区概要

历史沿革 …………………………………… 41

地理位置与面积 …………………………… 42

人口简况 …………………………………… 42

行政区划 …………………………………… 42

自然环境 …………………………………… 42

2016 年市南区国民经济和社会发展概况

供给侧结构性改革添活力 ………………… 44

加强社会治理强服务 ……………………… 45

持续改善民生增福祉 ……………………… 46

2016 年机构设置及主要领导名录

中共市南区委员会 ………………………… 46

市南区人民代表大会常务委员会 ………… 48

市南区人民政府 …………………………… 48

中国人民政治协商会议市南区委员会 …… 50

市南区人民法院、市南区人民检察院 …… 51

社会团体 …………………………………… 51

市南区人民武装部 ………………………… 51

大事纪要

市南区 2016 年大事记 …………………… 52

市南区人民政府 2016 年为民要办实事 ……… 60

政治·政务

中共青岛市市南区委员会

重要会议 …………………………………… 63

督查与调研工作 …………………………… 64

文稿、信息与文秘工作 …………………… 65

全面深化改革工作 ………………………… 65

保密工作 …………………………………… 66

科学发展综合考核 ………………………… 66

组织工作 …………………………………… 66

宣传思想工作 ……………………………… 69

统战工作 …………………………………… 72

机构编制工作 ……………………………… 73

机关建设 …………………………………… 74

老干部工作 ………………………………… 76

信访工作 …………………………………… 77

党校教育 …………………………………… 78

党史研究 ……………………………… 79

青岛市市南区人民代表大会及其常委会

重要会议 ……………………………… 80
工作概况 ……………………………… 82
重要活动 ……………………………… 84

青岛市市南区人民政府

重要会议 ……………………………… 85
政府调研 ……………………………… 87
政务督查 ……………………………… 88
文秘工作 ……………………………… 88
政务公开与电子政务 ………………… 89
政务服务热线 ………………………… 90
应急管理 ……………………………… 91
人力资源和社会保障工作 …………… 93
地方志工作 …………………………… 95
机关事务管理 ………………………… 96
行政审批服务与公共资源交易 ……… 98

中国人民政治协商会议青岛市市南区委员会

重要会议 ……………………………… 99
工作概况 ……………………………… 101
重要活动 ……………………………… 103

中共青岛市市南区纪律检查委员会(区监察局)

重要会议 ……………………………… 107
工作概况 ……………………………… 108
重要活动 ……………………………… 109

社会团体

市南区总工会 ………………………… 110
共青团市南区委 ……………………… 111
市南区妇女联合会 …………………… 114
市南区残疾人联合会 ………………… 115
市南区工商业联合会 ………………… 115
市南区科学技术协会 ………………… 116
市南区红十字会 ……………………… 116

政法·人民武装

政法和综合治理工作 ………………… 116
法治政府建设 ………………………… 118
公安 …………………………………… 120
检察 …………………………………… 123

法院 …………………………………… 127
司法行政 ……………………………… 130
人民武装 ……………………………… 132

经　　济

经济管理与监督

发展与改革 …………………………… 134
物价管理 ……………………………… 136
工业与现代服务业发展 ……………… 137
安全生产监督管理 …………………… 139
审计监督 ……………………………… 140
统计管理 ……………………………… 142
市场监督管理 ………………………… 143
食品药品监管 ………………………… 145
市场建设管理 ………………………… 147

软件及动漫游戏产业发展

概况 …………………………………… 148
园区建设 ……………………………… 149
优势产业 ……………………………… 149
平台建设 ……………………………… 149
重点企业简介 ………………………… 151

外向型经济

对外及对港澳台贸易 ………………… 153
利用外资 ……………………………… 154
对外投资合作 ………………………… 155
服务外包 ……………………………… 155
总部经济 ……………………………… 156
重大外资项目、重点企业选介 ……… 156

国内贸易

商业零售业 …………………………… 157
特色街区建设和管理 ………………… 157
"菜篮子"工程 ………………………… 158

财政·税收

财政 …………………………………… 158
地方税收 ……………………………… 160

金融

概况 …………………………………… 162

主要工作 …………………………………… 162
投资公司选介 ……………………………… 163
2016 年市南区金融机构一览表 ………… 166

旅游·节庆

旅游 ………………………………………… 171
节庆 ………………………………………… 173

城区建设与管理

城区建设

城区建设综述 ……………………………… 174
重点工程、大项目建设选萃 ……………… 175

城区管理

城区规划 …………………………………… 176
城区综合管理 ……………………………… 177
综合行政执法 ……………………………… 180
数字化城市管理 …………………………… 181
爱国卫生 …………………………………… 183
海滨风景管理 ……………………………… 184
人防建设管理 ……………………………… 186
环境保护 …………………………………… 187
房产管理 …………………………………… 189
交通管理 …………………………………… 190
青岛火车站周边区域管理 ………………… 192

社会生活与各项事业

教育

概况 ………………………………………… 194
主要工作 …………………………………… 194
2016 年市南区中小学基本情况表 ……… 198

文化

文化活动 …………………………………… 199
公共文化服务体系建设 …………………… 199
文化产业 …………………………………… 200
文物保护 …………………………………… 201
非物质文化遗产保护 ……………………… 201

科技

工作概况 …………………………………… 201
科技管理 …………………………………… 202
科技创新建设与引导 ……………………… 202
科普系列活动 ……………………………… 203
科协工作 …………………………………… 204

民政

工作概况 …………………………………… 206
主要工作 …………………………………… 206

卫生和计划生育

工作概况 …………………………………… 207
主要工作 …………………………………… 207

老龄事业

工作概况 …………………………………… 210
主要工作 …………………………………… 210

档案

工作概况 …………………………………… 211
主要工作 …………………………………… 211

民族宗教工作

民族工作 …………………………………… 212
宗教工作 …………………………………… 213

体育

工作概况 …………………………………… 213
主要工作 …………………………………… 213

防震减灾

工作概况 …………………………………… 214
主要工作 …………………………………… 214

残疾人事业

工作概况 …………………………………… 215
主要工作 …………………………………… 216

红十字事业

工作概况 …………………………………… 217
主要工作 …………………………………… 217

街道概况

八大峡街道

概况 ………………………………………………… 219
经济与社会发展 …………………………………… 219
工作特色 …………………………………………… 221

云南路街道

概况 ………………………………………………… 222
经济与社会发展 …………………………………… 222
工作特色 …………………………………………… 223

中山路街道

概况 ………………………………………………… 224
经济与社会发展 …………………………………… 225
工作特色 …………………………………………… 226

江苏路街道

概况 ………………………………………………… 226
经济与社会发展 …………………………………… 227
工作特色 …………………………………………… 228

八大关街道

概况 ………………………………………………… 229
经济与社会发展 …………………………………… 229
工作特色 …………………………………………… 230

湛山街道

概况 ………………………………………………… 232
经济与社会发展 …………………………………… 232
工作特色 …………………………………………… 233

香港中路街道

概况 ………………………………………………… 234
经济与社会发展 …………………………………… 234
工作特色 …………………………………………… 235

八大湖街道

概况 ………………………………………………… 236
经济与社会发展 …………………………………… 236
工作特色 …………………………………………… 237

金门路街道

概况 ………………………………………………… 238
经济与社会发展 …………………………………… 238
工作特色 …………………………………………… 239

珠海路街道

概况 ………………………………………………… 240
经济与社会发展 …………………………………… 240
工作特色 …………………………………………… 241

附　　录

2016 年区级领导简介 ………………………… 242

2016 年青岛市市南区国民经济和社会发展统计公报
………………………………………………………… 250

"市南名片"

3A 以上旅游景点简介 …………………………… 252
各级文物保护单位名录 …………………………… 254
名人故居及相关人物简介 ………………………… 256
四星级以上酒店简介 ……………………………… 261
"老字号"店铺、大型商场简介 …………………… 263

索　　引

………………………………………………………… 265

CONTENTS

Special Publication

Implementing New Ideas and Leading New Development, Accelerate the Construction of a Fashionable and Happy Modern International Downtown Area-Speech Made at the Thirteenth Congress of the CPC of Shinan District, Qingdao 1
Government Work Report-At the First Session of the Eighteenth People's Congress of Shinan District, Qingdao 9
Work Report about the Work of the Standing Committee of the People's Congress of Shinan District, Qingdao-At the First Session of the Eighteenth People's Congress of Shinan District, Qingdao 18
Work Report about the Work of the Standing Committee of Shinan District Committee of the Chinese People's Political Consultative Conference-At the First Session of the Thirteenth Qingdao Shinan District Committee of the Chinese People's Political Consultative Conference 23
To Promote the Development of the Party Running Comprehensively and Strictly in Depth and Breadth—Work Report at the Second Plenary Session of the Thirteenth Commission for Inspecting Discipline of the CPC of Shinan District, Qingdao 28
Work Points of CPC Shinan District Committee of Qingdao in 2016 32
To Develop Quickly and Steadily, and to Give Priority to Benefitting the People-A List of Bright Points of Economic and Social Development of Qingdao Shinan District in 2016 36

Summary of the District Situation

Summarization of Shinan District
Historical Development 41
Geographic Position and Area 42
Population Summary 42
Administrative Division 42
Natural Environment 42
Overview of National Economy and Social Development of Shinan District in 2016
Reform of the Supply Front Enhances Vigour 44
The Strengthening of the Social Administration Enhances Service 45
Continual Livelihood Improvement Adds Well-being 46
Institution Setting and Directory of Main Leaders in 2016
CPC Committee of Shinan District 46
Standing Committee of People's Congress of Shinan District 48
People's Government of Shinan District 48
Shinan District Committee of the Chinese People's Political Consultative Conference 50
People's Court of Shinan District, People's Procuratorate of Shinan District 51
Social Organization 51
People's Armed Forces Department of Shinan District 51

Summary of Great Events

Chronicle of Events of Shinan District in 2016 52
Practical Work to Be Done by the Shinan District Government for the People in 2016 60

Politics and Government Affairs

CPC Committee of Shinan District of Qingdao
Important Meetings 63

Supervision, Examination and Research ·········· 64

Manuscript, Information and Secretary ·········· 65

Comprehensively Deepening Reform ·········· 65

Secret Maintaining ·········· 66

Comprehensive Assessment of Scientific Development ·········· 66

Organizational Work ·········· 66

Publicity and Ideology ·········· 69

United Front Work ·········· 72

Establishment and Staffing of the Administrative Agencies ·········· 73

Organs' Construction ·········· 74

Veteran Cadres-related Work ·········· 76

Letters and Calls ·········· 77

Party School Education ·········· 78

Research on Party's History ·········· 79

People's Congress and Standing Committee of Qingdao Shinan District

Important Meetings ·········· 80

Work Overview ·········· 82

Important Activities ·········· 84

People's Government of Qingdao Shinan District

Important Meetings ·········· 85

Governmental Investigation and Survey ·········· 87

Supervision and Examination of Government Affairs ·········· 88

Secretary Work ·········· 88

Open Administration and E-government Affairs ·········· 89

Hotline of Government Affairs Service ·········· 90

Emergency Management ·········· 91

HR and Social Security Work ·········· 93

Local History and Yearbook Work ·········· 95

Government Office Management ·········· 96

Administrative Examination and Approval Service and Public Resources Transactions ·········· 98

Qingdao Shinan District Committee of the Chinese People's Political Consultative Conference

Important Meetings ·········· 99

Work Overview ·········· 101

Important Activities ·········· 103

CPC Discipline Inspection Committee of Qingdao Shinan District (Supervisory Bureau of the District)

Important Meetings ·········· 107

Work Overview ·········· 108

Important Activities ·········· 109

Social Organizations

Federation of Trade Unions of Shinan District ·········· 110

Shinan District Committee of the Communist Youth League ·········· 111

Women's Federation of Shinan District ·········· 114

Disabled Federation of Shinan District ·········· 115

Federation of Industry and Commerce of Shinan District ·········· 115

Science and Technology Association of Shinan District ·········· 116

The Red Cross of Shinan District ·········· 116

Politics and Law & People's Armed Forces

Politics and Law and Comprehensive Management ·········· 116

Construction of Legal Government ·········· 118

Public Security ·········· 120

Procuratorial Work ·········· 123

Court ·········· 127

Judicial Administration ·········· 130

People's Armed Forces ·········· 132

Economy

Economic Administration and Supervision

Development and Reform ·········· 134

Commodity Price Control ·········· 136

Development of Industry and Modern Service Industry ·········· 137

Supervision and Administration of Safety in Production ·········· 139

Auditing Supervision ·········· 140

Statistical Management ·········· 142

Supervision and Administration of Market ·········· 143

Supervision and Administration of Food and Drug ·········· 145

Administration of Market Construction ·········· 147

Development of Software and Cartoon Game Industry

Work Overview ·········· 148

Construction of the Park ·········· 149

Competitive Industries ·········· 149

Platform Construction ·········· 149

Profile of Key Enterprises ·········· 151

Export-oriented Economy

Foreign Trade and Trade with Hongkong, Macao and Taiwan ·········· 153

Making Use of Foreign Investment ·········· 154

Overseas Investment and Cooperation ·········· 155

Service Outsourcing ·········· 155

Headquarters Economy ·········· 156

Introduction of Selected Major Foreign Funded Projects and Key Enterprises ·········· 156

Domestic Trade

Commercial Retail Industry ···················· 157

Construction and Management of Featured Streets ·············· 157

Vegetable Basket Project ···················· 158

Finance and Revenue

Finance ··························· 158

Local Tax Revenue ···················· 160

Banking

Overview ·························· 162

The Main Work Initiatives ················ 162

Selective Introduction of Investment Companies ············· 163

Directory of Financial Institutions of Shinan District of 2016 ····· 166

Tourism & Festival Celebration

Tourism ·························· 171

Festival Celebration ··················· 173

Urban Area Construction and Management

Urban Area Construction

Summary of Urban Area Construction ············· 174

Selection of Priority Project and Major Project Construction ······ 175

Urban Area Management

Urban Area Planning ·················· 176

Comprehensive Management of Urban Area ············ 177

Comprehensive Administrative Enforcement ············ 180

Digital City Management ················ 181

Patriotic Health Campaign ··············· 183

Coastal Landscape Management ·············· 184

Construction and Management of People's Air Defense ·········· 186

Environmental Protection ················ 187

House Property Management ··············· 189

Traffic Management ··················· 190

Management of Area nearby Qingdao Railway Station ··········· 192

Social Life and Undertakings

Education

Overview ·························· 194

Main Duties ························ 194

Basic Situation Form of Middle and Primary School of Shinan District in 2016 ························· 198

Culture

Cultural Activities ··················· 199

Construction of Public Culture Service System ············ 199

Cultural Industries ··················· 200

Preservation of Cultural Relics ·············· 201

Protection of Intangible Cultural Heritage ············ 201

Science and Technology

Work Overview ····················· 201

Scientific and Technological Management ············· 202

Scientific and Technological Innovative Construction and Guidance ··· 202

Science Popularization Series Activity ············· 203

Work of Association for Science and Technology ·········· 204

Civil Affairs

Work Overview ····················· 206

Main Duties ························ 206

Public Health and Family Planning

Overview ·························· 207

Main Duties ························ 207

Agedness Cause

Work Overview ····················· 210

Main Duties ························ 210

Archives

Work Overview ····················· 211

Main Duties ························ 211

Nationality & Religion Work

Nationality Work ···················· 212

Religion Work ······················ 213

Sports

Work Overview ····················· 213

Main Duties ························ 213

Earthquake Prevention and Disaster Reduction

Work Overview ····················· 214

Main Duties ························ 214

The Disabled Cause

Work Overview ····················· 215

Main Duties ························ 216

Redcross Undertakings

Work Overview ····················· 217

Main Duties ························ 217

Overview of Roads

Badaxia Road

Overview ·························· 219

Economic and Social Development ·············· 219

Work Features ······················ 221

Yunnan Road

Overview 222

Economic and Social Development 222

Work Features 223

Zhongshan Road

Overview 224

Economic and Social Development 225

Work Features 226

Jiangsu Road

Overview 226

Economic and Social Development 227

Work Features 228

Badaguan Road

Overview 229

Economic and Social Development 229

Work Features 230

Zhanshan Road

Overview 232

Economic and Social Development 232

Work Features 233

Hongkong Middle Road

Overview 234

Economic and Social Development 234

Work Features 235

Badahu Road

Overview 236

Economic and Social Development 236

Work Features 237

Jinmen Road

Overview 238

Economic and Social Development 238

Work Features 239

Zhuhai Road

Overview 240

Economic and Social Development 240

Work Features 241

Appendix

About District-level Leaders in 2016 242

Statistical Bulletin of National Economy and Social Development of Qingdao Shinan District in 2016 250

"Shinan Card"

Brief Introduction to Tourist Attractions Above Three A's 252

Directory of Cultural Relic Protection Sites at Various Levels in Shinan District 254

Brief Introduction of Former Residences of Celebrities in Shinan District and Related Figures 256

Brief Introduction of Hotels Above Four Star 261

Brief Introduction of "Old and Famous" Shops and Hypermarkets 263

Index

.... 265

彩 页 索 引

卷首图片

青岛市市南区行政区划图 …………………… 2～3
中国共产党青岛市市南区第十三次代表大会
………………………………………… 4～7
青岛市市南区第十八届人民代表大会第一次会议
………………………………………… 8～11
中国人民政治协商会议第十三届青岛市市南区
委员会第一次会议 ………………… 12～15
市南美景 …………………………………… 16

彩插一：第 98～99 页

市南区街道建设 ……………………………… 1
市南区街道分布图 ………………………… 2～3
八大峡街道 ………………………………… 4～5
云南路街道 ………………………………… 6～7
中山路街道 ………………………………… 8～9
江苏路街道 ……………………………… 10～11
八大关街道 ……………………………… 12～13
湛山街道 ………………………………… 14～15
香港中路街道 …………………………… 16～17
八大湖街道 ……………………………… 18～19
金门路街道 ……………………………… 20～21
珠海路街道 ……………………………… 22～23
市南美景 …………………………………… 24

彩插二：第 194～195 页

市南区党政机关风采 ………………………… 1
市南区人大常委会 …………………………… 2
政协市南区委员会 …………………………… 3
市南区人民法院 …………………………… 4～5
市南区人民检察院 ………………………… 6～7
市南区委区直机关工作委员会 …………… 8～9
共青团市南区委 ………………………… 10～11
市南区人力资源和社会保障局 ………… 12～13
市南区城市管理局 ……………………… 14～15
市南区文化新闻出版局 ………………… 16～17
市南区卫生和计划生育局 ……………… 18～19
市南区机关事务管理局 …………………… 20
市南区政府法制办公室 …………………… 21
市南区城市建设局 ……………………… 22～23
市南区综合行政执法局 …………………… 24
市南区教育风貌 …………………………… 25
青岛第二十六中学 ……………………… 26～27
青岛第五十九中学 ……………………… 28～29
青岛太平路小学 ………………………… 30～31
青岛燕儿岛路第一小学 ………………… 32～33
青岛市市南区晨光幼儿园 ………………… 34
青岛市市南区江西路幼儿园 ……………… 35
市南美景 …………………………………… 36

特　载

贯彻新理念　引领新发展
加快建设时尚幸福的现代化国际城区

——在中国共产党青岛市市南区第十三次代表大会上的报告

（2017 年 1 月 23 日）

中共市南区区委书记　华玉松

各位代表、同志们：

现在，我代表中国共产党青岛市市南区第十二届委员会向大会作报告，请审议。

中国共产党青岛市市南区第十三次代表大会，是在全面建成小康社会进入决胜阶段、推动市南区转型升级、动能转换、富民强区的关键时期召开的一次重要会议。大会的主题是：紧密团结在以习近平同志为核心的党中央周围，深入学习贯彻习近平总书记系列重要讲话精神，统筹推进"五位一体"总体布局和协调推进"四个全面"战略布局，坚持创新、协调、绿色、开放、共享的发展理念，坚持世界眼光、国际标准，发挥本土优势，为率先全面建成更高水平小康社会、加快建设时尚幸福的现代化国际城区而奋斗。

确定这个主题，就是要求我们保持清醒的头脑，解放思想，敢于担当，勇敢地担负起时代赋予的光荣使命，团结带领全区各级党组织和广大党员干部群众，凝心聚力，攻坚克难，全力开创市南改革发展的崭新局面！

一、过去五年的工作回顾

区第十二次党代会以来，面对复杂的外部形势和繁重的改革发展稳定任务，我们全面落实党的十八大和十八届三中、四中、五中、六中全会精神，深入学习贯彻习近平总书记系列重要讲话精神，在市委的坚强领导下，团结带领全区各级党组织和广大党员干部群众，在抢抓机遇中乘势而上，在转型攻坚中砥砺前行，在从严治党中凝心聚力，全面完成了区第十二次党代会确定的主要目标任务。

综合实力大幅提升。牢牢把握稳中求进工作总基调，积极适应、引领经济发展新常态，经济发展的规模、质量、效益显著提升。生产总值年均增速 9%，2016 年历史性地突破千亿元，单位面积生产总值达 34 亿元/平方千米，位居全国副省级城市中心城区前列，区级财政收入在全省县（市、区）中率先突破百亿元。总部经济升级发展，大型总部企业达 183 家、世界 500 强企业区域性总部 50 家、税收过亿元楼宇（园区）26 座，青岛银行、城市传媒、鼎信通讯 3 家企业在主板或境外上市。时尚中心区建设初具规模，华润万象城、海信广场二期等 18 座商业综合体投入使用。实施"互联网+""海洋+"行动计划，国家级众创空间数量居全市首位，创新活力显著提升。

改革开放步伐加快。大力推进供给侧结构性改革,加快融入"三中心一基地"建设,发展动力不断增强。加快推进政府职能转变和机构改革,在工商质监等领域推进大部门制,深化综合行政执法等体制改革。编制公布区级行政权力清单、责任清单,简政放权卓有成效。开展国库集中支付等一系列改革试点,网上审批经验做法被中央编办推广。对外开放持续深入,德意志银行等12家全市新增外资金融机构全部落户市南,全国首家外资财富管理机构——意才财富管理公司入驻市南。

社会事业快速发展。累计民生支出135亿元,民生支出占总财政支出比重突破70%,高质量完成50件民生实事。促进教育优质均衡发展,重建、改扩建宁夏路小学等7所学校(幼儿园),义务教育学生营养午餐全面覆盖,中小学生制服装免费定制,教育信息化成果全国推广。实施就业优先战略,累计新增就业30万人,扶持创业1.7万人。深化医药卫生体制改革,坚持计划生育基本国策,出台健康产业发展规划,探索医养结合模式,居民健康水平显著提高。健全养老服务体系,居家养老、社区养老、机构养老"三位一体"模式基本形成,实施老年人白内障复明工程,为60～79岁无体检单位老人免费体检。建成区级"大救助"平台,累计发放各类补助金2.5亿元。在全市率先开展老旧住宅电梯升级改造工程。

城区面貌明显改善。全面改善居民居住条件,全市最大的公共租赁住房集中建设项目——金华路保障房项目顺利竣工,建成2826套公租房,完成旧城改造房屋安置和货币补偿1.56万户,顺利推进西部棚户区改造项目、地铁建设项目房屋征收等工作。深入推进城市环境综合整治,在全市率先对开放式楼院实施物业化管理,垃圾分类收集走在全市前列,智慧城区建设稳步推进。

民主法治不断加强。充分发挥党委总揽全局、协调各方的领导核心作用,支持区人大及其常委会依法履行职责,支持区政协开展政治协商、民主监督、参政议政。加强统战工作,壮大爱国统一战线,民主党派、工商联、无党派人士履职尽责取得新成效,民族宗教、对台侨务工作取得新进展。创新开展新形势下新媒体从业人员统战工作,经验做法在全省推广。工会、妇联等群团组织桥梁纽带作用和共青团助手、后备军作用进一步发挥。全面加强法治建设,圆满完成"六五"普法任务,尊法学法守法用法的社会氛围更加浓厚。支持区法院、区检察院依法独立公正行使职权,司法体制改革扎实推进。加强国防动员和民兵预备役建设,巩固发展了军政军民关系。加强和创新社会治理,社会保持和谐稳定。

文化建设成果丰硕。深入推进社会主义核心价值体系建设,"四德"工程建设取得显著成效。扎实开展全国文明城市创建活动,连续五届蝉联省级文明区称号。推进社区志愿服务制度化、项目化,打造"帮到家、邻里守望"志愿服务品牌。实施文化惠民工程,现代公共文化服务体系基本建成,被评为文化强省建设先进区。提升城区文物保护水平,保护修缮梁实秋故居、王献唐故居等14处名人故居和老建筑,小鱼山文化名人街区获评"中国历史文化名街",市南区成为全国唯一一个拥有2处"中国历史文化名街"的城区。区档案馆成为全国首家区级"全国示范数字档案馆"。

党的建设全面加强。扎实开展党的群众路线教育实践活动、"三严三实"专题教育和"两学一做"学习教育,形成一批科学有效、务实管用的实践成果和制度成果。强化基层基础建设,构建起"区域统筹、条块结合、资源共享、优势互补、共驻共建"的区域化党建工作格局。持之以恒抓好作风建设,严格落实中央八项规定精神,党员干部作风显著提升。坚决落实党风廉政建设"两个责任",强化对权力运行的监督制约,严肃查办了一批违纪违法案件,风清气正、干净干事的氛围更加浓厚。

五年的成绩来之不易,五年的成绩鼓舞人心。五年来,市南区先后荣获全国科技进步先进区、全国平安建设先进区、全国和谐社区建设示范城区、全国社会工作服务示范地区、全国科普示范区等荣誉称号,市南区全域被认定为国际安全社区。这些成绩的取得,是以习近平同志为核心的党中央和省委、市委坚强领导的结果,是历届领导班子接续奋斗的结果,是全区各级党组织和广大党员干部群众共同努力的结果。在此,我代表中共市南区第十二届委员会,向全区广大党员干部群众,向离退休老同志,向各民主党派、工商联、无党派人士和社会各界人士,向驻区军队和武警部队,向所有关心支持市南区发展的同志们和朋友们,表示衷心的感谢和崇高的敬意!

回顾五年的奋斗和实践,我们深刻体会到:推动市南区各项事业不断前进,必须坚持党的领导,充分发挥党委总揽全局、协调各方的领导核心作用,充分调动各方面积极性,形成推动发展的强大合力;必须坚持改革创新,在继承中创新、在改革中发展,不断强化经济和社会发展的动力支撑;必须坚持以人民为中心的发展思想,充分尊重群众的主体地位,让改革发展成果更多更公平地惠及广大人民群众;必须坚持全面从严治党,不断提高各级党组织的创造力、凝聚力、战斗力,为推进经济社会健康发展提供坚强保证。五年的经验弥足珍贵,在未来发展的进程中,要认真坚持并不断发扬光大。

在充分肯定成绩的同时,必须清醒地看到存在的问题和差距:一是面对经济发展新常态,对照供给侧结构性改革新要求,新兴产业和新型业态尚未接续形成新的支柱产业,历史文化资源、科技创新资源有待进一步转化利用,经济发展的质量和效益有待进一步提高;二是面对全面建成小康社会的目标任务,对照人民群众对美好生活的新期待,就业、教育、医疗等公共服务资源配置不均衡,民生服务优质化水平仍需进一步提高,化解社会矛盾、维护社会稳定的任务依然繁重;三是对照现代化国际城市的标准,西部老城区复兴发展步伐不快,城区治理能力和水平需进一步提升,国际交流合作不够广泛,国际要素集聚度不强,国际化标准还不高;四是一些党员干部面对激烈的区域竞争,自我感觉良好,压力不大,缺乏忧患意识、责任意识、担当精神;面对新形势、新任务,视野不宽、标准不高、能力不足,思想观念、精神状态、创新能力与新的发展要求和人民群众的期盼还有较大差距;五是对照全面从严治党要求,基层党建工作的覆盖面需进一步扩大,新形势下推动落实党风廉政建设"两个责任"的新路子、新方法探索不够等等。对于这些问题和不足,我们务必高度重视,采取有力有效措施,认真加以解决。

二、今后五年的总体要求和目标任务

当前,世界经济深度调整,我国经济发展新常态特征更加明显,青岛正处于转型发展、超越发展的关键期、攻坚期。我们必须看到,市南区经济发展正处于动力转换的关键时期,前期支撑城区经济快速增长的先发优势正在减弱,土地开发利用已近极限,环境资源瓶颈日益趋紧,区域高端化竞争更加激烈,我们面临着诸多困难和严峻挑战。我们必须看到,经过多年的发展,全区已经形成了以服务经济为主导的产业结构,在加快供给侧结构性改革、建设"三中心一基地"进程中具有较强优势;市南区创新要素、人才集聚、综合服务优势明显,在青岛经济社会发展全局中可以大有作为。我们必须看到,市南区人民群众综合素质高,民主参与意识强,文化底蕴深厚,加快经济社会发展、提升城区文明具有良好的社会基础。尤其是,青岛已被定位为国家沿海重要的中心城市、滨海旅游度假城市、国际性港口城市、国家历史文化名城,正在加快向国家中心城市迈进,市南区作为青岛市的

中心城区,迎来了难得的重大历史机遇。我们必须按照省委、市委对市南区发展的新要求,勇于担当,崇尚实干,不忘初心,继续前进,努力推动市南区不断实现更高水平、更高质量、更高效益的新发展,为建设宜居幸福的现代化国际城市作出市南区更大的贡献。

今后五年工作的总体要求是:高举中国特色社会主义伟大旗帜,全面贯彻落实党的十八大和十八届三中、四中、五中、六中全会精神,坚持以马克思列宁主义、毛泽东思想、邓小平理论、"三个代表"重要思想、科学发展观为指导,深入学习贯彻习近平总书记系列重要讲话精神和治国理政新理念新思想新战略,坚持抓好党建是最大政绩、推动发展是第一要务,统筹推进"五位一体"总体布局和协调推进"四个全面"战略布局,坚持创新、协调、绿色、开放、共享发展理念,坚持世界眼光、国际标准,发挥本土优势,发展时尚经济、繁荣时尚文化、倡导时尚生活、打造时尚湾城,推动市南区在新起点上实现新跨越,把市南区建设成为青岛市时尚幸福的现代化国际城区。

把握上述要求,必须明确,建设时尚幸福的现代化国际城区,就是要发挥市南区时尚元素聚集优势、山海城自然优势、历史文化名城人文优势,统筹发展空间、生活空间、生态空间,以"三湾一带"布局优势产业,促进产业优化升级、历史文脉延续、城区宜业宜居,持续提升城区价值和竞争力。要在持续壮大经济实力的同时,着力打造生活舒适、环境优美、生态怡人、秩序优良的环境,让城区更加宜居;着力增进社会和谐与人民福祉,让居民生活更加幸福;着力提升城区发展质量和文明程度,持续扩大对外开放,加快城区现代化国际化进程,增强对国际要素的聚集、服务和辐射能力,努力使每一位居民都有安居乐业中展现人生精彩和实现美好梦想的机会。

今后五年发展的总体目标概括讲就是,实现"一个率先、四个走在前列"。要始终坚持寻标、对标、达标、夺标、创标,推动经济保持中高速增长,综合实力显著增强,2017年实现生产总值和居民人均收入比2010年翻一番,率先全面建成更高水平的小康社会。供给侧结构性改革以及重要领域、关键环节改革取得重要突破,围绕"三中心一基地"建设,推动国际金融、总部经济、高端旅游、健康产业等高端服务业集聚辐射能力更加凸显,经济转型升级走在前列。文化要素高度集聚,文化创新更加活跃,文化事业文化产业持续发展,城区文明程度进一步提升,文化繁荣和文明建设走在前列。历史文化城区保护利用取得重大进展,东西部差距全面缩小,城区环境宜业宜居,营商环

境法治高效,城区治理和环境建设走在前列。棚户区改造全部完成,旧城改造拆迁居民全部回迁安置,公共服务更加普惠、优质,社会保持稳定和谐,民生保障和社会建设走在前列。实现上述目标,必须切实加强党对经济社会发展的领导核心作用,必须充分发挥各级党组织的战斗堡垒作用,必须充分发挥广大党员的先锋模范作用。

三、发展创新开放的时尚经济,增强转型升级新动力

时尚是现代、是高端。发展时尚经济,就是要瞄准国际时尚发展方向,发挥市南区时尚元素聚集优势,加快推进"三中心一基地"建设以增强竞争实力,深化改革开放以释放发展活力,加强创新和人才保障以强化内生动力,推动实现更高质量效益的新发展。

实施创新驱动发展战略。把创新摆在核心位置,发挥科技创新资源集聚优势,打造创新之城、创业之都、创客之岛的活跃区,抢占建设国家东部沿海重要的创新中心制高点。加快同济大学青岛研究院、智慧能源技术创新中心等创新平台建设,提升创新支撑能力。强化企业在科技创新中的主体地位和主导作用,支持企业参与海洋科技、智能制造等十大科技创新中心建设,实施信息网络、智慧城区等五大领域关键技术突破战略,推动形成嵌入式软件、行业应用软件等4大优势产业集群。完善科技服务和众创空间服务体系,培育一批"科技小巨人"、技术专家和创新创业团队。加快时尚发展智慧化进程,不断开发新的时尚技术、时尚产品。加强知识产权保护和运用,推动实施文化、金融等各领域创新。加强人才队伍建设,坚持市场导向、以用为本,落实各类重大人才工程,推进科技创新和人才聚集的平台载体建设,加快引进两院院士、泰山学者、海内外高层次人才和各类紧缺急需人才,优化人才服务保障,使市南区成为各类人才干事创业的一方沃土。

加快服务经济转型升级。大力发展国际金融、健康产业等十大现代服务业,实施创新发展、特色发展等五大专项行动,推进海天中心、绿城深蓝中心等10个50亿元级300万平方米高端商务载体建设,基本形成发达的服务经济体系。推进金融组织创新、产品和服务创新,发展国际金融、互联网金融等新兴业态,巩固市南高端金融及财富管理核心区地位。壮大楼宇总部经济,5年引进世界及中国500强、行业100强企业的区域总部、研发中心等50家以上,打造青岛总部经济核心区。加快构建内涵丰富、结构合理的健康服务体系,发展健康评估、智慧养老等新兴业态,打造青岛健康产业先行区。提升发展航运总部经济等航运服务业,支持企业拓展全球化物流网络。发展移动互联服务、数据处理等高端业态,培育壮大网络经济、分享经济。发展面向国际的专业服务业,支持时尚创意设计应用研究,促进时尚价值链向高端拓展。

推动海洋经济创新发展。坚持蓝色引领、陆海统筹,以陆促海、以海带陆,深入实施"海洋＋"行动,加快构建链条完善、特色鲜明的现代海洋产业体系。推进中科院海洋所海洋生物制品国家地方联合工程研究中心、国家级海洋渔业生物种质资源库等海洋类项目建设,建成海洋科技成果展示交易、海洋科技创新资源信息等平台,支持驻区涉海科研院所、高校、企业协同创新。发展海洋科技研发、技术咨询等海洋信息服务业,支持海洋装备、海洋新材料等涉海新产业,壮大蓝色金融等新业态。支持远洋捕捞产业链条式发展,积极引进远洋捕捞、交易等企业的区域性总部。培育海洋休闲旅游经济,开发海洋文化体育体验产品,提高海洋科技、文化、旅游对经济的贡献度。

提高开放型经济发展水平。不断加强对外开放深度和广度,优化开放型经济市场布局、投资布局、区域布局和平台布局,全面建设东北亚国际商务中心区。深度融入国家"一带一路"战略,扩大与沿线国家和地区的交流与合作,缔结一批国际友好城区,提升"引进来"和"走出去"的质量效益。加快复制推广上海自贸区试点经验,提升贸易便利化水平。鼓励企业开展国际化经营,培育国际知名品牌。推动外贸转型升级,优化外贸市场布局和贸易结构。拓展服务业开放领域,推进金融、教育、文化、医疗等率先对外开放。

深化重要领域和关键环节改革。把全面深化改革摆在更加重要的位置,全面抓好中央和省、市各项重大改革举措的落地生根。全面推进供给侧结构性改革,进一步引领发展方式转变、促进结构转型升级和质量效益提升。加快转变政府职能,坚持简政放权、放管结合、优化服务"三管齐下",加快完善权力清单、责任清单、负面清单制度。推进商事制度改革,落实小微企业的行政事业性收费和政府性基金减免政策。全面编制公开公共服务事项目录和服务指南,大力推进"互联网＋政务服务"建设,努力实现审批最少、流程最优、效率最高、服务最好。统筹推进教育、医疗、司法体制等领域改革,扎实稳妥推进街道行政管理体制改革。

转型升级、创新开放,事关市南的全局和未来。我们一定以攻坚克难的勇气和决战决胜的信心,坚决

打赢这场不进则退的攻坚战！

四、繁荣崇德向上的时尚文化，实现城区文明新进步

时尚是前沿、是引领。繁荣时尚文化，就是要以满足人民群众精神文化需求为导向，发挥历史文化名城人文优势和文化资源集聚优势，积极推进文化与经济社会发展深度融合，促进物质文明建设与精神文明建设协调发展，推动城区软实力实现新提升。

汇聚和融合多元时尚元素。把社会主义核心价值观作为时尚文化的根基，加强公民道德建设，开展群众性精神文明创建活动，提升居民文明素质和城区文明程度。培育积极健康、向上向善的时尚网络文化，加强舆论引导，强化阵地意识，使党的主张成为最强音。突出市南开放、包容特色，促进优秀传统文化与现代文明交融，引导历史文化与时尚文化融合发展。塑造传承历史、凸显时代、面向未来的市南时尚文化，增强城区文化软实力和国际影响力，将市南打造成青岛市多元文化集聚中心。积极推进本土元素与时尚潮流融合创新，全面带动各类时尚创新产品和创新行为，成为时尚潮流文化的重要策源地。

保护和传承优秀历史文化。加强历史文化风貌保护区保护和利用，围绕八大关、小鱼山、大学路、中山路等历史文化街区，集聚形成一批特色文化聚落。加强非物质文化遗产传承保护利用，通过展览、演出、讲座等形式，扩大非物质文化遗产的影响。扶持鼓励社会力量和专业机构参与文化遗产的保护利用，推进老建筑、院落改造与文化博览、旅游等产业融合发展。加强城区历史文化研究，修编地方史志，宣传地方优秀的历史文化，增强市南区人民群众的自豪感和归属感。

创新和打造时尚文化精品。发展壮大时尚文化产业，加强文化产业园区建设，发掘青岛滨海城市蕴含的时尚文化内涵，发展创意设计、文化传媒、影视动漫，推出一批代表青岛的特色时尚文化产品。推动文艺繁荣发展，打造一批文艺精品。充分利用奥帆中心及周边景点统筹安排时尚文化演艺活动。挖掘小青岛"琴岛"音乐内涵，赋予栈桥与廻澜阁新的文化内涵，推进音乐与旅游、文化等融合，定期举办时尚展演，探索举办文化艺术类节会，打造"沸腾"的青岛湾。

五、倡导活力健康的时尚生活，激发社会发展新活力

时尚是品位、是高雅。倡导时尚生活，就是要将时尚元素融入居民生活，促进时尚经济、时尚文化与时尚生活交织融合，丰富生活内容，提升生活品位，追求生活品质，引领现代时尚生活新方式。

引领高端时尚的消费潮流。把握时尚消费升级趋势，满足年轻群体、中等收入群体对时尚产品的消费需求，引进全球时尚品牌，发展旗舰店、体验店等时尚零售商业类型，扩大特色时尚品牌覆盖面。加快推进大型城市综合体和特色街区建设，扩大时尚零售商业规模，打造时尚高地。构建多元化的时尚餐饮体系，引进国内外知名餐饮品牌。增强中华老字号品牌的文化传承力和影响力，做大做强本土特色的时尚品牌。推动建设时尚消费品电商平台，探索线上线下融合的零售新模式，让时尚更加贴近生活。

发展面向国际的时尚旅游。发挥"世界最美海湾"品牌优势，通过引入时尚元素、注入时尚基因，推动旅游产业转型升级。发展全域旅游，参照5A级景区标准，将市南全域打造成为"山、海、湾、城"互相交融的世界级旅游目的地。精心设计旅游产品体系，做优滨海休闲旅游带，挖掘西部老城区文化内涵，突出东部城区现代都市引领作用。积极开发运动赛事、时尚秀场等参与式、体验式旅游新产品，加快国际时尚餐饮、影视等服务业态的引入，推动传统滨海度假休闲旅游向时尚消费旅游升级。

营造开放互动的时尚氛围。做强国际极限帆船系列赛等节庆赛事活动，举办时尚流行趋势发布会、时尚论坛、时尚花展等时尚活动，高起点展示和推介市南。通过各类媒体全方位展示和推介时尚市南，提升市南时尚品牌知名度。建立多功能、复合型、互动式时尚展示交流平台，广泛传播时尚理念，开展年度时尚人物大赛，提高市民时尚参与度。

六、打造协调生态的时尚湾城，彰显国际城区新品质

时尚是协调、是品质。打造时尚湾城，就是要发挥市南区山海城特色彰显优势，坚持规划引领、管理精细、管建并举，坚持全域统筹、促进东西协同，复兴发展西部老城区，创新城市管理服务，提升城区环境品质，让城市更加宜业宜居。

推动全域一体化发展。寻标对标国内外先进滨海城市，充分用好湾区资源，强化与邮轮母港的对接，以"三湾一带"优化时尚布局，高标准建设海湾型都市区。浮山湾区域重点发展总部经济、财富管理、时尚消费等高端产业，加快建设国际知名商务服务和时尚消费中心，打造特色总部基地和创新创业高地。汇泉

湾区域重点整合世界级的建筑文化资源、旅游休闲资源、医疗健康资源,发展健康服务、婚庆摄影、影视拍摄、特色旅游等新兴产业,加快建设国际知名城市中央休闲区、健康服务聚集区。青岛湾区域重点保护和传承优秀历史文化,推进老城区保护更新,发展博物馆、文化馆、大学与研究院等优势产业,建设国际知名的历史文化街区。滨海一线重点提升自然禀赋优势,通过时尚元素、时尚符号、时尚标识的融入,形成时尚融合发展的主轴线,充分展示现代滨海旅游城区的独特时尚魅力。

推动西部老城区复兴发展。市南区西部是青岛"三城联动"的地理几何中心,独特的区位优势、稀缺性的历史文化、逐步完善的基础设施决定了市南区未来发展的重心在西部、潜力在西部、希望也在西部。必须将复兴发展西部老城区作为未来五年工作的着力点、增长点,深入挖掘西部老城区历史积淀,引领老城区转型更新,打造充满活力和繁荣的西部老城区。落实历史文化名城保护规划,保护利用 100 处以上文物保护单位和历史优秀建筑,形成名人故居、博物馆、美术馆、咖啡茶艺馆群,恢复发展知名中华老字号,选址打造青岛的"田子坊"。建立青岛(市南区)近现代建筑保护利用管理机制,创建全国近现代建筑保护利用示范城区。开展贵州路两侧区域规划建设战略性研究,推动建设"青岛湾"广场等城市综合体,盘活华天大酒店等 30 余万平方米闲置楼宇,谋划西部发展新空间。建设区级文化中心、残疾人服务中心、老年大学、图书馆、档案馆等一批公共服务设施。以中山路为中心有序推进老城区有机更新,挖掘时尚元素,注入时尚业态,构建和谐统一的新"街里",形成市南发展新引擎。

推动城区绿色精致发展。统筹规划建设地上地下城区,编制地上城区控制性详细规划,优化城市功能布局,适度增加商务功能,适度疏解居住压力,缓解交通拥堵。树立地下城市观念,启动对地下地质勘查研究和地下城区规划编制,借助地铁等地下交通设施,建设一批地下商务载体、地下停车设施、地下公共服务设施和地下安全设施,实施地下地上两个城区建设、运行和管理。完善城区综合管理体制,提升城市管理标准化、精细化、网格化水平,推进建筑物外立面特色改造、城市公共空间个性化改造等,彰显时尚现代的城区形象。倡导绿色低碳发展理念,巩固提升垃圾分类成果,推进立体绿化、海绵城市等建设,完善城区绿地系统,持续增加绿量,坚决打赢违法建设治理、棚户区改造、老旧楼院和超期服役道路整治等攻坚战,让群众更多享受生态"红利",打造宜居青岛的美丽城区。推进道路畅通工程,增设公共停车泊位 2 万个以上,缓解出行难、停车难问题。在城区管理、食品监管、治安防控等领域,推进信息技术与管理的深度融合,提高城市管理服务智慧化水平。

七、着力保障和改善民生,建设安居乐业的幸福城区

幸福是追求、是根本。人民对美好生活的向往,就是我们的奋斗目标。我们一定要牢固树立共享发展理念,带着感情和责任做好民生工作,不断增强人民群众的安全感、获得感、幸福感,让人民群众实实在在地享受到更多、更公平、更实在的发展成果。

提高公共服务水平。深入推进教育综合改革,探索教育区域化、集团化发展路径,创设海洋教育课程体系。学习借鉴国内外先进的教育理念和方法,减轻学生的课业负担,大力开展素质教育。加快推进部分中小学重建和扩建,扩大办学规模,优化办学环境,建设更高水平的基础教育、惠及全民的公平教育、资源共享的优质教育、体系完善的终身教育,全力打造现代化教育强区。多渠道促进就业创业,搭建就业创业平台,增强就业吸纳能力,完善促进就业体系,开展失业人员岗前定向就业培训,构建和谐劳动关系,保护劳动关系双方合法权益。推进医药卫生体制改革,完善计划生育服务措施,建立健全覆盖全体居民的基本医疗卫生制度,推行社区全科医生家庭签约服务,加强医联体建设,保障人人享有安全、有效、公平、可及的基本公共卫生服务和基本医疗服务。全面实施全民健身工程,切实提高全民健康水平。

维护社会安全稳定。落实安全生产责任制,切实做到党政同责、一岗双责、失职追责。加强重点行业领域的安全监管,防止重特大事故发生,加大对居民生产生活安全设施的投入力度,实施老旧住宅电梯升级改造,建立为居民购买公共安全保险制度,保障人民群众生命财产安全。落实重大事项社会稳定风险评估机制,加强应急救援体系建设,不断提升突发事件的应对处置能力,善于运用网络走群众路线,有效应对突发舆情,及时回应社会关切。进一步加强信访工作法治化、规范化、制度化,完善信访维稳长效工作机制,深化平安市南建设,切实加强社会治安综合治理,健全完善立体化社会治安防控体系,确保社会安全稳定、人民安居乐业。

筑牢民生保障底线。健全完善"大救助"体系,实施精准帮扶。完善残疾人教育、就业、康复、救助体

系。引导企业、慈善组织等设立公益基金，发挥好社会服务机构、志愿者的积极作用。落实社会力量参与社会救助享受财政补贴、税收优惠、费用减免等政策。坚持"政府引导、政策扶持、多方参与、统筹规划"原则，完善社会养老服务体系。推进老龄事业发展，保障老年人合法权益。切实维护好妇女儿童权益，加强未成年人保护，促进红十字事业发展。做好贵州平坝区、菏泽牡丹区、平度市三个乡镇等八个地区的对口帮扶工作。

八、全面推进法治建设，为建设时尚幸福的现代化国际城区营造良好的法治环境

建设时尚幸福的现代化国际城区，必须坚持党的领导、人民当家作主、依法治国有机统一，全面推进法治建设，用好法治方式，坚持依法治区、依法执政、依法行政共同推进，切实把各项事业纳入法治化轨道，为经济社会发展提供有力的法治保障。

推进严格执法，加快建设法治政府。完善法治政府建设推进机制，以规范权力运行、提高行政效能、维护群众权益为着力点，推进政府机构、职能、权限、程序、责任法定化，严格按照法定权限和程序行使权力。完善政府依法决策程序和机制，提升政府决策法治化水平和现代治理能力。继续推动政府各项工作向依法决策、依法管理、依法运行转变，切实做到依法行政、合理行政、程序正当、高效便民、诚实守信、权责统一。深化行政执法体制改革，进一步加强和改善行政执法工作，坚持严格、规范、公正、文明执法，不断提高执法效率。依法规划、建设、治理城市，促进城市治理体系和治理能力现代化。完善社区治理结构，健全居民委员会自治功能，鼓励社会组织参与社区服务和管理，实现行政管理与社区自治的有效衔接和良性互动。

保证公正司法，切实维护社会公平正义。积极稳妥推进司法体制改革，严明公正司法，努力让人民群众在每一个司法案件中感受到公平正义。支持区法院、区检察院依法独立公正行使职权，严格落实领导干部干预司法活动、插手具体案件处理的记录、通报和责任追究制度，防止以各种形式干扰司法活动。加强司法规范化建设，推动落实以审判为中心的诉讼制度改革，优化司法职权配置，完善司法权力运行机制。抓好以法官、检察官"员额制"改革为标志的司法责任制改革，落实司法人员职业保障制度。坚持以公开促公正、树公信，构建开放、动态、透明、便民的阳光司法机制，加大对执行难等突出问题的治理力度，切实维

护法律的权威。

促进全民守法，加快建设法治社会。坚持把全民普法和全民守法作为长期基础性工作，深入开展法治宣传教育，推动全社会树立法治意识，形成尊法学法守法用法的浓厚社会氛围。广泛开展群众性法治文化活动，大力推进法治文化阵地建设，落实"七五"普法规划，引导人民群众办事依法、遇事找法、解决问题用法、化解矛盾靠法。领导干部作为"关键少数"，要牢记法律红线不可逾越、法律底线不可碰触，自觉带头做尊法学法守法用法的模范。加强法治工作者队伍建设，大力提高法治工作者的思想政治素质、业务工作能力、职业道德水准。

九、坚持全面从严治党，为各项事业顺利推进提供坚强保证

建设时尚幸福的现代化国际城区，关键在党，关键在党要管党、从严治党。各级党组织要认真落实中央全面从严治党决策部署，扎实履行全面从严治党政治责任，党委（党组）书记要牢记第一身份是党的书记，首要职责是管党治党，最大政绩是抓好党建，坚持严字当头，真管真严、敢管敢严、长管长严。

深入学习贯彻习近平总书记系列重要讲话精神，坚定理想信念。坚持把加强思想政治建设摆在首要位置，组织引导广大党员干部深入学习习近平总书记系列重要讲话精神，学习党章、党规和党史，严守政治纪律和政治规矩，教育引导广大党员干部筑牢信仰之基、补足精神之钙、把稳思想之舵，不断增强"四个意识"、坚定"四个自信"，坚决在思想上政治上行动上同以习近平同志为核心的党中央保持高度一致。着力提高马克思主义思想觉悟和理论水平，切实解决好世界观、人生观、价值观这个"总开关"问题。坚持全心全意为人民服务的根本宗旨，深入贯彻落实党的群众路线，实现好、维护好、发展好最广大人民的根本利益。

加强和规范党内政治生活。严格执行《关于新形势下党内政治生活的若干准则》和《中国共产党党内监督条例》，督促引导广大党员严格遵守党内政治生活基本规范，推动党要管党从党内政治生活管起、从严治党从党内政治生活严起。用好批评与自我批评这个武器，增强党内政治生活的政治性、时代性、原则性、战斗性。坚持民主集中制原则，完善区委全会工作规则和常委会议事规则。规范落实"三重一大"事项集体决策、备案制等制度，形成有权有责、用权担责、滥权追责的制度安排。坚持常委会向区委全会定

期报告工作制度,建立区人大常委会党组、区政府党组、区政协党组以及基层党委(党组)定期向区委常委会报告工作制度。坚持党委(党组)中心组学习、调研、决策相结合,切实把学习调研成果转化为推动发展的工作思路、政策措施和服务能力。各级领导机关和党员领导干部要坚持以身作则,以上率下,严格遵守党内政治生活基本规范,为全区各级党组织和党员干部作出示范。

发展社会主义民主政治。坚持和完善人民代表大会制度,支持区人大及其常委会依法履行职能,保障人大代表依法行使职权。支持区政协围绕中心工作开展专题调研、建言献策,履行好政治协商、民主监督和参政议政职能。巩固和发展最广泛的爱国统一战线,发挥民主党派、工商联、无党派人士和统战团体作用,推进非公有制经济领域、党外知识分子和新媒体从业人员统战工作,贯彻落实党的民族政策和宗教工作基本方针,协调推进港澳台工作、侨务工作。切实保持和增强党的群团工作的政治性、先进性、群众性,充分发挥工会、妇联等群团组织桥梁纽带作用和共青团助手、后备军作用。坚持党管武装原则,大力支持和加强国防、军队和后备力量建设,扎实推进军民融合式发展,实现经济建设和国防建设互促共进。

坚持正确的选人用人导向。认真贯彻好干部标准,注重在实践中培养、考察和使用干部,把作风正派、勤政务实、敢抓敢管的干部精心培养起来、及时选拔出来、合理使用起来。选优配强"一把手"和关键岗位领导干部,着力建设政治过硬、本领过硬、作风过硬、廉洁过硬的领导班子。坚持严格管理与关心爱护干部相结合,为敢于担当的干部担当,为敢于负责的干部负责,最大限度调动广大党员干部的积极性、主动性、创造性。抓好干部教育培训,进一步提高干部队伍深化改革、推进发展、服务民生的工作能力。

提升基层党建工作水平。完善书记抓党建述职评议考核、基层党建工作巡查督导和专题约谈三项机制,切实压实基层党建工作责任制。以基层有活力、党员起作用、群众得实惠为目标,深入推进基层服务型党组织建设。创新基层党组织的管理方式、工作方式、活动方式,推动区域化党建不断向新领域、新空间拓展。深入推进商务楼宇、园区和其他新兴领域党建,扩大党的组织和工作在非公企业、社会组织的覆盖面。选优配强社区党委班子,加强非公企业党组织书记队伍后备力量培养,切实提升基层党务干部整体素质。切实加强以社区党组织为核心的自治组织和各类社会组织建设。

深入推进作风建设。严格落实中央八项规定精神和省、市委实施办法,严格执行《党政机关厉行节约反对浪费条例》,进一步精简会议和文件简报,严控"三公"经费开支。充分认识作风建设的长期性、复杂性和艰巨性,把纠正"四风"往深里抓、实里做,坚决防止反弹回潮。完善党员干部直接联系群众制度,畅通群众诉求反映渠道,着力解决群众反映强烈的不作为、乱作为、慢作为等作风方面的顽症痼疾。

深入开展党风廉政建设和反腐败斗争。各级党组织要担负起全面从严治党的主体责任,各级纪检组织要履行好监督责任,坚持和完善专项检查、述责述廉和约谈问责等制度,促进"两个责任"层层落实。坚持把纪律和规矩挺在前面,教育引导党员干部遵从党章、严守纪律,自觉筑牢廉洁从政思想防线。建立健全制度体系,着力构建不敢腐不能腐不想腐的长效机制。强化监督执纪问责,保持惩治腐败的高压态势,有效运用监督执纪"四种形态",在加强日常监督上下功夫。强化基层党风廉政建设,严肃查处发生在群众身边的不正之风和腐败问题。

各位代表、同志们,站在新的历史起点上,面对组织的重托,面对全区人民的信任和期待,我们深感责任重大、使命光荣。让我们更加紧密地团结在以习近平同志为核心的党中央周围,高举中国特色社会主义伟大旗帜,在市委的坚强领导下,不忘初心,继续前进,尚实干、勇作为、敢担当,撸起袖子加油干,以思想观念的变革、敢于争先的勇气创造出无愧于时代的业绩,为建设时尚幸福的现代化国际城区而努力奋斗,以优异成绩迎接党的十九大胜利召开!

政府工作报告

——在青岛市市南区第十八届人民代表大会第一次会议上

（2017 年 2 月 26 日）

市南区代理区长　高　健

各位代表：

现在，我代表市南区第十七届人民政府，向大会报告工作，请予审议，并请区政协各位委员和其他列席人员提出意见。

一、第十七届人民政府工作回顾

本届政府任期的五年，全区上下紧密团结在以近平同志为核心的党中央周围，在市委、市政府和区委的坚强领导下，全面贯彻党的十八大和十八届三中、四中、五中、六中全会精神，深入贯彻习近平总书记系列重要讲话精神和视察山东重要讲话、重要批示精神，认真落实市十一次党代会、区十二次党代会各项决策部署，主动适应经济发展新常态，抢抓机遇，攻坚克难，圆满完成了区十七届人大历次会议确定的主要任务。

经济实力显著增强，质量效益进一步提升。坚持发展第一要务，把稳增长放在更加突出位置，全区生产总值年均增长 9%，连续跨越四个百亿元台阶，2016 年突破千亿元，达到 1016 亿元，服务业增加值占生产总值比重达 91.8%。2012 年成为全省首个区级一般预算公共财政收入过百亿元的县（市、区），区级可用财力由 2011 年的 27.7 亿元增长到 45 亿元。华润万象城、海航万邦中心等 18 座商务载体投入使用，新增税收过亿元楼宇（园区）5 座、总数达到 26 座。编制航运服务、北方时尚之城、健康产业等 10 个专项规划，累计安排 13.5 亿元支持经济发展，新增区域总部企业 60 家、金融机构 51 家，总数分别达到 183 家、171 家，新增世界 500 强区域总部 6 家、总数达 50 家，全市 13 家新增外资金融机构全部落户市南区，其中意才财富是全国首家纯外资财富管理机构。引进文化创意企业 100 家、软件和动漫游戏企业 115 家，11 个孵化器和 18 个众创空间总面积 35 万平方米，集聚服务创客 8140 人；15 个众创空间纳入国家级管理服务体系，居全市首位。建成市级以上创新平台 95 个、技术创新联盟 22 个，培育高新技术企业 72 家，

"千帆计划"入库企业 151 家，获得市级以上科技奖励 580 项，有效发明专利 2903 件，被评为全国科技进步先进区、全国科普示范区。

改革开放步伐加快，发展活力进一步释放。推进"放、管、服"改革，编制公布区级行政权力清单、政府部门责任清单，扩建行政审批服务大厅，推行行政审批标准化和网上办理，审批事项精简 41%、提速 35%，网上审批经验被中央编办推广。完成新一轮政府机构改革。组建火车站周边区域联合管理办公室、区市场监管局、区综合行政执法局。基本完成党政机关公务用车制度改革。加快商事制度改革，实施商事登记"五证合一、一照一码"，五年培育市场主体 3.85 万户、全国驰名商标 6 件、省著名商标 20 件，9 家驻区单位获得国际、国家和行业标准 17 项。城市传媒、鼎信通讯、青岛银行 3 家企业主板或境外上市，特利尔环保等 21 家企业新三板挂牌。强化预算绩效管理和金融秩序监管，财政金融等领域改革取得积极成效。沿"一带一路"扩大开放，引进阿里一达通、宁波中基惠通等外贸公共服务平台，累计到账外资 15.43 亿美元、进出口 633 亿美元，实际利用内资 481 亿元。安排 1.7 亿元帮扶贵州平坝区、西藏桑珠孜区、新疆喀什等地区。

社会事业快速发展，民生质量进一步改善。在财政收入增速放缓、支出压力加大的情况下，民生支出占财政支出比例由 2012 年的 50% 提高到 2016 年的 72%，累计支出 130 亿元。高质量完成 50 件民生实事。新增就业 30 万人（次）、扶持创业 1.7 万人（次）。投入 45 亿元促进教育优质均衡发展，重建、改扩建宁夏路小学等 7 所学校（幼儿园），中小学校营养午餐实现全覆盖，在全省率先为中小学生免费配发制服装，教育信息化和评价改革经验全国推广，95% 的学校成为省市规范化学校，被评为全国义务教育发展基本均衡区、科技体育艺术教育示范区。建立大救助平台，发放各类救助资金 2.5 亿元。建成东西部两个老年

活动中心、残疾人阳光安养服务中心和 16 处社区食堂,持续开展"六送"养老服务,五年投入 6000 余万元,惠及老年人 8.8 万余名。深化医药卫生体制改革,新建改建 9 处社区卫生服务中心(站),规范居民健康档案 28 万份,为无体检单位老年人和困难残疾人免费体检 10.7 万人(次),实施白内障老年人复明手术 1658 例。"全面两孩"政策平稳实施,出生人口缺陷干预 2.83 万人(次)。完善社区服务管理体系,建成 65 处社区中心,被评为全国和谐社区建设示范城区。

文明程度不断提升,文化软实力进一步凸显。坚持物质文明与精神文明协调发展、文化事业与文化产业齐头并进,连续 5 次被评为省级文明县(市、区),再次获评文化强省建设先进区。保护修缮公主楼、水师饭店旧址等 41 处文保单位和历史建筑,青岛书房、1907 光影俱乐部等 23 处文博场馆建成开放。小鱼山文化名人街区成为中国历史文化名街,市南区成为全国唯一拥有两处中国历史文化名街的城区。深入实施文化惠民工程,建成 65 处社区图书馆、110 处公共阅读服务点、65 处社区休闲广场和公共体育"五分钟健身圈",推出全国首家互联网阅读服务平台。累计投入 8000 万元支持驻区军队建设,连续 8 次获评山东省双拥模范区。红十字会应急救护培训 6.7 万人(次)。慈善协会共募捐 5920 万元、扶贫济困 2 万余人(次)。区档案馆成为国内首家区级全国示范数字档案馆。人民防空、民族宗教、侨务、对台、史志、统计、防震减灾工作不断加强,妇女、儿童、老龄、残疾人等事业迈出新步伐。

社会治理深入推进,人居环境进一步优化。深入实施七大领域专项治理,市容环境明显改善,社会环境安定有序。更加重视生产生活安全,全面监管 1.17 万家生产经营单位,全方位推进食品安全城区创建,市南区全域被确认为国际安全社区。整治楼院 1100 个、道路 94 条,新建改建绿地 9.65 万平方米。在全市率先实施生活垃圾分类收集,覆盖居民 16.1 万户。重修栈桥桥体及廻澜阁,修缮提升小青岛、小鱼山等景区,新增和改造公厕 41 座。拆除违法建筑 6.65 万平方米、非法户外广告 1.66 万平方米。治理燃煤锅炉 42 台(次)、餐饮企业 199 家,淘汰全部黄标车。持续规范消费秩序,为消费者挽回损失 1000 余万元。在全市率先开展老旧住宅电梯升级改造。修订完善应急预案 29 个,建成区应急体验实训中心。旧城改造房屋安置和货币补偿 1.56 万户,落实 4348 套保障性住房建筹指标,实施棚户区居民房屋征收 4375 户,完成 3 个地铁站点等市重点工程房屋征收。组建

1300 人的社区安全自防队伍,基本建成覆盖全区的"天网"工程,圆满完成 2014 亚太经合组织贸易部长会议、二十国集团民间组织会议、国际教育信息化大会等数十个重大活动保障任务,再次获评全国平安建设先进区。持续优化人才环境,引进各类人才 10 万人、总量达到 27 万人,其中两院院士 17 人、国家"千人计划"专家 12 人。

自身建设持续加强,政府效能进一步提高。坚持依法行政、从严治政,落实法治政府建设指标体系,健全重大行政决策机制,建立城区管理规划审查委员会、法律顾问等制度,严格依照法定权限和程序履行职责开展工作。严格执行区人大及其常委会的决议决定,主动加强与政协的民主协商,办复市区两级人大代表建议 729 件、政协提案 652 件。办理行风在线、政务服务热线等群众反映事项 15.9 万件。加强政务公开,全面公开部门预决算和"三公"经费预算,审计促进增收节支 15.6 亿元。区政府党组严格落实全面从严治党主体责任,切实履行"一岗双责",出台加强政府廉政建设的实施意见等制度规定,推动廉政责任向基层和岗位延伸。深入开展党的群众路线教育实践活动、"三严三实"专题教育、"两学一做"学习教育,坚决执行中央八项规定,扎实治理"四风"问题。加强行政监察,严肃查处了一批违法违纪案件。

各位代表,刚刚过去的 2016 年,我们积极应对经济下行压力,及时出台促进经济发展 20 项政策措施,实施"互联网+""海洋+"行动,开展调结构稳增长抓落实现场推进活动,加快"三中心一基地"建设,保持了经济稳中有进、民生持续改善的良好态势,生产总值、服务业增加值、社会消费品零售总额分别增长 7.7%、7.9%、9.5%;区级财政一般公共预算收入 100.85 亿元,剔除政策性等因素影响,增长 8.7%。财政用于民生支出较上年提高 5 个百分点,完成 9 件 14 项民生实事,各项事业都取得了明显的进步与发展。

五年的成就来之不易,这是党中央国务院、省委省政府、市委市政府和区委坚强领导的结果,是历届区领导班子接力奋斗的结果,是全区人民齐心协力、拼搏奉献的结果。在此,我代表区十七届人民政府,向全区人民群众,向人大代表和政协委员,向各民主党派、工商联和社会各界人士,向驻区军队和武警部队,向驻区中央和省市单位,向所有关心和支持市南区发展的同志们、朋友们,表示衷心的感谢和崇高的敬意!

五年的实践使我们深刻体会到,做好区政府工

作,必须始终坚持党的领导,准确把握市南区在全市发展大局中的定位,真抓实干、改革创新,努力推动各项工作走在前列;必须自觉接受区人大及其常委会的法律监督、工作监督和区政协的民主监督,充分发挥社会各界的积极性、主动性和创造性;必须坚定不移走群众路线,把增进民生福祉作为工作的出发点和落脚点,让改革发展成果更多更公平地惠及广大人民群众;必须不断强化法治观念、法律意识,善于运用法治思维和法治方式破解难题,使政府工作始终在法治轨道上运行;必须把纪律和规矩挺在前面,切实把全面从严治党各项要求在政府落到实处,为经济社会持续健康发展提供坚强政治保证。

我们清醒地看到,政府自身还存在许多差距和不足,区域经济社会发展还面临着不少困难和挑战。一是经济发展的质量和效益还不够高,转方式、调结构的举措不强,服务企业的力度不够,经济增长趋缓的态势没有破题;二是城区东西部发展不平衡,西部老城区复兴发展步伐不快,与现代化国际城区标准有较大差距;三是旧城改造安置房建设进度不快,仍有3000余户居民超期过渡;四是基础设施建设以及就业、教育、医疗、养老、社会保障等方面还存在短板,停车难、交通拥堵等问题凸显,生产生活安全还存在不少薄弱环节;五是政府自身建设还需加强,一些政府工作人员视野不宽、标准不高,执行落实和创新能力水平与新形势、新任务还不相适应,忧患意识、责任意识、担当意识需进一步提升等。对此,我们要高度重视,努力加以解决。

二、今后五年的目标任务

各位代表,当前世界经济深度调整,国内经济发展新常态特征更加明显。我们要看到,市南区正处于发展动力转换的关键时期,支撑发展的传统动能在减弱,区域之间的竞争更加激烈,面临诸多困难和严峻挑战。我们也要看到,经过多年的发展,市南区服务经济基础更加坚实,区位优势、历史文化资源优势、人才优势和高素质群众优势明显,在青岛发展全局中面临重大战略机遇、完全可以有更大作为。刚刚闭幕的区第十三次党代会站在新的历史起点,绘就了市南区未来发展的蓝图,开启了加快建设时尚幸福的现代化国际城区新征程,为政府工作指明了方向。我们要进一步增强忧患意识、机遇意识,尚实干、勇作为、敢担当,不忘初心、继续前进,努力谋求新发展、实现新突破,为建设宜居幸福的现代化国际城市作出更大贡献。

今后五年,区政府要高举中国特色社会主义伟大旗帜,坚持以马克思列宁主义、毛泽东思想、邓小平理论、"三个代表"重要思想、科学发展观为指导,全面贯彻党的十八大、十九大精神,深入贯彻习近平总书记系列重要讲话精神和治国理政新理念新思想新战略,统筹推进"五位一体"总体布局和协调推进"四个全面"战略布局,坚持发展第一要务,牢固树立和贯彻落实新发展理念,坚持世界眼光、国际标准,发挥本土优势,寻标、对标、达标、夺标、创标,以提高发展质量和效益为中心,发展时尚经济、繁荣时尚文化、倡导时尚生活、打造时尚湾城、增进民生福祉,努力实现"一个率先、四个走在前列"目标,把市南区建设成为时尚幸福的现代化国际城区。

根据区十三次党代会提出的奋斗目标,在全面完成"十三五"规划的基础上,建议今后五年的主要预期目标是:经济保持中高速增长,地区生产总值、区级财政一般公共预算收入、社会消费品零售总额均年均增长7.5%左右,居民人均可支配收入年均增长7.5%,城区登记失业率控制在4%以内。实际工作中,要力争发展得更好更快,2017年实现生产总值、居民人均可支配收入均比2010年翻一番,率先建成更高水平的小康社会。

(一)坚持创新驱动、开放促进,提升发展时尚经济,增创转型发展动力。瞄准时尚经济发展方向,要更好发挥本土优势,深化改革扩大开放,深入推进供给侧结构性改革和"三中心一基地"建设,推动经济转型升级走在前列。推进以科技创新为核心的全面创新,支持企业参与十大科技创新中心建设,打造创新之城、创业之都、创客之岛的活跃区。以金融、信息服务为核心,落实《金融及财富管理核心区发展规划》等规划计划,提升财富金融、航运服务、健康产业、时尚消费等十大现代服务业功能,五年引进国际国内知名金融保险机构、地区性总部企业各50家以上,打造青岛财富管理核心区、总部经济核心区、健康产业先行区、时尚消费中心区、中介服务聚集区,构建服务全市、辐射半岛的服务经济发展体系。推进海天中心、绿城深蓝中心等10个50亿元级300万平方米高端商务载体建设,开发利用地下空间,盘活一批闲置资源,新增发展载体500万平方米。落实各类人才计划,引进各类人才12万人以上,打造区域性人才高地。坚持海陆统筹、海陆一体,支持涉海企业、科研院所围绕海洋生物医药、海洋新材料等领域开展基础性、核心性技术研究,发展涉海金融、涉海电商、海洋科技等海洋服务业,加快构建现代海洋服务经济体系。推进政府管理、服务和监管模式改革创新,着力构建与国际运行规则相适应的政府管理模式,营造法治化、国际化、便利化营商环境。推进新一轮更高水平对外开放,沿"一带一路"扩大国际交流与合作,五年缔结国际友好城区、友好合作关系城区30个以上,提升"引进来"和"走出去"质量效益。

(二)坚持立足传统、弘扬先进,繁荣发展时尚文化,增强文化竞争实力。突出市南开放、包容特色,坚定文化自信,发展社会主义先进文化,弘扬革命文化,促进优秀传统文化与现代文明融合,塑造传承历史、凸显时代、面向未来的市南时尚文化,增强人民群众的自豪感和归属感,推动文化繁荣和文明建设走在前列。加强思想道德建设,用中国梦和社会主义核心价值观凝聚共识、汇聚力量。深化精神文明创建,持续提升城区文明程度。传承建筑文化、故居文化、民俗文化、里院文化,延续历史文脉,留存城市记忆。发展滨海现代文化、奥帆文化、品牌文化,定期举办国际婚庆节、时尚论坛、时尚展演、文化演艺、时尚花展等时尚活动,打造中国北方时尚之城。发掘"琴岛"音乐内涵,做实做亮"音乐之岛",形成具有国际影响力的时尚品牌。发展文化产业,支持文化创造,培育文化精品,丰富文化供给,扩大社会参与,加快建设布局合理、方便群众参与的现代公共文化服务体系。

(三)坚持引领风尚、健康向上,积极倡导时尚生活,激发现代城区活力。将时尚元素融入居民日常生活,发挥时尚产业对新消费的带动作用、时尚文化对现代生活方式的引领作用,传播现代时尚理念,促进居民提升生活品位,打造充满活力、健康向上的时尚城区。顺应消费需求变化新趋势,宣传时尚消费理念和方式,引领高端时尚的消费潮流,五年引进全球国际知名时尚品牌的体验店、旗舰店50家以上,支持本土时尚品牌做大做强,推动建设时尚消费品电商平台,努力扩大品质服务消费和中高端消费。发挥"世界最美海湾"品牌优势,引入时尚元素、注入时尚基因,按照5A级景区标准,将市南全域打造成为"山、海、湾、城"互相交融的世界级旅游目的地。引导居民更加注重丰富精神生活、提高文化修养、参与社会实践,形成健康文明的生活方式、消费方式。

(四)坚持传承历史、提升品质,着力打造时尚湾城,彰显国际城区魅力。统筹城区生态、生产、生活空间,推进城区规划建设管理,打造海湾型大都市的时尚湾城,推动城区治理和环境建设走在前列。坚持全域一体、东西协调,深化提升"三湾一带"空间布局,东部城区重在提升品质、做优做美,西部老城区重在有

机更新、复兴发展。把复兴发展西部老城区作为政府未来五年工作的着力点,完成全部棚户区居民房屋征收;落实历史文化名城保护规划,保护利用100处以上文保单位和老建筑,形成名人故居、博物馆、美术馆、咖啡茶艺馆群;开展贵州路区域两侧规划战略性研究,建设和盘活一批重大项目、公共服务设施,挖掘时尚元素,注入时尚业态,实现老城区民生改善、文化回归和经济繁荣的有机统一。加强生态城区建设,落实大气、水污染防治行动,推进立体绿化和海绵城区建设,完善城区绿地系统、持续增加绿量。坚决完成违法建设治理、老旧楼院和超期服役道路整治等任务,保护好"红瓦绿树、碧海蓝天"的城市风貌,打造中国最洁净的美丽城区。

(五)坚持以人为本、普惠共享,加快发展民生事业,持续增进民生福祉。牢固树立以人民为中心的发展思想,努力让居民劳有应得、学有优教、病有良医、老有颐养、住有宜居、贫有力助,推动民生保障和社会建设走在前列。促进创业带动就业,扶持重点群体和困难人员就业,实现更加充分更高质量就业。更加注重保障公平、提升质量,深化教育综合改革,重建新建和改扩建10所以上中小学(幼儿园),扩大办学规模,促进义务教育优质均衡发展、学前教育普惠发展。规范发展民办教育,提升发展特殊教育,健全终身教育体系,做优品质教育。深化医药卫生体制改革,强化社区医疗机构和队伍建设,提高卫生计生服务水平。大力发展体育事业,倡导全民健身、全民健康。织密织牢社会保障安全网,保障和提升困难群众基本生活。积极应对人口老龄化,加快建设居家为基础、社区为依托、机构为支撑、医养相结合的社会养老服务体系。加强住房保障,全面完成3300户旧城改造拆迁居民安置任务。加强社会治理,推进城区治理体系和能力现代化。

站在新起点,我们一定要抓住机遇、奋发进取,推动区域经济社会发展再上新台阶、实现新跨越,圆满实现五年奋斗目标,努力打造时尚幸福的美好家园!

三、2017年主要工作安排

今年是全面落实市十二次党代会、区十三次党代会精神的开局之年,是实施"十三五"规划的重要一年。做好今年的政府工作,要全面贯彻党的十八大和十八届三中、四中、五中、六中全会精神,坚持稳中求进工作总基调,牢固树立和贯彻落实新发展理念,适应把握引领经济发展新常态,坚持以提高发展质量和效益为中心,以推进供给侧结构性改革为主线,全面

做好稳增长、促改革、调结构、惠民生、防风险各项工作,实现经济平稳健康发展和社会和谐稳定。主要预期目标是:全区生产总值增长8%左右,区级财政一般公共预算收入按可比口径计算增长9%左右,固定资产投资增长8%左右,社会消费品零售总额增长10%左右,城区登记失业率控制在4%以内,完成节能减排目标任务。

(一)加快建设时尚幸福的现代化国际城区,必须崇尚创新,深化供给侧结构性改革,大力发展财源经济,促进区域经济提质增效升级。提高供给质量和效率。顺应消费需求变化新趋势,大力发展旅游、文化、体育、健康、养老服务领域消费,积极培育信息、绿色、时尚等新型消费业态,扩大时尚消费和中高端消费。围绕"三中心一基地"建设加快推动项目开工、投资促进,抓好总投资1007亿元的52个重点建设项目,开工9个、竣工9个,促进海天中心等15个项目加快建设,完成投资78.5亿元以上。放宽准入限制,营造公平竞争的营商环境,激发民间投资活力。优化商务楼宇配套服务,提高楼宇餐饮服务等供给质量。落实国家和省、市减税降费等政策,着力降低各类交易成本特别是制度性交易成本,引导房地产企业优化供给结构,妥善处置房地产"僵尸项目",推动"三去一降一补"任务取得实质性进展。

激发创新创业活力。强化企业创新主体地位和主导作用,支持企业与科研院所、高校协同创新,推进同济大学青岛研究院、北京服装学院青岛时尚研究院、国际互联网教育创新中心等创新平台建设。新建创新载体4个、总数达到30个,集聚和服务创业企业400家、创客1万人。实施科技"小巨人"培育计划,"千帆计划"在孵企业(项目)、高新技术企业、市级及以上创新平台分别达到200家、100家、100个,有效发明专利3000件以上。落实高层次人才创新创业办法,设立人才引导基金,建成高层次人才创业基地,引进两院院士、"千人计划"专家、泰山产业领军人才、高技能人才等各类人才2万人以上。加强品牌建设,新创驰(著)名商标12件、马德里商标国际注册15件、省(市)长质量奖2件。

建设全业态金融发展体系。抢抓国家新一轮金融改革创新和开放机遇,引进和培育具有行业影响力的领军金融企业(机构),促进国际金融机构集聚发展,打造全业态金融机构集群。提升发展银行业,着力引进北京银行、渤海银行等金融机构,支持驻区银行机构扩大业务范围和辐射区域,向专业化、特色化、国际化发展。鼓励本地上市企业赴境外进行股权、债

权融资。强化政策的针对性和指向性,吸引保险、信托、证券、租赁、期货、基金、资产管理、第三方支付等持牌非银行金融组织入驻。积极发展各类责任保险、出口信用保险、科技保险、健康和养老保险,推动保险机构设立产品研发中心和区域性、全国性客户服务中心。推动财富管理金融改革创新,做大银行理财、信托理财等传统财富管理,发展产业基金、股权投资基金与私募基金等新兴财富管理方式,建设私募基金"阳光汇",拉长财富管理产业链。依托北汽集团等大型国有企业、九鼎集团等上市企业,推动设立产业基金,带动关联产业集聚发展。设立国有控股的政策性融资担保公司。支持互联网金融与电子商务、跨境贸易、信息服务、现代物流等领域融合发展,促进相关行业转型升级。

推动主导产业高端化发展。寻标对标总部经济发展先进城区,以更有力的举措引进世界及国内500强、行业100强、央企等区域总部(机构),全年新增10家以上,支持本土总部企业做大做强,巩固青岛总部经济核心区地位。突出东部城区现代都市风尚,挖掘西部城区历史文化内涵,做优滨海休闲旅游带,发展入境游、休闲度假、文化体验等时尚高端旅游,促进旅游业提质增效、全域发展,实现旅游收入增长8%以上。落实促进健康产业发展政策措施,建立健康产业项目库和发展统计指标体系,成立健康产业协会,扶持健康体检、运动保健、理疗康复等企业加快发展,提高健康产业聚集度。发展面向国际的商务服务,年内引进科技、法律、会计等知名商务服务企业200家以上。发展会展经济,支持企业积极承办国际性会议、论坛和展会。

实施"互联网+""海洋+"行动计划。坚持蓝色、高端、新兴方向,推动大数据、云计算、物联网与产业深度融合,培育发展平台经济、分享经济等新经济形态。优化青岛软件园、动漫园产业布局,全年引进软件信息、数字动漫企业12家以上,形成嵌入式软件、行业应用软件、网络信息服务、动漫游戏等四大产业集群,鼎信大厦等3座3.96万平方米研发楼投入使用。推动中国(青岛)新媒体基地、新壹百创意文化产业园等园区建设,引进青岛航运大数据研究院、亚信数据等机构,建成全国知名的数字新媒体、文化创意产业聚集地。培育发展新一代信息技术、高端装备制造、新能源等战略性新兴产业,支持智能机器人、3D打印、无人机、石墨烯、节能环保、重大新药研制等新兴业态和企业发展壮大。推进中科院海洋所海洋生物制品国家地方联合工程研究中心、国家级海洋渔业

生物种质资源库、海洋科技成果展示交易平台等建设，支持海洋科研机构开展科技研发、技术咨询，发展海洋装备、蓝色金融等新业态，推动海洋优势转化为产业优势。引进航运企业100家以上，壮大航运总部经济规模，构建现代航运服务体系，建设东北亚航运服务中心区。完善蓝色众创空间体系，建成"海洋U＋"等创客平台。推动设立远洋捕捞基金，支持远洋捕捞产业发展壮大。

加强财源经济建设。强化经济就是项目、项目就是经济理念，制定项目管理办法，落实区政府联系服务企业制度、项目月调度制度，建立大企业服务直通车，提升服务企业和项目质量水平。保护企业家精神，支持企业家专心创新创业，增强企业家的认同感和归属感。修订和落实各项政策措施，强化政策宣传，增强对外来资源和资金的吸引力。支持总部企业聚拢汇缴外围税源，提升亿元楼宇的数量和规模。健全全员招商机制，编制招商目录，实施靶向招商、以商招商，全年利用外资3亿美元、内资100亿元以上。完善财税联席会议制度，坚持依法组织税收，强化"营改增"企业税源管理，依法清缴欠税和纠正异地纳税。建立协税护税长效机制，建立多方参与、齐抓共管协税护税网络体系，组织开展协税护税行动，促进财政收入稳定增长。

（二）加快建设时尚幸福的现代化国际城区，必须注重协调，坚持东西协同、物质文明精神文明并重，重点复兴发展西部老城区，推动全域一体化发展。推进区域协同发展。注重城市设计研究，编制城区控制性详细规划，以"三湾一带"优化空间布局和产业结构，推动城区系统、协调、精致发展，高标准建设海湾型都市区。提升发展浮山湾区，推进华润大厦、海天中心等商务载体加快建设，提升国际金融、总部经济、时尚消费等高端产业能级，引进国际国内知名时尚品牌直营店、体验店以及免税店等10家以上，促进国内最大黄金珠宝卖场"金叶珠宝"开业，加快建设青岛国际商务和时尚消费中心，更好辐射带动全域发展。突破发展汇泉湾区，整合世界级的建筑资源、旅游资源、医疗健康资源，发展健康服务、婚庆摄影、影视拍摄、个性化旅游等新兴产业，支持举办国际婚庆节、赏花会等节会，加快建设青岛城市中央休闲区、健康服务聚集区。保护发展青岛湾区，实施贵州路两侧和风貌保护区设计和规划，发动社会力量参与，保护利用文保单位和历史建筑20处以上，建成博物馆、文化馆、美术馆等，建设国际知名的历史文化街区。突出前海一线时尚主题，加强与国内知名旅游城市的互动合作，打

造国际知名旅游休闲滨海岸线。树立地下城市理念，启动地下全域规划编制和地质勘查研究，配合推进澳门路地下商业街等地下工程建设。发展地铁经济，强化地铁与周边商务载体的互联互通，做好4条在建地铁的服务保障工作。

加快西部城区复兴发展步伐。制定西部老城区复兴发展行动计划和专项政策，成立工作机构，设立专项资金。实施青岛湾等片区3000户棚户区居民房屋征收，制定征收后房屋利用计划。推动青岛近代文化名人博物馆建设，保护利用三江会馆、广东会馆旧址，选址建设青岛金融博物馆，推进使领馆区和国际机构聚集区的选址建设等工作。实施黄岛路等片区整体保护和功能置换。年内力争共同承办全国近现代文物建筑保护利用示范区现场会。支持"宏仁堂"等中华老字号加快发展。做好青岛湾广场等项目论证规划工作，加快"三岛组团"等项目建设，促进金茂湾购物中心开业。在西部城区选址建设区级文化中心、图书馆、档案馆等公共设施，启动老年大学新校（西部老年活动中心）建设。围绕打造"沸腾"的青岛湾，把文化、旅游与音乐有机结合起来，在小青岛、青岛音乐厅等举办"中德室内乐"音乐节等艺术节会50场次以上，提升文化之岛、音乐之岛的美誉度。

提高城区文明建设水平。坚持社会主义先进文化前进方向，深化群众性精神文明创建，常态化建设文化强省先进区。加强未成年人思想道德建设。实施文化惠民提升工程，推进数字档案馆、博物馆、图书馆等文化网络平台建设，举办群众性文化活动1000场（次）以上。支持文艺创作创新，推出更多群众喜闻乐见的优秀作品和青岛特色时尚文化产品。加强文化市场管理。深化双拥共建，推进军民融合深度发展。加强科普教育，做好民族宗教、侨务、对台工作，推动统计、档案、妇女儿童事业发展，提高人防、防震减灾工作水平。编纂出版《市南区志》，出版发行市南区近现代人文研究丛书。

（三）加快建设时尚幸福的现代化国际城区，必须厚植开放，持续深化改革，发展开放型经济，拓展发展新境界。深化关键环节和重点领域改革。持续深化简政放权、放管结合、优化服务改革，推行"互联网＋政务服务"，加强与全市网上审批平台的互联互通，试点"一窗通办"服务模式，实现审批事项和公共服务事项全部网上办理。深化商事制度改革，全面推行"五证合一、一证一码"，清理各种证明和手续，实现新注册企业当日受理、三日内发证、全程零费用服务。强化事中事后监管，全面推行"双随机、一公开"监管模

式。深化综合行政执法体制改革,执法重心和力量全部下沉到街道。稳妥推进事业单位改革。加快街道行政管理体制改革,编制和公开区街两级公共服务事项目录、服务指南,制定街道办事处行政权力清单。深化预算管理制度改革,实施跨年度预算平衡和中期财政规划管理。强化国有资产监管,落实国有企业薪酬、经营绩效考核等制度,提升经营管理水平和竞争能力,促进国有企业做大做强。发挥财政资金、国有资本杠杆作用,引入社会资本参与重大基础设施和产业项目建设。深化金融改革,支持企业上市融资,新增主板上市企业1家、新三板挂牌企业6家以上。规范发展融资性担保、民间资本管理公司等金融企业,做好不良贷款化解工作。完善地方金融风险处置机制,严厉打击非法集资行为。切实防范债务风险。

更加积极主动扩大开放。制定国际城市战略实施纲要和年度行动计划。积极复制推广自贸试验区投资管理体制、服务业对外开放等试点政策,提升投资贸易便利化水平。落实稳外贸政策措施,扶持外贸综合服务平台建设,支持重点跨境电商企业加快发展,建设公共海外仓,年内实现进出口100亿美元以上。积极引进国内外知名跨境电商企业,打造电商集聚园区(楼宇)。引导对外投资健康有序发展。深化国际友城交往,加快与法国巴黎十三区等结好进程,扩大与"一带一路"沿线国家和地区的交流合作。做好贵州安顺平坝区、甘肃陇南宕昌县、菏泽市牡丹区、平度市等地区的对口帮扶工作。

(四)加快建设时尚幸福的现代化国际城区,必须倡导绿色,加强生态文明建设,创新城区管理服务,提升可持续发展水平。加强城区精细化管理。对照国际标准完善管理体系、创新管理方式,提高城区管理、执法和服务水平。把违法建设治理作为重要的政治任务,迎难而上,依法推进,年内完成全部任务的70%以上,坚决打赢违法建设治理开局之年战役。强化景区景点和重点区域秩序管理,依法治理露天烧烤、流动商贩、占路经营等行为。完善生活垃圾分类收集体系,提高垃圾回收利用率。综合整治道路护栏、标志牌、导向牌、门头牌匾等设施,维修银川西路、武昌路等22条超期服役道路。有序实施前海一线亮化,形成动静结合、错落有致的夜间景观。新建改造集成公厕30座。积极开展开放式楼院准物业化管理。建设启用"政务云"大数据平台,整合各类网格化、数字化资源,推进城市管理、社会服务、社会治安、综合执法多网融合,广泛运用大数据和信息技术加强城区管理服务,加快建设智慧市南。

优化城区生态环境。发展循环经济、低碳技术,倡导健康生活方式,推广应用节能环保、汽车尾气减排等绿色技术。编制海绵城区建设规划,推进八大关、浮山生态园等区域7.5平方千米海绵城区建设。选址建设地下综合管廊。实施既有居民建筑节能改造100万平方米,综合整治27处806栋居民楼院。落实大气污染防治计划,强化燃煤废气、机动车尾气、餐饮企业油烟和扬尘治理。继续开展美丽海岸行动。贯通前海一线木栈道,绿化提升滨海步行道。制定充电桩建设规划,发展智慧交通、智慧泊车,规范行车停车秩序。制定支持社会力量兴建和开放停车场、驻区单位和机构错时开放停车场的扶持政策,推进软件园中心区、401医院等8处停车场建设,新增泊位5000个以上。整治旌德路26号等4处地质灾害隐患点。

(五)加快建设时尚幸福的现代化国际城区,必须推进共享,切实保障和改善民生,不断增强群众的获得感和幸福感。加强就业创业和社会保障。实施积极的就业政策,新增就业4.5万人,扶持创业3700人,扶持创业企业(个体)700家,带动就业2100人以上。加强劳动监察和劳动争议仲裁,构建和谐劳动关系。支持社会力量参与养老服务,推进日间照料中心规范化、标准化建设。发展慈善事业,完善大救助平台,落实补充医疗保险、医疗救助、临时救助制度,让因病因残致困群众得到及时救助。健全扶残助残体系,建成区残疾人综合服务中心。推进旧城改造1200套安置房建设,建成3800套(户)公共租赁住房。精准施策,精准扶持,帮助城区贫困人口尽快脱贫。

发展更高质量更加公平的教育。坚持优质均衡发展方向,深化学区制改革,全面推行校长职级制改革。推进教育区域化、集团化发展,优化教育资源配置,实施教师素养提升工程,加强教育督导评估,提高教育教学质量。深化课程改革,实施中小学德育课程一体化建设,加快发展国学教育、海洋教育、国际理解教育等特色教育。发展普惠的学前教育。制定实施特殊教育提升计划。与青岛大学合作建设青大实验中学、附属小学和幼儿园,启动金门路小学重建工程,宁夏路第二小学、燕儿岛路第一小学扩建工程开工,重建的南京路小学投入使用。协调推进澳门路小学、宁德路小学及幼儿园建设。发展社区教育,创建3处社区居民特色学习体验基地。推动海信文化教育产业园建设。

加快建设健康市南。把居民健康放在优先发展的战略地位,树立大健康观念,加强健康教育和健康促进,持续提供健康公共产品,努力让居民群众公平可及地享有全方位、全周期的健康服务。深化公立医院改革,完善管理体制,持续改善医疗服务。建成 3 处社区卫生服务中心,加强全科医生队伍建设,继续开展名医和家庭医生进社区活动。整合医疗卫生资源,推进大医院与社区医疗机构组建医联体,完善社区首诊、双向转诊服务体系,提高基层医疗服务能力。加强重大传染病预检预测和慢性病精神疾病的管理,发展国医馆、中医药专家工作室等中医药事业。优化计划生育服务,落实"全面两孩"政策,为符合条件孕妇提供出生缺陷预防检查补贴。开展全民健身运动,积极承办国际沙滩柔道节、国际马拉松等各类体育赛事。因地制宜,规划建设景区以及滨海公共岸线步行道、慢跑道。新建、完善全民健身场所 110 处,创造条件有序开放中小学体育场地。

加强和创新社会治理。实施社区治理"四社联动",加强社会工作专业人才队伍建设,引导社会力量参与社区治理和民生服务。规范发展社会组织,发挥人民团体、社会组织在社区治理工作中的积极作用。厘清行业监管、综合监管、属地监管责任,建立安全责任清单体系。开展"大快严"集中行动,突出安全隐患治理"五落实",坚决遏制重特大事故发生。实施社会公众安全险项目。建成 30 处社区微型消防站。为 1251 部民用电梯加装一键报警装置,更新改造 262 部老旧居民电梯,做好既有住宅加装电梯试点工作。专项整治网络欺诈、欺客宰客等违法行为,商品质量抽检 480 个批次,营造公平有序消费环境。加强食品日常监管,全年开展食品安全检测 2600 批次、快速检测 2.6 万批次,升级改造 40 家农贸市场、大中型商超等单位食品安全快速检测室和检测设备。健全社会矛盾纠纷多元化解机制,依法化解信访积案。完善立体化社会治安防控体系,发动居民开展群防群治。加强应急管理,提高预测预警和防范各类风险能力。密切关注和依法应对网络舆情。

四、加强政府自身建设

加快建设时尚幸福的现代化国际城区,必须牢固树立政治意识、大局意识、核心意识、看齐意识,把全面从严治党要求落实到政府工作全过程,依法行政、为民务实、廉洁高效,努力建设人民满意的服务型政府。

(一)全面落实依法行政。深入贯彻法治政府建设实施纲要和加强法治政府建设的意见,将政府工作全面纳入法治化轨道。坚决执行区人大及其常委会的决议决定,自觉接受区人大的法律监督、工作监督,主动接受区政协的民主监督,落实重大事项向区人大及其常委会报告和向区政协通报制度,扎实办好人大代表建议和政协提案,认真听取各民主党派、工商联、无党派人士和人民团体意见。加强执法监督,促进规范公正文明执法。全面推行政府法律顾问制度,依法开展行政调解、行政复议工作。落实"七五"普法规划,加强法治教育,提高政府工作人员法治思维和依法行政能力。加强政务诚信建设,以实际行动取信于民。

(二)持续改进工作作风。严守党的政治纪律和政治规矩,自觉维护党中央权威。常态化制度化开展"两学一做"学习教育,严格落实中央八项规定精神,严防"四风"现象反弹回潮。健全督查问责机制,加强中央和省市区各项决策部署执行情况的督查,以"钉钉子"精神抓好工作落实,确保政令畅通、令行禁止。领导干部要亲自抓、带头干,勇于挑最重的担子、啃最硬的骨头,让改革发展稳定各项任务落下去,让惠及百姓的各项工作实起来。落实正向激励和容错纠错机制,推动形成竞相干事创业、主动攻坚克难的良好局面。

(三)切实提高服务效能。完善公众参与、专家论证、风险评估、合法性审查和集体讨论决定等法定程序,促进科学民主依法决策。发挥智库作用,加强全区综合性、长期性、前瞻性重大问题研究。创新公共服务提供方式,扩大政府购买服务范围。加强政府网站建设和管理,发挥新媒体联系服务群众重要作用,完善新闻发布制度,强化政策解读和舆论引导,及时回应群众关切。《市南社区报》发行入户到企。推行政务公开,畅通政务热线等渠道,扩大公众参与,接受社会监督。全面贯彻党的群众路线,问政于民、问需于民、问计于民,勇于担当,甘于奉献,为群众办实事、解难事,当好人民公仆。

(四)强化政府廉政建设。坚决执行《关于新形势下党内政治生活的若干准则》《中国共产党党内监督条例》等党内法规,严格执行党风廉政建设责任制,切实履行政府党组主体责任,推进全面从严治党各项要求在政府落地生根。认真落实"一岗双责",强化行政权力运行制约监督,持之以恒正风肃纪,做到有权必有责、用权必担责、滥权必追责。自觉接受纪检监督、审计监督、群众监督、舆论监督,加强民生项目和资金、预算执行、政府投资、领导干部经济责任审计和绩效审计。践行社会主义核心价值观,讲修养、讲道德、讲诚信、讲廉耻,认真执行廉洁自律准则,自觉同特权思想和特权现象作斗争，注重家庭、家教、家风，做到干部清正、政府清廉。

各位代表、同志们，实现未来五年的发展目标，任务艰巨，使命光荣。让我们更加紧密地团结在以习近平同志为核心的党中央周围，在市委、市政府和区委的坚强领导下，闻鸡起舞，登高望远，撸起袖子加油干，加快建设时尚幸福的现代化国际城区，以优异成绩迎接党的十九大胜利召开！

附件

名词解释

千帆计划：市政府《关于实施"千帆计划"加快推进科技型中小企业发展的意见》（青政发〔2014〕32号）提出，通过采取有效措施，3年内重点培育和扶持科技型中小企业2000家，其中，年营业收入过亿元企业超过500家，高新技术企业超过1000家。全市科技型中小企业总数突破10000家，形成千帆竞发、蓬勃向上的集群发展态势。

"六送"养老服务：指市南区为辖区孤寡老人和独居老人提供的免费送奶、送报、送爱心、送家政、送保险和送午餐服务。

"天网"工程：建立和完善社会协同共建、资源高度整合、运行机制完善、管理应用规范的视频监控模式，实现对全区单位、设施、场所、道路、小区和治安复杂区域的视频监控系统全覆盖。

世界最美海湾：2007年，以市南区沿海六大海湾为代表的青岛海湾被联合国教科文组织支持的世界最美海湾组织评为"世界最美海湾"，也是中国第一片拥此美誉的海湾。目前共有27个国家的35个海湾享有"世界最美海湾"荣誉。

三中心一基地：指"十三五"时期青岛规划的战略目标，把青岛建设成为"国家东部沿海重要的创新中心、国家重要的区域服务中心、国家先进的海洋发展中心和具有国际竞争力的先进制造业基地"，努力推动青岛各项工作走在前列。

美丽海岸行动：建立专业机构日常管护为主、社会认领（目前已有4家企业参与）、志愿者参与相结合的工作模式，对前海一线重要节点的环境进行集中整治，维护前海一线优美环境。

2017年实现两个"翻一番"的测算说明：2010年市南区生产总值为543.7亿元、居民人均可支配收入为26668元（当年公布数据），若实现两个指标比2010年翻一番，2017年需分别达到1087.4亿元、53336

元。根据2016年生产总值1016.41亿元、居民人均可支配收入50028元为基数测算，2017年分别增长7%、6.6%即可实现。

十大现代服务业：指市南区重点发展的十大类现代服务业：现代金融、航运物流、中介服务、文化创意、时尚商业、休闲旅游、海洋经济、健康产业、电子商务、科技服务等。

一个率先、四个走在前列：区十三次党代会提出今后五年发展的总体目标。"一个率先"就是率先全面建成更高水平的小康社会，"四个走在前列"为经济转型升级走在前列、文化繁荣和文明建设走在前列、城区治理和环境建设走在前列、民生保障和社会建设走在前列。

三湾一带：指以西部青岛湾、中部汇泉湾、东部浮山湾三个海湾为基点，统筹滨海一线空间、资源与产业发展，构建文化为纽带，金融商务、时尚消费为特色的"三湾一带、联动发展、相互促进、共同繁荣"的现代化国际城区新格局。

三岛组团：是对市南区西部临胶州湾的三个半岛片区的统称，由南向北依次为"南岛组团""中岛组团"和"北岛组团"。

三去一降一补：指供给侧结构性改革的五大任务，即去产能、去库存、去杠杆、降成本、补短板。

私募基金阳光汇：阳光私募是指规范化、透明化运作的私募基金。私募基金"阳光汇"是以园区或楼宇为载体，重点培育和引进具有世界500强及国企背景或在私募基金业协会备案的基金及其管理机构，打造私募基金的聚集地，形成产业集聚效应。

政务云大数据平台：是指运用云计算技术，统筹利用已有的机房、计算、存储、网络、安全、应用支撑、信息资源等，发挥云计算虚拟化、高可靠性、高通用性、高可扩展性及快速、按需、弹性服务等特征，为政府行业提供基础设施、支撑软件、应用系统、信息资源、运行保障和信息安全等综合服务平台。

分享经济：是指将社会海量、分散、闲置资源、平台化、协同化地集聚、复用与供需匹配，从而实现经济与社会价值创新的新形态。分享经济强调的两个核心理念是"使用而不占有"和"不使用即浪费"。

海洋U+：是一家以海洋科技成果转化为特色的国家级众创空间，突破院所科研成果转化瓶颈，实现海洋领域产业链上下游对接，促进院所科技成果转化，助力海洋类高学历人才"先就业、学创业、再创业"，促进科技人才创新发展。

国际理解教育：市教育局2016年发布《关于加

强中小学国际理解教育的指导意见》，要求在全市加强中小学国际理解教育，帮助学生在认同自我和本土民族文化的基础上，尊重和理解不同民族、地域、国家的文化，与不同文化背景的人进行有效交往，具有尊重差异、理解多元、接纳吸取、合作共享的国际素养。

"一窗通办"服务模式：即以群众满意为导向，将部门（单位）分设的办事窗口整合为综合窗口，变"多头受理"为"一窗受理"，构建统一的"一窗式"政务服务工作模式新体系。

双随机、一公开：指监管部门在监管过程中随机抽取检查对象，随机选派执法检查人员，抽查情况及查处结果及时向社会公开。这是深化简政放权、放管结合、优化服务改革的重要举措。

马德里国际商标注册：是指根据1891年于西班牙首都马德里签订的《商标国际注册马德里协定》，或根据1989年在马德里通过的《商标国际注册马德里协定有关议定书》及其《共同实施细则》建立的马德里联盟缔约方间的商标注册体系。目前马德里联盟有98个成员，覆盖114个国家。中国于1989年10月成为《商标国际注册马德里协定》的第28个缔约方，1995年12月成为《商标国际注册马德里协定有关议定书》的第4个缔约方。

四社联动：指以社区为平台、社区社会组织为载体、社会工作专业人才为支撑、社区志愿者为依托的服务机制。

大快严集中行动：指安全生产隐患大排查、快整治、严执法集中行动。

安全隐患治理五落实：指安全生产整改资金、整改责任、整改时限、整改措施、整改预案的落实。

青岛市市南区人大常委会工作报告
——在青岛市市南区第十八届人民代表大会第一次会议上
（2017年2月27日）
市南区人大常委会主任 韩连德

各位代表：

我受区十七届人大常委会的委托，向大会报告五年来的工作，并对新一届区人大常委会工作提出建议，请予审议，并请列席人员提出意见。

过去五年的工作回顾

过去的五年，是以习近平同志为核心的党中央实施治国理政新理念新思想新战略，开创中国特色社会主义建设崭新局面的五年。从确定"两个一百年"奋斗目标到提出中华民族伟大复兴"中国梦"，从统筹推进"五位一体"总体布局到协调推进"四个全面"战略布局，从主动把握经济发展新常态到牢固树立五大发展理念，以习近平同志为核心的党中央深刻阐述了党和国家发展的重大理论问题，并以扎实有力的举措进行着积极实践。对人大工作而言，不论是"坚持中国特色社会主义政治制度"的庄严宣示，还是"推动人民代表大会制度与时俱进"的改革号角，以及"健全'一府两院'由人大产生、对人大负责、受人大监督制度"

"健全讨论决定重大事项制度"等具体措施，可以说，这五年，中央对人大工作的要求从宏观到微观，从理念到实践，越来越具体，越来越刚性。这为加强和改进人大工作，特别是激发基层人大工作活力提供了机遇、创造了条件。五年来，区十七届人大及其常委会深刻把握新形势赋予人大工作的新内涵、新任务，在中共市南区委的坚强领导下，紧密联系全区改革发展实际，依法有效行使职权，共组织召开区人民代表大会5次，常委会会议38次，主任会议82次；听取审议预决算、审计、计划执行及其他专项工作报告49项，开展执法检查10次，专项视察25次；依法任免国家机关工作人员253人次，任命人民陪审员61人，充分发挥了地方国家权力机关的职能作用。回顾过去五年的工作，我们主要做到了"五个坚持"，始终保持了"五个意识"：

一、坚持忠诚于党，始终保持了强烈的政治意识

党的领导是中国特色社会主义最本质的特征，也是做好人大工作最根本的保证。五年来，常委会牢牢

把握人大工作正确的政治方向,把坚持党的领导贯穿于行使职权的全过程,落实到履行职责的各方面。

坚决维护中央权威。坚持党的领导,首先是坚持党中央集中统一领导;维护党的权威,首先是维护党中央权威。常委会深入学习贯彻党的十八大和十八届三中、四中、五中、六中全会精神,以及习近平总书记系列重要讲话精神,切实增强政治意识、大局意识、核心意识和看齐意识。注重发挥党组织领导核心作用,团结带领常委会组成人员、人大代表和机关干部中的全体党员,切实与以习近平同志为核心的党中央保持高度一致,做到党中央提倡的坚决响应、党中央决定的坚决照办、党中央禁止的坚决不做。

着力落实区委部署。常委会积极维护区委"总揽全局、协调各方"的领导核心作用,严格执行请示报告制度,对全区人大工作中的重大问题、重要事项,由常委会党组及时向区委请示报告,严格依法按程序做好相关工作。紧紧围绕区委决策部署,统筹安排监督、任免、代表等各项工作和重要活动,把着眼点放在提供法治保障、组织保障和监督保障上,把着力点放在解决影响改革发展的突出问题、民主法治建设的薄弱环节和事关群众切身利益的民生事项上,切实推进"一府两院"依法行政、公正司法。

不断改进工作作风。坚持忠诚于党,必须在作风上清正廉洁。常委会按照中央和省、市、区委统一部署,深入开展了党的群众路线教育实践活动、"三严三实"专题教育和"两学一做"学习教育。准确把握全面从严治党的新要求,抓住问题导向这个核心,聚焦"四风",开展了严肃认真、积极务实的批评和自我批评;聚焦对党忠诚、个人干净、敢于担当,对"不严不实"问题进行了深入查找和整改;聚焦"五个着力解决",列出清单逐一纠正。通过常抓不懈的作风建设,更加积极主动适应全面从严治党的新常态。

二、坚持遵从于法,始终保持了强烈的法治意识

人大及其常委会处在社会主义民主法治建设第一线,人大履职的每一个动作都与法律息息相关。五年来,常委会围绕加快建设法治市南,从自身做起,全力推进严格执法、公正司法、全民守法,努力保障全区经济社会发展各项工作在法治轨道上有序进行。

强化依法履职意识。坚持"打铁先须自身硬",建立形成了"履职先懂法、用法先学法、行权必依法"的工作机制和良好氛围。完善集体学法制度,五年来,根据监督工作需要,安排了刑法、行政诉讼法、预算法等23部法律法规的专题辅导,切实提高常委会组成

人员和机关工作人员的法治意识和依法办事能力,努力形成了人大工作"既讲政治、又讲程序、最讲法律"的普遍共识。根据监督法、地方组织法、代表法等有关法律规定,对常委会既有的工作规则和管理制度进行了一次全面修订,对工作中需要规范的程序和做法进行了补充和完善,使常委会工作更有针对性,更加规范化。

积极弘扬宪法精神。自2014年首个国家宪法日以来,连续三年主动发挥牵头抓总作用,调动各方面力量开展多种形式宣传,推动宪法进机关、进校园、进企业、进社区。落实宪法宣誓制度,制定了区人大及其常委会实施宪法宣誓制度办法,组织新任命的国家机关工作人员进行了宪法宣誓,通过庄重仪式和严格程序,增强被任命人员对宪法的敬畏感。切实维护法制统一,成立规范性文件备案审查委员会,修订了相关工作办法,理顺了工作流程,五年来审查"红头文件"58件,提出审查意见40余条,促进了良规善治。

全力推进依法行政。坚持做到每一次监督都有法可依,每一个建议都于法有据。对残疾人保障法贯彻实施情况开展了执法检查,要求摸清底数,分类保障,分步推进,切实把安置、教育、安养等政策落到实处。针对新形势下消费维权难问题,组织视察了消费者权益保护工作,建议以贯彻新修订的消费者权益保护法为契机,加强市场监管和维权执法,构建多元化大维权工作格局。认真执行《青岛市城市风貌保护条例》和市人大常委会《关于加强浮山绿化管理和生态保护的决定》,对环境资源和风景游览区保护、浮山保护管理和生态公园建设等工作进行了监督,提出了工作建议。突出执法检查的法律监督属性,对《青岛市城市绿化条例》、消防法等10部法律法规在我区的贯彻实施情况开展了执法检查,促进了法律法规有效实施。

努力促进公正司法。加强对司法活动的监督,支持促进法检"两院"工作,发挥公正司法的防线作用。听取审议了民事审判工作情况报告,支持区法院在强化普法、执法和执行工作的同时,重点针对民事纠纷挤占审判资源造成案多人少的问题,加强诉前调解工作。听取审议了关于发挥检察职能作用服务民生工作的报告,支持区检察院进一步改进服务方式,将控申举报、咨询查询、律师接待、电子阅卷等对外功能打造成"一站式"检察服务大厅,为群众提供了便捷的"绿色通道"。常委会还听取审议了区法院关于刑事、行政、知识产权审判和执行工作情况的报告,区检察院关于创新机制预防职务犯罪、反渎职侵权、贯彻落

实民事诉讼法和刑事诉讼法情况的报告,积极支持法检"两院"有关工作的开展,努力让人民群众感受到法律的公平正义。

三、坚持支持于政,始终保持了强烈的大局意识

监督既是制约,监督也是支持,监督更是促进。五年来,常委会坚持监督与支持相统一,努力在工作中妥善调整利益关系,广泛凝聚社会共识,保障全区改革发展大局,充分彰显人大制度的特征和优势。

注重目标的一致性。坚持发展第一要务,审议了"十二五"规划纲要中期评估报告,要求根据宏观形势调整部分指标,以解决突出矛盾为切入点,开展重大问题前瞻性研究。组织代表参与了"十三五"规划编制,强调要"跳出市南看市南",主动对接和融入国家、省、市发展战略,着力营造法治化、市场化、国际化发展环境。审议批准了《市南区国民经济和社会发展第十三个五年规划纲要》,为全区新一轮发展描绘了蓝图。深刻把握发展新常态,针对青岛市全域统筹战略实施和产业布局调整带来的影响,对楼宇经济、旅游业、文化产业、健康产业发展,以及智慧城区建设、"三创"、科技孵化器建设等工作开展调研和视察,强调要以更宽视野、更活思路和更实举措推进符合市南实际的供给侧结构性改革。

注重计划的严肃性。坚持结合政府年度重点工作制定监督计划,督促有关部门按期推进工作,按时完成任务。每年均安排听取和审议财政决算、预算执行、审计工作报告,尤其是围绕严格执行预算法规、科学编制年度预算等提出审议意见。2014 年,针对预算法 20 年来首次大修,立法宗旨有了很大变动的实际,牵头组织各预算单位学习法律新精神,切实提高预算编制水平。加强对计划执行的宏观把控,每年均及时听取审议半年国民经济和社会发展计划执行情况报告。将区政府为民办实事工作列为每年的"必审项目",制定了《市南区为民办实事项目监督工作办法》,加强跟踪了解,组织实地查看,认真查找问题,督促部门提高执行力,确保年度任务按期完成。

注重建议的针对性。重视人大常委的工作视察,提高工作建议的针对性。针对海水浴场管理工作中存在的问题,提出要依法明确分工,健全协调机制,切实细化安全应急、商业管理、舆情处置等措施,提升管理服务质量。针对楼院综合整治工作中存在的问题,提出要把握工作计划性,细化整治内容和标准,建立长效管理机制,把好事办好办实。针对垃圾分类收集工作中存在的问题,提出要因地制宜,探索丰富工作

模式;明确责任,实现条块结合和齐抓共管。针对火车站周边环境综合整治工作中存在的问题,提出要建立高效统一、齐抓共管的管理机制,把环境卫生、交通运营秩序等作为整治重点,对违法行为持续保持高压态势等。另外,常委会还对城区环境卫生管理、地下空间开发利用、名人故居保护利用、数字化城管和文化市场秩序管理等工作进行了监督,提出了有针对性的意见建议。

四、坚持服务于民,始终保持了强烈的群众意识

人大制度的根基在人民,发挥作用的力量在人民,依法履职的归宿在人民。常委会坚持用党的群众路线统领人大工作,努力做到群众关心什么、人大就关注什么,群众期盼什么、人大就监督什么,本届 80%以上的监督议题都是民生热点事项,真正让群众在关键问题的解决和推进上看到变化、见到实效、得到实惠。

积极回应群众关心关切。就业是民生之本,常委会视察了创建充分就业街道、劳动仲裁等工作,推动就业、再就业政策的贯彻落实,提出了多方预防化解劳动争议、构建和谐劳动关系的建议。教育是民生之基,常委会审议了公办幼儿园建设情况报告,对民办教育发展情况进行了专项视察,强调要加强规划编制和政策支持,促进公办和民办教育协调并进,满足群众"学有优教"良好期盼。医疗是民生之网,常委会对基本公共卫生服务均等化、公立医院改革、社区卫生服务等一系列工作进行了监督,推动"人人享有基本医疗卫生服务",加快实现群众"病有良医"美好愿望。住房是民生之要,常委会在审议保障性住房建设管理工作报告时,要求政府认真研究管理体制问题,严格资格审查,健全退出机制,实现阳光监管,确保人民群众"住有宜居"。

着力解决民生热点问题。安全是学校头等要紧的大事,常委会深入调研了校园消防、周边环境、学生餐饮、课后托管等情况,审议了校园安全工作报告,要求认真查找隐患,落实主体责任,全力确保校园安全防范措施落到实处。老旧电梯是安全生产中很大的隐患,常委会组织开展了专项视察,要求把保障群众生命财产安全放在首位,理顺监管体制,主动采取措施,把老旧电梯安全列为为民办实事项目。养老是十分迫切的民生工程,常委会开展了老年人权益保障法执法检查,听取审议了养老工作报告,要求加快日间照料中心建设,通过政府引导、政策扶持、社会参与、市场推动,打造具有区域特色的养老模式,使"老有颐

养"保障体系尽快健全。

努力维护群众切身利益。围绕新形势下社会矛盾化解机制的健全完善,组织对人民调解工作进行了视察,提出要整合人民调解、司法调解、行政调解资源,推进大调解格局的形成。听取审议建筑施工噪声污染防治工作报告,强调要建立综合整治工作机制,加大重点区域和重点时段执法查处力度,引导社会群众共同监督。着力确保人民群众"舌尖上的安全",对食品安全法贯彻实施情况开展了执法检查,并对创建食品安全示范区工作进行了专项视察,强调要尽快建立"智慧监管"信息平台,全面推行有奖举报和"黑名单"制度,推动全区食品安全环境持续向好。另外,常委会还对社区居委会换届、体育事业发展、民间社会组织管理等工作进行了监督,推动各项工作更好地发挥保障群众权益、服务群众生活的作用。

五、坚持立足于本,始终保持了强烈的代表意识

人大工作的主体是代表,人大工作水平看代表、潜力在代表。区十七届人大常委会高度重视代表工作,不断创新工作思路,努力为代表依法履职创造更便利条件和更宽广平台,凸显代表主体地位。

深入开展主题实践活动。2012 年,针对换届伊始,新当选代表职务意识不够、履职经验欠缺的实际,开展了"访民情、听民意、集民智、促发展、保稳定"活动,通过"走访一次选民、搞好一次调研、办好一件实事、帮扶一户家庭"的载体,组织代表进社区、进企业、进家庭,走访选民 2700 多人次,收集选民意见 510 条,形成代表建议 71 件,直接解决群众急事难事 178 件,捐款捐物 15.1 万元。2013 年,围绕学习贯彻党的十八大精神,开展了"围绕中心议大事、深入基层搞调研"活动,组织代表围绕全区经济、政治、文化、社会、生态文明建设工作大局,认真选题,成立 50 多个课题组开展调研,形成高质量的调研报告 66 篇,有力推动了我区相关工作的开展。

加强代表联系群众工作。2014 年,根据深入开展党的群众路线教育实践活动的需要,研究制定了《关于深入开展人大代表联系人民群众活动的意见》,通过在各街道建立人大代表联系人民群众工作室,设立"代表接待日",使闭会期间的代表活动有了常态载体。"代表接待日"活动开展三年来,共组织市、区两级人大代表参加了 92 个接待日活动,接待群众 3200 多人次,收集群众意见 1160 多条,形成代表建议 129 件,现场帮助群众解决问题 140 多件,通过务实有效的制度设计,使代表们越来越多地出现在民意现场,

与群众的联系更加密切。同时,进一步加强了代表履职监督工作,安排市人大代表分批次在常委会会议上述职并进行了现场评议;安排区人大代表以街道代表组为单位,面对面向选民汇报履职情况。

切实改进建议办理方式。区十七届人大一至五次会议期间,代表们依法行使职权,提出建议 855 件,涉及全区工作的各个方面,体现出强烈的履职意识、对人民群众高度负责的态度和对"一府两院"工作的深切关注。常委会要求各承办单位切实树立"责任法定"意识,着力解决建议办理"重答复、轻落实"问题。2013 年,研究制定了《市南区人大代表建议、批评和意见办理工作实施办法》,建立起"统一交办、分类督办、方案对接、专题审议、工作测评"的办理流程,实现了建议办理"面对面沟通""手牵手推进"和"背靠背测评",切实提高了建议落实率。

积极丰富代表活动内容。邀请代表参加常委会视察和调研活动,有计划地安排代表列席常委会会议,提升代表履职意识和能力。五年来,区十七届人大代表参加常委会活动、列席常委会会议,人均达到了 4 次。制定了常委会组成人员分工联系代表制度,搭建了"代表意见建议直通车",通过定期走访,帮助解决了一批代表反映的热点问题。有计划地组织代表参加各类培训活动;创刊《市南人大》杂志,为代表知情知政创造条件。组织评选优秀代表建议和调研报告,表彰 97 名优秀代表,加大代表履职先进事迹宣传力度,激励代表为民代言、依法履职。

各位代表,区十七届人大常委会即将圆满完成历史使命。回首五年的履职历程,常委会始终牢记代表的信任和人民的重托,切实增强思想自觉和行动自觉,不辱使命,大胆探索,推进人民代表大会制度在我区的生动实践,创造和积累了一些新的经验。五年的实践让我们深刻地认识到,做好新形势下基层人大工作,推进人大事业健康发展,必须坚持党的领导,坚决维护党委核心,主动依靠党委支持,做到思想上与党委同心、工作上与党委同步、行动上与党委同向;必须坚定制度自信,系统学习中国特色社会主义理论体系,提高政治素养,增强政治定力,任何时候都方向不偏、本质不变;必须树立大局意识,紧紧围绕大局、时时聚焦大局、处处服务大局,找准位置,发挥作用,尽职不越位、帮忙不添乱、监督不包办,为重点工作落实提供支持;必须践行群众路线,深入基层、深入群众,确保听得见群众的声音、读得懂群众的心情,把立党为公、执政为民的本质要求贯彻到工作的方方面面;必须引领法治建设,切实担负起维护宪法和法律权

威、推进依法治区的历史重任,用法治思维统领人大工作,以法治方式推动各项任务落实到位;必须坚持与时俱进,不断加强人民代表大会制度研究和常委会自身建设,推进人大理论创新和实践创新。

各位代表,区十七届人大常委会取得的成绩,是在区委的正确领导下,在历届区人大常委会老领导、老同志的关心支持下,区十七届人大常委会组成人员、人大代表、人大机关工作人员努力工作的结果,是区政府、区法院、区检察院、区直各部门、各街道密切配合的结果,也是全区广大人民群众大力支持的结果。在此,我代表区十七届人大常委会向大家致以最崇高的敬意,表示最衷心的感谢!

在肯定成绩的同时,我们也清醒地认识到,常委会工作与区委的要求和人民的期望还存在一定差距,工作中还存在许多不足,主要有:监督工作力度有待进一步加大;代表履职能力还要进一步增强,代表意见建议办理质量尚需进一步提高;机关服务意识还要进一步提升,人大工作还要更加科学化和规范化等。这些都需要在今后的工作中努力加以改进。

今后五年的工作任务

各位代表,今后五年,是市南区全面建成小康社会进入决胜阶段的关键时期,是推动市南区转型升级、动能转换、富民强区的关键时期。区第十三次党代会提出了经济社会发展"一个率先、四个走在前列"和加快建设时尚幸福的现代化国际城区的奋斗目标,为推进改革发展和民主法治建设指明了方向。新形势新任务要求新一届区人大常委会要高举中国特色社会主义伟大旗帜,以邓小平理论、"三个代表"重要思想、科学发展观为指导,深入贯彻落实党的十八大、十八届三中、四中、五中、六中全会精神以及习近平总书记系列重要讲话精神和治国理政新理念新思想新战略,围绕"五位一体"总体布局和"四个全面"战略布局,按照区委的新部署新要求,与时俱进做好人大工作,充分发挥地方国家权力机关作用。为此,区十七届人大常委会建议,今后五年的工作任务是:

一、坚持党的领导,把握正确政治方向

要把坚持党的领导贯穿于人大及其常委会依法履职的全过程,带头遵守党的政治纪律和政治规矩,自觉在大局下把准方向,主动在大局中有所作为,积极在贯彻落实区委决策部署上凝神、聚焦、发力,时时处处维护区委总揽全局、协调各方的领导核心地位,

高质量完成区委交给的各项任务。

二、健全工作机制,依法决定重大事项

重大事项决定权是人大常委会的一项基本职权,也是宪法和法律赋予地方国家权力机关的重要职责。党的十八届三中全会关于全面深化改革若干重大问题的决定明确指出,要发挥人民代表大会制度的根本政治制度作用,健全人大讨论、决定重大事项制度。下一步,新一届区人大常委会要建立和完善调研机制、监督机制、公开机制,提高讨论决定重大事项的质量和水平,推动决定重大事项工作科学化、规范化。

三、强化监督职责,切实增强监督实效

监督工作是人大工作的"重头戏"。新一届区人大常委会要继续拓展监督工作的广度和深度,围绕实现"一个率先、四个走在前列"和建设时尚幸福的现代化国际城区工作目标,努力在增强监督实效上下功夫、做文章。要加强对经济运行的监督,推进供给侧结构性改革。要加强对重大民生问题的监督,更好地回应群众关心关切。要进一步改进执法检查、调研视察、专题询问等方式方法,通过有效监督、持续监督、刚性监督,以监督促执行,以监督促落实,推动形成务实、高效的工作运行机制。

四、规范工作程序,做好人事任免工作

人事任免权,是人大及其常委会决策、监督作用在政权机构组织方面的体现。要坚持党管干部与人大依法任免的有机统一,进一步改进人事任免工作。一是严格规范法律考试,通过"凡任必考"的制度,督促拟任人员学法、懂法、用法。二是坚持宪法宣誓制度,通过庄严的仪式和严格的程序,进一步强化拟任人员的宪法和法律意识。三是加强任后监督,把对"一府两院"的工作监督与对国家机关工作人员的任后监督结合起来,经常运用视察、审议、询问、汇报等方式,督促被任命人员依法履职。

五、改进代表工作,充分发挥代表作用

新一届区人大代表不仅担负着代表全区55万人民管理地方国家事务和社会事务的重大使命,也是我区经济社会建设的骨干力量。要从强化代表职务意识着手,促进代表履职能力提升,让新一届人大代表从一当选就清楚地知道,人大代表不是一种"荣誉",而是一种职务;不是一种"光环",而是一份担当。代表人民利益,表达人民意愿,不是一句空洞的政治口

号,一项抽象的政治原则,一个简单的承诺,它包含着一系列脚踏实地的行动。当选人大代表不易,履行好代表职务、发挥好代表作用更不易,需要且行且珍惜。要突出加强新一届人大代表的学习培训,制定代表培训总体规划,通过初任培训、履职培训、专题培训等系统方式,增强代表的履职意识和能力。要认真总结经验,赋予人大代表联系人民群众活动更多的时代元素,积极拓展"把群众请进来、让代表走出去"工作方式,加快构建信息互动平台,不断提升活动实效。要积极拓宽代表知情知政和服务群众的渠道,扩大代表对常委会会议和活动的参与,健全闭会期间代表活动的组织、激励和保障机制。要进一步改进代表建议督办工作,切实提高办理工作质量和效率。

六、加强自身建设,不断增强履职能力

经过历届区人大常委会的探索、总结、提炼,目前,区人大及其常委会各项工作制度已基本健全,办文、办会、办事基本做到了有规可依、有据可循。但是,制度也是动态的,需要根据形势变化不断进行修订完善,更重要的是要落实到位。要制定区人大常委会工作规则,把人大工作纳入法制化、制度化轨道;要制定专门委员会工作办法,切实发挥专门委员会作用;要制定开展调查研究工作的办法,改进调研工作,提高调研质量。要不断加强作风建设,巩固党的群众路线教育实践活动、"三严三实"专题教育、"两学一做"学习教育成果,深入学习贯彻党的十八届六中全会精神,严格执行《关于新形势下党内政治生活的若干准则》和《中国共产党党内监督条例》,严守党的政治纪律和政治规矩。

各位代表,同志们,新形势下人大工作肩负重大使命,也面临新的机遇。做好新形势下的基层人大工作,必须深入学习贯彻习近平同志系列重要讲话精神特别是关于人大工作的重要讲话精神,不断深化对人大工作规律的认识,进一步强化辩证思维、系统思维、法治思维;必须坚持稳中求进的总基调,增强政治敏锐性,把握好方向、力度和节奏,坚持稳扎稳打、久久为功。

各位代表,凡是过去,皆为序章;目标既定,唯有实干。当前,市南区各项事业的发展站在了新的起点上,深化改革刻不容缓,转型发展时不我待。让我们紧密团结在以习近平同志为核心的党中央周围,在中共市南区委的坚强领导下,同心同德,砥砺奋进,为加快建设时尚幸福的现代化国际城区而努力奋斗,以优异成绩迎接党的十九大胜利召开!

中国人民政治协商会议
第十二届青岛市市南区委员会常务委员会
工作报告

——在政协第十三届青岛市市南区委员会第一次会议上

(2017 年 2 月 25 日)

市南区政协主席　吴　伟

各位委员、同志们:

我代表中国人民政治协商会议第十二届青岛市市南区委员会常务委员会,向大会报告工作,请审议。

过去五年工作的回顾

五年来,十二届区政协常委会深入学习贯彻习近平总书记系列重要讲话精神,高举爱国主义、社会主义旗帜,在中共市南区委的坚强领导下,在历届区政协奠定的良好工作基础之上,充分依靠全体政协委员,多方团结社会各界人士,全面履行政治协商、民主监督、参政议政三大职能,发挥了人民政协作为协商民主重要渠道和专门协商机构的重要作用,为助推我区经济社会各项事业全面发展作出了积极贡献。政协团结民主的履职平台更加广阔,委员履职为民的"好声音"更加响亮,社会公平正义的"正能量"持续传递。2015 年 9 月,中共山东省委召开政协工作会议,市南区政协作为全省基层政协工作先进典型,作了大

会交流发言。2016年，区政协荣获"全省政协宣传工作先进集体"荣誉称号。

一、坚持忠诚履职，创新发展，始终保持正确的政治方向

常委会始终把加强思想引领、凝聚共识摆在各项工作的首位。深入学习贯彻党的十八大和十八届三中、四中、五中、六中全会精神，学习习近平总书记系列重要讲话，不断增强政治意识、大局意识、核心意识、看齐意识，进一步巩固了团结奋斗的思想政治基础。专题学习了习近平总书记在庆祝人民政协成立65周年大会上的重要讲话精神，认真落实全国政协的工作部署，不断加强新形势下对人民政协性质定位的理解和把握，进一步践行了"参政议政、履职为民"的协商民主理念。五年来，组织机关科以上干部到全国政协干部培训基地、省、市、区委党校、新加坡国立大学苏州研究院、浙江大学等专门机构和知名高校学习培训120多人次，委员培训400多人次，有力地提升了广大委员，在人民政协这个政治大舞台上建功立业的自觉性和责任感。始终坚持围绕区委中心任务，开展政协工作，做到同唱一台改革戏，共念一本发展经，使之同频共振、同向共进。区委、区政府高度重视和支持政协工作，召开了全区政协工作会议，制定下发了《关于加强人民政协协商民主的实施意见》，对拓展协商内容、丰富协商形式、规范协商程序、提高协商能力等方面作出明确规定，为推进区政协工作在继承中创新，在创新中发展确立了目标和方向。

二、坚持围绕中心，咨政建言，服务大局效果显著

协商议政定位准确。十二届区政协常委会聚焦"区委要求、群众期盼、政协所能"的热点难点问题，紧紧围绕区委、区政府的重大决策部署，精选协商议政主题，深入调查研究，积极建言献策，主动拾遗补阙，为党政科学民主依法决策，提供了有益参考和鼎力支持。五年来，先后围绕"转方式调结构，助力区域经济发展""加强和创新社会管理，做好新形势下群众工作""创新社会治理机制""加强文化遗产保护""构建现代服务业体系"等议题，组织专题议政数十次。2013年，市南区提出了发展健康产业的工作目标，区政协立即跟进，将健康产业作为重点调研课题，组织委员深入调研论证，提出了具有前瞻性、针对性和可操作性的思路及对策，有力支持了《市南区健康产业发展规划》的制定，为青岛市获批国家级健康服务业实验区奠定了重要基础。在区"十三五"规划编制过

程中，委员们提出了关于发展高端服务业、电子商务、对外贸易、智慧城区建设、"互联网＋"行动计划、发展循环经济等10多个方面的意见建议，为规划的编制提供支持。围绕发展养老事业，提出的加强从业人员职业培训、分类实施医养结合等对策建议，为党政相关决策提供参考，《人民政协报》头版以《养老服务的"市南路径"》为题进行了专题报道。议政题目与全区中心工作的精准无缝对接，使得协商议政成效显著提升，很多意见建议备受重视。五年来，区委、区政府主要领导先后18次对区政协专题协商成果做出重要批示，许多意见建议纳入相关决策之中。

建言献策渠道拓宽。通过创新委员履职新载体、拓展建言新渠道，促进了政府部门与委员们的互动交流。开通网络信息平台，委员们撰写的提案、建议、社情民意等通过信息平台实现上下互通、快捷流转。有委员以《对2014年市南区政府工作的一揽子建议》为题，提出七大类近20条具体建议，以"直通车"形式直报区政府，得到高度重视，区政府主要领导约见了这名委员，并围绕政府购买公益服务、建设"枢纽型"社会组织等，进行了"面对面"交流，《人民政协报》《人民政协网》都对此进行了宣传报道。编发网络综合信息，如《市南区社会事业发展可圈可点》《局长谈发展》《利为民所谋唱好民生戏》等，全方位宣传推介市南区经济社会发展的新成就，拓展了委员参政议政新渠道。区政协履行职能、建言献策突出"精、实、新"的做法，在全国政协培训班上发言，得到了与会领导和同仁们的广泛好评。

视察调研成绩斐然。五年来，区政协共组织开展各类视察调研活动353次，撰写调研报告93篇，真正做到了建睿智之言，献务实之策，谋创新之举。

聚焦经济发展，助推全区重大改革举措顺利落地。围绕发展总部经济，在市政协会议上提出的《关于抢抓机遇，合力打造总部经济制高点的建议》，为打造市南区总部经济核心区争取支持。组织视察创意100产业园和青岛市科技创新孵化基地，一些委员企业对园区项目形成了部分合作意向和投资愿望，以实际行动助推市南区创新驱动发展战略的实施。组织委员参加区"促进科技创新""支持创新创业载体建设"等扶持政策调研论证，为我区获评"全国科技进步先进区"献计出力。

视察调研金融商务、总部经济、时尚商业、航运物流、"海洋＋"行动计划等，助推全区产业结构优化升级政策的贯彻落实。调研工商注册制度及市场监管体系改革情况，提出意见建议，推进改革政策的顺利

实施。五年来,形成了《关于促进市南区中介服务业发展的调研报告》《互联网思维下的市南科技产业》《市南区律师行业发展状况的调研报告》《中山路"老字号"企业历史与现状》等一批调研成果。其中,《加强胶州湾生态恢复建设,确保海洋生态环境持续改善》《积极开发旅游资源,提升青岛旅游业发展水平》的调研报告,分别在市政协专题协商会议、双月协商座谈会上交流发言。

关注群众期待,助推民生改善,促进社会和谐。把为民办实事项目进展情况纳入区政协常委会集中视察的内容,组织委员围绕社区建设、城区管理、环境保护、无障碍城区、社区医疗、卫生应急管理体系建设等情况进行视察调研,推动全区为民办实事的顺利完成。连续三年对区保障性住房建设情况进行跟踪并提出建议,促进这一民生工程顺利进行。视察充分就业城区创建工作,提出的设立见习基地、免费技能培训、政策扶持引导,众创空间建设等建议,被相关部门采纳,助推了我区就业工作目标的完成。

引导委员围绕合理配置教育资源、推进教育公平、加大教育投资等问题开展视察调研,出谋划策,为我区荣获"全国义务教育发展基本均衡区"发挥了积极作用。将食品安全监督作为履职为民的重点工作,提出了开展全民抽检食品安全等建议,得到相关部门认真采纳和落实。深入调研高层住宅电梯安全现状,提出了设立专项维修资金等建议,区政府已启动老旧电梯运行安全工程,制定了民用和商住两用老旧电梯改造更新办法。

视察基层民主党派联合办公室,就民主党派建设提出建议,促进联合办公室更好地发挥作用。调研少数民族工作,提出加强城市少数民族流动人口服务管理的建议,为我区荣获"山东省民族团结进步创建活动示范区"作出贡献。

三、坚持贴近民生,倾心履职,为构筑和谐社会献计出力

关注民生真情履职。组织和引导广大委员扎实开展"凝智聚力委员社区行"活动,为居民群众送文化、送服务、听民意、献爱心。组织医疗专家委员进社区开展健康义诊,受益居民近千人。举办"让经典菜走进家庭餐桌""老年人赡养与遗产继承"等政协委员讲堂,深受居民群众欢迎。向10个街道65个社区赠送图书,丰富居民文化生活。组织开展了"与贫困学生话成长""陪残疾儿童过'六一'""委员义工奉献日"等活动,展现了政协委员心系群众的良好风貌。

认真开展民主监督。选聘委员担任了司法、税务、物价、食品安全等方面的特邀监督员、青岛市信访事项听证员、团市委志愿服务团成员。每年组织委员出席市政府部门负责人述职报告会,五年来,参加者共计346人次。选派委员参与了多种形式的专家评估及现场监督活动,为政府部门改进工作,提高服务水平起到了积极作用。同时也调动了委员参与民主、法律和社会监督的积极性和主动性,提升了责任心和荣誉感。创新民主监督方式,开展无陪同视察、体验式视察和随机性监督,使委员了解真实情况,发现真实问题,从而提出有针对性的意见建议。

稳步推进街道政协工作。在区委的大力支持下,在全市率先规范设立街道政协工作机构,配备了专职副主任,制定完善了各项规章制度。通过召开街道政协工作调度会,安排专职副主任列席区政协全委会及相关常委会等多种形式,提高街道政协干部业务素质;组织街道主任和专职副主任共18人参加全国政协干部培训班,使街道政协干部受到一次系统的、高水平的政治培训,为更好地履职尽责奠定了坚实基础。创新"界别+区域"委员视察调研模式,有序推动"政协工作向基层延伸"的探索实践。把全体委员划分到10个街道办事处,成立区域活动组,委员们参加街道工作恳谈会、座谈会,提出合理化建议;参与居民议事监督委员会、社情民意办理情况反馈会,对事关群众利益的重要事务开展阳光监督。我区街道政协工作上述做法,入选了国家级研究课题"基层协商民主发展"的案例。

四、坚持团结联合,搭建平台,凝心聚力成果丰硕

突出优势集聚人才。唱响政协大团结、大联合的主旋律。发挥市南区人才高地的优势,先后搭建完善了区政协书画艺术名家联谊会、女书画家联谊会、人文历史研究会、医药卫生专家顾问团、摄影之友、微尘·市南政协基金、徒步运动协会7个特色平台,吸引聚集社会各界优秀人士600余人。通过健全联系制度,优化服务措施,精心组织各种研讨联谊活动,使这些平台的影响力、凝聚力、亲和力不断增强,在弘扬社会主义核心价值观等方面作出了突出贡献。

助力添彩幸福市南。文化艺术交流活跃。举办了"翰墨菁华""癸巳蓝海""百姓生活""幸福市南"等大型书画、摄影展60多场次;开展了庆祝书画艺术名家联谊会成立25周年系列活动,出版纪念文集、画报专刊,举办会员作品展;首创"斑斓老街,艺术活力"文化快闪活动,展现城市的历史与文化,青岛党建频道

进行了专题报道,网民点击量近 20 万次。成立岛城首家徒步运动协会,创新"互联网＋徒步运动＋文化体验"的运动模式,引领绿色低碳运动方式。

积极投身社会公益。通过书画义拍、慈善义卖、设立爱心驿站,微尘·市南政协基金累计筹得善款 175 万元,先后帮扶困难家庭儿童 568 人次,开设艺海少儿美术、书法公益课 546 课时,该基金会荣获青岛市"2014 年度十大微尘公益之星"团队奖。

和谐社会献计出力。组织专家医疗团,赴贵州省安顺市平坝区等开展义诊活动,为提高市南区对口支援地区的医疗技术水平和医院管理能力建言献策。深化完善了由政协、法院、专家三方共同参与的"三位一体"医疗纠纷调处机制,五年来,共调撤案件 96 起,成功率近 80%,这一经验做法被国务院办公厅以信息专报的形式转发推广。

文史研究硕果累累。发展壮大市南区政协文史研究会,系统整理、发掘全区历史文化遗产和民间文化遗存,先后组织开展了"传统街区和里院生态模型""名人故居的保护和利用""城市历史与文化的再呈现"等专题研究,为城市历史文化的保护和延续作出了贡献。发挥存史咨政作用,先后编纂出版了《中山路》《桃李春秋》等 20 多种文史系列丛书,留存了城区发展的历史印迹。编纂了融合绘画艺术作品、建筑历史、人物口述于一体的《彩色八大关》《斑斓老街》,采用中、英、德三种文字编印,成为宣传推介市南区的靓丽名片。共计出刊了 21 期《人文历史研究》,刊登文章 400 余篇,内容翔实,史料珍贵,深受社会各界、文史专家的广泛好评。

五、坚持与时俱进,改革创新,协商民主扎实推进

提案工作规范有序。坚持政协提案工作的全局性地位,主席会议、常委会议定期听取提案工作汇报,督促落实情况。区政协十二届一次会议以来,共收到委员提案 987 件,在各承办单位的努力下,90% 以上的提案得到采纳和落实,提案办理成为汇集民智、维护民利的重要方式。制订出台《区政协提案工作规定》《提案审查实施办法》,编制《提案工作流程图》,强化办理工作的整体效果。建立健全提案人、承办单位、提案委多方联动与沟通的协商机制,积极探索政协提案工作与党派、专委会活动有机结合,创新协商形式,多方参与,形成合力,努力提高提案工作质量。注重提案由交办向加强督办转变,变分散的事后视察为集中的事前督促,以视察、调研、座谈等形式,对 50 个重点提案办理情况进行督查。五年来共评选出优

秀提案 113 件。区政协提案办理工作在全市政协提案工作经验交流会议上作了大会发言。

界别优势更加突出。注重发挥界别作用,组织委员从自身最熟悉的领域、最擅长的专业、最热点的社情民意入手,广泛开展调研视察,献计出力。教育、文化、社会政法、群众团体、城建、民族宗教、祖国统一等诸多委员,代表了所在界别提出的许多真知灼见,得到党政有关部门的高度重视。针对大学路一带休闲商务咖啡业聚集,文化组委员提出的"打造区域文化,推进内涵式发展""建立业主协会,搭建行业交流平台"等建议,促进了咖啡一条街健康发展。

注重推进界别工作的规范和创新,加强各界别的沟通与联合,做到优势互补,共同提高。举办了由经济界、工商联界委员和银行参加的"银企对接座谈会",达成合作金额 3000 余万元;跨界别联合视察区教育信息化工作,围绕教学方式现代化,提出了有较高参考价值的建议;联合视察宗教场所管理及周边环境治理,促使合法宗教活动正常有序;以侨联界为主联合多个界别委员,长期出资帮扶贵州安顺等困难地区学生,弘扬扶弱济贫的良好社会风尚;医药卫生界和区街组委员联合救助社区困难家庭,使江苏路社区一位病危的孩子和患精神疾病的母亲得到妥善救治,青岛电视台予以报道。

协商民主勇于探索。根据《中共市南区委关于加强人民政协协商民主的实施意见》,认真组织活动,增加协商密度,提高协商质量和实效,协商民主建设迈出坚实步伐。举政协之力、汇委员才智,组织召开季度协商座谈会。精心选择内容具体、社会关注、有待增进共识的问题作为议题,开展专题协商。各专委会遴选人员成立调研组,分专题进行视察、调研、座谈、分析,最终形成翔实、细致的调研报告,组织召开由政协委员、区政府领导、职能部门负责人及专家学者参加的专题协商座谈会,从不同角度、不同观点、不同层次,进行互动式交流、面对面沟通,增进共识,推动工作,《人民政协报》对我区做法进行了专门报道。

六、坚持改进作风,夯实基础,自身建设不断加强

作风建设持续加强。认真落实区政协党组从严治党主体责任,严明政治纪律和政治规矩,严格落实党风廉政建设责任制,确保党的基本理论、基本路线以及重大决策部署在政协得到贯彻落实。大力加强思想建设,扎实开展党的群众路线教育实践活动、"三严三实"专题教育及"两学一做"学习教育,建立和完善了系统配套、科学合理的制度体系,涵盖议事、协

商、执行、督查、考核等主要内容，并汇编成册，供机关干部学习和日常对照检查，使区政协各项工作有规可依、有章可循。五年来，政协机关干部党性观念和宗旨意识进一步增强，作风进一步转变，更加自觉珍惜岗位，牢记使命，认真履职。区政协机关先后荣获市级文明单位、市级文明标兵单位。

委员管理充满活力。建立委员动态管理考核办法，对个别不适应政协工作或因工作变动，无法正常履职的委员及时进行调整，使委员队伍素质不断提高、结构日趋合理，广大委员呈现出积极参政议政、热爱政协事业的良好精神风貌。实行新委员岗前培训、委员轮训、以会代训、委员活动小组学习制度等，采取集中办班、专家辅导、专题讲座、理论研讨、网络学习等形式，改善委员的知识结构，提高履职水平。做好委员知情及履职信息反馈工作。建立党委、政府工作情况通报制度，适时通报党委、政府的工作重点、目标要求等，使广大委员能够了解大局，知情明政。同时，组织部分委员参加区政府有关工作会议，及时把提案办理、意见建议的落实情况予以反馈，以调动委员参政议政的积极性。

基础建设力度加大。加强政协常委会建设，建立健全议事规则。发挥常委的示范引领作用，带头视察调研，认真撰写提案，积极参与政协各项活动，常委会政治协商、参政议政能力显著增强。充分发挥专委会基础作用，建立委员履职档案，创新工作组活动方式，加强与对口协商部门的沟通和联系，邀请对口协商部门负责人，共同参与制定年度协商计划，确保了在履职中参政参在点子上，议政议到关键处。宣传工作再上新台阶，五年来，共在《人民政协报》头版、《联合日报》二版头条及各类媒体发表稿件457篇，起到了扩大对外影响、推进政协工作的作用。

各位委员，成绩来自砥砺奋进，进步源于合力同心。十二届区政协取得的每一次进步，获得的每一项成果，都离不开中共市南区委的坚强领导和区政府及社会各界的大力支持，离不开全区广大政协委员、各民主党派、工商联、各人民团体、各族各界代表人士的不懈努力，离不开历届政协打下的良好工作基础。在此，我代表区政协第十二届常务委员会，向长期以来重视、支持和关心我区政协事业发展的各位领导、广大委员和社会各界人士表示真诚的感谢和崇高的敬意！

回顾十二届区政协的五年，我们深刻体会到，要做好新形势下政协工作，必须抓好以下六个方面：一是必须坚持中国共产党的领导，坚定不移地贯彻执行区委的决策部署，政协工作才能沿着正确的方向前进；二是必须坚持围绕中心服务大局，把促进发展作为履行职能的第一要务，才能在全区经济社会发展中有所作为；三是必须坚持团结和民主两大主题，团结一切可以团结的力量，调动一切积极因素，才能更好地服务于建设时尚幸福的市南区；四是必须发挥好委员的主体作用，重视提升履职责任感，保障委员充分行使"话语权"，才能提高政协工作的质量和水平；五是必须坚持把维护最广大人民群众的根本利益作为政协工作的出发点和落脚点，才能更好地体现履职为民的本质；六是必须坚持改革创新，不断根据形势的发展和需要，创新工作思路和方法，才能保持政协工作的生机与活力。

十二届区政协虽然做了很多工作，但离中共市南区委的要求和全区经济、社会、民生发展的需要还有一定的差距。主要是：政治协商的内容、程序有待进一步规范；民主监督的途径和方法有待进一步探索；参政议政的水平、建言献策的质量有待进一步提高；机关工作效率和服务水平还有待于进一步增强。这些都需要在今后的工作中认真加以完善和解决。

今后五年的工作建议

各位委员：

刚刚闭幕的中国共产党青岛市市南区第十三次代表大会，明确了未来五年的发展思路和奋斗目标。蓝图已绘就，奋进正当时。建议新一届区政协工作总的指导思想是：高举爱国主义、社会主义伟大旗帜，全面贯彻落实党的十八大和十八届三中、四中、五中、六中全会精神，深入学习贯彻习近平总书记系列重要讲话精神，统筹推进"五位一体"总体布局和协调推进"四个全面"战略布局，坚持创新、协调、绿色、开放、共享的发展理念，在中共市南区委的坚强领导下，更好地协调关系、汇聚力量、建言献策、服务大局，为加快建设时尚幸福的现代化国际城区作出新贡献。

一、更加自觉地坚持正确的政治方向

深入学习贯彻习近平总书记系列重要讲话精神和治国理政新理念新思想新战略，不断增强中国特色社会主义道路自信、理论自信、制度自信、文化自信。学习贯彻中央有关人民政协工作的重要论述以及省、市政协工作会议精神，深化对新时期人民政协使命和责任、特点和规律的认识，更加明确政协工作的思路和方向。学习贯彻区第十三次党代会精神，是区政协当前和今后一个时期的重要政治任务，要在广大委员

中掀起学习贯彻区党代会精神的热潮,深刻领会精神实质,确保政协事业始终沿着正确方向前进,为推动市南区实现"一个率先、四个走在前列"贡献新的力量。

二、更加自觉地服务科学发展

牢固树立创新、协调、绿色、开放、共享五大发展理念,充分发挥政协人才荟萃、智力密集的优势,努力为推进市南区改革发展出谋献策,形成共襄发展的强大合力。聚焦经济转型升级、文化繁荣、城区治理、民生保障、海洋经济、政府职能转变、"互联网＋政务服务"等全面深化改革中的重大战略和重大问题,深入调查研究,努力提出具有前瞻性、系统性、建设性的意见建议,使建言献策对党委政府科学民主决策发挥更有益的作用。

三、更加自觉地推进协商民主

充分发挥人民政协协商民主重要渠道和专门协商机构的作用,把协商民主贯穿履行职能的全过程,积极推进政治协商、民主监督、参政议政制度建设。要发挥好政协的独特政治优势,进一步畅通协商民主渠道、拓展协商民主形式,有序开展专题协商、对口协商、界别协商、提案办理协商,让各方面的意见和主张得到充分表达,为各党派团体和社会各界人士对重大问题进行广泛的民主协商提供重要平台。

四、更加自觉地践行履职为民

积极引导委员深入一线调研视察摸实情,深入一线服务基层促发展,深入一线关注民情惠民生,尽心尽力为群众做好事,解难事。创新联系群众的方式方法,丰富联系群众的载体和形式,坚持以人为本,加大反映社情民意的工作力度,主动围绕教育、卫生、就业、住房、环保、交通、养老等民生事业开展调研,及时准确地向党委、政府传递人民群众的意愿和诉求。继续组织各界别委员开展扶贫义诊、捐资助学等公益活动,真情关爱困难群众,促进社会公平正义,不断增强人民群众的归属感、获得感和幸福感。

五、更加自觉地凝聚发展力量

要更加重视和发挥好政协的团结统战功能,更加积极主动地把争取人心、汇聚力量的工作做实做细。要充分发挥政协委员的桥梁纽带作用,与党外人士、社会各界人士广交朋友。通过委员的广泛代表性和影响力,把凝聚人心的工作延伸到委员所属界别、所在领域,延伸到基层和群众。利用多种方式开展友好交往和联谊活动,积极为招商引资、引智牵线搭桥,最大限度地凝聚各方面的智慧和力量,为市南区的经济社会发展献计出力。

六、更加自觉地加强自身建设

以改革思维、创新理念、务实举措大力推进履职能力建设。要发挥常委会引领作用和专委会基础作用,充分发挥委员的主体作用,完善联系、关心、服务委员的工作机制,多组织委员接地气、知民情,不断提高提案、视察、调研等经常性工作的质量和水平。要加强区政协机关建设,不断增强机关工作人员"懂政协、会协商、善议政、为委员服务"的能力和水平,为政协工作全面扎实开展提供有力支撑。

各位委员、同志们! 雄关漫道真如铁,而今迈步从头越。我们已经迈入充满希望的历史新征程,新的前景、新的任务,为人民政协事业带来了新的机遇和广阔的发展空间,让我们更加紧密地团结在以习近平同志为核心的党中央周围,不忘初心,砥砺前行,谋发展、尚实干、勇作为、敢担当,在中共市南区委的坚强领导下,为加快建设时尚幸福的现代化国际城区而努力奋斗! 以优异成绩迎接党的十九大胜利召开!

推动全面从严治党向纵深发展

——在中共青岛市市南区纪委十三届二次全体会议上的工作报告

(2017 年 2 月 17 日)

中共市南区委常委、纪委书记　张永国

同志们:

我代表中共青岛市市南区第十三届纪律检查委员会常务委员会向第二次全体会议报告工作,请予审议。

这次全会的主要任务是:深入学习贯彻党的十八

届六中全会精神，认真贯彻十八届中央纪委七次全会、省纪委十届八次全会和市纪委十一届八次全会精神，总结 2016 年全区纪律检查工作，研究部署 2017 年任务。区委对这次会议高度重视，专门召开会议进行了研究。刚才，区委书记华玉松同志作了讲话，对学习贯彻习近平总书记重要讲话和中央、省、市纪委全会精神，做好今年我区党风廉政建设和反腐败工作，提出了明确要求。我们要认真学习领会，坚决贯彻落实。

一、2016 年工作回顾

刚刚过去的 2016 年，是全区党风廉政建设和反腐败工作取得新成效的一年。区委对党风廉政建设和反腐败工作旗帜鲜明、领导有力，各级党组织认真履责、严抓严管，各级纪检监察组织严格监督执纪问责，全区上下纪律规矩意识明显增强，党风政风持续好转，政治生态呈现新的气象。

（一）坚持抓实抓细抓常，两个责任落实取得明显进展。区委带头落实全面从严治党主体责任，加强对纪律检查工作的领导和支持，区委常委会先后 15 次专题研究党风廉政建设和反腐败工作。区纪委把推动两个责任落实作为全面从严治党的重要抓手，采取切实措施压紧压实。协助区委研究下发了落实两个责任的意见、方案，组织全区各级党组织、纪检监察组织制定责任清单，推动责任具体化、清晰化。认真履行监督责任，14 名区党政班子成员向纪委全会进行了述责述廉，接受纪委委员的监督评议。区纪委常委与 25 名街道党政主要负责人、区直部门（单位）主要负责人开展廉政谈话，把落实主体责任作为重要内容，督促强化责任担当。加强对落实责任情况的监督检查，并以严格问责倒逼责任落实，先后有 3 名党政"一把手"因主体责任落实不力受到责任追究。

（二）驰而不息纠治"四风"，中央八项规定精神落地生根。坚持力度不减、节奏不变、尺度不松，紧盯重要节点，强化监督检查，严肃查处公款吃喝、公车私用等问题。对在执纪审查中发现的"四风"问题线索，对作风问题的新形式、新动向，及时研判、深挖细查。区直纪检监察组织以基层社区和窗口服务单位为重点，深入开展明察暗访。一年来，先后开展全区范围的集中监督检查 12 次。强化责任追究，按照"越往后越严"的要求，加大通报曝光力度，持续释放执纪必严的强烈信号。共查处违反八项规定精神问题 9 件，给予党政纪处分 5 人，全区通报 4 次，有力推进了作风建设。

（三）保持惩治腐败的高压态势，纪律审查力度进一步加大。准确把握运用监督执纪"四种形态"，坚持以纪律的尺子衡量党员干部的行为。高度重视中央、省委巡视交办问题办理，将 11 件问题线索列出清单，逐一销号督办。认真开展"小官贪腐"专项治理，对侵害群众利益的突出问题必查必核。发挥区委反腐败领导小组职能作用，加强与法院、检察院、公安、财政、审计等部门的协调配合，受理相关部门移送线索 12 件。2016 年共立查案件 31 起，给予党政纪处分 28 人，同比分别增长 121％和 180％，形成有力震慑。

强化纪律审查制度建设，制定了《中共市南区纪委机关纪律审查工作规程》等，对线索受理、初核、审理等全过程进行了规范。健全信访办理流程，形成 9 大过程的痕迹化链条，共接受群众信访举报 196 件次，未发生业务内进京到省集体访事件。严格按标准处置问题线索，重要问题线索实施集体排查和跟踪督办，坚决防止线索流失和有案不查。坚持依纪依规安全审查，开展案件执行情况专项检查，保证执行到位，案件质量不断提升。

（四）深化廉政宣传教育，纪律和规矩意识进一步增强。聚焦全面从严治党，扎实推进廉政宣传教育。加强对新修订的问责条例、党内监督条例等党规党纪的宣传力度，帮助党员干部提高认识、学深悟透。围绕"全面从严治党三问"，组织开展学习讨论和征文，进一步营造舆论氛围。严格执行《关于处级领导干部任前廉政知识考试的暂行办法》等制度，共有 55 名拟提拔重用的处级干部通过了考试，4200 余人次参加了德廉和党风党纪知识测试。加强警示教育，召开党员领导干部会议，通报典型案例，用身边事教育身边人。在节假日以及换届等重要节点，编发《案例选编》等 20 余期。依托青岛市反腐倡廉教育基地，组织 1000 余人次接受教育，党员干部的纪律和规矩意识不断增强。

（五）加强干部队伍建设，进一步提升履职尽责能力。严格落实纪检体制改革要求，完成了内设机构和编制调整，共设立 9 个内设机构，纪委机关和派驻机构编制总数由 33 名扩充到 50 名。扩大选人用人视野，新调入一批年轻干部，改善了队伍的年龄和专业结构。加强对区直纪检监察组织的领导，出台了"三个提名考察办法"，实现了纪检监察组织负责人提名考察工作的具体化、程序化、制度化。严格干部监督管理，采取签订"五项承诺"、开展"落地行动"等办法，督促纪检监察干部强化责任担当、严格自我约束。坚持召开季度例会，定期调度工作、部署任务，强化履职尽责,全区纪检监察干部能力不断提升。

同志们,党风廉政建设和反腐败工作成绩的取得,得益于市纪委和区委的正确领导,得益于全区各级党组织和广大党员干部的共同努力,得益于广大纪检监察干部的辛勤付出。实践告诉我们:必须始终坚持把讲政治摆在首要位置,提高政治站位,坚决维护以习近平同志为核心的党中央权威和党的集中统一。必须始终抓住严肃党内政治生活这个根本,严明政治纪律和政治规矩,提高党内政治生活原则性和战斗性。必须始终坚持挺纪在前,准确把握运用监督执纪"四种形态",抓早抓小、动辄则咎。必须始终坚持严肃问责,加大责任追究力度,层层传导压力,督促各级党组织履好职、尽好责。必须始终坚持严管厚爱,对纪检监察干部严格要求、严格教育、严格管理、严格监督,着力打造一支忠诚干净担当的纪检监察干部队伍。

在肯定成绩的同时,我们也清醒地认识到,当前全区党风廉政建设和反腐败工作仍然面临不少问题。主要表现在:一是全面从严治党压力传导不平衡,有的党组织对落实主体责任的认识不深,担当意识不强,落实责任表面化、形式化等问题明显。二是个别党组织和少数党员干部执行中央八项规定精神不严格、不彻底,面对作风建设的高压态势,不收敛、不收手,顶风违纪现象依然存在。三是不正之风和侵害群众利益问题时有发生,有的党员干部滥用裁量权,搞随意性、选择性执法;有的无视纪律、不守规矩、优亲厚友、吃拿卡要;个别党员干部失职渎职、以权谋私等,侵害了群众利益,也侵蚀了群众的获得感。四是有的纪检监察组织履行监督责任不到位,对违规违纪行为还存在不想查、不会查、不敢查和查不好的问题,监督执纪问责偏宽偏软。个别纪检监察干部在思想认识、工作状态上与全面从严治党要求还有差距,有的执纪理念还停留在党的十八大以前,执行纪律不严,发现问题该报告的不报告、该问责的不问责。有的能力不足、标准不高,日常不注重纪检监察业务的学习积累,运用纪言纪语、政策法规不精准。还有的作风不实、效率不高,工作不推不动、得过且过,等等。对此,我们必须正确认识、高度重视,采取有力措施予以解决。

二、2017 年主要任务

今年工作总体要求是:全面贯彻党的十八大和十八届三中、四中、五中、六中全会和中央纪委历次全会精神,深入贯彻习近平总书记系列重要讲话精神,坚

决维护以习近平同志为核心的党中央权威,严肃党内政治生活,加强党内监督,推进标本兼治,强化监督执纪问责,驰而不息纠正"四风",保持惩治腐败高压态势,维护好党内政治生态,推动全面从严治党向纵深发展。打铁还需自身硬,扎紧织密制度笼子,严格执行监督执纪工作规则,加强领导班子和干部队伍建设,用担当诠释忠诚,以实际行动为完成区第十三次党代会提出的各项任务,加快建设时尚幸福的现代化国际城区提供坚强政治保证。

(一)坚决贯彻六中全会精神,不断净化党内政治生态。要通过学习贯彻党的十八届六中全会精神,为全年的工作开好局、起好步。各级党组织要抓好准则和条例的贯彻实施,同尊崇党章、贯彻执行廉洁自律准则、党纪处分条例、问责条例等党内法规联系起来,学思践悟,增强遵规守纪的思想自觉和行动自觉。纪委作为党内监督的专责机关,要认真抓好六中全会精神的学习贯彻,进一步增强政治意识、大局意识、核心意识、看齐意识。要紧紧围绕区委、区纪委的工作部署,系统谋划全年的党风廉政建设和反腐败工作,结合各自的职责任务落细落实落小。要以准则和条例为尺子,加强对执行准则、条例的监督检查,为贯彻落实中央和省、市、区委重大决策部署提供坚强保障。

要严明政治纪律和政治规矩。严肃党内政治生活,督促各级党组织认真贯彻落实党内政治生活若干准则。要通过召开高质量的民主生活会、组织生活会,严肃认真地开展批评和自我批评,对苗头性、倾向性问题及时提醒纠正,让咬耳扯袖、红脸出汗成为常态。要增强政治警觉性和政治鉴别力,同违反党的纪律行为作坚决斗争,净化党内政治生态;对搞自由主义、阳奉阴违,以及上有政策下有对策、有令不行有禁不止的,一律严肃查处,坚决维护党的团结统一。

(二)保持恒心韧劲,持之以恒抓好作风建设。"四风"问题面上有所好转,但树倒根在,重压之下花样翻新,防止反弹任务艰巨。深化作风建设既要紧盯享乐奢靡,深挖细查违反中央八项规定精神、潜入地下公款吃喝等顶风违纪问题,又要注意发现和纠正以形式主义、官僚主义对待党中央决策部署,把同党中央保持一致仅仅当作口号等突出问题。密切关注"四风"问题新动向新表现,不断采取新招数,往深里抓、实里做。对巡察、信访和执纪审查中发现的"四风"问题线索专项处置,优先查处、迅速通报。对不收手、不知止的从严查处,点名道姓公开通报曝光。

构建作风建设长效机制。紧密结合本部门本单位实际,检查中央八项规定精神落实措施的执行情

况,总结经验、梳理问题、查漏补缺。加强对中央和省、市、区委关于加强和改进作风建设意见落实情况的监督检查,保证制度的权威性和执行力。针对监督执纪中发现的突出问题,督促主责部门开展专项整治、正风肃纪。

加强廉政文化建设。坚持把作风建设与加强党性教育结合起来,引导督促党员干部带头执行廉洁自律准则,自觉抵制不良风气。创新宣传方式和手段,深入宣传党的十八大以来全面从严治党成效和经验,坚定广大党员干部的文化自觉和文化自信。建立容错纠错机制,宽容干部在工作中特别是在改革创新中的失误,大力营造鼓励探索、支持创新、宽容失误的环境和氛围。注重家庭、家教、家风,发挥礼序家风的教化作用,推动社会风气持续好转。

(三)用好问责利器,压实管党治党政治责任。各级党组织要牢固树立"抓好党建是本职、不抓党建是失职、抓不好党建是不称职"的责任意识,始终保持坚强定力,把管党治党的责任牢牢扛在肩上,落实到行动中。要开展全面从严治党主体责任落实情况专项检查,把落实管党治党责任情况作为巡察和监督执纪的重点,推动各级党组织解决党内政治生活中存在的突出问题。要抓住"关键少数",落实主体责任约谈制度。坚持区纪委常委同区直部门、单位主要负责人廉政谈话制度,改进区党政班子成员向区纪委全会述责述廉,持续加大压力传导力度,督促各级领导干部扛稳抓牢压实责任,确保把党的路线方针政策和党中央决策部署贯彻到底。

加大问责力度。要严格执行问责条例,对党的领导弱化、党的建设缺失、从严治党责任落实不到位的,对维护党的政治纪律和政治规矩失责、贯彻中央八项规定精神不力、选人用人问题突出、腐败问题严重、不作为乱作为的,一律从严问责。对该问责而不问责的,也要严肃问责,做到失责必问、问责必严。加强统计分析研判,通报曝光典型问题,问责一个、警醒一片。

(四)有效运用"四种形态",保持惩治腐败高压态势。当前,反腐败斗争依然严峻复杂的形势没有变,要持续保持高压态势,力度不减、节奏不变,坚决减少腐败存量,重点遏制增量。要转变执纪理念,有效运用"四种形态",严格处置问题线索,综合运用谈话函询、组织处理、纪律处分等方式减少存量;强化日常监督管理,抓早抓小、动辄则咎,用纪律管住全体党员。要体现政策策略和方式方法的针对性、灵活性,把执纪审查重点放在不收敛不收手,问题线索反映集中、群众反映强烈,现在重要岗位且可能还要提拔使用的

领导干部上。深刻剖析党的十八大以来查处的典型案例,查找症结,堵塞漏洞。要进一步加强警示教育,以身边事教育身边人,发挥反面教材的作用。

提高工作制度化规范化水平。进一步加强信访举报工作,健全有效发现、揭露、查处腐败问题的机制;加强案件审理工作,发挥好执纪审理的审核把关和监督制约作用,让每起案件都经得起历史的检验。加强跟踪督办工作,定期调度、限时办结,提高工作效率。严格工作规程,认真执行重大事项报告和回避、保密等各项制度,不断提升工作制度化规范化水平。健全审查安全责任体系,加强谈话安全防控,严格涉案款物管理,坚决守住不发生事故的底线。

(五)严肃查处群众身边的不正之风和腐败问题,推进全面从严治党向基层延伸。要紧紧围绕解决群众身边的不正之风和腐败问题,坚持把压力和责任压实到基层单位和街道社区,推动全面从严治党向基层延伸。基层党组织要主动扛起责任,发挥关键作用。基层纪检监察组织要把查处侵害群众利益的不正之风和腐败问题作为主要工作任务,不断提高发现和处置问题的能力。要主动履职尽责,对没有信访举报的,积极开展监督检查;对已受理的问题线索,要认真调查核实。区纪委有关职能部室要加强督促检查,对反映集中、性质恶劣的直查直办。要及时通报各基层纪检监察组织的工作进展,对失职渎职的严肃问责。

要不断加大民生惠民等重点领域侵害群众利益问题的查处力度,开展监督检查,严查侵吞挪用、虚报冒领等问题。畅通信访举报渠道,提高网络举报办理效率和质量,激发群众监督正能量。要把群众身边的不正之风和腐败问题纳入巡察范围,加强对问题反映集中部门、单位的督查,着力发现问题,督促抓好整改,维护广大群众切身利益。对典型案例要公开曝光,对问题长期得不到解决的要严肃问责。

(六)持续深化纪检体制改革,进一步聚焦主责主业。落实《关于建立区委巡察制度的意见》要求,全面开展巡察工作,成立区委巡察机构,落实编制、人员,坚持问题导向,注重巡察实效。加强对被巡察党组织和党的领导干部坚定理想信念宗旨、落实党的路线方针政策的监督检查。要紧盯重点人、重点事和重点问题,不断提高巡察质量。要强化巡察成果运用,抓好督促整改,确保落实到位。要加强巡察工作统筹谋划,确保完成一届任期内巡察全覆盖目标。

推进派驻监督全覆盖。根据上级部署,研究制定工作方案,实现派驻监督全覆盖。派驻机构要牢牢把握"监督者"的角色定位,加强对被监督单位领导班子

及其成员的日常监督,全面掌握被监督单位党风廉政建设整体情况,发现问题及时报告。加大监督执纪问责力度,发挥派驻监督"探头"作用,真正把"派"的权威和"驻"的优势发挥出来。

(七)坚持打铁自身硬,全面加强自身建设。加强干部队伍建设。扩大选人用人视野,严格选人用人标准,真正把政治过硬、忠诚干净担当的干部选进来。落实领导干部能上能下规定,把想干事、能干事又严守纪律规矩的干部提拔重用起来,对不适合在纪检监察系统工作的坚决调离,形成能者上、庸者下、劣者汰的用人导向。纪委书记、纪检组组长要履行"一岗双责",既要自身正、敢担当、言传身教,又要加强日常管理和监督。

严格落实监督执纪工作规则。要不折不扣地贯彻执行监督执纪工作规则,规范请示报告、线索处置、审查审理、涉案款物管理等工作规程,严格落实审查过程全程录音录像、打听案情和说情干预登记备案、纪检干部脱密期管理等制度,严控自由裁量权。找准风险点和薄弱环节,重点管好室主任,把监督执纪的权力关进制度笼子。根据上级部署,建设并用好监督

执纪问责信息系统,推进对纪检监察主要业务信息化全覆盖。坚持严管就是厚爱,对苗头性问题早发现、早提醒、早处理。坚持铁面执纪、从严问责,对不忠诚、不干净的要严肃查处,对执纪违纪、失职失责造成严重后果的,既要追究当事人的责任,也要对纪委书记、纪检组组长问责。

夯实基础工作。进一步加强纪检监察机关思想建设、组织建设、作风建设和能力建设。要按照市纪委提出的"规范、高效、精准、创新、环境、安全"六大理念,强化学习钻研,不断提高工作质量。要以"四把尺子"为标准,深入查找自身存在的问题并抓好整改落实。加大教育培训、轮岗交流、挂职锻炼力度,不断提高干部队伍思想政治工作水平和业务能力,推动各项工作上层次、上水平。

同志们,全面从严治党永远在路上,做好今年的党风廉政建设和反腐败工作意义重大。让我们更加紧密地团结在以习近平同志为核心的党中央周围,在市纪委和区委的坚强领导下,挺纪在前,勇于担当,为加快建设时尚幸福的现代化国际城区作出新的更大贡献!

中共青岛市市南区委 2016 年工作要点

2016 年全区工作的总体要求是:全面贯彻党的十八大和十八届三中、四中、五中全会精神,以邓小平理论、"三个代表"重要思想、科学发展观为指导,深入贯彻习近平总书记系列重要讲话精神,协调推进"四个全面"战略布局,牢固树立和贯彻落实创新、协调、绿色、开放、共享发展理念,统筹推进经济建设、政治建设、文化建设、社会建设、生态文明建设和党的建设,为率先全面建成小康社会,在基本实现现代化进程中走在前列奠定坚实基础,全力打造国际国内一流的宜业宜居幸福城区。

一、深入学习贯彻党的十八届五中全会精神

把学习贯彻党的十八届五中全会和习近平总书记系列重要讲话精神作为重大政治任务,作为党委(党组)中心组学习的核心内容,举办学习报告会、中心组读书交流会,开展主题调研活动,深刻认识"十三五"时期的指导思想、基本原则、目标要求、基本理念、

重大举措,努力学深学透、学以致用。深化"百千万"理论宣讲,以回答干部群众关心的理论和实际问题为重点,深化干部群众对十八届五中全会精神的理解。

二、积极稳妥推进全面深化改革各项工作

按照中央和省、市的部署要求,结合区域实际,不断推进全面深化改革各项任务。进一步简政放权,转变政府职能,精简权力事项,动态调整行政权力清单和责任清单;深化行政审批制度改革,及时调整审批事项目录,加强行政审批标准化建设,逐项编制许可事项的监管办法。抓好商事登记制度改革,研究建立"三证合一、一照一码"部门联席会议制度。稳步推进事业单位改革,创新事业单位管理体制机制,积极推进事业单位绩效考核,推进事业单位信用体系建设、深化人事制度改革、完善不同类别的事业单位的经费管理制度。实施街道行政管理体制改革,建立定位准确、职权清晰、权责一致、分工合理、运转高效的管理

体制。推进综合行政执法改革,探索相对集中行政执法权、整合规范执法机构,适时组建综合行政执法机构,优化执法力量配置,推进执法重心下移,加快建立权责统一、权威高效的行政执法体制。推进城市管理规范化管理,健全绩效考核评价体系,完善细化各类作业指标和要求,强化和创新监督督察,努力在城市管理体制机制上有新突破。

三、坚持创新发展,增强发展内生动力

深入实施创新驱动发展战略。以提升区域科技创新能力为目标,以科技成果转化为主线,以增强自主创新为手段,深化科技体制机制改革,大力营造大众创业、万众创新的浓厚氛围。发挥科技创新平台作用,发展高新技术产业,力争年内新增高新技术企业6家,新增市级以上工程技术中心1家。推进产学研合作,促进高校、科技院所科技创新成果向企业转化应用。加大载体建设力度,对"两园区"腾笼换鸟、筑巢引凤,形成"一带两街三园多维"布局,打造"三创"核心集聚园区,力争形成15家众创空间,载体面积突破35万平方米,集聚和服务1万名创客。充分激活技术市场,力争发明专利申请量突破3000件,发明专利授权量突破500件。

加大服务业结构调整力度。接轨"中韩自贸区"和国家"一带一路"战略,完成区财富管理核心区规划起草工作,为金融业发展提供重要支撑。培育和引进阳光私募、高端财富管理等新兴业态,引进各类金融机构及金融类企业8家以上。巩固提升总部经济发展层级,重点招引世界500强和国内知名企业在我区设立总部机构。提升航运服务业协会桥梁纽带作用,巩固提升航运服务业竞争优势。突出蓝色引领,加快海洋重点项目建设,壮大蓝色金融、海洋科研、远洋运输与捕捞等产业规模。推进文化产业规划实施,推动创意100、1388文化街等园区转型升级。以八大关、小鱼山、中山路片区为重点,引进博物馆、纪念馆等业态,促进西部城区繁荣发展。强化旅游业监管,加大旅游联合执法力度,进一步优化旅游市场环境。完善全域旅游产品和智慧旅游服务体系,做大旅游消费市场规模。加快发展时尚商业,依托万象城、海信广场、银座等高端商业载体,新引进一批世界知名品牌,打造山东半岛乃至北方地区高端商业集聚中心和消费集聚区。

加大重点项目建设力度。坚持把项目建设作为带动投资增长、促进经济发展的重要载体和优化产业结构、提升产业层级的重要力量,全力做好总投资963亿元、年度计划投资70.8亿元的49个重点发展项目建设。做好战略前期项目的跟踪服务,落实好"十三五"期间重点项目建设方向,提高项目工作的前瞻性和主动性。严格执行审批改革和项目建设绿色通道制度,提高项目审批效率,优化项目服务流程。强化项目工作组进现场各项工作措施,进一步提效率、下基层、克难点、抓落地、显作为,形成齐抓共管工作合力。

优化经济发展环境。落实好各类经济发展扶持政策,大力营造有利于企业和重点产业升级发展的服务环境。提升高端服务业"十个千万平方米工程"规模,增强产业带动力,完成625万平方米的五年规划目标。加大政府职能转变力度。用足用好中小企业发展政策,推进中小企业"百千万"成长工程,打造"中小企业服务之家",扶持中小企业健康发展。加强品牌培育梯队建设,新创国内注册商标2000件,争创驰(著)名商标12件,马德里商标国际注册15件。整合楼宇午餐资源,打造"市南区白领楼宇午餐"品牌,提升楼宇午餐的品质和水平。开展消费市场秩序专项整治行动,努力营造公平、规范、诚信、高效、廉洁的市场环境。

四、坚持协调发展,增强发展整体性

加强基层基础建设。加强基层服务型党组织建设,增强基层党组织的政治属性和服务功能。深化街道社区区域化党建工作,统筹区域资源开展服务群众工作。理顺全区非公有制经济组织和社会组织党组织领导关系,加大"建组织、扩覆盖"工作力度,培育一批"双强六好"党建示范点。深化数字党建管理服务平台建设。在全区范围内推广"四社联动"等社区治理创新工作。严格执行社区工作准入,建立统一规范的社区工作标准体系和评估制度,建立社区公共服务指导性目录。推进社区工作者职业化,按照部门管事、街道管人、社区履责的构架,对社区专职人员进行规范整合,建立健全考评管理、绩效报酬等激励机制。集中轮训基层党组织书记,加强对各类社区工作人员的教育培训,提高服务居民的能力和水平。

提升城区空间环境。加快城区开发建设步伐,统筹"东、中、西"三个区域协调发展,努力在全市"三城联动"东部板块建设中发挥积极作用。推进"旧城改造"安置房项目开工建设1000套,继续推进燕儿岛路二期、云南路非住宅等项目的安置工作。持续加大棚户区征收工作力度,改善居民居住条件,继续实施2000户居民的棚户区改造工作。妥善解决东平路保

障性住房项目遗留问题，完成 2016 年保障性住房建设任务。

提升城区文明程度。围绕社会主义核心价值体系，推进"四德工程"建设，大力弘扬优秀传统文化，不断提升公民道德建设水平。深化文明城市创建，完善创城组织领导、项目管理、监督检查、考核奖惩工作机制。广泛开展志愿服务，深化"邻里守望"社区志愿服务活动和"志愿服务火种计划"，办好"社区志愿课堂"，争取推出更多"四个一百"志愿服务先进典型。加强文化服务专业化、品牌化、精品化建设，构建结构更加合理、覆盖更加广泛、服务更加高效的公共文化服务体系。进一步优化全区文化场馆布局和软硬件设施，选址新建一处区级图书馆。加强文保单位与历史建筑的保护利用，新打造 1 处宣传青岛历史文化的阵地。推进文化强省先进区常态化建设。着力做好新闻宣传和舆论引导工作，进一步加强网络文化阵地和自媒体文化阵地建设。

五、坚持绿色发展，推进美丽市南建设

提升城区管理科学化水平。丰富精细化、网格化城市管理模式，畅通环卫网格化工作站运行机制，提升环境卫生保洁效率和质量，不断提高城区管理的标准化、专业化、精细化、长效化水平。开展市容环境"十大整治行动"，加强重点节点区域的整治和管理，大幅提升市容环境秩序和面貌。提高城市管理信息化水平，打造集信息服务、动态监控、指挥调度等于一体的智能化城市管理系统。开展"洁净家园"活动、"美丽海岸"行动，扩大社会协同、公众参与范围，形成全民参与城市管理合力。加大联合执法力度，整治占路经营、夜间烧烤等热点难点问题，营造良好市容秩序。加强基础设施建设，做好市政设施管理养护，加大道路综合整治力度。加大拆违工作力度，完成 1 万平方米的拆违任务。

优化城区生态文明环境。优化绿地布局，发展特色绿化，提升绿化管理水平。拓展信号山、小青岛等景区管理模式，提升景区管理服务水平。力争完成浮山市南区域的生态公园建设。继续深化提升垃圾分类收集工作。深入推进节能减排，支持节能减排技术的推广应用，培育节能服务产业发展，逐步实现城区低碳运行、居民低碳生活。

六、坚持开放发展，提高对外开放水平

提升对外贸易水平。以"互联网＋外贸"为载体，促进跨境电子商务快速发展，打造外贸发展新引擎。

坚持"走出去"与"引进来"相结合，以打造经济合作伙伴关系为纽带，以跨境贸易互联互通区域合作为支撑，以双向投资贸易项目建设为带动，深化提升与"一带一路"沿线国家的经贸合作，进一步拓展经贸合作新领域，丰富经贸合作新成果。拓展服务外包多元发展格局，促进企业提升竞争力，不断扩大服务贸易规模。

加大招商引资力度。通过高端论坛、招商推介会、互联网推广等多种形式和渠道，对金融商务、时尚商业、总部经济、健康产业等重点行业和领域进行宣传推介。积极参加全市组织的珠三角、长三角、成都、北京等招商推介活动，赴上海、天津、北京、深圳等地自主开展招商活动，招引一批质量高、贡献度大的好项目。抓好重点项目跟踪服务，对重点在谈项目做好专项服务，促进一批项目快谈快签快批快干。

做好企业上市工作。加大上市政策的宣传讲解，组织 2 次融资路演、2 场上市企业培训及 3～5 场银企对接会，对百家优质资源库进行分类培育，为企业股份制改造、组织培训、政策咨询等方面提供服务。对区内重点企业进行实地走访，建立与企业的联动机制。力争实现 1 家企业主板或境外上市，7～10 家企业新三板挂牌，10 家企业四板挂牌。

七、坚持共享发展，让群众有更多获得感

促进优质教育均衡发展。加强基础设施建设，扎实推进市南区九年一贯制学校建设工程、南京路小学建设工程等项目，启动宁夏路第二小学、燕儿岛路第一小学等项目建设工作。深入推进教育综合改革，构建市南"品质教育"体系。全面推进新一轮市南区教师素养提升工程。加大力度推进学区制建设，合力优化学区"一体化"研究实践。统筹深化课程改革，构建开放课程体系。深化数字化环境下的学与教变革，着力打造高效课堂。科学利用大数据分析，创新对中小学（幼儿园）的评估方式和学生的评价方式。开展"与世界同行"系列活动，不断提升市南教育国际化水平。继续推进"明眸皓齿"工程，深化奥运项目进校园工程，开展省级健康示范校创建活动。大力发展学前教育，继续扩大优质普惠范围。落实民办学校规范发展机制，优化民办学校的发展环境。建立特殊教育服务保障机制，建立学段衔接、普职融通、医教结合的特殊教育体系。

促进创业带动就业。广泛宣传与落实就业创业政策，对吸纳毕业生、就业困难人员的企业给予补贴，为大中专以上毕业生提供见习岗位。鼓励企业利用

闲置厂房建立创业孵化基地,给予基地补贴、房租补贴和扶持金补贴。发挥劳动维权信息化平台作用,完善智慧监察信息监管系统功能,提前研判劳动维权工作侧重点,加大主动执法力度,有针对性地开展各类专项检查,切实维护广大劳动者的合法权益。继续深化劳动人事争议案件的大调解工作,推进重大集体争议和疑难案件实时会商,提升劳动人事争议仲裁案件公信力和处理效能。

提高医疗和健康服务水平。加强医疗机构监管,建立医疗质量管理控制工作。加强行业安全生产监督监管,强化医疗安全。继续实施老年人健康体检工程和白内障复明工程,不断改善和提高辖区老年居民生活质量。完成国家规定的基本公共卫生服务项目,做好慢病综合防治一体化试点工作。深化医联体建设,探索适合城市社区的分级诊疗模式,为居民提供安全、有效、方便、价廉的医疗卫生服务。开展"治未病"服务工作,大力普及中医药知识,不断促进中医药事业发展。加强卫生应急工作,继续完善应急处置工作制度,提升应急处置能力。进一步加强医德医风建设,开展纠正不正之风专项整治活动。认真落实好新形势下国家计划生育政策,继续夯实计划生育基层基础工作,进一步深化流动人口基本公共卫生服务均等化和楼宇驻街单位服务管理,加大实施出生缺陷干预工作力度,进一步提高人口素质。

推动社会化养老服务发展。加快培育一批服务专业、作用明显的居家养老社会组织,使居家养老社会组织的数量、规模和质量适应养老服务发展需求。加大政府购买养老服务财政专项资金投入力度,逐步拓宽购买范围、扩大购买服务规模。依托互联网、大数据、云平台等载体,提高养老服务智能化、信息化水平。积极探索整合辖区内疗养机构资源参与社会养老服务新模式。试行"候鸟式"体验养老。推动社区老年人日间照料中心社会化运营工作。进一步深化"六送"养老服务体系,扩大居家养老服务覆盖面。加强社区老年协会规范化建设,引导老年人走出家庭、融入社会。抓好区级老年活动中心规范化建设,组织开展各类文化体育活动。加强老年维权工作,依法维护老年人的合法权益。

推进社会保障体系建设。做好低保新标准调整后的扩面工作,确保将符合救助条件的困难群众及时纳入保障范围,实现应保尽保。实施精准帮扶,加大对困难儿童、"三无老人"、高龄和失能低保老人、重度和贫困残疾人等特困群体的救助力度。加快推进民政信息化建设,对所有低保家庭进行全面复核,确保

救助工作公平、公开、透明,形成公平普惠、便捷高效的民生服务体系。进一步完善"大救助"工作机制,加强部门协调联动,完善社会救助基层服务机制,为困难群众搭建高效率、综合性的服务平台。充分利用居民家庭经济状况核对平台,推行"互联网＋社会救助"模式,开发建设信息化管理平台,实现信息资源共享。

八、加强和改善党的领导,为经济社会发展提供坚强政治保证

加强干部队伍和人才队伍建设。严格落实《干部选拔任用条例》,认真贯彻干部选拔任用制度体系,完善干部选拔全程纪实制度,健全干部考察机制,加强综合分析研判。坚持好干部标准,树立正确用人导向,突出德才兼备、人岗相适,严格条件程序,从严选拔任用干部,选优配强领导班子。突出按干部类别开展干部轮训,适时举办著名高校高端专题培训研讨班。认真落实领导干部约谈、函询、述职述廉、经济责任审计以及个人有关事项报告制度。建立市、区两级人力资源服务产业园区,不断优化人才服务环境。深化人才服务标准化建设,升级人才服务平台,完成"千人计划研究院"挂牌启动工作,扶持推进研究院开展市场化运营。丰富人才服务内容,完善业务服务流程,实施"优才计划",出台引进和扶持高层次人才创新创业发展实施办法。将人才服务标准化向街道延伸,开展人才服务标准化业务培训,强化人才服务专员队伍建设。

加强党风廉政建设。强化党委(党组)领导核心作用,担负起全面从严治党主体责任。全面实施责任清单管理,建立健全责任传导机制和责任追究制度,坚持"一案双查",有责必问、问责必严,促进履职到位、纪律执行到位。坚持越往后执纪越严,持之以恒落实中央八项规定精神,强化日常监督执纪问责,着力解决发生在群众身边的"四风"和腐败问题。创新监督方式,深化"跟单式"监督,加强党内监督,切实将权力关进制度的"笼子"。深入学习贯彻新修订的《中国共产党廉洁自律准则》和《中国共产党纪律处分条例》,深化廉政教育,注重案例警示,筑牢党员干部思想道德防线。按照上级部署要求,积极推进纪检体制改革。推动全区纪检组织深化"转职能、转方式、转作风",突出主责主业,提升监督执纪能力,强化自身建设,树立忠诚干净担当的良好形象。

加强思想政治工作。扎实开展"两学一做"学习教育。抓好党的十八大和十八届三中、四中、五中全会精神以及习近平总书记系列重要讲话、党章和宪法

的学习,纳入区委党校主体班次培训内容。大力加强理想信念、党性党风党纪、道德品行、中国特色社会主义法治教育,引导广大党员干部坚定"三个自信"。加强学习型党组织建设,认真落实党委中心组学习制度。加强和改进党的群众工作,充分发挥工会、共青团、妇联等群团组织联系群众、服务群众、动员群众的作用。加强舆论宣传和引导,完善舆情信息预警机制,提升舆情应对处置水平。

加强民主政治建设。充分发挥党委总揽全局、协调各方的领导核心作用。坚持和完善人民代表大会制度,支持人大及其常委会依法履行职能,充分发挥人大代表作用。支持政协充分发挥政治协商、民主监督、参政议政职能作用,探索民主协商在决策前和实施中的新机制。巩固和壮大爱国统一战线,充分发挥民主党派、工商联、无党派人士和统战团体作用。全面正确落实党的民族政策,全面贯彻党的宗教工作方针,加强港、澳、台、侨务和海外统战工作。坚持党管武装,抓好国防教育,推进民兵预备役建设,巩固和发展军政军民关系。

全面推进依法治区。规范行政执法行为,完善行政执法监督体制机制。加快推进行政执法全过程记录制度,建立行政处罚裁量基准动态调整审核机制,强化行政执法责任追究。着力加强经济建设重点领域司法保障,完善经济领域风险排查研判和预警机制,加强律师、公证、法律援助和基层法律服务工作,进一步形成推进法治市南建设的执法司法合力。落实领导干部干预司法活动记录通报追责规定。强化党的执法监督,推进实施执法办案终身负责制和过错追究机制。深化"阳光政法"建设,依法加大审判公开、警务公开、检务公开、司法行政公开力度。深入开展法制宣传教育和群众性法治文化活动。

加强和创新社会治理。健全多元化矛盾纠纷化解体系,落实重大决策社会稳定风险评估机制,超前防范极端信访事件、涉众型案件及社会关注度高的重大敏感事件。扎实推进平安市南建设,加强立体化社会治安防控体系建设,健全基层安全稳定防范体系,强化各项防控措施,抓好街道社区防控信息系统建设与应用试点工作,强化各项防控措施,努力实现年内"70%以上街道无命案、80%以上社区无刑事案件"的综治主题创建活动目标。牢固树立安全发展理念,健全企业安全生产管理体系,突出重大安全风险防控和重点领域消防安全隐患治理,强化生活安全知识普及和消防知识教育,坚决遏制重特大安全事故发生。加强食品药品安全、消防工作监管力度。实施居民老旧电梯更新改造工程,建立完善电梯安全运行保障机制。健全完善应急管理体系,有效预防和处置重大突发事件。抓好"扫黄打非"工作。加快网上斗争隐蔽阵地建设,依法打击处理涉政型非法网络组织,全力维护网络政治安全。

九、加强常委会自身建设

牢固树立看齐意识,向党中央看齐,向习近平总书记看齐,与中央和省、市委在思想上政治上行动上保持高度一致。针对年初区委常委班子民主生活会查摆的问题,研究制定整改方案和整改措施并抓好落实。坚持不懈加强理论武装,深化对创新、协调、绿色、开放、共享发展理念的认识和把握,深入研究事关全局的重大问题,提高执政能力和领导水平。特别是加强对全区重大经济问题的研究,不断提高新常态下领导经济工作的能力和水平。完善和落实民主集中制各项制度,坚持科学民主依法决策。带头践行党的群众路线和"三严三实"要求,带动领导班子和党员干部持续推进作风转变。带头严守政治纪律和政治规矩,严格遵守廉洁自律各项规定。按照中央和省、市委部署,开好下一次区委常委班子民主生活会。

十、筹备和做好换届工作

蹄疾步稳　惠民当先

——2016年青岛市市南区经济社会发展亮点盘点

按语:"小政策"撬动经济发展"大杠杆";社区微信联盟打造指尖上的政务互联网+;"青云图"上线助力"全民阅读";以创业"摇篮"呵护"万众创新";快检实验室高效便民保"舌尖安全"……回眸2016年,市南区在经济和社会发展等各方面都交出了一份令人满意的"答卷"。工作在市南，感受着政府服务的转变，享受着政策红利的加码；生活在市南，体味着时尚文化的延展，体悟着湾城的独特魅力。刚刚闭幕的区第十三次党代会站在新的历史起点，绘就了市南区未来发展的蓝图，开启了加快建设时尚幸福的现代化国际城区新征程。盘点过去，定格精彩；展望未来，砥砺前行。

★"小政策"撬动经济发展"大杠杆"

事件：对加大研发投入、推进科技成功交易等的企业，给予最高 100 万元奖励；支持企业与科研院所、高校协同创新，对新入驻高端研发机构和科技企业最高补贴 1000 万元；对获得各级认证的产业技术战略联盟和创新平台给予最高 50 万元奖励……这是市南区在创新创业、新产业新经济发展等方面发力的一个表现。2016 年，市南区出台了《市南区优化发展环境促进经济提质升级若干政策措施及实施细则》，一揽子推出 20 条促进经济发展政策措施和 15 项配套实施细则，全面支持科技创新发展，形成全链条创新创业扶持奖励政策体系。以"小政策"撬动经济发展"大杠杆"，市南区在创业政策、平台、服务等方面精准发力，正砥砺前行。

解读：国内首家创业孵化器公司——创联工场，成就创业者超过 3 万人；全国首家线上众创空间、全国首个物联网产业基地和创客社区、全国首家海洋特色专业众创空间……这些"全国第一"都诞生于市南区。市南区之所以有如此"底气"和近年来不断完善服务机制、强化政策扶持不无关系。2016 年，市南区又出台了《市南区优化发展环境促进经济提质升级若干政策措施及实施细则》，涉及扶持科技创新、时尚产业建设、创新创业载体建设、促进远洋渔业发展等方面。政策从搭建完善的经济发展政策体系、支持重点领域发展、鼓励企业竞进提质、优化经济发展环境等四个方面提出具体措施，以强有力的政策引领区域经济发展，促进经济提质升级。

★"国际范"企业集聚发展

事件：2016 年 7 月份，全球第一大石油公司荷兰皇家壳牌集团华北石油集团与市南区政府签约，在市南区设立全资子公司及管理总部，在此之前，已有航运物流领军企业丹麦马士基集团、渣打银行、中德安联人寿保险等世界 500 强企业的区域总部落户市南，

全年全区世界 500 强区域性总部企业达 50 家。9 月份，全国首家外商独资财富管理公司——青岛意才财富管理有限公司也扎根市南，成为国内第一家经国外金融监管部门批准设立的财富管理机构，对青岛打造面向国际的财富管理中心具有标志性意义。如今，从空中俯瞰青岛，浮山湾畔的一片城区高层写字楼鳞次栉比，日本的保险公司，意大利、香港的财富管理公司，美国的会计师事务所，德国、新加坡的银行等国际名企扎堆集聚，有效提升了城区国际化水平，推动了全区开放型经济向更高层次迈进。

解读：作为青岛中心老城区，市南区土地资源有限、发展空间不足，只能在纵深上做足文章。楼宇经济具有占地少、消耗低、效益好的特点，被形象地称为"立体经济"。近年来，市南区科学规划利用土地，高标准发展楼宇经济，海航万邦中心、青岛中心、远洋大厦、华润大厦等一批 5A 甲级写字楼相继启用。截至目前，市南区税收过亿元的写字楼达到 26 座，5A 甲级写字楼已有 15 座，约占全市的 70%。这些高端商务楼宇内，聚集着本土总部企业、世界级企业区域总部等各类企业 2.1 万余家，高端服务业增加值占服务业比重达到了 67%。在落户企业中，一批全球金融巨头引人注目，据统计，市南区现有金融机构 171 家，其中分行级以上银行机构 35 家，占全市 72%；外资金融机构 31 家，占全市 91%。

★栈桥回澜阁回归公益开门纳客

事件："五一"小长假第一天，作为青岛的地标性建筑——栈桥回澜阁经过一个多月的修缮和布展，以全新的"妆容"正式开门纳客，这也是回澜阁回归公益轨道的"首秀"。三天时间，近 13000 人进入回澜阁游览，领略青岛近现代历史、人文、民俗等独特城市风貌。整个栈桥景区在三天时间里接待游客近 27 万人，特别是"五一"当天，有 131600 人涌进栈桥。据了解，栈桥回澜阁开放时间为 8 点半到 16 点半。为确保游客安全及文物保护，目前仅对一楼开放。一楼游客瞬时最大承载量为 40 人，游客游览回澜阁需在入口处免费领取游览卡，随出随进，循环游览。

解读："纳凉采风夕阳下，观海听涛回澜阁"，回澜阁——这颗自 20 世纪 30 年代便伫立于青岛栈桥南端的"明珠"，历经世事沉浮，同栈桥一样，成为百年青岛的地标式建筑。但由于特殊历史原因，回澜阁的管理使用权曾几易其手，成为市民、游客热议的焦点。经过多方的努力，终于在 2015 年 12 月 18 日，政府收回栈桥回澜阁的管理使用权移交市南区进行日常管

理。移交后,市南区专门邀请专家对回澜阁进行安全风险评估,并制定了回澜阁修缮方案,在尊重历史原貌、原工艺基础上,尽可能恢复建筑的历史风貌,延续文物的历史信息和时代特征。栈桥回澜阁回归公益,成为青岛文保史上的一个重要转折点。这颗青岛历史文化明珠将向世界展示更璀璨的光彩。

★社区微信联盟打造指尖上的政务"互联网＋"

事件:4 月 21 日,市南法院"张玉法官工作室"与市南区社区微信联盟正式链接开通,成为全市首个开通微信法官工作室的基层法院,标志着市南法院司法便民利民服务工作从此进入"微时代"。这也是市南区社区微信联盟新增垂直化服务板块,拓宽为民服务渠道的一个"缩影"。2016 年,市南区还重点推出了"在线读报""消费维权 e 家"消费维权等在线垂直服务功能,让便民服务更加接地气,有人气。以微信平台为代表的"互联网＋"新模式让市南区的城市基层政务变得智能而高效。无独有偶,11 月份,市南区行政审批服务大厅率先全国推出微信排队取号服务,指尖轻轻一点,破解扎堆"干等"难题,实现政务上云端,服务接地气。

解读:"互联网＋"给政务工作带来的直接变化就是在互联网平台上,政务资源和服务对象之间形成一种全新的互动生态,由此产生的是效率大幅提升,基层服务的广泛性和针对性,较传统方式有了质的飞跃,居民可以像淘宝一样畅享政府各类服务。作为国内首家由辖区内社区联合启动的政务社区微信联盟,经过接近两年的运行,各社区微信与区属各部门微信的用户已达十余万人,间接影响更是遍及家家户户,市南区 55 万市民都因为这个微信平台而受益。这种政府和居民之间的无缝对接和高频互动,既提高了公共服务的效率和水平,也有效化解了社区里大大小小的问题和矛盾,真正实现了"小微信"做出政府"大威信"。

★"青云图"上线助力"全民阅读"

事件:2016 年,市南区文化新闻出版局以读者阅读需求为根本出发点,顺应自助化、移动化阅读趋势,创新推出"青云图"互联网阅读服务平台。这是市南区通过搭建面向市民的手机查询、订阅图书服务平台,实现线上自主订阅、线下统一配送的阅读服务新模式,首度打破书店与图书馆的服务界限。在手机上关注市南区图书馆或市南区旅游局微信公众号,都可以登录"青云图"平台。读者使用借书证登陆"青云图"平台,选择自己喜欢的图书并预约下单,图书经过加工后将通过快递免费送到读者手中,图书将由市南区图书馆买单入库,让读者足不出户即可免费借阅到自己喜欢的图书,这一互联网阅读服务模式在全国尚属首例。"青云图"试运行一个月期间,读者共下单订阅了 6089 册新书。

解读:随着移动互联网的快速发展,手机成为获取资讯的重要渠道。而公共图书馆受开放时间、服务距离等限制,不能完全满足读者的现实阅读需求。为打造更加方便快捷的阅读服务载体,市南区从读者的个性化、自助化阅读需求出发,创新推出"青云图"平台,针对性地推出了"你借书、我买单、免费配送"项目,让读者足不出户即可免费借阅到自己喜欢的图书。通过将图书馆和书城的资源整合在一起,打破了双方服务领域的界限,拉近了图书与读者间的距离,形成以读者需求为核心的阅读供给渠道。作为市南区构建全域阅读服务网络的关键环节,"青云图"借助互联网技术,将 70 余处公共图书馆、"啡阅青岛"图书馆项目等线下资源整合起来,全面布局通借通还网络,使公共图书馆服务功能从线下延伸到线上,拓展了文化资源配置新方式,开创了以读者需求为核心的全民阅读新模式。

★率先全市实现中小学无线网络全覆盖

事件:青岛嘉峪关学校搭建数字化 E 校园,营造数字化环境的混合性学习:课堂上使用平板电脑开展教师教学和学生自学;数字海洋科普馆带给孩子们生动真切的"E 体验";"军舰模拟驾驶"体验区让学生不出校门即可进行军舰模拟海上航行;"嘉园"网络平台让教与学变成随时随地的"E 互动"……这些是市南区引领现代信息技术与教育全面深度融合的缩影。推进学校教育信息化,安全高速的网络是基础。市南区在全区有线网络建设完善十余年的基础上,从2015 年开始便为辖区内所有中小学建设室内无线网络环境,网络覆盖各校办公区域和专用教室,2016 年又为全区 32 所中小学实施校园无线网络全覆盖工程,打造青岛市首家全覆盖的无线教育城域网,在全市首次实现同时具备有线和无线两套云计算架构的教育城域网络,进一步提升了教育信息化水平。

解读:近年来,市南区大力开展基于信息技术与教育教学深度融合的数字化教学研究,深度应用"互联网思维",发挥教育信息化的"革命性力量",将信息技术与教育教学深度融合,让各种先进的技术从云端落地,深入课堂,融入学习,帮助学生从"学会"到"会学"，实现从掌握知识走向发展思维的深度学习。依托全覆盖的无线校园网络，市南区实现了"网络校校通、资源班班通、应用人人通"，通过搭建"电子书包云课堂系统""学科工具平台""教育视频文档管理系统""网上学习诊断评价云题库"等平台，建立了教学覆盖范围更广、体系更完善、使用更便捷的互动性、共享性、安全性兼具的教学系统，提高了中小学生的信息素养和利用信息技术自主学习和实践创新的能力，探索出一些具有代表性的数字化教学范式。

★以创业"摇篮"呵护"万众创新"

事件：2016年市南区共实现新增就业9.1万人，与去年同期相比增加78.5%；扶持创业3700人，与去年同期相比增加45%；新增创业企业849家，创业带动就业2547人；培训各类人员2万余人……这份"亮眼"成绩单浸满了市南区"大众创业、万众创新"的干劲儿和热情。为了鼓励创业，2016年，市南区人社局联合科技局拟定了《市南区支持创新创业载体建设政策实施细则》，将原来普惠性的创业人员房租补贴标准由每天每平方米1元提升到1.5元，今年已有530人享受政策；建立多层级创业孵化基地，已与9家单位合作建立了区级、街道孵化基地和众创空间，基地内扶持创业220人；开展了创业项目评选活动，征集评选入库项目59个；举办了首届创业投融资项目对接洽谈会，共有36个项目进行了集中展示；推出了八大峡草根创业、江苏路求索创业等一批创业品牌。以创业"摇篮"呵护"万众创新"，市南区就业创业氛围日益浓厚。

解读："就业为民生之本"、"就业是经济的'晴雨表'，是社会的'稳定器'"……国家总理李克强曾经在不同场合多次提到这几句话，这也表明了国家对就业创业的关心。市南区连续多年将就业工作列入区为民办实事，出台了惠民岗、高校毕业生见习等一系列就业政策，2015年在全省率先出台了普惠性创业人员房租补贴等一系列创业扶持政策，2016年又进行了全新升级，推进创业孵化基地建设，已建成创意文化产业、动漫产业、零成本商铺等特色鲜明的区级创业孵化基地5处，总面积约1.7万平方米，基地内已成功孵化企业523家，扶持创业成功率达90%以上，带动就业3600余人，动漫基地被评为省级创业孵化示范基地；"创联工场""海洋U＋""梦部落"等15家众创空间入选国家级备案众创空间，数量居青岛市各区（市）首位，五四创客城创业街区投入运营，累计服务创客8165人。

★超额完成年度棚改任务赢民心

事件：2016年，家住市南区河南路98号楼院的居民们很高兴，因为终于要摆脱冬冷夏热的生活环境，他们已经和市南区政府签订好了房屋征收协议，带着补偿款开始着手选购新的居所。2016年，市南区将"深入改善居民居住条件，推进西部棚户区居民房屋征收2000户"列入市区两级为民办实事目标任务。在实施房屋征收过程中，政府将征收政策、流程、方案等以"明白纸"的形式向居民进行解读，还组织成立了居民监督协调委员会，全程参与并监督征收改造工作，并聘请律师团队进现场，开展法律咨询、司法调解等工作。政府给居民提供"一站式"服务，让居民不出社区就能办理政策咨询、征收评估、协议签订、补偿款领取等事项，赢得了百姓的一片点赞。

解读：2016年，市南区在推进棚户区改造过程中进行了多方面的创新服务。坚持"先危后旧、先急后缓、先易后难"的原则，从居住条件最差、群众意愿最强烈、产权最明晰的房屋入手，让住房困难群众的居住条件尽快得到改善。突破以往征收都是按计划分年度实施的限制，一次性办理征收启动前审批要件，使其全部具备启动条件，让居民决定"是否实施征收、何时实施征收"。按照"政府提供条件、居民自主选择"的方式和"成熟一片、启动一片"的思路，力推两个"百分比"的工作方法，改变按成片区域实施征收的方式，"化整为零"。全年，市南区共启动楼院85栋，签订征收补偿协议2356户，提前超额完成年度棚改工作任务。

★创新社会救助"加法"新模式

事件：将低保标准由每人每月620元调整为每人每月650元；临时救助标准由家庭累计救助金额不超过10000元，提升到家庭累计救助金额不超过20000元；医疗救助标准由每人每年累计救助金额最高额度100000元，提升到每人每年累计救助金额不超过130000元；对低保和低保边缘家庭的重度残疾人及80岁以上的低保老年人，再按30%的比例给予救助……2016年，市南区将向低保和低保边缘家庭中失能和半失能人员发放护理补助列入为民办实事计划，并且在救助标准上做起了"加法"，保证困难群体得到更加切实有效的救助。全年，已申请上报977人。其中，低保户734人，低保边缘243人，经评估机构入户评估，确认符合发放护理补助条件共计903人，共计发放补助金350万元。

解读：低保及低保边缘家庭是需要格外关心照顾的困难群体，如家庭成员因疾病或突发意外造成失能，更会给家庭增添很多照料和经济负担，使本就不富裕的家庭"雪上加霜"。2016年市南区坚持"兜底线、保重点、广覆盖"原则，将低保和低保边缘家庭中失能和半失能人员发放护理补助列入为民办实事计划，根据行业对失能、半失能基础认定标准，制定了个人申请、街道办事处审核、评估机构入户评估、公示、政府审批、发放的工作流程。此外，市南区还利用"互联网＋新技术"构建一体化惠民政务服务平台，推送救助政策，开展社情调查、实现救助申请的跟踪和反馈。这些举措进一步完善社会救助体系建设，进一步加大社会福祉，成为一项百姓交口称赞的民心工程。

★**快检实验室高效便民保"舌尖安全"**

事件：35所学校食堂设置小型快速检测实验室，每批次蔬菜都要检测后才能下锅；10个街道食品药品监管所均设置社区检测实验室，市民觉得什么食品可能有问题都能拿来免费检测。2016年，市南区食药局斥资金508万元先后在辖区35所学校食堂和10个街道办事处设置了食品安全小型快速检测实验室。实验室内配备食品保化速测综合分析仪、多通道农药残留定量快速检测仪、试剂及试剂冷藏柜，并通过互联网实现设备与区食药局服务器端的实时数据传送，一旦发现超过国家限量标准，可以立即控制相关食品，及时、快速、有效地降低食品安全风险。市民对购买的食品怀疑存在食品安全问题，可拨打12331进行投诉举报。

解读："舌尖上的安全"是文明城市的标志，也是老百姓最为关切的民生问题。2016年，市南区全面加强食品安全风险监控，将食品药品检测列入为民办实事事项，加大投入，完善机制，建立起覆盖全区的食品药品安全风险和质量监控体系。编织食品安全网，检测监测技术的增强必不可少。2016年，市南区继续深入推进"智慧监管"信息平台建设，充分运用物联网、智能标签、移动互联等信息技术，638家餐饮单位实施了"明厨亮灶"工程，广大市民可以适时监督后厨卫生、择优就餐。继续推行"寻找笑脸就餐"活动，全面评定辖区2302家餐饮单位食品安全状况。全年，全区食品评价性抽检合格率达到98.9％，药品合格率接近100％，未发生较大以上食品药品安全事故。

区情综述

市南区概要

历史沿革

市南区建置始自德国侵占青岛时期（20 世纪初），所辖区域却有悠久历史；从明初以来，一直在青岛地区（昔称胶澳）政治、军事、商贸、旅游诸领域居重要地位。

1388 年（明洪武二十一年），即墨县东海边筑城设防建鳌山卫，下辖浮山所（全称为浮山备御千户所）、雄崖所。部分内地（据传多是云南、贵州、山西）人迁移到胶州湾东畔定居。明朝永乐年间之后，今市南区范围陆续建立上青岛村、下青岛村、会前村、小泥洼村、小湛山村、大湛山村、田家村、大尧村、逍遥村、张家庄（后改名为亢家庄）、丁家庄、辛家庄。村民在农耕的同时也下海捕鱼。

1578 年（明万历六年），即墨获准在县境内开放青岛口（即今市南区域内天后宫前、栈桥东），海运贸易日趋活跃，通商闽、浙、苏、淮。

1863 年（清同治二年），青岛口建立电报房、邮政局，出现了更多的商店和手工业作坊，今市南区域中西部成为旅客、商人云集之地。

1891 年（清光绪十七年），清政府议决在胶澳设防，是青岛建置之始；翌年，调登州镇总兵章高元率部移驻胶澳，在下青岛村东畔建总兵府（俗称老衙门，今市人民会堂址；据胡存约所著《海云堂随记》记载，总兵府规模大于县衙门），筑军营、炮台，建栈桥码头，青

岛口（今市南区西部沿海地域）一带逐渐形成粗具规模的市镇。

1897 年，德国侵占青岛。1900 年 6 月，将租界分为内界、外界。内界称青岛区，包括青岛、大鲍岛、小泥洼、孟家沟、小鲍岛、杨家村、台东镇、扫帚滩、会前 9 个小区，其中青岛区大部位于今市南区；其余为外界，称李村区。1910 年，将内界 9 个小区合并为青岛、大鲍岛、台东镇、台西镇 4 个区。

1914 年日本第一次侵占青岛后，将占领区划分为青岛区和李村区，今市南区位于青岛区。

1922 年 12 月，中国政府收回胶澳，辟为商埠；根据《胶澳商埠章程》规定，定名为青岛市，以青岛市街、台东镇及台西镇之界址为区域，其他各地均称乡。今市南区域大部分在市街及台西镇范围内。

1929 年 4 月，南京国民政府接管青岛，确定青岛为特别市；至 1933 年 3 月，设甲等区 5 个、乙等区 3 个、丙等区 4 个，今市南区域多属甲等区；后取消区的编制，1933 年 10 月，市内于大港、台东和台西各设办事处 1 个，分别称为市区第一、二、三区联合办事处；今市南区域大部分归联合办事处管理。

1935 年 5 月，青岛市调整市乡办事处，市区于东镇、西镇、海滨、浮山等各设 1 个建设办事处。今市南区地域为西镇、海滨、浮山、小港诸办事处的管理范围。

1938 年 1 月，日本第二次侵占青岛，通过警察局等机构强制设立保甲组织；至 1945 年 4 月，在市南、

市北、东镇、西镇、四方等范围分设总联保办事处。

1946 年南京国民政府第二次统治时期,青岛以警察区划为市南、市北、台东、四沧等 7 个区。以保甲区划为 12 个区(其中市区 4 个、乡区 8 个),4 个市区分别为市南区、市北区、台东区、台西区。市南区作为行政区划由此开始。

1949 年 6 月 2 日青岛解放后,市南区开始进入新的历史发展时期。进入社会主义现代化建设新时期后,通过改革开放、东部开发、迎办奥帆赛等,市南区经济得到持续、快速、健康发展,城市建设步伐加快,社区建设不断深入,科教兴区战略全面实施,民主法制建设更加健全。

地理位置与面积

市南区地处青岛市区南部,位于东经 120°19′、北纬 36°04′,西起团岛,与黄岛区隔胶州湾相望,东至麦岛,与崂山区毗邻,北与市北区相接,南临黄海。辖区东西长 12.7 千米,南北最宽处 4.8 千米,面积 30.01 平方千米。

人口简况

2016 年末,全区总人口为 58.03 万人(常住人口)。

行政区划

市南区区域 1900 年属胶澳租界地内界的青岛区、会前区;1910 年属内界的青岛区、台西镇;1922 年中国政府收回青岛主权后,分属青岛区、别墅区和西镇;1929 年南京国民政府统治青岛后,分属第一区、第二区;1935 年分属海滨区、西镇、浮山区;1938 年日本第二次侵占青岛后,属"市南保甲行政区";1946 年南京国民政府第二次统治青岛后,市南区建置并成为青岛市 4 个市区之一,市南区名称沿用至今。1949 年底,市南区为青岛市辖 7 个区之一。1954 年,青岛市撤销浮山区,将麦岛乡、浮亢乡、浮西乡、三合乡之田家村划归市南区,设立浮山办事处。1956 年,浮山办事处(后成立街道办事处、人民公社)所辖浮西、麦岛两乡划归崂山郊区。1963 年,撤销台西,将其所属云南路、南村路等 5 个街道划归市南区;同年,浮山人民公社划归崂山县,1978 年,浮山人民公社又重新划入市南区。

1987 年,辖区有 14 个街道。2004 年 5 月,调整为 9 个街道和 1 个社区工作委员会,分别为八大峡街道、云南路街道、中山路街道、八大关街道、湛山街道、香港中路街道、八大湖街道、金门路街道、珠海路街道及江苏路社区工作委员会,下设 78 个社区居民委员会。2008 年 6 月,江苏路社区工作委员会改为江苏路街道办事处。2011 年 3 月,对八大峡、云南路、中山路、八大关、金门路、珠海路 6 个街道办事处规模较小的部分社区居民委员会进行调整,减少社区居民委员会 13 个。截至 2016 年年底,有街道 10 个、社区 65 个。

自然环境

地质地貌

地质 青岛地区属华北地台鲁东地盾的一部分,所处大地构造位置为新华夏隆起带次级构造单元——胶南隆起区东北缘。由于地壳上升剥蚀,境内缺失古生界地层,主要分布的地层有:元古界震旦系前的变质岩层,中生界侏罗系莱阳组,白垩系青山、王氏组,以及新生界的地层。市区地层出露有:前寒武等的元古界胶南群;缺失整个古生界;中生界出露有上侏罗统莱阳组、下白垩统青山组和上白垩统王氏组;新生界分布广泛,层位为中、上更新统和全新统。区域内白垩系青山组火山岩层发育充分,出露十分广泛。岩浆岩以元古代胶南期月季山式片麻状花岗岩及中生代燕山晚期的艾山式花岗闪长岩和崂山式花岗岩为主。市南区全部坐落于该类花岗岩之上,建筑地基条件优良,其构造以断裂构造为主。自第三纪以来,以整体性较稳定的断块隆起为主,上升幅度一般不大。

地貌 区域地貌从形态上分有山地、丘陵、滨海低地等,主要是由古老结晶岩基底经过断裂错动和河流与海水的分割剥蚀,形成现有的地貌形态。由于崂山地区花岗岩多次侵入,形成区域东北高西南低的地貌特征。受断块隆起与拗陷带控制,在沿海断块与海水的冲刷作用下,沿海发育成海湾、岬角、岛屿等海岸带地貌。

山脉、河流

山脉 崂山山脉从崂顶向西南绵延至青岛市区,形成青岛市区各个山岭。辖区最高山岭为浮山,海拔 384 米。其他山岭海拔均在 200 米以下,如太平山(海拔 150 米)、青岛山(海拔 128.5 米)、伏龙山(海拔 86 米)、信号山(海拔 99 米)等。

河流 辖区的青岛河、浮山口沿岸河流发源于沿海丘陵区,河流源短流急,夏、秋水量较丰,冬、春基本断流,属季节性河流。德国侵占时期,青岛河修建为大学路。20世纪80年代后,其他河流经历次修整改造,成为城市道路或地下排水管网系统。

海湾、岬角、海岛、礁石

海湾　区域海岸线12.38千米,沿海自西向东分布着团岛湾、青岛湾、汇泉湾、太平湾、浮山湾等5处海湾。

团岛湾——位于团岛与八大峡公园之间沿海,西部为胶州湾入海口,东部毗连青岛湾,面积1平方千米;湾内水深浪急,岸边建有游船码头。青岛湾——位于太平路沿海一带,从青岛河口(大学路南端)至火车站,岸滩长约1.5千米、宽约300米、面积1.80平方千米;湾内小青岛和前海栈桥为青岛标志性建筑,沿岸设有海滨公园,是青岛著名的风景游览区;栈桥以西沙滩较好,为第六海水浴场。汇泉湾——东起汇泉角,西至鲁迅公园沿海一带,长约1.1千米,面积1.6平方千米;沿岸第一海水浴场水浅坡缓,浪小水稳,是市区主要的公共浴场;北岸有鲁迅公园、小鱼山等景点,为青岛著名的海滨风景游览区。太平湾——位于太平角与汇泉角之间,沿岸为闻名全国的青岛八大关风景区,环境清幽,风景优美;西部沿岸海滩长约400米、宽200米,坡缓沙软,浪小水净,为第二海水浴场。浮山湾——位于辖区东南部浮山所海口,东岬角是燕儿岛,西岬角是太平角,内有3处礁石分隔,形成4处沙滩;海湾西部为第三海水浴场,海底坡度缓长,水势平稳;海湾东岸北海船厂旧址改建为青岛奥林匹克帆船中心(简称奥帆中心,下同),面积4平方千米,为2008年奥运会帆船竞赛项目赛场。

岬角　燕儿岛角——位于浮山湾东南角、奥帆中心处。太平角——位于太平湾东南角,海拔18.3米,面积0.2平方千米,向西南延伸,水下有礁石。汇泉角——位于汇泉湾东南角,海拔30.3米,面积0.13平方千米,三面临海,松柏常青,丘陵地上建有小塔。青岛角——位于青岛湾东南角,与小青岛对峙,是青岛湾与汇泉湾的分界线。团岛角——位于辖区最西端,海拔17米,东与团岛对峙,南与薛家岛隔海相望。

海岛　团岛——位于辖区西南角,面积0.2平方千米,海拔15.8米;为胶州湾的入海口,南部与薛家岛遥对,三面临海,风景优美,空气清新,有长堤与陆地相连;岛上植物有黑松、泡桐、中国槐、大叶黄杨、樱桃、白杨等。小青岛——位于青岛湾内,距海岸720米,面积0.025平方千米,海拔17.2米;西北与栈桥相望,东部与防波堤相连,岛的北部高,南部较平缓;岛四周岩石裸露,潮间带礁石向外伸展较远,周围海域水深1~5米;岛上长有黑松、刺槐、棉槐、糖豆树、大叶黄杨、泡桐、樱桃、白杨、中国槐等植物,1987年建成公园对外开放。燕儿岛——位于浮山湾东岬角,因岛上多燕鸟得名,面积0.14平方千米,海拔23.7米;该岛三面临海,西南与太平角遥对,西北是浮山所口,现已与陆地相连。太平角岛——位于太平湾东岬角,面积0.01平方千米,海拔26.1米;岛上无土层、无植被、无淡水源,周围海域水深流急,鱼类和海珍品资源丰富,现已与陆地相连。

礁石　白鸽石礁——位于胶州湾东南近岸,方圆形花岗岩质,长20米、宽15米,为进出小港航道主要碍航物;周围水深4~5米,礁石顶部设有灯桩,名白鸽石灯桩。双礁——位于小港口南侧,距陆地70米,长30米、宽20米,海拔3.3米。青岛礁——位于小青岛西1.1千米处,由贵州路东端海岸向南延伸约500米,长400米、宽150米、面积0.04平方千米,海拔2.3米,周围水深2~5米。老鼠礁——位于太平湾东侧,太平角西南,离太平角湾220米,宽100米、长200米,周围水深5~8米。黑栏——位于浮山所湾西北,第三海水浴场东北侧,距陆地120米,长60米、宽50米,海拔2.3米。北沙暗礁——位于浮山湾口南1.2千米,长2.45千米,最宽500米,面积0.80平方千米,水深5.2~8米。钩蓝角——位于浮山所湾口东侧,燕儿岛嘴西,距陆地220米,长80米、宽50米,海拔4.7米。

土　壤

概况　青岛地区主要属于暖温带湿润落叶阔叶林生物气候区,土壤的主导成土方向为淋溶型的棕壤地带类型。沿海在海潮和矿化潜水影响下,多为盐渍型土壤。

棕壤　棕壤土类是主要土壤类型,称棕色森林土,俗称黄墡土或黄坚土。主要分布于山地丘陵和山前缓坡地上,土层较厚,厚度多在1.5米左右。成土母质为酸性岩或基性岩坡、洪积物。土壤颜色以棕色为主,质地多为砂壤土至中壤土。棕壤形成过程中,母岩风化后产生的钙、镁、钾、钠等盐基成分已被淋失,一般呈微酸性至酸性,盐基不饱和。在耕作熟化情况下,土壤反应才接近中性,盐基饱和。

盐土　滨海地区受海潮侵袭、海水倒灌或海水渗漏补给地下水的影响,形成带状分布的盐土。地下水矿化度可达10~50克/升,盐分以氯化钠为主。土壤富含可溶性盐分,1 米土层内含盐多在 0.5% 以上。

植 被

概况 青岛位于北半球中纬度及东亚海洋性季风区的边缘,隶属泛北极植物区中国—日本森林植物亚区华北地区,植被组成以华北区系成分为主。由于自然地史和植物自身的演化结果,世界各地理区系的植被相互渗透,植物种类丰富繁茂,是同纬度地区植物种类最多、组成植被建群种最多的地区。自然植被为落叶阔叶林,并混有热带、亚热带及东北成分植物。19 世纪末起,通过植物引种驯化,增加了欧美、日本、地中海及东亚区系成分,不少树种已"乡土化",成为植物群落的建群种、共建种和优势种。

针叶林植被 区域内主要森林植被之一,也是分布最广、面积最大、适应性最强的植被类型之一。除赤松为自然次生植被外,均为人工造林。主要建群种为黑松,其次是赤松、日本落叶松;日本花柏、油松、火炬松、金钱松、红松、华山松、樟子松、水杉、柳杉、池杉、落羽杉等,均有小面积栽培。经人工引种造林,针叶树种发展到 5 科 22 属 66 种与变种,建群种的有 3 科 7 属 15 种,有温性、暖温性、寒温性等 3 种针叶林,低山丘陵、海滨砂地都有分布。

阔叶林植被 由暖温带温性阔叶树种组成,夏季生长旺盛,冬季落叶处于休眠状态,是区域内主要森林植被类型之一。群落优势种有 20 余种,分属 11 科 14 属。主要阔叶树种为麻栎、栓皮栎、檞树等。国外引入的刺槐、加拿大杨成为落叶阔叶林群落的主体。1898 年后,德国人从欧洲引入刺槐(初称洋槐),成为青岛阔叶树种中造林面积最大、木材蓄积最多的树种。

灌木植被 常绿灌丛有山茶、红楠、大叶胡颓子、络石、爬行卫矛等。落叶灌丛有胡枝子、华北绣线菊、榛、散花胡颓子、小叶锦鸡儿、白檀、杜鹃等。灌木植被是园林和住宅小区绿化的主要植被之一。

气 候

市南区地处北温带季风区域,属温带季风气候;由于海洋环境的直接调节,受来自洋面上东南季风及海流、水团的影响,故又具有显著的海洋性气候特点。空气温润,雨量充沛,温度适中,四季分明。春季气温回升缓慢,较内陆迟 1 个月;夏季温热多雨,但无酷暑;秋季天高气爽,降水少,蒸发强;冬季风大温低,但无严寒,持续时间较长。据 2002 年测定,最热的 7 月份,平均气温 25.3℃;最冷的 12 月份,平均气温为 −1.9℃。年平均降雨量 424.6 毫米。

2016 年市南区国民经济和社会发展概况

2016 年,市南区主动适应经济发展新常态,加快融入青岛市"三中心一基地"建设进程,着力稳增长、调结构、惠民生、防风险,加强供给侧结构性改革,9 件 14 项为民要办的实事顺利完成,经济增长质量和效益不断提高,社会更加和谐稳定。全年实现生产总值 1016.41 亿元,同比增长 7.7%;实现社会消费品零售总额 538.2 亿元,同比增长 9.5%;完成固定资产投资 128.59 亿元,同比增长 2.6%;区级一般公共预算收入完成 100.85 亿元,剔除政策性等因素影响,同比增长 8.7%。

供给侧结构性改革添活力

发展环境持续优化

制定出台《市南区优化发展环境促进经济提质升级若干政策措施》及各项配套政策,以强有力的政策引领区域经济发展。深入开展进现场解难题促转型稳增长抓落实工作,走访企业 643 家,帮助企业解决各类问题 67 个。积极扶持中小微企业健康发展,为 102 家中小微企业办理规模认定、划型。出台《市南区供给侧结构性改革总体方案》,全面推进供给侧结构性改革工作。贯彻落实青岛市"三中心一基地"建设战略部署,制定出台市南区打造中国北方时尚之城专项发展规划及互联网＋、海洋＋等一系列行动计划,进一步拓展产业发展空间。进一步简政放权,取消 27 项权力事项、调整 103 项权力事项要素,全过程一网式审批平台建设不断完善,行政审批事项一、二级网办率达 100%。社会信用体系建设取得新进展,统一社会信用代码制度和重点领域信用管理制度落地实施。积极推行"五证合一、一照一码",全区新设各类市场主体 1.12 万户,注册资本 363 亿元。全力防范化解区域金融风险,累计化解不良贷款 40 笔、39 亿元。完成综合行政执法体制改革,组建区综合行政执法局。出台《市南区深化医药卫生体制改革实施方案》,公立医院改革顺利启动。完成公务用车制度改革。

质量效益不断提升

金融商务区不断扩容,新增世界五百强企业壳牌石油、国内电商行业领军企业店商互联等 11 个总部项目,引进金融机构及金融类企业 9 家,国内首家外商独资财富管理公司青岛意才财富落户,鼎信通讯主板上市,特利尔环保等 10 家企业新三板挂牌,3 座楼宇获评青岛市第二批中介服务集聚示范楼宇。质量强区工作稳步推进,获中国质量奖提名奖 1 个、省长质量奖 4 个、市长质量奖 5 个。大力发展时尚经济,开展国际时装周品牌发布会、梵高感应艺术展等活动,新引进时尚品牌上百个,国内规模最大的珠宝黄金卖场金叶珠宝正式落户,银座中心、万象美学实验室开业,全区投入使用的商业综合体达 18 座,推出 10 款"最美海湾・大师之旅"深游产品,举办青岛市第二届旅游文化商品创新设计大赛。培育新型文化业态,首个以互联网新媒体为主的产业发展平台——中国(青岛)新媒体基地开工建设,依托水师饭店旧址建成 1907 光影俱乐部,依托安娜公寓旧址推出青岛书房项目,引进中国最美书店——方所,青岛地质之光展览馆、蝴蝶楼、公主楼等文博场馆先后建成开放,时尚影响力不断扩大。成功引进中国第一家面向中小企业外贸综合服务平台阿里一达通和中国 500 强中基惠通公共服务平台,青岛大拇指供应链被评为省级跨境电商综合服务平台,市南区被评为中国(青岛)跨境电商综合试验区重点产业园。积极融入青岛市"一带一路"项目建设,加大"引进来、走出去"战略步伐,完成外贸进出口总额 554.1 亿元,到账外资 3 亿美元,利用内资 130 亿元;新获准境外投资项目协议中方投资额 9.5 亿美元,同比增长 83.56%。全区 49 个重点建设项目完成投资 79.74 亿元,新开工项目 5 个,竣工 2 个,主体封顶 11 个,新投入使用高端商务楼宇建筑面积 15 万平方米。安排 1955 万元扶持资金,对贵州平坝、三峡夷陵、平度等地区进行对口帮扶。

创新创业活力迸发

深入实施创新驱动发展战略,形成以科技创新为核心、以大众创业为基础、创客发展为支撑的全新格局。积极培育创新创业载体,新增 1 家国家级工程研究中心、2 家院士工作站,15 个众创空间纳入国家级科技企业孵化器管理服务体系,位居全市第一。成立青岛虚拟制造设计与咨询创新等一批产业创新发展联盟,五四创客城入选国家级智慧园区试点。全区科技企业孵化器、众创空间达 29 个,孵化面积突破 35 万平方米,在孵企业 1200 余家,集聚和服务创客 8000 余人。发挥政策对创业的引导作用,扶持创业 3000 人,引进各类人才 1.9 万人,新增国家千人计划 2 人、国家万人计划 2 人,泰山产业领军人才 3 人,市级及以上创新创业领军人才总量 44 名。新增软件著作权 118 项,有效发明专利 2903 件。组织申报驰著名商标 22 件,新增注册商标居全市首位。新增中国驰名商标 1 件,注册商标总数超 2 万件,居全市首位。

加强社会治理强服务

社会治理不断加强

对 15 个老旧住宅小区 100 个老旧楼座进行改造提升,受益户数 7800 余户。完成 25 条道路整治。对 2092 户棚户区房屋实施征收改造,安置房项目开工建设 1425 套,莘县路小学周边改造项目居民顺利回迁。升级改造公厕 6 处,购置手推式扫地机 150 台,道路保洁精细化水平进一步提高。建成全市首条海绵道路。绿化水平不断提升,新建改造绿地 5000 平方米,补栽乔灌木 11 万株、草坪 1.5 万平方米,完成团岛山绿化整治,浮山(市南)生态公园开工建设。深入推进"六项治理"工作,持续开展城乡环境综合整治提升行动,拆除违法建筑 1.18 万平方米、非法户外广告 840 处,清理规范各类占路经营违法行为 2 万处(次)。加强大气污染综合防治,青岛金湖热力有限公司 5 台燃煤锅炉全部淘汰,完成 17 家餐饮业油烟噪声专项整治。

安全生产常抓不懈

持续开展安全生产隐患大排查快整治严执法集中行动,排查生产经营单位 2.21 万家(次),排查一般隐患和问题 7350 项,整改率达 96.4%,未发生较大以上生产安全事故。强化安全生产网格化和实名制监管,1.2 万家生产经营单位完成网格化平台监管部门和属地监管责任确认。在全市率先开展老旧电梯安全运行工程,由政府出资补贴对 80 余部老旧电梯进行更新改造,得到社区居民普遍认可。启动新一轮"天网"工程建设,全区视频监控点位由每平方千米

37 个增至 115 个。强化食品安全事中事后监管,开展食品药品安全检测 4917 批次,合格率达 98.9%,2872 家新开办餐饮单位 100%完成首次动态等级评定。查处各类价格违法行为 1050 件,有效规范了市场价格秩序。

持续改善民生增福祉

民生保障水平提升

坚持精准发力,保持就业形势稳定,举办各类招聘会 500 余场,提供就业岗位 3 万余个。全年实现就业 9.03 万人,培训各类人员 1.1 万人。受理劳动维权案件 2268 起,为劳动者追回损失 1133 万余元。加大社会救助力度,发放社会救助补助资金 6471 万元。为 60 周岁以上老年人免费体检 2.5 万人、实施免费白内障复明手术 679 例,为 80 岁以上老人发放高龄补贴 1649 万元。不断提升养老服务,六送居家养老服务惠及居民 8.8 万人。为 80 户残疾人家庭进行无障碍设施改造,为 3000 名残疾人实施免费查体。打造妇女儿童家园 58 处,结对资助"春蕾女童"201 名。举办红十字应急救护培训 102 期、综合演练 10 场,慈善救助募捐 1861 万元,扶贫济困 2200 人。深化医联体建设,建立转诊绿色通道,取得全科医生资格社区医师达 62 名,基层医疗服务水平不断提高。强化优生优育工作,实施免费产前筛查 4816 人,新生儿疾病筛查 12307 人。

文化事业长足发展

持续加大教育投入,宁夏路小学投入使用,南京路小学等 4 所学校建设项目顺利推进。24 所中小学食堂全部成为市标准化食堂。在全市首创小学、初中纵向衔接、横向协作的学区制办学模式,深化"互联网＋"教育研究,在全市率先建成有线无线一体化全覆盖的教育城域网络,承办中国教育学会"十三五"教育改革实验区工作部署会,数字化教学改革经验全国推广,再次获评全市教育体制改革创新奖。逐步完善公益普惠学前教育服务体系,辖区内国家级社区教育示范街道比例达到 90%,区域特殊教育工作成为全省典范。提升基层文化辐射力,承接中国国际小提琴比赛等高端赛事和专场演出近百场,举办百姓时尚秀等文化惠民活动 1000 余场次。周氏艾灸法等 5 个项目入选第四批省级非物质文化遗产名录。"十二五"公民科学素质测评指标达到 20.8%,居全市首位,被评为 2016—2020 年度首批"全国科普示范区"。区档案馆成为第一家区级"全国示范数字档案馆"。

2016 年机构设置及主要领导名录

（截至 2016 年 12 月）

中共市南区委员会

书　记:王久军
副书记:华玉松　任宝光
常　委:赵　斌　宋立清　王孝芝　李钦坤　付荣云　韩　峰　刘云峰　张　伟

工作部门

名　称	主要领导职务、姓名
区纪律检查委员会(与区监察局合署)	书　记:宋立清
区委办公室(挂区委全面深化改革领导小组办公室牌子)	主　任:韩　峰
区委组织部	部　长:张　伟

（续表）

名　称	主要领导职务、姓名
区委宣传部（区精神文明建设委员会办公室设在区委宣传部）	部　长：付荣云
区委统一战线工作部（挂区委台湾工作办公室、区政府台湾事务办公室、区政府民族宗教事务局牌子）	部　长：张　伟
区委政法委员会（与区社会治安综合治理委员会办公室合署）	书　记：赵　斌
区机构编制委员会办公室	主　任：赵　青
区委区直机关工作委员会	书　记：张　艺

部门管理机构

名　称	主要领导职务、姓名
区委区政府信访局（挂区委群众工作部牌子）	局　长：胡东明
区委老干部局	局　长：岳　菊

派出机构

名　称	主要领导职务、姓名
中共市南区委企业工作委员会	书　记：任建龙
中共市南区委八大峡街道工作委员会	书　记：蒋延灿
中共市南区委云南路街道工作委员会	书　记：吴　坚
中共市南区委中山路街道工作委员会	书　记：肖　辉
中共市南区委江苏路街道工作委员会	书　记：王　建
中共市南区委八大关街道工作委员会	书　记：毕建国
中共市南区委湛山街道工作委员会	书　记：辛民志
中共市南区委香港中路街道工作委员会	书　记：钮本兵（2016年5月任） 董晓斌（2016年5月离任）
中共市南区委八大湖街道工作委员会	书　记：吕丽艳
中共市南区委金门路街道工作委员会	书　记：张万华
中共市南区委珠海路街道工作委员会	书　记：牛鲁彬

区委办公室管理部门

名　称	主要领导职务、姓名
区档案馆（挂区档案局、区史志办公室牌子）	馆　长：刘　宇

区直事业单位

名　称	主要领导职务、姓名
中共市南区委员会党校（挂区行政学院、区社会主义学院牌子）	校　长：王久军 书　记：谈　华
区机关事务管理局	局　长：范晓燕

市南区人民代表大会常务委员会

主　任：王久军

副主任：韩连德（第一副主任、党组书记）　张守润　杨　斌　苏　刚　岳　洁

工作部门

名　称	主要领导职务、姓名
办公室	主　任：李　义
人事代表工作委员会	主　任：张　蕾
内务司法与法制工作委员会	主　任：刘立强
财政经济工作委员会	主　任：曲金前
预算工作委员会	主　任：空　缺
教科文卫工作委员会	主　任：许诗宏
城建环资工作委员会	主　任：滕振清

市南区人民政府

区　长：华玉松

副区长：王孝芝　李钦坤　郭建礼　周国栋　刘存东　管寿果

工作部门

名　称	主要领导职务、姓名
区政府办公室（区政府应急办、区地震局设在区政府办公室）	主　任：刘立德
区发展和改革局（挂区物价局牌子）（区深化医药卫生体制改革领导小组办公室设在区发展和改革局）	局　长：杜瀛山
区教育体育局	局　长：赵　辉
区科学技术局（挂区知识产权局牌子）	局　长：刘　静
区监察局	局　长：邵建英
区民政局	局　长：董天庆

（续表）

名　称	主要领导职务、姓名
区司法局（挂区社区矫正管理局牌子）	局　长：张正宾
区财政局	局　长：刘卫国
区人力资源和社会保障局	局　长：齐　炜
区城市管理局	局　长：许　群
区城市建设局	局　长：杨克敏
区商务局	局　长：刘鹏飞（2016年5月任） 吴启涛（2016年5月离任）
区文化新闻出版局（挂区旅游局牌子）	局　长：方　健
区卫生和计划生育局	局　长：朱俊萍
区审计局	局　长：曹俊涛（2016年5月任） 刘　燕（2016年5月离任）
区统计局	局　长：白玉光
区安全生产监督管理局	局　长：刘忠昌
区食品药品监督管理局（挂区食品安全委员会办公室牌子）	局　长：董晓斌（2016年5月任） 郭绪柏（2016年5月离任）
区市场监督管理局	局　长：张庆元
区政府法制办公室	主　任：姜爱君
区人民防空办公室	主　任：姜岱勇
区金融工作办公室（挂区地方金融监督管理局牌子）	主　任：李宏建
区综合行政执法局	局　长：郭进奎 书　记：柏令平

派出机构

名　称	主要领导职务、姓名
八大峡街道办事处	主　任：王轶强
云南路街道办事处	主　任：吴启涛（2016年5月任） 杨明强（2016年5月离任）
中山路街道办事处	主　任：王宇平
江苏路街道办事处	主　任：刘九红
八大关街道办事处	主　任：孙　静
湛山街道办事处	主　任：孔兆锋
香港中路街道办事处	主　任：空　缺 钮本兵（2016年5月离任）

（续表）

名　称	主要领导职务、姓名
八大湖街道办事处	主　任:孙立强
金门路街道办事处	主　任:於　青
珠海路街道办事处	主　任:周立文
区政务服务和公共资源交易管理办公室	主　任:朱庆祝(2016 年 5 月任)
青岛火车站周边区域管理办公室	主　任:郭进奎(2016 年 5 月任)

区政府办公室管理部门

名　称	主要领导职务、姓名
区电子政务办公室(挂区政府信息公开办公室牌子)	主　任:刘　志

区直事业单位

名　称	主要领导职务、姓名
区软件及动漫游戏产业园管理办公室	主　任:吕俊川
区数字化城市管理监督中心	主　任:李汉礼
区市场建设服务中心	主　任:空　缺
区房产管理处	处　长:鲍　伟(2016 年 5 月任) 书　记:宋智华(2016 年 5 月任)

中国人民政治协商会议市南区委员会

主　席:吴　伟

副主席:齐士国　孟祥杰　周　红　修先约　王胜山　吕俊川

工作部门

名　称	主要领导职务、姓名
办公室	主　任:王守强
社会政法委员会工作办公室	主　任:赵继亮
科技经济委员会工作办公室	主　任:于宗霞
文化教育卫生委员会工作办公室	主　任:王　蕾
提案工作委员会办公室	主　任:于衍萍
民族和宗教委员会办公室	主　任:周　倜

市南区人民法院、市南区人民检察院

名　称	主要领导职务、姓名
区人民法院	院　长:崔　巍
区人民检察院	检察长:程宏谟

社会团体

名　称	主要领导职务、姓名
区总工会	主　席:张守润 常务副主席:徐工华
共青团市南区委员会	书　记:赵爱萍
区妇女联合会	主　席:李毓君(2016年5月任) 张　艺(2016年5月离任)
区科学技术协会	主　席:孙海岩
区工商业联合会	主　席:杨　斌 书　记:金　霞
区红十字会	常务副会长:孙　明(2016年5月任) 李毓君(2016年5月离任)
区残疾人联合会	理事长:黄国辉

市南区人民武装部

名　称	主要领导职务、姓名
区人民武装部	政　委:刘云峰

大 事 纪 要

市南区 2016 年大事记

1 月

1 日

市南区召开全区领导干部会议,传达中央重要文件精神。

5～7 日

市南区政协第十二届第五次会议召开。

5～8 日

市南区第十七届人民代表大会第五次会议召开。

16 日

青岛市首个第三卫生间在香港花园紫荆广场建成。

22 日

市南区全面贯彻实施国家"全面两孩"政策。

28 日

位于宁国路 13 号的市南区东部老年活动中心正式启用。该活动中心总建筑面积 6676 平方米,总投资 4000 余万元,可同时容纳 1000 多名老年人开展文体活动。

30 日

市南区金门路街道逍遥社区居民袁桂芳(女)、袁成本夫妇,青岛正能量好司机爱心服务中心主任田鹏飞,青岛大学附属医院妇科名誉主任、主任医师戴淑真(女)被评为 2015 年度"感动青岛"十佳道德模范。青岛笑姐爱心助残志愿者团队志愿者李燕(女),市南区珠海路街道东海中路社区居民郑焕文被评为 2015 年度"感动青岛"道德模范提名奖。

山东省首家苹果品牌直营店在青岛万象城开业。

31 日

青岛银座商城开业,市南区香港中路商圈再添一座高端商业载体。

是月

市南区香港中路街道天使温情敬老团团长杨晓玲被评为"山东好人"之星。

2 月

3 日

省委巡视组专项巡视市南区情况反馈会在八大关小礼堂召开。

4 日

市南区被中国科协授予"首批 2016～2020 年度全国科普示范县（市、区）"称号。

5 日

区纪委召开第十二届第七次全体（扩大）会议。

7 日

市南区八大关街道太平角社区被中宣部、中组部、中央文明办、民政部等部门联合评为"全国最美志愿服务社区"。

11 日

区计划生育协会被中国计划生育协会批准为"全国青春健康家长培训项目"试点单位。

15 日

市南区新增一所公办幼儿园——青岛市湖南路幼儿园金茂湾分园，新增两所民办幼儿园——青岛市市南区维多利亚幼儿园、青岛市市南区童悦幼儿园。

18 日

浮山所集团举办的浮山所正月十三文化山会在 1388 文化街举行。

以"就业帮扶进万家 职业培训提技能 创业助推惠民生"为主题的 2016 年春风行动正式启动。

3 月

4 日

市南区召开纪念"三八"国际妇女节 106 周年暨表彰大会，表彰市南区"三八"红旗集体 63 个、"三八"红旗手 117 名、市南区"巾帼文明岗"33 个。

8 日

市南区香港中路街道天使温情敬老团团长杨晓玲入选"中国好人榜"，被中央文明办评为 2016 年 2 月份"中国好人"。

9 日

市南区东三学区理事会成立大会暨第一次理事会议在青岛第五十七中学举行，这是市内三区首个学区理事会。此次东三学区由青岛第五十七中学、南京路小学、福林小学、新世纪学校 4 所学校组团发展，积极探索小学、初中纵向衔接、横向协作的办学模式，实现优质资源共建共享，努力促进教育公平，提高办学水平和教育质量。

15 日

市南区举办 2016 年国际社工日主题宣传活动暨市南区第一届社会工作者论坛。

区政协在青岛嘉木美术馆举办"25 年，我们一同书写"——青岛市市南区政协书画艺术名家联谊会 25 周年文献展。

16 日

市南区召开审计工作会议。

2015-16 克利伯环球帆船赛青岛站——克利伯船员走进市南区珠海路街道香港花园社区文化特色活动举行。

22 日

区委召开基层党建暨宣传文化工作会议。

区委召开统战工作会议。

省政府公布第四批省级非物质文化遗产代表性项目名录和省级非物质文化遗产代表性项目名录扩展项目名录，市南区的鸳鸯内家功、香酥鸡烹饪技艺、周氏艾灸法、八白散传统驻颜技法、李氏小儿推拿秘笈 5 个项目入选。

23 日

市南区中小学生建立视光档案项目在宁夏路小学启动，市眼科医院等 3 所医院将对市南区中小学生建立电子档案，提前介入干预中小学生视力。

23～24 日

市南区友好合作城区德国弗莱堡市经济—旅游—会展促进署署长贝恩特·达勒曼博士一行到市南区访问，区委副书记、区长华玉松会见客人。

24 日

青岛市首个公共法律服务中心——市南区公共法律服务中心正式启用。中心启用后，将为群众提供法律咨询、法律援助、法治宣传教育等高效、便捷、优质的法律服务。同时，市南区官方普法微信公众平台"法治好声音"也在市南区公共法律服务中心正式启用。

25 日

市南区人民法院正式开通"张玉法官工作室"，成为全市首个开通微信法官工作室的基层法院，标志着市南区人民法院司法便民利民服务工作进入"微时代"。

30 日

法国巴黎市十三区区长顾梅和副区长陈文雄到市南区访问，区委副书记、区长华玉松会见客人。

31 日

市南区召开安全生产暨消防工作会，通报 2015 年度全区安全生产控制指标完成情况及目标责任考核情况，部署 2016 年度工作任务。这也是区人民政府安全生产委员会 2016 年第一次会议。

是月

中国计划生育协会"青春健康成长之道、沟通之道"项目试点在市南区八大湖街道启动。

4 月

8 日

市南区印发《青岛市市南区国民经济和社会发展第十三个五年规划纲要》。

13 日

全国政协副主席林文漪考察德县路小学。区委书记、区人大常委会主任王久军陪同。

14 日

市南区居民侯修圃家庭入选第二届全国"书香之家"。

19 日

中国银行青岛市分行揭牌暨签字仪式在青岛国际金融中心举行。

"和谐邻里，幸福市南"——青岛市第十二届"邻居节"暨市南区首届"吾邻高手"欢乐赛开幕式在珠海路街道燕儿岛山公园举行。

2016 年市南区企事业单位环保工作会议在青岛湛山花园酒店召开，139 家企事业单位参加。

22 日

区人民政府安全生产委员会召开 2016 年第二次会议，传达学习习近平总书记、李克强总理关于加强安全生产工作的重要指示和省委、省政府领导讲话精神。

25 日

市委副书记、市长张新起到青岛国际动漫游戏产业园、市南区东部老年中心调研。区委书记、区人大常委会主任王久军陪同并参加座谈。

28 日

市南区劳动模范表彰大会在八大关小礼堂召开。

29 日

市南区召开"两学一做"学习教育工作座谈会和培训会，全区"两学一做"学习教育正式启动。

5 月

4 日

市南区首次探索分区招聘模式，在香港中路太古广场举办"迎五四"大型户外专场招聘会暨政策宣传会。

临淮关路改造利用"渗、滞、蓄、净、用、排"建设理念，实现雨水的自然收集、散排，是青岛市第一条引入"海绵城市"元素改造的道路。

团区委举办市南区纪念五四运动 97 周年"奋斗的青春最美丽——'最美青年'"分享会。

10 日

市南区第二十二届老年人运动会在新建的东部老年活动中心开幕。

11 日

市南区印发《市南区 2016 年智慧城区建设实施方案》，确定市南区政务云信息共享综合管理与服务平台等 6 个 2016 年度区政府投资智慧城区建设项目计划，重点推进政务运行、民生救助、城市管理、医疗卫生和基础教育等领域智慧化建设。

12 日

市南区市场监督管理局"市南消费维权 e 家"与

市南区社区微信联盟正式链接开通,成为全市首个开通掌上消费维权平台的基层市场监管部门,标志着市南消费维权工作进入"微时代"。

14 日

市南区科技活动周启动仪式在青岛国际新闻中心举行,本次科技活动周的主题是"创新引领共享发展"。

16 日

由团区委主办的公益项目"助梦青春 创益客"加速营启动仪式在延安三路 105 号石油大厦湛山红色驿家举行。来自各行业的青年创客、创业导师、青年企业家 50 余人参加,辐射青年 2000 人。

17 日

市人大常委会主任王文华一行到市南区考察侨务工作。区委副书记、区长华玉松陪同。

19 日

2016 中国旅游日市南区主题活动在海航万邦中心广场开幕,包含旅游惠民、大师之旅、时尚旅拍三大板块。

中国教育学会"十三五"教育改革实验区工作布置会暨市南区数字化教学研究现场会在市南区召开。

19～27 日

市南区在北京大学举办全面深化改革专题培训班,全区 70 余名全面深化改革分管负责人参加。

24 日

省委常委、组织部部长杨东奇到珠海路街道香港花园社区调研。区委书记、区人大常委会主任王久军陪同。

市南区市民环保学校成立。学校位于市南区莱芜二路 12 号,依托社区环保教育馆而建,是青岛市首座市民环保学校。

30 日

市南区按照"公厕革命"要求,在西藏路中心花园建设的青岛市首座集"城市美容师驿站"与第三卫生间于一体的集成公厕建成并对公众开放。

6 月

3 日

青岛市委办公厅、市委市直机关工委会同市南区委、市南区人民政府,组织社会各界群众代表,开展青岛市市民"见证城市发展,感受全域统筹"走进市南区开放日活动。

由青岛市政府与浙江大学共同举办的城市化与社会发展论坛——基于"一带一路"背景的青岛国际城市建设研讨会在海景花园大酒店举行。

8 日

位于洪泽湖路 2 号的青岛南京路小学建设工程项目开工建设,总投资 2.27 亿元。

13 日

市南区被授予中国(青岛)跨境电子商务综合试验区重点产业园称号。

14 日

位于山东路 17 号的海信创业中心项目开工建设,总投资 5 亿元,建筑面积约 6.06 万平方米,建设内容主要为办公楼、沿街商服和食堂。

15 日

山东省网络惠民工程现场会在珠海路街道香港花园社区举行。

16 日

市南区红十字会第六届第十一次理事会召开,区委常委、区政府副区长李钦坤当选为区红十字会第六届理事会会长。

20 日

中央人才工作协调小组办公室发布第二批国家"万人计划"领军人才人选公告,中国水产科学研究院黄海水产研究所马爱军入选"科技创新领军人才",青岛萨纳斯智能科技股份有限公司马培娜入选"科技创业领军人才"。

市南区第十五届残疾人运动会在中国海洋大学鱼山校区举行,来自全区 10 个街道及三江学校的 260 多名选手进行 8 个项目的比赛。

21~22 日

"2016·青岛中国 PPP 论坛"在黄海饭店举行。来自联合国、世界银行及英国、法国、葡萄牙、西班牙、澳大利亚、日本、新加坡等国家和地区的多位资深专家和国内相关人士参加。

30 日

市南区召开全区考核工作大会。

7 月

1 日

市南区公立医院综合改革全面启动。

5 日

市政协主席张少军一行到香港中路市场监管所调研。区委副书记、区长华玉松陪同。

5~6 日

2016 年二十国集团民间社会（C20）会议在香格里拉大酒店举行。

6 日

全国人大常委会副委员长向巴平措一行到八大湖街道高邮湖路社区调研。区委书记、区人大常委会主任王久军陪同。

7 日

美国加利福尼亚州格兰代尔市代表团到青岛国际动漫游戏产业园梦工厂工作室参观。区委书记、区人大常委会主任王久军陪同。

14 日

市南区召开区级党政班子成员向同级纪委全会述廉述责会议。

14 日~8 月 21 日

市南区举办"社区公益剧场"活动，打造 20 处社区公益剧场，推出五大板块 100 场次文化惠民活动，参与居民近 10 万人次。

20 日

市南区被省委宣传部、省人社厅、省司法厅、省公务员局、省普法办联合授予"2011~2015 年全省普法依法治理工作先进县（市、区）"称号。

市南区人民政府与壳牌华北石油集团、青岛旅游集团举行战略合作签约仪式，市南区再添一家世界 500 强企业区域总部。

21 日

韩国釜山经济振兴院青岛代表处入驻高端商务楼宇凯悦中心，将代表韩国釜山广域市政府在青岛乃至华北地区开展相关非营利性业务。

23~28 日

第十六届中国青少年机器人竞赛在北京举行，由德县路小学李明阳、基隆路小学张兴硕、南京路小学林子淇三位同学组成的市南区代表队荣获 FLL 机器人工程挑战赛——"变废为宝"项目小学组季军。

24 日

市南区"7·16 全民游泳健身周"暨市南区中小学生游泳锦标赛在区少儿体育活动中心举行，来自市南区中小学的 200 多名学生参赛。

31 日

位于彰化路 3 号的海军大麦岛干部休养所改造（海怡半山）项目交付使用。总投资 2 亿元，总建筑面积 6 万平方米。

8 月

2 日

区人民政府安全生产委员会召开 2016 年第三次会议，传达习近平总书记、李克强总理关于加强安全生产和汛期安全防范工作的重要指示、批示。

16 日

市南区人民检察院正式启用"一站式"检察服务大厅，实现一个"大窗口"解决所有对外检察服务。

16~19 日

2016 第二届"梅沙教育杯"全国帆船青少年俱乐部联赛（青岛站）暨市南区"区长杯"帆船邀请赛在青岛奥帆中心南下水坡道举行，来自北京、上海、深圳、南京、苏州、无锡、宜兴、青岛等 8 个城市的 15 支代表队 100 名帆船运动员参加。

17 日

市南区召开街道党政主要负责人、区直部门(单位)主要负责人向区纪委全会述廉述责会议。

19 日

市南区召开环境保护工作会议。

22 日

市经济和信息化委员会公布第五批青岛市中小企业"专精特新"产品(技术)名单,市南区推荐的青岛杰瑞工控技术有限公司"自升式海洋平台钻井作业系统装备"等 20 家企业的 20 项产品(技术)全部通过市级认定,认定数量居市内三区第一位。

9 月

1 日

市南区探索利用移动视频直播的宣传形式,在青岛率先推出网络直播主题宣传——"大学路咖啡一条街"直播活动,当日点击量达 55 万次。

2 日

区委召开第十二届第十次全体会议。

5 日

市南区人民政府和德国弗莱堡市经济—旅游—会展促进署主办的无国界艺术之旅——中德友好交流音乐会在青岛音乐厅举行。

8 日

区第十七届人民政府召开第十次全体(扩大)会议。

区委统战部举行平度市蓼兰镇小王家庄村孝德文化街启用仪式,统一战线精准扶贫工作全面启动。

17 日

团区委主办、区青少年服务中心承办的"青年之声·线下活动"——"美丽海岸志愿行动"之"绿色长征"健步行活动举行,200 余名志愿者参加。

18 日

市南区将全区城市管理、文化市场管理以及房产

管理等 3 个领域的法律法规规章规定的全部或部分行政处罚及相关行政监督检查、行政权纳入综合执法范围,整合区城市管理行政执法局、区文化市场行政执法局(区文化市场行政执法大队)机构和职责,以及区房产管理处对城市房屋违法装修的行政处罚职责,组建区综合行政执法局,下设综合行政执法大队,内设若干中队。

19 日

创客中国——青岛市第二届"市长杯"暨华通资本创业家小微企业创新大赛市南区初赛在青岛软件园举行。

2016 年青岛市全国科普日活动启动仪式暨大型科普嘉年华活动在银海大世界举行。

19～25 日

2016 世界杯帆船赛青岛站比赛在青岛奥帆中心举行。

22 日

全国妇联巾帼志愿服务工作推进会在青岛召开,八大关街道"帮到家"巾帼志愿服务队荣获中国志愿服务联合会、全国妇联宣传部授予的"全国优秀巾帼志愿服务队"称号,此荣誉全省仅三家,为青岛市唯一一家。

24 日

市南区开展以"迎接'十一'旅游黄金周,洁净市南海岸环境"为主题的"美丽海岸行动"。活动在沿海一线和居民楼院展开,机关、部队、企事业单位和社会力量组成的 1000 多名志愿者参加。

26 日

市南区印发《青岛市市南区健康产业发展规划》《青岛市市南区人民政府关于促进健康产业发展的实施意见》《市南区健康产业发展政策实施细则(试行)》。

30 日

由意大利联合圣保罗银行投资设立的全国首家外商独资财富管理公司——青岛意才财富管理有限公司落户市南区。

10 月

12 日

市南区召开全区人大换届选举工作会议。

17 日

位于泉州路 5 号的青岛工人疗养院投入使用。总投资 4.2 亿元，主体为 16 层，客房总数 200 余间。

18 日

区委召开第十二届第十一次全体（扩大）会议。

22 日

市南环卫举办首届职工技能休闲体育运动会，共有 14 支代表队近 700 名环卫职工参加。

26 日

国家档案局正式批准青岛市市南区数字档案馆为"全国示范数字档案馆"，是全国第一家通过测评的区级数字档案馆。

28 日

省政府办公厅公布 2016 年泰山产业领军人才名单，市南区推荐的 3 名高层次人才成功入选，分别是王金龙、周安斌、陶波。

29 日～11 月 4 日

市南区举办第十一届社区教育节暨 2016 年全民终身学习活动周。

31 日

"通商青岛 智慧外贸"——2016 青岛智慧外贸峰会在香格里拉大酒店召开，标志着国内第一家面向中小企业的外贸综合服务平台阿里巴巴旗下"一达通"正式落户市南区。

11 月

3 日

民政部公布《关于确定第二批全国社会工作服务示范地区、社区和单位的通知》，市南区高邮湖路社区荣获"全国社会工作服务示范社区"称号，是青岛市唯一入选单位。

12 日

20 世纪 30 年代青岛著名文化"老字号"——荒岛书店在青岛骆驼祥子博物馆重新开张。

13 日

市南区推出的"青云图"互联网阅读服务平台在新华书店书城正式上线试运行。该平台是由市南区联合青岛新华书店、青岛新闻网共同打造的面向市民的手机查询、订购图书服务平台，实现线上自主订购、线下统一配送的阅读服务新模式。该平台融合全市公共图书馆数字资源和新华书店书城的数据库，"你借书、我买单、免费配送"。读者在平台上自主选择图书并预约下单，图书由区图书馆购入并免费配送到读者手中，全区 71 处各类图书馆皆可还书。

14 日

市南区举行商标品牌战略推进会，奖励新创工业知名品牌企业，共向 15 家企业颁发市、区两级扶持发展奖金 440 万元。

15 日

国家工商总局党组副书记、副局长刘玉亭一行到香港中路市场监管所调研。区委书记、区人大常委会主任王久军，区委副书记、区长华玉松陪同。

区委召开第十二届第十二次全体会议。

22 日

区人民政府安全生产委员会召开 2016 年第四次会议，通报安全生产、消防工作总体情况，部署冬春火灾防控工作。

23 日

市南区召开 2016 年山林防火工作会议。

24 日

市南区改革现场排队取号模式，在全国首推 19 个部门 85 项审批事项微信"在线取号""排队动态查询""排队定时提醒""微信扫码评价"服务。

市南区成立餐饮产业工会联合会，首批入会会员为 261 人。

26 日

青岛金山海上旅游公司总经理郭友忠（见义勇为），被省文明办评为"山东好人"。

28 日

市南区学习贯彻党的十八届六中全会精神宣讲团首场宣讲在八大关街道举行，150 余人参加学习。

29 日

市南区在全市率先实行社区服刑人员电子腕带定位监管，提高社区服刑人员信息化监管水平，从严落实社区矫正刑罚执行。

国家旅游局局长李金早一行到市南区调研。区委副书记、区长华玉松陪同。

12 月

4 日

市南区在宁夏路大润发超市广场开展"12·4"国家宪法日暨全国法制宣传月系列宣传活动。这是市南区实施"谁执法谁普法、谁主管谁普法、谁用人谁普法"普法责任制以来，全区 36 个普法责任部门首次集体出席。

5 日

市南区人民法院驻青岛大学附属医院的"医疗纠纷法官工作室"正式揭牌成立，成为全市首个驻大型医院法官工作室。

9 日

位于市南区徐州路 77 号的中国（青岛）新媒体基地改造工程正式开工。项目由青岛财经日报社负责运营管理，是青岛市首个以互联网新媒体为主的产业发展平台。

青岛大学服务青岛"三中心一基地"建设发展论坛在青岛大学国际学术交流中心举行。区委副书记、区长华玉松出席。

16 日

市南区举办主题为"搭建创投平台，助力创业梦想"的首届创业投融资项目对接洽谈会。

市南区佛涛路雨水收集综合利用项目开始施工，该项目是青岛市第一个收集山体、道路雨水综合利用工程。

19 日

市南区首个学校游泳馆——宁夏路小学游泳馆启用。该游泳馆主要面向市南区中、东部片区 14 所学校开放。

20 日

2016 年市南区政府部门向市民报告、听市民意见、请市民评议活动述职报告会举行，辖区 500 名市民代表参加。

22 日

由腾讯·微青岛、青岛微友会策划主办的 2016 "指尖畅响正能量"青岛自媒体作品大赛暨"微"美青岛颁奖仪式在 1907 光影俱乐部举行，"微市南"荣获腾讯"最具影响力政务微信作品奖"。

23 日

小青岛被评为山东省首批"齐鲁美丽海岛"。

区安监局、区总工会联合举办"守护生命"安全生产知识竞赛。

27 日

青岛市人民政府办公厅发布《关于公布 2016 年度新认定青岛名牌的通知》，市南区推荐的"自在乐活，尽享优格""海底情深"等 6 个品牌，被认定为"青岛名牌"。

市南区重点打造的以"城"为概念的科技创客街区——五四创客城在蓝海股权交易中心顺利挂牌，成为全省首个挂牌区域性股权交易中心的创客街区。

市人大常委会主任王文华一行到市南区珠海路街道海口路社区考察人大换届选举投票工作。区委书记、区人大常委会主任王久军陪同。

市南区人民政府 2016 年为民要办实事

一、实施创业就业保障工程

实现辖区新增就业 45000 人，扶持创业 2000 人，培训失业人员和高校毕业生等 5000 人，新增创业企业（个体）700 家以上，新增企业带动就业 2100 人以上。扶持众创空间 10 家，集聚和服务创客 6000 人。

完成情况：截至年底，共实现新增就业 90343 人，完成目标任务的 201％；扶持创业 2940 人，完成目标任务的 147％；新增创业企业 764 家，完成目标任务的 109％；创业带动就业 2100 人，完成目标任务的 100％；培训失业人员和高校毕业生 5070 人，完成目标任务的 101％，年初目标全部完成。市南区共有"创联工场""海洋 U＋""梦部落"等 15 家众创空间入选国家级备案众创空间，数量居青岛市各区（市）首位，五四创客城创业街区投入运营，累计服务创客 7858 人，创新载体建设和服务创客能力按照区办实事目标不断推进。

二、深入改善居民居住条件

推进西部棚户区居民房屋征收 2000 户。推进旧城改造安置房项目开工建设 1100 套。

完成情况：根据"先危后旧、先急后缓、先易后难"的原则，以独立楼（院）为征收基本单位，采取统一的两个"百分比"（同意率 95％，签约率 100％）征收工作模式，居民意愿统一的独立楼（院）优先实施征收。同时，D 级危房直接下达征收决定。截至年底，市全年共启动棚户区改造 3197 户，下达房屋征收决定 2512 户，签订房屋征收补偿协议 2156 户，提前超额完成年度任务目标。

已完成旧城改造安置房项目开工建设 1425 套，其中南岛组团改造项目（380 套）已主体封顶，北岛组团 2、3 号楼（382 套）施工至地上 16 层，火车站商圈 P3 地块项目（40 套）已完成主体封顶，火车站商圈改造项目 P4、P5 地块（373 套）和延吉路改造项目 3＃、4＃地块（250 套）安置房已经完成单体竣工，提前超额完成年度任务目标。

此外，其他在建项目进展顺利。北岛组团 4、5 号楼项目（220 套）：完成土地的地籍调查和权属审核，经与市国土局多次对接，已上报申请按照原成交结果办理土地出让手续，经市国土局上报上级主管部门申请土地备案，国土部已同意给予办理，下一步补充土地合同相关信息后，将完成备案和土地合同的签订。

延吉路改造项目 2＃地块（154 套）：因涉及土地出让金违约金问题一直未办理土地证，经敦促建设单位并协调市国土局依法提起仲裁，近期将出具仲裁裁决，出具后将办理土地证及后续建设手续和开工建设。

三、老旧住宅小区改造提升和推进物业管理

对辖区 115 处老旧住宅小区和居民楼院的基础设施进行综合改造，改善居住环境，完善消防设施，推进物业化管理。

完成情况：项目启动资金已拨付各街道办事处，各街道办进一步完善楼院整治明细和整治内容，同时广泛征求居民意见，制定整治方案，全面开展各项手续办理工作。截至年底，各街道办均已完成咨询、造价、测绘等单位的网上平台抽取和设计招标工作并全面展开设计、咨询等工作，八大峡办、江苏办、八大关办、湛山办、香港中路办已完成方案设计工作，现正进行招投标工作。云南办、中山办、八大湖办、金门办、珠海办已完成方案设计工作，现正进行预算评审和招投标准备工作。

四、提升教育教学和基础设施水平

建立市南区基础教育资源公共服务平台，实现市南区学校无线网络全覆盖，共享市南 E 课等数字化教学资源。完成南京路小学重建项目主体建设。扩建青岛燕儿岛路第一小学和青岛宁夏路第二小学。

完成情况：对"市南区基础教育资源公共服务平台"进行了栏目改版，结合"市南区 E 课录制项目"，集中审核上传了包括精品课例、微课、同步讲析、学法指导类型的视频资源 4403 节。通过在区域网站上共享，培养学生的自学能力，真正做到把优秀教师请回家。市南区中小学无线网络全覆盖项目已完成，共为

32 所公办中小学配备 1600 余台室内外 AP 设备,实现了广覆盖、高速率、全频段的网络覆盖,教师在校园任何区域均能利用无线互联网开展教育教学和办公管理。同时,严格管控网络安全,精细追逆网络行为,打造青岛市首家全覆盖的无线教育城域网。市南教育城域网成为全市首家同时具备有线和无线两套云计算架构的教育城域网络。

南京路小学重建项目完成了原有教学楼拆除、树木迁移、土石方及基坑支护工程,确定了主体监理和施工单位,取得了规划许可证和主体施工许可证。主体施工推进顺利。

区城市规划委员会会议明确了青岛燕儿岛路第一小学和青岛宁夏路第二小学建设规模及建设模式。燕儿岛路第一小学临逍遥三路一侧教学楼改扩建为 5 层,在不受地下暗河影响的前提下,可对学校现有操场空地实施整体开挖,地下建设两层。宁夏路第二小学现有操场空地整体开挖,地下建设两层。燕儿岛路第一小学扩建工程地上部分采用装配式建筑方式,宁夏路第二小学改扩建项目采用传统建筑方式进行建设。

五、建立社会救助护理制度

为辖区内低保和低保边缘家庭中失能和半失能人员提供护理补助。

完成情况:截至年底,10 个街道办事处共申请上报 977 人,其中,低保户 734 人,低保边缘 243 人,经评估机构入户评估,确认符合发放护理补助条件共计 903 人。其中,失能人员 716 人(含一、二级残疾 485 人),半失能人员 187 人。补助标准:失能人员每人每月 360 元,半失能人员每人每月 180 元,全年供需经费约 350 万元。月底前,将足额发放护理补助。

六、完善社区卫生服务体系

建设三处社区卫生服务中心,全面提升社区卫生服务水平。

完成情况:2016 年,市南区拟建设三处社区卫生服务中心:云南路街道社区卫生服务中心、八大关街道社区卫生服务中心和湛山街道社区卫生服务中心。云南路社区卫生服务中心已完成选址工作,选址在嘉祥路 3 号,依托青岛市第五人民医院举办。八大关街道社区卫生服务中心已完成选址工作,选址在太平角一路 2 号,依托青岛疗养院举办。两处社区卫生服务中心已按照社区卫生服务中心建设标准和医疗机构设置审批的相关要求提报设置申请,并进入装修改造

阶段。湛山街道社区卫生服务中心选址在延安三路 206 号,项目房屋评估与购买已经完成,已取得房产证。按照社区卫生服务中心建设标准完成了工程装饰装修设计、项目工程造价咨询工作,已完成项目装修改造招投标工作并进场施工。

七、启动老旧电梯运行安全工程

建立电梯远程监控系统,对民用和商住两用电梯安全运行情况实施远程监控。制定民用和商住两用老旧电梯改造更新办法。

完成情况:多方征求意见,制定了《青岛市市南区老旧电梯更新改造管理办法》。已有南京路 98 号、鹏程花园、中和大厦、华青园等 4 个住宅小区合计 13 台电梯更新完毕或正在更新,另有新贵都、银座公寓、绿岛花园等 9 个住宅小区合计 78 台电梯正着手开展电梯更新事宜。中和大厦、鹏程花园、鲁信长乐花园等 14 个住宅小区合计 113 台电梯已完成安全评估。加快推进电梯远程监控系统,已完成了对四个试点小区合计 80 台电梯远程监控系统的安装,并组织青岛市特种设备协会专家进行了验收。

八、强化食品药品安全监管

继续开展食品药品安全质量检测 25000 批次,建立食品药品企业信用评价和市场退出机制。

完成情况:截至年底,已完成食品药品安全质量执法性监督检测 2352 批次,占全年任务计划的 90.46%,其中食品生产环节 21 批次,食品流通环节 1257 批次,餐饮服务环节 1074 批次。合格 2293 批次,合格率 97.49%,发现不合格 59 批次,涉嫌犯罪移交公安查处 2 件,立案查处 59 件,结案 32 件,罚没款 74.14 万元。已完成食品药品安全质量快速检测评价性抽检 18897 批次,占全年任务计划的 94.49%,合格样品 18863 批次,不合格样品 34 批次,合格率为 99.82%。研究制定了《关于进一步加强食用农产品市场准入管理的通知》,严把输入型食用农产品市场准入关,明确了食用农产品入市管理责任,对未取得质量安全证明的食用农产品,实行现场检测制度,抽检发现不合格 2 批次以上的,严格执行不合格食用农产品协议销毁和不合格供货商退市制度。建立起食品经营诚信机制,对于发生重大食品安全事故的经营者,五年内禁止进入市南区从事食品经营活动。

九、启动市南区残疾人综合服务中心建设

为残疾人提供就业指导、康复训练、日间照料、心

理咨询等综合性服务。

完成情况:针对区残疾人综合服务中心建设用房选址进行了广泛的摸底查询,按照购买为主的原则,现初步确定青岛市建筑设计院股份有限公司房产,该房产位于市南区金口一路4号,为6层独栋房产,现登记建筑面积为4800.07平方米,土地使用性质为出让,规划用途为办公用房,房产股东同意按总价6500万元转让。

政治·政务

中共青岛市市南区委员会

重要会议

中国共产党青岛市市南区第十三次代表大会

2017年1月22～25日,中国共产党青岛市市南区第十三次代表大会举行。

2017年1月22～25日,市南区召开区第十三次党代会,并接续召开十三届区委一次全会和十三届区纪委一次全会。

区第十三次党代会的主题是:紧密团结在以习近平同志为核心的党中央周围,深入学习贯彻习近平总书记系列重要讲话精神,统筹推进"五位一体"总体布局和协调推进"四个全面"战略布局,坚持创新、协调、绿色、开放、共享的发展理念,坚持世界眼光、国际标准,发挥本土优势,发展时尚经济、繁荣时尚文化、倡导时尚生活、打造时尚湾城,为率先全面建成更高水平小康社会、加快建设时尚幸福的现代化国际城区而奋斗。大会批准了华玉松代表十二届区委所作的题为《贯彻新理念 引领新发展 加快建设时尚幸福的现代化国际城区》的工作报告,选举产生新一届区委委员36名、候补委员9名、区纪委委员25名和区出席青岛市第十二次党代会代表20名。

大会高度评价十二届区委的工作,指出,区第十二次党代会以来,在市委的坚强领导下,区委团结带领全区各级党组织和广大党员干部群众,在抢抓机遇中乘势而上,在转型攻坚中砥砺前行,在从严治党中凝心聚力,城区综合实力大幅提升,对外开放持续深入,社会事业快速发展,城区面貌明显改善,民主法治不断加强,文化建设成果丰硕,党的建设全面加强,全面完成了区第十二次党代会确定的主要目标任务。

大会全面分析了市南区面临的国际国内形势,结合市南区自身实际,确定了加快建设时尚幸福的现代化国际城区的奋斗目标,提出了"一个率先、四个走在前列"的总体目标。"一个率先"是：始终坚持寻标、对标、达标、夺标、创标，推动经济保持中高速增长，综合实力显著增强，2017 年实现生产总值和居民人均收入比 2010 年翻一番，率先全面建成更高水平的小康社会。"四个走在前列"是：供给侧结构性改革以及重要领域、关键环节改革取得重要突破，围绕"三中心一基地"建设，推动国际金融、总部经济、高端旅游、健康产业等高端服务业集聚辐射能力更加凸显，经济转型升级走在前列；文化要素高度集聚，文化创新更加活跃，文化事业文化产业持续发展，城区文明程度进一步提升，文化繁荣和文明建设走在前列；历史文化城区保护利用取得重大进展，东西部差距全面缩小，城区环境宜业宜居，营商环境法治高效，城区治理和环境建设走在前列；棚户区改造全部完成，旧城改造拆迁居民全部回迁安置，公共服务更加普惠、优质，社会保持稳定和谐，民生保障和社会建设走在前列。围绕目标，确定五项重点工作。一是发展创新开放的时尚经济。大力发展国际金融、健康产业等十大现代服务业，实施创新发展、特色发展等五大专项行动，全面建设东北亚国际商务中心区。二是繁荣崇德向上的时尚文化。加强历史文化风貌保护区保护和利用，推进老建筑、老院落改造与文化博览、旅游等产业融合发展。三是倡导活力健康的时尚生活。加快推进大型城市综合体和特色街区建设，将市南全域打造成为"山、海、湾、城"互相交融的世界级旅游目的地。四是打造协调生态的时尚湾城。以"三湾一带"优化时尚布局，推动西部老城区复兴发展，统筹规划建设地上地下城区，优化城市功能布局，打造青岛的美丽城区。五是建设安居乐业的幸福城区。深入推进教育综合改革，多渠道促进就业创业，建立健全覆盖全体居民的基本医疗卫生制度，实施老旧住宅电梯升级改造，健全完善"大救助"体系，让人民群众实实在在地享受到更多、更公平、更实在的发展成果。

十三届区委一次全会选举产生区委常委和书记、副书记。华玉松当选为区委书记，高健、张忠当选为区委副书记，张永国、付荣云、韩峰、周国栋、刘存东、张伟、杨克敏当选为区委常委。十三届区纪委一次全会选举产生区纪委常委和书记、副书记，张永国当选为区纪委书记。

市南区委第十二届第十次全体会议

2016 年 9 月 2 日召开。会议的主要任务是：深入学习贯彻党中央和省委、市委关于发展、建设创新型国家的重大决策部署和省委十届十四次全会、市委十一届十一次全会精神；总结分析市南区 2016 年上半年经济社会发展情况，研究部署今后一段时期的重点工作；审议通过《中国共产党青岛市市南区委员会工作规则（草案）》。区委书记、区人大常委会主任王久军在讲话中强调：要总结成绩，对标一流，坚定率先发展的信心决心；要统一思想，深化认识，加快推进创新型城区建设；要积极作为，强化担当，进一步加强干部队伍建设。区委委员、区委候补委员出席会议；不是区委委员、区委候补委员的区人大常委会党组成员、副主任，区政府党组成员、副区长，区政协党组成员、副主席，区检察院党组书记，区委党校党委书记，区人武部部长，各街道办事处党政主要负责人，区机关各部门、区直各单位党政主要负责人，驻区各有关单位主要负责人，区纪委委员，各街道纪工委书记列席会议。

市南区委第十二届第十一次全体（扩大）会议

2016 年 10 月 18 日召开。会议的主要任务是：市委考察组到市南区考察推荐干部。区委委员、区委候补委员，现任副区级及以上领导干部，街道党政正职，区委工作部门、政府组成部门主要负责人，区纪委副书记、组织部副部长，以及工商联主要负责人、无党派代表人士出席了会议。

市南区委第十二届第十二次全体会议

2016 年 11 月 15 日召开。会议的主要任务是：学习贯彻党的十八届六中全会精神，做好党代会各项筹备以及年底前的工作。区委书记、区人大常委会主任王久军在讲话中强调：要深入学习宣传贯彻落实党的十八届六中全会精神，切实在思想上政治上行动上同以习近平同志为核心的党中央保持高度一致；要充分认识召开这次党代会的重要意义，认真做好党代会各项筹备工作；要搞好统筹结合，全力做好当前各项工作。区委委员、区委候补委员出席会议。

督查与调研工作

督查工作

2016 年，市南区委办公室着力优化工作流程，深化"一督到底"工作品牌和"严督、细查、深究、快办"工作理念，在"账单式"管理上积极探索实践，狠抓区委决策部署和领导交办事项的督促落实，较好地发挥了督促检查作用。抓好区委重要决策会议的组织。全年共组织召开重要事项联席会 18 次（后更名为书记专题会议 7 次），常委会议 31 次。围绕区委重要文件精神，抓督查促落实。每季度末对推进落实情况进行集中调度，并形成《督查专报》呈送给区委领导审阅，共制发 72 期。围绕区委重要会议确定事项，抓督查促落实。共印发《督查通知》20 期。围绕区委重点工作部署，抓督查促落实。抓好市委领导交办事项的督办反馈。共办理市委领导批示事项 37 件，均按期反馈报告。抓好区委领导交办事项的督查落实。共办理区委主要领导批示事项 110 件，解决了一批群众反映的难点问题。抓好网民留言事项的办理反馈。共办理人民网"青岛市委书记留言板"网民留言事项 12 件，均及时向市委办公厅报告；办理"市南区委书记留言板"网民留言 57 件，均已按要求回复。抓好人民来信工作的专项推进。共办理来信 26 封，报告回复率 100%。同时，按照全市统一部署，承办全市科学发展项目现场观摩活动。

调研工作

2016 年，区委办公室围绕区委中心工作和经济社会发展中出现的新情况新问题，以做好区第十三次党代会报告起草工作为重点，围绕健康产业、时尚商业、社会救助、名人故居和优秀历史建筑保护利用等方面，开展重大课题研究和专项课题调研，组织赴北京市西城区、上海市黄浦区、天津市河西区、杭州市下城区等 7 个寻标对标城区进行实地考察调研，邀请专家学者参与调研并提出专家意见，形成 20 余篇高质量的调研报告，为区委领导决策提供有益参考。

文稿、信息与文秘工作

文稿工作

2016 年，市南区委办公室始终坚持严谨、准确、精炼的原则，紧紧围绕全区改革发展稳定大局，高质量、高标准地完成各类综合文稿工作。起草区委领导在各种重要会议上的讲话、致辞 120 余篇，起草区第十三次党代会报告和区委主要领导在区委全会上的讲话、在全区综合考核工作会议上的讲话等各类工作总结、汇报、报告等 50 余篇。做好"两学一做"学习教育相关文字材料工作。完成《山东年鉴》《山东省情手册》等 10 余份刊物的供稿工作。

信息工作

2016 年，区委办公室充分发挥信息主渠道作用，健全完善信息网络平台，加强信息联络员队伍建设。规范完善《市南信息》《市南工作简报》《参考专报》和《决策参考》等刊物的编辑工作，深入挖掘各领域工作亮点，全面及时准确地反映全区经济社会发展的最新动态，不断强化信息的决策参考功能。认真做好重大紧急信息报送工作，健全完善工作制度，确保重大紧急信息及时准确地上传下达。全年上报信息 1000 余篇，被省委办公厅、市委办公厅采用转发 80 余篇，其中 17 篇信息被中央办公厅和省委办公厅采用，2 篇信息获市委主要领导批示。

文秘工作

2016 年，对办文、办会、公文流转、机要传阅、人民来信等具体工作进行逐项梳理，完善制度要求、优化工作流程，进一步提升文秘工作的制度化、规范化水平。全年共办理传真电话批示件、上级来文、工作方案、接待方案、人民来信等 1190 件，为区委常委、区人大常委会主任、区政协主席和区政府副区长及有关部门传阅机要文件 384 件。全年审修、制发各类文稿 176 件，并严格落实规范性文件备案审核制度，做到应备尽备。全年完成 3 次区委全体（扩大）会议的筹备工作，配合完成区第十三次党代会的筹备和会务工作，联合相关部门完成 30 余次全区性会议的筹备工作。

全面深化改革工作

2016 年，市南区认真贯彻执行中央和省、市、区委决策部署，将全面深化改革纳入全区科学发展综合考核指标体系，积极稳妥推进改革各项工作，推动全区各领域改革全面"开花"、重点领域改革不断"结果"，部分改革工作走在了全市全省全国前列。大力推进供给侧结构性改革，加快融入"三中心一基地"建设，发展动力不断增强。加快推进政府职能转变和机构改革，在工商质监等领域推进大部门制，深化综合行政执法等体制改革。深化行政审批制度改革，探索实施"互联网＋行政审批"，加快推进网上审批和网上直办，网上审批经验做法被中央编办推广。有序推进医药卫生改革工作，按照统一安排取消二级以上公立医院药品加成。深化中小学课程改革，承办中国教育学会"十三五"教育改革实验区工作布置会暨市南区数字化教学研究现场会，改革经验在全国推广。深化社会组织登记管理改革，推行"三证合一""一证一码"制度改革，实施社会组织统一信用代码制度。开展国库集中支付、人才服务标准化建设等一系列改革试点。在北京大学举办全面深化改革专题培训班,邀请中央政策研究室、国家发改委、商务部等有关部门领导和中央党校、北京大学、中央财经大学等知名院校的专家授课,对区委全面深化改革小组联络员、区有关部门和街道办事处全面深化改革负责人进行为期9天的封闭培训。

保密工作

2016 年,市南区认真做好机要、密码通信和保密工作。强化安全保密意识,切实做好机要文件和密码通信工作,确保文件传输和密码通信安全畅通。按照市国家保密局的要求在全区范围内开展保密自查自评工作,召开全区 75 个单位保密干部参加的保密自查自评工作动员部署会议,对自查自评的内容、方法和步骤进行培训,重点从各级领导保密责任制落实、保密制度建设、保密宣传教育培训、涉密人员管理、国家秘密载体管理、信息公开保密审查等方面进行要求和规范,共有 60 个单位提交《保密自查自评工作情况报告》和《自查自评工作标准打分表》,均达到合格以上标准。继续抓好保密宣传和保密检查两项工作,利用"保密观"微信公众号和《保密工作提示》进行保密常态化宣传教育;安装金宏网计算机终端远程保密检查系统,对全区 800 台金宏网计算机进行保密检查,发现失泄密隐患,杜塞失泄密漏洞。加大对门户网站等的监管,严格工作流程,扎实做好密级文件管理、密码通信和电报服务等工作。

科学发展综合考核

工作概况

2016 年,市南区考核办公室全面贯彻落实党的十八大和十八届三中、四中、五中、六中全会精神和习近平总书记系列重要讲话,按照"五位一体"总体布局和"四个全面"战略布局,牢固树立和贯彻落实创新、协调、绿色、开放、共享五大发展理念,通过综合考核,充分调动各街道、各部门解放思想、干事创业、科学发展的积极性,推动全区经济社会各项事业在"十三五"时期平稳健康发展,在全面建成小康社会和实现现代化进程中率先走在前列。

结合市考区目标任务和区委、区政府中心工作,圆满完成 2015 年度全区综合考核。召开全区考核工作会议,对获得优秀等次的 29 个单位、获得创标奖的 5 个单位、获得特殊贡献奖的 1 个单位以及获得良好等次的 30 个单位予以通报表彰。

主要工作举措

根据《青岛市 2016 年度科学发展综合考核办法》指标体系的设定,结合工作实际,修订 2016 年度市南区考核办法,在保持以定量指标为主体、定性指标为保障、综合评价为印证、实行分组分类评价的考核体系基础上,紧密对接全区"十三五"目标任务,围绕"五位一体"总体布局和"创新、协调、绿色、开放、共享"五大发展理念来优化设置指标,引导部门和街道在加快实现发展动力转换、提高发展质量效益、保障和改善民生等方面用劲发力。坚持区内考核与"市考区"相结合,突出在全市竞争中争先创优的目标导向,强化对发展质量、发展方式和发展后劲的考核,增加了经济指标在区内考核中的权重,对经济发展组增设加压奋进指标"服务业提档升级",助推构建以蓝色、高端、新兴为主的现代产业发展新体系。进一步强化过程考核,助推区委、区政府工作部署的推进落实,激励干事创业。强化结果运用,通过考核诊断绩效、鉴别干部、赏优罚劣,做到能上能下,充分发挥考核的导向、激励和推动作用。加强市考区指标调度,及时收集和反馈市考区指标进展情况,定期与承担重要经济指标的部门共同研究指标提升措施,牵头协调解决部门考核工作中遇到的困难。组织召开群众满意度电话调查居民反映问题整改部署工作会议,对省、市群众满意度调查反馈问题进行责任分解,对各单位整改情况进行督查落实,形成合力。

组织工作

工作概况

2016 年,市南区委组织部深入学习贯彻党的十八大和十八届三中、四中、五中、六中全会精神与习近平总书记系列重要讲话精神,认真贯彻落实全国、全省、全市组织部长会议精神,切实增强政治意识、大局意识、核心意识、看齐意识,落实全面从严治党要求,不断加强思想政治建设,坚持从严选拔和管理监督干部,坚持抓基层打基础,坚持党管人才,在服务大局中明确政治站位,在聚焦主业中把握职责定位,在稳中求进中积极作为,不断提高组织工作和干部工作水平。

深化基层组织建设

开展"两学一做"学习教育 2016年,按照中央、省委、市委的部署,在全区党员中扎实开展"两学一做"学习教育。突出精准精细,加强指导督导。分别制订区委常委参加学习教育工作方案和机关、社区、非公企业、学校四个领域"1+1+4"学习教育具体方案,细化分类指导。区委成立三个督导组,每两个月开展一次集中督查,并采取多种方式进行不定期抽查,督查情况随时通报。集中对1100名不同领域、不同层面党员开展问卷调查,对街道社区、机关事业单位、非公企业党组织负责人、党员共650人进行电话随访,为区委精细化、差异化督导提供可靠依据。区委常委会议专题学习习总书记重要讲话精神和中央、省委、市委座谈会议精神,研究通过全区学习教育方案及区委常委参加学习教育工作安排方案。学习教育启动以后,区委常委开展2次集体学习;带头为所在单位、基层联系点上党课;带头落实党员教育管理制度,对缴纳党费情况自查自纠;带头落实责任,列明区委书记和常委班子抓党建工作的问题清单、责任清单和任务清单。针对不同类型党组织和不同群体党员的特点,搭建贴近基层实际的学做载体,通过开设"微电台"讲"微党课","精品党课"展评、党课宣讲团成员为基层党支部送课上门等形式,提升教育效果。开展局长联居、科长联片、党员联户"心连心"结对帮扶、"工作在单位、活动在社区、奉献双岗位"等活动,为在职党员发挥作用搭建了载体平台。认真做好"四项整治"和"两项排查"工作。印发《党员组织关系转接温馨提示》,进一步规范党员组织关系转接;开展党费收缴工作专项检查,核准计算基数,摸清缴纳情况,督促补缴;制作发放"三会一课"指导光盘,推动学习教育经常化、组织生活正常化。对全区党员组织关系逐一进行排查,经过四轮反复排查,与100余名失联党员全部重新取得联系并纳入组织管理。联合公检法、纪检监察等相关部门,对全区党代表和党员违纪违法未给予相应处理情况进行排查。

完善基层党建工作责任体系 2016年,全面贯彻落实中央、省、市委对基层党建工作的重要部署,结合全区实际,区委出台《关于全面深化基层党建工作的意见》;根据《中国共产党党组工作条例(试行)》,对全区党组设置进行调整,新设立29个党组和党组性质的党委;区委领导班子成员带头深入基层联系点开展调研,先后召开6次重要事项联席会,4次常委会研究讨论党建工作。制定印发《2016年区委抓基层党建工作任务清单及质量标准》。组织各级党组织书记分别列出抓基层党建工作的问题清单、任务清单、责任清单,通过"三张清单"明确了党组织的主体责任、党组织书记的第一责任人责任和班子成员的"一岗双责"责任,有效落实了街道党工委书记和区直部门党委(党组)书记抓基层党建工作的主体责任。

推进党建工作项目化建设 把2016年确定为基层组织建设年,将全年基层党建工作任务整合为十大重点项目,实施项目化管理。设立党组织书记素质提升项目。结合开展"两学一做"学习教育,分层分类对基层党组织书记进行轮训,共举办基层党组织书记培训班242期(其中区级示范培训班6期),培训基层党组织书记2019人。区委书记在社区党委书记培训班开班仪式上,为各街道党工委书记、社区党委书记讲了党课。设立党建文化阵地建设项目。在10个街道分别打造1处党建文化主题公园或党建文化宣传街,建设以八大峡街道李慰农红色文化主题公园、金门路街道北山党建主题公园为代表的10处党建文化宣传阵地,在全区营造了浓厚党建文化氛围。设立党建责任考评体系建设项目。以严格述职评议考核为抓手,严格落实主体责任和第一责任人的责任定期对履职情况进行通报,通过列单承诺、履单践诺、述职评诺,进一步压实党委(党组)抓基层党建责任。

2016年4月29日,全区"两学一做"学习教育工作座谈会举行。

做好纪念建党 95 周年一系列相关工作 2016 年,积极组织各级党组织开展纪念建党 95 周年系列活动。开展"七一"书记讲党课活动。区委主要领导、基层各党组织书记(党员领导干部)结合开展"两学一做"学习教育,逐级开展书记讲党课活动。7 月 1 日,区委书记王久军到基层联系点湛山街道盐城路社区第五片区党支部,为全体党员讲党课。其他区委常委也分别到所联系的社区为片区党支部党员讲党课。全区 2039 个基层党组织全部开展"七一"讲党课活动,听课党员累计达 4.3 万余人次。开展关怀帮扶救助活动。以建党 95 周年为契机,将新中国成立前入党的未享受离退休待遇老党员生活补贴标准由原每人每月 1200 元提高至 1500 元;积极组织全区各级党组织广泛开展走访慰问帮扶活动。开展系列宣教活动。利用青岛党史纪念馆、青岛市反腐倡廉教育基地、街道党建文化主题公园等教育资源开展宣教,举办精品党课展评、党史知识展牌巡回展、党史图片联展、读书教育、"我身边的好党员"演讲等系列活动,在广大党员中营造学先进、赶先进、争当先进的浓厚氛围。

加强非公有制经济组织和社会组织党建工作 2016 年,把非公企业经济组织和社会组织党建工作列入基层党建工作十大重点项目,作为全年基层党建工作的重中之重,以"抓基础、扩覆盖,抓突破、解难题,抓规范、促提升"为重点,不断提升新兴领域党建工作整体水平。全面摸底调研。利用一个月的时间,对辖区内的非公有制经济组织逐一调查核对,切实摸清了非公有制经济组织底数、党组织设置情况和党员数,建立完善了工作台账,为下步集中推进组织和工作覆盖奠定了基础。大力培树非公企业党建示范点,按照"双强六好"党组织标准,对园区、楼宇、街道、行业等党组织进一步规范,在软件园、动漫园规划建设党群综合服务中心,在每个街道各培育一个非公有制企业党建示范点。

规范党员发展工作流程 2016 年,按照"控制总量、优化结构、提高质量、发挥作用"的总要求,修改和完善《市南区发展党员工作参考资料汇编》,并下发至区直各党委、工委,使基层在具体操作上更加规范;制作《发展党员工作流程分解图》,为区直各党委、工委规定全年发展党员时间节点,举办全区 2016 年度发展对象培训班,全年新发展党员 140 名。

提升干部人才工作科学化水平

加强区管领导班子和队伍建设 2016 年,围绕机构改革,优化区管领导班子结构。5 月,根据上年经常性考察和在"三严三实"专题教育中发现的问题,对部分处级职位进行调整,共调整处级干部 145 人,进一步优化领导班子各项结构。9 月,组建区综合行政执法局,将城市管理行政执法局、文化市场行政执法局的人员编制整合划入区综合行政执法局。加强纪检工作力量,选拔综合素质高的年轻干部充实到纪委机关,从纪委机关和其他部门选拔优秀干部充实到街道和党委部门任纪(工)委书记,对任职时间较长的纪(工)委书记进行工作交流,纪检监察干部队伍结构进一步优化。

加强党员干部日常管理监督 2016 年,结合市南区实际,制定《市南区关于贯彻〈推进领导干部能上能下若干规定(试行)〉的实施细则》和《关于组织部门对领导干部进行提醒、函询和诫勉的实施细则》,畅通干部正常退出机制。同时,制定《关于激励干部尚实干勇作为敢担当的实施意见》,加强正向激励,配套建立宽容挫折、容忍失败的"容失机制",为履职担当、干事创业、不谋私利的干部松绑解套。对个人事项查核发现存在瞒报漏报问题的干部进行函询、诫勉。畅通信访举报受理渠道。对 12380 举报网站管理平台、12380 举报信息管理系统(平台)进行完善,安排专人定期查看信访举报信息,保持信访举报电话 24 小时畅通。全面开展干部人事档案专项审核的攻坚工作;在全区开展领导干部因私出国(境)审批和证照管理专项督查活动,下发《关于全区干部因私出国(境)审批和证照管理工作督查情况的通报》《关于进一步加强干部因私出国(境)管理工作的通知》,进一步加强对干部因私出国(境)的监督和管理。

增强干部服务科学发展的能力 2016 年,认真做好上级调训工作,确保市南区领导干部有针对性参加上级培训,进一步提高业务水平和综合能力。抓好党性教育。6 月,在井冈山干部学院举办"两学一做"学习教育专题培训班,对新提拔处科级干部、新党员等 50 余人进行培训。

打造高端人才集聚地 2016 年,组织开展"海外(美国)博士考察团市南行"活动,邀请 9 位在美博士到市南区交流考察,与区内企业开展深度对接。引进国家"千人计划"专家 2 人,培育中组部"万人计划"专家 1 人,3 人荣获"泰山产业领军人才"称号。邀请中国工程院院士印遇龙、王子才、王浩等到区考察,年内新设立市级院士工作站 2 家,新增省、部级重点实验室、工程实验室、企业技术中心 2 个,市级重点实验室、企业技术中心等平台载体 12 个。

宣传思想工作

工作概况

　　2016年,市南区委宣传部以党的十八大和十八届三中、四中、五中、六中全会精神为指导,深入学习贯彻习近平总书记系列重要讲话精神和治国理政新理念新思想新战略,贯彻落实中央、省、市三级宣传思想工作会议精神,坚持围绕中心、服务大局,加强理论武装工作,弘扬社会主义核心价值观;深化精神文明创建工作,提高居民素质和城区文明程度;创新宣传引导手段,抢占新闻宣传和舆论阵地最高点,为市南区加快建设时尚幸福的现代化国际城区提供了有力的思想保证、精神力量、道德滋养和舆论支持。

2016年11月28日,区委宣讲团党的十八届六中全会精神报告会举行。

理论中心组学习

　　组织好党委中心组学习　2016年,制定《2016年区委中心组学习意见》和《2016年区直党委中心组学习意见》。设计制作区委中心组学习笔记、调研笔记和工作笔记3000册。为区委中心组和理论宣教骨干订阅《习近平总书记系列重要讲话读本(2016年版)》等理论图书20余种30000余册。举办"如何当好新闻发言人"区委中心组专题学习报告会。指导区直党委中心组开展学习型党组织建设工作,8处理论讲堂获得全市首批理论讲堂称号。市南区委中心组获得全省优秀县级党委中心组。

　　学习党的十八届六中全会精神　2016年10月31日,组织区委中心组成员学习党的十八届六中全会公报。11月8~11日,先后组织全区党政领导干部收听收看中央宣讲团党的十八届六中全会精神报告会、省委宣讲团党的十八届六中全会精神报告会,聆听市委宣讲团党的十八届六中全会精神全市首场报告。制订《学习宣传党的十八届六中全会精神工作方案》,制作深入学习宣传党的十八届六中全会精神宣传展板,向全区党员干部赠阅党的十八届六中全会精神学习读物5种共计10000册。组建区委党的十八届六中全会精神宣讲团,区、街道两级宣讲团共宣讲200场,受众约7000人次。

社会宣传工作

　　推进社会主义核心价值观宣传教育活动　2016年,对全区街道社区宣传栏使用情况进行全面排查,受损栏体更换修缮完毕,并定期更新机关、社区宣传展板内容。设计制作的"德润市南"主题福字及宣传品在社区百姓中发放;通过宣讲、图片展等形式在各学校、社区开展爱国主义和革命传统教育。推荐的姜凯家庭获评青岛市第二届情系国防好家庭十佳;推选的湛山街道盐城路社区和珠海路街道汕头路社区分别获评省"四德示范社区"和"宣传思想工作示范社区";湛山街道盐城路社区以"'家'文化为引领,搭建思想政治工作新平台"的工作经验向中宣部推荐。全省"四德榜中榜人物"启动仪式在市南区召开,湛山街道盐城路社区被推选为现场观摩点,杨晓玲作为全省"四德榜中榜"人物代表青岛市作典型发言;在全市社会主义核心价值观微电影比赛中,市南区两部作品获奖;举办"温润家风"市南区美文诵读会。

　　开展"四德"工程建设工作　2016年,在社区、机关、学校、企业中深入开展"四德"工程建设工作,重点打造市级"四德"工程建设工作示范点17个,扶持区级重点建设单位60个,年度上传"四德"电子数据100万余条。"四德"广场、公园、长廊建设质量显著提高。与凤凰网合作制作的"崇德向善 德润市南"市南区"四德"纪录片,宣传展现了市南区近年来的"四德"先进人物事迹典型;与《青岛画报》合作刊发"美德无言——四德漫画"集,用百余幅通俗易懂的漫画启示教育居民;市南区公民道德建设工作纪实"德润市南花香四溢"在《城市信报》整版刊发。

企业宣传工作

2016年,配合市委宣传部做好"3·15百城万店无假货"系列活动相关工作,市南区经验在市企业宣传网上刊登;在企业中推广善行义举"四德"榜,积极培树"四德企业"典型。推荐青岛华联、海滨小金两家企业撰写的"营改增"建议材料,成为市民营企业代表建议。组织完成市南区2016年申报全市企业政工师职称人员的材料审核提报及考试等相关工作。

精神文明建设工作

开展创建全国文明城市工作 2016年,10月和11月两次召开全区创城联席会议,进一步明确年度目标和措施要求;对《文明城市日常测评指标内容》进行详细分解,使指标内容和责任主体更加清晰。在城区常态化设置中国梦、社会主义核心价值观、"讲文明树新风"公益广告牌4300处,向各餐饮店发放文明餐桌提示牌1.5万个,向社区居民发放模拟问卷上万份。全年清理占路经营、市场冒市、违法建筑等共3.9万余处次、12486平方米。创城巡访团"每天巡、周通报,分散查、集中督",下发整改督查通知8期,涉及问题598个。市南区在全市3次文明城市常态化测评中均取得了较好的成绩。

开展道德模范推荐表彰工作 2016年,共推荐中国好人榜、山东好人、青岛市文明市民等候选人40名,杨晓玲、付守库、刘桂谦荣登中国好人榜,杨晓玲、付守库、刘桂谦、郭友忠、王炳交当选山东好人,有14人当选青岛市文明市民。表彰了张航琪、綦荣玉等10名市南区第二届道德模范。走访慰问道德模范,组织开展为道德模范体检、送报卡等活动。

推进群众性精神文明创建活动 2016年,广泛开展省、市、区级文明单位、文明社区创建和文明服务示范窗口、文明服务明星、军警民共建先进单位及文明家庭创建活动。完成167个文明单位、文明社区推荐申报和复查工作。实施志愿服务火种计划,对优秀志愿服务组织和项目进行精准扶持。各街道(部门)组织开展敬老助残、洁净家园、文化体育、民生服务大集等多种形式的志愿服务活动。八大关街道太平角社区被评为"全国最美志愿服务社区"。开展"文明旅游""文明餐桌""礼让斑马线"活动,全年公共文明引导队开展文明交通劝诫总计23万小时。

开展各项主题教育实践活动 2016年,组织"我们的节日"主题活动,通过制作《中华长歌·端午》青岛篇音像视频,开展"网上祭英烈""古韵中秋·温润家风"等活动,让市民受到优秀文化的教育和熏陶。举办首届"吾邻高手"欢乐赛,以"和谐邻里·幸福市南"为主题,开展邻居节活动,全区共计开展活动150余场,参与居民8500余人次。开展网络文明主题传播活动。上传青岛市文明创建动态管理系统稿件2993篇,其中中国文明网采用70篇,青岛文明网采用536篇。围绕"好人365""家风家训进万家"等主题,做好区、市博客骨干账号、微博骨干账号的发稿工作。

未成年人思想道德建设工作

2016年,围绕社会主义核心价值观进校园、进课堂要求,在24中学、26中学、燕儿岛路第一小学等分别组织"中国梦"主题教育和纪念中国共产党成立95周年、新中国成立67周年、长征胜利80周年系列活动。组织首届中学生"学国学、诵经典、传美德"竞赛、国学小名士经典诵读活动。组织全区学校参加山东省国学小名士经典诵读电视大赛观后感征文和青岛市优秀童谣征集活动,加强未成年人心理健康辅导站(室)建设,开展中华传统文化教育和文明礼仪教育,启动文明校园创建活动。

2016年9月30日,市南区公共文明引导队在市政府门前开展公共文明手势操展示活动。

对外宣传工作

围绕大局,抢占新闻舆论制高点　2016年,组织开展全区学习贯彻党的十八届六中全会精神、"两学一做"学习教育、群众满意度等工作的宣传报道,借助市属党报党刊、电视台等媒体开设的专栏,推出专题报道,形成宣传声势。其中,市南区学习贯彻全会精神亮点工作两上中央电视台《新闻联播》栏目。各级新闻媒体共刊播(发)市南区相关报道2430篇,其中,中央级媒体发稿151篇,省级媒体发稿227篇,市级媒体发稿904篇。《人民日报》头版、《光明日报》内参、新华社内参、山东广播电台等重点媒体发稿数量均创同期历史新高。

深度策划,提升新闻宣传影响力　2016年,策划东岸城区做优做美、基层党建、经济创新和社会综合治理等10个深度报道选题,中央、省、市三级新闻媒体均在重要版面、重要时段以头版头条、新闻提要等形式对市南区主题新闻策划内容进行了深度报道。其中,《青岛日报》共刊发9个头版重点稿件(含6个头版头条),创历史新高;新华社《要情动态》和《光明日报》《科技日报》《大众日报》以及《青岛日报》《青岛新闻》栏目等共刊发报道150余篇。

推陈出新,提高宣传报道覆盖力　2016年,借助"两微一端",打造"遇见市南""时尚市南"等H5专题宣传平台,推出20余个彰显市南特色、乐读易传的作品。其中《时尚市南·舌尖之上津津市南》H5页面点击总量总计超过500万人次;《遇见市南》系列点击量均超过100万人次。在全市率先推出网络直播主题宣传,先后策划"大学路咖啡一条街""福山支路文化名人之旅"和"慢步中山路"3次直播活动,其中,"慢步中山路"直播当日点击量达122万次,创下全国同类直播的最高纪录。

稳中求进,做优自媒体平台建设　2016年,"市南发布"发布信息15361条,粉丝达56万;"微市南"全年发布信息1591条,粉丝达1.4万,累计阅读数191万以上。"微市南"荣获腾讯"最具影响力政务微信作品奖","市南发布"荣获新浪山东"2016年度山东最佳快速应对政务微博"奖项,政务社区微信联盟新增"张玉法官工作室"法律咨询、"消费维权e家"消费维权、"明东心教育咨询"心理咨询等在线垂直服务功能,组织民生活动百余次,处理各类民生诉求3000余件,办结率为100%,该项工作被省委宣传部、省网络办定为网络惠民四大典型之首,组织17家中央、省市媒体采访,刊发报道30余篇,《大众舆情参考》以《微市南与民零距离 小微信做出大威信》为题,封面推介并重点报道了平台亮点经验和做法,全面推广市南经验。

加强引导,有序管控热点舆情　2016年,制定下发《市南区舆情处置工作实施办法》,组建成立百余人的"市南网情动态"微信工作群,加强舆情引导工作合力。重点加大对微博、微信等自媒体公号的人工监控力度。共监控发现敏感信息7000余条,撰写报送《舆情专报》397期,有效处置了"八大峡城管执法被打""刘记羊肉铺""福山支路被破坏"等舆情事件。积极引导网上、网下两个舆论场,协调本地主流媒体报道权威信息,抢占突发事件报道的"第一落点",正面、主动发声,确保舆情态势平稳有序。

重点创建活动

打造全媒体互动融合宣传新机制　2016年,区委宣传部认真贯彻习近平总书记关于要推动融合发展,主动借助新媒体传播优势的要求,多点发力,充分利用多媒体整合传播的优势,实现新闻宣传手段从"物理捆绑"到"化学反应"转变,达到1+1＞2的宣传效果。借助"两微一端"(微博、微信、新闻客户端)打造"新媒体＋"宣传平台,联合大众网、掌上青岛等媒体推出"遇见市南""时尚市南"等网络专题宣传平台,制作H5页面、电子杂志、网络直播等一批彰显市南特色、图文并茂、乐读易传的新媒体作品,在网易、大众网、掌上青岛等新闻客户端、微博的重点位置、重点时段做全面推荐;利用"互联网＋"视频直播新手段较好地实现了现场播报与网友的即时互动,各类媒体互通互融、交替发力,构建起一个多角度、全方位、高质量、广度深、强度大的宣传体系,奏响了新闻宣传的"交响乐"。

开展"温润家风"系列活动　2016年,区委宣传部认真贯彻习近平总书记对家风建设的要求,在全区开展"学家训、传家风"系列活动,组织道德模范讲家规、推介家庭美德优秀典型荣登善行义举"四德"榜、开展最美家庭评选、举办"孝感天下"主题演出、在报刊网络等媒体开辟"晒家风"专栏等,激发了党员干部、人民群众的道德自觉和道德情感,家风正能量气息与日俱增。全媒体运作"传"好家风,全面组织活动"演"好家风,全体市民互动"论"好家风,全要素融合"创"好家风。在青岛市音乐厅举行的"温润家风"美文诵读会,将一个个家风故事以朗诵和歌曲等形式搬上舞台,现场共500余人观看了演出。

举行"吾邻高手"欢乐赛　2016年,区委宣传部举办首届"吾邻高手"欢乐赛。欢乐赛以"和谐邻里·幸福市南"为主题,把社会主义核心价值观潜移默化地融入其中。创意来自民间,立意新颖活泼,组织周密细致,群众踊跃参与。"吾邻高手"竞赛的同时,各街道社区同步开展活动,扩大了"和谐邻里,幸福生活"主题的传播面。"吾邻高手"历时 25 天,参赛选手通过邻里推荐、社区选拔,以社区为单位报名,代表居民参赛,共计开展活动 150 余场,参与居民 8500 余人次。

统战工作

工作概况

2016 年,市南区委统战部全面贯彻落实党的十八届五中、六中全会精神,紧紧围绕区委重大决策部署和中心工作,凝心聚力,攻坚克难,全面提升统战工作科学化水平。区委统战部被评为《中国统一战线》宣传先进单位、中央台办"两刊"对台宣传工作先进单位和山东省统战信息工作先进单位。

2016 年 1 月 19 日,市南区召开统一战线情况通报会。

学习贯彻上级统战会议精神

2016 年,市南区委统战部把学习贯彻中央和省、市委三级统战工作会议精神列入集体学习内容,采取集中学习、专家讲授、专题讨论等方式,聘请专家学者组成宣讲团,大力开展统战工作会议精神的宣讲活动,营造领导带头学、统战干部深入学、统战成员强化学的氛围,通过召开专题学习会、座谈交流会、主题报告会等形式,掀起学习宣传会议精神的热潮。为了解

统一战线工作的新形势和新任务,区委统战部 7 月在黑龙江省社会主义学院举办市南区提升统战工作科学化水平专题培训班,党派成员、无党派人士和工商联代表、统战团体负责人和统战干部 40 余人参加培训,培训注重学教结合,增强了统战成员对统一战线工作的理解。

民主党派和新的社会阶层人士统战工作

2016 年,市南区委统战部在党外人士中积极开展以"七个一"为主题的进社区服务群众活动。组织年轻党外干部到实践锻炼基地挂职锻炼,支持民主党派代表人士开展专题调研。各民主党派开展专题调研 12 次,联合调研 3 次,撰写各类调研报告 20 余篇、意见建议 50 余条。坚持对各民主党派换届工作的政治领导,主动对各民主党派换届工作进行指导、支持和协助,顺利完成 7 个民主党派基层组织换届选举工作。开展新媒体从业人员统战工作,打造新媒体从业人员"同心慧"统战工作品牌,通过专题论坛、媒体沙龙、统战大讲堂等形式,吸引媒体人参与公共事务管理和民生服务。开展"媒体人看市南""创客空间""媒体人贵州行""红色大 V 面对面"等线上线下活动,力促新媒体从业人员成为党的方针政策的主动传播者,社情民意的重要采集者,科学民主决策的积极推动者。中央统战部副部长戴均良、省委常委、统战部部长吴翠云,省委常委、市委书记李群等领导先后视察新媒体统战工作,对市南区新媒体从业人员统战工作给予了高度肯定。

民族宗教工作

(详见第 212 页)

对台、侨务工作

2016 年,市南区委统战部制定切实可行的对台、侨务年度工作计划,顺利完成市南区归国华侨联合会换届工作。对全区 52 家侨资企业进行调研走访,同时对辖区的侨资企业进行重新摸底登记,共实地走访企业 30 家,电话联系访问企业 32 家;完善了全区台资企业信息台账。元旦、春节走访归侨侨眷、台属代表人士 11 人,特困家庭 30 余户。开展"台资企业走访季"活动,走访慰问了深圳永行国际船务代理有限公司等 48 家企业,了解台企、台商生产和生活情况。为华侨、台胞台属子女提供政策法律咨

询、侨眷证件办理、出入境手续办理等服务和帮助31人次;接待"台湾南部新媒体记者看青岛"等参访交流30余人次。协调区有关部门到"海峡两岸青年众创空间"进行调研活动,为企业提供有关政策服务;市人大常委会主任王文华率领民侨外委员会调研组来到金门路街道调研社区侨务工作,对街道社区侨务工作给予了高度评价。

机构编制工作

工作概况

2016年,区编委办围绕全区中心工作和省、市机构编制工作要点,结合年初确定的目标任务,完成全区综合行政执法管理体制改革,积极推进"放、管、服"改革,分类推进事业单位改革,加强机构编制管理,强化机关自身建设,为全区的经济与社会事业发展提供了有力的机构编制保障;被评为省级文明单位,获得青岛市2016年度机构编制系统重点创新成果二等奖、优秀调研论文二等奖。

推进"放、管、服"改革

动态管理行政权力清单和责任清单 2016年,组织各部门(单位)对权力清单进行两次集中调整:取消27项权力事项(有4项行政审批事项)、新增77项权力事项、调整82项权力事项的要素(主要涉及事项名称、实施依据、承办机构等)。共保留27个部门(单位)的1915项行政权力事项。调整后的审批事项目录和权力清单面向社会公布。

推进网上审批,提升服务质量 2016年,推行"互联网+行政审批""互联网+政务服务",推进部门间信息共享,不断提高网办率和网办深度,提升政务服务水平。行政审批事项网办率一、二级均达100%,三、四级分别达到64%、17%,切实做到"让信息多跑路,企业和群众少跑腿"。

加强事中事后监管,创新监管方式 2016年,组织18个审批部门对全区正在实施的行政审批事项和取消的行政审批事项逐项编写批后监管办法,明确监管责任,提高监管水平。大力推广"双随机、一公开"的监管模式,印发《关于推广随机抽查规范事中事后监管的通知》(青南政办发〔2016〕9号),组织各部门(单位)制订本部门(单位)推广随机抽查规范事中事后监管实施方案。17个部门制发本部门推广"双随机"方案,其中,8个部门建立"两库、一清单、一细则"

并开展随机抽查,用制度和机制规范执法行为。推行安全生产网格化实名制监管,在安监、旅游、城建等9个行业监管重点部门设立专门的科室,明确责任人,强化监管责任落实。

深化重点领域体制机制改革

推进全区综合行政执法管理体制改革 2016年,制订印发《青岛市市南区综合行政执法体制改革实施方案》,将城市管理、文化市场管理以及房产管理等3个领域的法律法规规章规定的全部或部分行政处罚权及相关行政监督检查、行政强制权纳入综合执法范围,由区综合行政执法机构集中行使。组建区综合行政执法局,为区政府工作部门,依法独立行使有关行政执法权。区综合行政执法局下设综合行政执法大队,内设若干中队,负责具体行政执法。设置街道行政执法中队,派驻到街道,负责辖区内的行政执法工作,由街道统筹辖区内有关部门的派出机构和基层执法力量,开展联合执法。设置沿海景区行政执法中队和火车站综合行政执法中队。另设置行政执法机动中队,负责跨区域和重大案件的查处,保障紧急任务、突发事件处置等工作。加强执法队伍建设。将区城市管理行政执法局、文化市场行政执法局的人员编制整合划入区综合行政执法局,由区综合行政执法局管理。2016年12月底完成机构组建、班子配备、人员编制、资产、设备等划转及各执法中队组建、派驻以及机制建设等工作,综合行政执法体制改革任务基本完成,为建立权责统一、权威高效的综合行政执法体制提供了保障。

推进事业单位分类改革 2016年,制订印发《市南区2016年分类推进事业单位改革重点任务分工方案》,明确8项阶段性改革任务。建立督查工作机制,推进各项改革任务措施落实,组织开展从事生产经营活动事业单位整合撤并,教育中小学、幼儿园和社区卫生服务机构绩效考核。

切实加强机构编制管理

规范机构编制管理 (1)2016年,贯彻执行机构编制管理政策法规和纪律,坚持机构编制集中统一管理,按照规定的权限和程序规范审批和备案。年内共为机关事业单位办理人员出入编登记业务600余人次。(2)组织2013年以来未修订过"三定"规定的15个政府部门进行"三定"规定修订,以完善部门职责、规范机构设置、优化编制配备,助力法治政府和服务型政府建设。(3)组织召开全区党政群机关统一社会信用代码工作部署培训会,在全市率先启动党政群机关统一社会信用代码赋码管理工作。为 42 个部门办理统一社会信用代码证。(4)根据事业单位法人异常信息管理办法,对事业单位法人登记事项、开展活动情况及按本单位章程运行情况依法开展监督检查。加强事中事后监管,印发《事业单位法人登记(备案)、变更登记、注销登记(备案)批后监督检查管理办法》(南编字〔2016〕7 号),建立随机抽查事项清单和事业单位主体名录库。完成 141 家事业单位的年报公开及统一社会信用代码证换发工作。

2016 年 5 月 31 日,区机构编制委员会办公室举办市南区党政机关、群众团体统一社会信用代码赋码工作培训会。

创新机构编制管理 (1)通过深化改革、内部挖潜、动态调整等途径,有效整合现有的机构编制资源,在机构编制总量不变的前提下,为纪委、统战、党史等部门(单位)调整机构编制,为机关事业发展提供了保障。(2)规范完善中小学机构编制管理,做好区属中小学教职工编制及小学领导职数重新核定工作。(3)为做好城市轨道交通建设工作,设立市南区地铁建设协调办公室。(4)完善集贸市场监督管理体制,明确市场监管局为牵头部门,会同商务局承担集贸市场监管职责。(5)为食品药品监督管理局、市场监督管理局行政审批大厅咨询服务及食品安全、药品安全、消费安全、特种设备安全等公共服务项目核定政府购买服务岗位 50 个。(6)加大改革、机构编制政策法规纪律的宣传力度,形成推进改革、严格机构编制管理的良好氛围。年内共提报机构编制信息 46 篇,累计被上级部门刊发 19 篇次。

机关建设

工作概况

2016 年,市南区委区直机关工委以"五大发展理念"为引领,以落实全面从严治党要求为主线,围绕服务中心、建设队伍两大任务,按照《市南区委 2016 年工作要点》要求,全面加强机关党的思想、组织、作风、反腐倡廉和制度建设,加强机关意识形态、精神文明建设和群团工作,加强学习型、服务型、创新型党组织建设,加强区直机关工委和区直机关党务干部队伍建设,不断增强机关建设和党建工作的创造力、凝聚力、影响力、吸引力和战斗力,为市南区"十三五"规划开好局、起好步提供坚强的政治、思想和组织保证。通过省级文明单位复查,继续保持省级文明单位荣誉称号。

区直机关党的思想和作风建设

开展"两学一做"学习教育 2016 年,按照全区统一部署要求,制订《区直机关工委"两学一做"学习教育实施方案》,开展"两学一做"学习教育专题调研,广泛听取各级党组织和党员对开展"两学一做"学习教育的意见建议。召开区直机关"两学一做"学习教育动员会。组织学习《中国共产党章程》和《中国共产党廉洁自律准则》《中国共产党纪律处分条例》,督促机关基层党组织严格按照党章党规,认真落实各项制度,发放"三会一课"指导光盘,重点督查"三会一课"制度落实整改,推动学习教育经常化、组织生活正常化。开展党员教育管理突出问题专项整治。对区直机关党员组织关系转接做出要求,进一步规范区直机关党员组织关系转接。按照区委组织部党费收缴工作专项检查要求,利用 3 个月时间,在区直机关各基层党组织开展自 2008 年起的党费收缴清查工作,并督促按照标准及时足额完成补缴工作。部署和督促区直机关各基层党组织紧扣学习贯彻党的十八届六中全会精神主题,围绕"两学一做"学习教育要求,重点对照《关于新形势下党内政治生活的若干准则》和《中国共产党党内监督条例》,结合思想和工作实际,进行党性分析,开展批评和自我批评,高质量召开民主生活会和组织生活会。

开展机关工作作风检查 2016 年,重新修订印发《机关工作人员文明礼仪行为规范》,要求机关各个部门认真组织机关干部职工学习并落实到日常工作中,适时开展抽查督查,有效地督促了机关工作风的转变和干部职工遵章守纪意识的提高。

开展义务奉献活动 2016 年,继续组织机关干部利用周末休息时间开展进基层进社区七项治理义务奉献日活动。4000 余人次机关干部职工分 2 批次,参加了七项治理"美丽海岸行动"义务奉献活动。区直机关工委会同区委宣传部、文明办、民政局、工商联、慈善协会共同组织"慈善一日捐"活动。区红十字会牵头,联合区文明办、区直机关工委、团区委、区卫生和计生局在全区组织开展以"博爱人间——每一份献血都是生命的礼物"为主题的无偿献血和造血干细胞志愿捐献活动。在"学雷锋日""七一"及春节期间,组织机关基层党组织开展慰问困难老党员、社区困难家庭等活动。

光盘行动成为自觉行动 2016 年,继续在全区机关倡议开展光盘行动,通过张贴宣传口号、发放倡议书、落实监督奖惩机制等形式,组织区机关干部响应科学文明健康生活方式,争做光盘行动的实践者和带头人。广大机关干部职工积极响应,从良好的就餐习惯养成入手,自觉文明用餐,杜绝舌尖上的浪费。

区直机关党的组织建设

基层党组织建设进一步加强 2016 年,继续严格按照《中国共产党党章》和《中国共产党党和国家机关基层组织工作条例》的规定,落实基层党组织各项制度,加大队伍建设,提升队伍素质,基层党组织建设得到加强。

调整完善区直机关基层党组织 2016 年,按照《中国共产党党组工作条例(试行)》和区委《关于全面深化基层党建工作的意见》,结合全区党组设置情况,区委在区直机关工委的基层党组织所在部门区政府办、发改局、科技局、民政局、财政局、商务局、文化新闻出版局、审计局、统计局、安监局、法制办、人防办、金融办、政务服务和公共资源交易管理办总工会、团区委、妇联、科协、残联、红十字会、机关事务管理局、数字化城管监督中心、市场建设服务中心、房管处设置党组,配备党组书记、党组成员。结合全区机构调

整实际,设立区政务服务和公共资源交易管理办公室支部、青岛火车站周边管理办公室支部,撤销区文化执法局支部,接收区市场服务中心党总支、区房管处党总支,设立区电子政务办公室支部,隶属区政府办党总支。

加强机关党务干部队伍建设 2016 年,在区委党校集中三天时间培训区直机关各基层党组织党务干部,解读五大发展理念,辅导讲解《青岛市发展党员工作细则(试行)》、市南区发展党员程序、《中国共产党党组工作条例》、"三会一课"制度规定等。

做好发展党员工作 2016 年,坚持以《中国共产党章程》和《中国共产党发展党员工作细则》《青岛市发展党员工作细则(试行)》为指导,按照"坚持标准,保证质量,改善结构,慎重发展"的工作方针,有领导、有组织、有计划地做好党员发展工作,全年发展 12 名预备党员,11 名预备党员按期转正。组织区直机关入党积极分子 12 人参加区委组织部进行的培训。

2016 年 11 月 16 日,区直机关工委组织党员干部集体学习十八届六中全会精神。

区直机关党的反腐倡廉建设

"两个责任"落实到位 2016 年,为推动党风廉政建设"两个责任"落到实处,根据区委《关于落实党风廉政建设党委主体责任和纪委监督责任 推进全面从严治党的意见》,制定责任清单、建立工作机制、建立工作台账,对重大问题、重要事项都形成档案资料,做到翔实、规范、严谨、细致。加强对基层党组织的反腐倡廉工作的指导,不定期进行抽查,落实督促和提醒作用。

落实纪委会议精神 2016 年,召开区直机关 15

个部门会议,传达学习四级纪委会议精神,区直机关工委副书记、纪工委书记黄官甫就贯彻落实四级纪委全会精神作了布置。对区直机关 15 个单位分管纪检工作的领导进行业务培训。在重要节日期间,按照"八项规定"的要求组织明察暗访。

机关优秀工作成果创建活动

机关优秀工作成果评选工作 2016 年,共收到全区各部门、各单位机关优秀工作成果申报 62 项,按照《市南区机关优秀工作成果特色创新奖评选考核办法》进行评选。区直机关工委推荐《"啡阅青岛"模式——公共场所设立图书馆服务点》申报 2015～2016 年度青岛市机关特色创新奖。

举办青岛市市民走进市南区开放日活动 2016 年,青岛市委办公厅、市委市直机关工委会同市南区委、市南区人民政府,组织开展青岛市市民"见证城市发展,感受全域统筹"走进市南区开放日活动,市民代表们通过实地观摩、乘船观摩、走访学校等形式,亲眼看见和亲身体验了市南区近年来经济社会发展取得的重要成就。

区直机关工会、妇委会等群众组织工作

工会工作 2016 年,对近千名财政统发工资人员进行摸底统计和建档,对劳务派遣等身份人员进行统计核实。根据《工会章程》规定,为近千名工会会员发放工会会员服务卡。根据省、市、区总工会的有关要求,为工会会员发放生日蛋糕领取券,春节发放节日慰问品。为区直机关 954 名职工购买互助保险。通过区总工会救助 4 名家庭困难职工,发放救助金1.6 万元;为痛失亲人的 29 名干部职工发放直系亲属丧葬补助金 2.9 万元,看望住院职工及生育妇女 74人。经过严格的推荐评选程序,段文基、王丽萍、黎潇、邹军、李汉礼、谢梅、任宝华 7 人被评为市南区劳动模范。组队参加市南区帆船技能进机关、进社区培训活动。组织区直机关工会会员"迎新春'三项全能'比赛活动"。举办第五期区直机关干部职工书法国画培训班;开展"读书·荐书·评书"征文活动。组织机关 500 余名干部职工开展登楼梯比赛;组织机关 300余名干部职工开展第九套广播体操比赛活动;组织开展区直机关趣味运动会;组织区直机关工会"集体三项全能"比赛活动。组织区直机关干部职工够级比赛活动。组队参加区总工会举办的职工足球、羽毛球、乒乓球比赛,获职工足球比赛亚军,羽毛球男子乙组单打第一名、男子乙组双打第一名。

妇女工作 2016 年,组织开展"三八节"妇女健康查体活动。开展区"三八红旗手"和"三八红旗集体"的评选推荐活动,区直机关工委推荐的段文基等8 人被评为市南区"三八红旗手",市南区委对外宣传办公室等 6 个单位被评为市南区"三八红旗集体"。区直机关工委推荐的市南区纪委纪检信访室等 11 个单位、科室被区妇联命名为市南区"巾帼文明岗"。常年组织有氧健身操和瑜伽训练,提升机关女职工的身体素质。

其他工作 2016 年 11 月,区机关各部门顺利完成人大换届选举选民登记工作。11 月中旬,启动区直机关参加区第十三次党代会代表人选选举工作。12 月初,87 人被确定为市南区第十三次党代会代表候选人初步人选并予以公示。

老干部工作

工作概况

2016 年,区委老干部局认真学习中共中央办公厅、国务院办公厅印发的《关于进一步加强和改进离退休干部工作的意见》精神,结合实际,积极探索离退休干部转型发展新领域、新途径,全区离退休干部工作稳步推进。

开展学习教育,做合格党员

加强自身建设,做合格党员 2016 年,以尊崇党章、遵守党规为基本要求,教育引导全体离退休党员干部自觉按照党员标准规范言行,进一步坚定理想信念、坚定正确政治方向、树立清风正气、强化宗旨观念,做讲政治、有信念,讲规矩、有纪律,讲道德、有品行,讲奉献、有作为的合格党员,在工作、学习和社会生活中起先锋模范作用。

开展"两学一做"学习教育 2016 年,组织离退休干部开展"向党说句心里话"等活动,邀请专家、教授举办形势报告和辅导报告会,教育离退休干部坚定理想信念,严守党的政治纪律和政治规矩,自觉与党中央保持高度一致。发挥离退休干部的政治优势、经验优势、威望优势,引导广大离退休干部在弘扬党的优良传统、为改革发展建言献策、践行社会主义核心价值观、关心下一代、引领社会风尚等方面发挥更大作用。

离退休干部服务管理工作有序推进

落实走访慰问制度 元旦、春节、中秋、老人节期

2016年11月17～18日，市南区举办离退休干部工作人员培训班。

间，区委、区政府主要领导带头联系和走访离退休干部，老干部局代表区委、区政府慰问机关、街道离休干部200人次，督促各街道、各老干部工作有关部门和单位主要领导带头，走访离退休干部1000余人次。

落实离退休干部政治待遇　2016年年初，为离退休干部及党支部订阅报纸杂志17个类别价值14万余元；3月，根据省、市委老干部局部署，组织420名离退休干部参加全省学习党的十八届五中全会精神知识竞赛；4月，邀请市委党校经济学教研部主任程国有教授为离退休干部讲解"供给侧结构性改革"的相关知识，并对2016～2018年中国经济、世界经济形势进行分析；5月，结合"两学一做"学习教育，组织离退休干部参观青岛市反腐倡廉教育基地；6月，召开全区退休干部党支部书记工作会议，集中学习《中共中央办公厅、国务院办公厅印发〈关于进一步加强和改进离退休干部工作的意见〉的通知》以及全国、全省、全市老干部工作会议精神；9月，邀请市委党校政治学教研部主任敬志伟教授对习近平总书记在庆祝建党95周年大会上的讲话为离退休干部进行专题辅导；12月，邀请市委党校政治学教研部副主任王存福副教授为90名离退休干部进行党的十八届六中全会精神专题辅导。

离退休干部转型发展的探索和实践

开通微信公众号　2016年，为充分发挥新型网络平台的作用，进一步加强离退休干部的思想政治引领，市南区委老干部局于春节前开通"市南老干部之家"微信公众号。"市南老干部之家"微信公众号定期发布老干部工作动态、时政新闻、生活服务、交流互动

等信息，成为老干部工作转型发展的新载体。11月17～18日，以"学精神忙充电，提服务强信念"为主题的老干部工作人员培训班在海天大剧院酒店一楼会议室举行。各街道老干部工作分管领导、工作人员、老干部助理员、街道退休干部党支部书记、街道老年大学校长50余人参加培训班的学习。

文体活动异彩纷呈　2016年3月6日，来自全区70多名离休妇女干部参加联欢活动，联欢会上，女老干部们和区老年大学的师生们相继表演了精彩的文艺节目。4月21日举办退休干部棋类比赛，共有112名退休干部参加象棋、跳棋、军棋和麻将四个项目的比赛。5月，市委老干部局在市南区珠海路街道香港花园社区举行全市首批"老干部广场文化活动示范点"集中授牌仪式。6月，区委老干部局隆重举行庆祝建党95周年老干部合唱比赛，各街道、区教育系统共选派12支合唱团参加，广大离退休干部以饱满的热情和美妙的歌声向党和祖国表达自己的深情。10月14日，举办第四届退休干部趣味运动会，机关事业单位的140名退休干部在区老干部活动中心，参加了地滚球、飞镖、原地拍球、定点投篮、套圈等五个项目的角逐，展现了退休干部老有所乐、积极向上的精神面貌。

信访工作

工作概况

2016年，市南区委区政府信访局认真贯彻落实中央、省、市委关于信访稳定工作一系列决策部署，以加强信访工作规范化建设为基础，以推进信访积案化解为抓手，进一步畅通信访渠道。通过抓制度固基础、抓机制保长效、抓基层强化解、抓责任促落实，有力地维护了群众合法权益，促进了社会和谐稳定。

主要工作

提高信访事项办理质量　2016年，加强信访工作规范化建设，对上级转交办信访事项、来区信访事项全部做到当日流转到责任单位，并督促责任单位及时办理。强化监督工作，依法开展信访事项复查工作，2016年组织召开听证会8次，复查终结案件8件，

复核终结案件 8 件；发出监督检查意见书 5 份，撤销 2
件有权处理单位作出的不予受理决定，要求有权处理
单位重新作出处理决定的 3 件；指导作出不予受理和
不予支持信访诉求决定的责任单位，召开信访事项听
证说理会 5 次。

开展信访积案化解工作　2016 年，组织召开信
访积案攻坚化解工作调度会，对上级交办积案逐案进
行会商研究，确定立足结服案件，同时做好无法结服
案件依法予以终结的双轨并行化解思路，并制定化解
工作路线图和时间表。上级交办市南区的信访积案，
化解率达到 94.7%。

做好信访稳定工作　2016 年，区信访接待中心实
行工作日全天接访制度，做到群众来访随来随接。重
大活动、重要会议期间，成立专项工作指挥部，提前部
署工作任务，逐案落实责任单位，开展约谈接访工作，
确保顺利完成三级"两会"等期间信访稳定工作任务。

信访工作机制建设

深入做好信访隐患排查　2016 年，加强综治、维
稳、信访部门工作联动，充分发挥街道社区综治网格
工作队伍和信访代办员的作用，不间断开展全方位信
访隐患排查工作，确保将各类信访不稳定隐患全部纳
入工作视线。对排查出来的问题，逐案落实单位负责
人包案处理，复杂疑难紧急问题责任单位及时向区包
案领导或分管领导汇报，提请领导约谈调度，确保将
隐患及时化解在萌芽状态。

全面畅通信访诉求渠道　2016 年，按照国务院
《信访条例》和《山东省信访条例》有关规定，对信访事
项受理、办理、答复、送达、信息录入、督查督办等各个
环节全部明确责任人和完成时限。依
托全国网上信访受理平台，实现信访信
息系统对街道和职能部门的全覆盖。
抓好网上信访信息系统使用，实现
"区—街—部门"网上信访信息互联互
通。大力推行阳光信访，按照"一岗双
责"责任制的要求，加大领导阅信、接
访、包案力度，健全完善领导干部接访
制度，做到及时受理，按时办结。

进一步规范信访工作秩序　2016
年，加大逐级走访政策的宣传教育，印
制青岛市网上信访明白纸、《"诉""访"
分离 依法逐级走访》宣传漫画和《依法
信访 违法必究》明白纸等宣传资料，制
作展板、横幅，组织开展信访法规集中

宣传日活动，引导群众依法依规表达诉求，维护权益，
信访工作秩序持续好转。

严格落实信访工作责任制　2016 年，坚持把落
实领导干部"一岗双责"作为做好信访工作的重要制
度和有效措施，制定《市南区关于进一步落实信访工
作责任制的有关规定》，区委、区政府每年多次召开常
委（扩大）会议、区委专题会议，听取信访工作汇报，研
究重点信访事项，部署信访工作。街道、部门党政一
把手对信访工作负总责，班子其他成员按照"一岗双
责"要求，切实履行信访工作职责。

党校教育

工作概况

2016 年，市南区委党校全面落实党的十八大和
十八届三中、四中、五中、六中全会精神及中央和省、
市、区委关于加强和改进党校建设决策部署，坚持党
校姓党，明确定位，提升站位，紧紧围绕区委确定的奋
斗目标和重点工作，强化全区干部的党性教育，引导
干部建立和巩固发展思维，切实增强责任感和使命
感，坚持改革创新，各项工作实现全面提升。

干部培训

培训对象更加广泛　2016 年，不断扩大培训覆
盖面，培训对象由过去的只面向区管行政事业干部、
处科级干部，向社区支部书记、主任、社区工作者延
伸。在近两次社区换届结束后，都对新当选的社区居
委会书记、主任、社区工作站站长和社区工作者进行

2016 年 6 月 27 日，市南区委党校举办"两学一做"专题讲座。

了系统的培训。

培训模式更加多样　由过去单一的走读式培训转变成走读式培训、封闭式培训、异地高端院校培训相结合的培训模式。2016年,区委党校继续重点打造"吃、住、学、训一体化"封闭式培训模式,共举办6～8期,每期80余人,培训时间为5～10天;自2015年开始,区委党校开展异地高端院校培训班10余期,分别为清华大学经济创新处级干部培训班、江西干部学院(井冈山)贯彻落实"四个全面"和"三严三实"处级干部专题培训班和浙江大学应急管理培训班等,每期40余人,培训时间为10天左右。

培训方法更加丰富　2016年,坚持专题辅导、学员论坛、集体座谈、互动研讨、实地考察、情景模拟、团队训练等相结合。根据不同类别班次,综合运用问题式、案例式、体验式、研究式等教学方法,特别是情景模拟和结构化研讨方式,受到广大学员的好评。

培训内容更加实效　2016年,坚持把组织需求、岗位需求和干部本人需求有机结合起来,努力做到实际工作需要什么就培训什么,干部成长缺少什么就培训什么,实现"缺什么补什么"。一是根据培训对象确定培训内容。例如,维稳班主要是信访、综合治理、群体性事件预防和处置;经济班以经济管理、产业布局、产业发展等内容为主;政工纪检干部班则以思想政治理论、反腐倡廉、党建内容为主。二是根据形势的发展和干部的实际,安排有关教学内容,更加具有针对性。

学员管理更加严格　2016年,为保证培训效果,在封闭式和异地高端培训班中,所有学员统一住学员宿舍,吃学员食堂,培训期间任何人不能擅自离校,严格落实"十不准"。每个培训班,党校配三个人,一个是副校长,一个男教师和一个女教师分别担任正、副班主任,区纪委和组织部门派员实行全程跟踪和监督管理,与参训学员同吃、同住、同学。

师资力量更加优化　2016年,建立完善师资准入制度,真正把那些理论素养高、实践经验丰富、授课技巧娴熟、深受学员欢迎的领导干部、专家学者纳入"师资库"。在聘请的人员中,既有省、市、区党政领导干部,又有专家教授学者,还有具有基层工作经验的社区工作者,师资队伍实力相对雄厚,结构相对合理。此外,还邀请了中央党校、省委党校以及全国著名高校的专家教授到区委党校作前沿性、高端性辅导。

科研咨政

拓宽调研渠道,发挥思想库作用　2016年,组织不同形式的社会调查和社会实践活动20次,主动介入和调研全区亮点、热点和难点问题,掌握一手资料。通过对调研成果的及时归纳整理和分析研究,出刊《咨政参阅》10期供区委参阅。组织干部教师参加习近平总书记系列讲话和党的十八届三中、四中、五中、六中全会精神宣讲,2名教师参加省委讲师团,送课到基层10余次。

整合有效资源,科研成果丰硕　2016年,申报中标省委党校课题1项。确立以科研工作室为主,其他科室主动参与的科研体系,全年有多篇科研成果在《山东党校通讯》《青岛党校工作动态》和《区市党校动态》上发表。

优化管理机制

加强师资队伍建设　2016年,继续推进领导干部上讲台制度化规范化,采取开班动员、形势报告、专题讲座、与学员座谈、讲党课等形式,阐明形势、解析政策。区委领导班子成员到区委党校至少讲课一次,组织有关区管领导干部到区委党校讲课,领导干部到党校讲课的课时达到总课时的20%。本着"外聘内培"原则,专兼结合,不断充实师资力量,以适应不断变化的培训需求。

规范管理机制　2016年,继续抓好干部教师的理想信念和党性党风教育,以敬终如始的态度推进"两学一做"专题教育整改事项的落实,严格按照时间节点和工作要求整改到位。认真贯彻落实新形势下从严治党的要求,更加积极主动地适应作风建设和从严治党的新常态。强化制度体系建设,维护规章制度的权威性和执行力。区委党校党委班子带头严格落实党内生活,带头转变作风,带头严明纪律,坚持实事求是、务求实效,根据职责分工抓好各项工作落实。

党史研究

工作概况

2016年,市南区委党史研究室深入学习贯彻党的十八大,十八届三中、四中、五中、六中全会精神和习近平总书记系列重要讲话精神,牢固树立政治意识、大局意识、核心意识、看齐意识,紧紧围绕党和国家工作大局,认真贯彻落实中央、省委、市委党史工作会议精神,坚持把以史鉴今、资政育人作为根本任务,全面做好党史编研和宣教工作,市南区党史工作科学化水平进一步提高。

加强党史征集编研

开展《改革开放实录(青岛卷)》征编工作　2016

年,区委党史研究室按照中央、省委、市委有关精神和区委的统一部署,积极落实、精心组织、周密部署、认真实施,按照领导到位、人员到位、保障到位、工作到位的要求,明确征编工作的指导思想、编写任务、专题目录、工作要求,职责分工、完成时限和人员经费保障等内容,全面落实征编工作任务。组建课题文稿撰写专家组,聘请区老领导、老专家,市委党校和青岛广播电视大学等专家学者,会同各承编单位,进行联合征编研究,确保初稿编纂工作的顺利推进。在汇总有关部门意见的基础上,先后组织专家评审组对六个课题文稿进行了多轮审修,最终形成送审文稿。

开展具有市南特色的党史资料征编工作　2016年,继续推进《中共青岛市南地方史大事记》(1949～2015)的征集、编研和审修工作,共征集审修形成45万余字的初稿,并对相关档案资料多渠道进行核实、修订,年内已完成对大事记初稿的审修佐证。启动特色人物传记专辑《时光记念》的采编工作。完成革命烈士周浩然,新中国成立前老党员桑春兰,社区老党员周保章、胡思文等 20 位人物传记编辑和口述录制工作。启动"社会主义时期市、县委书记口述历史"征编工作。按照省委、市委党史研究室要求,制订《市南区社会主义时期口述历史资料征集方案》,已完成原区委书记修国的口述回忆整理。

强化党史宣传教育

2016 年,按照联系实际创新路、加强教育求实效的要求,认真落实党史工作"资政育人"这一根本任务,以改革创新精神推进党史宣传教育工作。结合"两学一做"学习教育,以纪念中国共产党成立 95 周年为契机,开办"党史红色课堂",自主编辑"细说历次党章的修改"等党史知识专题,利用微市南、65 个社区微信矩阵进行定期发布,点击阅读量达 6000 多次。八大峡街道的李慰农党建主题公园、江苏路街道的党史文化长廊、香港中路街道的党史知识一条街等,一批具有浓郁红色印记和鲜明主题特色的党史红色主题宣教阵地落成使用。坚持开门办史,整合各方力量,由社区老党员、大学生和高校研究机构,组建党史新媒体制作团队,实施项目化运作,积极开办"市南党史红色电台"和"市南党史红色讲坛",制作党史宣教作品,定期进行线上发布、组织线下宣讲。在"湛山红色驿家"、金门路街道仙游路社区、八大关红岛路社区设立"社区红色读书角",为社区广大党员和居民提供了一个了解党的革命历史、宣传党的政策方针、学习党的红色文化的有效平台。

青岛市市南区人民代表大会及其常委会

重要会议

市南区第十八届人民代表大会第一次会议

市南区第十八届人民代表大会第一次会议于 2017 年 2 月 25 日下午至 28 日举行。会议听取和审议青岛市市南区人民政府工作报告;审查批准关于青岛市市南区 2016 年国民经济和社会发展计划执行情况与 2017 年国民经济和社会发展计划草案的报告;审查批准关于青岛市市南区 2016 年预算执行情况和 2017 年预算草案的报告;听取和

2017 年 2 月 25～28 日,青岛市市南区第十八届人民代表大会第一次会议举行。

审议青岛市市南区人大常委会工作报告；听取和审议青岛市市南区人民法院工作报告；听取和审议青岛市市南区人民检察院工作报告；选举产生市南区第十八届人大常委会主任、副主任、委员，区人民政府区长、副区长，区人民法院院长，区人民检察院检察长以及市南区出席青岛市第十六届人民代表大会代表；通过市南区第十八届人民代表大会专门委员会组成人员名单。

市南区第十七届人大常委会会议

第三十次会议　2016年1月7日召开。会议听取并通过关于青岛市市南区国民经济和社会发展第十三个五年规划纲要草案的审查结果报告；听取并通过关于青岛市市南区2015年国民经济和社会发展计划执行情况与2016年国民经济和社会发展计划草案的审查结果报告；听取并通过关于青岛市市南区2015年预算执行情况和2016年预算草案的审查结果报告。

第三十一次会议　2016年1月29日召开。会议补选3名青岛市第十五届人大代表。

第三十二次会议　2016年3月31日召开。会议听取和审议区人大常委会执法检查组关于检查《青岛市税收征收协助条例》贯彻实施情况的报告；听取和审议区人民政府关于智慧城区建设情况的报告；听取和审议区人民政府关于城区环境卫生管理工作情况的报告。

第三十三次会议　2016年5月31日召开。会议听取和审议区人民政府关于市南区2015年财政决算的报告；听取和审议区人民政府关于市南区2015年度区级预算执行和其他财政收支情况的审计工作报告；听取和审议区人民政府关于旅游景区管理工作情况的报告；听取和审议区人民法院关于执行工作情况的报告；审议通过《青岛市市南区人民代表大会常务委员会实施宪法宣誓制度办法（草案）》；表决有关人事任免事项。

第三十四次会议　2016年7月29日召开。会议听取和审议区人民政府关于2016年上半年国民经济和社会发展计划执行情况的报告；听取和审议区人民政府关于2016年上半年财政预算执行情况的报告；听取和审议区人大常委会执法检查组关于检查《中华人民共和国食品安全法》贯彻实施情况的报告；表决有关人事任免事项。

第三十五次会议　2016年9月28日召开。会议听取和审议区人民政府关于创新、创业、创客工作情况的报告；听取和审议区人民政府关于2015年度区级预算执行和其他财政收支审计查出问题整改情况的报告；听取和审议区人民检察院关于贯彻落实《中华人民共和国刑事诉讼法》情况的报告；听取和审议区人民政府关于"六五"普法依法治区情况和"七五"普法依法治区规划的报告；审议通过市南区人大常委会关于市南区人民代表大会代表选举时间的决定；审议通过市南区人大常委会关于市南区选举委员会组成人员的决定；表决有关人事任免事项。

第三十六次会议　2016年11月29日召开。会议听取和审议区人民政府关于区十七届人大五次会议代表建议、批评和意见办理情况的报告；听取和审议区人民政府关于2016年为民要办实事工作完成情况的报告；听取和审议区人民政府关于公办幼儿园建设情况的报告。

市南区第十七届人大常委会主任会议

第六十八次会议　2016年2月24日召开。会议研究关于《青岛市税收征收协助条例》贯彻实施情况执法检查方案；研究关于市南区智慧城区建设情况的调研方案；研究关于城区环境卫生管理工作情况的调研方案；研究关于召开市南区第十七届人大五次会议代表建议、批评和意见交办会的意见。

第六十九次会议　2016年3月22日召开。会议研究关于《青岛市税收征收协助条例》贯彻实施情况的执法检查报告；研究关于市南区智慧城区建设情况的调研报告；研究关于城区环境卫生管理工作情况的调研报告；研究关于市南区第十七届人大常委会第三十二次会议的筹备意见；研究各街道人大代表组2016年度视察活动计划；研究关于2016年代表接待日活动有关安排；研究关于评选2015年度先进代表组和优秀代表情况。

第七十次会议　2016年4月11日召开。会议研究关于2015年财政决算（草案）、2015年区级预算执行和其他财政收支审计工作情况的调研方案；研究关于区人民法院民事执行工作情况的调研方案；研究关于律师队伍管理情况的专项视察方案；研究关于旅游景区管理工作情况的调研方案；研究关于火车站周边环境综合整治工作情况的专项视察方案；研究关于"代表接待日"活动的有关安排。

第七十一次会议　2016年5月18日召开。会议研究关于市南区2015年财政决算、2015年度区级预算执行和其他财政收支审计情况的调研报告；研究关于区人民法院执行工作情况的调研报告；研究关于旅游景区管理工作情况的调研报告；研究《青岛市市南区人民代表大会常务委员会宪法宣誓办法（草案）》；研究市南区第十七届人大常委会第33次会议筹备意见。

第七十二次会议 2016年5月31日召开。会议研究有关人事任免事项。

第七十三次会议 2016年6月7日召开。会议研究关于2016年上半年国民经济和社会发展计划执行情况、财政预算执行情况的调研方案；研究关于区政务服务和公共资源交易管理工作情况的专项视察方案；研究关于劳动仲裁工作情况的专项视察方案；研究关于《中华人民共和国食品安全法》贯彻实施情况的执法检查方案。

第七十四次会议 2016年7月19日召开。会议研究关于2016年上半年国民经济和社会发展计划执行情况的调研报告；研究关于2016年上半年财政预算执行情况的调研报告；研究关于《中华人民共和国食品安全法》贯彻实施情况的执法检查报告；研究关于区政务服务和公共资源交易管理工作情况的专项视察报告；研究关于市南区劳动仲裁工作情况的专项视察报告；研究关于划拨2016年度市南区人大代表活动经费的意见；研究区十七届人大五次会议重点代表建议督办工作；研究关于市南区第十七届人大常委会第三十四次会议的筹备意见。

第七十五次会议 2016年7月29日召开。会议研究有关人事任免事项。

第七十六次会议 2016年8月16日召开。会议传达全市区（市）、镇领导班子换届工作会议精神；观看《镜鉴——衡阳、南充违反换届纪律案件警示录》、学习《严肃换届纪律文件选编》；研究关于区人民检察院贯彻落实《中华人民共和国刑事诉讼法》情况的调研方案；研究关于全区创新、创业、创客工作情况的调研方案。

第七十七次会议 2016年9月18日召开。会议传达全市区（市）、镇人大换届选举工作会议精神；研究关于区人民检察院贯彻落实《中华人民共和国刑事诉讼法》工作情况的调研报告；研究关于创新、创业、创客工作情况的调研报告；研究市南区第十七届人大常委会第三十五次会议筹备意见；研究青岛市市南区人大常委会关于做好区人民代表大会换届选举工作的意见。

第七十八次会议 2016年9月30日召开。会议研究区人大换届选举有关工作。

第七十九次会议 2016年10月21日召开。会议研究区第十七届人大常委会第三十五次会议对区政府关于创新、创业、创客工作情况报告的审议意见；研究区第十七届人大常委会第三十五次会议对区人民检察院关于贯彻实施修改后刑诉法工作情况报告的审议意见；研究关于实施市南区法治宣传教育和依法治区第七个五年规划的决议；研究关于市南区公办幼儿园建设情况的调研方案；研究关于区十七届人大五次会议代表建议、批评和意见办理情况、2016年为民要办实事工作完成情况的调研方案；听取换届选举有关情况汇报。

第八十次会议 2016年11月21日召开。会议研究关于公办幼儿园建设情况的调研报告；研究关于区十七届人大五次会议代表建议、批评和意见办理情况的调研报告；研究关于区政府2016年为民要办实事完成情况的调研报告；研究关于市南区第十七届人大常委会第三十六次会议的筹备意见；研究关于区人大常委会机关办公用房改造调整及购置区人代会、区人大常委会会议电子表决系统有关事宜；研究换届选举有关工作。

第八十一次会议 2017年1月17日召开。会议研究市南区第十七届人大常委会第三十七次会议筹备意见；研究市南区人大常委会工作报告（草案）；研究市南区第十八届人民代表大会第一次会议筹备工作；研究人事任免有关事项。

工作概况

综　述

2016年，区人大常委会全面贯彻落实党的十八大和十八届三中、四中、五中、六中全会精神，以及中共中央总书记习近平系列重要讲话精神和治国理政新理念新思想新战略，更加积极地调整工作重点，监督支持"一府两院"抓好新一轮发展的开局起步工作，为率先全面建成小康社会，在基本实现现代化进程中走在前列，全力打造国际国内一流的宜业宜居幸福城区，努力谱写中国梦市南新篇章贡献智慧和力量。

坚持人民主体地位，让改革发展成果更多更好惠及群众

密切联系人民群众　2016年，区人大常委会着力推动人大代表联系人民群众活动深入有效开展，将其固化提升为常委会履职的"法定动作"。不断赋予活动新的时代元素，积极拓展"把群众请进来、让代表走出去"工作方式，加快运用即时通信工具构建信息互动平台,把人大代表联系人民群众活动打造成闭会期间代表履职的重要载体、人大工作参与社会治理创新的有效路径和推进基层民主政治法治化的生动实践。

切实办好代表建议 2016 年,区人大常委会启用代表建议网上办理系统,实现代表建议"随时提、即时办",并逐步向社会公开建议内容及答复情况。确定 10 件左右重点建议,由分管副主任牵头督办。对代表反复提出、落实力度不够及对答复意见不够满意的建议,依法开展专题询问,推动建议办理工作从纸面上满意向内心里满意转变。

加强实事工作监督 2016 年,区人大常委会着力推动转变工作理念,突破惯性思维,与时俱进提升工作质量;推动完善决策机制,建立对话、协商和听证制度,使群众需求与政府关注更好对焦;改进监督方式方法,落实《市南区为民办实事项目监督工作办法》,跟踪监督实事项目实施动态,进一步提升实事工作的决策透明度、程序合法性和公众认同感。

不断增进人民福祉 2016 年,区人大常委会听取和审议关于"三创"(创新、创业、创客)工作、公办幼儿园建设、城区环境卫生管理等工作情况报告,对劳动仲裁、火车站周边环境综合整治等开展专项视察,推进保障和改善民生各项工作的落实,让群众有更多幸福感、获得感。

坚持科学发展,确保"十三五"规划开好局起好步

加强计划落实监督 2016 年,区人大常委会坚持以监督促落实,推动事有专管之人、人有明确之责、责有限定之期,形成主体清晰、权责统一、各司其职、各负其责的工作格局。坚持寓支持于监督,围绕全面深化改革,组织对经济社会发展的重要领域和关键环节开展专题调研,听取审议关于 2016 年上半年国民经济和社会发展计划执行情况的报告,提出具有积极意义的意见建议。

加强财政收支监督 2016 年,区人大常委会组织对协税护税工作进行调研,推动科学组织税收。认真落实新预算法要求,设立预算审查工作机构,建立预算审查监督机制,对预算安排的合法性、完整性、合理性及可行性进行重点审查。

加强重大项目监督 2016 年,区人大常委会牢牢把握宏观性、间接性这个"尺度",研究制定对政府投资重大项目的监督办法,着力推动"十三五"规划期间重大项目的落实。

坚持依法治区,不断夯实经济社会发展的法治基础

强化执法检查 2016 年,区人大常委会着力突出执法检查的法律监督属性,制定开展执法检查工作办法,有计划地围绕重要法律法规实施情况开展执法检查,努力实现执法检查由单一监督向多元监督、事后监督向全程监督的转变,推动执法检查功能的最大化。年内,对《中华人民共和国食品安全法》和《青岛市税收征收协助条例》贯彻实施情况开展执法检查。

强化司法监督 2016 年,区人大常委会把深化司法体制改革作为监督重点,更加关注、关心和支持区人民法院、区人民检察院工作,对改革过程中出现的新情况、新问题开展专题调研,确保优化司法职权配置、推进诉讼制度改革、保障人民群众参与司法等改革措施的落实。听取和审议区人民法院关于执行工作情况的报告,依法推进执行工作;听取和审议区人民检察院关于贯彻落实《中华人民共和国刑事诉讼法》情况的报告,推动做好公诉侦监、刑事速裁等试点工作。

强化法治宣传 2016 年,区人大常委会坚持"打铁先须自身硬",在人大机关建立形成"履职先懂法、用法先学法、行权必依法"的工作机制和工作氛围,重点学习修改后的地方组织法、选举法和代表法。落实

2016 年 3 月 17 日,区人大常委会调研城区环境卫生管理工作。

宪法宣誓制度,改进任前宪法法律考试制度,增强被任命人员宪法意识。加大对"一府两院"依法行政、公正司法的监督力度,使之成为法治宣传最生动的实践。发挥带头、监督和支持作用,用好国家宪法日等法治宣传载体,推进全民守法。

坚持改革精神,推进人大工作与时俱进创新发展

围绕强化监督刚性推进创新 2016年,区人大常委会依法改进监督方式,提升监督约束力度,把监督的压力传导转化为抓改革、抓发展、抓落实的动力。将专题询问纳入听取审议"一府两院"重点工作报告的具体流程,切实"问出成效",提高了审议意见针对性和可操作性。

围绕促进代表履职推进创新 2016年,区人大常委会有计划地组织代表参加各类培训活动,切实提升代表履职意识和能力。坚持为代表履职服好务,健全重要工作、重大活动向代表通报制度,合理调整代表开展集中视察、专题调研等活动的方式方法,让代表履职更加便捷、灵活、可行。加强代表履职约束,结合换届选举工作,建设代表履职网络平台,完善代表履职考核办法,以代表提出建议、接待人民群众、参与调研视察活动等为主要内容,形成代表履职"年度成绩单"。

围绕加强组织建设推进创新 2016年,区人大常委会认真贯彻落实中央18号文件、省委17号文件精神,结合换届选举工作,适当增加区人大常委会组成人员名额。优化常委会、专门委员会组成人员知识、年龄和专业结构,逐步提高专职组成人员比例。对区人大及其常委会工作机构进行规范和调整,加强工作力量和工作能力建设。明确街道人大工作委员会工作职责,配备专职主任,由常委会任命并提名为区人大代表人选。指导街道代表组更加科学、规范、有序开展活动,切实发挥监督作用。

坚持党的领导,努力建设讲政治、守规矩的高素质人大代表队伍

严把代表"入口关" 2016年,区人大常委会从保障人民群众当家作主权利、全面推进依法治国和维护国家政治安全的高度,严格把握代表人选标准,加强代表人选考察审查工作,切实把好代表政治关、素质关、结构关。做好相关提名工作,推荐履职表现优秀的代表连选连任。依据修改后的选举法和中央18号文件,进一步加强代表资格审查工作。

严把选举"组织关" 2016年,区人大常委会依法做好宣传动员、选区划分、名额分配、选民登记、提名推荐、讨论协商预选、候选人介绍、投票选举、计票监票、选举结果确定等工作。保障流动人口参选,简化流动人口参选程序。改进代表候选人介绍工作,充实代表候选人相关信息资料,完善组织代表候选人与选民见面、回答选民问题的程序,保障选民知情权。

严把过程"监督关" 2016年,区人大常委会切实担负起代表选举工作的领导、指导和监督责任,及时向区委请示报告选举工作中的重大问题和重要情况。深刻汲取衡阳破坏选举案的教训,从严落实中央关于严肃换届纪律的各项规定,切实加强对人大代表换届选举全过程的监督,确保选举严格依法按程序进行。

重要活动

2016年3月1日,市南区人大常委会组成执法检查组对全区贯彻实施《青岛市税收征收协助条例》情况开展执法检查。

2016年3月2日,市南区人大常委会召开区十七届人大五次会议代表建议、批评和意见交办会。

2016年3月3日,市南区人大常委会对市南区智慧城区建设情况进行专题调研。

2016年3月17日,市南区人大常委会对全区城区环境卫生管理工作情况进行专题调研。

2016年4月21日,市南区人大常委会对全区旅游景区管理工作情况进行专题调研。

2016年4月26日,市南区人大常委会对区人民法院民事执行工作情况进行专题调研。

2016年5月10日,市南区人大常委会对区2015年财政决算(草案)情况、2015年度区级预算执行和其他财政收支的审计情况进行专题调研。

2016年5月12日,市南区人大常委会机关召开"两学一做"学习教育座谈会。

2016年5月17日,市南区人大常委会组织对全区律师队伍管理工作情况进行专项视察。

2016年5月24日,市南区人大常委会组织对青岛火车站周边环境综合整治工作情况进行专项视察。

2016年6月22日,市南区人大常委会组织对全区政务服务和公共资源交易管理情况进行专项视察。

2016年6月28日,市南区人大常委会组织对全区劳动仲裁工作情况进行专项视察。

2016年7月6日,市南区人大常委会组成执法检查组对全区贯彻实施《中华人民共和国食品安全法》

情况开展执法检查。

2016 年 7 月 14 日,市南区人大常委会对区 2016 年上半年国民经济和社会发展计划执行情况、2016 年上半年财政预算执行情况进行专题调研。

2016 年 8 月 24 日,市南区人大常委会召开区十七届人大五次会议重点代表建议督办会。

2016 年 8 月 25 日,市南区人大常委会对区人民检察院贯彻落实《中华人民共和国刑事诉讼法》情况进行专题调研。

2016 年 8 月 30 日,市南区人大常委会对全区"创新、创业、创客"工作情况进行专题调研。

2016 年 10 月 10 日,市南区选举委员会召开第一次会议。

2016 年 10 月 12 日,市南区召开全区人大换届选举工作会议。

2016 年 10 月 26 日,市南区人大常委会对区公办幼儿园建设情况进行专题调研。

2016 年 11 月 9 日,市南区选举委员会召开第二次会议。

2016 年 11 月 10 日,市南区人大常委会对区十七届人大五次会议代表建议、批评和意见办理情况,2016 年为民要办实事工作完成情况进行专题调研。

2016 年 11 月 11 日,市南区召开换届选举第二阶段工作会议。

2016 年 12 月 5 日,市南区选举委员会召开第三次会议。

2016 年 12 月 16 日,市南区选举委员会召开第四次会议。

2016 年 12 月 28 日,市南区选举委员会召开第五次会议。

2017 年 2 月 7 日,市南区选举委员会召开第六次会议。

青岛市市南区人民政府

重要会议

市南区第十七届人民政府全体会议

第十次全体(扩大)会议 2016 年 9 月 8 日召开。区委副书记、区长华玉松讲话,总结 2016 年以来的政府工作,部署下一步工作任务。区政府组成人员参加会议。区人大、区政协分管领导,各街道办事处主任,驻区有关单位和区直有关单位主要负责人列席会议。

市南区第十七届人民政府常务会议

第七十八次会议 2016 年 1 月 20 日召开。区委副书记、区长华玉松主持。会议学习中共中央、国务院《关于深入推进城市执法体制改革改进城市管理工作的指导意见》,李克强总理在听取第二批核查问责不作为情况汇报时的讲话,郭树清省长在省政府工作会议上的讲话,省委办公厅、省政府办公厅《关于建立健全重大及以上

2016 年 9 月 8 日,市南区第十七届人民政府第十次全体(扩大)会议举行。

生产安全事故应急处置联动机制的意见》和市委办公厅、市政府办公厅《关于进一步加强会议管理严明会议纪律的通知》精神,研究区《政府工作报告》责任分解情况、推进简政放权放管结合转变政府职能工作情况、清理规范区直部门行政审批中介服务工作情况、

拟招聘企业用工人员情况和《关于青岛市市南区企业扶持基金实施意见(试行)》起草情况等议题。

第七十九次会议 2016年2月5日召开。区委副书记、区长华玉松主持。会议学习山东省第十二届人民代表大会第五次会议精神、市政府全体会议精神,安排部署春节期间和节后上班有关工作,研究《青岛市市南区打造中国北方时尚之城专项发展规划》编制情况和申报追认祝炳言为革命烈士的有关情况。

第八十次会议 2016年2月25日召开。区委副书记、区长华玉松主持。会议传达学习市"两会"精神,部分部门、单位汇报年度重点工作。

第八十一次会议 2016年3月22日召开。区委副书记、区长华玉松主持。会议研究市、区两级人大代表建议和政协委员提案情况及办理意见、区2015年度法治政府建设指标体系评估检查情况、火车站商圈旧城改造项目住宅房屋回迁定位工作情况、2016年市南区拟启动房屋征收项目的情况、火车站商圈安置房项目P4和P5地块外墙立面变更增加造价情况、莘县路小学周边旧城改造项目消防加强施工增加工程费等情况和区招商投资促进中心拟与省政府驻上海办事处经济招商处签订招商引资战略合作协议的情况等议题。

第八十二次会议 2016年4月20日召开。区委副书记、区长华玉松主持。会议研究《区政府决策落实第三方评估办法(试行)》起草情况、《2016年市南区智慧城区建设实施方案》起草情况、申请增加执法力量的情况、招聘市政专业技术及管理人员情况、2013年风暴潮损坏前海一线设施抢修情况和贯彻全市卫生计生工作会议精神情况。

第八十三次会议 2016年5月6日召开。区委副书记、区长华玉松主持。会议研究相关行业促进区域经济发展政策实施细则起草情况和青岛海诺投资公司经济状况,学习张新起市长在2016年第一季度经济运行工作会议上的讲话精神和到市南区调研经济运行工作时的讲话精神等议题。

第八十四次会议 2016年5月13日召开。区委副书记、区长华玉松主持。会议研究市南区2016年第一季度经济运行情况、《关于加快推进棚户区征收改造和地铁建设房屋征收工作意见》起草情况、《市南区社区专职类工作人员管理暂行办法》起草情况、《市南区股权投资引导基金规范设立与运作的暂行意见》起草情况、市南区2016年就业保障工程资金使用情况、增加适龄儿童免费接种疫苗经费的情况和交警市南大队增招交警协勤员的情况。

第八十五次会议 2016年5月23日召开。区委副书记、区长华玉松主持。会议研究《关于实施同步宜居幸福工程加快推进残疾人小康进程的意见》的起草情况、公安市南分局招聘110警车专职特勤队员的情况和青岛火车站联管办办公用房装修情况。

第八十六次会议 2016年5月30日召开。区委副书记、区长华玉松主持。会议研究《关于加强政府法律风险防控体系建设的意见》、给予区引进的"千人计划"专家政策扶持情况和干部任免情况。

第八十七次会议 2016年6月23日召开。区委副书记、区长华玉松主持。会议学习中共中央印发《关于深化人才发展体制机制改革的意见》的通知,中共中央办公厅、国务院办公厅印发《关于进一步推进预算公开工作的意见》的通知,研究《市南区加强区级财政资金预算绩效管理工作的意见》、《市南区"互联网+"行动计划(2016—2018年)》、社区卫生计生专职工作人员使用情况和2015年度外贸调结构稳增长有关扶持政策落实情况。

第八十八次会议 2016年7月29日召开。区委副书记、区长华玉松主持。会议研究《市南区健康产业发展规划》《市南区关于促进健康产业发展的实施意见》和《市南区健康产业发展政策实施细则》《市南区老旧电梯更新改造管理办法》《青岛市市南区林地保护利用(2010—2020年)修编规划》上报情况,购买白沙湾限价商品房作为异地安置房源的情况和市南区部分重点项目拆迁补助资金使用情况等议题。

第八十九次会议 2016年8月4日召开。区委副书记、区长华玉松主持。会议研究《关于进一步推进预决算公开工作的实施意见》、《市南区"海洋+"行动计划(2016—2018年)》、软件园E1E2E3项目、软件园F2F3项目、动漫园D座项目有关情况、区人民检察院2016年新增建设项目情况、青岛第二十六中学校舍改造工程有关情况。

第九十次会议 2016年8月18日召开。区委副书记、区长华玉松主持。会议研究《市南区供给侧结构性改革方案(2016—2018年)》、区政府法律顾问工作情况、《2016年推进简政放权放管结合优化服务转变政府职能工作方案》、进现场解难题稳增长项目提速双月行动方案、地质灾害抢险工作情况、2016年度支持外贸回稳向好有关政策和残疾人机动车回购工作情况。

第九十一次会议 2016年9月20日召开。区委副书记、区长华玉松主持。会议研究《市南区国庆期间旅游市场秩序重点问题快速应对工作方案》、国家食品安全城市创建工作有关情况、《市南区贯彻落实青岛市环境保护督察反馈意见整改方案》、《市南区法治宣传教育和依法治区第七个五年规划（2016—2020年）》、贯彻全市国有企业负责人薪酬制度改革工作会议精神及区国有企业负责人薪酬制度改革实施方案有关情况、2016年度区科技计划重大项目立项情况、地铁4号线（青医附院站和江苏路站）拟启动房屋征收项目情况、市南区控制性详细规划编制经费的有关情况等议题。

第九十二次会议　2016年9月30日召开。区委副书记、区长华玉松主持。会议研究综合行政执法体制改革工作情况、市南区相对集中行政处罚权实施综合行政执法工作实施方案有关情况、迎接国务院安委会安全生产巡查工作、申请青岛软件园A1楼租金的有关情况、市南区机关事业单位养老保险统筹期间个人缴费返还资金的情况、机关事业单位退休人员养老金标准调整情况和干部任免情况。

第九十三次会议　2016年10月20日召开。区委副书记、区长华玉松主持。会议研究《市南区政府规范性文件管理办法》、支付校园安保人事服务合同到期经济补偿金的情况、交警市南大队办公用房修缮改造情况、青岛银行A股上市国有股转持情况、申请区政务服务热线办公用房和工作经费情况。

第九十四次会议　2016年11月21日召开。区委副书记、区长华玉松主持。会议研究《市南区安全生产重大事故隐患整治项目奖励暂行办法》、《市南区促进会展业发展政策实施细则（试行）》、2016年区办实事中三处社区卫生服务中心建设情况、为四〇一医院解决相关建设经费的情况、调整市南区清洁煤财政补贴标准的情况、地铁1号线青岛站（新增）拟启动房屋征收项目情况、2016年度市级均衡发展转移支付等资金使用情况和北岛组团P4地块（4、5号楼）需筹措资金情况。

第九十五次会议　2016年11月25日召开。区委副书记、区长华玉松主持。会议研究《市南区环境保护监督管理工作责任规定》、《市南区"十三五"大气污染防治工作计划》、市南区城市违法建设治理工作情况、区教体局西部配餐中心和局属中小学食堂用工情况、招聘市场监管协管员和食药监管协管员的情况、区人民法院暖气改造情况、《市南区区级行政权力清单》调整情况、2016年度创新载体建设扶持奖励情况、落实2015年度区知识产权奖励扶持资金情况、2016年度区科技计划项目（第二批）立项及验收情况

和变更预算资金使用用途的有关情况和区城建局2016年预算资金调整使用范围的情况。

第九十六次会议　2016年12月1日召开。区委副书记、区长华玉松主持。会议研究特色街区管理工作移交和支付特色街区物业费用的情况、拟对2015年节能改造项目进行财政奖励的情况、太平山中央公园综合整治房屋征收项目未登记建筑认定工作有关情况、启动四川路64、66号二次搬迁置换有关情况、燕儿岛片区改造项目非住宅安置房回购及土地交接有关情况、中国（青岛）新媒体基地扶持情况和文化旅游业奖励扶持情况等议题。

第九十七次会议　2016年12月22日召开。区委副书记、区长华玉松主持。会议研究《关于推进社会工作专业人才队伍建设的实施意见》、市南区2016年棚户区改造融资工作情况、市南区2017年棚户区房屋征收计划和融资工作、西藏路非住宅安置工作情况、使用购置房屋安置拆迁居民遗留问题和燕儿岛片区改造项目土地出让金有关情况。

政府调研

工作概况

2016年，区政府办公室以"两学一做"学习教育为契机，把加强调查研究作为强化参谋辅政、改进工作作风、密切联系群众的有效途径，围绕年初确定的35个区政府调研课题，与区政府各部门、单位和街道办事处一起深入一线开展调查研究，加强城区治理等5个调研成果纳入政府决策。

区政府重点工作调研

2016年，组织专题调研，征求基层干部、居民代表、社区居委会主任对2017年区政府工作的意见建议，征求人大代表、政协委员和社会各界的意见，并将群众意愿在政府工作报告中进行体现。参与区十三次党代会报告的起草调研工作，从提升发展时尚经济，增创转型发展动力；繁荣发展时尚文化，增强文化竞争实力；积极倡导时尚生活，激发现代城区活力；着力打造时尚湾城，彰显国际城区魅力；加快发展民生事业，持续增进民生福祉等五个方面，确定"新一届政府的目标任务。充分体现"创新、协调、绿色、开放、共享"的发展理念，从深化供给侧结构性改革，大力发展财源经济；重点复兴发展西部老城区，推动全域一体化发展；持续深化改革，发展开放型经济；加强生态文

明建设,创新城区管理服务;切实保障和改善民生,不断增强群众的获得感和幸福感等五个方面,提出2017年政府的重点工作。围绕"三中心一基地建设""调稳抓""双月奋战"等全市工作重点开展调研,了解市南区工作情况,形成区领导向市督查指挥部、向市政府调度会议的汇报材料,多篇信息被市政府办公厅以专报形式刊发。

先进经验和做法调研

2016年,围绕区委、区政府中心工作,对全区经济社会发展中的先进经验进行总结和提炼,宣传有效举措,推动相关工作开展。针对本届政府组建以来,法治政府建设工作进行深入调研,《加快建设法治政府推动新常态下经济社会实现新发展》等中心组调研文章得到好评,区政府主要领导在市理论中心组优秀调研成果评比中获省先进个人称号。区司法局围绕基层普法依法治理等工作,深入开展调研,形成人民调解、社区矫正、基层法治宣传、公共法律服务体系建设多篇调研文章。围绕"三创"工作开展调研,提出了市南区在鼓励创新、支持创业、扶持创客方面的意见建议。与区政务服务管理办公室就简政放权、优化审批流程等方面开展深入研究,研究成果被评为全市创新理论成果。

热点难点问题调研

2016年,继续关注群众反映强烈的热点难点问题,对城市建设管理、养老、就业等民生难题,有针对性地深入一线开展调研,征求基层一线干部群众的意见建议,摸清情况、找准问题、理清思路。组织街道办事处和有关部门一起,对青医附院等区域的环境、停车行车难等问题专题调研,了解问题所在、提出意见建议。2016年市南区办实事将停车场建设纳入为民要办的实事,整合社会力量,着力推进8个停车场建设,缓解停车难问题。组织相关街道办事处围绕引导社会组织参与社区治理,改进社会治理方式,激发社会组织活力提出意见建议。

典型问题调研

2016年,针对影响区域经济社会发展的"瓶颈"问题、区领导关注的热点问题等典型问题开展调研,努力推动"点"上问题的解决,促进"面"上工作的提升。组织有关部门围绕高层楼宇安全、西部老城区复兴发展、财政投资工程项目管理、财富管理核心区建设等进行专题调研,全面掌握各项工作的基本情况,

理清存在问题及原因,明确发展方向和思路,向区领导和上级部门提出建设性意见。

政务督查

工作概况

2016年,市南区政府督查室围绕区委、区政府的重大决策和重要工作部署,加大督办检查落实力度,开展系列督查活动,推动区委、区政府各项决策部署的落实。

加强专题调研

2016年,对区政府主要工作目标任务、为民要办实事等推进情况进行专题调研,深入项目现场实地进行督办,全面了解项目进展情况,明确责任单位分工,避免"查而不实"问题的发生。对涉及部门多、办理难度大的督查事项,充分发挥上下协调的作用,直接协调处理解决问题,防止"推诿扯皮"问题的发生。在督办人大代表提出的《关于细化落实招商引资政策的建议》时,涉及部门多,协调难度大,经充分沟通协调,最终确定由相关部门按照职能分工分别研究制定细化方案,相互配合,形成合力,使建议得到了有效落实。对督查事项坚持以"问题是否得到解决、群众是否满意、领导是否认可"为标准,努力做到无退回重办件、无处理不公件、无积压延误件,杜绝"弄虚作假"问题的发生。

加大督查力度

2016年,针对政府工作报告、重点项目、区政府常务会议确定事项等,加大督查力度,促进决策落实到位。加大对民生实事的督促检查,三处社区卫生服务中心等9件14项民生重点项目基本完成。加大市容环境、消费纠纷等问题整治的督查,解决了一批关系居民切身利益的突出问题。组织有关部门参加"行风在线""民生在线"活动,督促解决群众反映的拆迁安置、违法建筑等问题754个。重点办理教育、民政等民生领域的建议提案,累计督办市、区两级人大代表建议和政协委员提案246件。

文秘工作

工作概况

2016年,市南区政府办公室文秘工作以精工简

政、增速提效为抓手,不断提高辅政工作水平,全年共办理上级文件 3400 件、密级文件 365 件,受理请示报告件 1856 件,发文 306 件,实现文件办理"零差错"。

健全制度,严格规范公文处理工作

完善管理制度　2016 年,依据《机关公文处理规则》等制度,对办文拟稿、会商、核稿、签发、打印、用印、分发等七个环节,以及来文来电过程中的签发、分办、登记批办、组织传阅、承办、催办、注办、处置完毕等八个程序作出科学合理的规定,推动了办公室系统公文处理的规范化。

完善保障制度　2016 年,将严控公文质量作为办公室核心工作,定期召开会议,分析研究文秘工作存在的问题,不断改进工作方法。将公文处理工作列入《办公室工作要点》,明确工作目标,强化工作措施,促进公文处理工作水平提升。加强组织保障,明确主任分工,抓好公文处理工作。理顺办公室内部科室的公文处理工作职责,秘书科业务岗位实行 A、B 角补位制度,形成专人专岗、整体协同的良好工作格局。

突出重点,促进公文处理增速提效

明确权责　2016 年,实施办文岗位人员负责"行文审核",对文字、内容和格式等进行把关;秘书科科长负责"清样审核",对发文主体、形式等进行把关;分管副主任负责"政策审核",发文内容涉及的各项政策等进行把关,实现办文环节的环环相扣。加强对政策性公文的发文流转管理,规范性文件或内容涉及法制、法规的适用问题时经法制办审核,再由区政府办公室分管副主任、主任复核后,呈送区主要领导签发。

提升效率　2016 年,规范公文处理流程,坚持快捷、高效、保密、优质的原则,办理上级来文来电和下级单位向区政府报送的请示、报告,对不符合文件要求的请示报告件按要求退回,并及时向单位和领导反馈办理意见,确保文件不失控、不丢失、不泄密,对领导批示件即批即办,确保政令畅通,做到件件有落实,事事有回音。严格落实限时办结制,一般文稿校核一个工作日内完成,重要文稿半个工作日完成,紧急文稿和党政网上来文随到随办。

提高质量　2016 年,结合工作实际,坚持从严把关,积极倡导准确简明的文风,增强文件的针对性、指导性和可操作性,避免"文山"现象的发生。严格公文校核工作,在保持公文原意的前提下,进行文字实行精细化核对处理,使公文的观点明确、思路清晰、结构严谨、语言简练,确保行文关系正确无误,选择文种准确恰当,文件格式完整规范,严防漏项、错项或多项现象发生。

强化措施,加强涉密文件管理

建立问责机制　2016 年,调整充实区政府办公室保密工作领导小组,明确责任分工,加大问责力度,落实责任追究制度,对发生失泄密和严重违规问题,严肃查处,追究有关人员的责任。

细化台账管理　2016 年,在前期建立《计算机及移动存储介质保密管理台账》的基础上,将部门所有在用、备用的计算机及移动存储介质重新进行核对、编号、登记,保证所有设备与台账登记一一对应。将上级检查或自查的结果登记在案,使用人确认后存档,便于日常动态监管。

强化整改措施　2016 年,针对日常检查过程中发现的涉密机与非涉密机之间交叉使用移动存储介质、文件定密不规范、使用非涉密机处理工作文件、使用笔记本电脑登录金宏账户等问题,由部门如实登记,进行彻底清查,坚决防止和杜绝连接互联网的计算机操作涉密信息和内部工作信息。确保部门每一台计算机都有指定的管理责任人,严格落实内、外网物理隔离,实现专机专网专用。

政务公开与电子政务

政府信息公开

推进政府信息主动公开　2016 年,下发《2016 年市南区政务公开工作要点的通知》,细化政务公开工作任务,建立任务落实台账。完善公开平台和渠道建设,定期检查各部门政府信息主动公开情况,督促部门及时进行公开。推进行政权力、财政信息等重点领域信息公开。2016 年全区各部门通过市南政务网站累计公开信息 1500 余条。

完善依申请公开办理流程　2016 年,受理居民向区政府提出的依申请公开 29 件,区电子政务办公室积极协调相关部门提供材料,全部在规定的 15 日内按期予以答复。对区政府各部门依申请公开受理工作进行督办、提供指导。

落实日常工作制度　2016 年,每季度统计各单位主动公开、公文备案、依申请公开办理等情况,汇总形成市南区政府信息公开季度统计表,并上报市政府信息公开工作办公室。

及时更新"市南动态"栏目内容　2016 年,共发布信息 500 余条，及时、全面地反映市南区经济、社会发展动态、亮点和成绩。

电子政务技术支持

2016 年，市南区政务云大数据综合管理与服务平台在梳理、整合、规范、提升市南区原有软硬件基础上，以数据交换标准为基础，收集、分析、整合处理全区分散的数据资源，实现全区政务及经济社会数据资源的集中存储和逻辑统一，进而深度挖掘数据应用，以满足党务政务运行、民生保障、城市管理和经济社会服务等用户的需求。制定市南区数据资源整合、使用、安全保障等过程、环节必要的技术标准、规范和制度，运用互联网、物联网、大数据、云计算技术，探索市南区政务应用系统标准化建设，打造覆盖全区机关的政务云综合应用业务平台体系。完成市南区街道网格化综合管理服务平台和行政执法综合监督平台、综治平安市南"9＋X"三个示范应用业务子平台建设。

日常网络建设维护

2016 年，做好智慧城区数据中心管理维护工作，为 8 个部门分配虚拟服务器 10 台，全区有 60 多个应用系统在云数据中心平台上运行，提高资源使用率；扩大光纤网络建设规模，保障部门新增网络应用畅通；加强网络机房、UPS 电源设备管理工作，全年完成机房全面巡检 52 次，为各部门服务器系统技术维护 100 余次；提高日常网络建设维护工作水平，为区机关各部门、街道、社区解决微机网络故障 2800 余次，单机故障 1500 余次，巡检 800 余次；对"青岛干部在线学习平台"用户信息进行维护，解决用户在使用过程中出现的问题 19 次，调整变动人员信息 124 条；完成金宏客户端故障排除或技术指导 2000 余人次。

政务服务热线

工作概况

2016 年，市南区政务服务热线受理各类来话、来件 52871 件，日均受理 211 件。其中，市政务服务热线转办事项 34941 件，区政务服务热线受理 14560 件，网上信箱受理 2674 件，人民来信 8 件，人民网市长留言板 26 件，舆情监控转办单 24 件，政务短信 638 条。全部来件中，转交有关部门办理 42109 件，其余 9705 件均通过当场解答、电话办理等方式落实解决。

齐抓共管，打造优质、高效服务平台

加强学习培训，各类问题处置能力不断提高　2016 年，区政务服务管理办公室注重对热线人员的学习与培训，建立"每日例会、每周测试、每月考试"的业务学习、培训长效机制。组织热线工作人员学习政策及相关文件，力求对一般性公共服务及民生政策等问题即时解答，复杂问题、程序办理问题解释到位。坚持案例解析与学习，从实例中获得解决疑难问题的经验、教训与处置方法，提高协调处置能力。按照市相关文件精神及分类处置要求，严格落实旅游投诉等敏感性问题，第一时间受理、第一时间转办、适时跟踪、及时回复等办理要求。

多措并举，重难点问题得以切实有效解决　2016 年，区政务服务管理办公室对涉及群众生命安全、社会治安等突发性紧急事件，实行多部门联动机制，快速、高效处置紧急事项。加强与部门（单位）的协调沟通，切实发挥热线桥梁纽带作用。在受理群众来话、来电中，关注投诉人对部门办理情况的意见与情绪，消除误会、化解矛盾。召开协调会解决重、难点问题。对职能交叉、责任不清、需多部门协作的事项，形成专报报区分管领导。

强化监督考核，推进标准化、制度化建设

严格落实督办机制　2016 年，区政务服务热线健全完善工作机制，对受理事项实行分类处置、归口办理并跟踪督办，加大市民诉求督查回访力度，防止承办单位在答复中出现模糊不清、责任不明、落实不力的情况。采取网上督办与电话督办相结合的方式，提高市转件公众投诉处置效率。采取谁受理、谁回访的电话回访制度，对区转件受理事项的办理情况及群众满意度进行适时回访，做到受理事项件件有落实，事事有回音。

加强制度化、标准化建设　2016 年，区服务热线不断探索行之有效的解决问题的方法，形成标准化、制度化的办理机制。每周、每月梳理受理问题，将其中带有普遍性、倾向性、苗头性的问题及重要的社情民意以书面形式报送区领导。每月将信箱来信、人民网留言、舆情监控等受理问题汇总，涉及城市管理、城市建设、消费纠纷等热点、难点问题形成专报，报送区政府主要领导。2016 年共编发《区政务服务热线周报》周报 50 期，专报 28 期。对领导批示的问题进行督办落实，及时将督办情况反馈分管领导，为领导决策提供参考。

强化监督考核,促进办件质效 2016年,区政务服务管理办公室建立定期通报制度,记录测评各承办单位的办理质量和效率,每月进行考核通报。制定政务服务热线考核细则,加大督查考核力度,对热线办理过程中可能出现的不利因素及问题进行前瞻性预防,加大对紧急性、敏感性问题的考核比重,发挥考核导向作用,调动职能部门的工作积极性与创造性。

重大活动推进热线工作高效、有序开展

2016年3月4日上午,市政务服务热线办公室组织市南区政务服务热线、人社热线、城管热线、能源热线、水务热线等多家热线单位,在大润发超市广场开展"学雷锋送服务"活动。区政务服务热线安排两名富有经验的接话员现场受理市民咨询与诉求,工作人员的专业解答和热情服务,赢得市民的欢迎和好评。

2016年7月,市南区政务服务热线工作人员参加青岛市热线办公室组织的全市政务服务热线新系统操作培训,并就新系统的转办流程、操作方法等进行学习,政务热线新旧系统各项工作顺利进行。

2016年8月,市南区政务服务热线组织热线工作人员学习《关于加强紧急敏感信息报告工作的通知》《关于进一步加强餐饮消费领域监管妥善做好热线受理事项办理工作的通知》精神,提高对紧急敏感、餐饮消费纠纷等事项处置的敏感度,第一时间受理转办,妥善协调处置。

2016年9月21日,青岛市政务服务热线办公室在市北区政府组织部分区(市)政务服务热线召开工作座谈会,市南区政务服务热线作了发言。

2016年12月29日上午10:00~11:00,市南区热线组织开展市南区分会场欠薪维权专题局长接话活动。区政务服务热线座席全部开通,并通过视频会议系统收听收看青岛市热线办公室的现场情况。

2016年底,区政府对政务热线办公系统进行升级改造,同时外包服务人员由原来的10名、5个座席增加到20名、10个座席,进一步畅通群众诉求渠道。

应急管理

工作概况

2016年,市南区按照上级应急管理工作要求,从落实"一三一四"工程要求入手,加强基层单位应急能力建设;从落实"标准化+应急管理"行动要求入手,提升工作程序和物资装备配置标准化、规范化水平;从最大限度预防和减少突发事件发生入手,加大资金投入,强化硬件保障,完善管理体系,强化"第一响应人"应急救援能力建设,辖区应急管理工作水平,特别是突发事件综合处置能力得到有效提升。

体制机制与队伍建设

2016年,市南区在上年增加应急机构人员编制的基础上,调入两名工作人员充实应急工作队伍,并通过强化培训、实战演练等有力措施,提升应急管理工作团队业务水平和综合素质。投入30万元,为辖区专业应急救援队伍配备无人机。根据"标准化+应急管理"行动要求,结合辖区工作实际,以全区编制及部门职责调整工作为契机,对区应急办职能分工作了梳理和明确。市南区应急办主要负责工作是:(1)区政府政务值班工作;做好突发事件信息报送、协调处置等工作;组织有关部门实施隐患排查、风险评估、预警信息发布等工作;办理区政府应急管理决定事项,督促落实区政府领导有关批示、指示;承办区政府应急管理的专项会议、活动和文电等工作。(2)协调、指导全区应急管理工作;负责市、区应急管理工作考核,做好教育培训和示范单位创建工作;组织指导全区应急预案修编、管理和演练工作;负责专家队伍、各类应急救援队伍建设;组织开展应急工作信息调研和宣传培训,负责全区应急物资和大型救援装备的登记普查

2016年11月25日,2016年市南区"第一响应人"应急救援技能培训开班仪式举行。

等工作;组织实施区域内防震减灾工作;完成上级交办的其他事项。

值守处突与隐患排查

2016年,市南区严格落实省政府办公厅《关于加强敏感信息报告工作的通知》、市政府办公厅《青岛市政府系统值守工作标准规范(试行)》等有关文件要求,及时修订完善《市南区突发事件信息接报及处置工作规程》等值班工作制度,不断提升政府系统值守工作规范化、标准化、制度化水平,严格加强应急值守和信息报送工作,落实应急值守和信息报告制度,明确职责任务,强化日常应急值守监督管理,做好信息的查询、研判、跟踪和汇总工作,及时发布预警信息,全年突发事件和各类舆情信息均得到妥善处置,信息上报准确及时。加大风险隐患主动排查力度,明确风险隐患的监管主体,加大对全区公共危险源、安全隐患、不稳定因素的排查力度,明确责任,落实措施,努力减少突发公共事件的发生和降低发生后的影响程度。投入近60万元,开展区域安全生产风险评估和商务领域隐患排查及风险评估,全面排查区域生产安全风险隐患和商务领域生产经营单位安全风险隐患,并系统分析排查数据,明确整改措施和时限。

预案修编与演练

2016年,市南区应急办严格落实《国务院办公厅关于印发突发事件应急预案管理办法的通知》要求,按照《青岛市市南区突发事件应急预案管理办法》规定的管理职责,继续推进专项预案修订工作。切实加强对全区部门预案、街道和社区预案的检查与指导,形成相互衔接、完整配套的应急预案体系。督导各专项应急预案的牵头部门年内至少组织一次预案演练,确保演练的针对性和实效性;组织各街道办事处严格按照预案管理办法要求,做好年度预案演练计划,并定时进行督导检查,不断提高突发事件应对处置能力。拨专款帮助部门邀请专家及时开展预案评审。创新采用购买服务的方式,提升预案演练工作规范化、专业化水平,指导各街道办事处在辖内20个社区开展应急演练和应急安全文化宣传教育活动,取得了良好的社会效益。

宣教培训

举办全区领导干部应急管理工作培训班 2016年,为切实提升辖区应急管理工作从业人员业务能力和综合素质,市南区于4月份在浙江大学举办市南区应急管理专题研修班。辖区50余个部门、单位60余名应急管理工作分管负责人参加培训。培训主要围绕网络舆情处理、安全环境与外交形势分析、把握应急规律提高应急管理能力、博弈论与创新管理、突发事件处置和媒体应对、应急模拟演练等内容进行。

举办防灾减灾演练与宣传活动 2016年5月11日,市南区组织机关干部开展"第一响应人"应急救援技能培训,区机关50余个部门121人参加培训。根据青岛市第二届中小学生应急安全文化节活动安排,市南区组织近1万名中小学生赴应急体验馆培训,使辖区中小学生了解应急安全文化知识。11月9日,全市年度旅游安全应急演练暨安全生产培训在市南区举行,旅游企业提升了应急安全意识,增强了应急管理水平和突发事件处置能力。5月12日,市南区应急办、区地震局、八大峡街道办事处、青岛天使紧急救援中心等部门单位在市南区八大峡广场开展防灾减灾日宣传活动和应急疏散演练活动。演练包括紧急疏散、灾民安置、医疗救助和消防救灾4项科目,有近300名居民参与,参加演练的有关部门、单位在现场发放宣传材料2000余份。防灾减灾宣传周期间,区应急办印制防灾减灾宣传手册6万余册,发放到辖区各街道、学校和企业。

举办"第一响应人"应急救援培训班 2016年11月25日~12月2日,市南区举办2016年"第一响应人"应急救护技能培训班。辖区中小学(幼儿园)校园应急安全负责人和工作人员,各街道办事处及社区应急工作负责人和部分社区楼组长等基层单位应急管理人员等600人参训。此次培训在青岛市应急体验培训中心进行,以购买服务形式,由青岛海丽应急安全管理咨询有限公司提供专业指导和业务支持。

"标准化+应急管理"工作

应急指挥平台升级工作顺利完成 2016年,市南区主动与上级部门对接平台升级工作有关要求,在全市率先启动应急指挥平台二期工程建设,并根据市应急委"标准化+应急管理"行动计划方案要求,对各项软、硬件配置及时进行规范完善,市南区综合应急指挥平台二期工程于5月份正式投入使用。区应急办还加强了与区电政办、城管局、综治办、数字化监督中心等有关部门、单位的沟通对接,对信息资源共享机制和日常管理维护制度作出明确规定,确保平台高效稳定运行。

市、区、街道视频调度实现互联互通 2016年,市南区针对辖区各街道标清视频系统无法与市、区两级高清视频信号兼容的问题，专门投入 65 万元，对辖内 10 个街道办事处的视频联动系统进行高清化升级，升级后的系统与市、区两级应急指挥调度系统完全兼容，实现了市、区、街道各级视频调度系统的互联互通。此项工作于 10 月份完成，运行情况良好。为确保系统管理维护工作高效规范，市南区通过购买服务的形式安排专人负责区、街道两级应急指挥平台和视频联动系统的日常管理维护。

应急车辆标准化升级工作全面完成　2016 年 3 月，市应急办下发《青岛市应急通信车辆建设标准（征求意见稿）》，对应急车辆改装工作进行总体部署。市南区结合自身原有车辆及前期购置的部分车载装备情况，积极推进应急通信车辆改装工作，对两辆奔驰唯雅诺汽车和一辆本田 CRV 汽车按照市级标准要求进行升级改装，并根据指挥通信和救援保障等功能配备车载视频指挥系统和救援装备，对车辆外观标识进行统一喷涂。

专业应急救援车购置工作基本完成　2016 年，市南区按照《关于加强全省基层应急队伍建设的意见》（鲁政办发〔2010〕38 号）要求，投入 650 万元购置紧急灾害救援车和随车装备。配备后可以满足救援设备自动化、模块化要求，实现快速侦检、搜索、破拆救援、运输保障等功能。

"一三一四"工程推进

提升社区应急演练宣传活动专业化水平　2016 年，市南区为落实"一三一四"工程有关要求，提升社区应急演练和应急安全文化宣传工作专业化水平，通过购买专业服务形式，与青岛海丽安防有限公司合作，将应急体验大篷车开进 20 个社区，使居民在家门口就能够了解高层缓降、火灾逃生、心肺复苏以及家庭应急等多项应急安全知识。活动现场海丽公司安排的专业培训人员为居民讲解，受到居民的欢迎，收到良好的社会效益。

增强基层单位应急预警能力　2016 年，市南区依托区级应急指挥平台，投入 8 万元，建立起覆盖辖区的预警信息网络。有预警信息时，区政府可通过该系统迅速将预警短信发送至辖区街道办事处主任、分管副主任、街道办公室主任、社区居委会主任、楼组长。

做好基层应急示范点建设工作　2016 年，市南区在做好基层应急示范点建设日常管理工作的同时，投入 20 万元，为辖区每个街道办事处和部分应急示范学校配备应急救援破拆装备，增强基层单位突发事件应急救援能力。

人力资源和社会保障工作

工作概况

2016 年，市南区人力资源和社会保障局以"民生为本，人才优先"为工作主线，以大众创业、基层平台建设等为重点，推进就业、人才、维权等工作，工作目标全部完成，实现了"十三五"规划的开门红。八大关街道人社服务中心的经验做法被山东省人社厅"两学一做"学习教育专刊刊发，并被评为全国人社系统"2014～2016 优质服务窗口"。

促进保障就业

2016 年，完成区为民办实事就业保障工程，全年实现新增就业 10 万余人，与上年同期相比增加 5 万人；安置就业困难人员 2736 人。发挥线上线下招聘主渠道作用，举办各类招聘会 600 场，提供就业岗位 4 万余个。通过重点建设项目与就业联动机制对接项目 78 个，挖掘就业岗位 5100 余个。发放宣传手册 10 万余份，提升政策知晓率。

高校毕业生就业工作

2016 年，省网实名登记学生 1113 人，跟踪实现就业 1101 人，就业率 99.3％。3 名就业困难高校毕业生实现就业。新增大学生创业者 485 人，创业带动就业 2430 人，高校毕业生创业孵化基地内新增大学生创业者 164 人，创业带动就业 512 人，创业培训大学生 594 人，高校毕业生综合职业能力培训 379 人。新建习基地 3 家，1435 名毕业生在 43 家见习基地完成见习任务。

扶持大众创业

2016 年，扶持创业 3979 人，扶持新增创业企业 849 家。升级创业扶持政策，将创业人员房租补贴金额由每天每平方米 1 元提升到 1.5 元。全年受理补贴申报 819 人，有 530 人享受政策。建立多层级创业孵化基地，与 9 家单位合作建立区级、街道孵化基地和众创空间，基地内扶持创业 220 人，带动就业 670 人。开展创业项目评选活动，征集评选入库项目 59 个。举办首届创业投融资项目对接洽谈会，有 36 个项目进行集中展示，3 个项目现场签约。举办 12 场商机"PARTY"活动,营造浓厚的创业氛围。挖掘街道创业资源,建设江苏路求索创业等特色创业品牌。

职业技能培训

2016 年,培训各类人员 2 万人,其中,失业人员,毕业年度高校毕业生,初、高中毕业生就业技能培训 3016 人,应届或毕业 5 年内未就业的高校毕业生的四级创业培训、综合职业能力培训 973 人,失业人员创业培训 730 人,市南区金蓝领高技能人才培训 156 人,失业人员的职业指导培训 9649 人,就业技能提升培训 413 人。举办青岛市第十四届职业技能大赛市南赛区比赛,804 人参加;扩大培训政策范围,实现辖区有《居住证》人员和灵活性就业登记人员均可参加免费技能培训。加大民办职业培训机构管理,成立 2 个抽查小组,不定时对辖区内的职业培训开班情况进行检查,涉及职业技能培训 212 个班次,抽检 598 次。积极推进政府购买职业培训服务,市南区政府购买职业培训服务的学校培训 3125 人。积极推选行业先进人物,推荐贾建江参加山东省有突出贡献技师评选活动,获山东省有突出贡献技师称号。

人才工作

2016 年,引进各类人才 23967 人,其中,引进博士或正高职称人才 285 人,引进硕士或副高职称人才 2581 人,引进本专科人才 21101 人。拟定《关于加快优秀人才引进、培育工作的意见》,鼓励各层次人才创新创业。开展人才资源调查统计工作,调查企业 19000 余家,采集信息 18 万条。开展人才项目征集对接工作,收集辖区用人单位提报的高层次人才项目需求 70 余个。组织企业参加第 14 届中国国际人才交流大会、青岛第 16 届蓝洽会,成功对接海外高层次人才项目 53 个,项目签约金额达 1.2 亿元人民币。推荐青岛海大生物集团有限公司、青岛高校信息产业股份有限公司、青岛鼎信通讯股份有限公司 3 家企业参加博士后创新实践基地申报,确定青岛海大生物集团有限公司为博士后创新实践基地;推荐青岛市科学技术信息研究所等 5 家企业参加专家工作站申报,确定青岛市科学技术信息研究所、青岛市广播电视台、青岛鼎信通讯股份有限公司、青岛特利尔环保股份有

限公司为青岛市专家工作站;推荐 2 名高层次专业技术人才参加国务院特殊津贴申报。完成注册审计师等 43 项 1200 人的职业资格考试报名初审,为取得高、中、初级职称的 1100 人发放资格证书。

事业单位改革

2016 年,推进机关事业单位管理改革,开展事业单位人事管理示范点创建活动,教体局被评为示范点。指导发改局、文化局、软办、中山路街道办事处、珠海路街道办事处等 28 家事业单位实施专业技术岗位竞聘,126 人竞岗成功。对区教育局所属中小学和 10 所幼儿园、社会事务服务中心、房屋征收安置办公室、区文化新闻出版局、食品药品稽查大队、区人民法院司法鉴定中心和服务中心等按照国家规定的岗位设置比例重新核编,进行岗位设置。

公务员队伍建设与管理

2016 年,加强公务员考核与管理,深入开展创建人民满意公务员示范单位、示范岗活动,推荐 7 家单位申报;招考公务员 52 人,招聘区属事业单位人员 26 人,招聘幼儿教师 28 人,招聘聘用制教师 97 人。组织区属窗口单位参加全市公务员"互联网＋公共服务"创意创作大赛,推荐的两个案例分别被评为优秀奖和最佳编剧奖,区人社局被评为优秀组织奖。加强季度和年度考核结果备案工作,做好年度考核表彰奖励实施工作。做好职位管理和干部选拔任用工作。

2016 年 8 月 5 日,区人力资源和社会保障局创办青岛市首家职业指导工作室,通过线上、线下两个渠道分析指导就业创业。

推进干部网上在线学习活动,定期督查通报各部门在线学习情况。做好党政机关公务用车制度改革工作,完成全区56家单位司勤人员安置工作,安置解决司勤人员124人。加强人事档案管理,健全档案管理制度,严格档案管理程序。

工资福利与养老保险

2016年,做好机关事业单位养老保险改革工作,完成机关事业单位工资及养老保险补发补扣,全年共审批6600余人次工资补发补扣业务。做好机关事业单位人员工资调整工作,审批机关事业单位在职人员调整工资标准6763人次,退休退职人员调整基本养老金标准5151人次。组织实施全区6674余名机关事业单位在职人员工资晋级晋档、机关工作人员年终一次性奖金、事业单位工作人员年终绩效的审批工作。完成在职人员日常工资审批,核定人员调入、人员调整、职级晋升、职称评聘等工资2600余人次。做好退休退职人员管理、退休手续办理及退休待遇核定工作,核定退休待遇141人次。落实年休假工资报酬发放,组织各单位对2015年未休年休假人员应发放未休假补贴进行核算、申报。全年审核2600人,金额约3000万元。做好县以下机关人员职务与职级并行工作,及时兑现工资待遇。

军转干部安置

2016年,落实军转干部安置计划和安置政策,做好军转干部安置、企业军转干部稳定、自主择业军转干部管理服务等工作,做好补贴等发放工作。

劳动保障监察与争议调解

2016年,受理各类案件2932件,为劳动者追回损失1721万余元。依托智慧监察信息监管系统及企事业单位调委会开展劳动维权预防预警工作,调解案件433起。开展各类培训班12期,培训3000余人。主动巡检用人单位520家,书面审查用人单位10721家,对431家存在用工违法行为的企业下达了责令改正指令书。加快推进"互联网＋办案",实现办案现场信息化、可视化;加大重大疑难复杂和群体性案件合议指导力度,实现案件按期结案率100%。

社会保障

2016年,做好企业退休人员基本信息采集、录入和更新工作。退休人员养老金正常发放108671人,社会化服务采集108228人,基本信息采集率月平均值达到99.8%。为104992人养老金资格进行动态管理常态认证,认证率100%。走访慰问企业退休人员中特殊群体283人,发放慰问金22.64万元,重阳节走访慰问70岁以上孤寡老人12名,发放慰问金7200元。

地方志工作

工作概况

2016年,市南区史志办公室(区档案局)围绕中心,服务大局,贴近民生,基本完成《市南区志》编纂工作,顺利完成年鉴编辑出版工作,继续推进方志馆建设,指导村志编纂工作,加强地情网站建设和维护,强化队伍建设,充分发挥以史鉴今、资政育人的作用,为建设宜业宜居幸福市南区作出积极贡献。

《市南区志》编纂

2016年,加快推进《市南区志》编纂出版工作。年内,三轮修改稿在全区征求意见,组织召开通稿推进工作研讨会。截至年底,完成《市南区志》文字通稿及随文插图编纂工作。

2016年6月12日,区史志办负责人与区政协委员就其提出的《关于区志工作的几点建议的提案》,进行了面对面答复。

《年鉴》等出版物的供稿、编辑、出版

2016 年,圆满完成《市南年鉴 2016》编辑出版的各项工作任务。根据 2015 年度政府机构改革方案,增加区政务服务和公共资源交易管理办公室等 7 个供稿单位,调整区发改局、教体局等 4 个供稿单位的供稿内容。适量增加《市南区国民经济和社会发展第十三个五年规划纲要》等有年度特色和地域特色的内容。加强稿件的督促指导,注重与供稿单位的交流沟通。在组稿过程中,力求突出市南地方特色。《市南年鉴 2015》被评为全省优秀年鉴一等奖。与区委组织部联合编印内部资料《不平凡的历程》,认真做好《山东年鉴 2016》《山东省地方史志年鉴 2016》《山东档案年鉴 2016》《青岛年鉴 2016》等史志类出版物市南部分的供稿工作。

方志馆建设和史志文化进社区活动

2016 年,继续做好方志馆建设和史志文化进社区活动。年内新增方志类新书数十册,藏书总量达到 36000 余册,方志类图书藏量达到近 900 册。

继续推进史志文化进社区活动,送志书进学校、进机关、进社区。继续开展社区历史文化展区和社区方志馆建设,全区 10 个街道中有 5 个街道建立社区历史文化展区和社区方志馆。举办"记录城市历史变迁,探寻市南发展轨迹——'市南记忆工程'工作成果掠影"展;为社区免费发放史志文化海报;开放"百年中山、世纪印象"(中山路社区)、"湛山村的变迁"(湛山社区)、"奥运情怀"(澳门路社区)、"家事——仙游路社区发展历程纪实"(仙游路社区)等社区展馆,社区居民在家门口就能够感受史志文化魅力。

村志编修指导

2016 年,指导 7 个农工商公司开展《村志》编修工作。大信农工商公司编纂的《亢家庄志》已经基本完成稿件的修改工作,出版在即;湛山农工商公司编纂的《湛山村志》初稿基本完成。

史志资源开发利用

2016 年,继续开展以"城市记忆"为主题的影像拍摄活动,拍摄了市南区街道、楼宇、重大活动和优秀历史建筑,收集照片 8576 张、视频 4093 分钟,充实"市南记忆影像资料库""优秀历史建筑资料库""青岛影视资料库"。

实施"艺术人文视频档案史料留存工程",依托移动互联网平台,与市南区文化新闻出版局联合打造《青岛(市南)艺术人文视频杂志》。收集、整理、挖掘、留存在青岛有居住、工作、生活、学习经历的艺术名家及其作品,为每人录制不少于 50 分钟的影像资料,形成不少于 5000 字的文字资料,并制作成 4~12 分钟的微纪录片。制作完成的 30 位文化名人微纪录片在腾讯网发布,同时通过"青岛(市南)艺术人文视频杂志"微信公众号定期播出。

信息化建设

2016 年,做好地情网站更新和维护工作,及时补充《市南年鉴》、大事记等地情资料,更新史志工作动态,全年更新史志动态 200 余条,市南要闻近 500 条,其他栏目信息近 100 条。

创新史志宣传渠道,精心打造"指尖上的史志宣传平台",在"市南档案"微信中设立"市南概况""市南名片"等栏目,将"历史沿革""行政区划""自然环境""旅游景点""名人故居"等史志工作内容纳入其中,每天更新发布市南区历史文化信息。

机关事务管理

工作概况

2016 年,市南区机关事务管理局以抓好区机关安全管理工作为根本,立足常态长效,从严从实推进各项工作,基本完成全年目标任务;通过市级文明单位复检,在趣味运动会中的多个集体项目上取得优异成绩,区机关办公楼通过省市级卫生先进单位复检。

安全管理

消防安全管理　2016 年,举办区机关办公楼消防安全培训会议,完善楼内各部门安全与节能工作领导小组,与楼内各部门签订年度《区机关办公楼消防安全与节能责任书》。定期组织开展安全管理检查。

设备设施安全管理　2016 年,坚持执行设备周检查制度,规范设备设施安全管理;定期召开维保单位座谈会,监督维保单位做好设备设施的维保工作,更换区机关办公楼电热水器,拟定《区机关办公楼施工管理规定》,保障区机关办公楼设备设施安全运转。

安全管理　2016 年,落实区机关办公楼进出入人员登记制度,全年协助处理区机关办公楼前非正常上访事件 98 起。

食品安全管理　2016 年,更新食堂设备设施,邀

2016年6月30日，区机关事务管理局组织开展市南区机关食堂第二季度"岗位练兵技能比武"活动。

请食药局专业人员定期对食堂食品进行检测，严把食品安全进货、制作等"七关"，确保区机关食堂食品安全。

停车场安全管理　2016年，改造区机关行政审批大厅停车场，实行单循环行驶，换发停车证，确保区机关停车场的安全运转。

应急管理　2016年，组织区机关办公楼的部门安全与节能管理员参观市南区消防实训中心，开展区机关办公楼应急疏散演练，增强区机关干部职工的防灾、减灾意识和应急避险能力；积极筹备系列物资，做好区机关办公楼的防汛和防雪灾工作。

房产管理

2016年，在全区范围内下发《关于进一步做好办公用房清理整改工作的通知》，对全区办公用房进行清理和整改，与区委办、区政府办等相关职能部门组成督查组，对全区党政机关办公用房清理整改工作进行专项督查，并以区委办公室的名义下发《关于贯彻中央八项规定精神 进一步做好办公用房清理整改工作的督查通报》。建立办公用房管理台账，落实实名登记制度。购买延安三路206号房产作为社区卫生服务用房，按照市、区要求做好单县路30号产权变更和济南铁路局西车务段搬迁选址相关工作。制定下发《市南区机关办公楼外单位办公用房及其设施设备维修程序（试行）》，规范区机关办公楼外各单位使用的办公用房及其设施、设备维修程序。配合有关部门做好省审计厅对市南区建购职工住房专项审计调查工作，协助区住房办做好区级领导住房配售相关工

作。协调解决区办公用房和干部住房遗留问题。

公务用车制度改革与管理

2016年，完成全区公务用车制度改革工作，对取消车辆进行统一停驶、封存、移交和拍卖，对全区保留车辆进行调配；截至2016年底，拍卖公务用车108辆，完成老旧车辆处置审批112辆，保留公务用车183辆。按照中央、省、市规定及《市南区党政机关公务用车配备使用管理办法》，制定下发《关于加强公务用车配备使用管理的通知》，加强全区公务用车管理，严格公务用车配备审批。印发《关于对市南区公务用车整改工作进行自查的通知》，要求各单位对公务用车整改工作进行自查。加强机关班车管理规范乘车秩序，对机关班车实行收费管理，确保机关班车的正常运行。

公共机构节能管理

2016年，加强公共机构节能管理基础工作，下发《市南区公共机构节能2015年工作总结及2016年工作要点》，召开公共机构能耗统计员培训会，完善全区公共机构名录库建设，补充采集财政预算管理的二级单位信息，完成市南区"十二五"期间公共机构能源资源消费统计数据会审工作。通过设置展板、发放环保餐具等方式开展区公共机构节能宣传周活动，组织街道办事处、教育等相关部门负责节能工作人员参加市里举办的节能新技术、新产品观摩活动，提升全区干部职工的节能意识。开展市公共机构节水型单位达标活动，完成市局对区"十二五"节能工作考核。做好全区公共机构废旧商品回收工作。

后勤保障服务

2016年，创新菜谱品种，调整区机关食堂的菜品设置，不断提高区机关食堂饭菜质量。加强会务设备设施的日常管理，定期开展会议服务培训，抓好会议服务监督，承办会议2000余次。严控区机关办公楼内吸烟行为。继续做好区政府办公楼垃圾分类工作。严格物业监管，做好区机关物业新增部分政府采购工作，加强物业监督管理，面向区机关办公楼内各部门组织开展物业满意度测评，并根据部门反馈意见督促物业做好整改工作。

行政审批服务与公共资源交易

行政审批服务

工作概况 2016 年,市南区政务服务管理工作围绕简政放权、放管结合、优化服务的目标,不断提高公共服务效能,在全国率先推出微信排队、CA 数字认证、信息共享、统一制证等创新举措,形成独具市南区特色的"互联网＋政务服务"模式。"政务上云端、服务接地气、全力提升网上审批便民化程度"改革项目,成功入选 2016 年度青岛市政府系统创新工作案例,通过 2016 年青岛市区(市)特色创新指标考核验收,获青岛市第七批"文明服务示范窗口"称号。相关工作被中国政府网、经济参考报、科技日报、青岛日报在头版介绍,山东广播电台、青岛电视台等 30 余家主流媒体进行报道。

2016 年 12 月 24 日,市南区行政审批服务大厅服务再升级,研发建设的 3D 虚拟大厅在实体大厅上线运行。

全市"首发"政务服务互联互通"直通车" (1)完成审批标准化试点任务。2016 年,以行政审批统一化、标准化和规范化为目标,对照市"标准化目录"梳理区 73 项行政许可事项和 130 项服务事项的事项名称、审批依据、申报材料、审批流程、审批时限、收费情况等信息,制定《市南区标准化目录》,通过市政务服务管理办审核,为市北、李沧两区作范本。(2)完成省政务服务互联互通试运行任务。2016 年,建设涵盖政务服务审批系统、证照管理系统、证照信息数据库、证照查询系统、证照快递服务、微信排队取号服务为一体的"全过程一网式"应用平台,向申请人提供网上

咨询、网上预约、网上申请、网上办理、网上评议、网上投诉、网上查询、网上反馈、网上下载、快递送达等"一站式"服务;微信平台"指尖上的大厅",提供办事指南查阅、预约、申请、办件查询、排队取号等便捷化服务。10 月 21 日,率先关闭非标准化流程系统,启用新的标准化流程系统,实现与省政务服务平台的互联互通。(3)实现线上与线下服务相结合。线上,准确定位服务目标,摸清群众申请办事的习惯和审批热点难点,在网站推出 13 项热点审批事项和 70 项审批难点问题办事攻略、大厅动态、审批资讯、法律法规等。按医疗卫生、餐饮服务、投资审批 12 项分类,在网站页面集中展现,方便企业查询。研发建设 3D 虚拟大厅,突破传统平面展示信息的方式,将办事指南等内容融入虚拟场景中,55 英寸大屏带来形象直观的展示和身临其境的体验。线下,以"企业申请开办时间、投资项目审批时限、群众办事方便程度"三项标准,健全创先争优长效机制,探索成立"一口清"综合咨询服务窗口,梳理 25 个部门 81 项事项办理流程,提供办理审批事项需要的申报材料、办理流程。推行首席代表联席会议制度,协调解决网上审批、并联审批工作中的问题。

全市首筑网上审批"高速路" (1)资源共享助推网上审批"减负"。2016 年 8 月 1 日建成审批证照管理中心,18 个部门 56 类证照纳入审批资源共享库,3954 件证照入库共享,并与市数据库端口对接、数据共享。为企业配备 CA 数字证书,推出定制化的 CA 数字证书认证服务。18 个部门的 209 小项行政许可和服务事项可以通过 CA 数字证书进行身份认证、数字签名、电子印章,简化了审批手续。(2)统一制证力促网上审批"提速"。2016 年,创新审批方式,设置制证中心,统一打印审批证照,压缩制证时限,免费快递送达。6 个部门 12 类证照实现统一制证 611 件,快递免费送达 15000 余件,运转提速。统一证照管理系统与审批系统对接,向办事群众提供证照办理流程、短信通知、证照信息、快递信息查询等服务。(3)微信排队加快网上审批"增效"。2016 年,在全国首推 19 个部门 85 项事项审批事项"互联网＋"微信"在线取号""排队动态查询""排队

市南区
街道建设 ↗

市南区街道分布图

云南路街道

中山路街道

江苏路街道

八大关街道

八大峡街道

八大湖街道

金门路街道

香港中路街道

街道

珠海路街道

八大峡街道位于市南区西部，东起第六海水浴场西端，沿朝城路、观城路一线，与中山路街道相接；南、西两面环海，北沿四川路、费县路、西藏路一线，与云南路街道相接。面积2.265平方千米，海岸线长3000余米，人口8.93万余人。辖区有八大峡广场、青岛黄金海岸健身长廊、团岛灯塔等景区。

2016年，八大峡街道紧紧围绕区委、区政府年度工作部署，深入贯彻习近平总书记系列讲话精神，紧紧抓住西部复兴式发展的战略机遇，积极适应新常态，牢牢把握民生、稳定、发展三大主线，街道各项工作全面健康发展，较好地完成了本年的各项任务指标。被授予省级精神文明单位、青岛市太极拳之乡、市南区敬老文明号等10余项荣誉称号，并获得青岛市第十五届社区健身节健身舞展示三等奖、市南区花棍操比赛优胜奖等多项奖励。

QINGDAO
SHINAN

2016年2月19日，八大峡街道在辖区挪庄大院组织开展街道"金猴迎春"戏曲演唱活动。

2016年4月11日，八大峡街道办事处召开2016年度安全生产工作会议。

2016年5月10日，八大峡街道办事处在八大峡广场举办"5·12"防震减灾日宣传活动暨八大峡街道应急救援演练活动。

2016年6月16日，八大峡街道办事处工作人员到前海利群购物广场进行消防安全、安全生产工作检查。

2016年6月25日，八大峡街道太极拳代表队参加市南区老体协举办的千人太极拳比赛活动，八大峡街道被授予"青岛市创建太极拳之乡"荣誉称号。

2016年7月12日，八大峡街道柔力球队在八大峡广场进行柔力球展演。

2016年8月10日，八大峡街道办事处在八大峡广场举办"炫动团岛湾 幸福八大峡"文化艺术节纳凉晚会。

2016年8月16日，八大峡街道办事处联合青岛市公安局网络警察支队在成武路社区面向辖区居民举办"防网络信息诈骗"专题讲座。

2016年12月7日，八大峡街道残联召开2016年残疾人居家托养座谈会。

2016年，八大峡街道办事处对辖区的李慰农公园进行升级改造，建成一处有鲜明主题特色的党建文化公园。

云南路街道位于市南区西端，东至火车站，北与市北区即墨路街道接壤，南与八大峡街道为邻，西靠胶州湾，面积1.3平方千米，常住人口5万余人。

2016年，云南路街道不断寻标、对标、达标、夺标、创标，圆满完成了区委、区政府部署的各项工作。

一是围绕"两学一做"，抓好教育实践。强化责任落实，街道党工委先学、深学、带头学。筑牢"关键少数"的思想基础，党工委成员带头认真履行"一岗双责"，在社区开展专题党课，督导抓好分管社区"两学一做"学习教育各项任务落实。

二是"民生大集"常态化。在"民生大集"的基础上推出了延伸服务"365便民坊"，成立社区志愿者队伍和专业人才服务队伍，提供专业化指导服务，不断拓展服务功能。

三是破解开放式楼院管理难题。设立109处公示监督牌，做到责任上墙、管理制度上墙，通过做实队伍延伸、服务延伸、平台延伸，破解了管理组织不健全、制度不完善等一系列难题。

四是深化平安街道创建，维护社区和谐稳定。全方位开展治安综合治理工作，狠抓社区安全自防队伍的管理和培训工作，对日常检查发现社区自防队伍存在的问题，及时培训和纠正，筹备建立社区戒毒康复办公室，建立健全社区吸毒人员档案，结合辖区民生大集进行集中宣传。

QINGDAO SHINAN

2016年3月3日，云南路街道办事处在嘉祥路社区举办反对家庭暴力 维护妇女权益——云南路街道《反家庭暴力法》宣传知识竞赛。

2016年3月16日，云南路街道办事处在邹县路社区举办网格化队员培训会。

2016年5月5日，云南路街道老年协会在寿张路社区举办"感恩母亲 母爱永恒"演出。

2016年6月13日，云南路街道办事处召开街道"两学一做"学习教育动员会。

2016年6月16日，云南路街道办事处联合青岛党建频道举办社区民生大集开幕仪式。

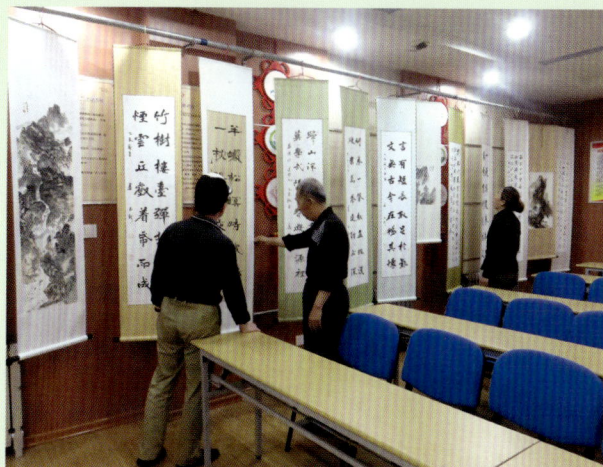

2016年6月17日，云南路街道办事处在莘县路社区举办民间书画展。

2016年7月25日，云南路街道办事处在青岛第二十四中学举办"火红七月"社区公益文化展演。

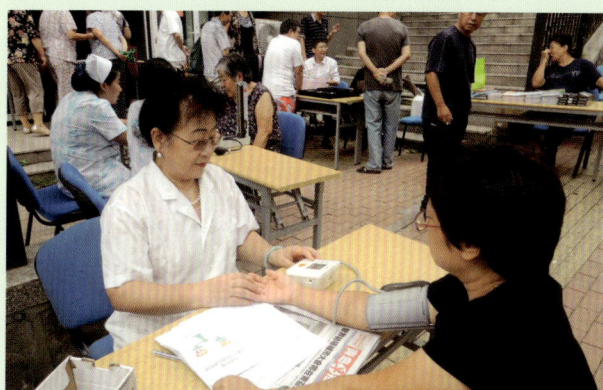

2016年9月17日，云南路街道办事处在云南路小区广场举办社区民生大集，免费为居民服务。

2016年10月9日，云南路街道办事处在云南路小区广场举办退休人员重阳节演出。

2016年11月18日，云南路街道办事处在云南路小区举办消防演练活动。

中山路街道地处市南区中西部地区，东起火车站与云南路、八大峡街道相接，西至江苏路与江苏路街道相邻，东北起济南路、四方路与市北区接壤，南至太平路前海岸线，面积1.74平方千米，常住人口4万余人。

2016年，中山路街道大力推进"和谐街里、幸福中山"建设，取得了较好成绩，亮点工作不断涌现。在党建工作中，发挥基层党组织的战斗堡垒作用，在房屋征收现场指挥部成立临时党支部，发挥党员干部模范带头作用。挖掘老城区历史文化资源优势，引进中国首家电影生活馆——1907光影俱乐部、青岛书房等文化项目，形成中山路"一公里"文化圈，建立中山路青年旅舍协会。持续推进博爱公社品牌提质扩容，依托博爱理发工作室、博爱陪护工作室、博爱暖冬家园，为200余名孤寡老人等困难居民提供暖心服务。房屋征收工作稳步推进，强化主体责任意识，建立一站式征收办公大厅，累计完成144个楼院涉及5046户的入户摸底调查，启动了72个楼院涉及2774户的D级危房征收。

QINGDAO SHINAN

2016年5月3日，中山路街道办事处举行"我是劳动小能手"公益活动。

2016年7月13日，中山路街道第四届"情满中山 幸福街里"文化艺术节活动在天主教堂广场开幕。

2016年7月21日，中山路街道办事处举办"清理浒苔，守卫蓝海"公益活动。

2016年8月3日，市南社区公益剧场综艺晚会在中山路天主教堂广场举行。

2016年8月18日，中山路街道办事处召开2016年度上半年工作总结会。

2016年8月31日，中山路街道办事处举办"博爱·牵手""法润民众"活动。

2016年10月9日，中山路街道办事处在中山路社区音乐厅举办重阳节音乐会。

2016年10月21日，中山路街道办事处举办驻街单位计划生育工作培训会。

2016年11月16日，"青年旅舍行业联盟"落户中山路商圈。

中山路街道辖区青岛金山海上救援队。

江苏路街道位于市南区中西部，东邻八大关街道，西接中山路街道，南面大海，北与市北区交界。面积1.238平方千米，户籍人口3.88万余人。

2016年，江苏路街道以开展"学先进、强作风、促发展"专题活动为主线，把握发展机遇，创新发展思路，落实属地化管理职能，区域经济及社会各项事业取得较好成绩，向着"百年江苏路，人文新社区"目标不断迈进。

区级财政收入5843万元，新增企业税收87万元；新增市场主体约110家；已落户内资项目16个，注册资金3.85亿元；外资项目1个，注册资金500万美元。倾力打造"品味 咖啡"大学路特色咖啡街，举办"时尚市南 味道老街"青岛市首届大学路咖啡文化季活动；开展暖民"微行动"，为辖区13000余户家庭制作、发放《便民记事簿》；完善"社区管家"运行机制，实现楼院卫生保洁全覆盖；更新更换街道社区灭火器、消防箱1200余件套，为辖区160余家涉燃经营业户配备燃气报警器，筑牢辖区安全防线。

2016年度，荣获青岛市文明单位标兵、青岛市理论宣教基地、山东省社会科学普及示范村（居）、山东省拥军优属拥政爱民先进单位、山东省消防先进街道、全省残疾人组织建设示范街道等20余项称号。

QINGDAO SHINAN

2016年5月5日，江苏路街道办事处召开"两学一做"学习教育部署会议。

2016年10月19日，江苏路街道办事处与辖区部队开展军民共建活动。

2016年3月2日，江苏路街道办事处举办"蔚然雷锋行· 共暖社区情"学雷锋志愿服务活动。

2016年4月9日，江苏路街道办事处开展"清洁家园 灭蚊防病"推进健康城区建设爱国卫生月活动。

2016年5月3日，江苏路街道办事处开展消防应急演练进校园活动。

2016年5月27日，江苏路街道办事处举办"时尚市南 味道老街"大学咖啡季开幕式暨"综艺大舞台"演出。

2016年5月28日，江苏路街道办事处在黄县路石桥举办大学路咖啡文化季快闪活动。

2016年6月29日，江苏路街道党工委组织党员参观特瑞德公司党建工作。

2016年7月4日，江苏路街道办事处在伏龙路社区休闲广场举办"市南区社区运动会"分站赛。

江苏路街道大学路咖啡特色街区。

八大关街道地处市南区中部，西起大学路，东至太平角六路，北以京山、太平山与市北区交界，南至旖旎海岸。辖区面积6.72平方千米，户籍人口5.1余人万。八大关风景区全区域、中山公园、鲁迅公园、小青岛、小鱼山等青岛市著名景点形成了"红瓦绿树、碧海蓝天"的独特自然风景。辖区拥有八大关和小鱼山两条中国历史文化名街，鱼山历史文化街区，八大关、汇泉角、太平角历史文化街区，八大山历史文化街区还被评为山东省首批历史文化街区，人文历史气息浓厚。驻街道各类单位1200多家，其中县（团）级以上机构92个，除了高级别单位多，一些重要保障单位也驻扎在辖区。辖区共有大、中、小学7所，包括中国海洋大学、二十六中、三十九中、嘉峪关学校、文登路小学等名校名园以及中科院海洋所等科研机构。

2016年，荣获全国优秀巾帼志愿服务队、全国城市街道区域化团建示范创建单位、山东省文明单位、山东省文明社区、山东省档案工作科学化管理规范先进单位、山东省首批省级创业型街道、山东省工商联系统五好商会、山东省"平安家庭"示范街道、青岛市文明社区标兵、青岛市消防安全"责任落实年"活动先进单位、青岛市2015年1%人口抽样调查先进集体、青岛市计划生育协会工作先进镇街、青岛市基层理论宣讲先进单位等10余项省(市)级以上称号。

QINGDAO SHINAN

2016年5月4日，八大关街道办事处召开"两学一做"学习教育工作会议。

2016年1月13日，八大关街道红岛路社区举办"迎新春 贴窗花"剪纸培训班。

2016年4月15日，八大关街道办事处在福山路社区举办"传承红色基因 共建美好家园"道德讲堂。

2016年5月11日，八大关街道办事处在太平角公园举办"人人参与 共同呵护绿色家园"防震减灾宣传活动。

2016年5月27日，八大关街道办事处组织社区少年儿童参观消防中队学习消防知识。

2016年7月18日，八大关街道办事处在八大关社区门前举办暑期小学生消防安全实地演练。

2016年7月29日，八大关街道红岛路社区举办"拥抱海洋 青少年海洋国防意识培训计划"活动。图为海军官兵为小朋友讲解海洋知识。

2016年9月2日，八大关街道办事处在青岛嘉峪关学校举办学捏小面花、小面人、小动物等技能活动。图为孩子们展示自己的劳作成果。

2016年9月9日，八大关街道八大关社区举办"传家风 颂美德 迎中秋"军民同乐会。

2016年9月27日，八大关街道办事处"庆建国67年，纪念红军长征胜利80周年"大型演出红色经典吕歌音乐剧《江姐》在兴安路青岛市歌舞剧院举行。

湛山街道地处市南区中部，西接著名的八大关景区，南邻浮山湾畔，东毗香港中路街道，北倚青岛植物园和岛城名刹湛山寺，是青岛市CBD核心地带。辖区面积3.7平方千米。常住人口4.61万余人。

2016年，湛山街道以打造"我的湛山我的家"品牌为核心，创新实干，攻坚克难。

组织建设突出"实"，营造先锋湛山新气象。横向上建立区域党建联席会，纵向上搭建四级基层组织架构，实现组织、管理、服务"三网一体"。

经济发展突出"优"，铺就宜业湛山快车道。研发"数字湛山"信息平台，实现"四个一网"。针对重点项目招商引资，建立"一本手册、一套体系、一办到底"的绿色通道模式。

社会治理突出"稳"，筑起平安湛山防火墙。成立社区安全自防队伍，借助信息化手段，推行"五下五上"安全自防模式，社会面安全水平明显提升。

民生保障突出"广"，传递惠民湛山正能量。管理、文化、医疗服务功能不断向居民拓展。成立社会组织联合会，引进日间照料、心理咨询等各类社会组织，满足居民多元化需求。

信息建设突出"新"，打造智慧湛山升级版。升级"智慧湛山"系统，建立辖区"人、情、地、事、物、组织"等大数据中心，通过电脑屏、手机屏、电视屏、触摸屏"四屏联动"，为居民提供"一揽子"服务。

2016年1月20日，湛山街道办事处举办"牵手·圆梦微心愿"慈善活动。

2016年12月8日，市南区委宣讲团党的十八届六中全会精神报告会在湛山街道举行。

2016年7月6日，2016年二十国集团民间社会（C20）与会外宾参观湛山社区社区管理、居民自治及社会组织培育工作。图为国际友人尝试苏绣。

2016年3月11日，湛山街道办事处工作组检查辖区内企业安全生产工作。

2016年4月15日，湛山街道办事处在仰口路社区组织进行盲人行走康复训练。

2016年4月27日，湛山街道办事处党员领导干部参加盐城路社区镇江南路6号民情日活动，了解居民诉求。

2016年6月30日，湛山街道法律援助工作人员在湛山社区纠纷调解室为居民解答问题。

2016年2月1日，湛山街道办事处举办"年味道"系列活动，图为东海路小广场举办的手工花卉展示。

2016年12月4日，湛山街道湛山社区自防队员在辖区咸阳支路巡逻。

2016年1月21日，湛山街道仰口路社区举行巧媳妇面点大赛。

香港中路街道地处青岛市的政治、经济、文化、旅游、金融、商贸中心，东起燕儿岛路、西至山东路，北起江西路、南至浮山湾，面积3.8平方千米，常住人口6万余人。

2016年，香港中路街道坚持以党建工作为引领。重点突出"宣传教育、凝聚整合、联络沟通、关爱服务、防范促进"五项功能，不断丰富青岛市第一批党建品牌"红色家园"的内涵，建立了20余支志愿者特色服务队伍，着力打造"一公里服务圈"。加强楼宇联合党支部建设，其中福泰广场党支部成为全市非公党建先进典型。

经济总量居全区首位。街道高端服务业和现代服务业发达，5000平方米以上商务楼宇33座，各类企事业单位近7000家，其中，青啤集团、青岛远洋公司等总部企业57家，马士基、伊藤忠等外资企业和境外办事机构200余家；海信广场、佳世客、银座等高端百货店云集形成东部高档商圈，还拥有香港中路金融街、时尚闽江、浮山所1388文化街和闽江二路咖啡茶艺街等特色街区。

QINGDAO
SHINAN

2016年6月22日，香港中路街道办事处举办"两学一做"学习教育专题党课。

2016年1月1日，香港中路街道东海西路社区举办庆元旦欢乐社区饺子宴活动。

2016年1月28日，香港中路街道办事处举办新春书法笔会。

2016年3月28日，香港中路街道江西路社区组织党支部书记、先进党员及社会组织骨干共30余人到青岛革命烈士陵园进行祭扫革命先烈活动。

2016年3月30日，香港中路街道办事处组织民兵点验。

2016年6月1日，香港中路街道办事处开展庆"六一"《我们曾经的节日》主题活动。

2016年6月26日，香港中路街道办事处举办庆祝中国共产党成立95周年文艺演出。

2016年10月26日，香港中路街道办事处召开新安路13号4号楼加固维修有关事宜专题会议。

2016年11月5日，香港中路街道江西路社区举办"我爱我家"摄影大赛。

2016年11月11日，青啤花园居民送锦旗感谢街道办事处热心社区工作，积极协调办理暖气改造事宜。

　　八大湖街道位于市南区东北部，东起福州路，西至延吉路，南起江西路，北与市北区接壤，面积4.27平方千米，常住人口10.29万余人。辖区驻有青岛市广播电视台、工商银行青岛市分行、农业银行青岛市分行、半岛都市报社、大润发超市等企事业单位。

　　2016年，国家民政部授予八大湖街道高邮湖路社区第二批"全国社会工作服务示范社区"荣誉称号，国家民族事务委员会授予八大湖街道高邮湖路社区全国第三批"民族团结进步创建活动示范单位"荣誉称号，共青团中央授予八大湖街道"全国五四红旗团工委"荣誉称号，中国科协、财政部授予八大湖街道高邮湖路社区"全国科普示范社区"荣誉称号，山东省1%人口抽样调查工作协调小组办公室授予八大湖街道"山东省2015年1%抽样调查先进集体"荣誉称号，山东省计划生育协会授予八大湖街道"山东省青春健康教育俱乐部"荣誉称号。

QINGDAO
SHINAN

2016年4月14日，八大湖街道金湖路社区组织党员参观青岛安全应急体验馆。

2016年5月6日，八大湖街道高邮湖路社区举办"喜迎母亲节书画剪纸展"活动。

2016年5月12日，八大湖街道办事处联合山东路幼儿园举办避震演习活动。

2016年6月1日，八大湖街道天台路社区京剧队在新昌路小学体育场表演《梨花颂》庆祝"六一"儿童节。

2016年8月9日，八大湖街道街道办事处联合市南区文化新闻出版局在太湖路社区举办"指尖的艺术"社区公益民间艺术联展。

2016年9月14日，八大湖街道高邮湖路社区日间照料中心开展"空巢老人过生日，幸福欢乐度中秋"活动。

2016年9月22日，八大湖街道亢家庄社区携手辖区百安居、金海马家具、大信公司等企业单位进行联合消防演练。

2016年9月23日，八大湖街道办事处在吴兴路社区召开楼院改造居民议事会。

2016年9月23日，青岛市首家安防体验馆进驻八大湖街道高邮湖路社区。

2016年12月21日，八大湖街道亢家庄社区携手青岛爱益普社会工作服务中心组织"阳光岛关爱老年人"项目之插花艺术小组第一期活动。

　　金门路街道位于市南区东部，东与崂山区接壤，南邻珠海路街道，西连八大湖街道，北与市北区交界，面积4.22平方千米，常住人口10万余人。

　　2016年，金门路街道团结带领广大党员干部群众，全面贯彻党的十八大和十八届三中、四中、五中、六中全会精神，以邓小平理论、"三个代表"重要思想、科学发展观为指导，深入贯彻习近平总书记系列重要讲话精神，把握新常态，抓住新机遇，街道经济社会各项事业实现平稳健康发展。街道先后荣获全省档案工作科学化管理先进单位、省级文明社区、青岛市文明单位标兵、青岛市2015年1%人口抽样调查先进集体等称号。

QINGDAO SHINAN

2016年5月5日，金门路街道办事处召开"两学一做"学习教育工作座谈会。

2016年12月12日，金门路街道办事处召开违法建设治理工作动员会议。

2016年4月5日，金门路街道办事处举办"每月一法"——婚姻家庭典型案例解析普法讲座。

2016年6月23日，金门路街道举办"折翼关爱"项目之医疗咨询服务进社区活动。

2016年7月25日，金门路街道办事处在天山社区举办"金门一家亲"文艺演出活动。

2016年9月28日，金门路街道办事处开展餐饮企业安全大检查。

2016年10月14日，金门路街道办事处举行应急疏散演练。

金门路街道我来帮"4S"志愿服务社志愿者编织"暖心帽"。

金门路街道仙游路社区党委组织社区党员学习。

金门路街道仙游路社区居民在社区日间照料中心娱乐。

珠海路街道地处市南区最东端，东与崂山区接壤，南邻浮山湾，西至燕儿岛路，北依江西路，面积2.88平方千米，常住人口6万余人。驻街道企事业单位2137家，高端花园式物业小区68个。

2016年，珠海路街道党工委按照"一线三区"的工作思路，即以"为民所为"党建品牌建设为主线，努力建设宜业优美的时尚街区、宜居舒适的品质街区、幸福盎然的活力街区，实现街道各项事业再上新台阶。省委组织部长杨东奇等领导先后到街道视察工作，给予充分肯定。街道先后荣获2016年度全国综合减灾示范社区、全国社区教育示范街道（乡镇）、山东省先进基层党组织、山东省文明社区、青岛市文明单位标兵、青岛市文明社区、青岛市人民满意公务员集体等称号。

QINGDAO
SHINAN

2016年7月1日，珠海路街道党工委书记为全体党员上专题党课。

2016年5月5日，珠海路街道办事处召开"两学一做"学习教育工作动员部署会。

2016年12月16日，珠海路街道党工委举办2016年度党员集中培训。

2016年10月14日，台湾彰化县党部交流团张曼丽主任一行到海口路社区参观交流，举行山东省海峡两岸交流示范点揭牌仪式。

2016年2月4日，澳门路社区弘扬优秀传统文化加强家庭精神文明建设——新家谱颁发仪式举行。

2016年3月16日，克利伯帆船赛船员走进珠海路街道香港花园社区参加文化交流活动。

2016年4月18日，珠海路街道办事处召开综治维稳暨安全生产工作会议。

2016年4月19日，青岛市第十二届邻居节暨市南区首届"吾邻高手"欢乐赛开幕式在珠海路街道燕儿岛山公园举行。

2016年7月1日，珠海路街道办事处举办"庆祝中国共产党成立95周年"原创文艺汇演活动。

2016年11月24日，珠海路街道办事处召开街道2016年度社区工作会议。

市南美景

定时提醒""微信线下评价"服务。通过"数据云"实现掌上微信"云排队",办事人员可以随时随地通过手机、平板电脑等移动终端轻松取号,并通过"排队动态查询"和"排队定时提醒"按时卡点至窗口办理业务。

多措并举提效能 (1)应进必进,便民利民,实现审批事项、人员集中到位。2016年,按照"前台受理、后台审批"的模式,将事项和人员向审批科室集中,审批科室向审批服务大厅或专业分大厅集中,切实做好行政审批"两集中、两到位"工作。全区22个审批部门(单位)的73项行政审批事项、130项服务事项集中到审批服务大厅或专业分大厅窗口实行"一个窗口"受理。(2)网上监督与大厅监管相结合,实现"催着政府办"到"政府催着办"的转变。2016年,遵循"合法合规、程序规范、公开透明、高效便民"原则,印发《市南区行政审批服务大厅行政审批事项办理规则实施细则(试行)》,实现行政审批事项"环节最简、流程最佳、时限最短、服务最优",依法审批,提高审批效率。推行廉政承诺公示制度,严禁出现生冷硬推、吃拿卡要、服务窗口违规收费和收红包、购物卡等"四风"和腐败问题。引进第三方评估机制,聘请10名社会监督员,采取明察与暗访相结合、定期巡查与随机抽查相结合、全面巡查与重点巡查相结合的方式,对窗口进行实时评议。(3)全面畅通审批绿色通道,实现重点项目审批过程全程监督。实时跟进本辖区内审批部门重点投资项目审批进展情况,掌握投资项目审批情况,将有关审批数据传输至青岛市重点投资项目审批流程督查公示系统,确保督查公示系统内审批信息的真实、准确。规范重点项目审批绿色快速通道,完善快速通道运行机制,重点项目实行急事急办、特事特办,同步开展项目立项审批和规划方案初步审查的并联推进审批模式,确保重点项目按时开工建设。做好千个亿元以上项目支持服务,对市南区的

20个建设项目逐一进行调度。2016年,全区21个重点投资项目,取得规划许可证项目15个,取得施工许可证项目11个。

公共资源交易

工作概况 2016年,受理采购项目203个,预算金额2.17亿元,实际采购金额1.9亿元,节约金额0.27万元。中介机构库受理项目259个,市场价973.68万元,折扣价678.48万元,实际成交价677.58万元。招标大厅升级改造任务按期完成,2017年1月1日正式投入使用。

优化服务 升级改造后的招标大厅增设至2个开标室、4个评标室,可同时开展多个项目的招投标活动。其中,采购人和评审专家的评标室分离开来,确保评审过程的规范性和公正性;样品展示区、专家抽取室、询标室、监控室、专家休息室等场所为招投标活动的进行提供了有利的硬件条件;安装音视频监控、电子门禁等设备,实现公共资源交易全过程、全时段电子监控,对项目开评标过程进行录像,确保开评标全过程留下痕迹。日常政府采购项目开评标活动安排专人跟标,负责实时记录。

监督管理 (1)依据市政务服务管理办公室下发的通知,按照《公共资源交易代理机构考核办法》和《评审专家考核办法》,执行代理机构和评审专家的计分管理考核办法。对政府采购活动中的违法失信行为,严格监督问责。(2)建立市南区招标代理机构工作微信群,方便部门工作人员和代理机构进行及时沟通,亦可将制定的配套措施和细化规定及时传达到直接操作人。(3)编制《市南区公共资源交易项目现场情况记录表》,对代理机构和评审专家在招标现场的行为进行跟踪评价,并为后期监督部门开展监督检查提供相关的证据材料支持。

中国人民政治协商会议青岛市市南区委员会

重要会议

市南区政协第十三届第一次会议

2017年2月25～28日召开。会议应到委员235

人,实到228人。会议议程:(1)听取并讨论中共市南区委书记华玉松的讲话;(2)听取并审议区政协第十二届委员会常务委员会工作报告;(3)听取并审议区政协第十二届委员会常务委员会提案工作情况的报告;(4)选举区政协第十三届委员会主席、副主席、秘书长、常务委员;(5)列席区人大十八届一次会议,听

取并讨论区政府工作报告及其他报告；(6)审议通过区政协十三届一次会议《政治决议》；(7)领导讲话。

2017 年 2 月 25～28 日，中国人民政治协商会议第十三届青岛市市南区委员会第一次会议举行。

市南区政协第十二届常委会议

第二十四次会议　2016 年 1 月 6 日召开。会议听取大会秘书处汇报委员讨论情况；审议市南区政协十二届五次会议《政治决议(草案)》。

第二十五次会议　2016 年 1 月 7 日召开。会议听取大会秘书处汇报委员讨论情况；听取提案征集情况的汇报；通过市南区政协十二届五次会议《政治决议(草案)》。

第二十六次会议　2016 年 4 月 6 日召开。会议传达学习全国、省、市政协会议精神；传达学习中共市南区委政协工作会议精神及中共市南区委《关于加强人民政协协商民主建设的实施意见》；通报《区政协 2016 年工作要点》；吴伟主席讲话。

第二十七次会议　2016 年 7 月 22 日召开。区政协第十二届常委会组成人员出席。区委常委、区政府副区长王孝芝，区政府副区长周国栋，区文化新闻出版局、区房产管理处、规划市南分局、海诺投资发展有限公司相关负责人，各街道政协工作联络办公室负责人及区政协各委、办负责人列席会议。会议通过人事任免事项；听取区政府 2016 年上半年经济社会运行情况的通报；会议围绕"市南区文化遗产保护"进行专题协商座谈。

第二十八次会议　2016 年 9 月 28 日召开。会议集中观看学习换届选举警示教育片《镜鉴》；通报 2016 年区政府提案办理情况；通报区政府 2016 年为

民办实事办理情况；视察调研 2016 年区政府为民办实事项目。

市南区政协第十二届主席(扩大)会议

第五十九次会议　2016 年 2 月 24 日召开。会议传达学习市政协十二届五次全会精神；协商通过区政协 2016 年工作要点及季度协商座谈会重点调研课题；协商确定区政协第十二届五次会议以来立案提案及重点提案；会议研究 2016 年区政协委员外出培训事宜；区政协机关 2015 年度考核评先工作；其他工作事宜。

第六十次会议　2016 年 3 月 22 日召开。会议协商民族和宗教委员会办公室工作安排事宜；听取关于全国政协第 109 期干部培训班相关事宜的汇报；听取区政协委员培训事宜的汇报；协商确定拟推荐市政协岗位建功人员名单；协商通过区政协第十二届第二十六次常委会议相关事宜及其他工作事宜。

第六十一次会议　2016 年 5 月 10 日召开。会议传达全区慈善工作暨"慈善一日捐"动员会相关精神；听取关于组织区政协委员赴浙江大学培训情况的汇报；听取关于 2015 年度考核优秀部门的情况汇报；协商通过外地政协来访接待工作流程；听取关于召开提案办理工作培训班的汇报；会议研究了其他工作事宜。

第六十二次会议　2016 年 5 月 26 日召开。会议传达全区公务用车制度改革相关精神；会议研究了其他工作事宜。

第六十三次会议　2016 年 6 月 13 日召开。会议协商通过《区政协公务用车制度改革实施方案》；会议研究了其他工作事宜。

第六十四次会议　2016 年 7 月 5 日召开。会议协商通过相关人事任免事项；协商通过区政协第二十七次常委会议相关事宜；通报省督查组督查市南区中央"八项规定"精神贯彻落实情况；听取关于上下班公交车票报销事宜的汇报；会议研究了其他工作事宜。

第六十五次会议　2016 年 8 月 26 日召开。会议传达学习换届纪律，部署换届相关工作；会议研究了其他工作事宜。

第六十六次会议　2016 年 9 月 18 日召开。会议协商通过区政协第二十八次常委会议相关事宜；协商

讨论拨付 2016 年度市南区政协委员视察活动经费事宜；传达学习纪委、组织部关于换届、纠治"四风"文件精神；会议研究了其他工作事宜。

第六十七次会议 2016 年 9 月 27 日召开。会议听取关于召开第十二届区政协文教卫体委员会工作总结会议的情况汇报。

第六十八次会议 2016 年 10 月 12 日召开。会议听取关于举办区政协书画名家联谊会 2016 年年会暨书画艺术专题研讨会的情况汇报。

第六十九次会议 2016 年 10 月 25 日召开。会议听取关于区政协第十三届第一次会议筹备工作安排建议的汇报；听取关于 2016 年度委员评优评先工作安排建议的汇报；会议研究了其他工作事宜。

第七十次会议 2016 年 11 月 18 日召开。会议听取第十三届第一次会议筹备进展工作的汇报；听取区政协第十二届《常委会工作报告》（征求意见稿）、《提案工作情况报告》（征求意见稿）起草情况汇报。

第七十一次会议 2016 年 12 月 14 日召开。会议传达市南区第十三届区政协委员建议人选考察方案；进行考察工作培训。

工作概况

综　述

2016 年，市南区政协充分发挥人民政协作为协商民主重要渠道和专门协商机构的重要作用，全面履行政治协商、民主监督、参政议政三大职能；政协团结民主的履职平台更加广阔，委员履职为民的"好声音"更加响亮，社会公平正义的"正能量"持续传递，为助推区经济社会各项事业全面发展作出了积极贡献。9月，在省委政协工作会议精神贯彻落实情况专项督查座谈会上，市南区政协作为全市基层政协唯一代表发言。2016 年，区政协荣获"全省政协宣传工作先进集体"称号。

忠诚履职，创新发展，方向正确

2016 年，区政协始终把加强思想引领、凝聚共识摆在各项工作的首位。深入学习贯彻党的十八大和十八届三中、四中、五中、六中全会精神，学习习近平总书记系列重要讲话，增强政治意识、大局意识、核心意识、看齐意识，巩固团结奋斗的思想政治基础。落实全国政协的工作部署，践行"参政议政、履职为民"的协商民主理念。贯彻落实区委《关于加强人民政协协商民主的实施意见》，拓展协商内容、丰富协商形式、规范协商程序、提高协商能力，推进区政协工作在继承中创新，在创新中发展。

围绕中心，咨政建言，服务大局

协商议政定位准确 2016 年，区政协围绕区委、区政府的重大决策部署，精选协商议政主题，深入调查研究，积极建言献策，主动拾遗补阙，为党政科学民主依法决策提供了有益参考和鼎力支持。先后围绕"智慧城区建设""科技创新""传统产业升级""加强文化遗产保护"等议题组织调研座谈、专题议政。许多意见建议被纳入区委、区政府相关决策之中。

建言献策渠道拓宽 2016 年，区政协开通网络信息平台，委员们撰写的提案、建议、社情民意等通过信息平台实现上下互通、快捷流转。形成《关于促进市南区中介服务业发展的调研报告》《中山路"老字号"企业历史与现状》等一批调研成果。其中《积极开发旅游资源，提升青岛旅游业发展水平》的调研报告，在市政协双月协商座谈会上交流发言，《人民政协报》对相关建议进行转载。

视察调研成绩斐然 2016 年，区政协组织开展视察调研活动 78 次，撰写调研报告 11 篇。组织委员参加区"促进科技创新""支持创新创业载体建设"等扶持政策调研论证，为区科技进步献计出力。视察调研金融商务、总部经济、时尚商业、航运物流、"海洋+"行动计划等，助推全区产业结构优化升级政策的贯彻落实。把为民办实事项目进展情况纳入区政协常委会集中视察的内容，组织委员围绕社区建设、城区管理、环境保护、无障碍城区、社区医疗、卫生应急管理体系建设等情况进行视察调研。连续对区保障性住房建设情况进行跟踪并提出建议。视察充分就业城区创建工作，提出的设立见习基地、免费技能培训、政策扶持引导、众创空间建设等建议，被相关部门采纳。引导委员围绕合理配置教育资源、推进教育公平、加大教育投资等问题开展视察调研，出谋划策，促进我区教育优质均衡发展。将食品安全监督作为履职为民的重点工作，提出的开展全民抽检食品安全等建议被相关部门采纳。

贴近民生，倾心履职，献计出力

关注民生真情履职 2016 年，区政协组织和引导广大委员开展"凝智聚力委员社区行"活动，组织医疗专家委员进社区开展健康义诊，受益居民近百人。举办"救护培训"等政协委员讲堂，受到居民欢迎。组

2016 年 7 月 22 日，区政协召开"文化遗产保护"专题协商会。

织开展"与贫困学生话成长""陪残疾儿童过'六一'""委员义工奉献日"等活动。

认真开展民主监督　2016 年，区政协选聘委员担任司法、税务、物价、食品安全等方面的特邀监督员，青岛市信访事项听证员，团市委志愿服务团成员。组织委员出席市政府部门负责人述职报告会。选派委员参与有关专家评估及现场监督活动，促进政府部门改进工作、提高服务水平。创新民主监督方式，组织委员开展无陪同视察、体验式视察和随机性监督，了解真实情况，发现真实问题，提出有针对性的意见建议。

稳步推进街道政协工作　2016 年，通过召开街道政协工作调度会，安排专职副主任列席区政协全委会及相关常委会等形式，提高街道政协干部业务素质。创新"界别＋区域"委员视察调研模式，有序推动"政协工作向基层延伸"的探索实践。组织委员参加街道工作恳谈会、座谈会，提出合理化建议；参与居民议事监督委员会、社情民意办理情况反馈会，对事关群众利益的重要事务开展阳光监督。

团结联合，搭建平台，凝心聚力

突出优势集聚人才　2016 年，区政协先后搭建完善区政协书画艺术名家联谊会、女书画家联谊会、人文历史研究会、医药卫生专家顾问团、摄影之友、微尘·市南政协基金、徒步运动协会 7 个特色平台，聚集社会各界优秀人士 600 余人。精心组织各种研讨联谊活动，增强平台的影响力、凝聚力、亲和力。

文化艺术交流活跃　2016 年，区政协组织送文化进"企业"、进"社区"、进"校园"活动；开展庆祝书画

艺术名家联谊会成立 25 周年系列活动，出版纪念文集、画报专刊，举办会员作品展。徒步运动协会组织开展"我行我健康"等主题活动，引领绿色低碳运动方式。通过书画义拍、慈善义卖、设立爱心驿站，微尘·市南政协基金累计筹得善款 175 万元，帮扶困难家庭儿童 568 人次，开设艺海少儿美术、书法公益课 546 课时。组织专家医疗团，赴贵州省安顺市平坝区等地开展义诊活动，为提高当地医疗技术水平和医院管理能力建言献策。完善政协、法院、专家共同参与的"三位一体"医疗纠纷调处机制，调撤案件 20 余起。发展壮大市南区政协文史研究会，系统整理、发掘全区历史文化遗产和民间文化遗存，组织开展"名人故居的保护和利用""城市历史与文化的再呈现"等专题研究。发挥存史咨政作用，编纂出版《中山路》《桃李春秋》等 20 多种文史图书；编纂融合绘画艺术作品、建筑历史、人物口述于一体的《彩色八大关》《斑斓老街》，采用中、英、德三种文字编印，成为宣传推介市南区的靓丽名片；出刊多期《人文历史研究》，受到社会各界、文史专家的好评。

与时俱进，改革创新，协商民主

提案工作规范有序　2016 年，区政协坚持政协提案工作的全局性地位，主席会议、常委会议定期听取提案工作汇报，督促落实情况。制订出台《区政协提案工作规定》《提案审查实施办法》，编制《提案工作流程图》，强化办理工作的整体效果。建立健全提案人、承办单位、提案委多方联动与沟通的协商机制，探索政协提案工作与党派、专委会活动有机结合，创新协商形式，努力提高提案工作质量。区政协提案办理工作在全市政协提案工作经验交流会上作大会发言。

界别优势更加突出　2016 年，区政协注重发挥界别作用，组织委员从熟悉的领域、擅长的专业、热点的社情民意入手，开展调研视察。教育、文化、社会政法、群众团体、城建、民族宗教、祖国统一等诸多委员，代表所在界别提出的许多意见建议，得到党政有关部门的重视。推进界别工作的规范和创新，加强界别间的沟通与联合，做到优势互补，共同提高。跨界别联合视察区教育信息化工作，围绕教学方式现代化提出有参考价值的建议；联合视察宗教场所管理及周边环

境治理,促使合法宗教活动正常有序;以侨联界为主联合多个界别委员,长期出资帮扶贵州安顺等困难地区学生。

协商民主勇于探索 2016年,区政协根据《中共市南区委关于加强人民政协协商民主的实施意见》,认真组织活动,增加协商密度,提高协商质量和实效。组织召开季度协商座谈会。选择内容具体、社会关注、有待增进共识的问题作为议题,开展专题协商。各专委会遴选人员成立调研组,分专题进行视察、调研、座谈、分析,最终形成翔实、细致的调研报告。组织召开由政协委员、区政府领导、职能部门负责人及专家学者参加的专题协商座谈会,进行互动式交流、面对面沟通,增进共识,推动工作。《人民政协报》对市南区做法进行了专门报道。

改进作风,夯实基础,加强建设

作风建设持续加强 认真落实区政协党组从严治党主体责任,严明政治纪律和政治规矩,严格落实党风廉政建设责任制,确保党的基本理论、基本路线以及重大决策部署在政协得到贯彻落实。按照中央和省、市委部署,区政协党组及机关认真开展"两学一做"学习教育,通过学党章党规、学系列讲话、上专题党课,深化了政协机关党员干部对党的路线方针政策思想内涵、理论体系、精神实质的理解和把握,强化了党性观念,政协党员干部的作风建设得到新加强。严格执行八项规定,完善机关内部各项管理制度,规范调研视察、公务接待等事项,进一步提高工作质量和机关管理水平。政协机关干部党性观念和宗旨意识进一步增强,作风进一步转变,更加自觉珍惜岗位,牢记使命,认真履职。区政协机关荣获市级文明标兵单位。

委员管理充满活力 加强委员培训,首次委托浙江大学举办市南区政协委员综合能力提升专题培训班,共有40余名政协委员参加培训。培训内容涉及宏观经济发展战略、创新与管理、大数据时代与智慧城市建设、电子商务和社会热点问题分析等方方面面,使委员们从理论到实践都获益匪浅。做好委员知情及履职信息反馈工作。建立党委、政府工作情况通报制度,适时通报党委、政府的工作重点、目标要求等,使广大委员能够了解大局,知情明政。同时,组织部分委员参加区政府有关工作会议,及时把提案办理、意见建议的落实情况予以反馈,以调动委员参政议政的积极性。在全市政协加强委员队伍建设工作座谈会上,金门路街道政协工作委员会进行大会发言,区政协及珠海路街道工委作书面交流。

基础建设力度加大 2016年,区政协加强政协常委会建设,建立健全议事规则。常委会委员发挥示范引领作用,带头视察调研,认真撰写提案,积极参与政协各项活动。充分发挥专委会基础作用,建立委员履职档案,创新工作组活动方式,加强与对口协商部门的沟通和联系,邀请对口协商部门负责人,共同制定年度协商计划,确保在履职中参政议政效果。年内,在《人民政协报》《联合日报》等媒体发表稿件87篇。

重要活动

2016年1月7日,区政协十二届五次会议期间,全体政协委员围绕区委、区政府和区政协的工作部署,撰写提案,建言献策。大会收到提案205件,预审立案146件,其中,党政建设方面的14件,经济建设、科技发展方面的28件,城市管理、环境保护方面的36件,教育、文化、卫生、社区建设等民生方面的68件。

2016年1月8日,区政协科技经济委员会召开工作会议,对2016年的工作进行部署。区政协副主席孟祥杰参加会议。会议组织全体成员学习党的十八大,十八届三中、四中、五中全会精神和习近平总书记重要讲话精神,学习全市政协会议精神。会议对2016年科经委工作要点及具体计划安排作出说明,明确2016年度委员会工作重点。

2016年1月11日,区政协经济二组委员视察海航万邦中心,就打造总部基地和发展楼宇经济等成功经验同政府相关职能部门、众多优秀企业代表进行探讨和交流。

2016年1月12日,区政协经济一组委员在区政协主席吴伟的带领下,就新常态下星级酒店经营状况及应对举措到青岛泛海名人酒店进行视察调研。委员们听取了泛海名人酒店的经营和运行情况介绍,对新形势下星级酒店面临的困境及发展思路、食品卫生、安保等情况进行了探讨。副主席孟祥杰、吕俊川参加活动。

2016年1月14日,区政协女书画家联谊会召开理事会。区政协副主席、市南政协女书画家联谊会名誉会长周红出席会议并讲话。

2016年1月20日,区政协召开政协提案委员会全体会议,会议协商通过十二届五次会议立案提案、重点提案名单。副主席王胜山到会并讲话。

2016年1月25日,区政协科技组委员在区政协吴伟主席的带领下,到青岛鼎商集团,视察调研互联网＋创业孵化器建设情况。委员们实地察看青岛鼎商集团、大学生创业孵化基地,听取公司发展情况介绍,围绕加强创业者培训、建立创业导师专业化长效服务机制、解决出孵企业成长空间、为创业者提供生活配套服务以及加强与国际交流合作等方面提出意见和建议。

2016年1月26日,区政协主席吴伟走访慰问副区级以上老干部张礼铭、谭生智。区委老干局相关负责人陪同走访。

2016年1月28日,区政协主席吴伟先后到中山路街道和江苏路街道走访慰问困难党员及老党员邵常青、于瑞芳。肖辉、王建等陪同走访。

2016年2月1日,区政协主席吴伟先后到八大湖街道和香港中路街道走访慰问老复员军人及低保户张秀云、孙嘉松。吕丽艳、钮本兵等陪同走访。

2016年2月21日,区政协副主席周红带领文化艺术组委员,参加"春和之声"第二届正月正朗诵合唱交响音乐会。

2016年3月1日,区政协人文历史研究会召开2016年专题工作会。会议由市南区政协副主席、市南区政协人文历史研究会会长周红主持,副会长、秘书长、副秘书长参加会议。会议回顾总结2015年人文历史研究会的工作;协商确定召开市南区政协人文历史研究会2016年工作会议的方案和文史书刊的征集、编辑、出版工作等有关事宜。

2016年3月3日,区徒步运动协会召开2016年工作会议。会议由副会长兼秘书长孙正伟主持,区政协副主席周红出席会议并讲话。市南区徒步运动协会名誉会长、副会长、秘书长、各分队队长参加会议。

2016年3月4日,区政协书画艺术名家联谊会召开理事会。会议由区政协主席、区政协书画艺术名家联谊会会长吴伟主持。联谊会各位副会长、秘书长、副秘书长、理事出席会议。会议协商确定联谊会2016年主要活动内容;重点协商研究联谊会年会召开、开展"书画进社区・文化乐万家"活动以及吸纳新理事、新会员等有关事宜。

2016年3月10日,区政协邀请委员刘红妍、刘利明参加市南区市场监督管理局在中山路海滨食品公司举办的"走进老字号、体验新服务"消费体验活动。

2016年3月11日,区政协邀请委员栾爱先、吴非参加市南区市场监督管理局在南京路29号举办的"消费维权新闻发布会暨市场监督局开放日"活动。

2016年3月14日,区政协经济一组委员们就市南区十三五规划中有关智慧城区建设等情况,到市南软件园开展视察活动。委员们听取软件园的建设情况、基本运行情况以及"十三五"期间的发展思路介绍,并就感兴趣的问题进行交流和探讨。副主席孟祥杰、吕俊川参加活动。

2016年3月15日,区政协组织部分委员参加区市场监督局举办的"走进老字号、体验新服务"消费体验和"消费维权新闻发布会暨市场监管局开放日"等活动。委员们体验"老字号"的服务传承与创新发展,观摩区投诉举报指挥中心,参观假冒伪劣商品展示,听取专家讲授识假辨假知识。

2016年3月15日,由青岛市市南区政协举办"25年,我们一同书写"——青岛市市南区政协书画艺术名家联谊会25周年文献展在青岛嘉木美术馆开展。文献展全面回顾由市南区政协领导的这个专业性、公益性艺术联谊会25年来的发展历程。文献展展期10天。

2016年3月16日,区政协女书画家联谊会2016年年会召开。会议总结、部署女书画家联谊会工作,区政协副主席、市南政协女书画家联谊会名誉会长周红出席会议。会上,市南区政协女书画家联谊会写生基地在中山公园三棵树文化中心正式挂牌,同时启动"走进自然 描绘生活"写生活动,会长戴淑娟开讲第一课"写生与创作"。

2016年3月18日,区政协委员王茹、何利华、孔庆刚应邀担任市南区委"改革创新优秀成果"评审委员,围绕全面深化改革工作中的优秀成果进行专家评审。

2016年3月21日,区政协医药卫生专家顾问团在市南区人民法院召开座谈会。区政协主席吴伟、副主席周红出席。区政协医药卫生专家顾问团成员参加座谈会。会议听取区卫生和计生局局长朱俊萍关于市南区医疗事业发展情况的介绍、市南人民法院院长崔巍关于近几年医患纠纷案件审理情况的介绍;与会的医药卫生专家围绕着市南区医疗事业发展、医药卫生专家顾问团医疗案件调处及作用发挥、医闹事件的应对与处置等问题进行讨论并建言献策。

2016年3月22日,区政协区街组全体委员视察八大峡街道保障民生及为老服务工作,考察百年团岛灯塔、游内山炮台等文物保护单位,开展为西部复兴式发展建言献策活动。区政协主席吴伟、副主席齐士国,八大峡党工委书记蒋延灿参加活动。

2016年3月25日,区政协科技组委员在区政协吴伟主席的带领下,视察调研科技金融服务情况。委员们参观了恒丰银行南京路支行,听取情况介绍。副主席孟祥杰参加活动。

2016年3月26日，区政协徒步运动协会举办岛城文化名山健步行活动。徒步活动途经小鱼山、信号山、中国海洋大学鱼山校区。

2016年3月28日～4月1日，区政协联合区政府组织岛城著名医疗专家，远赴市南区对口支援地区——贵州省安顺市平坝区开展为期五天的义诊活动。区政协主席吴伟，区委常委、区政府副区长李钦坤，区政协副主席周红，区卫计局有关负责人及6位医疗专家参加义诊活动。

2016年4月12日，区政协经济三组委员在区政协主席吴伟的带领下，视察青岛纵横纺织品有限责任公司。副主席孟祥杰参加活动。

2016年4月15～21日，区政协组织43名政协委员，在浙江大学举办为期一周的委员综合素质提升培训班。培训班从宏观经济发展战略、创新与管理、浙商精神、社会热点分析、电子商务等方面对委员进行综合培训，委员们实地考察杭州钱塘新城及海康威视公司。区政协主席吴伟、副主席王胜山全程参加培训。

2016年4月27日，区政协2016年文史工作会议召开。区政协副主席、人文历史研究会会长周红出席会议。会议对区政协2015年区政协文史工作进行总结，对2016年区政协文史工作进行部署，组织进行会员学术研究成果交流，参观青岛7中校史长廊和青岛里院客栈。

2016年5月6～8日，区政协副主席齐士国带领区政协工青妇组委员赴滕州实地调研"中国玻璃城项目"。

2016年5月11日，区政协举办提案办理工作培训班。区政协副主席王胜山出席并讲话。十二届五次会议提案承办单位参加提案办理工作业务培训。

2016年5月11日，区政协副主席周红带领教育体育组委员视察区特殊教育工作。委员们实地视察青岛三江学校开展学生心理咨询、感统训练及经络推拿情况，欣赏学生们的锣鼓表演、手工制作和书法作品，了解微尘·市南政协基金受助项目情况，观看三江学校特殊教育工作专题片，听取区教育局关于市南区特殊教育工作推进情况的报告。

2016年5月12日，区政协祖国统一组委员到黄海水产研究所海水鲆鲽鱼类遗传育种中心（海阳基地）考察调研。区政协副主席修先约、区统战部常务副部长刘海波参加活动。中心主任梁兴明、海阳市黄海水产有限公司总经理刘寿堂等陪同考察。委员们听取黄海所科研产出、产学研合作情况及黄海水产有限公司发展规划汇报，实地考察鲆鲽鱼类苗种培育车间、循环水养殖车间等。

2016年5月12日，区政协副主席周红带领区政协医药卫生组委员赴招远金都康复医院，考察学习私立养老机构医养结合工作。

2016年5月13日，区政协经济一组委员视察青岛创博文化传媒公司，委员们听取公司运营情况介绍，并进行座谈；与蔓生十八式第九代传人国家级工艺美术师陈海平交流紫砂文化。

2016年5月20日，区政协经济二组委员在区政协主席吴伟的带领下，对房地产住宅产业转型发展情况进行调研。委员们实地考察居之乐之项目售楼中心、工地现场，听取关于项目规划、绿化建设、景观打造、人文理念等方面的情况介绍。副主席孟祥杰、秘书长王守强参加活动。

2016年5月20日，根据区政协年度工作计划安排，区提案委员会办公室利用一周时间，对区政协十二届五次会议8件重点提案开展督查活动。区应急办、区民政局、区司法局、区人社局、食品药品监督管理局、区文化新闻出版局、区安监局7个单位对重点提案办理进展情况作书面汇报。

2016年5月20日，区政协社会政法委员会政法组委员到市南法院视察调研司法改革相关情况。市南区人民法院党组书记、院长崔巍，党组副书记、副院长刘北勇等陪同调研。

2016年5月20日，区政协副主席周红带领文化艺术组委员和区政协人文历史研究会会员对区文化遗产保护利用情况进行调研，拉开"文化遗产保护利用"调研工作的序幕。区文化新闻出版局的有关负责人参加调研活动。

2016年5月24日，区政协社会政法委员会城建工作组委员在副主席齐士国带领下，视察浮山（市南区域）生态公园的建设管理工作，听取区城管局绿化管理科负责人的汇报，进行座谈讨论，并实地察看生态公园建设的进展情况。

2016年5月24日，区政协主席吴伟、副主席周红入户走访品学兼优家庭生活困难学生，给他们送去2000元慰问金、爱心书包及致孩子们的一封信。

2016年5月28日，区政协区街组委员调研视察江苏路街道大学路咖啡一条街，了解咖啡业户的经营状况，开展赠书交流活动。同时参加"市南区大学生创业就业实践基地"揭牌仪式。

2016年5月31日，区政协副主席周红带领教育体育组委员视察市南区中小学艺术教育工作,观看《我们在成长》市南区中小学艺术展演。

2016年6月1日,区政协副主席周红带领爱心企业家委员代表、爱心书画艺术名家代表,参加青岛市市南区梦园儿童启智中心的庆"六一"活动,陪伴40余名智障儿童、自闭症儿童过"六一",并代表微尘·市南政协基金捐助梦园儿童启智中心8万元,以进一步改善自闭症儿童学习生活及康复训练条件。

"六一"节前夕,微尘·市南政协基金资助50名"春蕾女童",发放助学金2万元。

2016年6月13日,区政协经济三组委员在区政协主席吴伟的带领下,参观青岛鼎信通讯股份有限公司制造工厂,视察科技创新平台,调研企业研发水平。委员们参观产品生产的全部流程,围绕企业发展建言献策。副主席孟祥杰参加活动。

2016年6月15日,区政协政法委员会政法组委员视察市南区公共法律服务中心工作。听取司法局局长张正宾作的工作汇报并就相关问题进行座谈。

2016年6月17日,由市南区政协主办,微尘·市南政协基金承办的关注儿童成长2016年书画义拍拉开帷幕。57位岛城书画家为义拍活动捐献画作,12名区政协委员和社会爱心人士慷慨解囊、奉献爱心,共筹得善款17.6万元。

2016年6月26日,市南区徒步运动协会在青岛西海岸唐岛湾滨海公园举行徒步活动。

2016年6月27日,区政协副主席齐士国带领工青妇组委员视察市南区职工服务中心。区总工会常务副主席徐工华陪同。

2016年6月30日,区政协组织区书画艺术名家联谊会知名书画家和文化界的部分政协委员,到青岛新世纪学校开展"书画家进校园送文化"活动。7位书画家挥毫泼墨,妙绘丹青。区政协主席吴伟、副主席周红参加活动。

2016年7月4日,区政协经济二组委员在区政协主席吴伟带领下,对文化产业发展情况进行调研,并视察青岛海易达广告传播有限公司,参观中国艺术研究院青岛写生基地、青岛金石博物馆。委员们听取海易达广告传播公司业务开展情况介绍,并从公司发展实践经验、行业人才需求和行业发展前景等方面进行探讨。副主席孟祥杰、秘书长王守强参加活动。

2016年7月22日,在市政协"全市政协加强委员队伍建设工作座谈会"上,市南区金门路街道政协工作委员会主任于青作《提高履职成效,推动科学发展》大会发言;区政协的《完善制度,深化服务,齐心协力

做好委员管理工作》、珠海路街道政协工作委员会的《多措并举,为政协委员履职尽责搭好服务平台》等进行书面交流。区政协副主席王胜山,区政协办公室、提案和委员活动办公室、区委统战部、金门路街道、珠海路街道等相关领导参加会议。

2016年7月22日,区政协围绕"文化遗产保护和利用"召开专题协商会。会议由市南区政协主席吴伟主持,区政协常委会组成人员出席会议,区政府分管副区长周国栋,以及区文化局、规划市南分局、区房产管理处、市南区海诺投资有限公司等相关负责人应邀到会,听取委员们的建议。

2016年8月16日,区政协迎接省委、市委政协工作会议精神贯彻落实情况专项督查组来区督查并举行座谈会。督查组由青岛市政协党组副书记郗晋生带队,区委书记王久军、区政协主席吴伟等陪同督查。

2016年8月16日,区政协委员郭志洁、杨昆参加区安监局举办的《关于生产经营性企业安全生产办法》专家论证会。

2016年8月17日,区政协主席吴伟带领区政协教育体育组委员,考察学习青岛双星鞋业工业园。委员们实地考察双星鞋业工业园的各个流水线车间,观摩制鞋工艺和流程,听取双星名人相关领导关于鞋业工业园区的介绍。区政协副主席周红参加活动。

2016年9月29日,区政协文教卫体委召开工作总结会。区政协主席吴伟、副主席周红参加会议。

2016年10月17日,区政协以书画艺术学术研讨的方式召开书画艺术名家联谊会2016年年会暨书画艺术专题研讨会。区政协主席吴伟、副主席周红参加会议。青岛鉴宝会专家团团长、青岛市收藏家协会副会长、区政协书画艺术名家联谊会副会长王祖荣老师,中国美术家协会会员、青岛花鸟画院院长、区政协书画艺术名家联谊会副会长刘世骏老师,作为主讲嘉宾,分别就"当代书画收藏的状况及走向""中国画的时代性"作主旨演讲。

2016年10月26日,微尘·市南政协基金的首个爱心驿站正式落户青岛求索书舍。区政协主席吴伟、副主席周红,江苏路街道办事处党政领导及区政协文史研究会专家代表、书画家代表参加揭牌仪式。

2016年10月27日,区政协副主席王胜山代表区政协在全市政协提案办理协商工作座谈会上作《丰富协商形式,切实做好政协提案工作》大会发言。

2016年10月29日,区政协副主席周红带领部分政协委员视察区全民健身活动开展情况,并现场观摩

2016年市南区全民健身社区运动会总决赛及市南区传统推广体育项目——"花棍操"的展演活动。

2016年11月4日，区政协科技经济委员会召开工作会议，总结2016年科经委工作，评选2016年度委员活动先进工作组和先进个人，部署下一步工作任务。区政协副主席、科技经济委员会主任孟祥杰出席会议并讲话。

2016年11月4日，区政协副主席周红带领部分医药委员视察区内药品经营企业的监管工作。委员们到青岛国风金百合医药销售有限责任公司，实地察看企业常温、阴凉、冷藏库和中药饮片库的日常管理，听取区食药局关于近年来医品经营企业和管理情况汇报。

2016年11月8日，区政协召开政协提案委员会会议。会议听取区政协十二届提案工作情况报告起草情况汇报，征求提案委成员意见；协商通过区政协十二届五次会议优秀提案名单。区政协副主席王胜山、区政协提案委员会全体成员参加。

2016年11月10日，区政协文教卫体委召开2016年工作总结会议。区政协副主席周红出席会议并讲话。文教卫体委办公室及各委员工作组分别就2016年履职情况进行工作总结；开展2016年先进工作组和先进委员的评选工作。

2016年12月7日，区政协副主席周红带领区政协教育体育组委员视察区新建学校校园文化建设情况。委员们参观视察青岛5中、青岛宁夏路小学的校园文化建设情况。

2016年12月10～11日，市南区政协组织各界60名政协委员，分四场参加青岛市2016年度"三民活动"（市南分会场）。

2016年12月21日，区政协副主席周红带领医药卫生组委员考察区人民医院国医馆，参观"三九补一冬，来年少病痛"大型义诊活动。委员们参观国医馆中医外科病房，详细了解科室医疗服务流程，并听取市南区人民医院关于国医馆开展各项工作情况的总结汇报。

2016年12月29日，区政协副主席周红带领爱心企业家委员、爱心书画家，到江苏路街道、中山路街道慰问社区家庭生活困难学生20人，发放救助金4万元，慰问资金来源于微尘·市南政协基金。

中共青岛市市南区纪律检查委员会（区监察局）

重要会议

中共市南区纪委第十二届第七次全体（扩大）会议

2016年2月5日召开。区委常委、纪委书记宋立清作工作报告，区委书记王久军讲话。报告总结2015年党风廉政建设和反腐败工作有关情况，明确2016年工作任务。会后，下发《关于印发宋立清同志在中共青岛市市南区纪委十二届七次全体（扩大）会议上工作报告的通知》（南纪发〔2016〕3号）。

2016年2月5日，中共青岛市市南区纪委十二届七次全体（扩大）会议举行。

其他会议

2016 年 7 月 14 日,召开区级党政班子成员向同级纪委全会述廉述责会议。

2016 年 8 月 17 日,召开街道党政主要负责人、区直部门(单位)主要负责人向区纪委全会述廉述责会议。

工作概况

综　述

2016 年是市南区党风廉政建设和反腐败工作进一步深化的一年。区委对党风廉政建设和反腐败工作旗帜鲜明、领导有力,各级党组织认真履责、严抓严管,各级纪检监察组织严格监督执纪问责,全区上下纪律规矩意识明显增强,党风政风持续好转,政治生态呈现新的气象。

"两个责任"落实取得进展

2016 年,市南区委常委会先后 15 次专题研究党风廉政建设和反腐败工作,区纪委把落实"两个责任"作为全面从严治党的重要抓手,协助区委研究下发落实"两个责任"的意见、方案,组织全区各级党组织、纪检监察组织制定责任清单,推动责任具体化、清晰化。14 名区党政班子成员向纪委全会进行述责述廉。区纪委常委与 25 名街道党政主要负责人、区直部门(单位)主要负责人进行廉政谈话。加强对落实责任情况

2016 年 5 月 23 日,区纪委组织 55 名拟提拔重用处级领导干部参加任前廉政知识考试。

的监督检查,并倒逼责任落实,有 3 名党政"一把手"因主体责任落实不力受到责任追究。

驰而不息纠治"四风"

2016 年,区纪委对执纪审查中发现的"四风"问题线索,及时研判,深挖细查。区直纪检监察组织以基层社区和窗口服务单位为重点,开展明察暗访。全年开展集中监督检查 12 次,严肃查处公款吃喝、公车私用等问题,查处违反中央"八项规定"精神问题 9 件,给予 5 人党政纪处分,全区通报 4 次。

保持惩治腐败高压态势

2016 年,区纪委准确把握运用监督执纪"四种形态",将中央、省委巡视交办的 11 件问题线索,实施台账管理,逐一销号督办。开展"小官贪腐"专项治理,对侵害群众利益的突出问题必查必核。发挥区委反腐败领导小组职能作用,加强与法院、检察院、公安、财政、审计等部门的协调配合,受理相关部门移送线索 12 件。立查案件 31 起,给予 28 人党政纪处分。制定《中共市南区纪委机关纪律审查工作规程》等,规范线索受理、初核、审理全过程。健全信访办理流程,形成九大过程的痕迹化链条,接受群众信访举报 196 件次,未发生业务内进京到省集体访事件。重要问题线索实施集体排查和跟踪督办,防止线索流失和有案不查。坚持依纪依规安全审查,做好案件执行情况专项检查,提高案件质量。

深化廉政宣传教育

2016 年,区纪委加大对新修订的问责条例、党内监督条例等党规党纪的宣传力度。围绕"全面从严治党三问",组织开展学习讨论和征文活动,进一步营造舆论氛围。严格执行《关于处级领导干部任前廉政知识考试的暂行办法》等制度,55 名拟提拔重用的处级干部通过考试,4200 余人次参加德廉和党风党纪知识测试。召开党员领导干部会议,通报典型案例,用身边事教育身边人。在节假日以及换届等重要节点,编发《案例选编》等 20 余期。依托青岛市反腐倡廉教育基地,组织 1000 余人次接受教育。

加强干部队伍建设

2016年,区纪委完成内设机构和编制调整,设立9个内设机构,纪委机关和派驻机构编制由33名扩充到50名。调入一批年轻干部,改善队伍的年龄和专业结构。出台"三个提名考察办法",实现纪检监察组织负责人提名考察工作具体化、程序化、制度化。采取签订"五项承诺"、开展"落地行动"等办法,督促纪检监察干部强化责任担当、严格自我约束。召开季度例会,定期调度工作、部署任务。

重要活动

2016年1月14日,组织全区纪检监察干部进行《中国共产党廉洁自律准则》《中国共产党纪律处分条例》知识测试。

2016年3月16日～4月10日,组织开展全区机关工作纪律集中专项检查工作。

2016年3月30日,下发《关于对解决群众身边"四风"和腐败问题开展情况进行督查的通知》(南党风组办〔2016〕2号),于3月30日～4月10日,采取自查与抽查相结合的方式,督查各责任单位解决相关情况。

2016年4月5日,下发《市南区党风廉政建设巡查工作办法》(南纪发〔2016〕15号),强化对街道、区直部门(单位)领导班子和领导干部的监督,推动党风廉政建设主体责任和监督责任落到实处。

2016年4月30日,下发《街道纪工委书记、副书记提名考察办法(试行)》《区纪委派驻纪检组组长、副组长提名考察办法(试行)》《区直企业纪委书记、副书记提名考察办法(试行)》,实现纪检监察组织负责人提名考察工作的具体化、程序化、制度化。

2016年5月10日,下发《关于在区纪委机关党员中开展"学党章党规、系列讲话,做合格党员"学习教育实施方案》(南纪党字〔2016〕1号),推动全面从严治党向基层延伸。

2016年5月18日,下发《关于开展街道党政主要负责人、区直部门(单位)主要负责人向区纪委全会述廉述责工作的实施方案》(南纪发〔2016〕29号)。

2016年5月23日,组织55名拟提拔重用处级领导干部参加任前廉政知识考试并全部通过考试。

2016年5月28日,完成内设机构和编制调整,设立9个内设机构,纪委机关和派驻机构编制由33名扩充到50名。

2016年6月12日,制订《市南区纪委公务用车制度改革实施方案》。

2016年8月5日,制定《中共市南区纪委机关纪律审查工作规程》,规范线索受理、初核、审理全过程。

2016年8月12日,下发《中共市南区纪委涉密信息系统安全运行保密管理制度》(南纪发〔2016〕52号)。

2016年8月17日,组织开展25名街道党政主要负责人、区直部门(单位)党政主要负责人向区纪委全委会述责述廉工作

2016年8月30～31日,组织全区科级及以下党员干部进行德廉和党风党纪知识测试,4200余人次参加。

2016年9月8日,召开区直纪检组织工作会议,安排中秋、国庆两节期间中央"八项规定"精神的监督检查。

2016年9月27～28日,协助市纪委对德廉及党风党纪知识缺考和考试不及格的处级及以上党员干部进行补考。

2016年9～12月,配合市纪委做好纪委班子及成员考察工作。

2016年10月13日,迎接杭州市江干区纪委考察团。

2016年10月14日,召开全区纪检组织季度例会,传达学习省纪委《关于汲取江西省个别党员干部违反中央八项规定精神问题教训的通知》和市纪委《关于即墨田横镇纪委履行监督责任不力问题的通报》。

2016年10月18日,召开区纪委常委会议,研究区纪委领导班子换届推荐参考名单。

2016年11月23日,召开区纪委常委会议,对区纪委班子成员分工进行调整。

2016年11～12月,起草中共市南区纪律检查委员会向中共青岛市市南区第十三次代表大会的工作报告,筹备召开中共市南区纪律检查委员会十三届一次全会。

社 会 团 体

市南区总工会

工作概况

2016年,市南区总工会学习贯彻党的十八大、十八届三中、四中、五中、六中全会和习近平总书记系列重要讲话精神,认真开展"两学一做"学习教育,团结带领全区工会干部职工,发挥工会组织凝聚力向心力,圆满完成各项工作任务。围绕区委、区政府建设国际国内一流的宜业宜居幸福城区目标,狠抓机关建设和党风廉政建设,团结和凝聚职工建功立业,为和谐市南建设作出应有的贡献。区总工会荣获中国职工保险互助会"职工互助保障先进单位"、山东省总工会"山东省法律援助示范单位"、山东省总工会"县级工会财务先进单位"等称号。

基层组织建设

推动街道工会全面升级　2016年4月始,各街道工会按照区总工会统一部署,相继召开会员代表大会,进行民主选举。截至7月上旬,全区10个街道按照"会、站、家一体化"建设要求,全部成立街道总工会。召开全区工会组建工作形势分析会,实行责任分解:产业、行业、园区、系统工会组建由区总负责,街道总工会负责属地建会。联合区委企业工委、区统计局对辖区非公企业进行全面调查摸底,切实掌握真实数据,增强建会工作的针对性。

建会工作成效明显　2016年,加大对产业、行业工会组建力度,发展农民工入会5121名。与市南区餐饮业协会、市南区餐饮业党支部反复沟通,成立市南区餐饮产业工会联合会,涵盖企业3150家;发挥街道党委、政府职能部门的作用,推进青岛赢联集团股份有限公司、市南海诺投资股份有限公司、华夏眼科医院、江苏路咖啡一条街、社区医疗服务中心等一批有规模、有影响的企事业单位建立工会组织。截至2016年底,全区独立基层工会达1316家,联合基层工会285家,工会组织涉及企业12417家,会员达到13.62万人。

大力推进职工服务体系建设

2016年,职工服务中心正常运转。开设职工大讲堂,举办高端讲座11次,参加职工600余人次。每周举办一次书法培训班,参加职工900余人次。承办基层工会会员代表大会、职工代表大会15次。举办职工书画展1次。举办工资专项集体合同指导员培训210人次。

职工权益维护

加强和谐劳动关系建设　2016年,区总工会专门制作《工资集体协商要约书》和《工资专项集体合同》模板,向规模以上企业发放,并安排专人解惑释疑。在国有、集体和规模以上非公企业、行业、园区签订专项集体合同69家,劳动安全卫生专项集体合同69份、女职工权益保护专项集体合同69份。覆盖企业4265家,职工8万人。全区2家劳动关系和谐企业受到表彰。建立劳动争议调解委员会212个,工会劳动法律监督员发展到258人。全区4265个基层单位建立职代会制度,实行厂务公开。

加强法律知识宣传和法律援助工作　2016年,区总工会组织法律宣传1次,组织职工参与法律竞赛,获全市法律知识竞赛优秀组织奖。依托法律顾问团律师提供法律咨询和法律援助,通过劳动仲裁为1名职工讨回16万元赔偿金;通过调解使1名职工监事赢得了继续履行职责的权利;通过调解为1名17年老上访户讨回7万元欠薪。2016年被评为省法律援助示范单位。

职工普惠服务有序推进　2016年,区总工会以职工医疗互助保险为切入点,投入补助资金20余万元,为11190名职工办理医疗互助保险。推行工会会员服务卡,发放工会会员服务卡1万余张。

推进和谐劳动关系建设

2016年,区总工会大力开展"查保促"活动。建立区总工会领导班子成员"联企包片"定期走访制度;设立专项基金20万元,鼓励职工对安全生产隐患有奖建言。举办水务系统安全生产技能知识竞赛,激发职工学安全生产知识、学安全生产技能的热情。

送温暖、帮扶救困

2016年,区总工会加大资金投入,真诚帮扶困难职工。"冬送温暖、春送岗位、夏送清凉、金秋助学"四季服务活动形成制度。春节前,看望市南区钟表仪器修配一厂困难职工送去3万元救助金。筹措资金为194名困难职工发放款物249200元。向市级以上困难劳模发放救助款20余万元。中秋节前夕,对52个单位的187名困难职工发放6万余元的生活用品。为全区26家单位3000余名一线职工和部分一线工作的交警、特勤、志愿者送去21万余元降温物品;为367名特困家庭学生每人发放200元的图书;实施困难职工大病救助36人次,救助资金13万余元;组织600余名一线职工进行健康体检。

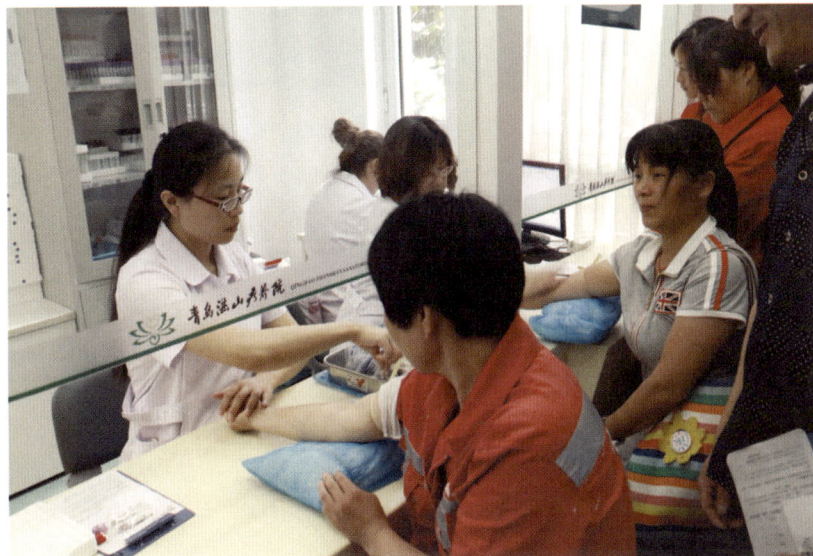

2016年6月23日,区总工会组织一线职工健康体检。

职工文化阵地建设

2016年,区总工会大力推进职工书屋和书香企业建设,新中物业等5家企业工会被市总工会评为书香企业,每家获得2万元图书奖励。联合区人社局举办市南区第三届职工职业技能大赛,中式烹调师、西式面点师、调酒师三个项目参赛人数达804名。深入开展调研活动,年内征集工会工作理论文章109篇,撰写的理论文章《当好娘家人,先奏三重曲》发表在《工人日报》上。

促进下岗职工再就业

2016年,区总工会开展创业带动就业行动,创建创业示范基地1个,选树创业带头人10名,每位创业带头人获得1万元扶持资金。以创业带头人为首的带动就业达到198人,动漫产业园被评为山东省创业示范基地。为推动"三创"活动,在区职工服务中心设立"职工创客驿站",免费为广大职工提供创业平台。

劳模工作

2016年,区总工会积极发挥劳模和工人先锋的模范引领作用,着眼于推动创新发展,弘扬企业文化,注重宣传在科技、教育、文化、卫生、体育等社会事业发展中作出突出贡献的英模人物,培育出一批市工人先锋和工人先锋号班组。举办庆祝"五一"国际劳动节暨2012~2015年度区劳动模范表彰大会,79人受到表彰。

重要活动

2016年,区总工会重点开展工会数据收集和大数据平台建设。辖区法人单位和工会组织数据、困难职工和困难劳模数据、历年来评选的劳模数据、职代会、劳动争议纠纷等各类数据收集整理完毕,并委托青岛理工大研发大数据平台进行3次评审,数字化、可视化功能初步显现。

共青团市南区委

工作概况

2016年,共青团市南区委围绕党委、政府中心工作,以"两学一做"专题教育为契机,做好组织青年、引导青年、服务青年和维护青少年合法权益四项基本工作。团区委荣获青岛市文明单位标兵称号,连年被评为"青岛市红旗团委",连续五年被评为全区科学发展综合考核优秀单位。市南区青少年服务中心被评为首批全国示范性"青年之家"综合服务平台,八大湖街道团工委被评为全国"五四红旗团委",八大关街道区域青年工作共建委员会被评为全国区域化团建示范单位。青岛日报等媒体报道市南区团的活动100余篇。领导批示6次,接待团中央、团省委及兄弟团组织视察、交流近 10 次。

基层组织建设

争取党政支持形成制度安排 2016 年,团区委切实履行团建第一责任人职责,确保党委、政府在人、财、物上给予共青团工作充分保障。团区委为 10 个街道拨付 2 万元基层团建经费。

抓好团员发展管理工作 2016 年,团区委"严"字当头,建立中学团委书记负责制,中学团委书记亲自抓团员发展管理工作,亲自上团课;建立团区委督导责任制,对辖区内 9 所中学进行指导和排查,帮助基层团组织解决工作难题,团区委书记与区教体局负责人深入全部中学与校长进行座谈督导;建立基层团委团员发展报告备案制度,督促基层团委按时按计划发展团员。邀请团市委组织部相关人员召开团员发展管理工作培训会,组织基层团组织进行互观互检活动。严格把好团员发展计划关,严格控制团学比例;严把加盖钢印关,严格入团程序。制作《市南区入团程序及注意事项明白纸》,明确标准,强化团员队伍建设;严格团员意识教育,团区委出资统一配发档案袋、团徽,并为每个团支部配发团旗。倡导团员注册志愿者,开展"社会主义核心价值观""网上祭英烈"等微话题活动。

抓好团干部队伍建设 2016 年,团区委扎实开展"两学一做"专题教育,结合共青团改革要求,在全区团干部中开展"团干部如何健康成长"大讨论活动,开展集中学习和讨论 1.5 个工作日,召开座谈会 2 个,深入开展基层调研 5 次,走访企业 5 家。

做好共青团改革 2016 年,团区委积极稳妥推进团的改革,增强共青团工作的政治性和共青团组织的先进性、群众性,在党政关心、社会关注、青年关切的重要领域,聚焦组织设置、运行机制、工作方式方法、团干部和团员队伍管理等方面,通过转职能、强服务、增活力,完善体制机制,创新方式方法,使团的组织设置更加完善,运行机制更加科学,方式方法更加符合青年工作实际。举办"学讲话、话改革、谋发展"专题开放日活动,宣传共青团改革的重要意义。组织专兼职团干部参与"1+100"直接联系青年工作,运用网络新媒体建立与团员青年的日常联系。

2016 年 3 月 18 日,共青团市南区十五届六次全委(扩大)会议举行。

青少年思想教育

开展各项教育实践活动 2016 年,团区委抓住中国共产党成立 95 周年、中国工农红军长征胜利 80 周年、孙中山先生诞辰 150 周年等重大契机,开展"我的中国梦""红领巾相约中国梦"等主题教育活动 5 场次。组织团干部和团员青年学习宣传贯彻党中央治国理政新理念新思想新战略。深化"我们是共产主义接班人"主题活动,开展"学党史、知党情、跟党走"主题教育活动。开展爱国主义教育和少先队"开学第一课""学雷锋""优秀传统文化在我身边"等活动 10 余次,参与各项活动的青年学生累计超过 5000 人次。实施青少年社会工作专业人才综合素质提升工程,建立健全青少年事务社工专业人才学习培训机制。规范市南区青少年服务中心建设,完善优化工作考核机制,围绕社工综合素质、服务内容、品牌建设、文化氛围多方面全面提升。聘请香港专业督导通过远程培训、案例分析、小组活动、公益讲座,全面提升社工实战水平。开展"共青团与人大代表、政协委员面对面"活动,畅通青少年利益诉求渠道。发挥基层代表、委员联系青少年事务工作站等机构的作用,密切青少年与代表、委员的常态化联系。开展法制宣讲、模拟法庭、法制讲堂等活动,引导广大青少年学法、懂法、守法、护法。推进"青春向毒品说不"青少年毒品预防教育进社区、进学校、进企业、进工地活动,引导广大青少年远离毒品。

在全省率先成立校园社工服务站 2016 年,由专业社工入驻青岛第二十四中学,运用青少年社会工作个案、小组、社区工作等专业服务手段,为在校学生提供危机介入、教育辅导、兴趣拓展等服务。对 9 名转介学生进行面谈辅导。开展"直面青春，挑战自我"青少年职业规划与团队合作工作坊，服务在校学生 16 人。

推进重点青少年服务项目　2016 年，团区委针对闲散青少年开展"彩虹桥"服务项目，针对服刑人员未成年子女开展"向阳花开"帮扶项目，对 22 名不在业不在学的闲散青少年开展跟踪服务，帮助 2 人找到工作，3 人产生明显变化。开办家长工作坊、小小少年合唱团，开展直面青春训练营等活动，引导家长掌握亲子技巧，陶冶青少年情操。关爱单亲贫困家庭青少年，持续 6 年服务 3000 余人次。

志愿者服务

2016 年，推进志愿服务工作常态化。积极参与脱贫攻坚，将志愿服务与精准帮扶有机结合。邀请 20 位市、区青联委员与西海岸新区大场镇 20 个困难家庭结对帮扶。做好关爱低保家庭儿童、关爱外来务工子女志愿服务工作，为困难青年群体就业创业提供扶持帮助。依托市南区青少年服务中心，优化青少年增能加油品牌工作，为不同群体青少年开展个性化服务。推进中学生入团注册志愿者工作，完善注册制度，拓宽服务领域，健全组织网络，引导青年志愿者成为践行社会主义核心价值观的表率。深化青年志愿行动，做好青年志愿服务岗服务工作。继续开展"阳光岛"失独家庭志愿服务，通过兴趣小组，户外活动等方式，引导失独家庭健康快乐生活。结合学雷锋日、国际志愿者日以及创城、创卫等重要时间节点，广泛开展美丽海岸志愿服务、便民服务等。

服务青年成长成才

动员各界青年投身改革发展实践　2016 年，深化青年突击队、青年文明号、青年安全生产示范岗、青年岗位能手等品牌创建工作，引导广大青年立足岗位创新创效创优。成立市南区青年书法家协会，开展青年书法家的培养、选拔、推介等，促进青年文化交流。

大力实施"青创行动"　2016 年，继续深化"三创精神进院校、进企业、进社区"活动，承办央视《创业英雄汇》青岛站启动仪式，做好团委系统众创空间的推荐表彰、青年创客创新创业典型选树宣传等工作，营造"三创"良好氛围。开展青春创业大讲堂、创客沙龙、为创业青年寻导师、企业支持青年创业加盟行动等品牌化工作，为青年创客创新创业提供全要素、全过程、全方位服务。在上年助梦青春——"创益客"训练营的基础上，实施助梦青春——"创益客"加速营项目，举办 8 场青年创新论坛、3 场创业私董会，开展项目路演 20 个，培训创业团队 8 个，参与项目青年 800 余人次。通过创新 PK 赛、创新游学团等方式，完善市南区青年创业互助体系，建立市南青年创业与全国创业组织的交流平台。在咖啡厅平台上打造创业孵化器，开创全国首家"创业孵化＋咖啡厅"孵化器模式，获评"国家级众创空间"。项目团队青岛市咖啡协会又在软件园开办"创益邦"孵化基地，深入开展青年就业创业服务。

其他工作

线上线下融合　2016 年，团区委按照上级团组织要求，积极构建"微邦＋微信＋微博＋线下活动"四位一体的数字化网络新格局工作模式。全年发布微博 3942 篇，平均每日发布微博 11 篇；发布微信 447 篇，其中原创文章 271 篇；更新建设"网上共青团·青年之声"市南团区委网站，开展线上征文活动《2015 说·2016 愿》《"青春市南"向你约稿啦！》，线下交友活动《约起！情人节吹响单身青年集结号，体验一个胜过"秘密花园"的减压方式》，线下互助分享活动《大学生创新私享汇》。线上和线下有机结合，实现统一管理、集中分配、智能化运作的目的，使青年之声平台更加贴近实际、贴近生活、贴近青年。

着力打造线下平台　2016 年，团区委扎实推进"青年之家"建设，建立区级"青年之家"1 处——区青少年服务中心，街道级"青年之家"5 处——湛山街道湛山社区竹蜻蜓社工站、八大湖街道高邮湖路社区社工站、创益客众创空间、团岛农贸市场乐恩社和珠海路街道凡敬心理研究院。通过"青年之家"建设，打造一批团组织联系服务青少年的"共青团门店"，建设联系青少年和开展活动的依托、整合各类资源的载体、服务青少年和社会的工作阵地、青少年参与社会实践的场所。

培养青少年创客思维　2016 年，团区委继续举办中小学生创客大赛，深入推进"少年创客——未来由我创"行动，开展中小学生"创客校园""创客社区"主题实践活动，在社区、学校和科技孵化器中开辟"青少年创客空间"。面向市南区 37 所中小学提供"创意电子"为主的课堂实践活动，开展 8 小时创客马拉松大赛，社区暑假创客营活动，参加者 1000 余人次。青少年通过形式多样的创客活动，把学习方式从做"作业"变成做"项目"，"深度体验"创客精神，提高科学素养。

市南区妇女联合会

工作概况

2016年,全区各级妇联组织认真学习贯彻党的十八大,十八届三中、四中、五中、六中全会精神和习近平总书记系列重要讲话精神,深入贯彻中央、省、市、区委党的群团工作会议精神,聚焦妇女和服务,强化宣传教育,创新服务举措,推进源头维权,激发组织活力,以实际行动增强妇联组织的吸引力凝聚力,赢得妇女群众的信任。

基层组织建设

2016年,区妇联统筹推进妇女之家、妇女儿童家园建设,形成一个家园一个亮点、一个家园一个特色,把妇女儿童家园打造成有社会影响力和群众公信力的工作品牌。全区打造妇女儿童家园58处,制作发放"市南区妇女儿童家园宣传折页"20000份。连续三年向10个街道妇工委下拨基层妇联专项经费合计93.5万元。组织开展纪念"三八"国际妇女节106周年活动。推进妇联组织改革创新,破解基层妇联组织工作力量不足和组织成员广泛性、代表性不够的问题,通过个人自荐、群众举荐、组织推荐相结合,在全区街道、社区等基层妇联组织共选聘兼职副主席75名,增补妇联常执委100名。

宣传教育

2016年,区妇联坚持用社会主义核心价值体系引导妇女,深化党的十八大和十八届三中、四中、五中、六中全会精神等主题宣传教育,组织开展形式多样的思想道德教育实践活动80余场。选树表彰"三八红旗手"116名,"三八红旗集体"64个,五好文明家庭64个,市南区"巾帼文明岗"33个,向广大妇女传递敢于梦想、勇于追求、自强不息的正能量。依托幸福女性大讲堂,围绕家庭美德、文明礼仪、幸福家园等内容开展讲座100余场。

最美家庭创建

2016年,区妇联常态化开展寻找"最美家庭"系列活动,倡导和弘扬夫妻和睦、尊老爱幼、科学教子、勤俭节约、邻里互助的文明家风,激励妇女争做慈母、孝女、贤妻、善邻。评选区级"最美家庭"45户,2户家庭荣获"岛城最美家庭"。举办家规、家训征集活动,全区征集家规、家训5000余条,有12条被"青岛市百个好家规故事"征集录用。

巾帼建功活动与妇女创业就业

开展巾帼文明岗命名工作 2016年,评选命名32个党政机关、区属企事业单位、科室等为市南区巾帼文明岗。区妇联严格管理巾帼文明岗评选及日常考核、督导工作,号召各级妇女组织紧紧围绕市南区经济社会发展大局,深入开展"巾帼创新功、岗位争优秀"活动,不断创新载体、完善措施,引领广大妇女在区全面深化改革、全面建设小康社会中发挥积极作用。

协调开展巾帼建功活动 2016年,区妇联对市南区承担的重点工作目标进行了责任分解,10个街道妇工委主动协调管区劳动保障服务中心,密切工作沟通,资源共享,按时完成全年工作任务。2016年"两大活动"重点工作责任目标:完成创业培训44人,就业技能培训503人,促进妇女就业516人,融资服务妇女10人,培养"三创"导师2人、"三创"基地3处、优秀创客3个。

有序进行春风行动 2016年,区妇联制订全区妇联系统开展"春风行动"的计划,将上级妇联开展"春风行动"的方案转发至10个街道妇工委、11个机关妇委会。各级妇女组织主动协调、加强沟通,与管区街道劳动保障中心互相配合,开展活动,服务妇女

2016年10月21日,青岛太平路小学被授予山东省"巾帼文明岗"称号。

和家庭,确保春风行动效果。全区"春风行动"举办各类招聘会10余场,巾帼志愿服务队员现场发放宣传材料50000余份,提供免费服务500余人,成功介绍女性就业80余人。

维护妇女权益工作

2016年,区妇联深入开展《反家庭暴力法》普法宣传活动,全区各级妇联累计举办反家暴法知识讲座20余场,受众2000余人。区妇联12338"莲姐热线"开设"拒绝家庭暴力"专题咨询活动,为来电来访群众提供法律咨询、心理疏导10余人次,调解家庭纠纷12件次,受理35起妇女来电、来访事件。开展"平安大讲堂"系列讲座,按照"六防六无"创建目标,开展幸福婚姻指导、反对毒品、反对邪教、反对家庭暴力等宣传活动,倡导科学健康的生活方式,促进建立夫妻恩爱、和谐稳定、幸福美满的家庭关系。做好妇女维权和矛盾纠纷调解工作,做好"两会"期间的妇女信访稳定工作,区妇联和各街道妇工委安排专人值班,保持24小时通信畅通,为维护社会和谐稳定作出了贡献。

困难救助

2016年,根据区妇联2016年重点工作目标,开展春节送温暖活动,救助困难居民200户,发放救助款物10万元。动员社会力量结对资助"春蕾女童"201名,其中小学生107人、初中生97人,捐助金69700元。2012～2016年,市南区妇联、区慈善协会连续5年共同开展"粉红丝带"关爱"两癌"(乳腺癌、子宫癌)贫困妇女资助活动。5年来,共资助患"两癌"贫困妇女128人,发放资助金38.4万元。2016年,区妇联、区红十字会联合开展博爱"两癌"妇女资助活动,区红十字会提供资助金4万元,救助20名区属患"两癌"的贫困妇女家庭。

市南区残疾人联合会

(详见第215页)

市南区工商业联合会

工作概况

2016年,市南区工商业联合会团结和引导广大非公经济人士围绕中心、服务大局,认真履职、扎实工作,在服务发展、参政议政、自身建设等方面做了大量工作,被评为山东省工商联系统"五好"县级工商联。

基层组织建设

推进组织建设　2016年,举行十一届五次执委会议,向执委会报告工作、部署任务,并表彰执委工作组、执委和信息员。下半年,区工商联在多次与区委统战部沟通并报区委同意后,制定换届工作的实施意见,产生127名非公有制经济人士执委人选。对37名副会长以上的非公经济人士进行考察谈话。12月6日,市南区工商联举行第十二次会员代表大会,中共青岛市委统战部副部长、市工商联党组书记王吉春,中共市南区委书记、区人大常委会主任王久军,中共市南区委副书记、区政府区长华玉松,中共市南区委副书记任宝光,市南区政协主席吴伟,市南区人大常委会第一副主任、党组书记韩连德等领导出席大会,换届工作圆满完成。

加强基层商会建设　2016年,根据市南区楼宇众多、小微企业比重大的状况,结合湛山街道商会红色会所建设,探索组建楼宇商会。9月,工商联启动街道商会换届工作,联合区委统战部下发《关于街道商会换届工作的实施意见》,按阶段召开多次换届工作会议,圆满完成街道商会换届工作。举行女企业家商会"三八"庆祝活动,举办快乐音乐和形象密码讲座,向女企业家赠送书籍100余册。

加强班子建设　2016年,发挥区工商联党组的领导核心作用,建立并落实民主决策制度,重大事项提交主席会议和党组会议研究决定。重点抓好以非公经济代表人士为主体的非驻会领导班子建设,把综合素质好、表现优秀的非公经济代表人士吸收到区工商联班子中。区工商联机关按照区委统一部署,认真开展"两学一做"学习教育。

经济服务

开展非公经济人士教育培训　2016年,组织会员学习中央经济工作会议精神,省、市关于促进民营经济加快发展的相关文件,向会员发放《青岛市市南区经济发展政策汇编》500册,组织100余名会员企业家参与民营企业家素质提升大讲堂培训。推选2名企业家参与市委统战部青年企业家素质能力提升专题培训班。举办企业信息员培训班,邀请市工商联相关人员授课,提高企业信息员业务水平。

搭建经贸合作平台　2016年,组织会员参加黑龙江、内蒙古等地的经贸交流活动。与黑龙江省绥芬河市等10余家工商联签订友好商会协议。组织会员

2016 年 12 月 6 日，青岛市市南区工商业联合会（商会）第十二次会员代表大会举行。

赴江苏、吉林、黑龙江考察投资，邀请希腊投资企业来青开展商贸洽谈，促成会员与外商企业的商贸合作。迎接潍坊市奎文区工商联来区考察楼宇商会建设情况，促进区域间经济合作与发展。组织会员企业参加"2016 南非国际贸易博览会"等"一带一路"沿线国家重大经贸活动。

建立协调推进机制　2016 年，推荐 2 名企业家担任市南区民营经济发展工作领导小组成员，畅通政企合作渠道。建立会员企业定期走访机制，每周走访 2 家新会员企业，为企业送去明白纸，现场解答政策疑问。开展"大走访大调研"活动，将机关工作人员和街道商会分为 16 个调研组，对 209 名执委会员逐一实地走访，收集调查表和信息登记表格 200 余份，并将调研结果形成报告上报。

思想政治建设

深化理想信念教育　2016年，组织会员企业学

习党的十八届六中全会和习近平总书记系列重要讲话精神，深刻领会总书记对非公经济工作提出的新思想、新观点、新论断。学习贯彻中央关于非公经济领域统战工作的一系列理论观点、政策要求和工作部署，引导会员把思想和行动统一到中央决策部署上来。组织学习习总书记讲话座谈会、庆"七一"重温入党誓词等活动，购买《中国共产党章程》《习近平总书记系列重要讲话读本》等图书向会员发放。

引导非公企业积极承担社会责任　2016 年，引导广大民营企业家特别是年轻一代积极投身光彩事业和公益慈善事业，自觉履行社会责任。根据《青岛市工商联"千企帮村"脱贫攻坚行动实施方案》要求，与平度工商联对接了解帮扶需求，协调会员企业支持贫困村镇百名 60 岁以上老人免费体检项目；通过微信公众号、金宏短信平台和电话沟通的形式发动会员企业结对帮扶贫困户和困难学生，帮扶贫困户 10 户、结对困难学生 16 名，发动企业购买小王家庄村爱心面粉 338 袋。在中秋、春节组织会员到困难家庭走访慰问。

市南区科学技术协会

（详见第 204 页）

市南区红十字会

（详见第 217 页）

政法·人民武装

政法和综合治理工作

工作概况

2016 年，市南区委政法委员会认真学习贯彻党

的十八大和十八届三中、四中、五中、六中全会精神及习近平总书记系列重要讲话精神，围绕全区中心工作，认真履行第一责任，主动服务第一要务，全面推进平安市南、法治市南和过硬政法队伍建设，为建设时尚幸福的现代化国际城区，营造安全稳定的社会环境和公平正义的法治环境。

2016年11月4日，市南区召开"天网"工程建设项目验收工作会议。

全力维护社会稳定

维护国家政治稳定　2016年，切实加强反恐维稳工作，完善突发事件信息接报及应急处置工作机制、影响稳定突出问题排查化解工作机制等维护社会政治稳定工作机制，为维护政治稳定工作提供全面保障。开展清源、固边、净网、秋风、护苗等行动，查获各类非法出版物2600余册（盘）。

重要时期社会和谐稳定工作　2016年，在重要会议及重大活动前均提前制订下发工作预案，及时组建值班队伍及应急处置队伍，加强交通枢纽等重点区域排查和重点人员稳控。制定下发《关于切实做好元旦、春节和各级"两会"期间社会安全稳定工作的通知》，从源头上抓好矛盾隐患的排查处理。C20会议和G20峰会期间，做到"四个确保""四个不发生"。全国"两会"和党的十八届六中全会期间，发挥社区综治网格和信访代办员队伍作用，开展全方位信访隐患排查，排查交办重点信访隐患68件。区综治办加强信息预警，区联席办密切与公安部门的信息沟通和联动处置，劝返进京上访人员60余人次，实现"五个不发生"工作目标。

重大决策稳定风险评估机制建设　2016年，建立市南区重大决策社会稳定风险评估专家库，首批确定24名专家库成员，制定《市南区重大决策社会稳定风险评估专家库管理办法（试行）》。下发《关于报送2016年度重大决策社会稳定风险评估计划的通知》，部署各单位、部门及时将提报评估计划形成台账，强化评估台账的管理和督导。开展风险评估工作提醒，要求上报评估计划的单位、部门依据相关制度开展社会稳定风险评估，扎实推进稳评工作。全年各单位提报5个项目重大决策社会稳定风险评估工作计划，除1项调整而评估终止外，其余4项均已评估并实施完毕，发挥稳定风险评估源头预防、减少不稳定隐患的作用。

综合治理推进"平安市南"建设

推进矛盾纠纷多元化解　2016年，把完善矛盾纠纷多元化解机制建设列入重要议事日程，相继建成区、街道、社区三级矛盾纠纷多元化解中心，市南区着力破解劳动人事争议难题的经验在全市相关工作会议上交流，被市综治简报转发。巩固和发展环保、物业、劳动、交通、医疗等11个专业性、行业性调解组织和10个以个人名字命名的调解室，扩大湛山街道"和事佬协会"品牌影响，"老曲维权工作室"获"青岛市服务名牌"称号。成立驻青岛大学附属医院"医疗纠纷法官工作室"，成功调解一起历时11年的重大疑难医疗损害赔偿案件；组建以优秀法官张玉牵头的"婚姻家事法官团队"，开通网上"张玉法官工作室"，并在全区65个社区的微信公众服务号中设置版块，调解处置婚姻家事纠纷272起。

构筑和完善防控体系　2016年，制发市南区《关于加快推进立体化社会治安防控体系建设实施意见》，增建高清视频监控点位2350处（含18处智能分析点位）、治安卡口28处，完成"天网"工程建设，实现重点目标视频监控全覆盖。开通治安志愿者分会区、街道综治部门网上工作平台，定期发布治安志愿服务活动。开展"最佳治安志愿者、最佳治安志愿服务项目、最佳治安志愿服务组织、最佳治安志愿服务社区"评选，成功推选15个先进个人和组织。组织开展涉众型经济犯罪"零发案"街道、"零发案"社区创建活动，以八大峡街道为试点建立的"八长会商"联席会议制度相关做法在《长安》杂志和市综治简报推广。制定《市南区关于加强寄递物流业治安综合治理的实施意见》，印发《市南区物流领域安全管理百日专项治理行动方案》，成立专项行动工作领导小组，依法严厉打击、从严惩处利用寄递物流渠道贩运禁寄物品违法犯罪行为，及时整改问题21处。启动防攀刺安装工程，先后为居民楼免费安装刀枪型"防攀刺"13000余处。开展全区住宿领域整治行动，取缔无证旅馆8家，查处不实登记等违法经营行为人78名。对消防重点单位、人员密集场所和"九小场所"实施拉网式清查。持续开展校园周边环境秩序整治,先后教育劝阻违规商户超范围经营行为3000余户次,取缔流动商贩2000余处次。净化铁路周边治安环境,对60余家废品收购站点进行拉网式检查,对23家易制爆生产使用单位、7家危化品生产使用单位、19家民爆品使用工地、13家加油加气站、115家管制刀具销售点逐一压实监管责任。在景点景区、沿海一线查获摆残局诈骗行为人14人,行政拘留7人,训诫教育7人。

管控社会治安特殊人群 2016年,建成区社区矫正中心,对182名社区服刑人员实施精准矫正。对服刑人员特困家庭未成年子女进行帮扶,为2户家庭办理低保,对13名未成年子女进行救助,会同"小草基金"为2人开展长期捐资助学。探索建立全市首个校园社工服务站,为在校学生提供危机介入、教育辅导、兴趣拓展等服务,对9名逃课、打架等在校不良行为青少年开展个案面谈咨询或辅导。

加强综治基层基础工作 2016年,出台社区网格化服务管理建设标准,将全区划分为916个网格,配置1300名网格巡防人员和3680名兼职服务管理人员,聘任175名社区工作者充实到网格服务管理工作中,实现综治网格"四统一六化"。完成区、街道两级综治委、综治办更名工作,各街道全部建成综治工作中心并挂牌,社区综治工作中心与社区综治办合署办公。印发《关于规范化建设基层综治工作平台的实施意见》,设计制作社会治安综合治理信息系统,完善"资源整合、优势互补、协调联动、运转高效"的平台运行机制。组建1300人社区安全自防队伍,为部分自防队员配备"社管E通"APP智能手机,分3批组织参加全市治安志愿者培训,《法制日报》以"青岛'小红帽'相伴开放社区"为题,对市南区社区安全自防队伍进行详细报道。区综治委、区见义勇为协会先后对5名"见义勇为积极分子"、1个"见义勇为先进群体"(5人)、1个见义勇为先进单位予以通报表彰,颁发见义勇为奖金80000元。

推进政法队伍建设

坚持政治建警 2016年,强化党的理论武装,推进"两学一做"学习教育,学习贯彻党的十八届六中全会精神,学习《关于新形势下党内政治生活的若干准则》《中国共产党党内监督条例》,教育引导党员干部和政法干警牢固树立"四个意识"特别是核心意识、看齐意识,在思想上政治上行动上同以习近平为核心的党中央保持高度一致。

坚持从严治警 2016年,加强党的执法监督,落实《领导干部干预司法活动、插手具体案件处理的记录、通报和责任追究规定》和《市南区政法系统内部人员过问案件记录移送通报实施办法》,开展集中清理判处实刑罪犯未执行刑罚专项活动。

坚持素质强警 2016年,加强队伍专业化建设,健全教育培训体系,在中南财经政法大学连续举办两期政法系统法治建设专题培训班,提升干警理论水平和实战技能。

坚持从优待警 2016年,牵头成立司法体制工改工作领导小组,推动全区法官、检察官入额遴选工作,46名法官、33名检察官经省遴选委员会核准入额公示。加大区财政投入力度,牵头召开相关专题协调会议,着力优化办公办案环境、提升装备水平、改善工作条件,积极帮助干警解决生活困难,增招治安特勤、交警协勤各100名,政法保障水平进一步提高。

法治政府建设

工作概况

2016年,市南区政府法制办公室学习贯彻党的十八大和十八届三中、四中、五中、六中全会精神及习近平总书记系列重要讲话精神,以加快推进法治政府建设为总纲领,以深化全省依法行政联系点建设为发力点,凝心聚力、开拓创新,推进市南区法治政府建设实现新跨越,为市南区改革发展提供有力的法治保障。

凸显法治创新引领作用

构建政府法律风险防控体系 2016年,区政府法制办遵循"定向发力、预防为主"的思路,以区政府名义出台《关于加强政府法律风险防控体系建设的意见》,确保市南区法治政府建设目标任务落实。(1)加强"决策、执法、监督"法律风险节点控制,在率先构建"五位一体"重大决策制度体系基础上,推进决策事项目录清单管理,完善决策评估等配套制度。以规范执法为重点,整合现场检查、网上巡查等多种监督手段,发挥案卷评查的串联效应,推进严格规范公正文明执法。以监督为支点,整合执法监督、复议办案、出庭应诉等平台资源,强化对行政权力的制约和监督。(2)强化"队伍、能力、机制"保障体系建设,内外智库保障,统筹用好政府法律顾问人才库和全区法制工作人

2016年8月29日，区政府法制办组织召开市南区人民政府法律顾问聘任仪式暨年度法律顾问总结座谈会。

员库两支队伍，发挥法律顾问在重大行政决策、行政复议案件审理、政府合同审查、突发事件处置等方面的积极作用，构建依法辅政的"外脑智库"；提升政府工作人员法治思维能力，健全组织领导、督促检查、考核评价和激励创新机制，为加快法治政府建设提供力量源泉和驱动引擎。

凝聚法治政府建设合力　2016年，市南区主动适应法治政府建设新常态，坚持"统筹协调、上下联动"的工作布局，以深化全省依法行政联系点建设为发力点，以全市行政复议信息化示范单位为支撑点，以培树依法行政基层联系点为落脚点，实现市南区依法行政工作"百花齐放"，大众网、凤凰网、网易等主流媒体均对市南区相关做法予以报道。(1)省级层面，坚持上下联动，当好基层"情报员"。年内对省政府征求意见的17件法规、规章草案组织街道办事处及职能部门征求意见。在区部门、街道及法律顾问单位设立基层依法行政信息直报点，第一时间展示市南区法治政府建设实践进程和具体成效，经政府法制部门推荐，省政府法制办刊登市南区依法行政信息49篇，市政府法制办刊登33篇，6月份，青岛电视台《青岛新闻》以"市南区：促进依法治国方略在基层落实"为题，对市南区法治政府建设情况进行报道。(2)市级层面，坚持创新引领，当好改革"生力军"。推进行政复议规范化建设，完善行政复议制度和接待流程，印发行政复议工作指引，作为全市行政复议信息管理平台的试点单位，探索复议案件全程网上办理和实时统计分析，年内网上办理行政复议案件88件。(3)区级层面，坚持发挥合力，当好法治"引领人"。选树依法行

政基础较好的若干单位作为区依法行政工作联系点，遵循"分类管理、典型培育"的原则，明确各联系点的突出优势及主要任务，在健全行政决策程序、提升行政执法水平等领域下功夫，提升全区依法行政工作整体水平。打造了区市场监管局执法规范化建设等基层先进典型，年内区市场监管局被授予全国工商及市场监管系统法制工作联系点。

规范行政权力运行

扣好依法行政"第一粒扣子"　2016年，完善重大行政决策制度体系，对《市南区健康产业发展规划》等重大行政决策事项组织合法性审查，公众参与、专家论证、风险评估、合法性审查和集体讨论成为市南区重大行政决策事项出台的必经环节。政府法制部门全程列席政府常务会议、审议各项议题，参加专题会议，政府会议纪要经法制部门会签成为必经环节，年内列席常务会议20次，审查会签政府会议纪要45件，为地铁站点征收补偿等120余件领导批示件出具法律意见，全年审查机关单位对外签订的合同3500件。

规范性文件精细化管理　2016年，以提高规范性文件质量为目标，把好规范性文件"入口关、合法关、质量关、标准关"，修订《市南区行政机关规范性文件管理办法》，从制度层面提升规范性文件管理质效。围绕政府经济奖励政策、资金监管等重点领域，组织对《市南区老旧电梯更新改造管理办法》等19件规范性文件进行合法性审查。

加大执法监督力度　2016年，继续强化执法队伍建设，制发《行政执法证件管理工作指引》，联合区编制部门对资格审核、培训考试等前置环节严格把关。年内组织新增执法人员报名考试34人次，开展执法证件审验、公共法律知识更新培训考试304人次，全年清理注销证件79件。推进执法规范化建设，开展执法案卷评查、网上处罚平台检查等专项监督检查50余次，涉及执法案件1000余件，强化对执法全过程记录、行政处罚裁量基准等制度的重点监督，推进执法程序和实体"双规范"。推进文明执法，在执法部门先行试点全程说理式执法，优化文书模板，提升行政执法透明度和群众满意度。

健全行政复议应诉工作体制

行政复议公信力建设　2016 年,成立区长挂帅、专家和社会成员比例达 50% 的行政复议委员会,年内新受理行政复议案件 88 件,案件数量为上年同期的 2.4 倍。运用书面审查、实地调查、专家审理等方式,所有案件均提交行政复议案审会集体讨论。将行政调解机制融入办案全程,年内调解结案 14.3%。坚持个案纠错和面上预防并重,年内行政复议纠错率达到 42.9%,4 次向部门提出规范行政执法的意见建议。

行政应诉能力建设　2016 年,制发《市南区行政应诉管理工作指引》,健全工作机制、梳理应诉流程、明确主体责任,通过制度约束把握出庭应诉主动权。制发答辩状、上诉状、结案情况报告等 11 份文书模板,为部门出庭应诉提供全方位指导。办理区政府应诉案件共 41 件。

增强法治政府建设统筹协调能力

法治政府建设提速换挡　2016 年,以市委、市政府《关于加强法治政府建设的意见》为参照系,牵头制订《市南区法治政府建设实施方案》,加强对全区法治政府建设任务的科学谋划和协调落实。《方案》明确区委宣传部、区编委办、区监察局等部门在各自领域内的法治政府建设主体责任,并以区委、区政府名义印发实施。

坚持考核评估　2016 年,面向全区 32 个机关和 10 个街道办事处,实施“专项检查＋半年评估＋年度考核”的三位一体考评模式,选取规范性文件、行政执法、复议应诉、法律顾问、信息宣传等领域任务指标全面评查。将指标体系考核结果与区委、区政府科学发展综合考核挂钩,在街道办事处和部门科学发展综合考核体系中所占比重分别达到 1% 和 2%,确保法治政府建设目标任务的落实。

加强法制队伍建设　2016 年,建立 33 人的政府法律顾问人才库,市南区机关单位法律顾问聘用率达 77%,法律顾问全面介入行政决策、合同审查、执法监督、案件代理、法制培训等市南政府法制工作各领域。印发法律意见示范文本 10 份,组织法律顾问总结交流 2 次,联合中国政法大学举办政府法律顾问专题研修班。在法制工作人员教育培训上下功夫,组建 109 人的部门法制工作人员队伍,举办法治专题培训班等系列培训 10 余期,累计受训人员 1500 余人次,编印《法视觉》刊物 4 期发放 700 余本。

公　安

工作概况

2016 年,青岛市公安局市南分局以持续提升人民群众安全感满意度为目标,以公安改革和警务创新为引领,凝心聚力,开拓创新,奋力拼搏,全面推进,圆满完成各项公安保卫任务,全区政治大局、治安大局持续稳定。2016 年,市南公安分局有 28 个单位、448 人次受到表彰。市南公安分局被授予“全省公安机关执法示范单位”“全市公安机关法制工作先进单位”“2016 年度绩效考核优秀单位”“青岛市市级文明单位标兵”等荣誉称号。在省公安厅组织的“全省公安机关人民群众安全感满意度电话调查”中,市南公安分局“安全感”排全市第四名、市内三区第一名;八大关派出所记集体二等功。五四广场治安派出所被省人力资源和社会保障厅、省公安厅、省公务员局授予“全省公安系统先进集体”荣誉称号。金门路派出所被市委组织部、市人力资源和社会保障局授予“青岛市人民满意公务员示范单位”荣誉称号并记集体三等功。2 人记个人二等功。

落实防风险补“短板”工作　2016 年,市南公安分局召开党委会议,遴选确定七大类 31 项风险清单和五大类 41 项短板清单,并逐项制定防范和整改措施。其中,小案侦防机制受到省厅、市局主要领导高度肯定和总结推广;实战勤务指挥机制作为典型经验参加全市公安机关基层基础建设座谈会交流;海底世界拥挤踩踏风险防控、中小旅馆治安管理“短板”整改经验被市局简报转发;被省厅命名为“全省公安机关执法示范单位”。

加强反恐处突工作　2016 年,结合反恐维稳新形势新变化新要求,进一步强化反恐工作。(1)成立实战勤务快速反应中心,形成快速反应、合成指挥作战模式。制订反恐处置方案预案,统筹调度武警、特警、110、PTU 等警力,提升应急处置效能。(2)战训合一强化反恐技能培训,结合敏感节点和重大活动安保工作,刑侦大队、巡逻大队牵头组织应急拉动、盘查堵控演练。(3)结合风险防控,组织各派出所对海底隧道、泰能天然气储罐以及“水电油气热”等涉恐重点部位,全面开展风险隐患排查,确保万无一失。

打击违法犯罪活动　2016 年,充分发挥公安机

2016年11月4日，公安市南分局开展宣传《中华人民共和国突发事件应对法》活动。

关职能，把控治安大局，确保安全稳定。（1）完善派出所经侦探组机制，全年侦破涉众经济案件21起，挽回经济损失1500余万元，积极推进"猎狐2016"专项行动，抓获境外逃犯3名。（2）推行刑侦专业体制改革，提升案件串并广度、研判深度、打击精度，逮捕"盗抢骗"犯罪嫌疑人136名。创新系列性案件"围猎"战术，抓获29名犯罪嫌疑人，侦破案件73起。（3）充实网侦队伍，增配侦察装备，全面提升网络核心侦查能力和支撑破案能力，全年挖掘网上线索700余条，参与侦破刑事案件125起，支撑抓获犯罪嫌疑人51名，主侦网络犯罪案件4起，其中侦破部督"赵玉鹏网络贩枪案"，抓获嫌疑人9名，缴获枪支25支。（4）推进追逃、除恶等专项行动，打掉痞霸团伙27个，抓获网上逃犯134名。查除"黄赌"案件132起，查获违法犯罪人员270名，严打毒品犯罪，查获涉毒人员532名。全面推进社区戒毒社区康复工作，社区戒毒100人次，湛山街道社区戒毒社区康复办公室被评为省级示范单位。

净化社会治安环境　2016年，积极探索符合中心城区治安特点的防控模式，压降警情发案。（1）提前预判治安趋势，结合季节、人流、大型活动、敏感节点、警情走势等时空要素，动态调整全区重点防控目标和警力投向，增强勤务部署针对性实效性。（2）完善"一区一警一辅一队"社区防控机制，与全区网格化治理体系有序衔接。为居民改造安装楼栋单元电子对讲门1000套，提升社区物防水平。完成天网工程二期建设，全区街面探头和卡口视频达到2350处高清探头。建立覆盖全区和全警的"平安市南"微信体系，深化互联网＋警务建设。

队伍建设

2016年，组织全体干警深入学习习近平总书记"七一"讲话和党的十八届六中全会精神。深化基层党建工作，新增食药环侦大队、执法办案中心、火车站治安派出所等3个基层党支部，更名党支部1个，改组28个基层党组织。完善"三会一课"、领导干部双重组织生活等党的组织生活制度，建设完善分局党建教育基地，筑牢基层战斗堡垒。推进纪律作风专项整顿和"两学一做"主题教育，坚定全体干警政治信念和政治立志；把从严治党、从严治警要求落到实处，确保全警守纪律、讲规矩。

治安防控体系建设

创新旅馆业管理模式　2016年，市南公安分局组建"专项检查小组"，每月对辖区旅馆进行抽查。发现存在违法违规经营的旅馆，立即通知派出所到场进行处罚和整改。制作《市南公安温馨提示》《住宿旅客须知》的宣传标牌，由派出所负责督促所有旅馆在显著位置张贴。查处违法违规经营旅馆嫌疑人78人，行拘10人，取缔无证旅馆8家。

严查狠打"黄赌"社会丑恶现象　2016年，查处涉黄涉赌案件132起，打击处理270人。

多项治安防控工作措施　2016年，完成12981套防攀刺安装，在预防爬楼入室盗窃案件方面发挥作用。

重大活动安保工作

2016年，市南公安分局成立警卫随卫队伍和警卫安检队伍，负责提前在警卫线路沿途卡点定点停靠，确保任务车队安全通过；负责警卫工作中住地、线路、现场、活动、会议等的专项安检工作。全年执行C20会议、"世界互联网大会"、"全球知识经济大会"等大型活动安保工作106次，出动安保力量16454人次。完成各级警卫任务27批次，未出现任何纰漏。

外来人口管理

夯实流动人口基础管控基础　2016年，制定《市南分局关于加强实有人口和实有房屋管理工作的实施意见》，指导各派出所建立以流动人口为管理重点的实有人口和实有房屋社区网格化管理机制;推动流动人口社会化治理,落实出租房主、房屋中介、物业、用工单位登记备案制度;转变信息采集方式,在互联网、"市南户政与出入境"微信公众号开通流动人口信息申报模块,提高社会化采集率;加大对流动人口出租房屋漏管失控责任的倒查力度。

深化流动人口管理服务 2016年,依据国务院《居住证暂行条例》和《山东省流动人口服务管理暂行办法》,适时调整居住证申领条件和受理流程,完善流动人口社会化登记模式,建立与之相适应的服务管理机制。开展流动人口宣传月活动,印制《居住证办理小常识》《致出租房主一封信》《致用工单位一封信》等宣传材料10万余份,宣传居住证对保障群众合法权益及社会治安稳定的重要意义,普及流动人口信息申报渠道及操作流程,增强流动人口信息登记主动性、自觉性。全年,分局采集录入流动人口信息45077条,制作办理居住证18622个,在市局考核中取得优秀成绩。

消　防

落实消防安全责任制 2016年,区政府将消防工作纳入全区国民经济和社会发展计划,推动消防工作政府领导责任、部门监管责任和单位主体责任的落实。年内召开全区消防工作会议一次,部署年度工作任务,与区消委会成员单位签订消防安全责任书,将消防工作纳入社会治安综合治理和政府安全生产责任目标考评,明确各部门消防工作责任和任务分工,加大对责任制落实的考核力度;调整区消委会并召开会议一次,通过区安委会召开专题会议四次,研究部署消防工作。"五一"、"十一"、元旦、春节等重要防火时期,区委、区政府领导带队参加防火检查,指导开展火灾隐患整治。督促各部门按照《青岛市行业(系统)消防安全管理办法》要求,实行"一把手"负总责,分管领导对责任范围内消防安全工作具体负责的责任制度,做好消防安全监督工作。

加大依法履行职责的力度 2016年,各职能部门和行业主管部门按照《青岛市行业(系统)消防安全监督检查管理办法》,推动落实行业领域消防安全监督检查管理职责,在全区范围内形成行业齐抓共管、部门联查联治的良好态势。区卫计局投资28万元引进第三方专业机构对区医疗机构进行隐患排查,对20人以上的机构每季度检查1次,20人以下的机构每半年检查1次;区城市建设局制定《2016年市南区城市建设局安全生产工作要点》,多次召开局长办公

会调度消防工作,明确每季度、每月的消防工作检查内容;区司法局在"七五"普法规划中,将《消防法》纳入普法规划,同时将消防安全作为基层法律服务所、律师事务所年度考核的重要考核项目;区旅游局与全区33家星级饭店、15家A级旅游景区、180家旅行社、56家旅行社分社全部签订消防安全管理工作目标责任书;区民政局每年出资15万元,采取购买服务的形式,每月对养老机构进行消防安全检查,每年对老年公寓开展消防安全风险评估,并完善全区17家养老机构的应急预案。全区各部门组织联合检查35次,排查单位725家(次),发现整改火灾隐患815处;各公安派出所检查社会单位8517家,发现火灾隐患4355处,发放责令改正通知书2284份,处罚532起;消防大队共检查单位3077家,发现隐患4312处,整改隐患4058处,罚款52.3万元。

街道消防工作常态化 2016年,各街道办事处将消防安全工作纳入日常工作重点,每月召开消防安全形势分析会,常态化开展管区消防安全工作。江苏路街道、香港中路街道主要领导带队对辖区单位进行全面排查,摸清管区社会单位底数;湛山街道将辖区合理划分为"街道—社区—片区"三级网格,为网格员配备连接"智慧湛山"平台的智能手机终端,提高隐患发现和整治效率;八大关街道与50家企事业单位签订《安全生产、消防工作目标责任书》,与346家"九小场所"签订《安全生产、消防安全承诺书》;八大湖街道推行商户消防互助组模式,即5~10户为一个消防安全互助小组,轮流派人开展消防安全检查;中山路街道近年连续投入近300万元为100余个老旧楼院配备消防安全箱,为100余户防范能力较弱的低保困难家庭配备燃气报警器,为管区内5600余户居民家庭购买火灾、燃爆、盗窃复合保险。

开展火灾隐患排查整治工作 2016年,全区深入开展冬春、夏季消防安全检查。公安、消防、安监、文化、旅游、教育、民政、卫生等部门开展联合检查40余次。开展娱乐场所、养老院、幼儿园、医院等人员密集场所及易燃易爆场所专项治理,对辖区的宾馆饭店进行重点整治,强化消防安全"三项重点"工作(电气线路、安全疏散、培训演练专项治理活动);各级职能部门共检查单位8095家次,发现火灾隐患2650余处,督促整改2200处,对存在隐患的单位临时查封16家,责令"三停"55家,罚款127万元。国庆节、圣诞节、元旦期间,公安、安监、商务、消防部门等连续开展"零点行动",确保重要节日期间的消防安全稳定。对辖区宾馆、酒店、KTV、歌舞娱乐等夜间营业的人员

密集场所开展消防安全集中夜查行动,检查单位 303 家,查处隐患 275 处。消防大队检查社会单位 5960 家,发现火灾隐患 5671 处,发放责令改正通知书 1995 份,处罚 45 起,责令"三停"单位 10 家,罚款约 82.6 万元。派出所检查"九小场所"11276 家,发现火灾隐患 6351 处,发放责令改正通知书 3119 份,处罚 744 起,罚款约 1.5 万元。

提高全民消防意识 2016 年,动员相关部门综合利用多种形式,发动社会各界参与配合,消防宣传教育做到全方位。(1)在"五一"、"十一"、夏防、"11·9"宣传月等重大节日和活动期间,利用消防宣传车、消防实训中心开展消防宣传、培训 120 余次,发放各类宣传品 3 万余份,消防大队监督员对 110 余家单位进行消防培训,对消防重点单位管理人培训 37 次,培训 475 人。(2)区文化局、安监局、公安分局、消防大队、各街道办事处等行政职能部门,联合对辖区内的文化经营场所、高层建筑、易燃易爆场所开展专项演练 150 余次,出动演练车辆 300 余辆,官兵 1800 余人次。在演练同时,对单位和场所人员进行消防安全知识培训;各部门、街道办事处通过集中培训、单位检查等形式开展消防安全培训,参加教育培训群众达 6500 人次。"11·9"宣传月期间,各部门、各街道组织开展各类消防安全宣传培训活动,调动广大居民关心消防、参与消防、支持消防的积极性。

推进重大火灾隐患整改 2016 年,经区政府多次会议协调,区政府挂牌督办的万里大厦和海洋大厦两处重大火灾隐患整改稳步进行。万里大厦消防设计图纸通过消防部门审核,由铁路红宇牵头进行整改,前期资金到位。居民的消防火灾报警系统、消火栓系统、自动喷水灭火系统、手动报警按钮、疏散指示标志和应急照明系统均安装到位,消防水泵房和风机房施工完毕。海洋大厦业主临时整改小组对三家投标公司的方案进行对比,同意采取打包形式一次性集资解决所有问题,消防工程公司进场进行消防改造。

重大案例

破获 6 人跨省系列团伙盗窃案 2016 年 5 月 15 日,万象城超市工作人员到湛山派出所报案称:该超市在当日货物盘点时发现,该超市内在售部分货架商品(价值人民币 10550 元)被盗。5 月 16 日,刑侦大队会同湛山派出所开展侦破工作,经调取超市内部监控,发现盗窃嫌疑人踪迹,通过图像分析,确定该盗窃团伙为 6 人(五男一女),并落实该团伙 6 名成员的身份信息:高某(女,25 岁,贵州人)、苟某涛(男,26 岁,

贵州人)、李某君(男,29 岁,四川人)、谢某(男,39 岁,湖南人)、唐某伟(男,22 岁,重庆人)、邵某(男,36 岁,重庆人)。经查该团伙系租车作案,4 月 26 日从广州出发,先后在浙江、山东、湖南等省 20 余个城市停留。刑侦大队兵分两路,一路为抓捕组赴广州开展调查,另一路为信息支援组继续为本案提供信息支援。5 月 19 日,抓捕组到达广州,5 月 21 日,守候民警发现嫌疑人谢某来租车行还车。经工作获悉另外 5 名嫌疑人已租车去重庆。为此,抓捕组立即安排警力奔赴重庆,对另外 5 人实施抓捕,5 月 31 日,在当地警方配合下,将高某等 5 名嫌疑人抓获。广州抓捕组也在同一时间收网,在广州飞机场将谢某抓获。

经审讯,6 名嫌疑人供述 2016 年 3 月份以后先后窜至江西、四川、贵州、广东、重庆、浙江、山东、湖南省区等 20 余个城市,采取超市盗窃商品方式作案 100 余起,价值数十万元。该 6 人于 7 月 7 日被市南人民检察院依法逮捕。

侦破系列盗窃商铺案 2016 年 11 月 1 日 13 时许,位于香港中路的银座商城 3 楼的地素专柜被盗貂皮大衣一件,价值 3 万余元。刑警大队民警立即对受害人进行回访,调取案发时段监控录像,掌握案发经过、嫌疑人特征等情况。市南公安分局组成专案组,综合运用情报、图侦手段,确定该团伙为 5 名成员:韦某耀(男,35 岁)、叶某山(男,39 岁)、杨某妹(女,25 岁)、韦某叶(女,31 岁)、韦某林(女,39 岁),均广西来宾人。该团伙租车于 10 月 12 日从安徽合肥出发,流窜浙江、江苏、山东境内的城市,每个城市停留 1~2 日作案。青岛案发后该团伙逃往济南,抓捕组民警一路追踪至济南、石家庄、邯郸,于 11 月 6 日 23 时 30 分许到达邯郸市,在当地警方的配合下,将 5 名嫌疑人全部抓获,当场缴获大量被盗赃物。11 月 8 日,5 名嫌疑人被押解回青。经审讯,该团伙供述 30 余起本省、外省案件,涉案价值数十万元。同时供述为其收赃的嫌疑人覃某巧(女,34 岁,广西柳江人)。11 月 20 日,覃某巧到案。至此,这一盗窃、销赃犯罪团伙被成功打掉。

检 察

工作概况

2016 年,市南区人民检察院贯彻落实党的十八大,十八届三中、四中、五中、六中全会和习近平总书记系列重要讲话精神,以"深化落实、创新推动"为工

作基调,坚持"问题导向、目标引领、深化具体、创新提升"的工作要求,忠实履行职责,深化"三项建设",打造过硬队伍,推动检察工作走在全市、全省前列。11 个(次)集体,49 名(次)个人受到区级以上表彰奖励。

服务保障经济社会发展

服务区域经济社会发展　2016年,开展"服务发展、服务群众,提升司法公信力、提升社会满意度"活动,组织全员走访服务、派驻检察室巡访、联系"三员"、巩固传统媒体、推介新媒体五项行动,院领导、各部门分工对口全区10 个街道办事处及所辖企业、学校等单位进行"分田包产"服务,深入街头巷尾、千家万户,面对面宣传检察职能,工作经验被区委书记批示肯定。通过深入街道办事处,调研低保救济资金管理发放工作,排查出该项工作的重点岗位环节存在廉政隐患,与市南区民政局会签《关于联合做好低保救济领域预防职务犯罪工作的意见》,全程监督救济资金申报、登记、公示、管理和发放流程,保障政府资金安全。根据市南西部棚户区改造(苏州路片区)征收工作情况,有针对性地前往江苏路街道办事处开展调研,对国土资源及房屋管理、城市管理等基层行政执法活动进行监督,助力"法治社区、廉洁社区"建设。

围绕法治焦点开展专项监督　2016年,开展公安派出所刑事侦查活动专项监督,排查执法不公正、不规范、不文明及以罚代刑的问题,向公安机关提出书面纠正违法 13 件。开展危害食品药品安全犯罪专项立案监督,与公安、食药监局会签文件,立案监督危害食品药品安全犯罪 1 件,依法从快批捕社会高度关注、涉案金额超过 50 万元的非法经营疫苗案犯罪嫌疑人任某桂、王某坤。推进破坏环境资源犯罪专项立案监督以及环保执法专项检察,建立信息共享、线索移送、结果反馈等长效机制,对区环保局 2015 年来的案件进行逐案评查,区环保局根据区人民检察院的建议,开展环保行政执法自查自纠活动。开展集中清理判处实刑罪犯未执行刑罚专项活动,调查摸底 6 人,有效进行清理纠正。在整治虚假诉讼专项活动中,对8 起当事人虚构债权债务关系进行虚假调解,通过执行程序将公司法人股过户到个人名下进入二级市场进行买卖的案件,提出再审检察建议 8 件,法院全部

2016 年 6 月 24 日,区人民检察院到中交一航局第二公司举办预防教育主题讲座。

裁定再审改判,撤销原审调解书。在道路交通安全法律监督中,根据案发情况向交警部门发出 16 份检察建议,全部被采纳。

查办和预防职务犯罪推出新举措

加大办案力度　2016 年,坚持凡腐必反、有贪必肃,集中查办发生在基层、侵害群众利益的职务犯罪以及"官小权大"的国家工作人员职务犯罪。立查贪污贿赂案件 19 件 19 人、渎职侵权案件 4 件 9 人。立查国家电网青岛供电局建设部副主任梁勇受贿 70 余万元等电力系统工程建设领域行贿受贿窝案 10 件 10人;立查环保、车管等系统 5 名工作人员与 7 名不法分子内外勾结,骗取 290 余辆高污染黄标车提前淘汰补助资金 456 万元的窝串案等,工作经验在全省反渎工作会议上作典型发言。反贪局被评为全省反贪"四个领域"专项工作先进单位;立查的市南区房产管理处房管科原负责人韩勇滥用职权、受贿案获评全市精品案件。

提升办案能力　2016 年,成立职务犯罪侦查情报中心,完善"侦查一体化"机制,技术人员在初查、传唤、搜查三个环节"三同步"跟进侦查工作,运用电子证据提取分析等手段辅助办案。建设职务犯罪情报信息的存储管理平台,由专线网、互联网等组成的信息查询平台,以电子数据分析、话单分析软件为基础的专业分析平台,以侦查指挥网为基础的侦查指挥平台,实现对职务犯罪情报的储存管理、对犯罪线索的网上初查、对犯罪信息的分析研判、对侦查工作的远程指挥、对执法活动的全程监督五大功能。专门邀请

全国检察互联网数据分析专家到院举办"互联网数据在检察办案中的应用"专题培训,提高侦查人员信息化侦查能力。

打造预防亮点　2016年,受理预防行贿犯罪档案查询20047宗,2篇预防检察建议分获全省评选二等奖、全市评选一等奖,预防检察年度工作报告被区委书记批示肯定。到市南区医院、青岛市供电公司等14家单位上法制课,受教育者达5000余人次。与市建筑工务局会签共同做好预防工作的意见,深入市立医院二期工程、南京路小学重建工程等4个重点工程中开展"检察官联系大项目"活动。在预防职务犯罪协会中举行志愿者工作站授牌仪式,举办"三不腐机制建设理论研讨会",成立由区人民检察院及市南国税局等5家会员单位组成的"润万家杯"预防巡回宣讲团,在珠海路街道汕头路社区举办全市首场"进乡镇、进社区"预防职务犯罪警示教育巡回宣讲。

强化法律监督取得新成效

加强刑事检察监督　2016年,受理审查逮捕案件412件545人,批捕325件420人,不批捕86件127人,开展检察宣告和公开审查4件。受理审查起诉案件446件596人,审结358件467人,提起抗诉6件7人。办理绍兴三路商务酒店爆炸案、e租宝非法集资案等多起重大疑难复杂案件,依法对泽雨集团孔令奇等18人非法集资案、上赢集团马啸天等13人非法集资案提起公诉。对辖区206名矫正人员开展全员集中教育,到区公共法律服务中心、各街道司法所开展社区矫正巡视监督12次,发出纠正违法6件,对4件建议收监案件实施监督;开展强制医疗执行监督2次。对16件16人启动羁押必要性审查程序,对无继续羁押必要的10名犯罪嫌疑人,依法向办案机关提出变更强制措施建议,均被采纳。在办理刘某涉嫌故意伤害案过程中,鉴于其已赔偿被害人并取得谅解,且其妻子临近分娩,依法提出变更强制措施建议并被采纳,后刘某因认罪态度较好,法院对其作出缓刑判决。

加强民事行政检察监督　2016年,办理民行案件84件,举办听证会39次,再审检察建议采纳改判4件。建设网上行政处罚执法监督系统,办理17件行政执法监督案件。对江兆民申请民事执行监督案向法院发出检察建议,法院及时解除涉案房产查封,保障和恢复当事人的合法权益。开展公益诉讼宣传周,进行网上、网下宣传,发放宣传手册200余册。

加强控告申诉检察监督　2016年,开展举报宣传周活动,建设远程视频接访系统,受理群众来信来访1083件次,其中非法集资类集体访727人次。接听民生检察服务热线900次,化解进京上访隐患2件,办理中央巡视组交办案件3件,开展司法救助2件,省院对区人民检察院全国文明接待室开展检查并给予高度评价。制定律师参与化解和代理涉法涉诉信访案件工作制度,确定律师办公场所和律师值班库,在一起律师代理的不服法院生效判决的刑事申诉案件中,经过与律师多次沟通、共同努力,督促被代理人履行赔偿协议,帮助两名农民工追回拖了两年的6万元伤害赔偿金。

加强未成年人检察监督　2016年,未成年人刑事检察工作办公室正式设编,实行涉未成年人案件"捕诉监防"一体化办理,共审查批捕案件7件18人,批捕5件5人,不批捕2件13人;办理审查起诉案件8件8人,提起公诉5件5人,判决1件1人。在办理未成年人马某涉嫌寻衅滋事案的过程中,主动联系劝导马某的父亲进行亲情会见,马某在亲人陪伴下真诚认罪悔过,区人民检察院依法对其作出不批捕决定。创建集心理评估、疏导、帮教于一体的"FLY"工作室,与青岛心彼岸心理咨询公司进行心理咨询服务合作,为涉案未成年人提供专业的心理咨询服务和沙盘游戏咨询。深入青岛第七中学、第五十一中学、基隆路小学等学校,举办"送法进学校"系列普法活动,围绕远离毒品、远离校园欺凌等主题,加强未成年人犯罪预防和法制观念培养。

"三项建设"获得新发展

规范化建设迈上新台阶　2016年,高起点建设司法场所,建成信息化、多功能、网上网下相结合、诉求办理一站式的检察服务大厅,提供开放、动态、便民的检察服务;建设涉案财物专用保管室,启用全市首家自主研发的"物联网"涉案财物管理系统,依托统一业务应用系统与物联网技术的有效连接,对126件涉案物品全部扫描打码,实现对涉案财物的电子档案化管理和实时在网监控。建立案件质量百分制量化评查体系,评查案件370件,发出评查通报10份,切实提高案件质量。在全市率先全面实现电子卷宗随案同步移送,区人民检察院入选高检院案件管理工作联系点,成为山东省入选的三家单位之一,也是青岛市唯一一家入选单位。

信息化建设实现新飞跃　2016年,完成全省检察机关"两网两室"、同录中心、远程接访、远程提审、派驻检察室等升级改造,建设本院视频中心、电子证据实验室、视听技术室、心理测试室,全面推行智能接待、双屏互动接访系统,打造高智能、高品质的信息化应用云平台。自主研发移动检务云督察平台,配套检务督察手机 APP,实现电脑平台对工作落实、司法办案、纪律作风、检务管理四大模块的所有功能,并可以通过前期提醒、中期督察、后期处置三大环节对检察工作进行全程监督,在全省智慧检务督察系统现场会上进行汇报演示。

派驻检察室建设展现新面貌　2016 年,全面提升派驻检察室建设标准,建设轻微刑事案件办案区、检察听证及宣告庭、刑事及民事诉讼工作室、阳光和解室、社区矫正室等多个办案及接待群众区域;加强对派驻法庭的监督,建立专人联系、定期走访、案件通报、检察长专题授课等制度,促进基层法庭的规范化建设。积极开展群众维权法律服务,录入信息超市辖区社情、社区低保等各类信息 3367 条,在社区开展公益讲座、走访调研,聘请信息联络员、社会监督员,收集案件线索、涉检舆情和群众监督需求,被评为"山东省老年人公益维权服务示范站"。全国人大常委会委员、内司委副主任委员何晔晖等领导同志对区人民检察院派驻检察室工作给予高度肯定;《山东新闻联播》"山东政法队伍建设系列报道"中将区人民检察院派驻检察室作为全省检察机关创新建设派驻检察室典型代表进行专门报道。

检察改革呈现新亮点

创新金融检察专业化工作机制　2016 年,制定《金融检察工作规定》,建立"专业化办理、标准化衔接、精细化审计、职业化培训"的金融检察工作体系,对重大涉众型金融犯罪案件实行专案、专组、专屋、专办,实现批捕环节提前介入、起诉环节辨析论证、追赃环节严密跟踪、庭审环节理性指控,有力维护金融秩序,防控金融风险,为区域金融中心建设提供优质高效的司法保障,做法得到区委书记批示肯定。建立集体访应急预案,接待金融案件群众集体来访 76 次 1876 人次,全部妥善处置。

落实上级检察改革部署　2016 年,按照上级部署要求,顺利完成检察官入额遴选工作,有 33 名检察官成为首批入额检察官。推行证据精细化审查方式,依法落实庭前会议、简易程序等制度。成立刑事速裁案件专办组,办理刑事速裁案件 86 件。开展保障律师执业权利专项督察检查活动,听取律师意见建议,对 21 名律师在批捕环节提交的书面材料进行审查答复、如实入卷。开通专门的律师预约应用平台,方便

快捷地提供事项办理、资料获取等"一站式"服务,接待辩护人、诉讼代理人 219 人次,提供案件查询 618 件次,为律师免费提供电子阅卷及光盘刻录服务 184 次,被律师们誉为"检察福利",相关经验在《检察日报》上刊载。

大力加强检察队伍建设

思想政治和党的建设　2016 年,通过学习党的十八大,十八届三中、四中、五中、六中全会精神及习近平总书记系列重要讲话精神,全体干警牢固树立"四个意识",特别是核心意识和看齐意识。深入推进"两学一做"学习教育,机关党委和各党支部开展民主生活会、组织生活会和谈心谈话等活动,增强高举旗帜、听党指挥、忠诚使命的自觉性和坚定性。强化党建带队建,完成 95 名党员的党费重新计算和收缴,主动走访困难党员、群众 3 人次。

领导班子和人才队伍建设　2016 年,党组中心组学习 12 次。召开党组会 49 次、办公会 26 次、检委会 21 次,对"三重一大"事项全部集体讨论研究决定。完成区管干部个人有关事项报告、个人档案专项审核及补充、因私出国(境)专项督查等工作。建立检察业务人才库、检察兼职教师库、先进典型库 3 个人才库,1 人被评为全省优秀检察官,10 名干警入选省、市院人才库,7 人次在市院业务竞赛中获奖。

素质能力建设　2016 年,组织干警参加全区政法系统法治建设专题研修等各类培训 95 期 1312 人次。接收青岛大学副教授到区人民检察院挂职,3 名干警考取青岛大学在职法律硕士研究生,硕士学位以上干警占比达到政法编干警的 41.1%。在国家级期刊发表论文 11 篇,1 篇论文在山东省预防青少年违法犯罪论坛征文活动中获得一等奖。

党风廉政建设　2016 年,落实"两个责任",贯彻政法系统内部人员过问案件记录和责任追究规定,全院层层签订党风廉政、办案安全、维稳、保密等五项责任书。持续整治"四风"和司法作风突出问题,广泛开展"正风肃纪"专项活动,形成全面从严治检新常态,被省院评为"无违法违纪、无责任事故"检察院。建立"日报告、周小结、月公示"考勤制度和"常态化、全方位、跟单式"检务督察制度,让守纪律、讲规矩成为干警的思想自觉和行动习惯。

主动接受外部监督　2016 年,认真办理人大代表建议和政协委员提案;定期通过检察"e 信"平台向人大代表、政协委员汇报工作;组织人大代表、政协委员开展执法检查、通报会、座谈会等活动 70 余人次,

邀请人民监督员监督案件 1 件。组织"学准则条例，守纪律规矩"正风肃纪活动人大代表通报会，自觉接受人大代表评价监督，受到与会代表的充分肯定。

不断提高综合服务水平

不断加强政工工作 2016 年，完成检察官职务套改、司法警察警员职务套改、员额制遴选考试考核考察工作。1 名干警晋升副处实职，招录 8 名公务员，完成未检办、案管办、执检科增编更名等工作，完成人员机构编制上划工作，做好省院人事管理系统信息维护工作。继续巩固检察文化阵地，组织缅怀革命先烈、重温入党誓词、"七一"专题党日活动等集体活动。

不断提升政务服务水平 2016 年，撰写并报送检察信息 49 篇、检察要情 26 篇，在各级主流媒体上刊发宣传稿件 139 篇，28 篇（次）信息得到高检院、省市院和区委转发。收发各类文件、传真 3100 余件次，完成档案室搬迁改造及所有档案重新收集整理。开展遵章守纪、检风检容、值班安全等明察暗访 40 余次，发布督察通报 29 期，促进全院工作有序开展。

不断提高警务保障能力 2016 年，坚持检警协作机制，参与追捕在逃犯罪嫌疑人 96 人次，配合自侦部门迫使 3 名网上逃犯投案自首。全年执行传唤 24 人次；协助执行拘留、逮捕取保候审等强制措施 48 人次；参与搜查 48 次；押送、提解犯罪嫌疑人 898 人次；看管犯罪嫌疑人、被告人 275 人次；送达有关法律文书 366 件次；为办案工作区提供警务安全保障 360 余人次；协助维护来访秩序和安全 20 余人次；司法警察加班加点 6000 余小时。

不断强化信息技术保障工作 2016 年，技术部门开展检验鉴定 9 件，法医文证审查 65 件，准确率达到 100%；开展心理测试 5 件；进行电子证据提取恢复 58 件；讯问职务犯罪嫌疑人同步录音录像 18 件 186 人次；配合自侦部门现场搜查 12 次；全年加班数百小时。信息中心提供计算机维修服务 130 余次，开展计算机安全检查 190 余台次；对网络、服务器等设施设备巡检 3 次；完成全院性重大会议及活动照、录像 60 余次。

不断完善机关后勤服务保障 2016 年，争取区财政支持，保障正常的办公办案经费和专项经费，确保检察工作优质发展。贯彻落实中央"八项规定"，严格会务管理，严格接待标准，杜绝公款旅游。严格财经纪律，规范公务支出、公务卡强制结算等财政制度，规范差旅费报销、加班就餐等日常制度。完成检察服

务大厅建设，档案室装修改造，楼内杂物垃圾清理，空调、饮水机等办公设施设备更新等工作，干警的工作环境更加舒适。做好厨房食品安全和环境卫生保障，不断提升饭菜质量。严格车辆配备、使用、管理和监督，全年安全行车 2100 余次、15 万余千米。严格执行车辆节假日及平时定点停放制度，定点加油、定点维修、定点保险。

法　　院

工作概况

2016 年，市南区人民法院贯彻落实党的十八大、十八届三中、四中、五中、六中全会精神和习近平总书记系列重要讲话精神，围绕"努力让人民群众在每一个司法案件中感受到公平正义"目标，坚持司法为民、公正司法，深化司法改革和自身建设，忠实履行宪法法律赋予的职责，为全力打造时尚幸福的现代化国际城区提供司法保障。全年受理各类案件 12735 件，审（执）结 12276 件，结案标的额 102.3 亿元。

刑事审判

2016 年，加强集资诈骗、非法吸收公众存款犯罪审判工作，审结"荣鼎""天业""邦家"等公司的涉众类金融犯罪案件，判处罪犯 9 人，涉及犯罪数额 2 亿元，涉及受害群众 500 余人，"泽雨""上赢"公司等有较大社会影响的案件审判工作稳妥推进。通过加强沟通、集中接访等方式，做好受害群众的法律宣讲和信访化解工作。加强对交通肇事、危险驾驶等危害公共交通安全犯罪行为的审判工作，审结相关案件 32 件，对社会关注的"万象城交通肇事案"审判工作进行新闻报道。全年审结刑事案件 364 件，判处罪犯 455 人，10 名重罪案犯被判处十年以上有期徒刑。

民商纠纷

依法化解普通民事纠纷 2016 年，对较为集中多发涉及"银行抵押预告登记"的新型房地产纠纷，统一裁判尺度，对购房者与开发商之间、与抵押权人银行之间的法律关系进行合并处理。加大对辖区内有重大影响的民事纠纷的化解力度，审结涉及"金街集团""太古百货"等群体性诉讼案件，调处涉及淄博天主教爱国会的房屋租赁合同纠纷。开展法官进社区、进学校法制宣传工作，定期邀请群众参加"法院开放日"活动，举办未成年人维权、妇女维权、消费维权等

专题法制讲座 30 余期次。

　　加强商事和知识产权审判工作,规范经济秩序　2016 年,开展金融借款案件审判工作,组建"破产案件合议庭",对首例债务人申请破产案件,依法裁定不予受理,申请人未上诉。在"4·26"知识产权日公开发布"年度知识司法保护报告",先后受邀参加全省、全市法院知识产权工作座谈会,代表基层法院作典型发言。审结的"销售假冒注意商标的商品罪"案件入选"全市知识产权十大典型案例"。全年审结知识产权案件 20 件、民商事案件 7838 件。

2016 年 4 月 11 日,区人民法院在香港中路街道举办法律讲座。

行政审判

　　2016 年,坚持和完善行政机关负责人出庭应诉制度,39 件案件的行政机关负责人出庭应诉。尝试以"表格式"行政裁判文书的形式,对 1 件要求政府信息公开案件、3 件应予驳回起诉的案件依法作出判决、裁定。论文《行政诉讼简易程序的适用评析》获"全省法院行政审判年度论坛征文"一等奖。在洋马发动机(山东)有限公司不服行政处罚案中,依法支持市质监局对危害公共环境安全的处罚决定,涉及的 1470 余万元行政罚款缴纳到位。全年受理行政诉讼案件 306 件、非诉讼审查案件 59 件、国家赔偿案件 4 件,审结行政案件 337 件。

执行工作

　　2016 年,以限乘飞机为切入点,继续深入推进限制高消费工作,累计将 374 名被执行人信息录入青岛机场安检系统,有 72 名被执行人乘坐飞机时被拒。加大公布失信被执行人名单工作力度,将 1579 名失信人员信息向社会公布,包括自然人 1165 人、企业法人 414 个,有 71 名被执行人迫于失信压力主动履行法律义务。启用全市法院首个大型户外 LED 高清显示屏,依法公开曝光失信被执行人信息。落实中级人民法院"执行利剑行动"部署,执结房迁、涉党政机关以及长期逃避、抗拒执行的各类"硬骨头"执行案件 37 件。加大"拒执罪"打击力度,对 2 名暴力抗拒的被执行人被判处"拒执罪"。全年办理执行案件 3704 件。

便民服务

　　快速审理、调处各类简易民事纠纷　2016 年,对物业、供热、小额欠款等事实清楚、案情简单的简易民事纠纷,综合适用简易程序、速裁程序快速审理,提高审判效率,快速审结案件约 2500 件。

　　打造新型法官团队　2016 年,组建以优秀法官张玉牵头的"婚姻家事法官团队",开通网上"张玉法官工作室",并在全区 65 个社区的微信公众服务号中设置版块,化解婚姻家事纠纷。4 月份开通,调处纠纷 391 起,举办法律讲座 34 期。6 月份,省委宣传部、省互联网信息办公室组织媒体采访团,进行宣传推介。成立驻青岛大学附属医院的"医疗纠纷法官工作室",5 名医疗审判经验丰富、调解能力强的法官组成专门的团队,轮流常驻在医疗纠纷法官工作室,引导医患双方通过诉前调解方式解决纠纷。工作室 12 月份成立,提供法律咨询 10 人次以上,一起长达 5 年的医疗纠纷得到妥善化解。

　　妥善审理交通、医疗、劳动争议纠纷　2016 年,牵头促成辖区交警、司法局、保监、仲裁委等部门签署《道路交通事故损害赔偿纠纷联动调解实施细则》,"一站式"道路交通事故联动调解服务平台即将投入使用,联动调解服务平台包含巡回法庭、行政调解室、人民调解室、仲裁调解、法律援助室、评估中心、保险理赔中心等多功能。对患者已死亡的医疗纠纷案件,专门就医疗鉴定存在的问题和解决办法向中级人民法院提出可行性建议。依托"劳动争议巡回法庭",通过参与仲裁调解、旁听仲裁庭审等措施,提前介入市、区两级仲裁委办理的 125 件矛盾较为突出的劳动争议纠纷,妥善审结某文化传播有限公司不服劳动仲裁裁决对 51 名劳动者提起的诉讼、21 名职工起诉某大型国有企业追索劳动报酬纠纷。通过"立案心理疏导机制"引导 25 件信访案件进入再审程序分流化解,与两家律师事务所合作,邀请律师作为第三方参与化解和代理多起涉诉信访积案,全年化解涉诉信访案件223件。

创新机制

深化多元化纠纷化解机制　2016年,对调解可能性较大的纠纷,立案庭在征得当事人同意后先进行预立案登记,统一委托驻法院诉前人民调解委员会进行诉前调解,全年对1237件纠纷进行预立案登记,交由调解委会诉前调解496件。成立"物业纠纷巡回法庭"和"市南区物业纠纷多元化调处中心",办理物业纠纷220余件,其中一宗涉及47位业主的群体性物业服务合同纠纷案件得到调处。成立"少年家事案件诉前调解中心",邀请市关工委、市法学会、区司法局等部门参与纠纷化解,对部分涉及未成年人的婚姻家事、赡养抚养纠纷,征得当事人同意后交由诉前调解中心,调处涉少案件130余件。承担全市法院金融消费纠纷速调对接机制试点任务,调处某"快钱支付"公司与个人之间的金融借款纠纷,做出全市首份金融消费纠纷司法确认书。

积极完善审判机制　2016年,创新劳动争议审判机制,在三起案件中,先予执行劳动者的解聘备案手续,解决以往因案件办理周期较长造成的劳动者不能享受失业金待遇、无法再就业以及社会保险断档等问题。全年适用刑事速裁程序审理案件73件,均在7个工作日之内审结且全部当庭宣判,仅2名被告人不服一审判决提出上诉。推进行政简易程序试点工作,适用简易程序审结行政案件43件。

司法公开

2016年,推进审判流程信息公开,对立案、审判、执行、信访等工作环节实行信息化管控,通过法院官方网站、官方微博等渠道发布审判信息520余件次。推进裁判文书公开,通过中国裁判文书网发布裁判文书,接受监督并发挥司法裁判的教育、示范、引导、评价功能,全年公布符合公开条件的裁判文书6500余份。推进执行信息公开,将4000余件执行案件信息通过全国执行信息网公开,通过官方微博开展失信曝光、执行直播活动,督促被执行人履行义务。

队伍建设

思想政治建设　2016年,区人民法院深入学习党章党规和习近平总书记系列重要讲话,通过院长讲党课、班子成员定期研讨、党支部座谈交流以及制作发行党员教育专题电视片等一系列活动,开展"两学一做"学习教育。班子成员认领任务、分工负责,在全院组织开展涉及审判、作风、廉政等五个方面的整改工作,把从严管理落实到法院工作全过程。

党风廉政建设　2016年,加强廉政建设,强化廉政主体责任和监督责任,定期对工作纪律、服务态度、司法作风开展检查,严肃正风肃纪。组织党员干部对照党章规定和党员标准,学习贯彻廉洁自律准则、纪律处分条例和党内监督条例、问责条例等党规党纪,落实中央"八项规定"精神,严明党的政治纪律、政治规矩和组织纪律。

业务素质建设　2016年,组织开展"员额制"法官考试、考核等一系列工作,经省法官检察官遴选委员会确定,有46名审判员成为首批入额法官。组织参与"做合格法官"学习讨论活动,梁玲杨法官撰写的《法官的诗歌和远方都在案件审理工作中》在"做合格法官"学习讨论征文活动中荣获二等奖,并刊登在《青岛司法论坛》2016年第3期上。

审判管理

2016年,面对案件数量剧增、审判难度加大的严峻局面,整合审监庭和审委办等部门,强化审判管理,狠抓审判流程、质量评查和审限监控;从严管理、正风肃纪,深化党风廉政建设。落实党组主体责任,制定廉政工作要点、层层签订责任书,定期召开廉政教育大会,观看警示教育片、参观廉政教育基地,深化司法廉洁教育。加大案件查办力度,对上级法院监察部门和区纪委交办以及网络投诉案件认真进行调查落实,对苗头性问题及时开展预防性廉政谈话。

重大案例

王某诉青岛市环境保护局行政处理一并审查规范性文件案　市南区人民法院受理原告王某诉被告青岛市环境保护局行政处罚一并审查规范性文件一案,并于2016年10月20日作出鲁0202行初82号行政判决书。原、被告均未上诉,一审判决生效。

2015年12月7日,被告青岛市环境保护局为原告王某所有的车牌号为鲁B·R827H的小型客车核发黄色环保检验标志。原告主张该车注册日期为2008年6月5日,初次领取的为绿色环保检验合格标志。认为被告的上述行为严重违法,故诉至法院,请求确认被告的上述行为违法且一并审查《环境保护部关于印发〈机动车环保检验合格标志管理规定〉的通知》(环发〔2009〕87号)文件的合法性。

一审法院认为，根据《山东省机动车排气污染防治条例》第二十一条第一款规定和《山东省机动车环保检验标志管理规定》(鲁环发〔2011〕76号)第七条第一款规定，被告青岛市环境保护局系青岛市环境保护行政主管部门，其有权对原告所有的涉案车辆核发机动车环保检验合格标志。根据《机动车环境保护检验合格标志管理规定》(环发〔2009〕87号)第六条、第七条规定，原告所有的涉案车辆类别为轻型柴油车，排放标准为国Ⅱ级，故被告于2015年12月7日为原告王某所有的车牌号为鲁B·R827H的小型客车核发黄色环保检验标志的行政行为，并无不当。

《机动车环境保护检验合格标志管理规定》(环发〔2009〕87号)系环境保护部制定的规范性文件。经审查，该规范性文件制定主体合法、文件的内容合法、发布程序得当。依照《中华人民共和国行政诉讼法》第六十九条之规定，判决驳回原告王某的诉讼请求。

"(2016)鲁0202刑初117号"杨某、刘某拒不执行判决、裁定案 市南区人民法院受理申请执行人庄某芳与被申请执行人杨某、刘某昌、刘某财产权属纠纷执行案，于2015年12月28日书面通知被告人杨某、刘某在15日内将位于市南区观海二路59号11户房屋腾交给申请执行人庄某芳，但被告人杨某拒不执行。2016年1月21日，市南区人民法院执行部门决定强迁该房屋。上午10时许，被告人杨某、刘某到达强迁现场，杨某爬上屋顶辱骂执行人员，并用碎瓦片割手腕进行威胁；刘某则将家中存放的汽油泼洒至屋外木栈道点燃，阻碍执行人员接近房屋。被告人杨某、刘某当场被市南区人民法院执行人员约束控制，后被送交青岛市拘留所司法拘留15日。市南区人民法院认为，被告人杨某、刘某作为被执行人，拒不迁出房屋，致使判决、裁定无法执行，情节严重，其行为构成拒不执行判决、裁定罪，依法应予处罚。在共同犯罪中，被告人杨某、刘某均起主要作用，均系主犯，依法应按照其所参与的全部犯罪处罚。被告人杨某、刘某到案后如实供述自己的罪行，依法可以从轻处罚。鉴于被告人杨某有悔罪表现，没有再犯罪的危险，宣告缓刑不会对其所居住的社区有重大不良影响，依法可以宣告缓刑；被告人刘某采用纵火方式抗拒执行，情节恶劣，人身危险性大，依法不适用缓刑。判决：被告人杨某犯拒不执行判决、裁定罪，判处有期徒刑二年，缓刑三年；被告人刘某犯拒不执行判决、裁定罪，判处有期徒刑二年。

司法行政

工作概况

2016年，市南区司法局贯彻落实党的十八大和历次全会精神，认真践行"两学一做"，科学开拓法律保障领域、创新驱动法律服务建设，整体工作再上台阶。在青岛市率先建成公共法律服务中心，打造全区半小时法律服务圈，被省委老龄办授予"全省老年人维权工作示范站"荣誉称号。市南区被省委宣传部、省司法厅等六部门联合授予"'六五'普法先进示范区"称号。

"七五"普法全面展开

2016年是"七五"普法的开局之年，市南区普法依法治理工作深入开展。(1)做好"七五"普法依法治理启动工作，《青岛市市南区法治宣传教育和依法治区第七个五年规划(2016—2020年)》经区人大常委会审议通过。(2)完善普法队伍建设、制度规范、发展考核等，全区各部门、各街道普法联动，形成覆盖全区的"大普法"宣传教育工作格局。(3)通过建立市南区法治宣传教育中心、打造八大峡法治文化公园、开通运营"法治好声音"市南区官方普法微信公众号等拓宽宣教阵地，开展各类社区法治讲座60场，参与群众2万余人次，发放各类普法宣传品3万余件，向全区中小学生赠送普法教育读本累计投入20万元。(4)开展"12·4"全国法制宣传日、"国家宪法日"法治宣传活动，在机关组织开展领导干部、公务员网上学法、考法活动，聘请青岛大学法学专家举办宪法知识专题讲座，在大润发广场举行有30余个部门和单位参与的集中普法宣传，青岛电视台、大众网等多家媒体给予报道。

优化法律服务

"中心"落成开创法律援助新局面 (1)作为全市首家整合法律服务、法律援助、人民调解、法治宣传等职能的公共法律务实体平台，市南区公共法律服务中心于3月24日正式启用。至2016年底，解答法律咨询1813人次，受理援助案件1054件，进行纠纷调解15件，举办学习讲座、读书演讲活动及综合会议等13场次，组织特殊人员集中法治教育6场次，召开矫正评估专题会议14次，接待省市区和其他省市参观指导活动12次，形成全区半小时公共法律服务圈。(2)

2016年3月24日,青岛市首个公共法律服务中心——市南区公共法律服务中心正式启用。

开展法律援助宣传普及工作,组织开展专项宣传活动4场次,发放法律援助宣传材料300余份。加强与相关部门工作沟通,理顺法律咨询转介工作机制。区法律援助中心在《青岛日报》等媒体刊发稿件30余篇,并就区老年人法律援助维权工作接受青岛广播电视报专访,被评为青岛市"敬老文明号"先进单位。(3)成立市南区军人军属法律援助维权工作站,促进军政军民团结,推动军民融合深度发展。(4)对泽雨非法集资受害人集体诉讼案、绍兴路某酒店爆炸案、军博职工养老保险纠纷案等特殊疑难案件,主动与当事人沟通,了解情况,针对具体情况合理委派代理律师,为当事人提供法律服务。

推进法律服务管理工作 (1)完成对全区5家司法鉴定所及其司法鉴定从业人员、47家律师事务所及540名执业律师的年度检查考核工作,加强法律服务业领域规范化建设。(2)加大律师投诉查处力度,规范法律从业者执业行为。至2016年年底,办理投诉案件60起,其中律师投诉30起、司法鉴定投诉30起。(3)对区法律从业者转入(出)材料加强审核,认真评定,促进法律服务领域人才资源合理、健康流动。(4)通过邀请区人大代表对律师队伍管理工作提指导意见、开展司法鉴定秩序整顿年等活动,推动全区法律服务行业健康发展。

公证服务水平创新高 (1)顺应"证明难开"形势,利用专业优势,为当事人想办法、解难题。(2)在确保公证质量、效力的前提下,删繁就简,优化公证程序。(3)开展"优服务、提效能、促发展"主题活动,实现服务受理"零推诿",服务方式"零距离",服务态度"零投诉"。截止到2016年底,办理各类公证事项1687件,其中国内公证事项334件、涉外(含港澳台)公证事项1353件。

服务社会发展

社区矫正工作 (1)发挥社区矫正中心功能作用,落实人员,加大社区矫正工作管理力度。成立社区矫正工作小组,定期组织学习社区矫正知识,研究社区矫正有效的方法。(2)落实省厅"四个规范"要求,提升社区矫正执法规范化水平。加强对司法所社区矫正工作人员业务培训,提升执法能力。对社区服刑人员进行集中教育,实行社区服刑人员再犯罪倒查机制,落实脱漏管追查制度。(3)围绕"收得下、管得住、联得上、矫正好"工作目标,建档立卡,采用信息化技术对社区服刑人员精准矫正。(4)严格工作流程,防范执法风险点。截至2016年底,市南区接收社区服刑人员99人,解除社区矫正117人,社区矫正评估调查103人,处罚5人(警告1人,撤缓2人,收监执行2人),在册社区服刑人员182人。

人民调解工作 (1)加强区、街道、居三级矛盾纠纷多元化解中心建设,成立区级矛盾纠纷多元化解中心,聘请3名专职调解员调解重大、疑难矛盾纠纷;对17个法律服务所和124名法律服务者进行年检注册,其中因年检结果不合格注销7人。(2)落实《山东省司法所管理办法》,政法专项编使用率达到100%。坚持司法所长例会制度,每两个月召开1次,研究解决实际问题。(3)在全市率先出台《加强人民调解组织规范化建设的意见》,建立健全区、街道、居人民调解组织网络体系,市南区司法局与人社局联合举办劳动人事争议调解员、基层人民调解员专题培训班,为65名社区调解员颁发调解员证书,社区调解工作基本实现持证上岗。制定《人民调解案件补贴发放办法》,开展调解协议质量评查活动,审核发放人民调解案件补贴48100元。(4)做好元旦、春节、"五一"节等重大节日期间矛盾纠纷排查化解活动。全年调处各类纠纷1678件,成功率99%,相关人民调解员的优秀事迹被《青岛日报》《青岛早报》等新闻媒体广泛宣传。

安置帮教工作　（1）依托刑释人员信息管理平台，实现监狱、市、区、街道安置帮教信息互通，做好各项工作的监督、检查，及时完成新入监罪犯的信息核查、家庭及未成年子女核查工作；完成刑满释放人员的信息沟通反馈与衔接工作，落实各项帮教措施。（2）根据监狱的实际需求，结合市南区的特点，开展以重实效、解决实际问题帮教活动，请狱警参与安置帮教人员的教育、管理工作，形成双向互动，提高安置帮教工作质量。（3）联合民政等相关部门、社会力量开展对服刑人员困难家庭经常性走访活动和节日帮扶献爱心活动，送去需要的生活用品，未成年子女喜欢的学习用品，读书卡等，引导矫正人员未成年子女融入社会，帮助其健康成长。

加强队伍建设

2016 年，区司法局学做结合，队伍建设取得成效。（1）开展"两学一做"学习教育，以学促做、严督实导，统一思想认识，把握目标任务。（2）加强基层党组织建设，严格组织生活制度，抓好"三会一课"、党内组织生活制度、民主评议党员工作落实。局党委举办党支部书记培训班，提高党务工作能力和水平。开展创先争优活动，集中表彰一批先进基层党组织、优秀共产党员、优秀党务工作者。（3）推进党风廉政建设及作风建设，修订完善《中共青岛市市南区司法局党委工作规则》《青岛市市南区司法局工作规则》，制定下发《市南区司法局党委党风廉政建设主体责任清单》和《市南区司法局纪委党风廉政建设监督责任清单》。（4）加强精神文明建设及群团组织工作，做好妇女典型培树，组织团员青年开展各项公益活动，搭建青年工作交流平台。

人民武装

工作概况

2016 年，市南区人民武装部学习贯彻党的十八大，十八届三中、四中、五中、六中全会和军委扩大会议精神，以习主席系列重要讲话精神为统领，牢牢把握改革强军这条主线，持续发扬严实作风，着力铸魂固本，聚力练兵备战，强力整风整改，夯实打牢基础，民兵预备役各项工作稳步推进。严格落实"双重领导""双向兼职""现场办公""党管武装工作"述职""考核评比""工作例会"等党管武装工作制度。八大峡街道武装部、金门路街道武装部、青岛远洋运输有限公司武装部被青岛警备区表彰为"兴武建功"先进单位。

征兵工作

2016 年，区人民武装部针对征兵工作"启动早、要求严"两大新特点，开通市南区征兵微信公众号，发布市南区征兵工作相关信息。在东西快速路、香港中路等主干道、旅游景点、广场、火车站等显要位置悬挂宣传横幅，通过 LED 显示屏播放宣传海报，并印发征兵宣传册、宣传记事簿和宣传手提袋等，营造浓厚的宣传氛围。从 2 月份开始，党委委员和现役干部分片包干各街道兵役登记工作。5 月底组织辖区两所高校大学生初检初审，与全部合格人员签订预征协议。体检过程中增设面试关，适龄青年面试合格签订入伍保证书后才能进行下面的体检。8 月 29 日～9 月 2 日组织预定新兵到驻城阳区某部队进行役前教育训练。召开定兵会，听取体检、政治考核、学历审查三方意见。组织人员分三个批次进行新兵回访，到部队了解入伍青年的思想状况和现实表现。

2016 年 3 月 23 日，2016 年青岛市"兵役登记进校园"活动启动仪式在青岛市电子学校举行。

民兵训练

2016 年，区人民武装部着眼于提高民兵遂行多样化军事任务能力，按照"编为用、建为战"的要求，圆满完成规定的编组任务。抓好专武干部、民兵教练员和民兵应急分队三支队伍训练。对各街道民兵应急排进行轮训,组织专武干部和民兵干部到部队营区进行封闭式集训,安排基层武装部长参加上级组织的训练与考核。民兵应急队伍、支援队伍训练任务如期完成。

国防教育

2016年,区人民武装部利用征兵宣传、役前教育、欢送新兵、民兵整组、民兵集训、执行任务、政治教育等时机和建军节、国庆节、国防教育日等节日,与区国防教育办公室紧密配合,对民兵和辖区居民进行国防教育。坚持把国防教育纳入各级党委中心组理论学习和业务培训范围,并作为重要内容寓于精神文明建设、军民共建和学校教育的日常工作中,不断强化居民的国防意识。通过在街道、社区设立宣传栏,举办国防知识讲座,参与军事演练,开展国防知识问答等多种形式,加强对干部群众的经常性国防教育。通过在社区放映爱国主义教育电影,开展"情系国防好家庭"评选,组织国防建设演讲比赛,张贴国防宣传口号、国防教育图解等形式宣传普及国防知识。借助"市南发布""微市南"等新媒体平台,宣传国防知识,传递全民心系国防建设的正能量。

经 济

经济管理与监督

发展与改革

加强产业分析,促进经济社会发展

2016 年,市南区发展和改革局立足全区经济社会发展长远大局,组织协调区经济部门和驻区有关单位,对全区经济运行情况进行调度分析,掌握区域经济运行态势,突出产业发展分析,提出促进经济社会发展的建议,高质量完成全区 2016 年经济运行情况报告。积极贯彻落实中央、省、市有关供给侧结构性改革战略部署,组织相关部门研究制定《市南区供给侧结构性改革总体方案》,提高供给体系的质量与效率,促进市南区经济结构优化和产业转型升级。跟踪区国民经济和社会发展计划执行情况,对全年各项目标任务完成情况进行分析,组织起草 2016 年国民经济和社会发展计划执行情况的报告,并提交区人大常委会审议通过。2016 年上半年,市南区实现海洋经济增加值 115.72 亿元,占生产总值的比重为 25.96%。制定《市南区优化发展环境促进经济提质升级若干政策措施》以及支持大企业、远洋渔业和会展业发展 3 项政策实施细则,编制《市南区"海洋+"行动计划(2016—2018 年)》。出台《2016 年度市南区智慧城区建设实施方案》,确定区政务云大数据综合管理服务平台等 6 个项目的建设计划,5 月 11 日区政府正式发文实施。制定实施《市南区"互联网+"行动计划(2016—2018 年)》,确定互联网+电商、航运物流、金融、文化旅游以及民生服务、城市管理、社会治理等 8 个主要方面的计划内容,明确保障措施。

服务项目建设,重点项目进现场

2016 年,以服务项目建设为重点,全面开展调结构稳增长抓落实现场推进活动,结合市南区工作实际,制订重点项目进现场工作方案。全年确定 49 个重点建设项目,项目总投资 962.83 亿元,总建筑面积 823.1 万平方米,年度计划完成投资 70.8 亿元。按照建设项目性质类别分为新建项目 10 个、竣工项目 11 个、续建项目 13 个、战略项目 14 个、非建设类民生项目 1 个。其中,申报市级重点项目 11 个,重点建设项目 7 个,重点前期项目 4 个,年度计划完成投资 39.7 亿元。对需进驻现场的重点项目成立进现场工作组,由各项目责任单位和区政府组成人员联系人按照职责分工走进项目现场。截至 2016 年底,市南区列入青岛市亿元以上进现场项目 20 个,其中,拟新开工项目 5 个[青岛南京路小学建设工程项目、畅海园二期项目、泰州路片区改造(北区)项目、世奥大厦项目、青岛出版传媒大厦(新书城)项目];拟竣工脱产项目 3 个[青岛工人疗养院综合楼项目、海军大麦岛干部休养所改造(海怡半山)项目、青岛环海凯莱商务酒店改造项目];在建项目 12 个[青岛华润中心项目 8 号楼,彭和大厦(财富中心)项目,青岛蓝海新港城项目二期,中润栈桥海景项目,海信创业中心项目,南岛

2016年3月18日，区发展和改革局举办"根植于员工的企业文化建设——资本运作文化先行"讲座。

组团大地块一期旧城改造项目，高速绿城青岛深蓝中心项目，青岛海天大酒店改造项目（海天中心）一期工程，青岛国际海岸项目3#地块，北岛组团改造项目（2号、3号楼）P3地块，延吉路5号、6号、7号、8号地块两改项目，青岛市市立医院东院二期工程门诊住院楼项目]。

办理规模认定，助力企业发展

2016年，指导鼎信通讯申报国家工信部"工业领域电力需求侧管理推荐产品（技术）"3项，指导1000多家企业开展申报专精特新、青岛名牌、小企业创业基地等政策、培训及展会活动。为532家中小微企业办理规模认定或划型，助力企业享受招投标、创业补贴等政策；接听并解答关于政策扶持、创业指导等各类咨询电话5400余件次，答复率100%。28家企业纳入青岛市2016年"专精特新"产品（技术）培育计划，推荐25个产品（技术）申报2016年"专精特新"产品技术认定，20家企业通过市2016年"专精特新"产品（技术）认定。截至2016年8月底，市南区高端中介暨产业合作联盟会员已达140余家，会员单位分布市南、市北、崂山、李沧、高新区等区域，并更名为青岛高端服务业联盟。参与承办的"互联网＋时代下的产业发展高峰论坛"暨"中韩（国际）高端企业CEO见面峰会"、青岛众筹资本创新论坛暨资源对接会等20余场大型商务交流活动，参与人数达3500余人。1～9月份，新增物流企业311家，全区物流企业达到3801家，其中2916家物流企业从事航运及航运服务相关业务，占全区物流企业总数的76.7%，航运服务业成为市南区物流经济的主要组成部分。

加强指导协调，落实蹲点工作法

2016年，加强政策业务指导和工作协调，深入区属企业调研近10余次，在专题调研的基础上，对区农工商公司集体股如何加强管理，实现企业的健康发展提出意见和建议。配合市南区纪委调查两起人民来信。认真梳理，切实解决来访群众的实际问题。根据青岛市节能办《关于组织开展市级低碳试点示范创建工作的通知》精神，组织推荐海信集团海信（山东）家电产业园、海信信息技术产业园2个园区成为第一批市级低碳试点示范创建单位；驻区海信集团有限公司、青岛金湖热力有限公司和中国海洋大学建立能源管理体系，并通过青岛市节能监察中心的验收，其中青岛海信集团体系建设获得优秀等级。根据国家、省、市国内经济合作办公室的工作部署，积极参与对口地区的帮扶工作，不断加大扶贫工作帮扶力度，截至9月底，投入对口帮扶资金1955万元。

加强沟通交流，做好经济运行分析

2016年，加强与经济部门的沟通和交流，强化经济运行监测分析，全面掌握区域经济运行态势，及时掌握各项目标任务进展情况，并向区人大及其常委会汇报工作。做好支持大企业、远洋渔业实施细则的政策兑现工作，扶持企业做大做强。加快推进"海洋＋"行动计划，借鉴先进城区经验做法，积极寻找市南区蓝色经济新的增长点，促进海洋产业优化升级。全面落实"互联网＋"行动计划，打造经济发展新引擎，积极推动经济社会发展与互联网深度融合，助推产业升级和治理模式升级。加强协调统筹，推进区社会信用体系建设工作。

加强对重点项目工作的领导

2016年，按照市重点项目建设推进工作要求，抓好重大项目推进机制的落实，把招商引资作为实施项目带动战略的主要形式，拓宽招商思路，创新招商方式，确保区重点项目工作持续发展。完善项目动态通报考核制度，坚持重点项目月通报、季分析制度，及时了解掌握重点项目建设进展情况，协调解决重点项目建设中存在的困难和问题。

重点产业和特色业态分类扶持

2016 年，做好"专精特新"产品(技术)储备、培育等工作，组织有关企业进行"专精特新"复审等工作。做好中小企业社会专业化平台(示范平台)、小企业创业基地(产业园)跟踪培育、认定申报等工作。做好12 家企业创新服务项目和创新路演项目相服务工作，支持企业转型升级、创新发展。加大政策扶持力度，对重点产业和特色业态进行分类扶持，吸引高端人才入驻，促进新兴中介服务业不断发展。强化政策扶持力度，针对航运总部聚集、企业提质发展、服务平台建设等方面进行重点扶持，优化全区航运物流业发展环境。发挥区航运服务业协会的桥梁纽带作用，搭建政策服务平台、产业合作平台，引导协会举办政策宣讲、融资对接、项目合作、产业交流等商务活动。

推进区属企业深化改革

2016 年，根据先易后难的原则，采取兼并、关闭、破产和规范改革等形式，推进区属企业改革工作。加强工作协调和基层调研，提高医改工作主动性，推进基层卫生机构和人员绩效考核工作。加强价格监测、价格管理工作，加大市场监督执法力度，继续开展消费市场秩序整治工作。加强节能基础工作，加大对企业节能技术改造的支持力度，推进重点用能企业能源管理体系建设，加大节能产品推广力度。落实智慧城区建设项目管理办法，推动城区管理、产业升级与智慧产业融合发展，提升智慧城区建设水平。加强工作对接，认真筛选项目，提高对口支援和精准扶贫工作的实效性。认真履行部门安全生产监管职责，加强对工业企业等安全生产巡查，确保职责范围内安全生产万无一失。

物价管理

加强价格监督检查

旅游消费市场价格专项整治　2016 年 4～11 月，对辖区内沿海旅游一线及其周边的餐饮、住宿、停车场、商贸零售业等经营单位开展旅游消费市场专项执法检查。以明码标价为主线，对重点行业、重点区域、重点问题单位采取"拉网式"和"回头看"的检查方式，并加强与公安、市场监管、食药、商务等部门的联系和协作，多次采取联合检查的方式，形成工作合力，提高工作效率。检查中发放《商品标价签》和价格宣传材料，现场指导规范个别单位明码标价不规范、货签不对位、计价单位标识不正规、明码标价公示不明显等问题，检查单位 1100 多家，下达《责令整改通知书》86 份，实施行政处罚 13 起，罚没款19500 元。

烟花爆竹专项检查　2016 年，春节前夕，与区安监局对接，对 39 家烟花爆竹销售业户进行宣传价格政策，发放价格政策提醒函和商品标价签 5000 余张，要求经营业户做到明码标价、诚信经营。

公立医院价格专项检查　2016 年，会同区卫计局、区财政局、区人社局对辖区内公立医院药品和医疗服务价格调整情况进行专项检查。重点检查医院取消药品加成(中药饮片除外)，实行零差率销售的执行情况，以及诊查、护理、手术和床位等价格调整情况。

涉企收费专项检查　2016 年，结合双随机制度随机抽检部分单位，根据《青岛市涉企收费目录清单》，对各收费单位的收费依据、收费标准进行梳理，检查收费单位 4 家，涉及收费 2481 万元。

农贸市场专项检查　2016 年，为营造公平、公开、公正的市场价格环境，开展辖区内农贸市场收费行为专项检查工作。检查的主要内容为：农贸市场主办单位执行水、电等价格政策情况；落实收费公示制度及收费情况；农贸市场商品明码标价情况。检查人员对摊点逐个进行价格政策宣传，给予明码标价工作的指导，并发放亚克力标价牌、商品标价签。

2016 年 1 月 4 日，区物价局开展节日市场价格检查。

查处价格举报案件

开展价格宣传工作　2016 年,开展"3·15"消费者权益保护日价格宣传工作,在大润发超市等消费者集中密集区域,发放标价签、价格政策等宣传材料,引导经营者合法经营。组织辖区内 40 余家政府定价停车场负责人召开停车收费政策提醒会,解读《青岛市物价局机动车停放服务收费管理办法》等最新停车收费政策,组织各公共停车场经营单位签订《遵守市南区机动车停放服务收费管理承诺书》,部署各单位限时落实最新收费标准和明码标价规范,维护市南区公共停车市场价格秩序。

查处价格举报案件　2016 年,及时查实市长公开电话、市长信箱、政务热线以及 12358 价格举报电话的投诉案件,调解价格纠纷,查处价格违法行为,并将处理结果及时反馈给消费者。组织实施节假日价格应急检查工作制度,工作日安排值班人员 24 小时待命处理应急事务,全年受理各类价格举报投诉 1133 件、咨询 130 件(其中网购举报投诉 91 件)。对举报投诉反映的问题,均立即派员赴现场检查核实,举报案件办结率 100%。

建立健全双随机制度　2016 年,根据国家、省市加快推广随机抽查规范事中事后价格监管的要求,制定《青岛市市南区物价局关于推进"双随机"抽查规范事中事后监管工作的实施意见》,确定"双随机"抽查事项和频次,并与区卫计局等部门联系,落实涉及行业单位相关具体信息,建立《涉企行业监管对象名录库》和《医疗行业监管对象名录库》。

加强价格监测工作

2016 年,认真做好价格监测工作,各个环节顺畅有序,监测工作快捷、高效开展。全年上报居民食品类生活消费品、一线劳动力市场价格、食盐市场等各类价格监测报表 380 余次,发布数据 20880 条。每日对 59 种居民消费品零售价格进行实时监测,每月末对价格监测情况进行分析并形成《市南区居民消费品价格监测分析报告》上报市、区两级政府。

做好行政事业收费年度报告工作

2016 年,对区属 34 家行政事业性收费单位收费收支情况进行审验,全部纳入《全国收费动态监管系统》,实行网上备案、信息化管理。积极与市局工作对接,对各单位的收费项目进行逐项梳理。

工业与现代服务业发展

工业、中小企业发展

工业经济运行情况　2016 年,市南区有规模以上工业企业 15 家,其中,市统计局直接调查企业 1 家,区统计局调查企业 14 家。全年,全区规模以上工业企业完成工业总产值 224.19 亿元,同比增长 4.58%;完成工业销售产值 223.77 亿元,同比增长 4.6%;产销率为 99.8%,产销衔接良好。其中,全区规模以上重工业企业完成总产值 210.4 亿元,同比增长 3.94%,占比为 93.8%;轻工业企业完成总产值 13.8 亿元,同比增长 15.29%,占比 6.2%。

以项目促动,小微企业创新获佳绩　(1)定期组织召开由人社、文化、商务、科技等部门参加的联席会议,交流工作信息;用好"云平台""企信通"等"互联网+服务"载体,实现区、街道、社区(楼宇)三级服务平台联动;组织开展送政策"进企业、进园区"等工作,获取企业创新工作第一手资料。2016 年,储备企业技术创新项目 120 个、"专精特新"项目 30 个、企业技术中心 10 个、企业技术改造项目 3 个;在"市长杯"创新大赛中,组织参赛企业(团队)46 个,形成涵盖涉海涉蓝、节能环保、科技软件等多个领域,集聚 200 余家创新型企业的"创新资源库",为小微企业创新工作开展储备"源头活水"。(2)立足区中小企业公共服务平台、中小企业"云服务"平台,实现线上、线下联动,为企业提供政务服务、人力资源、创业辅导、管理诊断在内的 20 项重点服务,助力企业创新升级。在"市长杯"创新大赛中,实行全程跟踪服务,对参赛企业进行"一对一"辅导,让参赛企业在备赛过程中积累经验、不断提高。市南区参赛企业(团队)在决赛中获得银奖 1 枚、铜奖 3 枚,获奖数量在各区(市)位列第一。在鼓励企业设立技术中心、推行技术创新、创建青岛名牌等"精准化"扶持工作中,邀请市级主管部门进行政策解读、举办专题讲座、开展专家辅导活动、组织已认定企业与申报企业"结对子"。鼎信通讯、航天半导体 2 家企业获评山东省企业技术中心,中建联合、青建集团、德才装饰、金东数字 4 家企业获评青岛市企业技术中心;88 个项目通过市企业技术创新重点项目认定;新认定"青岛名牌"6 个。

以管理带动,助力创新型小微企业精细化发展　(1)引导新建社区中小企业服务站 1 处,激励全区各类平台争先创优的积极性,拨付2016 年中小企业平

2016 年 6 月 24 日,区发展和改革局举办"任职资格体系与员工能力发展"讲座。

台考核奖励资金 92 万元。推荐创联工场、老转村获得市级小微企业创业创新基地认定。完善社会专业化服务平台与企业的对接机制,通过"专家问诊""企业巡诊"等系列活动,助力企业实现精细化管理。探索建立"互联网＋小微企业服务"新模式,依托区社会专业化平台的师资力量及互联网资源,创办市南公益培训"四大讲堂",以实体讲堂与网络在线学习相结合的方式,实现参训企业在线选课题、选师资,开展"新招聘时代互联网＋的技术与应用"、企业转型升级实战论坛等活动 80 余场次,服务企业超过 20000 家次。(2)积极对接市政府有关部门,推选 30 余家优质企业报名参加清华大学 EMBA 高级研修班、上海交通大学 EMBA 培训班、浙江大学专题研修班等免费或低费高端培训活动;推荐 12 家企业入选青岛市政府购买服务项目中的"营销创新与创新路演服务"活动;配合市经信委成功举办"平台网络服务区市行""中小企业银河培训工程"等管理提升活动,助力企业实现精细化管理,提升核心竞争能力。

以政策拉动,优化小微企业创业创新环境 (1)针对中小企业发展特点,研究制定《市南区促进中小企业发展政策细则(试行)》。从支持企业"专精特新"发展、支持优势企业兼并重组、支持创新型企业开拓市场、支持公共服务平台建设、支持小企业创业基地(产业园)建设等方面进行引导扶持。2016 年,有 20 家企业获得青岛市中小企业"专精特新"产品(技术)认定,4 家企业获评青岛市"专精特新"示范企业。(2)组织企业申报国家技术改造、市双创基地城市示范专项资金项目,从国家小微企业创业创新基地培

育、大中小企业协同创新、小微企业创业创新能力提升、中小企业双创服务平台等方面加大工作力度,支持企业创新发展。2016 年,指导 1000 多家企业申报"专精特新"、"青岛名牌"、小微企业创业创新基地,其中,鼎信通讯申报国家工信部"工业领域电力需求侧管理推荐产品(技术)"3 项;海大生物、高校信息申报山东省创新转型示范企业,海大生物、航天半导体 2 家企业成功申报青岛市贴息资金 520 余万元,海大生物"年产 1.5 万吨海藻寡糖精准生物肥料技术改造项目"申报青岛市 2016 年企业技术改造贴息资金扶持项目;为 538 家中小微企业办理规模认定或类型划分,助力企业跨越式发展。市南区中小企业公共服务平台被山东省经信委授予"山东省中小企业服务体系建设示范服务平台"称号。

金融业

(详见第 162 页)

物流业

概况 2016 年,全区新增物流企业 311 家,其中注册资本 500 万元以上的 219 家,占新增物流企业总数的 70%,全区注册物流企业总数达到 3801 家。从业务类型来看,约占总数 77% 的物流企业从事航运及航运服务相关业务,马士基航运、达飞轮船、中国远洋、中国外运等近 50 家国内外知名航运企业均在区内设立分部。2016 年,全区交通运输、仓储、邮政业增加值达到 101.17 亿元,同比增长 10%,占 GDP 比重为 9.95%,占第三产业增加值比重为 10.84%。

主要工作 (1)加大走访调研力度,走访铁路经营、全球捷运、中宇物流等 30 余家物流企业,召开专题座谈会 2 场,听取企业意见与建议。对接各街道办事处及相关职能部门,走访挖掘信用等级优、发展潜力大的成长型物流企业,重点跟踪山东外运、青岛远洋等驻区大型航运服务企业,实施动态管理与服务。(2)出台关于促进航运服务业发展的实施细则,针对航运总部聚集、专业人才引进、服务平台建设等方面进行专项扶持。综合利用市南区优化发展环境促进经济提质升级若干政策措施,提升市南区航运物流产业发展的整体环境。(3)联合区航运服务业协会入企调研,引导协会制订行业培训方案,开展专业技能培

训、交流座谈会等培训交流活动,定期发布市南区航运服务业综合指数季报,积极推介全区招商及行业发展环境,搭建产业交流合作平台。(4)强化安全管理,邀请区安委会有关专家,对区内40余家重点物流企业进行安全生产排查,督促企业落实安全生产责任。梳理区内中介及物流业规模以上重点企业名单,建立健全安全生产工作台账,签订安全生产目标责任书68份。

中介服务业

概况 2016年,市南区新增中介企业639家,全区中介企业总数达5702家,约占全市38%。新增中介企业中鉴证类16家、评估类8家、代理类103家、经纪类52家、咨询类456家、交易类4家,注册资金50万~500万元的255家、500万~5000万元的18家。

主要工作 (1)加大中介服务业招商力度,青岛市五星级人力资源服务机构——山东元田人力资源管理咨询有限公司设立海外业务部,首个海外服务地域为澳大利亚。德衡律师集团将美国华盛顿代表处升格为"美国德和衡华盛顿律师事务所",是德衡海外第四家分所。引进的德华安顾人寿保险有限公司青岛分公司于3月3日举行开业仪式,是落户市南区的第38家保险机构、第31家寿险公司、第17家外资保险机构。雷格斯东润(青岛)商务服务有限公司于7月份落户市南区,注册资本15万美元。(2)落实行业扶持政策,正式发布《市南区促进中介服务业发展实施细则(试行)》,从引进国内外知名中介机构、鼓励企业提升能级、鼓励企业开展埠外经营、加快中介行业公共信息服务平台建设等方面扶持中介机构发展。(3)中介联盟已具规模,市南区高端中介暨产业合作联盟会员已达140余家,并更名为青岛高端服务业联盟。召开青岛第三届众筹资本创新论坛及资源对接会,参会企业数量80余家。参与承办"互联网+时代下的产业发展高峰论坛"暨"中韩(国际)高端企业CEO见面峰会"、青岛首届众筹资本创新论坛暨资源对接会、青岛财博会、两届社群经济论坛等20余场大型商务交流活动,参与者达3500余人。

安全生产监督管理

工作概况

2016年,市南区安全生产监督管理局认真贯彻落实党中央、国务院和省、市关于安全生产的系列决策部署,按照"党政同责、一岗双责、失职追责"的要求,以安全生产隐患大排查快整治严执法集中行动为总抓手,以隐患排查治理为主线,严格监管执法,狠抓责任落实,安全生产形势总体稳定向好。全区发生工商贸事故1起,死亡1人,未发生较大以上事故。

责任目标管理

2016年,实施区委科学发展综合指标和区政府安委会安全生产日常工作"两条线"考核,区政府与10个街道、27个部门单位签订安全生产目标责任书,并纳入区政府年度安全生产目标责任考核,进一步明确部门、街道年度安全生产工作重点、目标和任务;部门、街道与行业、辖区重点生产经营单位签订目标责任书5000余家,构建"条、块"结合的安全生产指标考核体系。

安全制度建设

2016年,为建立安全生产重大事故隐患排查治理长效激励工作机制,推动各级、各部门和生产经营单位扎实开展安全隐患整治工作,根据《安全生产法》制定并印发《市南区安全生产重大事故隐患整治项目奖励暂行办法》。

2016年4月22日,市南区召开2016年安委会第二次会议。

安全生产执法检查

2016 年，全面推进"大快严"集中行动，成立专门领导小组和集中行动办公室，区政府每月召开一次现场调度会，区安委办适时进行督查，配合省、市驻区执法检查，加大检查频次，着力消除隐患。各街道、各部门组织开展消防、燃气、危险化学品、旅游、道路交通、建筑施工、特种设备等重点行业领域专项整治。检查生产经营单位 1.96 万余家次，排查整改隐患 6800 余处，打击非法违法行为 718 处。职业卫生监管落实"管行业要管职业卫生、管安全要管职业卫生"的要求，对全区 49 家作业场所职业病危害备案企业进行检测，对 31 家印刷企业进行职业病危害因素排查。开展职业卫生专项监督检查，聘请专家，对全区存在职业病危害因素的 120 家用人单位进行专项执法检查。

安全预防工作

2016 年，强化安全生产网格化和"实名制"监管，在全区范围核查摸底生产经营单位 11694 家，全部建立台账，完成网格化平台监管部门和属地监管责任确认。建立隐患排查定期上报制度、隐患整治协调联席会议制度，采取日常排查、专项检查、社会举报、上级交办、媒体曝光五管齐下，扩大排查覆盖率。通过政府购买服务的形式，聘请中介机构、专家对重点场所、要害部位排查各类风险点 52 处、风险源 58 处，并全部建立安全档案，落实风险防控责任单位、责任人，实施逐项整治销号。严格应急预案管理，修编生产安全事故应急专项预案及操作手册，指导 260 家企业完成预案实战演练。以危化品、高层楼宇、人员密集场所等行业为重点，组织开展各类应急演练。联合旅游、消防、商务等部门在山孚大酒店、华润万象城、麦凯乐、佳世客、海底世界等人员密集场所举行应急演练活动 10 余次，参加演练 3000 余人。

宣传培训

2016 年，组织开展安全文化进企业、进学校、进社区、进楼院、进家庭和"问安市南"全民安全知识竞赛活动，持续开展"查隐患、保安全、促发展"群众性安全生产活动，与市安委会联合举办"安全生产咨询月"活动。制定安全生产培训计划，实施全员安全大培训行动，联合城管、消防、卫计等部门及街道举办安全生产培训班 196 期（次），培训各类人员 11350 人次。与市红十字会、天使救援中心联合开展"问安市南"安全知识宣传暨应急能力培训项目，建成 10 条安全文化长廊。印制《山东省生产经营单位安全生产主体责任规定》5000 册，发放到生产经营单位，举办专题培训班 56 期（次），培训人员近 6000 人次。

队伍建设

2016 年，优先保障人员、资金、装备、车辆等，全年安排安全生产专项经费 1200 万元；调整青岛市市南区安全生产监察大队机构编制，监察大队由 20 人增至 23 人，内部机构增设督查中队；在负有安全监管责任的 9 个行业部门（单位）专设安全监管科，明确岗位职责。各部门、各街道安监专（兼）职人员通力合作，共同维护全区安全生产形势的稳定。

审计监督

工作概况

2016 年，市南区审计局依法全面履行审计监督职责，全年完成审计项目 70 个，审计资金总额 284 亿元，查处违纪违规资金 158.4 万元，管理不规范金额 20.4 亿元，促进增收节支 3064 万元，提出审计建议 116 条均获采纳，11 篇次审计报告被区委、区政府主要领导批示，54 篇次工作经验信息被媒体报道或采用，组织撰写的《棚户区征收项目的计算机审计方法》等 7 篇计算机审计方法获得省、市审计机关表彰；组织撰写的《2010—2013 年市南区中小学校舍安全工程绩效审计案例》获得全市优秀绩效审计案例一等奖；组织撰写的《构建"五位一体"政府投资审计监督新模式》获得区（市）审计局创新工作三等奖；组织提报的《2014 年度本级预算执行情况审计》被评为全市优秀审计项目。区审计局连续 4 年被评为市南区科学发展综合考核优秀单位，区内审协会被评为全省优秀内审协会。

经济责任审计

调整"三项管理"　（1）根据需要调整区经济责任审计工作领导小组，召开市南区经济责任审计工作领导小组 2016 年第一次全体会议，部署全年经济责任审计工作；制定领导干部经济责任审计谈话制度，了解被审计领导干部及被审计单位的具体情况。（2）对审计对象计划管理数据库进行梳理和完善，重新划分"ABC"单位的分类标准，确定审计重点和范围，进一步提高审计项目质量。（3）成立市南区审计局经济

2016 年 3 月 22 日,2016 年市南区政府投资项目中介单位签约及培训会议举行。

责任审计项目采购领导小组,通过政府购买服务方式,借助社会中介机构的力量,进一步提高审计工作效率。

突出"三个审计重点"　(1)在审计内容方面,突出重点与深度,加大对关键岗位领导干部和国有企业领导人员的审计,加强对街道党政主要领导干部的同步审计;将审计的关注点向二、三级预算单位合理延伸,深入挖掘和揭示账目背后存在的深层次问题。(2)在审计职能方面,突出监督与服务,注重经济责任审计中相关事项的关联性分析,督促被审计单位健全内控制度。(3)在审计实施方面,突出构建整改长效机制,落实审中跟进、审后跟踪回访制度,健全整改联动机制,实行主审专人负责制,建立长效管控制度,做到跟踪、宣传、督查、问责"四位一体"。全年完成经济责任审计项目 14 个,审计党政领导干部 17 名,查处违规金额及管理不规范金额 4.3 亿元、浪费损失金额 106.6 万元;提出审计建议 25 条,均被审计单位采纳。

区本级预算执行审计

2016 年,围绕新《预算法》的实施,转变工作思路,依托"大数据"平台,推进公共资金审计全覆盖。(1)优化升级预算执行联网审计平台。整合全区所有预算部门从预算编制、指标批复、计划申请、国库支付到最终决算的全过程预算执行数据,以及非税收入收缴、公务卡消费、部门集中核算等数据资源,根据审计需要搭载模型建设、系统交互等模块,实现财政数据实时采集下载,动态监控。(2)围绕全口径预算实现

审计全覆盖。重点关注预算管理、预算执行、财政决算、"三公"经费、财政转移支付资金、政府性债务管理、财政存量资金、预算绩效及预算信息公开等情况,推动国家重大政策措施贯彻落实,有效提高预算管理水平。(3)落实审计查出问题的整改工作。根据区人大常委会对预算执行审计报告的审议意见,对查出问题下达整改通知书,促进存在问题的部门研究制订审计整改工作方案,探索规范财政资金管理的长效机制。

政府投资审计

2016 年,加大重大资金和重点项目的审计力度,全力提升工程建设领域审计监督服务水平。围绕重大政策措施落实情况,对涉及市南区的市级重点项目以及区政府确定的 2016 年度重点项目进行全面梳理,跟踪审查项目进展。组织开展市南区落实企业投资自主权鼓励社会投资政策措施落实情况跟踪审计,客观反映取得的主要成效,揭示政策落实中存在的问题,有针对性地提出建议。适应开展上下联动、交叉审计的新常态,加大对上级交办各类专项审计工作投入,派出审计力量完成崂山区 2015 年度保障性安居工程跟踪审计、黄岛区建购职工住房情况专项审计等工作任务。在投资审计项目实施过程中,及时督查项目进展情况,及时召开业务协调会议,加大审计项目推进力度。组织对工程审计和造价咨询两个中介机构库进行重新招标,对所有入库机构开展统一培训,逐一签订《廉政目标责任书》。开拓投资审计新思路、新途径,在审计理念、审计内容、审计方式、审计整改和中介管理等关键节点上大胆创新,探索构建"五位一体"政府投资审计监督新模式。把"工匠精神"融入政府投资审计的每一个环节,为培育审计精品工程创造良好环境,积极整理完善审计项目资料,选送的"南岛组团廉租房(小地块)跟踪审计项目"在全市优秀审计项目评选中被评为表彰项目。组织开展市南区中小学校舍安全工程绩效审计案例研究,针对绩效审计目标和评价标准、审计内容重点、审计步骤和方法等方面总结经验,为开展绩效审计工作提供借鉴。

专项资金审计和审计调查

2016 年,围绕"反腐、改革、法治、发展",把维护

人民群众根本利益、推动依法治国、促进深化改革、推动政策落实、维护国家经济安全、推进反腐倡廉建设贯彻始终，完成对财政公共资金、发展区域经济扶持奖励政策专项资金、教育资金、政府性债务、保障性安居工程、"三公"经费、建购职工住房、稳增长等政策措施落实情况跟踪审计，参与市审计局对区(市)直党(工)委党费的专项审计和审计调查。从项目落地、资金保障、简政放权、政策落实、节能改造和风险防范等方面，揭示和反映经济运行和社会发展过程中各类问题和风险，解剖问题所涉及的各环节并分析原因，及时提出整改意见和建议，保障人民群众的合法权益，发挥审计政策性、时效性、综合性、建设性的特点。

绩效审计

2016年，将绩效理念贯穿所有审计项目，研究和探索新形势下审计工作服务经济、服务大局的新思路、新途径和新方法。完善绩效审计评价指标体系建设，综合使用多种绩效审计手段，采用审阅、观察、调查、证据分析法等典型绩效审计方法，对相关部门的经济活动进行审计。及时总结审计成果，拓展审计思路。

内部审计

2016年，围绕《2016年度青岛市内部审计指导工作要点》的要求，全区内审机构完成经济责任审计、财务收支和内部控制评审等审计项目4个，审计资金总额1.3亿元，提出审计建议19条，均被审计单位采纳，其中市南区教育体育局财审科完成3位领导干部的离任经济责任审计、16所中小学和3所幼儿园及配餐中心的食堂财务管理专项审计。做好内审人员的政治理论和专业知识培训工作，区内审协会转发省、市内部审计协会培训文件近10次，参加内审培训达30余人次。

法制建设

2016年，推进法治政府建设和法制基础工作，结合审计业务工作积极开展相关法规和业务培训，结合"行政诉讼法宣传活动月"和"12·4"国家宪法日暨全国法制宣传日活动开展主题宣传活动，结合精神文明单位创建加强法制宣传教育阵地建设。按照上级审计机关的部署，落实省以下地方审计机关人财物统一管理制度的工作安排，完善审计制度，有效整合审计资源，积极推进审计监督全覆盖。加强审计质量控制和审理工作，按照《国家审计准则》和相关审计业务规范开展审理工作，突出审理重点，提高工作效能，结合

省厅审计质量检查活动开展自查工作，对上年度审计项目质量进行检查，根据审计规范要求和实际工作需要，修订经济责任审计报告和审计报告征求意见书模板，提升审计公文质量。

统计管理

工作概况

2016年，市南区统计局以服务全区经济建设和社会发展为立足点，围绕中心，服务大局，充分发挥统计监测、预警和服务发展的职能，各项工作稳步推进，数据质量全面提高，为区域经济发展提供良好的统计保障。

统计法制建设

2016年，开展"统计开放日"活动，设立宣传展板、邀请企业代表座谈参观、开设公众微信号、发放电子书，提升民众对统计工作的理解和支持。建立《市南区统计执法"双随机"检查制度》《事中事后监管制度》等多项制度，完善涉法工作规程。研发统计执法助手APP，特别设计现场执法功能。强化统计法制工作，加强统计法制宣传，加大对统计违法案件的查处力度，统计法律意识进一步提高；搞好统计执法检查工作，抽查全区负有提供统计资料义务的调查单位，将报表数据质量、拒报迟报统计资料和虚报、瞒报、伪造、篡改统计资料的违法行为作为检查重点，对发现的统计违法行为，严格按照统计法律法规有关规定予以查处。

统计队伍建设

2016年，结合全市"三个一百"调研活动，从企业统计机构设立、人员配备、统计工作规范化、统计站规范化、基层基础建设五方面入手，对10个街道统计所、80多家"四上"企业、7个1亿元以上项目进行走访，解决制约基层统计发展难点问题12个。市南区有2个统计所被评为青岛市"示范统计站"，6个统计所被评为青岛市"标准统计站"。定期邀请市局相关处室业务骨干讲课，把握工作的重点环节、重点要求，学习兄弟区(市)工作经验。组织参加市、区组织的各类专题讲座和培训班，提高业务理论和综合素养；开展业务轮讲、轮岗以及互助学习等活动，拓展业务领域，提高业务能力，打造"全员都是行家里手"的统计队伍。

2016年5月29日，区统计局开展"两学一做"学习教育专题党课。

统计工作规范化建设

2016年，通过加强业务指导和服务两方面，调动街道统计工作的积极性。定期组织对街道统计人员业务培训，开展街域经济发展专题调研。为街道办事处的经济工作提供统计服务。加大统计执法检查力度，制订《市南区"统计执法年"活动实施方案》，对纳入国家企业一套表联网直报的企业进行重点执法检查。

统计分析调研与服务

建立"三级"联动数据质量控制体系　2016年，通过推案例、树标榜的方式，推广百余家优秀报表企业的经验方法，以点带面促进数据质量提升；扩大对基层企业的走访范围和力度，采取监督式管理、需求式帮助、跟踪式指导的方式，从数据源头发现问题、解决问题；技术性和经验性审核相结合，通过采用同比、环比以及相关性指标的比对分析，发现异常波动及时核查。

建立重点指标评估机制　2016年，针对GDP、投资、消费等综合性重点指标，分专业建立质量评估机制，借助财政、税收、进出口、用电量等部门数据信息，对这些指标的统计结果及走势进行合理性评估，各专业全年设置审核公式400余条，数据查询2万余次。

加大统计资料规范化管理力度　2016年，按照《统计资料规范化管理办法》以及《统计数据对外提供管理办法》，严格规范统计资料的发布使用，确保统计资料、统计调查对象的商业秘密和个人家庭单向调查资料的安全。

统计方法制度改革

定期调研分析　2016年，区统计局针对重点领域、重点问题，编印《统计季报》专册14期，全年撰写各类统计信息、工作动态和分析218篇，其中市局采用89篇，区委、区政府采用47篇；向区委、区政府报送专题分析35篇，其中《青岛万象城对我区经济数据贡献情况报告》等7篇调研报告得到区主要领导批示，3篇分别获得市统计局重点课题二等奖、优秀统计分析三等奖，荣获"中国信息报社2016年宣传先进单位"称号。

进行星级管理评定　2016年，利用互联网直报平台，定期发布行业信息；每季度组织重点企业座谈；对全区709家企业进行星级管理评定，提高对企业的服务力度。

统计开放常态化　2016年，开展"中国统计开放日"系列活动，投资数万元升级改造市南区"数据市南"统计微信平台，加大与社会、公众和企业的沟通与宣传力度。

市场监督管理

工作概况

2016年，市南区市场监督管理局围绕区委、区政府、市工商局、市质监局工作部署，以"市南标杆，系统龙头"为目标，改革创新，攻坚克难，取得新的成绩。

推进大众创业

推进商事登记改革　2016年，坚持"高效率、低门槛、宽准入"，将企业五个部门的证照和个体工商税务两个证照整合为统一的工商营业执照，实现"一套材料、一窗办理"，创新"后置审批菜单式告知""办照信息双轨式推送""大中小企业分类分层差别化服务""虚拟登记住所责任承诺""经营住所承诺"等服务措施，放宽住改商限制，办理时限由法定的39日缩短为3个工作日；窗口办理由往来10次减为2次，企业申报材料减负90%，窗口审批一次性通过率达95%以上。降低市场准入门槛，全年新增市场主体11551余户，同比增长5.9%；新增注册资金363.38亿元，同比增长93.8%。

2016 年 1 月 18 日,区市场监督管理局召开市南区商标品牌战略推进会。

实施品牌经济发展战略 2016 年,出台《市南区品牌经济发展政策实施细则》和《市南区质量奖励实施细则》,对驰(著)名商标企业提高奖励数额,将获得各级质量奖的企业纳入政府奖励范围,将部门行为上升为政府行为,为品牌经济发展注入动力。筛选 40 家企业重点培育,对 15 家品牌企业奖励 440 万元,组织申报驰著名商标 22 件,新增全国驰名商标 1 件,注册商标超 2 万件,居全市首位。

推进"标准化+"发展战略 2016 年,加大标准化奖励力度,海信集团有限公司、中国水产科学研究院黄海水产研究所、中国科学院海洋研究所等 9 家单位上年度获得 17 项国际、国家、行业标准,获得标准化奖励资金 139.5 万元。创建青岛市仅有的两家国家级服务标准化试点项目;主持、参与制定、修订的国际标准和国家标准 90 项,居全市前列。

维护群众利益

突出重点开展精准执法 2016 年,针对金融类违法广告、网络违法经营等重点问题,建立电子取证室和网络取证信息化系统,举办 2 期网络取证培训班,培训 60 余人,提升网络执法能力;推行广告案件现场取证方案、现场一次性取证、全过程录像三步取证法,提高查办实效。查处广告案件 36 件,罚没款 489.5 万元,1 起案件被列为省十大虚假违法广告典型案例之首。查办网络案件 12 件,罚没款 369 万元,省局副局长朱昆峰实地调研予以肯定,并作为全省唯一的区级单位在全省网络监管工作会议上介绍经验。

突出难点实行集中突破 2016 年,将老旧电梯升级改造纳入区 2016 年为民办实事项目,在全市率先研究出台老旧电梯更新改造办法,并组织相关部门和街道办事处加快推进改造,南京路 98 号、鹏程花园等 4 个小区 20 台电梯更新完毕,113 台电梯完成安全技术评估。严查电梯安全隐患,查办案件 8 件,罚没款 9.6 万元。建设电梯安全远程监控系统,对 11 家使用单位 474 台电梯安装监控系统。

突出热点开展专项执法 2016 年,对辖区经济运行进行综合判研,选择群众反映强烈的无照经营、欺客宰客、制假售假、商标侵权、霸王条款、格式合同、不当竞争等问题,开展系列专项整治行动,规范市场经济秩序。全年查办案件 183 件,罚没款 673.85 万余元。对湛山市场、大信市场进行升级改造,市场购物环境焕然一新,全市市容环境整治行动观摩会议代表现场观摩大信市场,给予好评。

保障公众消费

开展消费市场秩序专项整治行动 2016 年,针对群众反映突出的"吃、住、行、游、购、娱"等七个重点领域,牵头组织全区各部门打造"闽江路餐饮示范街""中山路购物示范街",整治火车站周边市场秩序,规范前海旅游、出租车、住宿、餐饮等重点行业经营秩序;在全市率先启动可溯源电子秤,由重点街道、商铺向集贸市场延伸;推广餐饮店规范化点菜单制度,确保明明白白消费。继续推行消费纠纷视频调处系统,为消费提供便利。设置 10 万元先行赔付基金,保障群众合法权益。组织开展联合执法 20 余次,查办各类违法行为 3.2 万余个,规范各类问题 210 余个,查办案件 237 件,罚没款 139.29 万元。发挥投诉举报指挥中心平台作用,调处消费纠纷 11314 件,为消费者挽回经济损失 200 余万元。

创建消费维权载体 2016 年,搭建"消费维权 e 家"微信服务平台,构建"市南市场监管"微信矩阵,与"微市南"和 56 个社区信息推送互动,参与企业达 400 余家,发布各类信息 800 余条。在火车站设立"老曲维权工作室",开辟维权服务前沿第一窗口。抽检家用电器等七大类 477 批次商品,立案 23 起,罚没款 20 余万元。

推进消费维权社会共治 2016 年,积极开展

"3·15"十大宣传活动,走进30余个社区、10余所学校、400余家企业开展活动50余场次,编发材料5万余份,接受咨询2000余次,向社会各界赠阅《市南消费者》等杂志22500册,对20个大型商场超市培训指导近40次,培训人员800余人。构建网络舆情快速反应机制,第一时间反应处置各类重大紧急舆情40余次,"春和楼"等舆情处置受到市委书记李群批示表扬。联合相关部门约谈百丽广场、静雅酒店等重点商家,妥善处置预付费卡群体性消费纠纷,维护消费者合法权益。

打造过硬队伍

提升能力素质真抓实干　2016年,先后组织开展"两学一做""三严三实""春训""传、帮、带"等教育培训活动30余次,参加人员495人次,提高监管执法能力。在市南区处级干部选拔任用中有3名同志被重用,1名同志被提拔。配齐配强中层干部队伍,提拔(重用)正科级领导干部2名、副科级领导干部7名,争取区政府招录公务员9名,选聘市场监管协管员26名。

开展文化引领凝心聚力　2016年,打造以"主动作为、积极行政"为核心的市场监管文化体系,打造部门文化品牌,选树身边优秀典型,通过典型示范、文化引领,提高队伍战斗力,区市场监督管理局获全省工商行政管理工作先进集体、青岛市人民满意的公务员集体等省、市10余项荣誉称号。青岛市人大常委会主任王文华、市政协主席张少军先后到香港中路市场监督管理所进行视察,给予充分肯定。

强化效能监督弘扬正气　2016年,建立考勤、效能、纪律"三位一体"的定期考评机制,健全干部日常监督管理机制。坚持教育在先、警示在先、预防在先,严格告诫提醒、批评教育、诫勉谈话等监督措施,严肃、严格问责,坚决整治"庸懒散慢拖瞒"等现象,全面提高工作效能。

食品药品监管

工作概况

2016年,市南区食品药品监督管理局以创建国家食品安全城市为统领,完善长效监管机制,加大执法整治力度,严厉打击违法行为,规范基层基础建设,各项工作目标任务进展顺利,取得良好成效。

建立食品安全全程监管机制

强化食品生产企业监管　2016年,完成8家食品生产企业的风险分类分级,依照风险等级确定监督频次,并对报停的生产企业进行定期回访。指导山东济铁、青岛海滨金三阳分公司等4家生产企业开展车间亮化,对工艺中的关键控制点进行实时监控。

创建食品安全示范化市场　2016年,全面落实食用农产品市场准入、质量保证金缴纳和不合格供货商退市等30条工作措施,全区12个农贸市场全部认缴市场质量保证金,资金总额达到70万元,供货商抽检不合格达到2次或单次抽检超标50％以上,责令其退出辖区市场;健全涵盖农贸市场、大中型商场超市的食用农产品市场快速检测体系。针对蔬菜、水果类农产品,实施"市场批批自检","监管定期快检"的食品安全筛查举措,保证上市农产品质量安全;加强食品摊贩备案管理,出台《规范食品摊贩经营管理的实施意见》,对区内依法设立的6处早市、夜市食品经营摊贩进行网上备案。

实施餐饮单位量化分级管理和等级公示制度　2016年,推行"寻找笑脸就餐"行动,符合条件的新开办餐饮单位全部完成首次动态等级评定,评定总数达2780家。对辖区内50家大中小学食堂、65家幼儿园食堂和1家集体用餐配送单位进行2次全覆盖巡查监管,登记公示学生小饭桌121家,接受社会监督。

开展无证经营违法行为专项整治　2016年,通过专项整治,无证餐饮业户从780多家减为280多家,取得初步成效。针对因拆迁冻结、房产原因无营业执照等情况,在不影响食品安全的情况下,推行实名备案制度,降低食品安全风险和安全生产风险。

推行"双随机"检查机制　2016年,区食药局制订《推广随机抽查规范事中事后监管工作实施方案》,明确8项随机抽查事项,建立市场主体名录库,将食品生产企业、大型商超、集体用餐单位、学校食堂、农贸市场列为"双随机"重点抽查单位;建立执法人员名录库,采用摇号方式随机抽取执法人员开展抽查。制定《日常监督检查记录表》等检查文书,推行执法全过程记录,确保"双随机"规范化、痕迹化,提升随机检查质量。

提升食品药品安全应急管理能力　2016年,区食药局落实24小时值班制度,建立应急值班微信群,多项举措加强应急管理和风险应对能力,成立2个非工作时间应急处置机动队,确保一旦发生食品安全突发事件,及时妥善处置。截至9月底,处理投诉渠道和各级各类医疗机构通报的食源性疾病或疑似食物中毒报告 112 起,药品突发事件 1 起,全年启动食品安全事故Ⅳ级响应 2 次,均得到妥善处置。

实施"以抽检促监管"监管模式

强化食品专项整治的技术支撑　2016 年,区食药局开展羊肉市场专项整治、百日整治、旅游景区食品安全等 9 次专项整治。采用"专项整治+抽检"的模式,每项专项整治均分配一定的检测指标。现场检查中既查处整改食品生产经营中的违法违规行为,也针对重点单位的生产原料和食品终产品进行抽验。

2016 年 3 月 5 日,区食品药品监督管理局开展食用农产品市场抽检。

完善第三方抽检及基层快检两级检测体系　2016 年,区食药局制定年度抽检计划和检测项目,采取食用农产品月月抽,大宗食品双月抽,风险品种随机抽,投诉、举报、舆情及时抽等措施组织实施。完成 5100 批次抽检任务,其中国家、省、市级抽检 2500 批次,区级 2600 批次,计划完成率超过 100%,发现不合格食品 115 批次(不含复检合格 4 批次)。利用街道快检实验室开展覆盖性检测,对流通食品和食用农产品随机快检,全年累计检测食品 21112 批次,日均检测 58 批次,及时处置疑似问题食品,严守食品流通关口。

实行不合格食品后处理和信息公示　2016 年,区食药局采取经常通报、召开调度会等措施,强化不合格食品案件查办的跟踪督办,确保案件按时处结。全年处置 92 批次,处置率达 100%。利用局网站、商超、农贸市场信息栏等载体,先后 13 次公布抽检结果等信息,抽检信息公示率达 100%。对于不合格食品,严格立案查办,并对案件进度给予通报,确保按时办结。

加大违法行为的处罚力度　2016 年,区食药局充分利用新《食品安全法》"刑事优先、最高额 30 万元"等规定,大力查办食品违法行为。全年查处食品药品违法案件 106 件,罚没款 182 万元。其中,5 万元以上的大案 8 件,向公安机关移交食品药品犯罪线索 9 条。

加强创新监管

2016 年,区食药局运用互联网思维,发挥大数据作用,率先在全市启动"智慧食安"物联网平台工程建设,建成全区统一的食品安全信息资源平台,通过一年的现场检查和信息采集,将全区食品经营企业纳入监管平台,经许可的食品生产、经营单位入网率达到 100%,"三小"餐饮单位入网率达到 96%;开发食品安全移动监管终端和手机 APP,实现主体信息查询、智能监管、在线监控、产品追溯等多项功能,提高现场执法水平。全区 48 家大中型商场超市建立"物联网"管理系统,实现食品从生产、进货到销售各个环节的动态管控。推行"明厨亮灶"工程,在 460 家餐饮服务单位全部安装视频监控系统,实现食品经营远程可视化监管。

推进优化政务服务

提升行政审批服务水平　2016 年,区食药局针对食品经营许可网上申请、办理运行过程中的问题,积极与省局技术联系,并总结梳理《网上申请填报指南》《办理须知》《一次性告知书》,指导管理相对人办理。全年办理食品经营许可 2070 件,药品经营许可 20 件,第三类医疗器械经营许可 58 件,第二类医疗器械经营备案 203 件。

拓展食品安全治理参与渠道　2016 年,区食药局组织开展"食品安全快检进市场""食品安全宣传周"等宣传教育活动,参与群众 1300 余人次,发放各类宣传材料 6000 余份。强化投诉举报处置,成立投诉举报联席会议,建立"职业打假人"及复杂问题投诉的会商和决策机制,受理投诉举报 1789 件,落实率、回复率均为 100%,满意率、理解率为 99%;电话回访 126 件。

强化重大活动保障和不良反应监测工作　2016年,区食药局承接各级各类保障任务10项,保障47747就餐人次,确保重大活动食品安全"零事故"。完成辖区29家监测单位摸底和培训工作,上报药品不良反应监测402例、医疗器械不良事件158例,上报率达100%。

加强企业食药安全风险防控能力　2016年,区食药局组织360家高风险餐饮服务单位负责人和食品安全管理人员进行关键点控制和预防食物中毒业务培训,强化企业的食品安全意识,提高企业管理水平;对12家农贸农贸市场、18家大型商超开展普法培训和流通追溯业务培训,督促企业守法经营。全年培训食品经营单位1200余家。

市场建设管理

工作概况

2016年,市南区市场建设服务中心学习贯彻党的十八大、十八届三中、四中、五中、六中全会精神和习近平总书记系列重要讲话,开展"两学一做"学习教育,以学促做、知行合一,解决存在的问题,较好完成全年工作任务。

加强党的组织建设

2016年,按照程序和规定对中共市南区市场建设服务中心总支委员会进行换届选举,选出区市场建设服务中心总支委员会书记。市场建设服务中心中心由5个党支部合并为2个党支部。各支部委员会根据程序和规定换届选举各自的支部委员。中心总支委员会有党员22名,其中预备党员2名。严格党费收缴、使用和管理,22名党员按照缴纳基数和比例核定缴纳党费数额,按月足额缴纳党费。举行4次"两学一做"学习教育的专题党课,撰写40余篇学习心得,发挥党员带头作用。

严格规范商贩的经营行为

2016年,根据青岛市城市管理委员会办公室《关于加强城市便民摊点群设置管理工作的若干意见(试行)》和有关会议精神,遵循"便民利民、合理布局、疏堵结合、规范管理"的原则,要求所属业户在标识牌内注明占用区域、经营项目、经营时间、安全提示、现场管理责任人等内容,按照早、夜市规定时间经营,规范商贩的经营行为,保证环境卫生整洁、交通顺畅。继续加大室内市场招商力度,提高中心经济收入。

保证中心资金的使用

2016年,协调区有关部门,通过政府购买服务,盘活巨野路房产,为中心争取资金140万元,并催缴所欠房租,收回欠款108万元,保障职工的工资、保险、公积金等各项支出。为38名退休职工发放养老保险统筹期间个人返还的40余万元,为61名在职职工按照机关事业单位工作人员养老保险制度改革的要求补缴2014年10月～2016年3月社会保险缺口182万元。从2016年7月1日起调整事业单位人员基本工资标准,12月份补发职工5个月的基本工资11万余元。为中心在职职工发放年终奖金47万余元。

落实民主决策制

2016年,区市场建设服务中心召开副科级以上会议,对重大问题决策、重要干部任免、重大项目投资、大额资金使用,集体讨论作出决定。班子成员各自责任,各司其职。

做好事业单位改革工作

2016年,区市场建设服务中心根据市南区政府关于《青岛市市南区分类推进事业单位改革重点任务分工方案》(青南办发〔2015〕12号)文件精神,撤销所

2016年8月1日,区市场建设服务中心召开党总支部委员会换届选举大会。

属的网点综合开发公司,1 名在职职工和 13 名退休
职工转至中心管理,资金及资产处置工作结束。

关心职工切身利益

2016 年,区市场建设服务中心按照政府采购有
关规定和程序,购买 10 台一体机、2 台复印机,更换
全新的办公桌椅 10 套和档案柜 17 套,建立中心专门
的档案室,改善办公硬件水平。为机关办公楼安装暖
气,为职工创造舒适、整洁的办公环境。8 月份,中心
工会委员会按照换届规定,由中心 43 名会员投票选
出第一届市场建设服务中心工会委员会的 3 名工会
委员和 3 名工会经审委员。开展为职工夏日送"清
凉"活动,为一线职工发放矿泉水。统计中心困难职
工的具体情况上报区工会,让困难职工享受到上级工
会的帮扶。年初为工会会员发放春节福利,年底为退
休职工发放《老年生活报》卡。

落实安全生产责任体系

2016 年,区市场建设服务中心持续落实"党政同
责、一岗双责、齐抓共管"的安全生产责任体系,实施
安全生产目标管理。成立由主要领导任组长、分管领
导任副组长的安全生产工作领导小组,实施安全生产

网格化管理。层层签订《安全生产目标责任书》,确保
安全生产目标分解到每一个人,做到"安全生产无缝
隙"。按时召开相关会议,对所辖市场安全进行检查,
采取措施排除隐患。

修订中心考核制度

2016 年,区市场建设服务中心参照《事业单位人
事管理条例》修订中心考核制度;各科室、市场所按照
职能和工作情况,明确各自职责和岗位责任目标,开
展绩效考核工作。年终将每月考核统计结果作为年
度考核、评优评先及干部提拔使用的重要依据,提高
工作人员的工作积极性。

信访、计生工作

2016 年,区市场建设服务中心将信访和计生工
作纳入重要工作议程。发挥信访网络作用,坚持领导
包案和接访制度。2016 年 6 月至年底收到信访件
206 件,均按照党政主要领导批示办理,结服率
100%,处结率 100%。计划生育工作建立"一把手工
程"制度,与区委、区政府签订《2016 年度人口和计划
生育目标管理责任书》,明确责任和要求,各项指标完
成率 100%。

软件及动漫游戏产业发展

概　　况

2016 年,以新常态经济下的园区转型发展为总
目标,全面实施创新驱动战略,聚焦重点培育,狠抓
管理服务,卓有成效开展各项工作,园区发展再上新
台阶。

产业规模

2016 年,市南区软件园及动漫游戏产业园(简
称:两园区)产业量能稳步提升,25 家高新技术企业
营业收入同比增长 31.39%,新增软件著作权 136 项,
新增授权专利 33 项,较上年末分别增长 15.7%和
14.6%;截至 2016 年底,两园区企业拥有软件著作权
1005 项,授权专利 259 项。

招商引资

2016 年,两园区新引进开瑞信息、端点网络等 15
家软件科技、文化创意类企业,新增注册资金 1.2 亿
元。截至年底,软件园入驻企业 201 家,入驻率
93.2%;动漫园入驻企业 104 家,入驻率 76.2%;其中
年销售收入超过 1 亿元企业 4 家,超过 1000 万元企
业 50 家。

发展龙头企业

2016 年,两园区拥有高新技术企业 29 家,国家
级动漫企业 3 家,市级认定企业技术中心 6 家,工程
技术研究中心 4 个,产业技术创新战略联盟 6 个,市
级"专精特新"示范企业 5 家。新认定山东省著名商
标 1 家、省级企业技术中心 1 个,青岛名牌企业 3 家,

市级技术创新重点项 32 项。

融资上市

2016 年,鼎信通讯成功登录上海证交所,成为园区首家主板上市的企业,特利尔、深蓝股份、雨诺股份成功挂牌新三板。截至 2016 年底,园区有主板上市企业 1 家,新三板上市企业 11 家,蓝海股交中心挂牌企业 4 家,各板块上市储备企业近 20 家。

优化人才梯队

截至 2016 年底,两园区会聚专业技术人员逾 11000 人,其中中高级专业技术人员占 40% 以上。园区有留学归国人员 100 余人,国家"千人计划" 10 人,国务院政府特殊津贴专家和海外专家 10 余人,市级创业创新领军人才 4 名。设有专家工作站 22 个,其中院士专家工作站 1 个。专业人才的会聚成为自主创新和推动园区软件动漫产业发展的重要力量。

园区建设

青岛(市南)软件园

青岛(市南)软件园位于宁夏路 288 号,于 2004 年初正式开工建设,同年 12 月,第一座研发楼投入使用。总占地面积 12.6 万平方米,规划建筑面积 26 万平方米,截至 2016 年底,约 20 万平方米办公面积投入使用。园区遵循"以人为本"的原则,按"智能化、国际化、生态型、花园式"的标准布局,基础设施实现"九通一景"。园内建有 1.5 万平方米的停车场和 3.5 万伏变电站;设有 3500 平方米,可同时容纳 1200 人就餐的公共餐厅;建有综合性商务酒店;引进交通银行、青岛银行两家银行。为满足产业集聚发展需求,增建东园区、南园区 5 座研发楼,建成后将提供办公面积约 6 万平方米。

青岛国际动漫游戏产业园

青岛国际动漫游戏产业园位于银川西路 67 号,于 2006 年 10 月开工建设,2009 年 1 月正式开园。项目投资 4.2 亿元,总占地面积 10 公顷,建筑面积 11.6 万平方米,是国内第一家全新、独立、以国际招商为主的专业化动漫游戏产业园区。园区三面环山,由 5 座楼宇组成,其中大企业研发楼 2 座,培训楼、公共技术平台及孵化器、综合研发楼各 1 座。三面环山的自然风光和贯穿其中的人工湖使动漫游戏园被誉为"深林中的产业园,山谷中的研发楼"。

优势产业

概 况

2016 年,市南区软件园及动漫游戏产业园(简称:两园区)企业在集成电路与嵌入式、物联网、行业应用软件、动漫游戏等领域逐渐形成自主创新的产业集群,其中行业应用软件企业 70 家、集成电路与嵌入式企业 20 家、规模以上物联网企业 10 家。

嵌入式软件业

2016 年,园区嵌入式软件企业发展迅猛,成为带动园区整体发展的龙头产业之一。鼎信通讯首发获通过,成为园区主板上市第一股;注册商标"TOP-SCOMM"被认定为"山东省著名商标"。

物联网行业

2016 年,园区物联网企业逐渐形成较为完整的产业链。中科软件启动"智慧食安"监管平台,并推出全国首个校园餐饮安全监管系统。松立软件打造的智慧城市车辆管理平台,集车辆定位、泊位搜索、预约付费等功能于一体,解决城市停车难问题。

行业应用软件

2016 年,分红全球购开启北京战略公司,引进 2000 多种韩国品牌、1000 多种日本品牌入驻,化妆品品牌超过 300 种。威百仕打造省内首个"佳购分享"平台并推广应用。雨诺股份与腾讯云、微信支付联合,打造全球领先移动互联医药流通体系。开瑞国际物流推出跨境供应链自有品牌"UTAO-优到",打造动车式全供应链解决方案。

动漫游戏创意产业

2016 年,金东科技打造数字艺术体验空间——Π·数字实验室。凤凰世纪出品的微电影《九九艳阳天》荣获首届青岛市区(市)级电视台文艺作品电视新闻类一等奖。

平台建设

孵化器平台

2016 年,青岛(市南)软件园和青岛国际动漫游戏产业园（简称：两园区）分别拥有国家级和市级科技企业孵化器，在加速企业孵化成长的同时，对市南软件及动漫游戏产业人才的培养、引进起着助推作用。

青岛（市南）软件园作为国家科技企业孵化器，软件园孵化器总面积2.97万平方米，2016年新增企业2家、毕业企业1家、在孵企业51家。

青岛动漫游戏产业园市级科技企业孵化器总面积4.17万平方米，2016年新增企业4家、毕业企业3家、在孵企业共34家。创客孵化空间一期引进创客开发团队13家，在孵企业团队18家。

技术平台

数字动漫技术支撑平台 该平台总投资近3000万元，面积6000平方米，于2010年底投入使用。设有二维工作室、三维工作室、非编工作室、运动捕捉室、集群渲染机房等专业工作室和培训教室。平台建设运营分为技术支撑体系和孵化服务体系。技术支撑平台包括公共游戏开发平台、公共游戏测试平台、公共动画技术平台、公共游戏动漫素材库、公共数据中心和公共客服平台，为网络动漫游戏的开发、测试到运营提供全程技术支持。服务体系包括网站、投融资服务中心、人才培训中心、外包服务中心和商务服务中心，为网络游戏动漫业者提供中介服务和基地设施使用服务。建成山东省首个"数字动漫技术支撑平台"，为动漫企业提供从造型设计、动画制作、特效合成、渲染、配音到输出一整套专业设备及技术支持。四维空间、高路动画、灵镜数码、水晶石等多家动漫企业先后入驻企业孵化器和专业工作室进行动漫项目创作。

2016年10月11日，驻青岛软件园企业青岛鼎信通讯股份有限公司首次公开发行A股上市仪式举行。

集成电路设计公共支撑平台 该平台一期投资4000万元，通过与Cadence、Synopsys等国际知名EDA厂商合作，为市南区乃至青岛市集成电路设计、研发外包产业发展提供完善的设计开发环境及优质的深入运营服务。该平台设有电子设计自动化（EDA）平台、多晶元生产晶片（MPW）投片平台、硅知识产权（SIP）平台、教育培训平台。集成电路企业可以基于集成电路设计平台，实现低成本、正版化、高效率发展。

IT外包云计算支撑平台 该平台建于2009年，该平台包括项目管理、上游工程设计、人才技能数据库等7个技术支撑体系，引入服务外包巨头NEC公司的技术资源，整合跨国公司先进的企业管理、项目管理、知识管理、信息技术管理，为全市IT服务外包领域提供公共支撑。2012年7月，由多方专家对外包云计算平台的软件架构以及平台上的12个子平台进行全方面验收。截至2016年底，企业基于外包平台进行开发的项目10余个，项目主要来源于北美洲，涉及教育、金融、医疗、物流等多个行业、多个高新技术领域。

资金平台

市南区政府每年对通过CMM三级以上认证的软件企业给予一定资金补贴。两园区组织企业申报创新基金项目，通过多渠道获国家部分项目经费支持。通过地方投资与国家补贴相结合的方式，扶持技术含量高、创新性较强、市场前景较为广阔的初创型软件企业,引导企业掌握市场竞争条件下生存、发展的基本能力,提高企业对外融资的意识和能力。

人才平台

2016 年,两园区坚持一手抓高端人才引进培育,一手抓实用型专业人才的培训、输送,打造人才引进、培育、输送至用人企业的完整链条,形成高、中、低各层次自主循环的"人才生态圈"。截至 2016 年底,两园区引进"千人计划"项目 10 个,引进泰山学者 5 名,建立专家工作站 22 个,发挥高端人才在科技创新、人才培养、成果转化等方面的作用,推动产学研结合,促进科研成果转化。依托园区专业培训机构,接轨园区内企业的人才需求,专业化、订单式培养软件动漫专业人才;加强与高校、科研院所的合作,整合人才资源,通过多种方式为园区培育各类紧缺人才,为市南乃至全市软件产业发展提供坚实的人才支撑。

重点企业简介

青岛鼎信通讯有限公司

青岛鼎信通讯有限公司成立于 2008 年 4 月,2012 年 7 月进行股份制改革,注册资本 3.9 亿元,2016 年实现营业收入 12.7 亿元,同比增长 43.9%。公司于 2016 年 10 月在上海证交所主板上市。

该公司致力于通信技术的研发与创新,开发出行业领先的具有多项技术专利的总线通信技术和低压电网载波通信技术。在扩频通信、信号处理、通信技术、自动控制、计算机应用及机电一体化等领域具有较强的科研、生产能力,是电力线载波通信和总线通信领域拥有自主知识产权的专业技术公司。

该公司在青岛(市南)软件园拥有 4500 平方米的研发场所。在城阳拥有 4000 余平方米生产厂房,主要进行采集器、集中器、载波、消防产品的组装。建有单独老化房、试验室、库房等。公司从专业技术公司向拥有自主权的现场通信、电子技术、专用集成电路及系统电子产品开发、生产、服务于一体的高科技公司发展。2008 年 11 月,被青岛市认定为软件企业。2009 年 9 月,通过 ISO9001:2008 质量管理体系认证。2012 年,被青岛市科技局、青岛市国资委、青岛市总工会评为"青岛市创新型企业"。2013 年,获高新技术企业认定,并被认定为青岛市企业技术中心和青岛市工程技术研究中心,获"青岛名牌"和"山东省

服务名牌"称号。2016 年,获省级工程技术研究中心认定。截至 2016 年底,公司员工 2000 余人,其中博士 15 人、硕士 200 余人。

青岛高校信息产业有限公司

青岛高校信息产业有限公司始创于 1990 年,由青岛科技大学(原青岛化工学院)校办企业改制而来。该公司为国家级高新技术企业和国内领先的软、硬件产品研发制造商和集成服务商,是 IEEE1888 绿色节能国际标准组的发起成员单位和国内首批专业化的节能服务公司。2016 年营业收入 1.5 亿元,同比增长 46.6%,成为全国股转系统重点拟挂牌企业。

该公司在上海、北京等地分别成立控股公司,拥有参股公司 4 家,并在全国范围内设立办事处近 20 家,形成辐射全国的营销服务网络。该公司建有专业完善的 Call-Center 服务体系和先进的 CRM 服务平台,全国 10 余万用户享受其便捷高效的服务。

截至 2016 年底,该公司获 30 项国家专利,近 10 项产品获"国家重点新产品"称号,上百项产品取得"计算机软件著作权登记证书",并被评为工信部中国第一批节能服务公司、发改委公布第二批节能服务公司,被授予"中国优秀管理软件百强企业""山东省十大优秀软件企业""山东省软件工程技术中心""中国 IT 产业最佳能源管理解决方案金奖""中国软件一站式运维服务十佳企业"等称号,自有品牌"高信软件"被认定为"山东省著名商标"。2016 年,该公司获评青岛市高成长性软件企业,入围年度全国节能服务公司百强榜,并获得新达到软件业务收入上规模奖励。

青岛芳林信息技术有限公司

该公司致力于移动互联网电商平台,是青岛市标杆互联网企业,2008 年进军电子商务,2010 年创建的分红网—网购导航返利平台,在艾瑞网返利比价网站中排前 5 名,会员超 500 万。该公司于 2014 年 7 月在青岛蓝海股权交易中心挂牌上市。

10 年来,芳林信息公司围绕互联网电子商务不断开拓,始终走在互联网时代的前沿。旗下分红商城——移动电商+微店分销模式,为商家在移动端提供开店的工具及微店分销渠道,解决企业组建团队难、推广和运营成本高等难题。截至 2016 年底,与该公司合作的客户有好想你枣、顺丰冷鲜、爱乐贝兜儿、外婆家、小邦仔、趣饮红酒、可可西亚进口食品、新兴茶庄等近千个品牌。平台实现包含 PC 版、Wap 版、微

信、分红微店 APP 等的移动市场全网营销，微店主可直接分享产品或店铺到其朋友圈、微博、QQ 等渠道。

青岛广电无线传媒集团有限公司

青岛广电无线传媒集团股份有限公司源于 2005年创建的青岛广电移动数字电视公司，是由青岛广电影视传媒集团控股、青岛日报报业集团、青岛万博联讯通信有限公司参股的新媒体专营公司。该公司于2012 年成立，经营公交电视传媒、的士互动传媒、文广多媒体电视、户外 LED 大屏、媒资内容提供、物联网、旅游与庆典、艺术培训与交流八大项目平台，为一家以无线数字电视平台为依托，横跨新媒资、动画综合经营、无线数字电视全业务运营以及其他文化创意类产业经营的综合传媒运营商。

青广无线集团于 2014 年 8 月整体改制为青岛广电无线传媒集团股份有限公司，注册资本由 1200 万元增至 3000 万元。作为科技带动文化企业发展践行者，集团确立"文化＋科技＝核心竞争力"理念，建设青岛广电双国标地面数字电视产业示范基地和广电动画影视创作基地，先后承担 10 多项国家级、市级科技文化产业创新项目研究与建设，实现从单一移动电视传媒到文化科技融合产业的成功转型。

该公司致力于打造半岛六市无线电视、网络电视、媒资内容服务一体化传媒体系，实现电视、计算机、手机三屏共享业务，探索出一条广电新媒体与互联网、移动互联网的融合应用发展之路。承担青岛市市南区科技文化融合产业示范与服务平台项目，建设文化科技成果展示和科技服务大厅。该大厅整合集团承建的科技部创意文化支撑平台、青岛市数字文化公共服务平台的相关系统功能，向创意文化企业提供新媒资、作品展示、在线发布和云计算、高清影视、3D虚拟、数字音频制作等服务。

该公司良好的品牌建设及经营业绩，获得业内的肯定。该公司是全国移动电视协会副会长单位；2006年，在青岛市委、市政府组织的"四个建设"工作亮点评选活动中，被选为青岛市文化建设工作亮点；2007年，获得国家发改委 1000 万元单频网覆盖专项资金支持；2009 年，获得市委宣传部 200 万元文化产业扶持资金，在青岛市文化创意产业"五个十"评选活动中被评为文化创意产业知名品牌。

青岛特利尔环保股份有限公司

青岛特利尔环保股份有限公司成立于 2007 年，是以煤基高效清洁能源制备与燃烧技术及装备工程技术应用为核心竞争力的国家高新技术企业。2016年实现营业收入 2 亿元，同比增长 54.5％；成功挂牌新三板，并建立园区首家院士专家工作站。

该公司以"创新煤基高效清洁燃烧技术，打造绿色环境，建设美丽中国"为企业使命，以"煤基燃料清洁进城"和"煤基锅炉近零排放"为重点目标，以技术创新为企业发展之本，立足国家大气环境治理的战略目标，紧跟相关政策导向，联合国内外相关领域顶尖专家和机构，成功研发多项国内领先的煤机燃料与煤基锅炉清洁高效燃烧应用技术，获得及申报国家专利35 项，承担国家科技部科技创新研究课题，承担建设青岛市级企业技术中心和青岛市煤基清洁应用及装备工程技术研究中心，并主导建立青岛市水煤浆应用产业技术创新战略联盟。

近 10 年的创新发展，使该公司成为行业内集技术研发、燃料供给、装备施工、尾部治理以及升级改造等业务板块，最为综合性的创新型领军企业。2013年和 2014 年分别被青岛市评为"最具影响力企业"和"最具创新力企业"，并被评为中国能源企业 50 强企业。2016 年获评青岛名牌、青岛市工业中小企业"隐形冠军"企业。

山东金东数字科技有限公司

山东金东数字科技有限公司成立于 2011 年，是业内领先的数字创意体验与展馆工程企业。该公司具备展览工程设计与施工一体化一级资质，拥有北京、青岛、深圳等多个分支机构，员工 300 余人，技术支持与服务体系覆盖全国。2016 年实现营业收入6134 万元，同比增长 13％，并成功挂牌新三板。

作为中国领先的数字创意体验服务商，该公司依托前瞻性的创意设计能力和强大的技术研发能力，通过主题策划、空间设计、多媒体创新设计、数字体验技术开发、虚拟现实技术开发等多种形式，服务于政府展示宣传、城市规划、旅游、文博、园区、地产、企业品牌、娱乐、游戏、影视、教育等众多领域，为客户提供展馆展厅、主题乐园、影视动画、数字体验中心、虚拟现实等设计实施一体化的全方位创意体验解决方案。

2015 年，由该公司设计建造的中国新能源生态科技馆正式启用，科技馆建筑面积 7000 平方米，是国内规模最大的新能源生态科技馆，馆内设置新能源互联网体验区、电动汽车群智能充电展示区、新能源汽车互联网云生态体验厅等多个展示区，通过展板展示、触摸屏互动方式，普及新能源知识。该展馆致力打造一个全方位的视听盛宴，是数字展示行业在新能源行业综合运用的典范之作。2016 年,公司被认定为青岛市认定企业技术中心,周安斌获评泰山产业领军人才。

山东十川节能科技股份有限公司

山东十川节能科技股份有限公司成立于 2007 年 6 月,注册资本 5000 万元,是一家提供综合性节能解决方案的专业服务公司,拥有财政部和发改委备案的合同能源管理服务公司资质。该公司属于国家高新技术企业、双软认定企业及新三板上市企业,并通过 IS9001 质量管理体系、ISO14001 环境管理体系及 ISO18001 职业健康安全管理体系的认证。2016 年实现营业收入 6330 万元,同比增长 10.7％。

该公司主营业务发展方向为区域能源规划、工业节能服务、建筑节能服务以及节能产品的销售等,公共建筑节能产品有暖通空调监控系统、给排水监控系统、照明监控系统、供配电监控系统、电梯与停车场监控系统等;工业节能产品有余热发电、热电联产、电机节能等。

凭借多年在节能行业技术革新、专业服务、运营管理的经验,该公司能为客户提供成熟可靠的综合解决方案、系统完善的技术培训和售后服务。

外向型经济

对外及对港澳台贸易

概　况

2016 年,市南区完成进出口总额 83.9 亿美元,在全市各区(市)中仅次于黄岛区,排名第二位,占全市贸易额的 12.7％。其中,出口额完成 54.4 亿美元,进口额完成 29.5 亿美元。新增外贸企业 604 家,新增外贸企业合计贡献增量 2.1 亿美元。截止到 2016 年底,全区外贸企业 9785 家,其中有进出口实际的外贸企业达 3424 家。全区有通过省级认证的外贸新业态企业 7 家,其中外贸综合服务企业 1 家、跨境电商综合服务平台 2 家、跨境电子商务公共海外仓 4 家。国内知名外贸综合服务平台阿里一达通、中基惠通落户市南区。全年完成加工贸易审批 1000 件,其中新批加工贸易合同 600 件、变更加工贸易合同 400 件、审批内销合同 10 件。配合相关部门完成加工贸易审批手续的简化工作和政策宣传工作。对辖区内的 80 家加工贸易企业进行年审。全年完成外贸备案审批 3440 件,其中新批外贸备案 611 件、变更外贸备案 2729 件,审批业务量创历年之最。全年完成对 30

件敏感物项和易制毒物项的初审。配合青岛市商务局完成审批权限回收工作。承接青岛市商务局下放的技术进出口合同审批事项,为技术进出口企业办理 15 件技术进出口合同登记证书。

重点工作

加强产业扶持　2016 年,研究起草《关于市南区 2016 年度支持外贸回稳向好有关政策的通知》,组织企业申报 2015 年外贸稳增长相关扶持政策,向 10 家重点企业发放扶持资金 1280.38 万元。组织企业申报出口信用险扶持资金并审核相关材料,为 114 家企

2016 年 3 月 7 日,区商务局举办市南区跨境电子商务大讲堂。

业拨付扶持资金 278 万元。开展技术出口、进口贴息资金的核定和发放,为 4 家企业发放贴息资金 25.4 万元。上述资金有力支持企业发展,起到良好的引导效应。

组织开拓市场　2016 年,落实开拓国际市场"千企百展"行动计划,引导企业拓展国内国际市场,重点开拓一带一路沿线国家市场。组织各类外贸企业参加 2016 中国(山东)品牌产品中东欧展览会、迪拜自贸区推介交流会、第四届中国—南亚博览会、开拓"一带一路"国际市场专题培训会、2016 俄罗斯国际食品展等各类展会、培训会 40 多个,参与企业 500 余家次。

促进跨境电商加速发展　2016 年,通过跨境电子商务政策制定、宣传,组织召开跨境电子商务培训等工作,引导本地企业发展跨境电商业务。市南区被评为跨境电商重点产业园区,4 家企业获评省级外贸新业态主体资格,其中,外贸瑞丰获省级外贸综合服务企业称号,大拇指获跨境电商综合服务平台称号,众地阳光集团、金巴赫物流获跨境电商公共海外仓称号。

利用外资

概　况

2016 年,市南区新设立外商投资企业 56 家,项目投资总额 98050.4 万美元,注册资本 92686.3 万美元,合同外资 75574.5 万美元,到账外资 3 亿美元。截止到 2016 年底,全区有外商投资企业 610 家,参加 2016 年度外商投资企业联合年报企业 564 家,累计投资总额 24.42 亿美元,累计合同外资 10.35 亿美元。年度营业收入 177.26 亿元,纳税总额 8.52 亿元,利润总额－6.25 亿元,安置就业 1.86 万人。

2016 年外资企业主要特点

投资形式　截至 2016 年度,外商独资经营依然是全区外资企业主要投资方式。有外商独资企业 392 家,占申报企业总数(下同)的 69.51%;中外合资企业 160 家,占 28.37%;中外合作企业 12 家,占 2.13%。

行业分布　全区外商投资企业主要集中在批发和零售业、租赁和商务服务业、住宿和餐饮业、房地产业、交通运输、仓储和邮政业、信息传输、计算机服务和软件业等服务业领域。其中,批发和零售业企业

269 家,占 47.70%;租赁和商务服务业企业 87 家,占 15.43%;住宿和餐饮业企业 43 家,占 7.63%;房地产业企业 37 家,占 6.56%;交通运输、仓储和邮政业企业 37 家,占 6.56%;信息传输、计算机服务和软件业企业 35 家,占 6.21%。

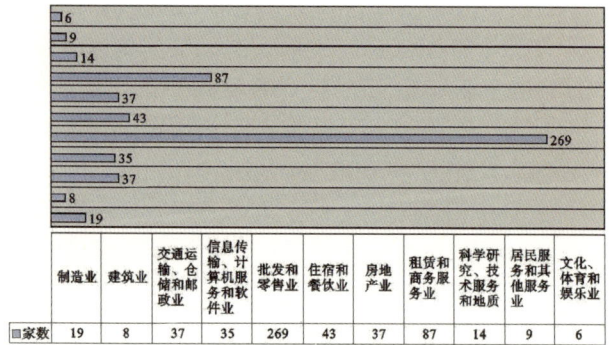

外资企业行业分布图

投资国别和地区　有 51 个国家或地区在市南区投资设立 564 家企业。其中,亚洲东亚及港台地区 337 家,北美洲地区 50 家,欧盟(不含东欧)地区 88 家,大洋洲地区 19 家,非洲地区 7 家,"一带一路"沿线国家 49 家(欧洲 7 家,亚洲 42 家)、自由港 14 家。

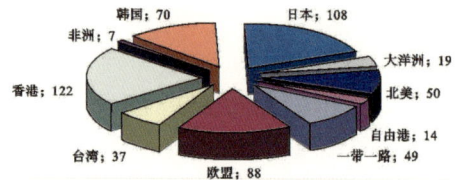

外资企业来源地分布图

实际到账外资　实际到账外资数量排名为:中国香港(76792 万美元)、日本(12901 万美元)、"一带一路"国家(7077 万美元)、欧盟(3722 万美元)、中国台湾(3622 万美元)、北美洲(2822 万美元)、韩国(2368 万美元)、其他国家地区(3488 万美元)。

投资规模　投资额 1000 万美元以上(含 1000 万美元)项目 42 家,累计投资额 21.10 亿美元;投资额 100 万美元以上(含 100 万美元)1000 万美元以下项目 89 个,累计投资额 2.32 亿美元;投资额 100 万美元以下项目 433 家,累计投资额 1.00 亿美元。

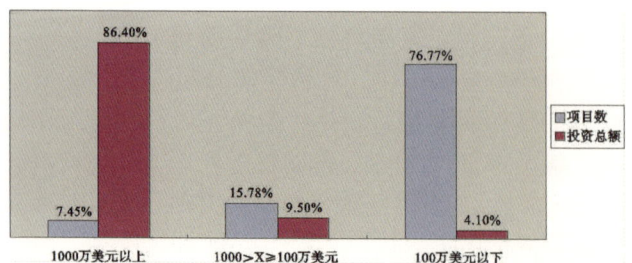

市南区投资规模较大企业主要有青岛丰途实业有限公司(29000万美元)、青岛远洋资产管理有限公司(24329万美元)、青岛香格里拉大酒店有限公司(20000万美元)、青岛永旺东泰商业有限公司(13448万美元)、青岛远佳置业有限公司(10582万美元)、青岛第一百盛有限公司(8046万美元)、青岛迷你岛便利店有限公司(7956万美元)、青岛润泰事业有限公司(7540万美元)、青岛国际金融中心有限公司(6480万美元)、世嘉(青岛)娱乐有限公司(5100万美元)。

销售收入 全区年度销售收入较大的企业以交通运输、仓储和邮政业、住宿和餐饮业、批发和零售业企业为主。年度销售收入居前十位的是青岛丰途实业有限公司(24.38亿元)、青岛永旺东泰商业有限公司(23.70亿元)、青岛肯德基有限公司(20.08亿元)、青岛汇盈富升商业发展有限公司(17.40亿元)、海程邦达国际物流有限公司(13.39亿元)、青岛远佳置业有限公司(9.79亿元)、青岛第一百盛有限公司(4.78亿元)、青岛家乐福商业有限公司(4.67亿元)、青岛天虎国际货运代理有限公司(4.06亿元)、青岛润泰事业有限公司(3.75亿元)、青岛怡之航物流有限公司(3.43亿元)、青岛香格里拉大酒店有限公司(3.09亿元)。

从业人员数量 全区外资企业吸纳就业的主要产业是住宿和餐饮业、批发和零售业企业、交通运输、仓储和邮政业、信息传输、计算机服务和软件业。就业人员数量排名前十位的是青岛肯德基有限公司(5019人)、青岛永旺东泰商业有限公司(2630人)、优创(青岛)数据技术有限公司(1610人)、青岛香格里拉大酒店有限公司(570人)、青岛迷你岛便利店有限公司(565人)、海程邦达国际物流有限公司(520人)、青岛家乐福商业有限公司(513人)、青岛丽晶大酒店有限公司(352人)、青岛润泰事业有限公司(324人)、青岛中法海润供水有限公司(250人)。

税收贡献 全区税收贡献较高的产业是批发和零售业企业、住宿和餐饮业、房地产业。纳税总额前十位的企业是青岛肯德基有限公司(15521.4万元)、青岛阳光新地置业有限公司(11456.0万元)、青岛永旺东泰商业有限公司(9382.4万元)、青岛华仁房地产开发有限公司(5241.8万元)、新世界(青岛)置地有限公司(4771.4万元)、青岛润泰事业有限公司(4169.1万元)、青岛家乐福商业有限公司(2230.7万元)、伟东集团有限责任公司(2150.9万元)、青岛鲁润置业有限公司(1803.8万元)、青岛富捷房地产开发有限公司(1631.7万元)。

对外投资合作

概 况

2016年,全区新获准境外投资项目29个,增资项目8个,协议中方投资额94966.93万美元,实际对外投资汇出金额5522.89万美元。

2016年企业对外投资主要特点

对外投资大项目不断增加 2016年获准的29个境外投资项目中,协议中方投资额超过1亿美元项目4个,中方投资额8.65亿美元。青岛青报润海投资有限公司设立毛里塔尼亚钢铁矿业工业集团有限责任公司,拟在毛里塔尼亚努瓦克肖特市投资2.7亿美元从事铁矿露天开采。

对外投资国别不断增多 2016年对外投资国别地区新增泰国。截至2016年底,市南区企业对外投资国别地区达35个。

对外投资领域不断拓展 2016年对外投资领域除制造业、批发和零售业、商务服务业外,向文化和教育产业拓展。其中,青岛出版集团有限公司以305.5万美元收购日本渡边淳一文学馆,青岛丰源实业有限公司投资150万美元在美国洛杉矶市设立榉园国际学院。

对外投资境内主体以私营企业为主 2016年,市南区国有企业对外投资项目1个,协议中方投资额0.03亿美元;民营企业对外投资项目28个,协议中方投资额9.47亿美元。

服务外包

2016年,市南区登记承接离岸服务外包企业126家。全年登记承接服务外包合同215份,合同总额23122.7万美元,其中离岸服务外包合同额10532.4万美元、在岸服务外包合同额12590.3万美元;合同执行金额13620万美元,其中离岸服务外包执行额4745.5万美元、在岸服务外包执行额8874.5万美元。建立服务外包政策支持体系,积极用好国家、市扶持服务外包产业的发展政策,向近30家企业审核发放市、区级服务外包扶持资金643.46万元。

总部经济

概　况

2016年，市南区认真落实市委、市政府关于加快发展总部经济部署要求，大力引进知名企业总部，扶持现有企业总部加快发展，总部经济呈现良好发展态势。

规划引领，优化发展格局

2016年，依据全市总体发展规划，以滨海一线和浮山湾、汇泉湾、青岛湾为基点规划和布局产业形态，促进财富金融、时尚经济、航运物流、商务旅游等总部类企业聚集，形成具有国际影响力的总部集聚区。全年新增韩国产业银行、德华安顾保险、壳牌石油等区域性总部企业（机构）15家，全区市级认定的总部企业达183家，其中世界500强企业设立的区域性总部和分支机构50家，总部企业实现税收占全区总税收的48.5%。推进"千万平方米"商务载体建设，支持老旧楼宇升级改造，新增商务楼宇面积15万平方米，总面积达500万平方米，形成海航万邦中心、英德隆大厦、华润大厦等一批高端服务业总部楼宇，其中税收超过1亿元楼宇（园区）26座。

拓宽渠道，促进企业发展

2016年，围绕国际金融、时尚经济、健康产业等重点领域，遴选一批国内外500强和行业领军企业密切跟踪。密切与仲量联行、戴德梁行、毕马威、安永等国际知名中介联系，开展专业招商、委托招商；与省政府驻沪办签订招商引资战略合作协议，探索与英中贸易协会等中介组织开展合作招商，发挥德国弗莱堡等国际友好城区作用，促进腾邦环境科技、意才财富、安联财险、阿里一达通、北京店商互联等总部企业落地。密切与高端商务载体合作，开展政企联合招商，先后赴北京、上海、深圳、杭州、宁波等城市开展点对点招商，储备华为公司、中投咨询、软通动力等一批在谈总部项目，促进宁波中基集团落户。

优化服务，营造发展环境

2016年，制定《市南区优化发展环境促进经济提质升级若干政策措施》及16项实施细则，对包括总部经济在内的十大服务类产业实施重点扶持。对总部企业落户、总部企业上市、总部企业购房与租房均给予100万～500万元的扶持，对总部企业升级商务楼宇公共设施、新建停车场等均给予50万～300万元的扶持。实施项目专员制和精细化"保姆式"服务，对支付宝、金叶珠宝等总部企业由专人或采取购买服务方式，对项目落户、开办、后期运营等所有事项"一包到底"，为其量身打造适合其落户发展的"政策包"，确保企业留得下、发展好。

重大外资项目、重点企业选介

青岛意才财富管理有限公司

青岛意才财富管理有限公司由意大利联合圣保罗银行（Intesa Sanpaolo）与福德莱姆意大利联合圣保罗私人银行及意大利欧利盛资本资产管理股份公司于2016年9月30日共同投资设立。该项目投资总额43800万元人民币，注册资本14600万元人民币，主要从事财富管理产品研发，财富管理服务，以服务外包形式从事金融后台服务。该项目是国内第一家外商独资财富管理公司。

项目投资方意大利联合圣保罗银行是欧元区顶级银行集团之一，市值为285亿欧元，在2015年度世界500强排名中位于第173位，是意大利商业领域的领导者。意大利联合圣保罗银行在中东欧和中东及北非地区设立约1200家分支机构，在12个国家以商业银行形式经营集团子公司，并拥有约810万名客户。福德莱姆意大利联合圣保罗私人银行是Intesa Sanpaolo集团的成员，是欧元区的第四家私营银行，管理约1890亿欧元的资产，拥有5800多名高素质专业人员，服务客户超过65万名。意大利欧利盛资本资产管理股份公司是Intesa Sanpaolo集团的资产管理公司，管理约2700亿欧元的资产，并占有14.8%的市场份额，是意大利最大的资产管理机构之一。

青岛意才财富管理有限公司项目采用国际先进的管理方式、模式及技术解决方案，将极大地促进和提高青岛乃至中国其他城市的财富管理服务水平，为社会创造更多的价值。

青岛壳牌石油有限公司

青岛壳牌石油有限公司成立于2016年7月，注册资本5000万元，由壳牌华北石油有限公司投资。

壳牌华北石油有限公司是天津农垦集团总公司和壳牌（中国）有限公司于1997年共同投资设立的中外合资公司，主要经营壳牌燃油零售业务。天津农垦集团有限公司由天津市国资委直接监管,是市政府重点支持的大型企业集团。荷兰皇家壳牌集团,是世界第一大石油公司,2015 年世界 500 强第 3 位,总部位于荷兰海牙和英国伦敦。

国 内 贸 易

商业零售业

加大时尚商业扶持力度

2016 年,制定《市南区促进时尚商业发展政策实施细则》,包括鼓励时尚商业、电子商务、"老字号"、地铁经济、促进消费等 19 条政策,拨付扶持资金491.5 万元。

开展促消费活动

2016 年,协助企业举办海信广场"百万海洋球"、"梵高艺术展"、浮山所集团"浮山所大集"等活动,组织企业参加"青岛城市购物节",并组织商场(超市)、"老字号"企业等开展"惠吃节""服装周"等 20 余项促销活动,营造消费氛围。

促进"老字号"企业发展

2016 年,制作 11 部反映市南区"老字号"企业发展的系列新闻短片,并在青岛电视台 4 套《新闻全接触》栏目中陆续播出;组织辖区海滨小金等 9 家"中华老字号"企业参加"青岛老字号企业产品展"。

加强预付卡监管

2016 年,开展 5 次专项检查,对海信广场、阳光百货、麦凯乐、佳世客等重点企业的预付卡业务进行检查。通过自行采购程序,聘请青岛兰德公司作为第三方审计顾问,协助开展预付卡备案企业的检查工作。

开展餐饮消费市场整治

2016 年,制订《市南区餐饮消费市场秩序专项整治工作方案》《闽江路"餐饮服务示范街"专项整治规范方案》等 2 个工作方案。组织全区 23 个职能部门

2016 年 1 月 31 日,青岛银座商城开业。

开展餐饮市场的整治和规范工作。全年,出动检查人员 3000 人次,检查餐饮企业 8000 家次。其中组织成员单位进行联合检查和规范 6 次,检查闽江路、云霄路、麦凯乐等重点场所餐饮企业 50 余家,发现并纠正问题 45 个。

特色街区建设和管理

特色街区建设

2016 年,完成街区绿化更换补种近 600 平方米,按照季节更换补种各类季节性花卉 25 万株,并高标准养护,提升特色街区环境形象。维修改造各类设施近 300 处。各街区业态根据社会环境、旅游及周边居民需求,在质量、服务、环境等方面进行调整优化。

特色街区管理

2016 年,联合综合执法、市场监督、街道办事处等部门对云霄路、闽江路、中山路占路经营、游商浮贩等问题进行联合整治,出动执法人员 50 余人次,有效

解决城市管理问题。实行周考核和定期通报制度,按照管理制度化、保洁精细化、培训专业化、服务个性化的总体要求,对特色街区实行"定时、定量、定点"的巡查、督察,通过微信工作群、天网监控等实时监督街区运转状况,保障特色街区正常运行。

街区综合整治

2016 年,联合区城市管理局、城管执法局、辖区街道办事处等部门,进行街区走访调研,开展云霄路环境综合整治和闽江路道路整治规划方案设计,并多次完善设计方案,确保整治项目的可行性。组织实施辖区商务领域企业的日常安全生产监督检查工作,特别是重大节日期间的监督检查,并协调局安办对重大隐患进行挂牌督办。定期开展特色街区公共区域设施安全检查工作,消除安全隐患,确保街区安全运行。完成街区物业费用支付及与区城市管理局、区综合行政执法局、区数字化城管监督中心和街区所在街道办事处的管理交接工作,特色街区各项管理工作于 2017 年 1 月 1 日起由上述单位进行。

"菜篮子"工程

开展"新三绿工程"建设

2016 年,按照市"菜篮子"办公室有关"阳光食品工程"供应企业管理办法,考察提报山东海红网送等 4 家企业加入"阳光食品工程"。

做好"菜篮子"商品投放监管

2016 年,组织区内 7 家大型商超市参加元旦、春节、中秋、国庆政府储备商品投放活动,保证节日市场供应,平抑节日市场价格。

开展周末车载蔬菜进社区活动

2016 年,在 9 个偏、远、散社区的 11 处站点开展冬季周末车载蔬菜进社区销售活动,将 7 个品种的 40 余吨新鲜蔬菜以低于市场 30% 的价格销售给居民。

肉菜流通追溯体系有效运行

2016 年,采取政府、监督员、企业三级联动管理模式,强化肉菜流通追溯体系日常运行管理。发现并处理系统运行问题 60 余处,保证肉菜追溯体系正常运行。

创新"菜篮子"商品市场运行监测工作

2016 年,联合区物价局,创新"菜篮子"商品的市场运行监测,每月上报分析报告,提高区政府对菜篮子商品市场运行的分析、监测能力,应对生活必需品突发事件。

加强农产品流通主体监管

2016 年,出台《市南区食用农产品质量安全监督管理指导意见》,对辖区 12 处农贸市场、16 处大中型食品超市、4 处早夜市及各类食用农产品经营场所进行重点监管。组织集中培训 2 次,督查 6 次,制发《工作通报》3 期。严格"绿色通道"标识车申请,为 3 家企业申办 6 辆"绿色通道"标识车。

做好社会监督员管理工作

2016 年,通过电话、微信等形式了解社会监督员工作情况,指出其存在的问题,强化其工作责任心,被监管市场的经营秩序、安全生产明显改善。

财政·税收

财　　政

工作概况

2016 年,市南区财政工作全面落实党的十八大、十八届三中、四中、五中、六中全会精神及中央、省、市各项决策部署,严格执行区十七届人大五次会议的各项决议,围绕打造国际国内一流宜业宜居幸福城区奋斗目标,统筹推进稳增长促改革调结构惠民生各项工作,财政预算收支执行情况总体较好,全区经济社会保持健康稳定发展。区级一般公共预算收入 1008517

万元,区级一般公共预算支出 473633 万元。

财政收入

2016 年,全口径财政收入完成 1439033 万元,辖内地方一般公共预算收入完成 1083060 万元,区级一般公共预算收入完成 1008517 万元,剔除"营改增"等政策性因素影响,同比(下同)增长 8.7%。其中,税收收入 866559 万元,下降 1.86%;增值税 216245 万元,增长 61.36%;营业税 148752 万元,下降57.44%;企业所得税 162144 万元,下降 2.73%;个人所得税 100553 万元,增长 22.95%;地方其他各税 238865 万元,下降 7.92%;非税收入 141958 万元,增长 23.90%。

2016 年 9 月 9 日,市南区召开 2017 年部门预算部署会。

财政支出

一般公共预算支出情况　2016 年,全区地方一般公共预算总支出完成 520229 万元(其中上级专款补助支出累计完成 46596 万元);区级一般公共预算支出累计完成 473633 万元,增长 6.06%。其中,一般公共服务支出 63188 万元,增长 11.65%;公共安全支出 19189 万元,下降 0.16%;教育支出 102353 万元,增长 5.37%;科学技术支出 7015 万元,增长20.12%;文化体育与传媒支出 4114 万元,增长 7.81%;社会保障和就业支出 48480 万元,增长 30.99%;医疗卫生与计划生育支出 29388 万元,增长 19.32%;城乡社区支出 126703 万元,增长 21.53%;资源勘探电力信息等事务支出 65095 万元,增长 11.55%;其他支出 6795 万元(主要用于援藏援疆和偿债准备金支出),下降82.54%;债务付息支出 1197 万元。

2016 年,区级预算安排民生支出 34 亿元,占比达到 71.7%,比上年增长近 5 个百分点。用于支持社会事业发展的专项资金 217935 万元。具体构成:(1)教育专项投入 37710 万元,优化教育资源,优先保障教育事业发展。宁夏路小学投入使用,推进南京路小学等 4 所学校重改扩建工程。新增 2 所市级标准化食堂,实施教育装备升级三项工程,完成中小学校园无线网络全覆盖。区域生均公用经费、助学补贴等普惠政策标准均居全市前列。(2)医疗卫生专项投入12902 万元,全面落实医改政策,推进"健康市南"建设。公共卫生及基层医疗机构补助投入2421万元,投入 1276 万元为社区 60 岁以上老人免费体检、免费白内障复明手术和妇幼查体等。拨付失业无业独生子女父母一次性养老补助、失独和困难家庭公益金、成年病残家庭补助等专项经费 5056 万元。(3)社会保障和就业专项投入 37857 万元,为全区各类养老机构发放补贴、低保及百岁老人高龄补贴 1719 万元。发放社会救助补助资金 6471 万元,惠及更多困难群体。投入就业创业资金 4175 万元,新增高校毕业生就业见习基地 4 家。鼓励创业带动就业,市南区创业人员房租补贴每平方米提高 50%。(4)文化体育与传媒专项投入 2168 万元,支持文化体育事业繁荣发展。投入 435 万元构建现代公共文化服务体系。引进全国著名品牌"方所"书店,建成 4 处自助图书馆,新增阅读空间 2 万余平方米。承接或举办公益演出、高端赛事、主题展览、群文活动 1000 余场次,开展线上线下主题旅游活动,推动互动性群众文化旅游活动广泛开展。体育专项资金投入 198 万元,开展"三走进"活动(传统体育项目进校园、帆船技能培训进机关、进社区、进家庭和健身活动进社区)。(5)公共安全专项投入 10244 万元,启动新一轮"天网"工程建设,强化街面巡逻防控;投资 1312 万元,启动新一轮社区安全自防队员招募工作。食品药品安全专项投入 1477 万元,加大关口前置执法整治力度,保障市民舌尖上的安全。(6)城乡社区建设专项投入 117054 万元,实施"百姓安居"工程,改善居民居住条件。地铁沿线、潍县路片区启动房屋征收,金华路 2827 套保障性住房完成建设,2092 户棚户区房屋启动征收改造。启动浮山生态园一期工程建设,滨海步行道太平角段第一施工段全面贯通。新建改造绿地 5000 平方米,完成道路维修 13 条,完成栈桥回澜阁、福山支路景观修复工程等。

地方债务情况　2016 年,全区债务规模由年初的 326282 万元增加至年末的 605437 万元。新增贷款 428799 万元(含青岛湾老城区旧城改造贷款 254000 万元),偿还贷款 172063 万元,其中偿还本金 149644 万元、偿还利息 22419 万元,偿还本金、新增贷款及年末余额均含青岛市财政局代为发行的地方政府债券 80638 万元。债务还款来源主要是:使用财政资金偿还 49597 万元,其中使用预算稳定调节基金 33070 万元;地方政府债券置换 80638 万元;企业自筹资金偿还 41828 万元。

预备费及预算稳定调节基金执行情况　2016 年,预算安排预备费 12000 万元,实际动用预备费 12000 万元,主要用于返还事业单位人员养老保险金及机关事业单位在职、离退休人员工资调整。

2015 年末未动用以前年度预算稳定调节基金 4470 万元。2015 年建立预算稳定调节基金 46864 万元,当年净结余 37 万元调入预算稳定调节基金。2016 年初预算稳定调节基金 51371 万元,动用稳定调节基金 35000 万元,主要用于偿还政府性债务,结余 16371 万元。

财政管理

2016 年,面对经济增速换挡和政策性减收影响,合理调整新常态下收入预期,做好税源涵养和组织财政收入工作,确保财政收入质量。关注"营改增"等结构性减税政策的实施,开展相关性调研分析,争取上级体制支持,完善税收保障机制,财政收入在减收状况下实现增长积蓄。结合全市"调稳抓"活动拟订工作方案,走访企业 600 余户,解决各类问题 60 余项。贯彻落实各级支持经济发展政策,全年为外贸企业办理出口退税 40.1 亿元,审核拨付全市纳税 50 强企业、对外经济技术合作、中小企业扶持等多领域政策资金 3.2 亿元,助力企业发展。加大街道协护税工作考核力度,激发基层服务经济能力,为街域经济发展提供保障。持续理顺税源秩序,依法治税,开通"市南区税源移动管理平台",实现移动端税源信息实时核查,提升全区税源动态控管水平。

财政改革

深化国库集中支付改革　2016 年,按照全市转变政府职能、优化经济发展环境的要求,推进国库集中支付改革。严格规范公务卡使用,借助预算执行动态监控系统平台强制实行公务卡结算,同时加大公务卡使用宣传,增加公务卡覆盖面。

落实区域公务用车制度改革　2016 年,制定《市南区党政机关公务用车制度改革方案》,按照车改后公务交通成本节支率不低于 7% 的目标要求,核查测算区域公务人员、执法执勤车辆、交通补贴等数据标准,确保全区在规定时限内完成用车制度改革任务。

财政监督

提高政府采购效率　2016 年,积极推进政府购买服务工作,加强政府采购监管,扩大政府采购信息公开范围,加大对采购当事人违规违法处罚力度,落实政府采购相关扶持政策。

强化财政监督作用　2016 年,推进财政大监督工作机制。对 2015 年度 18 个部门专项资金使用情况进行检查,涉及资金 12902.56 万元。组织辖区内 2014～2015 年有罚没款收缴的 12 家执收单位进行非税收入收缴情况自查,重点对两年罚没收入合计排名五名的单位进行检查。组织全区 62 个部门开展部门预决算公开情况自查。

提高国有资产管理水平　2016 年,加强对区属国有企业监管,保障国有资产保值增值。制定国有企业经营业绩考核办法,鼓励企业创新提质增效。

地方税收

工作概况

2016 年,青岛市地税局市南分局组织各项收入 44 亿元,剔除"营改增"因素,比上年小幅下降。税收收入 41.6 亿元,下降 3.52%。税收收入中,中央级 13.17 亿元,增长 11.8%;青岛市级 22.7 亿元,下降 10.24%;市南区级 22.69 亿元,下降 10.25%。各税种收入中,营业税 5.81 亿元,按照"营改增"前换算,增幅达到 23.98%;企业所得税 10.49 亿元,增长 12.55%;个人所得税 10.77 亿元,增长 4.77%。

税收征管

搭建自然人税收管理平台　2016 年,针对"营改增"后征管方向的变化,建立自然人税收管理系统,取得成效。以手机微信为媒介,将自然人税收业务全网络化,解决自然人税收管理社会参与度不高的、纳税服务不精准、自然人股权转让效率低风险大等问题。该项目被市局列入督办,获得创新示范项目二等奖。

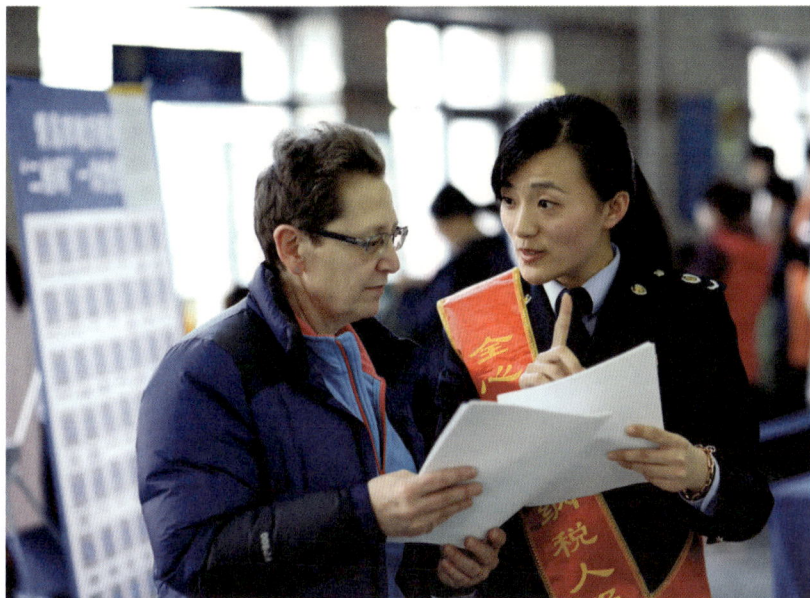

"营改增"攻坚战改进服务，纳税人满意度持续提升。

发挥土地增值税增收主力作用 2016年，制定集体审议管理规范，加强从预征到通知清算、清算审查、税款监控入库的全链条管理；规范造价协审工作流程，年内提请造价协审项目4个，提高清算效率和准确性；加大遗留项目推进力度，对争议较大的项目依法采取措施，入库税款1373万元。全年累计入库土地增值税6亿元，其中清算入库2.5亿元。

夯实房、土两税管理基础 2016年，对辖区房源进行科学分类，制作"工作指引"，对工作流程进行规范，既预防执法风险又提高工作效率。从强化案头分析、落实专人负责、开拓查找途径入手，加强房产土地的跟踪管理，入库房产税增长36.31%。全年，分局通过核查共补缴房、土两税税款2355万元，加征滞纳金597万元。

加强个人所得税管理 2016年，将股权转让作为个人所得税管理突破口，办理股权转让业务4851笔，组织入库个人所得税4462万元、印花税437.7万元。

税源控管

多层次挖掘税收潜力 2016年，通过加强二手房转让审核，入库税款5000万元；通过税务舆情监控，发现某集团企业存在内部控股公司股权转让行为，主动上门辅导相关政策，督促企业2016年累计入库企业所得税及滞纳金7123万元。

实施多维度欠税综合清缴 2016年，加大强制执行力度，根据银行所在区域等因素对执行区域进行重新划分，对账户余额变动频繁的企业加大强执频

次，全年强制扣款218户次，入库税款及滞纳金1319万元。建立清欠责任制，明确各节点责任人，严格控制新欠产生，规范新欠企业各环节的文书发放和强制执行审批，使工作管理和程序更加规范。认真落实总局依法征收原则，坚决杜绝寅吃卯粮、虚收空转等违规征收行为，并依法落实税收优惠政策，提高税收收入质量。

税收执法

2016年，市南分局加强法制建设和执法监督，实现档案电子查询，将各项工作进行串联，互相促进，建立立体式法制监督网络。规范使用执法记录仪，在做好实时取证的同时，增加对干部和纳税人的双向约束力和震慑力。加强约谈室使用，对20家纳税人进行48次重点约谈，提高评估效率和风险应对水平，全年评估入库税款6755万元，同比增长17%。在约谈中做到联系沟通到位、政策辅导落实到位、管理工作实施到位、服务措施开展到位"四个到位"，约谈企业11家。针对新出台的"减免税管理办法"，围绕有效监督和职责独立，以督察的方式进行整改落实，及时规范减免税审批备案程序，保证政策到位。

纳税服务

全面优化服务手段 2016年，对窗口的设置布局进行合理规划，增设办税窗口，增加办税人员，规范新增窗口工作人员管理，确保大厅纳税服务和日常管理井然有序；以减少单户工作时间为突破，深化业务技能培训，利用视频教学等措施，使窗口人员文明服务和工作效率显著提升。

确保全面"营改增"顺利过渡 2016年，针对"营改增"期间发票业务量激增等情况，将发票业务整合迁移到夹层和一楼门厅，扩大办税服务和自助服务区面积，实现服务硬件"扩容"，并通过双向预约服务等途径，对发票用量较大的企业进行反向预约，分流高峰时段业务量，确保"营改增"顺利过渡。

攻克"金三上线"战役 2016年，面对"金三上线"对操作习惯等带来的影响，采取有效措施积极应对：对原有程序进行全面梳理优化，对存在的问题及时向市局反馈，确保对接顺畅；加大培训力度，组建"金税三期"师资和运维团队，采取集中授课、分组学

习、骨干答疑、以老带新模式,培训 1082 人次 5276 小时。

深化国、地税合作　2016 年,召开联席会议 4 次、专题会议 5 次,解决实际问题,确定 40 项合作内容,为国、地税合作打下基础;推进国、地税窗口互设,通过国税网络办理地税业务,实现国、地税窗口互设、业务直征,提升双方合作效率。

队伍建设

提升行政管理水平　2016 年,对公车使用、请休假、出国护照等进行规范管理,启用干部因私出境承诺书,对上下班考勤情况进行公示,干部作风明显改善。

提升干部业务素养　2016 年,以实战型、案例型教学培训为主要手段,开展税务约谈实战互动演练,提升干部约谈技巧。

开展创先争优活动　2016 年,以深化"用党情惠民心"党建品牌创建活动为载体,坚持党员先锋岗评选,选树立足岗位兢兢业业工作和在"营改增""金三上线"表现突出的同志。2016 年,分局党建工作得到市局的肯定,作为系统唯一推荐的基层党组织参加青岛市"先进基层党组织"评选。

落实人文关怀　2016 年,建立"健康角",定期邀请专家进行健康讲座与咨询,丰富养生知识,舒缓工作压力。建立思想政治工作"e 沟通"平台,畅通相互交流、建言献策渠道;为住院的职工办理、兑付职工互助险 16 人次;分别组织在职人员、退休人员和劳务派遣人员体检,将组织的温暖传递给全体职工。

党风廉政建设

落实"两个责任"　2016 年,将"两个责任"各项要求编撰成册,制作备忘录,加强管理提醒和监督检查;强化与各项工作及内部审计的结合,堵塞行政管理漏洞;优化廉政风险防控指标,完成 45 个风险指标的核查。

开展"三严三实"专题教育　2016 年,制订专题教育实施方案和工作配档表,分局党委成员上党课,召开党委理论中心组学习扩大会议,规范干部行为。

落实"八项规定"　2016 年,坚持开展财务内审,堵塞行政管理漏洞;开展"小金库"、兼职任职等自查清理工作,实行"承诺制",做法被市地税局推广。

精神文明建设

2016 年,市南分局团委成立党团志愿活动小组,利用"蒲公英"社会志愿平台,经常性开展志愿活动,组织 2 次敬老送温暖活动;参加 3 次"圆梦计划",为山区留守儿童圆梦。参加市地税局和市南区组织的各项文体活动,丰富职工的文化生活。

金　融

概　况

2016 年,市南区金融工作办公室围绕建设"市南区财富管理核心区"这一中心目标,以新思路适应新常态,以新举措赢得新发展,推进区域金融业实现新跨越。

主要工作

谋划区域金融跨越发展

2016 年,市南区金融工作办公室邀请高等专业院校,成立专项课题组,编制市南财富管理核心区发展规划,接轨"中韩自贸区"以及"一带一路"节点支点城市建设,打造以定制型、高端型、创新型、绿色型、开放型和共享型为特色的财富管理中心,并提出具体保障措施。制定出台《市南区促进建设财富管理核心区政策实施细则》,作为市南财富管理核心区发展规划的配套措施。赴深圳市前海管理局、上海徐汇区等地,学习先进城区的金融业发展经验。对接市相关部门,争取在市级层面出台扶持市南区金融业发展的政策措施,为区域金融的创新发展、跨越发展提供支持。

促进区域金融转型升级

2016 年,区金融工作办公室赴韩国参加财富管理试验区金融推介交流活动,访问韩国国民银行、新韩银行、韩亚银行、未来投资大宇证券、教保人寿等金融机构总部,围绕重点合作项目进行对接,取得积极效果。在北京市举办金融机构招商推介会,邀请50余家国内外知名金融机构和中国金融杂志等金融媒体参加,与赛伯乐等3家企业的相关项目初步达成落户意向。对于在谈项目,采取"一对一"服务,实行全程跟踪,帮助寻找营业用房,协助办理工商、税务登记,保障项目顺利落地。2016年引进德华安顾保险、青岛意才财富管理等金融机构及金融类企业9家,其中青岛意才财富管理是全国首家外商独资财富管理公司。截至2016年底,全区有金融机构及金融企业171家,其中外资金融机构31家,占全市外资金融机构(34家)的91.2%。

优化经济发展资金环境

2016年,区金融工作办公室先后组织辖区200余家金融机构及企业举办优质企业路演和中科院项目推介会等活动,促进市场资本和优质项目有机对接。推进企业上市工作,修订出台《关于支持和促进企业上市的意见》,加大政策扶持力度;组织实施"企业上市培育项目",聘请专家帮助区内拟上市挂牌企业规范内部管理;建立拟上市企业培育梯队,进行分级分类培育,加快推动企业上市步伐。截至2016年底,鼎信通讯成功上市,特利尔环保、东方深蓝、雨诺网络等8家企业成功挂牌新三板,全区上市挂牌企业达到73家,区域资本市场结构持续优化。加强部门联动,形成工作机制,做好银行不良资产化解工作,全年化解不良资产40笔,金额39.08亿元。推进规模企业公司制改制工作,对全区387家拟改制企业进行分类汇总、企业调研,推进30余家企业完成改制,为资本市场储备优质资源。

确保区域金融秩序稳定

2016年,区金融工作办公室对辖区13家融资担保、小贷公司、民间资本管理公司实施3次审计检查,针对问题分别采取责令整改、约谈高管并督促落实;按照"做大做强"和"减量增质"的要求,依法对符合退出条件的4家融资性担保公司劝退。加强监测预警,定期开展金融风险排查工作,排查出风险企业222家,分头做好风险防范和稳控工作;强化金融安全教育,与青岛晚报等媒体合作,专版专刊宣传防范非法集资知识;有序推进互联网金融风险专项整治工作,促进辖区内互联网金融行业健康发展;开展为期一年的"金融知识送万家暨百家讲堂+展览"活动,普及金融知识,提升居民风险防范意识。

投资公司选介

青岛市南投资有限公司

工作概况　2016年,青岛市南投资有限公司围绕区委、区政府的战略目标要求,以履行旧城改造建设责任、改善民生和提升融资能力为首要任务,开拓创新,科学管理,攻坚克难,拓展企业经营,各项工作取得显著成绩。(1)项目投资方面,根据区政府2016年度为民办实事重点项目建设安排,该公司全面开展火车站周边旧城改造项目、北岛组团周边旧城改造等市"两改"重点项目,湛山广场新湛三路9号裂缝楼的基坑加固、修复性建设,金街商铺回购及漳州一路(太古百货)暗渠改造等建设工作,科学调度,保障项目建设资金需求。截至2016年底,完成投资3.34亿元,较上年增长41.5%。(2)融资方面,该公司积极推行多渠道融资战略,深化银企合作、企企合作关系,利用银行抵押贷款、同业拆借等多种方式,改善融资状况。2016年,公司将项目建设资金筹措作为工作重中之重,充分挖掘已有的融资渠道,确保项目建设资金需求。截至2016年底,该公司累计

2016年11月21日,市南区"聚焦新金融新资管 打造财富管理核心"金融机构招商推介会在北京西城区进行。

2016年11月,青岛市南投资有限公司承建的南岛组团大地块一期旧城改造项目被评为青岛市2016年度第一批"标准清单"式样板工程。

实现融资2.3亿元。在融资还贷方面,2016年3月,该公司按期全部偿还国家开发银行、邮政储蓄银行、工商银行、农业银行组银团的19.3亿元贷款。(3)资金管理方面,2016年,该公司实时关注资金链情况,增强融资贷款的利用率和时效性。按照"两改"项目进度资金到位2.3亿元,既确保"两改"项目顺利进行,又控制规模、降低成本。在资金管理上,合理利用金融产品,多渠道降低资金成本;严格按照规定封闭运行,实行专款专用。在资金审批上,严格按照"三重一大"政策规定,成立公司内审工作小组,对每项资金严格把关,确保贷款借得了、用得好、还得上。在资金支付上,严格按照合同规定,根据工程进度、工程质量及付款要求对每一笔资金的安全性、合理性、及时性进行监督,提高公司资金管理精细化程度。

市"两改"重点项目 2016年,该公司在建和竣工的回迁安置楼房10栋,幼儿园1栋,商业网点楼2栋;回迁安置面积20万余平方米,可回迁安置居民2000余户。莘县路小学地块、火车站商圈旧城改造项目、北岛组团P3地块、南岛组团大地块一期等项目由于种种历史遗留问题而停工或无法交付,2015～2016年,该公司根据区政府重点项目计划,梳理出停工项目涉及的土地拆迁、土地性质、产权注销、政策变动、规划审批、消防验收、人防、挡光等50余项问题,按照"先急后缓、重点推进、难点突破、统筹解决"的原则,基本解决以上问题,莘县路小学地块于2016年6月交付使用,安置居民400余户,其他停工项目也得以复工。(1)莘县路小学项目,经该公司与市消防部门的反复协调沟通,在停工2年后,于2016年3月取

得市消防部门批复的改造方案,4月初开始组织施工,在克服大风天气吊篮作业摇摆不定、拆除外墙保温层效率低、切割旧保温层易燃等问题,全面完成消防、人防、智能化、规划等项目验收后,于5月24日提前完成区政府交办的任务,竣工交付安置房452套。(2)南岛组团大地块一期旧城改造项目,于2016年3月完成基坑支护,截至12月初,幼儿园主体施工完成一层,安置楼房主体全部封顶。该工程获得青岛市2016年度第一批"标准化样板工程"的称号。(3)火车站商圈P3地块项目,2016年4月初完成土石方及基坑支护施工,9月底主体封顶,2016年11月9日进行主体验收。外墙保温工程基本结束。(4)北岛组团项目P3地块(2#、3#楼),2016年4月14日完成土石方开挖外运及基坑支护。截至2016年底,2#楼完成18层砼浇筑,3#楼完成20层砼浇筑。(5)食品厂周边区域工程,2016年7月重新办理土地规划审批,7月22日取得施工许可证。截至2016年底,1#和2#楼外墙保温、抹灰工作完成,正在进行室内安装,3#楼商业网点于12月2日开挖基坑土石方施工。

经营发展情况 2016年,该公司在抓好投资融资、项目建设的同时,积极筹建经营性项目、加强合作引进经营性项目,实现公司经营性收入零的突破。以全市开展滨海沿线风景区停车场整治为契机,借力发展火车站停车场的停车泊位收费业务,既解决火车站职工长期停车难问题,又增加公司的经营性收入,全年收入达75万元。通过安置房交付收取房屋差价款增加收入,截至11月底,收取莘县路小学地块和嘉祥路地块房屋差价款8412万元。销售安置房地下车位增加收入,截至11月底,此项收入1100万元。对外投资设立控股公司,既满足公司业务发展的需要,又助力公司赢利。配合税务机构进行"营改增",全年上缴各项税款1175.36万元,较上年增长355.57%。

金街商铺回购和诉讼工作办理情况 2016年,该公司与43户业户签订《债权转让协议》,截至2016年12月初,该公司支付债权转让款、案件受理费共76万余元。获得对澳华公司43笔债权。

新湛三路9号楼恢复性建设情况 新湛三路9号楼共三个单元70户居民,截至2016年底,签订临时过渡协议67户,支付补偿款222.47万余元。完成

恢复性重建方案、施工图设计和加固清单编制。

青岛海诺投资发展有限公司

工作概况　2016年,青岛海诺投资发展有限公司全面落实区委、区政府的工作部署,抢抓机遇,积极谋划,主动作为。全体职工迎难而上,开拓进取,各项工作稳步有序推进。完成区委、区政府交办的工作任务,初步形成多业态、多产业协同发展,社会效益与经济效益协调共赢的经营格局。

积极完成区委、区政府交办任务　(1)苏州路片区。该公司根据市棚户区改造领导小组和区政府的要求,完成区域摸排、现场调研、方案设计等前期工作。(2)李沧异地安置房屋地块。该公司配合区城建局,积极协调李沧区各相关部门,完成地块现场勘查、单体设计方案等工作。(3)国开行棚改资金统贷统还。该公司根据区政府工作安排,承接国开行市南区棚改资金的统贷统还工作,全年完成25.4亿元的贷款工作,为市南区顺利完成2016年棚改目标奠定坚实基础。

多业态协同有序发展　(1)参与振兴西部老城区。该公司成立伊始,即参与青岛湾项目规划论证。2016年,该公司深入挖掘市南区西部老城区、零星片区房屋资源。对西部老城区,按照保护、维护、开发、利用的原则,一方面充实国有企业的基础资源,另一方面为区域各业态落地搭建平台,完成700余套房屋的调研摸底工作。(2)延吉路地块项目。延吉路8号地块位于延吉路与福州北路交口,地处城市核心区域,土地面积15500平方米。2015年底,该公司与土地方青岛开发投资公司签订《延吉路8号地块房屋定向回购协议》,由于开投公司方面原因,土地一直未开发建设。区城建局于2016年与该公司签订《土地看管协议》,由该公司管理延吉路8号地块,并根据周边社会需求作为停车场使用,以缓解周边停车难问题。(3)海鼎假日酒店项目。海鼎假日酒店位于太平路53号,楼体16层,建筑面积13000余平方米,产权方为青岛国风医药公司,上级单位为青岛企业托管中心。2016年因原租赁方与产权方纠纷,法院判决原租赁方腾空,并进行强制执行。该公司积极争取,区政府大力支持,完成双方的意向性谈判:海诺公司最少租赁10年,房租根据第三方评估公司的评估价格付给。该公司租赁此楼后,按照区政府的安排,充实利用楼宇。

扩大企业经营规模　(1)产业园区管理。2015年,按照区委、区政府的工作部署,以该公司为主体,整合青岛软件园发展有限公司、青岛惠谷软件园发展有限公司和青岛软件园鳌山园区开发股份有限公司。2016年,该公司多方筹集资金开工建设软件园E1、E2、E3楼工程,年内实现主体封顶,完成软件园F2、F3、E1、E2、E3和动漫园D座对外转让可行性论证。该公司持续提升两园区软环境的建设,一方面对软件园、动漫园的园容园貌进行修葺,科学规划绿植面积,整修地下停车场,施划路边停车线,改善两园区停车状况,继续提升园区安全设施设备的配置,完成消防、监控等系统的检修升级,补充完善园区的楼宇、道路指示牌,配置垃圾桶等;另一方面针对园区企业需求,克服场地、资金难题,在动漫园区相继修建5000余平方米的灯光足球场、网球场,300余平方米的标准笼式篮球场,利用闲置场地改建2000余平方米的职工文体活动中心,配套健身器材、球类场地、咖啡阅览室等设施,提升园区的招商引资环境。(2)设置三家专业子公司。该公司经过科学调研,缜密论证,根据市南区政府常务会议纪要的要求,设置汽车租赁公司、物业管理公司及泊车公司,2016年2月份完成工商注册。2016年7～10月,该公司按照国有企业招聘程序,向社会公开招聘50余名工作人员,三家子公司同时开展业务,汽车租赁公司按照"大中小""高中低"的原则,经公开招投标,购置30余部车辆,办理租赁车辆资质,参加市、区两级公务用车租赁服务招标,截止到2016年底,汽车租赁公司成为青岛市机关、市南区、崂山区公务出行租赁服务指定供货商;泊车公司按照现代化、智能化泊车服务的标准,立足区内,辐射区外,整修完善延吉路8号停车场,并向社会提供优质的泊车服务;物业公司按照边组建、边完善的原则,以提升优化两园区物业服务的为出发点,组建专业队伍,做好承接外部业务的资质、人员等准备工作。

加强组织建设　2016年5月,市南区委批复该公司建立企业党委,公司党委在党员中扎实开展"两学一做"学习教育,抓好问题查摆和作风改进;坚持从严治党,狠抓党风廉政建设和反腐败工作,坚持党管企业的原则,重点领域、重要岗位和关键环节坚持党的领导。该公司党委扎实推进思想政治工作、宣传和群团工作,完善组织建设,2016年11月份,建立公司工会。工会深入开展员工慰问、培训和业余文体活动,加大引导宣传力度,增强企业凝聚力,培育具有海诺特色的企业文化,为企业发展提供坚实保障。

完善企业管理体系　(1)建立健全管理制度,规范管理流程,强化管控意识。按照企业集团化管理的要求,聘请专业律师团队完善已有管理制度,补齐制度"短板",做到"决策有依据、管理有证据、执行有痕迹、收支有凭据"。(2)构建与企业经营发展相适应的管理体系,完善治理结构,提高决策科学化、规范化水平,推进企业稳步发展。强化责任意识、岗位意识,初步建立起总部、分公司的组织架构,提升业务开拓能力,建立绩效考核制度,打造符合企业实际、特色鲜明的公司治理结构。

2016 年市南区金融机构一览表

银行业及其他非银行业机构

序号	机构名称	注册地址	联系电话
1	中国进出口银行山东省分行	汇泉路 17 号东海国际大厦 501 室	83862972
2	国家开发银行股份有限公司青岛市分行	东海西路 15 号甲网通大厦 16、17 楼	83783085
3	中国农业发展银行青岛分行	东海路 51 号	85770599
4	中国工商银行股份有限公司青岛市分行	山东路 25 号	85814361
5	中国农业银行股份有限公司青岛市分行	山东路 19 号	85803408
6	中国银行股份有限公司青岛市分行	香港中路 59 号	85818243
7	交通银行股份有限公司青岛分行	中山路 6 号	82958006
8	中信银行股份有限公司青岛分行	香港中路 22 号	85022788
9	中国光大银行股份有限公司青岛分行	香港西路 69 号	83893801
10	华夏银行股份有限公司青岛分行	东海西路 5 号甲 22 楼(华银大厦)	83865995
11	恒丰银行股份有限公司青岛分行	香港中路 73 号	85933615
12	中国邮政储蓄银行股份有限公司青岛分行	延安三路 222 号	83860002
13	日照银行股份有限公司青岛分行	福州南路 40 号	66773998
14	潍坊银行股份有限公司青岛分行	东海西路 2 号甲东海公馆	68628867
15	威海市商业银行股份有限公司青岛分行	山东路 22 号	80799553
16	河北银行股份有限公司青岛分行	香港中路 61 号乙远洋大厦一层东南网点五层	66566811
17	青岛银行股份有限公司	香港中路 68 号	85709727
18	日本山口银行股份有限公司青岛分行	香港中路 76 号颐中皇冠假日酒店二楼	85766222
19	南洋商业银行(中国)有限公司青岛分行	南京路 66 号(南门)	66707676
20	汇丰银行(中国)有限公司青岛分行	香港中路 76 号颐中皇冠假日酒店八楼	80976177
21	韩亚银行(中国)有限公司青岛分行	香港中路 12 号丰合大厦 C 区	85026227
22	新韩银行(中国)有限公司青岛分行	东海西路 28 号中信万通证券大厦四层	85025500
23	东亚银行(中国)有限公司青岛分行	香港西路 67 号甲	81978362
24	渣打银行(中国)有限公司青岛分行	香港中路 40 号数码港旗舰大厦 35 层 A 区	86678666
25	瑞穗实业银行(中国)有限公司青岛分行	香港中路 59 号青岛国际金融中心 44 楼	80976471
26	华侨银行(中国)有限公司青岛分行	香港中路 9 号香格里拉中心商场一层	55583888
27	三菱东京日联银行(中国)有限公司青岛分行	香港中路 61 号乙远洋大厦 20 层	80929888
28	韩国釜山银行股份有限公司青岛分行	香港西路 17 号海信大厦一层	86679060
29	德意志银行(中国)有限公司青岛分行	延安三路 234 号 1 号楼海航万邦中心 23 层 06～07 单元	55686878
30	国泰世华商业银行股份有限公司青岛分行	香港中路远雄国际 23 层	55769888
31	星展银行(中国)有限公司青岛分行	延安三路 234 号 1 号楼海航万邦中心 41 层 02B～05 单元	67757191
32	澳大利亚和新西兰银行(中国)有限公司青岛分行	香港中路 9 号香格里拉中心办公楼 2502～2503	81633610
33	韩国产业银行青岛分行	延安三路 234 号 1 号楼海航万邦中心 43 层 01～06 单元	82887360

（续表）

序号	机构名称	注册地址	联系电话
34	海信集团财务有限公司	东海西路 17 号	80878101
35	青岛啤酒财务有限责任公司	东海西路 35 号 4 栋青岛啤酒大厦九层	85706297
36	中国石化财务有限责任公司山东分公司	山东路 2 号甲华仁大厦 26 层	83096195
37	中国东方资产管理公司青岛办事处	香港中路 6 号甲世贸中心 B 座三楼	85919181

证券机构

序号	机构名称	地　址	办公电话
1	中信证券(山东)青岛福州南路证券营业部	福州南路 91 号	83086305
2	中信证券(山东)青岛燕儿岛路证券营业部	燕儿岛路 17 号 C1 栋 2 户	85883905
3	中信证券(山东)青岛南京路证券营业部	南京路 9 号联合大厦	85753210
4	中信证券(山东)青岛中山路证券营业部	中山路 67 号悦喜客来一层	82826311
5	中信证券(山东)青岛香港中路证券营业部	上杭路 29 号二层	82020188
6	中信证券(山东)青岛东海西路证券营业部	东海西路 28 号龙翔广场	85023456
7	中泰证券股份有限责任公司青岛分公司	江西路 78 号	68873502
8	中泰证券青岛江西路证券营业部	江西路 78 号	85735777
9	中泰证券青岛香港中路民航大厦证券营业部	香港中路 30 号民航大厦三层	82627523
10	中泰证券青岛香港中路证券营业部	香港中路 100 号中商大厦三楼	85886382
11	招商证券股份有限公司青岛分公司	香港中路 89 号琴岛大厦 901 室	66889522
12	招商证券青岛香港中路证券营业部	香港中路 89 号琴岛大厦八、九层	66889595
13	中国银河证券股份有限公司青岛分公司	南京路 100 号戊	82870556
14	中国银河证券青岛南京路证券营业部	南京路 100 号戊	82962152
15	中国银河证券青岛香港西路证券营业部	香港西路 22 号 1 栋-5 号	82750091
16	安信证券股份有限公司青岛分公司	山东路 29 号银河大厦二层	85016318
17	安信证券青岛山东路证券营业部	山东路 29 号银河大厦二层	85016319
18	国信证券股份有限公司青岛分公司	香港中路 68 号华普大厦七楼	89095992
19	国信证券青岛香港中路证券营业部	香港中路 68 号华普大厦七楼	89095992
20	新时代证券股份有限公司青岛分公司	香港中路 110 号丽晶大酒店一层	85886168
21	新时代证券青岛香港中路证券营业部	香港中路 110 号丽晶大酒店一层	85886168
22	新时代证券青岛福州南路证券营业部	福州南路 8 号中天恒大厦五层	85971666
23	东北证券青岛山东路证券营业部	闽江路 2 号国华大厦 B 座 901 室	80900587
24	海通证券青岛湛山一路证券营业部	湛山一路 25 号	83891000
25	长江证券股份有限公司青岛分公司	延安三路 212 号甲	66708758
26	长江证券青岛延安三路证券营业部	延安三路 212 号甲	66708757
27	广发证券青岛香港中路证券营业部	香港中路 12 号丰合广场 C 区一层	85027315
28	国泰君安证券青岛南京路证券营业部	南京路 108 号乙	85842964
29	中信建投证券青岛云南路证券营业部	云南路 74 号	82612518
30	中信建投证券青岛南京路证券营业部	南京路 49 号	82671074
31	申万宏源证券青岛山东路证券营业部	山东路 2 号甲华仁大厦二楼	82964918

（续表）

序号	机构名称	地　　址	办公电话
32	申万宏源证券青岛闽江路证券营业部	闽江路 176 号	85807333
33	财富证券青岛山东路证券营业部	山东路 2 号甲 16 层 F 户	55677515
34	金元证券青岛银川西路证券营业部	银川西路 7-45	68653757
35	方正证券青岛江西路证券营业部	江西路 106 号 3 户	68895730
36	中国国际金融股份有限公司青岛香港中路证券营业部	香港中路 9 号香格里拉写字楼中心 11 层	66706789
37	光大证券青岛香港西路证券营业部	香港西路 67 号光大国际金融中心 19 层	81979097
38	大通证券青岛东海西路证券营业部	东海西路 5 号华银大厦 803 室	55769556
39	恒泰证券青岛南京路证券营业部	南京路 33 号	85711700
40	第一创业证券青岛南京路证券营业部	南京路 38 号甲	80907122
41	国盛证券青岛宁夏路证券营业部	宁夏 206 号蓝筹商务中心 302 室	85856067
42	渤海证券青岛银川西路证券营业部	银川西路 20 号海信璞园 3 号楼 401 室	85710222
43	网信证券青岛东海西路证券营业部	东海西路 5 号甲华银大厦 33 楼	66985910
44	万联证券青岛香港中路证券营业部	香港中路 6 号青岛世界贸易中心 2 号四层 423-2 单元	83878982
45	首创证券青岛东海西路证券营业部	东海西路 5 号甲八层 2 户	80978889
46	中航证券青岛江西路证券营业部	江西路 98 号网点戊	88690168
47	中银国际证券青岛香港中路证券营业部	香港中路 59 号国际金融中心 48 层	85795818
48	东莞证券青岛东海西路证券营业部	东海西路 52 号兴源大厦七层	85706996
49	银泰证券青岛宁夏路证券营业部	宁夏 274 号 25 栋网点一、二层	85786263
50	华龙证券青岛东海西路证券营业部	东海西路 36 号	85796398
51	华福证券青岛闽江路证券营业部	闽江路 2 号国华大厦二楼	55769762
52	东海证券青岛香港中路证券营业部	青岛香港中路 77 号香岛大厦六楼	55552699
53	国融证券青岛山东路营业部	山东路 2 号甲华仁大厦 11 楼 C、D 区	66025680
54	华泰证券青岛宁夏路证券营业部	宁夏路 122 号	85732281
55	爱建证券青岛燕儿岛路证券营业部	燕儿岛路 7 号甲-6/7 号	85870616
56	太平洋证券股份有限公司青岛分公司	东海西路 5 号甲华银大厦 1902 室	88695788
57	平安证券有限责任公司山东分公司	香港中路 61 号阳光大厦 A 座 26 层	80909907

期货机构

序号	机构名称	地　　址	办公电话
1	中国国际期货有限公司山东分公司	山东路 22 号 1 号楼 9H～9I 户	85778590
2	福能期货股份有限公司青岛营业部	中山路 58 号百盛国际商务中心 1510 室	82023818
3	五矿经易期货有限公司青岛营业部	东海西路 35 号太平洋中心 3 号楼四层	85780820
4	中州期货有限公司青岛营业部	南京路 9 号联合大厦 19 层 E～L 室	85753012
5	英大期货有限公司青岛营业部	珠海路 6 号 2 栋 11 层 5115 室	85976320
6	广发期货有限公司青岛营业部	东海西路 39 号世纪大厦 15 层 1501 室	85799288
7	格林大华期货有限公司青岛营业部	山东路 2 号甲华仁国际大厦 17 层 F、G	83095258
8	弘业期货股份有限公司青岛营业部	香港中路 10 号颐和国际大厦 A 栋 2301 户	85039479
9	华泰期货有限公司青岛营业部	宁夏路 122 号二楼	85029807

（续表）

序号	机构名称	地址	办公电话
10	中信期货有限公司青岛营业部	香港中路 6 号世贸中心 B 座 105 室	85917798
11	南华期货股份有限公司青岛营业部	闽江路 2 号国华大厦 B 座 2501 室	85803555
12	鲁证期货股份有限公司青岛营业部	江西路 78 号	80776053
13	光大期货有限公司青岛营业部	山东路 40 号 2701 室	86129096
14	海通期货有限公司青岛营业部	南京路 2 号绮丽大厦 1301.1302.1303 室	66773177
15	永安期货股份有限公司青岛营业部	漳州二路 19 号 1 号楼 2601 室	86679886
16	迈科期货股份有限公司青岛营业部	香港中路 10 号颐和国际 A 座 1905 室	85029905
17	金瑞期货股份有限公司青岛营业部	东海西路 5 号甲 16 层 4 户	80901818
18	银河期货有限公司青岛营业部	南京路 100 号丁	80661688
19	方正中期期货有限公司青岛营业部	香港中路 61 号阳光大厦 21 楼 EH 单元	82020088
20	华安期货有限责任公司青岛营业部	漳州一路 35 号 C 单元九、十层 904	58975812
21	冠通期货有限公司青岛营业部	香港中路 20 号北栋 1519 房间	85023358
22	国联期货股份有限公司青岛营业部	香港中路 10 号颐和国际 A 座 1201 室	89092060
23	东海期货有限责任公司青岛营业部	东海西路 39 号世纪大厦六层 B、C 户	86101555
24	中大期货有限公司青岛营业部	南海路 9 号汇泉王朝大酒店裙楼三层 C8 室	85605216
25	上海东证期货有限公司青岛营业部	海门路 69 号 2 单元 1705 户瑞纳康都 B 座	80869701
26	申银万国期货有限公司青岛营业部	香港中路 10 号颐和国际 A 座 12A08 户	55730907

保险机构

序号	单位	地址	办公电话
1	中国人民财产保险股份有限公司青岛市分公司	香港中路 66 号	85719273
2	中国大地财产保险股份有限公司青岛分公司	香港中路 61 号阳光大厦 B 座七～九层	85977277
3	中国人寿财产保险股份有限公司青岛市分公司	南京路 8 号府都大厦	66980800
4	中国太平洋财产保险股份有限公司青岛分公司	香港西路 47 号	88035712
5	永安财产保险股份有限公司青岛分公司	南京路 66 号	80790000
6	中华联合财产保险股份有限公司青岛分公司	香港中路 73 号旺角大厦 13～14 楼	85883695
7	阳光财产保险股份有限公司青岛分公司	东海西路 12 号甲四层	86680611
8	安邦财产保险股份有限公司青岛分公司	山东路 16 号阳光泰鼎大厦 22 层	85018256
9	都邦财产保险股份有限公司青岛分公司	东海西路 43 号凯旋大厦东塔楼 22 层	85706097
10	渤海财产保险股份有限公司青岛分公司	香港中路 68 号华普大厦 A 户	81978150
11	华安财产保险股份有限公司青岛分公司	南京路 66 号中天恒大厦	85795608
12	长安责任保险股份有限公司青岛市分公司	南京路 9 号联合大厦五楼	67771179
13	日本兴亚财产保险（中国）有限公司山东分公司	香港中路 2 号海航万邦 1601 房间	66996500
14	安盛天平财产保险股份有限公司青岛分公司	东海西路 35 号太平洋保险中心 2 号写字楼四层	66563001
15	现代财产保险（中国）有限公司青岛分公司	山东路 22 号金孚大厦 18 层	80991980
16	国泰财产保险有限责任公司青岛营销服务部	山东路 29 号银河大厦	55728299
17	中国人寿保险股份有限公司青岛市分公司	香港中路 39 号	85823068
18	太平人寿保险股份有限公司青岛分公司	青岛中心 17 层	85022667

（续表）

序号	单 位	地 址	办公电话
19	中国人民健康保险股份有限公司青岛分公司	东海西路 15 号英德隆大厦 19 层	83079805
20	中国人民人寿保险股份有限公司青岛市分公司	香港中路 66 号人保大厦 25 楼	66776990
21	中国太平洋人寿保险股份有限公司青岛市分公司	香港西路 47 号	58708179
22	中国平安人寿保险股份有限公司青岛分公司	香港中路 61 号甲远洋大厦 B 座 6 层	80937670
23	泰康人寿保险股份有限公司青岛分公司	香港西路 77 号裕源大厦 B 区 11 层	83093633
24	长城人寿保险股份有限公司青岛分公司	东海西路 39 号世纪大厦 28 层	85796630
25	平安养老保险股份有限公司青岛分公司	香港中路 61 号阳光大厦 B 座五、六层	88259533
26	合众人寿保险股份有限公司青岛分公司	香港中路 59 号国际金融中心 29 楼	85795955
27	华夏人寿保险股份有限公司青岛分公司	山东路 2 号华仁国际大厦 25 层	80905555
28	阳光人寿保险股份有限公司青岛中心分公司	香港中路 22 号黄金广场南楼五层	66062659
29	幸福人寿保险股份有限公司青岛分公司	贵州路 71 号建银大厦 18 层	66706616
30	国华人寿保险股份有限公司青岛分公司	香港中路 40 号数码旗舰大厦 18 楼	86678370
31	生命人寿保险公司青岛中心支公司	延安三路福彩大厦	55731201
32	建信人寿保险有限公司青岛分公司	贵州路 71 号建银大厦 21、22 层	55731760
33	信泰人寿保险股份有限公司青岛分公司	香港中路 20 号黄金广场北楼 1806	86681800
34	天安人寿保险股份有限公司青岛分公司	南京路 8 号府都大厦 19 层	55733777
35	恒安标准人寿保险有限公司青岛分公司	香港中路 59 号国际金融中心 42 层	83079910
36	北大方正人寿保险有限公司青岛分公司	山东路 40 号广发金融大厦 23 楼	85011888
37	同方全球人寿保险有限公司青岛分公司	东海西路 5 号甲华银大厦 15 楼	89094868
38	中银三星人寿保险有限公司青岛分公司	香港中路 7 号甲亚麦国际中心二层	66709696
39	中德安联人寿保险有限公司青岛分公司	香港中路 61 号甲远洋大厦 B 座 1101～1102 室	55663376
40	德华安顾人寿保险有限公司青岛分公司	燕儿岛路 10 号青岛农业科技大厦凯悦中心 21 层	55528881
41	信诚人寿保险有限公司青岛中心支公司	香港中路 22 号黄金广场南楼中信大厦 11 楼	81970788
42	招商信诺人寿保险有限公司青岛中心支公司	香港中路 9 号香格里拉大厦	80927710
43	中荷人寿保险有限公司山东省分公司青岛营销服务部	南京路 8 号府都大厦八楼	89095629
44	中宏人寿保险有限公司青岛营销服务部	香港中路 52 号时代广场 32 层	80975260
45	中英人寿保险有限公司山东省分公司青岛营销服务部	福州南路 83 号甲博海中心 19 层	80901969
46	三井住友海上火灾保险青岛代表处（市里未统计）	香港中路 10 号颐和国际 B 座 1208 座	85039626
47	人保汽车保险销售服务有限公司	香港中路 66 号	85719328

公募基金

序号	机构全称	注册地	电 话
1	嘉实基金青岛分公司	香港中路 10 号颐和国际大厦 A 座 3502 室	66777998
2	华夏基金青岛分公司	香港中路 9 号香格里拉商务楼 1001 室	68877501
3	大成基金青岛分公司	青岛市市南区香港中路 40 号 2517 室	86679577
4	兴业基金青岛分公司	山东路 7 号国华大厦二楼	66028999

旅游 · 节庆

旅 游

工作概况

2016年,市南区旅游局推进全域旅游发展,通过创新旅游产品、完善智慧旅游体系,促进旅游商品开发,强化旅游行业监管,推动旅游与相关产业融合发展,旅游业实现平稳较快发展。

政策引导与项目建设

2016年,划拨580万元财政资金扶持重点项目,促进文旅产业集聚发展。全区旅游项目4个,分别为海天大酒店改造项目(海天中心)、青岛深蓝广场、环海凯莱商务酒店改造项目、青岛华润中心,规划总投资300亿元。

旅游市场开发

举办第二届青岛市旅游文化商品创新设计大赛 2016年,从征集的600余件作品中评选出商品类、设计类和新品牌类获奖作品76件,其中3件作品在省级大赛中分别获新品牌奖、金奖、银奖;在万象城、悦喜客来、奥帆博物馆等处进行优秀作品巡展,指导万象城创建为省级旅游休闲购物街区。

创新推出"爱琴岛·旅拍"项目和联盟 2016年,联盟首批吸纳15家驻区优质旅行社、摄影机构、旅游景区以及相关旅游企业加盟,并发布《联盟共识》,打造规范化、规模化旅拍服务平台。该项目主打时尚婚恋主题,根据不同季节特点和游客的多元化需求,策划推出"浪漫樱花""海誓山盟""海韵欧风"等15款婚恋旅拍产品,并在联盟成员网站上线销售。

开发"最美海湾·大师之旅"系列产品 2016年,依托中国导游大师工作室——孙树伟导游工作室,将市场认可度较高的旅游线路融合新的旅游元素,推出最美海湾·大师之旅——十款最地道的青岛(市南)深游经典系列产品,包括"海洋科普"亲子游、"最美海湾"精华游、"漫步青岛"休闲之旅、"万国建筑"在青岛等10条线路,打造集青岛独特资源禀赋、人文积淀、休闲娱乐、健康养生于一体的系列深游产品,并邀请旅游达人、媒体记者参与体验,在青岛电视台《今日》栏目、青岛全接触、凤凰网、半岛都市报社区报、掌上青岛等媒体进行专题推广。

创新对口扶贫新举措 2016年,开展"山海之约秀美平坝——2016安顺·平坝旅游宣传推广年"活动,组织旅行社、相关媒体赴平坝进行文化旅游交流活动。整合两地优势旅游资源,联合策划主题线路和产品,发动青铁国旅、航空假日、中旅总社等企业,开通青岛至安顺市的旅游专列或包机,搭建两地旅游交流和旅行社互送客源的双向通道。依托报纸杂志、广播电视、网络平台、自媒体等媒介,专题报道平坝旅游30余次,协助提升平坝旅游吸引力和知名度。

构建智慧旅游营销平台 2016年,完善微信、微博、头条号等智慧旅游营销平台,"两微一端"平台全年策划主题活动近50次,推送内容3000余篇。微信关注用户2.8万人,微博粉丝超过14万;"今日头条号"被评为山东省最具影响力头条号。开通搜狐自媒体号、腾讯企鹅号,搜狐自媒体号被评为山东省优质政务号,全平台推送内容访问量超过2000万次,构建全方位旅游信息智能服务平台。

打造多元化旅游营销渠道 2016年,通过报纸、杂志、互联网等平台,组织旅游宣传800余篇次,全方位推广辖区旅游资源。开展旅游日、惠民月、贺年会等让利活动,惠及市民8万余人次。开展2016市南旅游惠民月活动,推出"书香遇见咖啡香"主题活动;打造即墨采摘扶贫等10余条特色自助游线路,发送城乡互动惠民旅游车30余辆,惠及市民5万多人次;举办4场"旅游服务进社区"公益讲座,10家惠民景区接待低保人员和普通市民3万余人次。推出4条"好客山东贺年游、坐着地铁去旅行"系列线路,组织辖区旅游企业开展旅游惠民活动,海底世界、水准零点等景区推出"坐上地铁,海底过年,儿童免费,寻支付宝AR实景红包"等优惠活动,海尔洲际、香格里拉等星级饭店推出年夜饭、团圆宴等特惠套餐,为市民和游客提供丰富的年节旅游产品。

2016 年 5 月 19 日，区旅游局在青岛首届春季旅游大集上举行"最美海湾·大师之旅"启动仪式。

旅游行业管理

推动企业晋级上位，提高行业服务质量　2016 年，打造品牌旅游企业。中旅总社、港中旅继续保持全国旅行社百强地位，凯撒皇家、超逸、山东海外等 7 家旅行社入选首批国家旅游局诚信经营旅行社；青岛凯撒皇家国际旅行社被山东省旅游局评为 AAAAA 级旅行社，新增海外欧亚、招游天下、教师旅行社、青岛旅游集团国际旅行社 4 家 AAA 级旅行社。

整治旅游市场秩序，优化旅游市场环境　2016 年，组织辖区 380 余家 A 级景区、星级饭店、旅行社及旅行社分支机构参加 3 期安全生产工作会议，旅游企业《安全责任书》签订率 100％。印制 8 万份《市南区旅游安全提醒》免费向游客发放。针对旅游行业安全工作中遇到的新情况、新问题，全面修订全区旅游应急预案，联合市旅游局、区消防、安监及旅游企业开展 3 次消防疏散应急演练，参与人数达 700 余人。开展联合检查 17 次，全年检查、巡查旅游企业 260 余家次，出动检查车辆 90 余车次、检查人员近 300 人次，排查出安全隐患 55 处，整改落实率达到 95％，提升旅游企业安全管理水平。开展旅游消费市场专项整治，先后进行收费景区周边环境专项整治、非法载客营运机动车专项整治、国庆黄金周旅游消费市场专项整治等联合整治行动 7 次，参与区消费市场秩序专项整治指挥部组织的联合检查 16 次，构建旅游消费市场秩序整治长效机制。对全区 380 余家星级饭店、A 级旅游景区、旅行社、旅行社分社及服务网点开展专项检查，针对消费市场秩序检查旅游企业 190 余家次，提出整改建议 93 条。处理各类投诉举报、咨询 420 件，为游客挽回经济损失 56.4 万元。制订《市南区国庆期间旅游市场秩序重点问题快速应对工作方案》，建立针对敏感旅游纠纷问题的快速反应机制，解决餐饮消费欺客宰客、食物中毒、住宿纠纷等八大问题。年内，先后高效处理紧急投诉、舆情 10 余起，配合市旅游局处理突发旅游安全事件 1 起，维护城区旅游形象。

加强旅游基础建设，完善旅游公共服务体系　2016 年，强化旅游信息咨询中心建设管理，兰山路旅游信息咨询中心被市旅游局评为优秀等次，全区 5 家咨询中心年接待游客 31.96 万人次；引导社会力量参与旅游基础设施建设，协助万象城等企业申报旅游厕所新建改建奖励，年内完成新建改建旅游厕所 12 处，缓解旅游旺季游客如厕难问题。

入选全国百强旅行社简介

中国旅行社总社（青岛）有限公司（5A）　是中国旅行社总社的控股子公司，是国家旅游局批准的特许经营出境游组团社、首批国家 5A 级旅行社。截至 2016 年底，该公司在岛城拥有 10 多家直营门市部，是青岛市地面网络规模最大，流程服务体系最健全，综合实力最强的旅游企业之一。

港中旅国际（山东）旅行社（5A）　是香港中旅（集团）控股在青岛成立的山东省首家合资旅行社。该公司自成立以来凭借优质的服务和良好的信誉，先后入选或被评为"山东省十强旅行社""山东服务业十大强势品牌""首批赴台组团社""5A 级旅行社""全国旅游系统先进集体"等，并连续多年荣获全国百强旅行社称号。

旅游服务品牌选介（孙树伟导游工作室）

孙树伟是全国模范导游员，国家首批高级导游员，"全国名导进课堂工程"成员。"孙树伟导游工作室"成立于 2004 年，为国内首创。2007 年被市文明办、市旅游局评为"青岛市十大旅游服务名牌"；2009 年被市文明办、市质监局评为"青岛市服务名牌"；2010 年被评为"山东省服务名牌"，是全市旅行社行业唯一获得此两项荣誉的企业；2011 年以来连续被山东省质量技术监督局省旅游局评为"山东省服务名牌";2016年被国家旅游局授予"国家导游大师工作室"称号。孙树伟导游工作室在册导游30余人。

节　庆

2016年青岛浮山所正月十三文化山会

概况　2016年青岛浮山所正月十三文化山会，于1月22～26日在1388文化街举行，活动项目有品牌年货展览会、团购大展销、网购商品展示及购物体验等。

山会传统特色活动　作为山会主打项目的传统"香油果子"，深入挖掘文化内涵，扩大影响力，重树"香油果子会"这一地方民俗文化品牌。恢复"点灯"习俗，传承这带有美好寓意的传统民俗。

民俗文化活动展示　举办中国特有的元宵节民俗活动"打灯谜"，为节日增添欢快气氛。邀请戏曲名家和爱好者，为市民表演茂腔、柳腔、吕剧等戏曲名段，并邀请票友与名家同台演出。舞狮者以各种招式表现南派武功，营造出一番热闹景象。邀请各地木偶戏、川剧变脸、剪纸能手表演、泥人、面塑等民间艺人现场展演。举办第四届"浮山所山会杯"中国象棋棋王争冠赛，为广大棋迷高手奉献精彩赛事，提升百姓对传统文体活动的热爱。

互联网＋购年货活动　在传统年货购销的同时，推出"互联网＋管家服务"生活理念，引入意帮网络科技有限公司旗下"意帮管家"网购平台，以传统年货和现代化互联网平台商品购物为主，将世界各国美食商品融入其中，让"年货"多样化，让"年味"更时尚。

新正民俗文化庙会

概况　2016年2月8～13日（正月初一至初六）和2月21日（正月十四）期间，天后宫举办"金猴献瑞"2016青岛天后宫新正民俗文化庙会，向公众推出"青岛民俗体验公益行"系列活动。

除夕夜撞钟祈福仪式　邀请台商代表、公益团体代表、市民代表、青岛市妈祖文化联谊会的成员等参与除夕夜撞钟祈福的活动。活动分为团拜、撞钟祈福、敬新年头炷香、民俗表演四部分。

民俗体验活动　推出剪纸、木版年画、烙画、布艺、面塑、银饰制作等多项内容，邀请岛城的优秀民间手工艺制作者现场表演展示，让市民体验制作过程，体验中华传统文化。

民间戏曲表演　推出青岛柳腔、青岛茂腔、传统京剧等地方戏曲展演，邀请多位民间曲艺传承人登台献艺，为市民奉献精彩的戏剧大餐。

民俗文化展示　在明代古戏楼一楼举办《猴年文化展览》；邀请模特穿着各种民俗特色的服装进行走秀。

灯谜竞猜　举办有关青岛地区民俗文化、历史文化、精神文明建设的灯谜有奖竞猜活动。

城区建设与管理

城区建设

城区建设综述

工作概况

2016年，市南区城市建设局秉承"开诚建德"理念，牢固树立"创新、协调、绿色、开放、共享"的发展理念，突出"统筹、平衡、融合、均衡"要求，全面实施"保、修、拆、改"并举的城市建设创新模式，探索建立"专家参与"重大事项决策机制，弘扬工匠精神，推进"百姓安居、校园升级、城区美化"三大工程，高质量完成年度工作目标任务，居民居住条件得到改善，民生基础设施水平得到提升，城区环境得到美化。

安置房建设

2016年，区城建局梳理旧城改造项目常见问题，设立13项29个课题，进行研究，将研究成果转化为解决问题的思路并付诸实践，形成"问题课题化、课题科研化、科研实践化、实践成果化、成果模板化"的"五步工作法"，构建常态化矛盾化解机制，工作得到推进。旧城改造18个"两改"项目土地手续问题全部解决，完成旧城改造安置房项目开工建设1425套，其中南岛组团改造项目（380套）年底前主体封顶，北岛组

2016年3月22日，中西部棚户区（北京路73号等6个楼院）改造房屋征收项目下达征收决定，区城市建设局组织居民签订征收补偿协议。

团2、3号楼（382套）施工顺利，火车站商圈P3地块项目（40套）完成主体封顶，火车站商圈改造项目P4、P5地块（373套）和延吉路改造项目3#、4#地块（250套）安置房完成单体竣工。制定西藏路非住宅初步安置意见，完善云南路非住宅、燕儿岛二期和火车站商圈等项目安置方案，为居民回迁安置打下良好基础。

房屋征收工作

2016年，区城建局坚持"先危后旧、先急后缓、先易后难"的原则，健全组织、考评和法治三项机制，利用"两个突破"（突破成片区域方式，突破按计划分年度实施）、"1＋X"确定房源、"四心"行动和征收（拆迁）智能信息管理系统四种方法，力推两个"百分比"、D级危房优先征收、居民子女入学、"一房一议"和"清零"行动五项政策，按照"政府提供条件、居民自主选择"的方式和"成熟一片、启动一片"的思路，实施2092户棚户区房屋征收改造，超额提前完成年度棚改目标任务；地铁建设房屋征收工作全面展开。全市轨道交通建设工程有4条地铁线路经过市南区，设有20个站点，其中6个站点涉及房屋征收工作。年内完成3个地铁站点的房屋征收工作。推进潍县路片区房屋征收工作，下达太平山中央公园项目房屋征收决定。潍县路启动片区房屋征收项目签订协议178户，发放征收补偿款约1.5亿元。针对剩余居民，采取"一户一议"策略，会同相关街道办事处逐户研究，加大约谈力度，推进征收补偿协议的签订。

工务工程建设

创新"三化"管理模式　2016年，适应政府投资项目"投、建、管、用"多位一体模式向职能分离模式转化的形势需要，发挥区建筑工务局的集中建设优势，创新"三化"（专业化、规范化、精细化）管理模式，结合工务工程建设项目建设实践，完善项目制管理、第三方参与、聘请社会监督员等模式，推进城市建设领域政府投资项目建设。创新专家参与重大决策制度，依托相关专业咨询机构，建立局或利用区专家库，组织城区规划、安全生产、招标代理、工程建设和房屋征收等相关领域专家或研究咨询机构，对涉及安全生产、工务工程、房屋征收等重大决策进行必要性、可行性、科学性和合法性论证，提出意见建议，作为决策参考的重要依据。

工务工程建设　2016年，完成设计范围内的施工内容，并通过项目单体竣工验收和外窗淋水、室内空气检测、弱电通风工程检测、白蚁防治验收、消防检测等专项验收。奋进路项目993套保障性住房完成主体施工，并着手推进装修工作。宁夏路小学按"绿色三星建筑"标准建成，项目获得市优质结构奖、省建设工程优质结构奖、"泰山杯"、绿色建筑三星级设计标识和"国家优质工程奖"。2016年新学期伊始，宁夏路小学全面投入使用。南京路小学完成原有教学楼拆除、树木迁移、土石方及基坑支护工程，进入主体施工阶段。浮山（市南）生态园一期工程顺利启动。滨海步行道太平角段800米第一施工段实现贯通。

安全生产工作

2016年，区城建局坚持"管行业必须管安全、管业务必须管安全、管生产经营必须管安全"和"一岗双责、齐抓共管、失职追责"原则，利用安全月、安全周，进行教育培训，提升人员安全意识和工作能力。利用"四不两直"和"两带一公开"形式，深入一线开展安全生产监督检查，引入安全专家参与安全检查工作机制，规范安全档案管理，完善应急预案，组织开展应急演练，提高应急处置能力。规范高处悬挂作业备案登记、设备检验检测、人员持证上岗和现场安全管理等工作流程，配合市拆除处做好拆除工程施工现场管理初审工作。

重点工程、大项目建设选萃

青岛南京路小学建设工程项目

该项目位于洪泽湖路2号，占地面积4.74公顷，由区财政投资，区建筑工务局、青岛南京路小学开发建设，总投资2.2亿元。总建筑面积约3.17万平方米。项目拟在青岛南京路小学原址拆除重建48班制小学一座，建设目标为"国际二代小学"。建设工期为

青岛南京路小学效果图

2015 年 12 月至 2017 年 12 月。项目于 2016 年 6 月 8 日开工建设，年底完成原有教学楼拆除、树木迁移、土石方及基坑支护工程，进入主体工程施工阶段。

海天中心改造项目

该项目位于香港西路 48 号，项目占地面积13.5公顷，由青岛国信海天中心建设有限公司投资建设。总投资 137 亿元。拟建设三座超高层塔楼，最高高度达到 369 米。规划建筑面积为 49.5 万平方米，车位 2100 余个。为集商务会议、度假旅游、商业零售、酒店式公寓、大型会议功能于一体的城市综合体项目。建设工期为 2014 年 12 月～2020 年 12 月。该项目于 2015 年 12 月 28 日开工建设，处于基础施工阶段。

海天中心效果图

青岛金茂湾购物中心

该项目位于四川路23号，规划建筑面积6.1万平方米，总投资 7.03 亿元，由由青岛蓝海新港城置业有限公司投资建设。金茂湾购物中心以"360°湾海新生活"为主题定位，打造青岛西部时尚休闲生活中心——集购物、餐饮、娱乐、健康等于一体的时尚生活聚集地，为周边 30 万常住人口筑起温馨的家庭休闲生活港湾。项目工期为 2014 年 8 月～2016 年 6 月，该项目主体竣工，进入商户装修阶段。

青岛工人疗养院综合楼

该项目位于市南区泉州路 5 号，由青岛工人疗养院投资建设。总投资4.2亿元。按五星级标准的休养接待楼建设，建筑面积 3.5 万平方米，主体层高 16 层。设客房 200 余间，配套大、中、小宴会厅和部分餐饮包房。配套功能包含大堂、酒吧、氧吧、客房、中西餐饮、会议、健身、SPA、游泳池等。整体打造成带有健康养生、康体理疗功能的体验式酒店，集绿色环保、健康养生、劳模休养、商务会议于一体。建设工期为 2014 年 1 月～2016 年 5 月，于 2016 年 10 月 17 日竣工并交付使用。

海军大麦岛干部休养所改造(海怡半山)

该项目位于彰化路 3 号，占地面积 5.5 公顷，由青岛海蔚置业有限公司投资建设。总投资 2 亿元，总建筑面积为 6 万平方米，容积率为 2.3，绿化率为 40.3％，为由 2 栋 18 层小高层、1 栋 16 层、1 栋 15 层小高层加底商组成的沿海高端住宅。建设工期为 2013 年 8 月～2016 年 12 月，于 2016 年 7 月 31 日竣工并交付使用。

城 区 管 理

城区规划

工作概况

2016 年，青岛市规划局市南分局围绕区委、区政府年初确定的中心工作目标和重点建设项目，解放思想、与时俱进、团结协作、争创一流，不断提高服务质量和工作水平，完成各项工作任务，规划工作全面建设实现新发展。

规划服务

概况　2016 年，深刻领会和科学把握区经济社会发展的指导思想和重大战略，以主导服务与对口互帮互助相结合的形式,组织专门力量,提升工作标准,完善审批流程,确保规划建设项目按计划投入使用。

入驻市南区审批大厅　2016 年 5 月,规划市南分局入驻区政府政务审批大厅,贯彻落实"创新、协调、绿色、开放、共享"的发展理念,本着"开拓创新求发展、优质高效创佳绩"的原则,严格管理,规范审批,遵章守纪,实施规划服务工作,建设规范有序、公开透明、务实高效、作风过硬、群众满意的窗口服务单位。各项业务稳定高速办理,受理建设工程规划业务件100 余件,均在时限内办结;对于电话及现场咨询对象耐心服务,使前来咨询的群众满意而归。

全力推进市、区两级重点项目　2016 年,规划市南分局对国信海天中心、绿城深蓝中心、八大湖改造项目一期工程、市立医院东院区二期、南京路小学、危旧房改造等项目,推行"绿色通道""容缺受理",安排专人跟踪服务,主动配合政府职能部门和建设单位,做好项目规划建设推进工作。

加强外饰面审批　2016 年,规划市南分局针对市、区两级政府大批量对住宅楼推进节能改造工作的实际,推行"急事急办、特事特办"的工作模式,推进规划服务工作。与街道办事处、建设单位、设计单位一起进行现场勘察,逐个楼院、逐栋建筑地将现状情况与改造设计图纸进行对比分析,并及周边居民面对面沟通,优化整治方案,把控相关规范和要求,确保城市风貌协调统一。

优化信访服务　规划建设工作是群众信访数量较多的工作,规划市南分局将群众的利益摆在突出位置,对可能影响群众利益的项目,按照据有关政务公开规定,提前进行公示,听取市民意见,化解多次重大信访事件,维护市南区和谐稳定的社会风气。

队伍建设

2016 年,规划市南分局学习贯彻党的十八大及十八届五中、六中全会精神,增强责任意识和服务意识,服务驻区单位,坚持依法行政廉洁奉公,严格要求自己,扎实开展工作,认真履行职责,完成绩效考核各项任务,为市南区的长远发展、和谐发展、科学发展提供坚实的规划保障。

城区综合管理

工作概况

2016 年,市南区城市管理局围绕建设宜业宜居幸福市南区中心目标,抓质量、抓规范、抓提升,开展环境卫生整治、居民楼院整治、市政道路整治,圆满完成各项临时性重点工作任务,城区标准化、精细化、人性化管理和服务水平不断提升。

市政设施养护

2016 年,区城管局开展专项工程整治背街小巷和超期服役道路,重点完成宜兴路、浮山所路等 7 个片区背街小巷综合整治和临淮关路、燕儿岛路等 23 条超期服役道路整修提升,运用 MMA 新型材料整修香港路小学甬道,提高道路整体运行水平和使用质量。完成福山支路马牙石路修复工程,确保道路修旧如旧;对辖区坑洼、破皮、沟槽路面等道路进行日常养护维修,新铺和整补人行道板 13 万平方米,铣刨罩面 7 万平方米。完成五四广场、香格里拉大酒店、威斯汀大酒店门前地铁调流道路恢复工程,新建道路 8448 平方米。整治辖区 35 条暗渠,为 300 余个暗渠检查井安装"防坠网"。对前海一线破损严重,存在安全隐患木栈道进行大修。推进宁夏路 268 号、禹城路、单县路、401 医院等停车场项目建设,增加停车位 4100 余个,化解停车难题。

园林绿化

2016 年,区城管局以美化城区环境为主线,完成八大峡广场等绿地绿化提升,栽植乔灌木 3800 余株、栽植地被 200 平方米、草坪 1200 平方米;完成鹊山支路和莱芜一路裸露土地绿化整治,绿化面积约 1700 平方米。实施浮山绿化提升,形成四季常青、三季有花的景观效果。对东海西路、澳门路、香港西路等 10 条样板路实施精细化管理。完成山海关路 21 号和公主楼绿化提升。补植乔灌木 9 万株、地被 15 万株、草坪 2.6 万平方米、鲜花 119 万盆,做好绿地日常养护管理。加大对园林植物病虫害的防治力度,控制病虫害的蔓延。

环境卫生

2016 年,区城管局按照"以克论净"标准提高道路保洁精细化水平。购置手推式扫地机 200 台,用于人行道、路沿石、建筑物边角等区域的清扫保洁,构建以大型机械化清扫车辆、小型手推式保洁设备及传统人工清扫相结合的"全方位、立体式"道路清扫保洁体系,实现机械化保洁与人工结合的优势互补。针对环境卫生管理中的顽疾,开展垃圾桶、垃圾收运和公厕专项整治活动。联合城管、交警和市监察、市运管等

2016 年 5 月 9 日，区城市管理局党委召开"学党章党规、学系列讲话、做合格党员"学习教育动员会。

部门开展建筑废弃物、餐厨废弃物管理联合执法行动，严格审批及监管工作，开展联合执法 29 次，进一步规范建筑废弃物监管、餐厨废弃物收运管理工作。

居民楼院整治

2016 年，投资 2.57 亿元对辖区内 15 个老旧住宅小区 100 个老旧楼座进行改造提升，受益居民 7800 余户。整治项目以排水设施及管线改造，建筑节能改造及完善消防设施等内容为主，硬化路面，绿化院落，健全小区交通系统，改善小区环境设施，同时推进物业化管理模式，提高居民居住环境质量。

物业服务管理

2016 年，区物业管理办公室贯彻落实"物业政策宣传年"工作，基本实现"守约有责、管理有据、服务提升、业主满意"的工作目标，连续 3 年在全市物业管理考核中名列前茅。(1)通过"物业管理微信平台和微信公众号"定期向公众发布法律法规，展示企业风采，全年发布信息 85 条，单条信息最大浏览量达 4000 余次，关注者达 1700 余人；(2)借助微信平台，举办"物业管理知识有奖问答"活动，并邀请法律顾问对试卷内容进行审核，收到有效问卷 9000 余份；(3)推出青岛市首家"宜居市南 物业之声"微电台，使业主学习物业法规知识更加便捷；(4)在金门、湛山等 5 个街道建立物业法律顾问制度，由街道聘请物业法律顾问深入社区，提供法律咨询，先后协助解决颐中高山等矛盾纠纷数十件，营造和谐的小区生活环境；(5)开展宣传年相关活动，组成由法律顾问与物业办参加的宣讲组，深入街道和社区，举办"物业管理知识大讲堂"活动。在台湾路集中打造青岛市首条"物业管理政策宣传一条街"，开启行业普法新模式。

基础设施管理

山头公园综合整治　2016 年，区城管局对辛家庄北山西山公园进行综合整治，栽植苗木 1.6 万株，修缮铸铁围栏 800 米，安装各类照明设施 26 处，提升公园基础设施和景观环境。开展团岛山环境整治和绿化提升工程，改善山体整体环境。完成浮山综合整治的 7 条消防通道和监控设施建设。

"海绵城市"建设　2016 年，区城管局引入"海绵城市"元素修建全市首条海绵道路——临淮关路，体现"渗、滞、蓄、净、用、排"建设理念，实现雨水自然收集、散排，将青岛栈桥翻修废弃的旧花岗岩板材处理后应用于车行道两侧，降低工程成本，体现绿色、环保、可持续发展理念。不仅提升道路的通行能力和观赏效果，而且达到修复景区水生态、涵养水资源、增强景区防涝能力，促进人与自然和谐发展的目的。建设理念及做法先后被《经济日报》《科技日报》及中国网等国家级报纸和网络媒体报道。采用"海绵城市"建设技术规范，建设全市首个佛涛路蓄水模块，该蓄水模块集雨水收集、净化、储存于一体，充分利用雨水资源，增强城区海绵功能。

木栈道整修工作　2016 年，区城管局对市南区前海一线木栈道进行大修，基本完成南海路(平台以东)、银都花园等处破损严重、存在安全隐患的木栈道维修，南海路木栈道拆除 766 平方米、栏杆拆除 153 米，木栈道铺设 766 平方米、栏杆安装 59.67 平方米；银都花园木栈道拆除 751 平方米、栏杆拆除 315 米，木栈道铺设 751 平方米、栏杆安装 122.85 平方米。

环境保障与应急处置

重大活动期间环境保障任务　2016 年，区城管局做好全国"五艺展"环境卫生保障，突击清理东海大酒店、海明威酒店周边卫生死角，对全区 13500 余个垃圾桶进行冲洗，更换破损垃圾桶 280 个。C20 会议期间，提前完成香格里拉周边山东路、香港中路、延安三路等 14 条道路整修，完成人行道板整修 1057 平方米，车行道铣刨盖被，补强 1.1 万平方米，确保道路安全畅通。补栽灌木 990 株、草坪 1092 平方米，更换草花 2.5 万盆，提升绿化观赏水平，完成各项环境保障任务。

应急处置工作　2016 年,市南区城管局完善城市山林防火、防汛、防冰雪天气、防台、防风暴潮、浒苔应急预案,成立山林防火应急救援队、防海洋大型藻类应急救援队、抗台防汛防冰雪应急救援队三支应急队伍,加强应急演练,提高城市管理的快速反应和应急处置能力,确保城市运行秩序正常。

防汛工作　2016 年,全面修订完成《青岛市市南区城市防汛应急预案》,明确各部门职责任务;加大物资储备,建立抢险队伍。针对防汛工作实际,储备抢险物资装备数千件,成立抢险应急队伍 26 支,抢险人员 1157 人。汛前做好防汛机械设备等检查维修维护工作,保障各种机械设备状态良好;对区防汛责任单位进行系统检查,发现问题及时整改。对辖区内的 13000 多个雨水斗和 32 条明沟进行清掏;完成辖区内的 35 条暗渠 300 余个古力的防坠网安装工作,并安排市政工作人员定期检查,发生腐蚀现象及时更换;对辖区内前海一线 4 处海坝加固维修,处理道路积水点 8 处;对主要积水地段、立交桥、涵洞、低洼路段、低洼楼院、山体滑坡、危漏房屋等进行重点排查,查出重点积水部位 70 处、危漏房 145 处、地质隐患部位 10 处、其他重点部位 38 处;建立区、街道、居多方协调机制,做到统一指挥、统一调度。

浒苔灾害处置　2016 年,因风暴潮特殊天气,浒苔上岸量严重影响海岸环境。加大海水浴场、八大关海滨一线等重点区域清理力度。采取海上全线设网拦截、打捞船巡回保洁和岸上及时清运“三道防线”措施,实施机械化清理及大型网包吊运,加大清理与运输频次。动员街道社区志愿者 2059 人次参与浒苔清理。6 月 30 日启动Ⅳ级应急响应,到 8 月 3 日结束,全区出动 9475 人次,运输车辆 3264 车次,清运浒苔 67973 吨。

山林防火　2016 年,成立以分管区长为总指挥的“市南区山林防火指挥部”,区城管局牵头编制《青岛市市南区山林火灾应急预案》《浮山市南区域 2017 年度节日山林防火联合执法工作方案》,明确各单位各部门职责任务,与区绿化公司及相关街道办事处签订《市南区浮山山林防火责任书》,确保责任落实到位;开展以“文明祭祀”为主题的宣传活动,向市民免费提供鲜花,倡导文明、安全、绿色、环保的祭祀新风尚;加大巡查监控力度,密切关注进山市民,严格控制进山火种。实行 24 小时值班制度和领导带班制度,防火队员对讲机 24 小时开机。在除夕、元宵、清明、农历十月初一等重点防范期,组织公安、消防、执法局、办事处及绿化总公司联合执法行动,并组织近百人的浮山防火突击队,截至 2016 年底浮山未发生一起火灾事故。

环境综合治理

栈桥回澜阁修缮　栈桥回澜阁于 2016 年 1 月由市文广新局移交市南区管理。市南区接手后按照尊重历史原貌的原则对其进行修缮,聘请专业评估机构对栈桥景区进行安全风险评估,出具《青岛市栈桥风景区安全风险评估报告》,制订《栈桥景区综合应急预案》及《栈桥景区现场处置方案》,完善景点设施服务,增设红外扫描人脸识别系统、LED 显示屏及语音提示系统,加强栈桥景区文明引导和秩序管理,在“五一”小长假期间,栈桥景区接待游客 26.86 万人,回澜阁接待游客 1.2 万人,中央电视台和青岛电视台对栈桥景区的环境保障及游览秩序进行报道。

公厕建设工作　2016 年,区城管局着眼居民、游客实际需求,加快推进“公厕革命”步伐,年底公厕数量达 112 座,在全市率先达到住建部规定每平方千米 3~5 座建设标准。全市首创“一厕多用”建设模式,公厕集第三卫生间、城市美容师驿站、景区服务站、多功能休息间、手机加油站等服务功能于一体,让游客畅游景区更加便利。住建部副部长倪虹等领导对市南区公厕建设予以高度赞扬。针对前海景区游客携带泥沙如厕造成下水堵塞难题,在栈桥公厕设置冲脚池免费对公众开放。节假日期间在五四广场等人流密集区增设车载式移动公厕,根据人流量调整停放点,为市民、游客如厕广开“方便”之门。

公园广场整修　2016 年,区城管局对地面破损、设施老旧的八大峡广场、铁牛公园、慰农公园等公共场所进行全面升级整修。功能设计上综合考虑改善生态环境、美化市容、休闲健身、生活使用等功能,为附近居民提供集安全整洁、方便舒适、环境优美于一体的休闲运动场所。

治理扬尘　2016 年,区城管局继续做好机械化保洁工作,主干道机扫率、洒水率、高压冲洗率达 100%,次干道机扫率达 93.2%,次干道洒水率达 69.9%,次干道高压冲洗率达 92.9%;开展“洁净家园”活动 3 次,共出动人员 2328 人次,出动车辆 36 台次,清理垃圾 141 吨。

垃圾分类收集　2016 年,深入推进生活垃圾分类收集工作,全区在 11 处农贸市场和 39 所中小学校全部实施垃圾分类收集,1485 余家大中型餐饮企业、178 家驻区党政机关、企事业单位签约实施垃圾分类收集,涉及居民 18.1 万余户,参与率达 88%。继续落实餐厨垃圾处置及可回收物收集,处置餐厨垃圾12949.3吨,联合新天地资源集团设立废旧衣物回收箱283个,实现资源的统一收集、分类清运、回收利用。

综合行政执法

工作概况

2016年,市南区综合行政执法局围绕区委、区政府"打造国际国内一流的宜业宜居幸福城区"的总目标,转变执法理念,创新工作思路,提升队伍形象,开展市容秩序规范整治,完成各项工作任务和目标。

重大节日、活动与重要工作保障

2016年春节、劳动节、国庆节假期及C20会议等重大活动期间,区综合行政执法局召开专门会议进行安排部署,制订工作方案。以八大峡游艇码头、火车站周边、前海一线风景区、奥帆广场为重点,局领导分工负责,划片督查指挥;执法人员及协勤全员上岗,在各重点景区和路段,采取便衣执法、延时执法、定岗执勤等执法方式,维护城区环境秩序,完成重大活动及节庆期间的市容秩序保障工作。

专项整治工作

占路经营专项整治　2016年,区综合行政执法局以"齐门售货"为标准开展跨门经营整治。整治范

2016年3月18日,区综合行政执法局执法人员对辖区量贩式KTV进行检查。

围由主干道、次干道,向背街小巷延伸,采用"通知—警告—暂扣"三层递进的处理方法。由辖区中队向沿街固定店铺发放《致沿街固定门店经营业户的一封信》并签订《沿街固定门店规范经营承诺书》,提出相关要求;对占路经营的业户提出警告,并责令改正;对拒不整改并阻挠执法的业户进行重点整治,对其超范围经营的物品进行暂扣并处罚。全年清理规范各类占路经营违法行为2万余处次,取得较好的效果。

露天烧烤专项整治　2016年4月,区综合行政执法局联合公安部门重点对香港中路、宁夏路等路段进行拉网式夜查,依法清理取缔30余处占路烧烤摊点,依法暂扣烧烤用具500余件。为巩固整治成果,以片局为单位成立东、中、西三个夜间烧烤整治行动小组,对辖区内的夜间烧烤进行全面排查,及时发现及时查处。中队安排执法人员在露天烧烤易反复地区定点巡视,最大限度做好夜间烧烤整治工作。全年清理整治露天烧烤行为1000余处次。

户外广告专项整治　(1)2016年,根据火车站周边区域门头牌匾管理状况,召开专项会议,制订实施方案。重点为广州路、泰安路等14条道路,拆除销毁各类广告设施362处,面积636平方米。集中整治后,每半年对辖区商铺进行普查,实现门头牌匾整治管理制度化、规范化、常态化。(2)稳步推进风貌保护区和中心商业区域秩序整治。香港中路中队实施闽江路非法广告拆除整治,八大关中队对莱阳路非法户外广告设施进行集中整治,金门路中队集中整治辖区非法广告较为密集的逍遥路等区域,辖区市容秩序和环境面貌得到提升。全年拆除非法广告840处,1760平方米。

火车站周边区域专项整治　2016年,在火车站周边区域联合管理办公室的组织领导下,与运管、交警、公安、工商等执法队伍开展联合整治行动,对无照商贩、乱摆乱放等违章行为进行查处。专项整治期间,出动执法人员千余人次,依法暂扣占路广告牌、桌椅等数百件。协调交警部门对东出站口调流路实行硬隔离,实现车辆和候车区有序排队。加强交通标志设置管理,规范湖北路、泰安路等路段20余处指示标识。加强火车站出租车营运秩序管理,改善火车站周边环境秩序。

违法建筑拆除工作

2016 年,加大违法建筑拆除工作力度。各中队明确责任范围,指定队员对重点区域实行严格管控,日常巡查时做到早发现、早制止、早拆除,将违法建筑控制在萌芽状态。坚持做到依法执法、文明执法、公平公正,对发现的违法建设及时予以制止,责令尽快拆除。把政府关注、群众关心的热点、难点问题作为拆违工作的突破口,组织拆除宁德路与燕儿岛路路口浮山南侧历史遗留违法建筑 500 平方米;拆除帆船中心内主防波堤钢架结构的遮阳棚近百平方米。全年拆除违法建筑 115 处,11780 平方米。

2016 年 11 月 3 日,区综合行政执法局执法人员查处泰安路 2 号益群地下通道设置广告。

校园周边安全工作

2016 年,通过实地查看,摸清学校周边存在的环境秩序问题,制订专门方案,开展校园周边环境整治工作。采取执法车辆不间断巡查与执法人员定岗执勤相结合的方式,加大校园周边区域执法力度。全年教育规范学校周边占路经营行为 600 余处次,使辖区范围内的学校周边环境秩序得到提高。

文化市场管理工作

2016 年,根据上级工作安排和部署,加强网吧市场监管执法,强化文物监管执法,规范演艺、娱乐场所经营秩序及卫星电视及网络传播秩序。深入开展"清源"行动、"固边"行动、"净网"行动、"秋风"行动、"护苗"行动,封堵境外反动出版物,防范境外文化宗教渗透,清除网上淫秽色情信息,净化媒体空间,清理有害和非法少儿出版物及信息,保障文化事业繁荣发展。

开展"两学一做"学习教育

2016 年,局党委制订《关于开展"两学一做"学习教育实施方案》,成立领导小组;召开动员大会,对有关文件精神进行传达;领导小组办公室制订实施方案,编制学习计划。根据计划安排,局领导于 5 月 10 日下午对全局科级以上干部、各党支部书记和全体机关人员上党课,局党委成员根据分工分别到包干中队进行实地调研,各中队根据自身的实际,分别采取多项措施,增强活动实效。

加强宣传工作

2016 年,发挥电视、广播、报纸、内外刊物、网络等新闻媒体作用,通过设置宣传点、公益广告牌、横幅等形式,开展城管执法宣传活动,取得较好效果。全年在各类报刊发稿 140 篇,在电视台发稿 32 篇,在广播电台发稿 45 篇。

妥善处理投诉件

2016 年,受理效能投诉 42 件,严格按照受理、办理、监督、反馈四个流程,确保按时办结,办理结果全部以电话形式向投诉人进行反馈。

数字化城市管理

工作概况

2016 年,市南区数字化城市管理监督中心围绕加强和创新城市管理工作主线,以"推进网格化、精细化、智能化、实效化、便民化和参与社会化,完善长效机制"为主旨,完善提升"一网、两平台、三位一体"有机结合的高效精细常态城市管理监督督察考核服务保障体系建设。全年受理各类城市管理问题 39.5 万余件,立案率和结案率分别超过 98.5% 和 97%。上报聚众维稳、突发事件、防汛防雪等公共安全类信息 532 件,为"太平山垃圾堆积网络舆情""11·8 香港中路供暖突发"等重大事件解决提供决策依据;连续第七年居全市数字化城市管理工作领先地位。

2016 年 1 月 24 日，区城管督察大队新晋人员教育暨全体人员培训结业仪式举行。

创新工作

确保平台参与运行质量 2016 年，受理市民参与监督问题 1.05 万余件，较上年提高 10%；专题网站点击率 7.2 万余次，创平台开通以来新高。

优化系统、完善功能，提高市民参与度 2016 年，拓展网格覆盖面，接入各街道、作业处置部门等子平台 50 个，为构建全区城管大网格奠定基础。更新、维护责任网格信息数据，按照各城市管理相关部门（单位）年度工作调整，在网格化信息平台中增加 10 余项投诉类别，更新平台网格责任人、信息网格等相关基础信息数据 200 余个。开展"旅游旺季城市管理问题全民监督奖励月"活动，激发群众参与性。在平台专题网站栏目中发布平台宣传片、奖励方式及参与方法（二维码）；市民发送短信了解积分情况并根据有效积分获得不同奖励；邀请社区居委会主任、部分楼长等居民 50 余人次现场参观平台运行，对手机参与方式进行现场培训，提高使用手机参与水平。

监督工作

加强工作力量 2016 年，制定日常巡查计划，强化对督察区域内单元网格中信息采集员配置，依托数字化城管系统平台（内网平台），每天对全区 30.01 平方千米面积内 576 条市政道路等公共区域开展两班次、四圈次以上不间断（节假日不休息）巡视、采集、核查。

加强对日常问题的采集 2016 年，对区内各主干道、前海景区、居民楼院内十二大类 140 小类的城市管理问题和公共社会问题进行主动式、动态化监督，发现问题通过数字化信息采集器快速定位，并以

案卷形式上报系统平台，经过甄别派遣至相关责任单位，最终以核查反馈方式结案并给予实时综合评价。

加强对主要问题的监督 2016 年，按照《市南区数字化城管监督中心 2016 旅游旺季期间工作实施方案》，采取非机动载具、人力徒步和视频监控相结合的方式对全区 2248 个社区庭院等公共区域、3922 名网格责任人、5174 处门前"五包"单位、9726 个垃圾箱进行区域网格化全覆盖采集。实现"立案准确真实、派遣及时无误、结案严格有据"。

督察工作

覆盖全面，快速反应 2016 年，区城管督察大队每天按照创城相关工作标准完成 10 个街道的全面督察、定期回访、疑难问题排查和协助现场督办解决等任务。检查发现的暴露垃圾、绿地不洁、占道烧烤、游商浮贩等 2 万余件市容环境秩序问题在相关部门履职和街道办事处的协调配合下，整改解决率超过 90%。

整合资源，综合联动 2016 年，安排部分城市管理督察大队队员在火车站、五四广场、栈桥、小青岛公园等 17 处部位进行定点定岗，每日进行不少于 2 圈次机动巡查，主要监管游商浮贩、占道经营、保洁不到位等动态性较强问题；旅游旺季组织协调公安、消防、环卫、绿化等有关单位（公司），对区内游客集散地、景区、游园、广场、公厕、地下通道等处环境卫生、公共设施、安全消防、市容秩序等四大项 30 余类问题进行立体、系统的专项检查，限期整改发现的问题并进行跟踪复查核实。

依托平台，提升质量 2016 年，运用"城管通"、

督察记录仪等先进装备,将第一手资料以图像、视频等方式及时通过数字化城管系统平台(内网平台)和全民城市管理网格化信息平台(外网平台)进入督察处置程序,实现问题的全程如实记录和快速妥善解决。综合运用电话通知、内外网平台系统提示、现场取证督办解决及下发"三书"(城管督察通知书、城管督察督办书、城管督察建议书)、1＋X＋Y联动和绩效考核奖惩等手段,对确定事项下发限期整改通知。加强城市管理督察前端工作力量,提高处置效率,确保督察的359件问题、督办的62件问题均保质保量得到处理解决。

考评工作

2016年,市南区数字化城市管理监督中心牵头修订《市南区城市管理考核办法》,完善提升"三位一体"考核工作。继续调整标准化考核分值比例和计算公式,增加按期结案率分值和返工率指标分值的比重,体现被考核部门之间工作效益的差距;在行业管理考核中新增每月重大保障任务完成情况的评价,城市管理工作方面被新闻媒体(报纸、电视台)正面报道的,按照刊发媒体级别进行加分,区考核领导小组审批使用。对创城检查期间经催办未解决及多次返工、反复出现的问题,通报全区并双倍抵减扣分;对考核结果在同类中排名靠后的,予以通报批评和挂牌督察,并提请组织监察部门约谈备案。

服务保障公共社会职能

圆满完成创城检查任务　2016年,按照市南区创城指挥部办公室《关于对创城工作相关实地考察点进行督察情况的通知》相关要求,将区城管局、区综合行政执法局、交警市南大队等5家城市管理作业处置单位(部门)所属47件暴露垃圾、私搭乱建、占路经营等问题列入重点挂牌督办事项,综合运用电话通知、挂牌督办、现场协调会及下发"三书"等手段21次,保证挂牌督办的问题限期整改质量。相关问题整改率超过99％,及时率超过98％。发挥数字化城管队伍城市管理监督员、义务保洁员、文明宣讲员的三重作用。将督察办机关人员和区城管督察大队28岁以下男性队员充实到区数字化城管监督中心创城志愿者队伍中,在各自负责区域和五四广场进行义务劝导和清洁活动,清理烟头、纸屑、包装物等垃圾3000余件。

开展对影响社会稳定运行问题的监督　2016年,对影响社会稳定运行事故灾难、公共卫生事件、社会安全事件五大类38种重点事项和井盖丢失、道路塌陷等13种日常性突发城市管理问题进行精细化监督,采集上述问题1200余件次。

开展对季节性(专项性)问题的监督　2016年春节期间,根据《市南区2016年春节烟花爆竹临时零售许可和安全监管方案》,联合区安监局,对市政府周边、前海一线、八大关景区和香港中路、山东路、延安三路、中山路等3片禁售区域和20条禁售路段从事烟花爆竹销售及私自经营行为开展信息采集工作,采集上报该类问题20余件,督促整改率100％。

爱国卫生

工作概况

2016年,市南区爱国卫生运动委员办公室以科学发展观活动为指导,深入开展"两学一做"学习教育,根据市、区爱卫会2016年工作要点,通过开展第28个"爱国卫生月"活动和"推进健康城区建设宣传月"活动,加强环境卫生综合整治,提高全区人民群众的卫生意识和塑造卫生健康的生活方式,以建设宜业宜居幸福市南,开展单位与居民楼院卫生达标活动为载体,加强环境卫生综合整治,为全区人民创造一个良好的生活和工作环境。

开展"爱国卫生月"活动

2016年4月为全国第28个"爱国卫生月",市南区按照省、市爱卫会的工作要求,围绕"清洁家园、灭蚊防病"主题,在全区开展环境卫生集中整治,开展各类健康教育讲座,宣传卫生健康知识。其间,清理卫生死角10余处,治理小区和楼院155个,清理乱搭乱建115处,拆除私设户外广告3348处。开展全民健康行动,组织街道、社区25场次约1万人次和学校、幼儿园52场次约5万人次开展健康运动会等健身活动。开展66场次健康知识宣传,组织11场次义诊行动。

夏秋季蚊蝇消杀工作

2016年,区爱卫会制定和下发《市南区开展夏秋季蚊消杀工作实施方案》(青南爱卫发〔2016〕8号)和防蚊灭蚊宣传知识要点。把灭蚊措施落实到每个社区、单位、开放式小区和家庭;每天对城区主干道及绿化带、公园、河道、公厕、广场绿地、物业小区(包括单位楼院)的蚊虫,沿海一线和车站、轮渡(旅游码头)、商场、宾馆以及重点公共场所等处的病媒生物进行消

2016 年 4 月 9 日，在全国第二十八个爱国卫生月活动期间，市南区开展"清洁家园 灭蚊防病"主题活动。

杀，区有害生物防制中心重点对全区沿海一线、团岛、西陵峡等区域进行病媒生物消杀，对 141 个开放式居民楼院、62 条道路、12 个垃圾转运站、98 个公厕、98 个垃圾筒和 6 个农贸市场等进行病媒生物消杀；对居民群众 6 件举报来话，及时进行处置。平均每天出动车辆 7 辆次，喷洒药水 14 吨，8 月 20～26 日出动车辆 490 辆次，出动人员 1470 人次，喷洒药水 980 吨，消杀面积达 781 万平方米，市南区夏、秋季蚊蝇消杀工作任务圆满完成。

集中灭鼠活动

2016 年，区爱卫办组织辖区各街道办事处、驻区单位开展 2 次群众性的春冬季集中灭鼠活动。召开灭鼠工作会议进行研究部署，认真制定春冬季灭鼠活动方案和活动安排。为保证灭鼠工作的落实，对各街道办事处及驻区单位进行发动和培训，发放除四害宣传材料 8000 余份。清除鼠类滋生场所，清除鼠害滋生地，减少鼠类滋生场所，科学灭鼠。投入近 20 万元统一购买和配置灭鼠盒（屋），春冬季共投放约 15 吨灭鼠药，有效控制鼠密度，改善辖区环境卫生质量。

控烟工作

2016 年，继续贯彻执行《青岛市控制吸烟条例》。结合"世界无烟日"（5 月 31 日）主题活动，开展控制吸烟宣传和义诊活动，印制张贴控烟标识 6 万张，3 家医院设立控制吸烟诊疗，有 180 人接受控制吸烟诊疗。结合《青岛市控制吸烟条例》实施三周年（9 月 1 日），开展"控烟集中执法月"等控烟执法行动，出动执法人员 3800 余人次，对 600 起违反《青岛市控制吸烟条例》的行为进行纠正。控烟工作取得初步成效。

迎接国家卫生城市复审

2015 年青岛市顺利通过国家卫生城市复审。迎接复审工作中涌现出一批成绩突出的先进单位和个人。市南区人民政府、市南区城市管理局、市南区中山路街道办事处、市南区湛山街道办事处被评为先进单位，辛玉凤等 18 人被评为先进个人。

爱国卫生先进创建工作

2016 年，根据省、市爱卫会部署，市南区组织开展 2016 年省、市级爱国卫生先进单位创建工作。在省、市级爱国卫生先进单位创建活动中，经检验验收，青岛市地税局市南分局、青岛市国土资源和房屋管理局、青岛第一中学、青岛第五十七中学、青岛市宁夏路小学 5 个单位被评为 2016 年创省级卫生先进单位；湖南路幼儿园金茂湾分院、青岛市中心血站、青岛五中、中铁青岛中心、青岛市市南区人民医院、青岛大学路小学、青岛北京路小学、青岛燕儿岛路第一小学、青岛朝城路小学、青岛市南京路第三幼儿园、青岛市市南区贵州路幼儿园 11 个单位被评为 2016 年创市级卫生先进单位。

海滨风景管理

工作概述

2016 年，青岛市海滨风景区管理处学习贯彻党的十八届五中、六中全会精神，在区城管局党委的带领下，积极进取，强化措施，狠抓落实，较好完成各项工作任务，景区管理工作取得成效。

环境整治

完善管理制度　2016 年，青岛市海滨风景区管理处完善全处作业层内部的自检制度、管理层对作业层的监督检查体系，并重点建立缺损巡查机制，加大责任落实力度。应用综合评价体系，结合养护计划、技术要求、养护区域的各类规章制度，通过考核奖励与惩罚，推动各项养护工作的实施，确保养护质量。

细化作业标准　2016年，青岛市海滨风景区管理处制定《海滨风景区绿化管理工作月历》《海滨风景区病虫害防治月历》《海滨风景区古树名木管理技术规范》等技术规范，明确养护标准和作业规范，对养护单位工作安排和调整提供技术指导。应用"智慧青岛园林管理平台"，实现景区养护各项数据实时更新，提高作业标准。制订《园林绿化精细化养护管理工作方案》，将全年的绿化养护管理工作任务，根据植物的生长习性和季节特点安排到月份，并严

2016年12月27日，海滨风景区二维码树牌、导览图设立。

格落实管理标准，责任精细定位。做好绿地保洁、乔灌木修剪、园林病虫害防治等工作，确保良好的景观效果。在旅游旺季，重点对栈桥、五四广场等区域，由区城管局牵头，联合公安、执法、民政、残联等部门，采取定期与不定期相结合的方式，加大对游商浮贩、流浪乞讨、卖唱等人员的劝离和清理活动，为市民和中外游客创造良好的旅游、休闲环境。

网格化管理　2016年，青岛市海滨风景区管理处根据工作需要，将全处管理范围按照城区街路划分为38个责任区域，各责任区、管护单位结合各自责任区域特点，制订实施方案，分片切块管理，确定管护责任人，做到"网中有格，格中有人"。

绿化管理

2016年，利用春季有利时机，组织开展植绿补绿工作，补植草坪1.3万平方米，补栽乔灌木3400株，补栽地被15.8万株，补栽草花33.8万盆，移栽乔灌木616株，施肥43.7吨，浇水4.7万吨，防治病虫害打药509.6吨。清理绿化垃圾4495吨，清运浒苔260吨，洒水降尘2276吨。按养护标准对景区内乔灌木、模纹绿篱、草坪进行多次整形修剪，并及时清理断枯枝和死树。

旅游服务

加强景区信息化建设，完善景区服务功能　2016年，依托景区网站管理服务平台，建立完善景区植物信息库和旅游服务信息库，制作安装800块二维码树牌，为公众提供植物知识、景区景点介绍、交通、文明旅游提示以及安全游览提示等信息。在海滨风景区设置7块造型特色突出，艺术感和文化气息浓厚，烘托总体环境的全景游览图和安全疏散图。游览图用中、英、韩三国文字介绍主要景点、游客中心、厕所、出入口、公用电话、停车场等信息，并设置二维码，游客可通过扫描二维码进入景区官方网站，了解景区概况、游览线路、公交乘车等服务信息。

做好景区信息报送和舆情及时处置工作　2016年，全年报送市南区党委信息工作信息34篇，向市南区城市管理局微博平台报送信息42篇。转发腾讯微博、新浪微博1600余条，撰写网络文明博客60余篇，在区文明创建动态管理系统发表稿件18篇。

栈桥回澜阁免费开放管理　2016年，海滨风景区管理处制定完善的管理制度和应急预案，在栈桥入口设置红外扫描人脸识别系统实时监控游客量，通过LED屏同步公布，运用广播系统发布游客告知信息。在回澜阁设置移动护栏，引导游客有序排队，通过游览卡循环游览，控制游客量不超过最大游客承载量40人。截至2016年底，回澜阁接待游客53.8万人次，运行平稳。

景区安全建设

强化监督检查　2016年，根据区安委会和区城管局的要求，推进全处安全生产标准化建设工作，明确安全生产标准及各科室、各基层单位安全责任，完善工作流程，规范安全督查，提升安全管理水平。开展"打非治违"活动。采取综合检查、专项检查、季节性检查、节假日检查相结合的方式，以人员集聚场所等为重点，进行全面排查，对存在的安全隐患提出可行性整改建议。全年进行各类检查100余次，发现

安全隐患 31 处，整改安全隐患 31 处，整改率 100%。

完善基础设施建设 2016 年，根据规划设计，对音乐之帆进行整体维护更新，更换三浴的挡沙玻璃墙，维修木栈道 30 余处，维修庭院灯 10 盏、护栏 200 余米，更换设施警示标志 20 余处，配置救生圈 30 余个，增加人员密集场所的消防安全设置。对台湾路东侧木栈道路灯进行改造，新设置路灯 37 盏，改变多年没有路灯的状况。推进各单位煤气管道安装工程。处机关、五四广场、百花苑、海滨车队等 4 个单位的煤气管道完成安装，推进小鱼山景区、八大关景区食堂煤气管道安装工程。

注重安全教育培训 2016 年，根据《安全生产法》的相关规定和区安委会、区城管局的要求，强化对处属单位主要负责人、安全管理人员、特种作业人员专业知识培训，提升安全技术管理水平、岗位操作技能水平和从业人员安全意识，防范生产安全事故的发生。全年安全培训 400 余人次，开展消防、防汛、防灾减灾等应急演练 20 余次。

队伍建设

加强基层党组织建设 2016 年，根据上级部门的部署和安排，完成处属 11 个党支部的换届选举工作，发挥党组织的政治核心作用，使基层党支部成为推进景区持续发展的组织者、推动者、实践者。

提高景区管理队伍政治素质 制订《"两学一做"学习教育实施方案》，召开学习教育动员会，采取讲党课、集中学习、集体讨论等方式，推进"两学一做"学习教育开展。举办"两学一做"专题党课 2 次，坚持"三会一课"，定期组织全体党员集体学习，围绕"学党章党规、学系列讲话，做合格党员"主题，提升全处管理人员的政治思想素质，培养勇于担当的管理队伍。

加强业务培训 2016 年，采取集中理论培训、现场演示等多种形式，开展植物修剪整形、园林病虫害防治等业务培训，使职工成为绿化管理的行家能手。举办理论培训 12 次、现场培训 26 次，参培 560 人次，组织参加山东省园林绿化行业职业技能竞赛。

人防建设管理

工作概况

2016 年，市南区人防办贯彻落实党的十八大和十八届四中、五中、六中全会精神，深入学习习近平总书记系列重要讲话，开展"两学一做"学习教育，全办上下锐意进取，攻坚克难，各项工作均取得较好成绩。

安全生产工作

开展安全生产大检查 2016 年，对早期人防工程、在建单建式人防工程以及人员密集场所逐一进行安全巡查，并建立管理台账，发现安全隐患及时组织人员迁出，制定整修维护计划，确保安全；严格按照上级人防部门及区安委会部署，对安全隐患进行拉网式排查，重点是对存放和使用液化气罐及其他明火装置以及消防安全等方面问题进行排查，对排查发现的安全隐患及时下达整改通知书，并组织落实、复查督导；开展汛期安全排查工作，针对检查中发现的问题，及时书面通知相关单位，做好防汛安全等相关工作。

做好潜力调查工作 2016 年，根据上级部署，委派专人进行潜力调查，并根据存档的相关数据资料，逐一整理、甄别后录入，圆满完成全市国防动员潜力调查工作。

调查摸底防空地下室 2016 年，为遏制安全事故隐患，对全区防空地下室使用情况进行全面调查摸

2016 年 4 月 25 日，区人防办在青岛第五中学开展人防宣传教育活动。

底,重点调查防空地下室的使用业态、使用面积、管理单位及防护设备设施质量状况等情况,摸底汇总后的数据,及时上报市人防办。

人防体系建设

组织指挥体系建设工作 2016年,根据市人防办的工作部署,完成街道、社区防空袭行动方案的修订工作。3月制定2016年度人防训练计划。组织社区、学校开展防护行动演练。5月在八大峡广场组织社区居民开展应急疏散演练,发放人防宣传知识读本和小册子,宣传普及人防知识。安排专人负责人防机动指挥设备使用维护,设备设施维护良好。

群众防空组织体系建设工作 2016年5月,根据市人民防空指挥部《关于整组人防专业队伍的通知》要求,对原有的抢险抢修、医疗救护、消防、治安、防化防疫、通信、运输7支人防专业队伍进行调整;对近千名社区人防志愿者进行重组编队,登记造册。依托珠海、湛山街道心理咨询队伍,成立20人心理防护专业队;各街道分别成立10人组成的人防疏散引导志愿者队伍,成员登记造册,并上报市人防办备案。

人口疏散体系建设工作 2016年,与即墨市人防办沟通联系,确定社区与村居人口疏散方案数据对接计划。

人防宣传教育

拓宽宣传渠道,扩大宣传覆盖面 2016年,建立街道人防微信群,各街道分管人员将人防宣传信息发布在各自的微信平台,使辖区居民第一时间获得人防相关信息。

多渠道宣传人防知识 2016年,利用社区课堂,举办人防知识讲座,播放人防宣传片《天盾》和动漫片《安全岛游记》。宣传周期间,14个社区举办19场人防知识讲座,20个社区观看宣传片,1000多人参加知识讲座和观看宣传片。利用社区大屏幕、社区宣传栏,播放、张贴人防宣传口号。印制人防宣传小册子和宣传折页,摆放在社区显眼地方,社区居民可随时领取,扩大宣传教育覆盖面。

开展人防宣传教育进校园等活动 2016年,通过人防知识培训、结绳训练、逃生体验培训、防踩踏体验培训等方式,使广大学生掌握防空疏散隐蔽、自救互救、使用制式防护器材和辨别防空警报信号等基本技能,增强青少年忧患意识、国防观念,提升应对突发性事件的自救能力。

环境保护

工作概况

2016年,青岛市环境保护局市南分局学习贯彻党的十八届五中、六中全会精神,以改善环境质量和保护人民群众身体健康为根本,切实履行环保监管职能,较好地完成年度工作目标任务。

建设项目环保审批

2016年,简化审批事项,对列入《山东省不纳入建设项目环境影响评价审批的目录》和《青岛市第一批不纳入建设项目环境影响评价审批的目录》的项目采取豁免管理。对审批项目取消预审,制定新的环保审批、验收、备案工作流程,提升审批效率。全年受理申报建设项目62件,其中审批及备案类37件、验收类25件,全部提前办结。与区市场监管局建立联动机制,加强餐饮业的事中、事后监管工作。制定餐饮业油烟噪声治理补助政策,协调区财政争取专项资金,督促餐饮业进行除烟降噪治理。

环境监察

持续开展大气污染综合防治工作 2016年,完成燃煤锅炉超低排放改造及总量减排工作。青岛金湖热力有限公司5台共127吨的燃煤锅炉被列入2016年改造计划。为此,青岛金湖热力有限公司与华电青岛发电厂签订协议,由华电提供热源,进行热水管网替代,5台燃煤锅炉全部淘汰。截至2016年底,管网替代工程完工,并正常为居民供热。年内全区淘汰燃煤锅炉7台共139吨,初步核算每年将减少二氧化硫排放370吨、氮氧化物排放192吨。

加强排水口监管 2016年,按照职责分工,建立巡查、督查、移交、联动等工作机制,及时查处异常排水问题,确保沿海一线排水口的环境安全。5~10月期间,安排专人不定时对沿海一线30余个排水口进行巡查,发挥社会监督员作用,掌握排水口动态变化情况。联合区执法局、市排水处、排水公司等部门妥善处理沿海一线居民投诉、网络舆情等反映沿海排水口异常排水30余起。对青岛市团岛污水处理厂及20家有污水处理设施的单位定期进行现场监察,确保废水污染物达标排放。截至2016年底,因排水口排水异常及海岸垃圾问题向有关部门发函3件,代区政府起草向市政府报告关于沿海一线排水口排污的情况

2016年4月8日,青岛市环境保护局市南分局开展2016年度环境事故应急演练活动。

报告1件。

加强危险废物安全环境监管 2016年,对海洋化工研究院、黄海水产研究所、中科院海洋研究所等单位危险废物规范化管理工作进行全面监察,对5家重新修订应急预案的危废产生单位进行督查。对青大附属医院、市立医院东院区等医疗单位的医疗废物转移联单执行情况,医疗废物暂存库规范化建设等工作进行现场监察。针对6月份以后青岛新天地废物处置公司出现问题造成医疗废物不能及时处置的情况,加大对各医院医疗废物现场监察力度,协调青岛绿洁公司优先对市南区医疗废物予以处置。

环境信访工作与专项治理

环境信访工作 2015年11月13日~2016年11月17日,受理环境信访投诉3946件,其中市南分局直接受理1190件、市局转2675件、省厅转4件、环保部微信受理35件、市南区数字化城管中心转28件,全部予以落实。2016年4月、10月"行风在线"上线期间,受理问题14件,均妥善处置。承办十二届五次会议政协提案3件。下半年,结合中央环保督察等工作,对群众反复投诉的热点难点信访进行梳理,重点解决23件餐饮业单位噪声、油烟扰民问题和建筑工地、道路夜间施工噪声扰民问题。

环境专项治理 2016年,加强对辖区建筑工地夜间施工管理,严格依法审批,截至11月18日,查处擅自夜间施工噪声超标扰民案件13家次,罚款21.7万元,对外出具夜间施工证明296家次,征收噪声排污费53.76万元。对康嘉国际公寓集体上访都市逸

品二期建筑施工扰民事件,先后3次组织居民代表、施工单位、投资单位、街道办事处和居委会召开协调会,化解矛盾,收到较好效果。组织相关部门开展"为考生送安静"活动,联合夜查2次,配合12345青岛市政务服务热线办公室开展"中高考"期间工地违规施工问题处置演练。"中高考"考试期间,每天安排专人对考点周边进行不间断巡查,防止噪声"扰民"。

机动车污染防治

2016年,全面开展机动车污染防治工作,落实重型柴油车和"黄改绿"车辆按时上线监测,加大重型柴油车现场抽检频次,查处居民投诉"黑烟车",对环检机构、油气污染防治设施实行动态监管,规范企业环境管理行为。截至11月18日,监督"黄改绿"上线监测212辆,重型柴油车上线监测159辆,处理"黑烟车"67起,现场监察环检线46家次,油气污染防治设施60家次。

环境安全

2016年,建立长效机制,确保环境安全。截至年底,完成23家单位环境应急预案备案工作。2016年4月8日,开展"青岛市团岛污水处理厂因配电室火灾导致停电,造成污水溢流"环境应急演练。组织做好节假日期间环境应急值班、应急响应准备等工作。

放射源管理

2016年,对辖区71家放射源单位建立电子台账,对放射源设备销售单位和安全许可证到期延续等情况进行重点监察,对15家放射源单位辐射项目以及报废、延续等材料进行审核并办理。处理辐射信访92件。对无辐射安全许可证和超时限下达限期整改通知6起,确保辐射环境安全。对青大附院Ⅱ类放射源送贮实施全过程监管。

环境监测

2016年,开展市南区功能区噪声监测工作,上报监测数据1440个;5月份完成道路交通噪声监测任务,上报监测数据154个;5月份完成区域环境噪声监测任务,上报监测数据56个。全年完成委托监测报告13份,提供监测数据95个;完成信访监测报告

16份,提供监测数据45个;完成建筑施工噪声报告17份,提供监测数据30个。验收锅炉改造4套,提供烟气数据800个。全年完成3次水污染源自动监测设备比对监测,编写废水污染源自动监测设备比对监测报告3份,对在线设备的COD、氨氮、流量项目进行比对监测,提供监测数据132个。完成对团岛污水处理厂的监督监测,上报监测数据30个。完成前海一线入海排水口流量、COD、氨氮、总磷、粪大肠菌群项目监测,上报监测数据160个。

宣传教育

成立全市首家市民环保学校　2016年,环保市南分局依托社区环保教育馆,联合市南区文明办、区教体局和江苏路街道办事处共同发文成立市南区市民环保学校,于6月3日挂牌启用,成为青岛市首家市民环保学校。该校与社区环保教育馆形成互补,开课第一天就有近100名干部群众参加。《大众日报》《青岛日报》等省内外媒体对此进行报道。截至9月底,利用环保学校开讲7场次。

开辟环境宣传新领域　2016年,借助区委与半岛新媒体创办的《市南社区报》宣传平台,策划、编辑、出版"6·5"环保专刊,在开放日、环境日等发放。该刊彩色4版,既有"十三五"环保规划、工作成效、新闻简讯、企业专版等内容,也有家庭绿色环保知识,面向民众发行3万份,实现环境宣传进居入户。

注重环境宣传实效　2016年,在五四广场承办青岛市纪念"6·5"环境日主题宣传活动。市人大常委会、市政协、市文明办、农工党青岛市委及市环保局等单位相关领导同近百名群众一道观看环保文艺节目;"十二五"环保成果及"十三五"环保展望巡展吸引众多市民驻足观看。与中山路街道办事处联合在老舍公园开展"低碳环保进社区"活动。在社区环保教育馆组织60余人开展国际保护臭氧层日环保宣传活动,呼吁呵护碧海蓝天。

房产管理

工作概况

2016年,市南区房产管理处开展"学党章党规、学系列讲话,做合格党员"学习教育,围绕区委、区政府工作目标任务,依法行政,履行职责,开拓进取,各项工作取得较好的成绩。

产权产籍管理

2016年,严格执行法律、法规、房产管理办法、公有房产出售办法及相关规定,依法行政、严格管理。管理的直管公用公房403户、公用民房5091户应收租金1419万元,实收租金1227万元;新接管住宅2处,建筑面积3000余平方米。落实私房政策遗留问题工作,取得阶段性成果。市南区的占住户60户,涉及房屋31处,经国土资源和房屋管理局审批通过44户,剩余16户。

房屋维修

北舰二区家属院环境综合整治工程　该项目总投资约4000万元,主要是院内道路和污水管道改造、院落环境整治等。该项目被列为市、区双拥重点工程,项目施工完毕并综合验收,各项基础设施运行良好。

文物保护单位和历史优秀建筑维护工作　2016年,根据区政府的安排,投入资金70万元,完成梁实秋故居保护性修缮工程和王献唐故居保养维护工程。

国有直管公房的维修工作　2016年,根据《青岛市国土资源和房屋管理局关于接管伏龙路1号乙楼房屋有关问题的复函》"市南区房产管理处经营管理单位按规定建账起租"和市国土房管局与市政府办公厅达成的一致意见"由居民补交房租,直接用于房屋破损部位的维修",区房管处所属龙华路房管所对伏

2016年7月7日,市民相女士为感谢落实私房政策工作向区房产管理处送去锦旗。

龙路 1 号乙楼建账起租,居民补交房租 36.6 万元,房屋维修投入 32 万元。

房屋专项维修资金管理工作 2016 年,原国有直管公房"房改"房屋专项维修资金启用 52 万元,维修房屋 4 栋,建筑面积约 6500 平方米。

行政执法

2016 年,区房管处受理落实市政务热线及居民投诉电话 706 起,处结 706 起。经执法人员调解,化解纠纷、改正违章行为 359 件;依法下达《责令限期整改通知书》5 件;下达《行政处罚事先告知书》5 件;下达《行政处罚决定书》5 件;送达《行政决定履行催告书》4 件;撤除恢复违法装修事件 2 处;审批房屋再装修安全登记 2 处。2016 年 9 月 18 日,市南区委、区政府下发《青岛市市南区综合行政执法体制改革实施方案》,区房管处将城市房屋违法装修的行政执法划转给区综合行政执法局。

保障性住房管理

截至 2016 年 9 月 20 日,市南区完成保障性住房资格审核 3485 户,其中新申请 655 户,日常年审 616 户,补贴新增 194 户,补贴调整 158 户,租金减免 12 户,经济适用房年审 166 户,限价商品住房年审 27 户。1~8 月发放租赁补贴 8354 户次 469.57 万元。民政核定 2807 户,发放核定 2807 户。公共租赁住房配租套 1005 户(套),面积 50228.87 平方米,租金实收率 85.29%。

交通管理

工作概况

2016 年,青岛市公安局交警支队市南大队强化问题导向,坚持高点站位,先后完成"C20"会议等 200 余项重大活动及交通安保、火车站周边交通秩序综合治理、旅游旺季疏堵保畅、停车秩序整治等工作任务。5~10 月旅游旺季期间,不断调优交通组织,强化摩托车、"小红车"交通违法整治,严管人行道、车行道违法停车,强化火车站、青大附院等重点区域管理,严打酒后驾驶、超员超载、违法飙车等严重交通违法行为,辖区道路交通安全形势持续平稳,交通秩序井然有序。

队伍建设

2016 年,交警市南大队开展"两学一做"学习教育,增强风险意识、问题意识、标杆意识、责任意识,以提升人民群众安全感和满意度为根本目标和标准,突出防控风险、服务发展,切实加强队伍建设。(1)组织学习习近平总书记系列讲话和党的十八届四中、五中、六中全会精神,增强广大党员政治理论素质。(2)开展专项整顿问题查摆工作,在纪律、宗旨、执法和管理方面查摆 12 条问题,并迅速制定整改措施。(3)加强督导工作,把落实各项规定作为重大任务,以上率下、立规执纪,把责任和压力层层传导、逐级压实。全年下发 26 期《督查信息》,为领导决策部署提供全面、翔实的信息。(4)狠抓队伍建设,按照"五个过硬"的要求,推动全面从严治党从严治警向基层延伸,队伍呈现崭新的面貌。2016 年,大队荣记集体三等功和,被评为先进基层党组织,7 名民警荣记个人三等功,1 个单位和 19 名民警荣获嘉奖,3 名民警被授予"优秀共产党员"称号。

交通秩序管理

完成大型活动、警卫任务 2016 年,交警市南大队加强交通秩序精细化管理工作,精心组织、高效实施,确保大型活动、警卫任务绝对安全。全年执行各类交通警卫任务 187 起。其中,二级任务 21 起,三级任务 40 起,大型活动 42 起,优先放行 84 起,安全无差错。

开展各项秩序整治行动 2016 年,交警市南大队着力于交通秩序精细化规范化管理,制定下发多项秩序管理规范性文件,建立健全大队各类急处置预案,开展各类专项整治工作。围绕日常早晚高峰区域协调管控、前海一线旅游季节疏堵保畅、节假日及大型活动安保、恶劣天气及各类突发事件应急处置等重点工作,狠抓大货车超限超载、摩托车各类违法、酒后驾驶、毒驾、残疾人车辆、出租车违法、僵尸车乱停乱放、人行道转隶后机动车违法停车等严重违法行为管控,确保市南辖区道路交通秩序良好。

进行交通组织优化 2016 年,交警市南大队对前海一线交通组织进行综合优化处理,消除安全隐患,提高前海一线道路通行效率。对辖区路口进行摸排,先后完成 18 处微循环和路口交通组织优化工作。

深化警卫任务改革 2016 年,交警市南大队创新警卫模式,使用大功率摩托车先导护卫,取得满意效果。模块化相对固定警卫线路执勤民警,明确岗位职责。加强警卫任务培训,增强业务技能。

规范交通设施日常管理 2016 年,交警市南大队依托智能交通管控平台设施管理系统,录入大队交

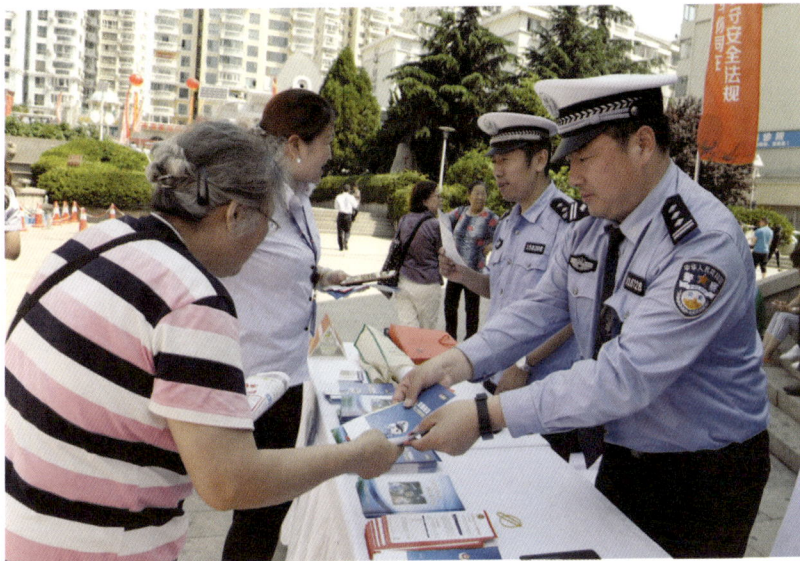

2016年6月16日,交警市南大队组织民警参加青岛市安全生产咨询活动。

通设施明细,建立台账。推进"一路一图"工作,组织各中队对辖区每一条道路和每一处交通设施进行摸排,并将日常勤务管理融入其中。加强交通设施相关培训工作。规范日常交通设施的维护和申报设施需求的工作流程。

加强道路施工审批监管 2016年,交警市南大队启用新的审批表格,优化占、挖、掘、改建道路的审批流程,全面加强道路施工审批的监管和施工作业过程中的现场监管。剧毒化学品运输车辆签收、通行证管理、行政复议、政务督办件、民生警务平台办理等各项工作无差错。

交通事故处理

2016年,交警市南大队完善"事故快速处理"微信平台处理交通事故模式。制定《交警市南大队道路交通事故处理措施规定》《2016年度事故处置演练方案》《交警市南大队应急突发事件处置预案》《青岛胶州湾隧道交通事故应急处置演练方案》,并进行针对性的练。加强对协警员的交通事故处理培训工作,发挥协警员的辅助作用。全年受理交通事故(包含简易、一般以上事故)14763起,上报140起,其中伤人131人、死亡9人,直接经济损失416万元,分别比上年下降12.7%、14.2%、8%、11.3%。破获"肇事逃逸"案件450余起,其中伤人和重大财产损失案18起。为受害人挽回损失达500余万元。事故科在全省县级公安交通事故处理岗位等级评定中被评为"一等事故处理岗位",2名民警被评为"优秀公务员"。

交通安全宣传

新闻宣传工作 2016年,交警市南大队主动与各新闻媒体记者沟通,对有社会舆论价值的酒驾醉驾、套牌车、深夜飙车、民警好人好事等事件进行广泛报道,充分展现青岛交警正能量。全年发稿884篇,其中中央级媒体3篇、省级媒体49篇、市级媒体832篇。

社会化宣传 2016年,交警市南大队推进道路交通"平安行 你我他"行动的开展,推动"文明交通行动计划"向纵深发展,开展交通安全宣传"五进"活动,落实"三个一"工作机制,实现辖区社会化交通安全宣传全方位、无死角覆盖。通过进学校(幼儿园)、进单位、进社区等方式普法、讲法,倡导安全文明出行。全年开展宣传教育活动410余场次,受教育群众48000余人次,其中,进入辖区中小学开展交通知识宣讲84次,深入辖区内重点车辆单位316家,走访社区66次,下达安全隐患整改通知书1000余份。

车辆驾驶员管理

工作概况 2016年,完成补换驾驶证26729人,体检2272人,审验4471人,核查吸毒驾驶人94名,注销吸毒驾驶证11名,抓获吸毒驾驶人1名;补换机动车号牌3502副,行驶证2086个,解除抵押2541辆,申领合格标志22867辆,异地年审1622辆。

落实安全制度,做好重点车辆监管 2016年,加强重点企业监管,走访重点车辆单位150余次,开展宣传教育180余次,下达整改通知书289份。与有车单位联系沟通,建立重点车辆微信群,及时向有车单位传达各种信息。2016年3月1日国务院《校车安全管理条例》正式实施后,制作校车标识标牌57副,完成80次校车的安全技术检验和相关材料的审核,进一步规范校车安全管理。按照市所下达的工作任务,完成242辆强注大客的排查建档工作。

做好窗口工作,落实便民服务措施 2016年,开展"文明服务从我做起"承诺活动,落实便民措施,为企业和群众提供方便。对企业大宗业务的,实行登门服务,现场办公;对重点单位车辆,利用休息时间对其车辆违法进行处理。义务为政府礼宾车队驾驶员上专题安全教育课。对老弱伤者开通便民通道,优先提供服务。对涉及群众利益的新法规及新的便民措施,制作成通俗易懂的友情提示等,受到群众的好评。

青岛火车站周边区域管理

工作概况

2016 年,火车站周边区域管理办公室切实履职,周密组织,围绕"一切为了旅客方便,一切为了城市管理"这个中心,开展各项工作,完善各项规划,通过近半年的集中整治和日常全面的管理,火车站周边交通、市容市貌秩序发生显著变化。

2016 年 7 月 1 日,青岛火车站周边区域管理办公室组织工作人员在东平路路口清除路障。

管理机制及运行情况

完善机制,定职定责　2016 年,火车站管理办公室完善《管理办公室综合管理办法》《执勤巡查定岗定责制度》《值班考勤制度》《信息报送制度》《执法工作绩效考核制度》等规章制度。对上岗人员排班出勤及在位履职情况进行督察并形成记录,定岗定责并纳入考勤,确保履职尽责。确立"内抓管理、多管齐下、形成合力"的工作思路,各部门做好内部管理和相互协作工作。管理办公室每周对各部门工作进行记录和讲评,协调各进驻部门,推进执法工作。由管理办公室牵头,起草完成《青岛火车站周边区域管理办法》并上报市政府,市政府于 2016 年 4 月 26 日下发《青岛市人民政府关于加强青岛火车站周边区域公共秩序管理的通告》,并于 5 月 1 日正式实施,为有效开展执法工作提供保障。

合理部署,力求实效　2016 年,火车站管理办公室通过实地察看,掌握火车上下客节点和出入东、西出站口的人流分布情况,主动和交警指挥中心联系,平衡执法力量,合理统筹协调,解决突出问题。对西出站口设置进行规划,取消广州路停车场,设立出租车专用通道 100 多米,在火车站配合下,设立旅客等候排队通道。协调交警有关部门对东出站口调流路实行硬隔离,安装交通隔离护栏 300 余米,实现车辆和候车区有序排队。重新规范各类指示标识,湖北路泰安路口、调流路等路段重新安装夜间发光功能的禁停标志 20 余处,重新启用和修复探头监控、交通信号设施、道路标线 10 余处。

突出重点,真抓实干　2016 年,在城市市容方面工作取得阶段性成果的基础上,火车站管理办公室确定以"出租车"为整治的重中之重,制订"一线(沿海一线)、二路(广州路、调流路)、三点(东、西、南出站口)"的重点整治执法方案,通过加强联合执法,延长执法时间,确保火车站周边道路交通秩序。在设立东、西、南出站口三个固定岗的同时,成立联合执法小组,开展以打击出租车拉客、挑客、宰客为主要内容的出租车营运秩序专项整治。以火车到达时刻前后为重点时间段,全天统筹安排执法部门对火车站周边区域出租车司机拉客问题进行专项整治。截至 2016 年底,处罚各类交通违法行为 24816 起,现场处罚 2189 起、行政拘留 1 人、查处酒后驾车 9 起、贴车 21879 起,查扣处理摩托车 309 辆、残疾人代步车 21 辆次,查处违章出租车 399 起。城管中队查处占路经营 455 起,拆除违章广告牌 601 处,清理取缔夜间烧烤 32 家,整治游商浮贩 528 人次。三是结合实际组织专项学习。根据火车站东广场恢复后的运行情况,管理办公室组织交运集团温馨出租公司、益青出租公司、海博出租公司、笛生城市汽车公司、华青出租公司、城阳区出租公司等 23 家出租车公司学习《通告》、梳理问题、分析原因,为以后的执法和管理打下坚实基础。

火车站周边建设

2016 年,按照"一切为了方便群众,一切为了城市管理"的目标,市政府投资 8000 万元对火车站周边进行改造和建设。对火车站周边道路主要对湖南路一部分、郯城路、广州路和单县路进行调流,增加设施和标志标线。对火车站站内、外标志标牌进行规划和更新,增添新标志标牌 166 块;建设东、西出租车通道 200 余米,方便旅客出行;建设出租车候车厅 2 处,在广场建设休息座椅 300 余米,并对火车站广场路灯等设施进行整修。在火车站周边新建、新设公交站厅 14 处,在东、西火车站出入口设立上下客区 2 处;改建装修东地下、西地下和费县路南侧停车场 3 处,满足接送旅客私家车的停车需求。在火车站周边的主要路段新增 10 余处抓拍摄像头,对掀开后备厢遮挡牌照的违法出租车设置高点抓拍摄像头,增加道路护栏和禁停标志标线。

社会生活与各项事业

教　育

概　况

截至 2016 年底,市南区有义务教育学校 35 所。其中,小学 27 所,初中 8 所,在校小学生 29968 名、初中生 7969 名;特殊教育学校 1 所,在校学生 99 名;省、市级规范化学校 36 所。有幼儿园 48 所,其中,公办幼儿园 32 所,民办幼儿园 16 所;山东省十佳幼儿园 7 所,青岛市十佳幼儿园 11 所,省、市级示范幼儿园 36 所。招收 3～6 岁在园幼儿 12418 人,学前三年入园率为 99％。

2016 年,市南区教体局以办好让人民满意的教育为宗旨,坚持事业发展与改革创新同步推进、教书育人与服务社会相互促进,区域教育事业发展呈现良好态势。

2016 年 4 月 11 日,全国第五届中小学生艺术展演开幕式在青岛举行,市南区合唱《阳光少年》展现了少年儿童朝气蓬勃的精神面貌。

主要工作

教育法制建设

2016 年,市南区教体局对纳入区政府重大行政决策事项范围的,依照程序规定,认真组织、严格落实。在政府法律风险防控体系建设示范创建活动中,及时上报依法行政信息,重视部门法制人员队伍建设,行政审批窗口获得先进标兵表彰。确定“双随机一公开”制度,及时将随机抽查结果纳入依法治教记录,落实依法办学,形成失信联合惩戒机制,将办学质量向社会公开。

教育督导

2016 年,区教体局实施多元化督导评估,会同第三方机构完成中小学(幼儿园)2013～2016 三年发展规划终结性督导评估。组织学校(幼儿园)完成五年发展规划的制定、论证、评审。开展中小学校园欺凌专项治理和体育专项督导工作。开展责任督学挂牌

市南区
党政机关
风采

市南区人大常委会

　　2016年，区人大常委会全面贯彻落实党的十八大和十八届三中、四中、五中、六中全会精神，深入贯彻习近平总书记系列重要讲话精神和治国理政新理念新思想新战略，监督支持"一府两院"抓好新一轮发展的开局起步工作。一是加强对计划、财政、实事等重点工作落实的监督，听取审议了智慧城区建设、旅游景区管理等9个专项工作报告，对食品安全法、青岛市税收征收协助条例等法律法规贯彻实施情况进行了执法检查，对律师队伍管理、火车站周边环境综合整治等工作开展了专项视察。二是进一步加强人大代表与人民群众的联系，通过常态化的"代表接待日"活动和务实有效的制度设计，使代表们越来越多地出现在民意现场。三是依法做好人大代表选举工作，加强对区选举委员会的领导，切实做好候选人提名推荐、选举组织实施和代表资格审查等工作。四是加强自身建设，贯彻落实中央18号文件精神，设立了四个专门委员会和街道人大工委；推进信息化建设，开设了微信服务号，建立了会议电子表决系统。

2016年7月29日，青岛市南区第十七届人大常委会第三十四次会议举行。

2016年10月10日，区选举委员会召开第一次会议。

2016年5月12日，区人大常委会机关召开"两学一做"学习教育座谈会。

2016年3月3日，区人大常委会对市南区智慧城区建设工作情况进行调研。

2016年，区政协深入学习贯彻习近平总书记系列重要讲话精神，高举爱国主义、社会主义旗帜，充分依靠全体政协委员，多方团结社会各界人士，全面履行政治协商、民主监督、参政议政三大职能，发挥了人民政协作为协商民主重要渠道和专门协商机构的重要作用，为助推市南区经济社会各项事业全面发展作出了积极贡献。政协团结民主的履职平台更加广阔，委员履职为民的"好声音"更加响亮，社会公平正义的"正能量"持续传递。2016年9月，在省委政协工作会议精神贯彻落实情况专项督查座谈会上，区政协作为全市唯一基层政协代表发言。2016年，区政协荣获"全省政协宣传工作先进集体"称号。

QINGDAO SHINAN

2016年6月17日，微尘·市南政协基金关注儿童成长2016年书画义拍拉开帷幕。

2016年6月1日，区政协组织爱心企业家委员代表、爱心书画艺术名家代表，参加青岛市市南区梦园儿童启智中心的庆"六一"活动，陪伴40余名智障儿童、自闭症儿童过"六一"。

2016年6月30日，区政协组织市南区政协书画艺术名家联谊会知名书画家和文化界的部分政协委员，到青岛新世纪学校开展"书画家进校园送文化"活动。

2016年10月17日，区政协组织政协委员在青岛五中初一(1)班举行理财知识进课堂讲座。

　　2016年，市南人民法院紧紧围绕"努力让人民群众在每一个司法案件中感受到公平正义"目标，坚持司法为民、公正司法，全面加强审判管理和队伍建设，各项工作都取得了明显进步。一是深入推进平安、法治建设，依法加大对涉毒、非法吸收公众存款、集资诈骗等犯罪行为的打击力度，积极应对金融借款、民间借贷纠纷，妥善化解行政争议，不断加大执行力度，依法公开曝光失信被执行人信息，为促进全区社会稳定和经济发展作出贡献。二是深化改革创新，着力完善执法办案的机制与措施。开通网上"张玉法官工作室"，成立驻青岛大学附属医院的"医疗纠纷法官工作室"，提供法律咨询，化解纠纷。三是坚持司法为民，不断深化司法改革，立案登记制、司法公开、多元化纠纷解决机制、司法责任制等改革工作都得到积极稳妥推进。四是加强班子队伍建设，进一步提升司法能力与水平。深化思想政治建设和党风廉政建设，狠抓审判管理工作，坚持从严治院，司法能力和水平有了进一步提高。全年受理各类案件12735件，审（执）结12276件，结案标的额102.3亿元。

2017年2月27日，市南区人民法院党组书记、院长张惠臣向青岛市市南区第十八届人民代表大会作2016年度法院工作报告。

2016年12月5日，市南区人民法院驻青大附院法官工作室揭牌仪式举行。

2016年4月21日，市南区人民法院召开"张玉法官工作室"新闻发布会。

2016年9月2日，市南区人民法院召开第十九届理论与实务研讨会。

2016年4月13日，市南区人民法院组织法官到八大湖街道高邮湖路社区举办法律讲座。

2016年12月5日，当事人给市南区人民法院劳动人事争议审判庭送锦旗表示感谢。

2016年12月14日，青岛市首个专门用于司法公开和法制宣传的户外LED电子显示屏在市南区人民法院正式投入使用。

2016年12月14日，市南区人民法院组织40余名干警参观了青岛市反腐倡廉教育基地。

2016年，市南区人民检察院积极应对金融案件数量快速增长需要，以金融检察专业化为主攻方向，建立专业化办案机制、标准化运行模式、系统化追赃机制；以非法集资案件办理为抓手，优化流程，确保批捕、起诉、追赃、庭审各环节办案质量；以积极参与社会治理为创新路径，发挥职能，提升打击犯罪、化解隐患、防控风险、综合治理四重效果；以提升金融检察办案能力为坚强保障，开展职业化素能教育，全力完善金融检察工作机制，努力为经济社会健康发展提供优质高效的司法保障和法律服务。

2017年2月28日，市南区人民检察院党组书记、检察长张钦利在青岛市市南区第十八届人民代表大会第一次会议上作工作报告。

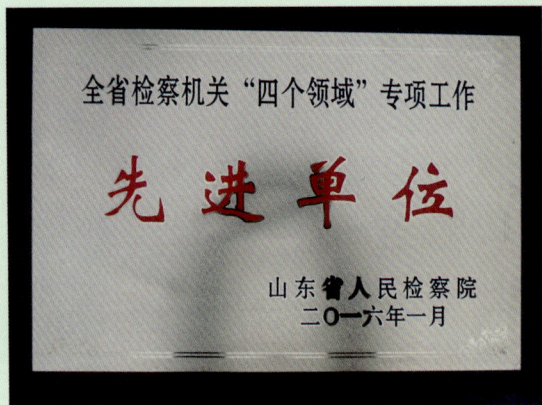

2016年1月，市南区人民检察院被评为全省检察机关"四个领域"专项工作先进单位。

2016年6月26日，市南区人民检察院干警在"两服务两提升"活动中走访商户。

2016年6月26日，市南区人民检察院派驻江苏路检察室举行2016年举报宣传周法律宣传活动，现场倾听市民的诉求和举报。

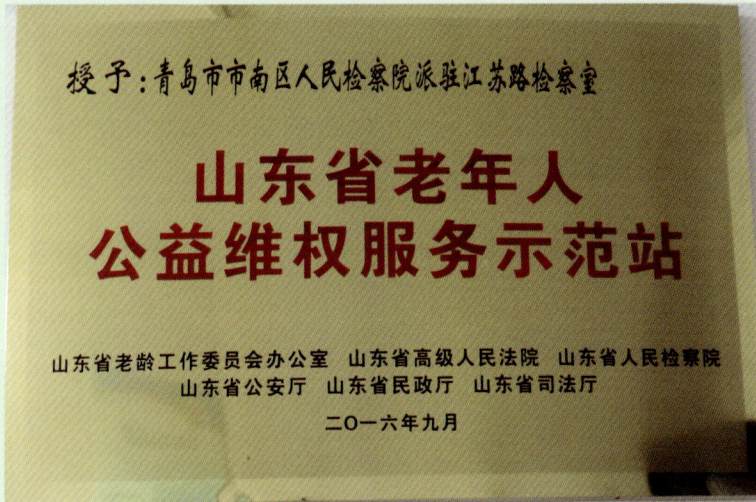

授予：青岛市市南区人民检察院派驻江苏路检察室

山东省老年人
公益维权服务示范站

山东省老龄工作委员会办公室　山东省高级人民法院　山东省人民检察院
山东省公安厅　山东省民政厅　山东省司法厅
二〇一六年九月

2016年6月，市南区人民检察院派驻江苏路检察室被授予"山东省老年人公益维权服务示范站"称号。

2016年8月16日，市南区人民检察院集信息化、多功能于一体的"一站式"检察服务大厅正式启用。

2016年9月11日，市南区人民检察院与中国建筑第八工程局有限公司青岛分公司共同建立职务犯罪同步预防工作机制会签仪式举行。

2016年9月29日，市南区人民检察院正式启用未成年人刑事检察工作"FLY"工作室，打造未检工作专业化新阵地。

2016年，市南区委区直机关工委以落实全面从严治党要求为主线，全面加强机关党的思想、组织、作风、反腐倡廉和制度建设，扎实开展"两学一做"学习教育。结合全区党组设置和机构调整，顺利完成基层党组织的设立、撤销、接受。围绕服务中心、建设队伍两大任务，加强机关意识形态、精神文明建设和群团工作，承办青岛市人民群众"见证城市发展，感受全域统筹"走进市南区开放日活动。与中共市南区委宣传部、市南区妇联、市南区文化新闻出版局联合举办了"温润家风"市南区美文诵读会。继续开展"洁净家园""美丽海岸行动"义务奉献活动。加强学习型、服务型、创新型党组织建设，举办区直机关党务干部培训班，全面落实救助机制，加大困难职工救助和探望住院职工、生育女职工工作力度。开展的机关文体活动受到机关广大干部职工欢迎，不断增强机关党组织的创造力、凝聚力、影响力、吸引力和战斗力。

2016年8月28日，中共市南区委宣传部、市南区委区直机关工委、市南区妇联、市南区文化新闻出版局在青岛音乐厅举办"温润家风"市南区美文诵读会。

2016年6月22日~24日，区直机关工委、区委党校在区委党校举办市南区区直机关党务干部培训班。

2016年4月11日，召开区直机关职工代表会推选劳模。

2016年6月25日，在青岛金门路小学操场举行区直机关2016趣味运动会。

2016年7月9日~12日，举办第五期区直机关干部书法、国画培训班。

2016年7月22日，组织区直机关工会职工"集体三项全能"比赛活动。

2016年4月15日，举办区直机关干部职工春季登山活动。

2016年5月20日，举办市南区机关第九套广播体操比赛。

2016年，共青团市南区委紧紧围绕区委、区政府中心工作，以"两学一做"专题教育为契机，扎实做好组织青年、引导青年、服务青年和维护青少年合法权益四项基本工作。团区委荣获青岛市文明单位标兵称号、连年被评为"青岛市五四红旗团委"，连续五年被评为全区科学发展综合考核优秀单位。市南区青少年服务中心被评为首批全国示范性"青年之家"综合服务平台，八大湖街道团工委被评为全国"五四红旗团委"，八大关街道区域青年工作共建委员会被评为全国区域化团建示范单位。青岛日报、青岛财经日报、青岛新闻、新华网、凤凰网等媒体报道百余篇。领导批示6次，接待团中央、团省委及兄弟团组织视察、交流近10次。

2016年5月16日，市南区公益项目助梦青春"创益客"加速营启动仪式在湛山红色驿家举行。

2016年6月22日，团区委举办"学讲话、话改革、谋发展"专题开放日活动。

2016年5月5日，团区委组织实施的"拥抱海洋——青少年海洋国防培育公益项目"启动仪式在青岛市北京路小学举行。

2016年5月14日，市南区小学举办创客大赛。

2016年5月29日，团区委举办"竹蜻蜓"金色童年放飞梦想活动。

2016年6月15日，市南区举办青年之声线下活动"创业英雄汇——走进青岛"。

2016年6月16日，团区委启动预防校园暴力宣讲活动。

2016年9月17号，团区委举办"青年之声 线下活动"——"美丽海岸志愿行动"之"绿色长征"健步行活动。

2016年，区人力资源和社会保障局以"民生为本，人才优先"为工作主线，以大众创业、基层平台建设等为重点，深入推进就业、人才、维权等工作，各项工作目标全部完成，八大关街道人力资源和社保障服务中心被评为全国人社系统2014～2016年优质服务窗口。全年共实现就业10余万人，安置就业困难人员2736人，扶持创业3979人，政策性扶持创业企业849家，创业带动就业2547人，培训各类人员2万人。共引进各类人才2.3万余人，其中，博士或正高职称人才285人，硕士或副高职称人才2581人，本专科人才21101人。共受理各类案件2932件，为劳动者追回损失1721万余元，共主动巡检各类用人单位520家，书面审查各类用人单位10721家，对431家存在用工违法行为的企业下达了责令改正指令书。

2016年12月16日，区人力资源和社会保障局举办市南区首届创业项目投融资对接洽谈会。

2016年1月29日，市南区第三届"人仁建业 市南起航"创业大赛决赛在市南区创业孵化基地举行。

2016年2月20日，市南区各街道人力资源和社会保障服务心开展就业政策宣传日活动。

2016年5月24日，区人力资源和社会保障局在求索大讲堂举办创业服务讲座。

2016年5月28日，区人力资源和社会保障局开展求索创业大讲堂活动，及时解决创业者在创业过程中遇到的难题。

2016年9月13日，区人力资源和社会保障局在香港花园广场举办以"筑梦金秋"为主题的招聘会。

2016年10月13日，区人力资源和社会保障局开展扬帆金秋进高校招聘活动。

2016年12月12日，青岛市第十四届职业技能大赛暨市南区第三届职业技能大赛在青岛红叶谷职业培训学校举行。

2016年10月20日，区人力资源和社会保障局在八大关街道人社服务中心举办首场"职前秀职业能力培训"活动。

　　2016年，区城市管理工作紧紧围绕建设宜业宜居幸福市南区中心目标，抓质量，抓规范、抓提升，扎实开展环境卫生整治、居民楼院整治、市政道路整治，圆满完成各项临时性重点工作任务。全年新建改造绿地5000平方米，完成宜兴路、浮山所路等7个片区背街小巷综合整治工程，完成临淮关路、燕儿岛路等23条超期服役道路整修工程；加快停车场建设，积极推进宁夏路268号、禹城路、单县路、401医院等停车场项目建设，预计可增加停车位4100余个，着力化解停车难题；完成对15个老旧住宅小区100个老旧楼座进行改造提升，受益户数7800余户；升级改造公厕5处；完成栈桥　澜阁、福山支路马牙石路景观修复工程；组织开展"洁净家园"环境卫生综合整治行动、"小手拉大手"垃圾分类活动、"物业管理政策宣传年"活动；圆满完成C20会议期间的环境保障等任务，城区标准化、精细化、人性化管理和服务水平明显提升。

　　区城市管理局荣获2016年度城市管理综合考核优秀等次，2016年创建国家森林城市工作先进单位、青岛市拥军优属拥政爱民先进单位以及省级文明单位称号。

木栈道整修前照片。

2016年木栈道整修后照片。

2016年6月10日，区城市管理管局引入"海绵城市"元素修建青岛市首条海绵道路——临淮关路。

栈桥回澜阁修缮后效果。

2016年1月18日，市南区天后宫广场公厕、青岛市首家城市管理景区服务工作站建成投入使用。

2016年3月6日，区城市管理局召开2016年市南区城管局系统庆祝"三八"妇女节暨一线最美女职工表彰会。

2016年9月29日，市南区漳州路公厕投入使用。

2016年10月7日，区城市管理局与区教育体育局联合举办"大手拉小手 垃圾分类我参与"市南区中小学生垃圾分类优秀作品展。

2016年10月13日，按照"修旧如旧"的原则，完成福山支路马牙石段修复工程。

2016年，区城市管理局运用MMA新型材料整修青岛香港路小学甬道。

　　2016年，区文化新闻出版局以构建现代公共文化服务体系为重点，统筹推进文化、旅游、文物工作，全面提升城区文化品位和综合竞争力。建成3处社区文化馆、1处社区音乐厅，打造20处社区公益剧场，举办露天公益演出100场。依托"啡阅青岛"项目建成4处民营公益图书馆，拓展公共阅读服务点110余处，举办社区公益美展、影展、邮展等公益展览150余场。首创"青云图"互联网阅读服务平台，推出"你借书、我买单、免费配送"项目，使读者足不出户就可以免费借阅最新畅销书。成立"爱琴岛·旅拍"联盟，推出15款婚恋旅拍产品。联合国家级导游工作室，推出10项"最美海湾·大师之旅"深游产品。依托老建筑建成并开放1907光影俱乐部、青岛书房等项目，联合中国老舍研究会举办"老舍与城市文化"学术交流会，推动文物遗产"活起来"。

2016年4月30日，区文化新闻出版局在青岛音乐厅举办首届"琴岛音乐之声·国际大师班"。

2016年8月26日，由青岛城市发展集团与北京光影在线影视投资有限公司合资打造，以电影艺术文化为主题的城市文化客厅——1907光影俱乐部，正式对外开放。

2016年11月22日，荒岛书店在青岛骆驼祥子博物馆（黄县路12号）重新开张。

2016年11月26日，在骆驼祥子博物馆举办"老舍点戏"特展。

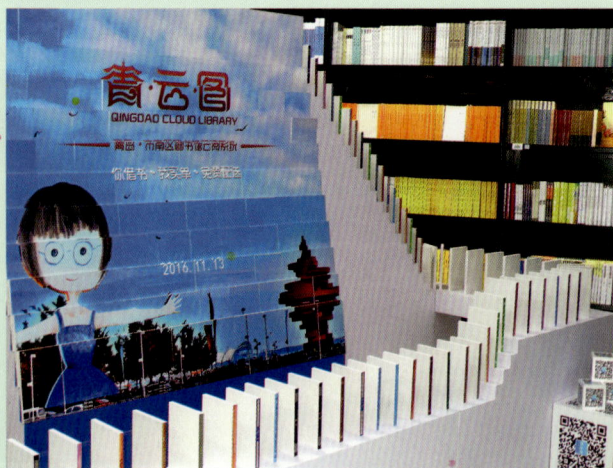

2016年11月13日，"青云图"互联网阅读服务平台在新华书店书城正式上线运行，开创线上自主查询订阅、线下统一配送的阅读服务新模式。

2016年11月27日，市南旅游惠民月空中漫步瞰青岛主题活动——太平山索道举行。

2016年12月2日，区文化新闻出版局被评为"山东省第一次全国可移动文物普查先进集体"。

2016年，"社区公益剧场"集中推出"百姓时尚秀"、街道文化品牌展演、"欢起剧社"音乐小品晚会等惠民演出。

2016年"世界读书日"期间，中央电视台《新闻直播间》对"啡阅青岛"图书馆项目进行报道。

2016年，市南区春和楼香酥鸡等5个项目入选第四批省级非遗代表性项目名录。图为省级非遗项目香酥鸡烹饪技艺的腌制过程。

2016年，区卫生和计划生育局严格按照"供给侧结构性改革"要求，认真学习贯彻全国卫生与健康大会精神，不断深化医药卫生体制改革，全面落实国家二孩政策，着力构建居民全生命周期健康服务体系，扎实推进"健康市南"建设。市南区被国家卫计委确定为"养老照护"项目、"新家庭计划·家庭发展能力建设"项目试点单位，被中国计生协会与联合国教科文组织确定为青春健康"沟通之道"家长培训项目试点单位。通过了山东省青春健康俱乐部的认证及山东省第一批创建县（市、区）计划生育药具管理示范站项目验收。全区共有卫生机构 424 处，年末各类卫生技术人员10113人，其中执业医师 3881人，执业助理医师167人。全区拥有医疗床位6900张，其中医院床位5596张。

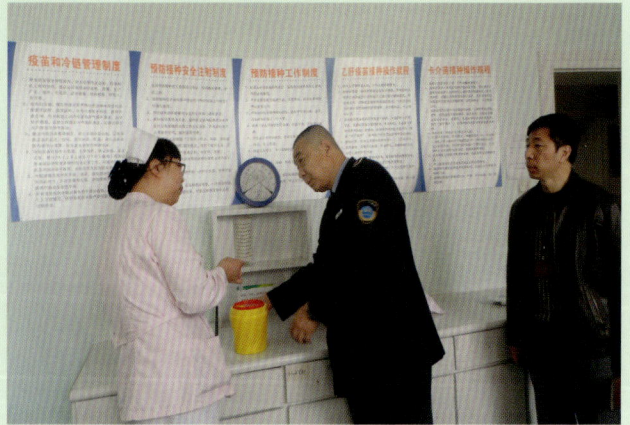

2016年3~4月，区卫生和计划生育局组织开展疫苗使用管理专项检查。

2016年5月13日，区计生协会在金门路社区服务中心举办"新家庭计划"——心脑血管疾病知识讲座。

2016年3月10日，区卫生和计划生育局在八大湖街道巢湖路社区卫生服务中心举办儿童口腔知识讲座。

2016年5月17日，区卫生和计划生育局在江苏路街道黄县路社区卫生服务中心举办"优质护理，服务百姓健康"公众咨询活动，免费为社区居民测量血压，普及慢性病护理相关知识，发放慢性病科普资料。

2016年9月8日，区卫生和计划生育局邀请精神卫生中心专家在江苏路街道黄县路社区卫生服务中心举办《失眠浅析》健康教育讲座，向社区居民宣传普及健康睡眠知识。

2016年11月18日，区卫生和计划生育局召开市南区医疗机构依法执业及安全生产工作会。

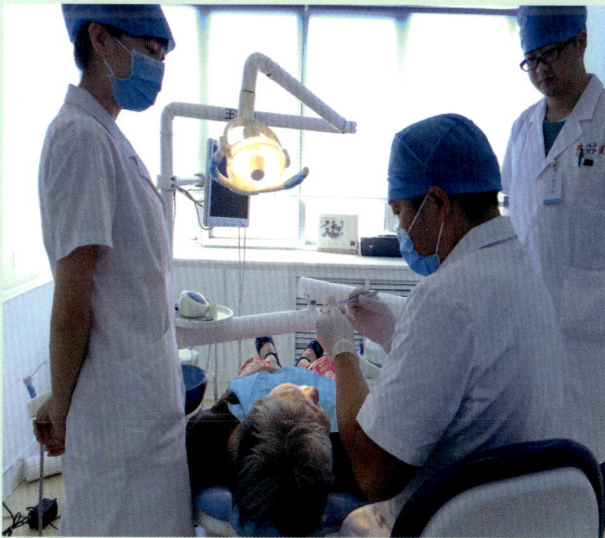

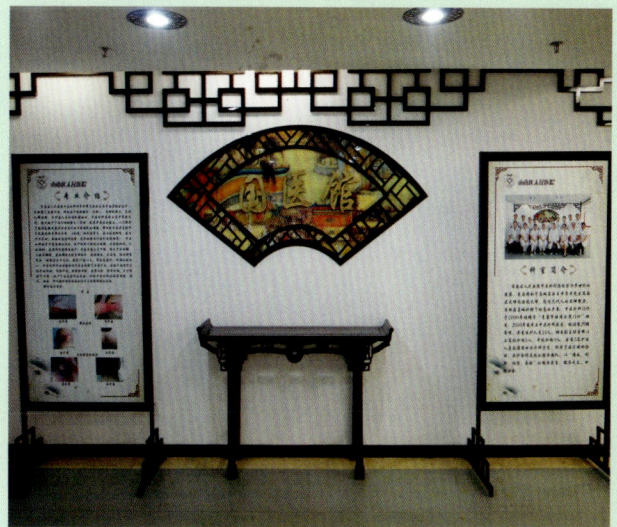

2016年，区卫生和计划生育局认真落实市办实事项目，定点医疗机构为60周岁以上低保无牙颌患者免费安装义齿32人、转诊2人，筛查近500人。

2016年，区卫生和计划生育局新申建国医馆2处，累计义诊服务1000余人次，发放宣传材料、健康教育处方2000余份。

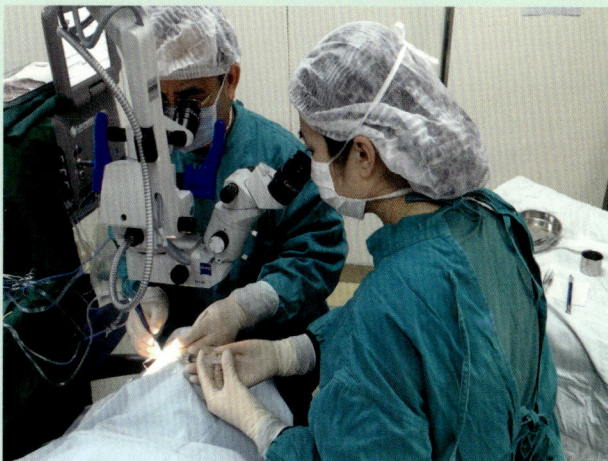

2016年，区卫生和计划生育局组织为市南区常驻户籍60岁以上符合手术指征的患白内障老人实施复明手术679人。

市南区机关事务管理局

2016年，区机关事务管理局以深入开展党的"两学一做"专题教育活动为契机，以抓好区机关安全管理工作为根本，立足常态长效、顾全大局，从严从实推进区机关房产管理工作，切实推进公务用车改革工作，不断创新公共机构节能管理新举措，机关食堂、会务及公共卫生等后勤保障服务水平稳步提升。区机关事务管理局顺利通过市级文明单位复检。趣味运动会中的多个集体项目取得了优异成绩，区机关办公楼顺利通过省市级卫生先进单位复检。

2016年5月26日，区机关事务管理局召开市南区公务用车改革协调会。

2016年8月2日，区机关事务管理局接待黄岛区机关事务管理局前来参观学习。

2016年11月9日，区机关事务管理局组织开展区机关办公楼消防应急疏散演练活动，提升干部职工演练消防灭火器使用方法及急救逃生技巧。

2016年9月29日，区机关事务管理局组织开展区机关食堂第三季度技能比武。

2016年，区政府法制办围绕贯彻中共中央、国务院《法治政府建设实施纲要》和省、市相关实施意见，以加快推进法治政府建设为总纲领，积极构建政府法律风险防控体系；以深化全省依法行政联系点建设为发力点，加大执法监督力度，促进严格规范公正文明执法；以健全行政复议应诉工作体制为落脚点，依法履职，抓好行政复议公信力建设和行政应诉能力建设；以大强法治政府建设宣传力度为闪光点，努力营造凝心聚力统筹共建的良好氛围，唱响法治政府建设市南"好声音"，大力推进市南区法治政府建设实现新跨越。

QINGDAO
SHINAN

2016年8月25日，区政府法制办组织举办《法治政府建设实施纲要》市南区集中宣讲活动。

2016年2月18日，在全省依法行政"五五"规划总结表彰会议暨全省政府法制工作会议上，区政府法制办荣获"全省依法行政先进集体"称号。

2016年10月12日，区政府法制办参加全省行政复议行政应诉理论研讨会。

2016年12月4日，区政府法制办参加市南区"12·4国家宪法日"暨全国法制宣传月系列活动。

　　2016年，区城市建设局秉承"开诚建德"理念，建立"专家参与"重大事项决策机制，弘扬工匠精神，抓好"两学一做"学习教育一条主线，夯实安全生产工作基础，全面推进"百姓安居、校园升级、城区美化"三大工程，开工建设1425套旧城改造项目安置房，实施 2231户棚户区房屋征收改造，完成3个地铁站点145户房屋征收工作，基本完成金华路项目2827套保障性住房建设任务，正式交付使用宁夏路小学项目，并获得市优质结构奖、省建设工程优质结构奖、"泰山杯"、绿色建筑三星级设计标识和"国家优质工程奖"，获得国家层面的最高荣誉奖励，成为业内标杆。顺利推进南京路小学项目主体施工，实现浮山（市南）生态园一期工程园区道路和滨海步行道太平角段第一施工段贯通，高质量完成年度工作目标任务，居民居住条件得到改善，民生基础设施水平得到提升，城区环境得到美化。

QINGDAO SHINAN

2016年5月6日，区城市建设局召开"两学一做"学习教育部署会。

2016年9月2日，区城市建设局组织召开"创品牌、显亮点"科室品牌创建活动汇报会。

2016年8月23日，区城市建设局组织慰问金华路保障性住房项目参建单位。

2016年11月7日，西部棚户区（苏州路片区）改造房屋征收项目下达预征收通知，组织居民签订预征收补偿协议。

2016年12月6日，市南区金华路保障性住房项目（南、北地块）完成项目施工建设及相关配套设施并通过单体竣工验收。

2016年12月18日，北岛组团安置房建设项目2#、3#楼基本完成主体结构施工。

2016年12月21日，浮山生态公园建设项目消防通道全部完工。

2016年12月23日，青岛南京路小学建设项目主体工程施工全面展开。

市南区综合行政执法局

2016年，区综合行政执法局紧紧围绕"打造国际国内一流的宜业宜居幸福城区"的总目标，不断深入开展市容秩序规范整治，积极转变执法理念，创新工作思路，提升队伍形象，促使各项工作稳步进行。

一是做好市容秩序及前海一线环境整治工作。整治占路经营及露天烧烤、清理占路早夜市、规范沿街商户跨门经营，全年共清理规范各类违法占路经营行为2万余处次，清理整治露天烧烤行为1000余处次；二是强化非法户外广告的拆除及安全监管工作，开展全区门店建筑立面清理整治集中行动，拆除非法广告840处，1760平方米；三是扎实推进违法建筑拆除工作，坚持"属地管理、分级负责、遏制新生、减少存量"的原则，保持打击违法建筑高压态势。拆除违法建筑115处，11780平方米。

2016年3月1日，区综合行政执法局执法人员拆除广州路沿线广告牌匾。

2016年3月18日，区综合行政执法局执法人员到辖区网吧进行执法检查。

2016年4月12日，区综合行政执法局执法人员查处河南路2号院内修葺围墙。

2016年5月19日，区综合行政执法局执法人员清理兰山路28号占路售票点。

2016年10月，团岛四路居民为感谢八大峡城管中队对团岛四路及其周边环境整治送去锦旗。

市南区
教育风貌 ↗

青岛第二十六中学坐落于京山路18号，始建于70年代初。是一所广为社会赞誉的岛城一流初中学校，学校先后荣获首批山东省教学示范校，山东省规范化学校，联合国教科文组织教师教育联席学校等称号。

一、融合信息技术，学校建设了七大数字功能教育区："和乐坊"音乐教育区 "创智空间"信息教育区，"视界窗"大学文化区，"乐体汇"体育教育区，"怡心阁"心理教育区，"行知书院"图书阅览区，学生们在知识的海洋里遨游；"弈趣园"棋类休闲区，数字化校园为学生与世界进行沟通、合作与分享提供了可能。

二、借力STEAM教育，提升学生核心素养。积极探索思想品德课与班会课的整合，增强了学校德育的针对性和实效性。在体育艺术课程建设中，采取模块化设计，增强了选择性，更能提升学生的学习兴趣。STEAM教育引领教师们探索课程的跨领域整合，课程建设带来学习方式的变革。翻转课堂、STEAM教育，让师生角色发生变化，能够满足学生的个性化学习，全面提升了课堂的互动性，唤醒了学生学习的内驱力，学生的核心素养得以提升，解决问题的能力得到提高。

三、社团活动助力自主发展。学生领袖们积极发挥自身特长，展示领导才能，自主建立了艺术类、体育类、文学类、社科类等40多个社团，搭建起学生自主发展的无限空间，构筑起学生素质拓展的精彩舞台，培养出一批具有领袖气质的佼佼者。

李成胜校长在2016年青岛市初中教育工作会上进行大会交流。

STEAM研讨课。

创智空间科技创客活动区。

告别星星火炬，拥抱闪闪团徽。

感悟青春主题教育系列活动之一。

机器人社团活动。

3D打印社团活动课。

难忘师恩——离校课程之一。

师生的笑脸是校园的阳光。

物理展示课。

校篮球队荣获青岛市中小学生十项联赛冠军。

学校艺术节。

音乐社团活动。

时光荏苒，转眼间2016匆匆又一年。青岛五十九中人始终坚持"真心关爱每一位学生，让学生快乐学习、健康成长"的办学理念和"全心全意依靠全体教职工办学"的工作方针，坚持"教学求突破、德育创特色、管理上水平"的工作总思路，坚定不移地以改革促发展，走内涵发展的道路，积极推进学校各项工作，努力打造优质教育品牌。

2016年，是收获的一年。学校被授予青岛市十佳德育品牌学校、中国青少年创客奥林匹克系列活动实验基地、第37届世界头脑奥林匹克中国区决赛二等奖、全国初中物理"边学边实验"学生实验操作能力大赛青岛赛区团体一等奖、青岛最具活力十佳中小学、翻转课堂示范校信息化改革示范基地、市南区中小学第五届论坛大赛暨"听党的话做好少年"纪念红军长征胜利80周年学习成果展示金奖、市南区中小学生建筑模型竞赛优秀组织奖、市南区中小学生头脑奥林匹克竞赛优秀组织单位等多项集体荣誉。

学校在努力探索德育课程、"三知"课程等多样课程体系中成长，培养学生核心素养是学校教育教学的重中之重。未来，我们依然会坚守着一腔热诚一腔爱，继续无怨无悔地耕耘在这片土地上，开拓创新、与时俱进、励精图志，再创五十九中新辉煌！

QINGDAO
SHINAN

2016年3月31日，初一年级全体师生到青岛市革命烈士纪念馆开展清明祭奠暨清明经典诵读活动。

2016年4月9日，五十九中学生选手前往世园会参加青岛市首届创科技无人机摄影大赛。

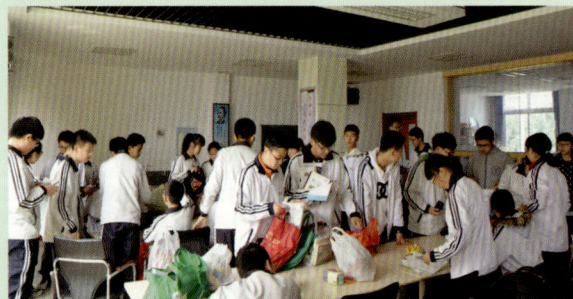

2016年4月13日，校学生会携手青岛科技大学共同开展新疆夏马勒小学援助活动。

2016年6月24日，学校举行初三年级毕业典礼。

2016年5月26日，部分学生前往青岛市中级人民法院观摩青少年法庭并听取预防未成年人违法犯罪讲座。

2016年8月23日，学校举行学生干部"高分论坛"活动，各班菁英相互交流工作经验。

2016年9月，学生会干部架构改革实行分年级管理的自主管理学院和学生会并行机制。

2016年10月31日，学校合唱团代表市南区参加在青岛音乐厅举行的山东省中小学合唱比赛。

八年级举行辩论赛。

传统文化整合课——唱脸谱。

来自西藏的次多老师、甄老师参加教学工作会。

诗歌朗诵。

王莉老师进行跨学科整合课。

一番寒来暑往，一度春华秋实。贯穿太平路小学2016年始终的是生本教育的不断推进，学校建设的日益完善，教师发展的稳步前行，学生素养的不断提升……

2016，一份份收获的背后是无声的汗水和默默的坚持，"全国优秀家长学校"、"全国中小学信息技术创新与实践活动"NOC信息化教育实验学校、中国青少年创客奥林匹克系列活动实验基地学校、山东省"巾帼文明岗"等多项集体荣誉落户学校。

2016，"生本立校，幸福成长"的校园故事随手拈来皆是佳话。一幕雨中为学生举伞成路，构起爱心通道的生动画面成为这一年最真实可亲的记忆；外教助力足球教育，足球课程与国际接轨，捧回了阔别16年的"市长杯"冠军。

2016，创新教育、创客实践不断引领生本教育特色发展。头脑奥赛获得世界第四名、APRC青少年国际挑战赛实现机器人投掷项目的三连冠；全国建模竞赛获得两个一等奖……山东省青少年创客教育实践基地常务理事单位、少年硅谷机器人实验室落户学校。

2016，"十三五"教育改革实验区工作会分会场上全面展示了学校"教育信息化助力学校生本教育"的研究成果；山东省课程改革教育论坛、青岛市中小学现代化学校建设现场会、青岛市教育局"支点·教育论坛"……到处闪现着学校教育改革的足迹。

致敬2016，致敬在这一年中不断拼搏进取的太平师生。让我们心怀感恩，不负所望，在未来的前行中迈出更坚实的脚步！

2016年4月29日，太平路小学于庆丽校长在青岛市教育局"支点 教育论坛"会议上作典型经验介绍。

2016年11月21日，学校正式成为中国下一代教育基金会"少年硅谷机器人实验室"。

2016年9月5日，在第32个教师节即将到来之际，太平路小学全体教师重温教师誓词，坚定教育誓言。

2016年5月27日，太平路小学头脑奥赛社团赴美参加第37届世界头脑奥林匹克创新大赛获第四名。

2016年11月，王冬宇老师荣获山东省小学语文学科德育优秀课例展评一等奖。

2016年5月3日，学校组织春游活动——走进太阳能小镇。

2016年9月21日，太平路小学海洋社团学生在水族馆开展探究实践活动。

2016年10月26日，太平路小学老教协参演的舞蹈《欢乐中国年》荣获教育系统文艺会演优胜奖。

2016年9月22日，学校举办"采摘的喜悦"秋游实践活动。

2016年11月26日，太平路小学美术社团选手参加全国建模竞赛载誉归来。

2016年1月6日，学校师生表演的情景剧《爱心通道》参演全国第五届中小学艺术展演活动，获教育部领导的高度赞誉。

2016年12月，学校的孩子们通过飞花令吟诵以"春"为主题的诗句，感受传统文化魅力。

2016年6月1日，学校举行"拥抱艺术，放飞梦想"庆"六一"活动。

青岛燕儿岛路第一小学秉承"多元和谐、优质共赢"的办学理念，努力实现"让每一个孩子都能享受优质教育，有个性和谐发展"的办学目标。学校彰显差异育人理念，立项"十三五"规划课题"差异教学视域中的小学'幸福成长课程'构建研究"，以细节化关怀让每一个学生感受教育的美好。更以审美与健康、创新与传承、海洋与实践为主题，开发近20门校本课程，成为全国第一批中青创奥实验学校、全国海洋意识教育基地。

学校发展"小龙人文化"特色，研发"小龙人"好习惯存折，诵读"中华龙之经典"，传承"中华龙之美德"，实施"中华龙之课程"，"小龙人励童志"成为青岛市第五批德育品牌。作为市南区第一所非物质文化遗产传习点，先后获得山东省规范化学校、青岛市文明单位、青岛市现代化学校、电化教育示范学校、优秀家长学校、语言文字示范校、"三八"红旗集体等荣誉称号，成为老百姓"身边的好学校"。

"阳关学子 知行起飞""小龙人"课程成果展演。

2016年，学校组织参观青岛市中级人民法院进行普法实践活动。

2016年，学校举办纪念长征胜利80周年暨新中国成立67周年"童声飞扬 幸福成长"合唱节。

2016年，学校参加市南区纪念长征胜利80周年成果展演。

2016年，学校开展"玩转幸福魔方"魔方达人挑战赛。

2016年，学校参加市南区首届亲子绘本剧大赛，并获得金奖。

2016年，学校小记者试乘地铁，发放文明乘坐宣传卡。

2016年，学校开展"自护自救保安全"宣传体验活动。

"二月二"舞龙大赛展现了学校师生奋发向上的精气神。

非物质文化遗产进校园——鸳鸯螳螂拳课程展示。

韩国朝凤小学师生到学校进行友好交流。

学校师生自制"小龙人"专属馒头。

学校2016年春季趣味运动会体验多多。

青岛市市南区晨光幼儿园始建于1952年，隶属于市南区教体局，是一所市级示范幼儿园。现设6个班，在园幼儿210余名，教职工24人，中、教师中大专学历达到100%，本科学历占30%，北师大研究生班结业2人。幼儿园注重内涵发展，实施项目管理和微创新成效显著，在实施山东省"十二五"课题"幼儿文学鉴赏与幼儿表演游戏的研究"期间，打造了优质的教师团队，构建了多元教育内容、多实施途径、多角度表征的多元实践教育课程，创建了"怡·善"教育文化品牌。幼儿园先后获得"三八"红旗集体、师德先进集体、卫生保健先进单位、优秀家长学校等称号，多名教师获得优秀教师、爱幼标兵称号和市区优质课、公开课一等奖，教师论文在国家、省、市级刊物上发表和获奖。幼儿园申报中国教育学会"十三五"课题"多元实践教育课程开发与实施的研究"已立项，借助课题研究不断深入，幼儿园将进一步突显课程特色，家园携手促就每一位幼儿"爱生活、健体魄、善行动、好探究、乐表现"，努力把幼儿园办成开启幼儿潜能的乐园，教师实践创新的艺苑，家长放心满意的家园。

冬至——包饺子。

好书分享——图书交换大集。

小船要远航——孩子们自制的小船正在试航。

环境——晨光温馨阅读区。

悦读节——表演游戏现场。

邀请爸爸参加制作、放飞风筝活动。

青岛市市南区江西路幼儿园始建于1984年，是一所市级示范幼儿园。幼儿园现设8个班，在园幼儿260余名，教职工41人，教师18人，100％达到大专以上学历。幼儿园遵循《纲要》和《指南》精神，以孔子教育思想为载体，本着"仁爱至善，克己礼仪，求真务实，开拓创新"的办园理念，深挖适合幼儿园的"仁礼"文化内涵，精心制定发展规划，完善制度依法治园，提升教师团队整体素养，培育"仁礼"文化软硬实力，沉心完善课程，打造优质教育。

幼儿园先后获得市南区精神文明单位、"三八"红旗集体、卫生保健工作先进单位等称号。幼儿园申报的中国教育学会"十三五"教育科研规划课题、青岛市教育科学"十三五"规划课题"幼儿园礼仪教育课程的开发与实践"已立项，进一步彰显幼儿园"仁礼"文化下的礼仪教育特色，办出特色，办成品牌，让每一名在园幼儿受益。

亲子趣味运动会。

庆新年嘉年华亲子活动。

中秋节亲子制作月饼。

园舍环境。

重阳节到养老院为爷爷奶奶跳舞。

园舍园貌。

市南美景

督导工作,完成市南区所有学校网站与督导反馈系统的链接。参加国家基础教育质量监测,市南区教体局被教育部基础教育质量监测中心评为 2016 年国家义务教育质量监测实施优秀组织单位。召开清华评估总结会议,中央六台和《中国教育报》对市南区借助高校专业平台开展学校督导评估的成功经验进行报道。开展教育质量综合评价改革研究,在全国中小学教育质量综合评价改革培训班上,市南区作《凝智聚力,深入推进教育质量综合评价改革》的主旨发言。

教育科研

2016 年,区教体局借助课题立项,完善顶层设计。"基于学生发展核心素养的区域品质教育研究"为中国教育学会"十三五"教改实验区立项课题,"互联网＋背景下的优质学习资源建设与应用研究"和"区域协同促进中小学课程建设的实践研究"为中国教育学会"十三五"规划立项课题,"区域推进学校特色课程开发的实践研究"为青岛市"十三五"重点立项课题。组织全国规划办 2016 年度和青岛市"十三五"课题申报,深入学校开展"十三五"课题选题调研指导,提炼科研成果,助推转化应用。承办中国教育学会"十三五"教改实验区工作布置会暨青岛市市南区数字化教学研究现场会,数字化教学改革经验在全国推广,数字化研究成果获山东省教育科学研究优秀成果奖和青岛市第四届教育体制改革创新成果奖。

教学管理

2016 年,区教体局以深化课程改革为重点,以提升学生核心素养为中心,以实现"自主、个性、探究、开放"的品质课堂为目标,探索具有市南特色的品质教育。根据《市南区教体局深化中小学课程改革实施方案》的规划部署,在建设区域品质课程研究领域中着力三方面实践:构建多元整合的学校课程、深化区域学科课程建设、探索学段衔接课程研究。以区域联盟学校为依托,加强合作、共享资源,深化课程研究力度。开启以发展学生核心素养中心的品质教学研究,逐步形成市南品质课堂特色。获第八届"七彩语文杯"华东四省区小学语文优课特等奖 1 节;山东省初中、小学德育优秀课例展评一等奖 8 节、二等奖 1 节;青岛市优质课一等奖 23 节、二等奖 15 节、三等奖 5节,首届青岛市中小学信息技术创新与实践活动"未来课堂"名师教学优质课展评一等奖 6 节、二等奖 14节、三等奖 8 节,青岛市"一师一优课"和"一课一名师"活动优课 110 节。

校园安全

2016 年,区教体局加大对校舍安全的整治力度,对局属各中小学、幼儿园校舍建筑及周边设施排查出的安全隐患登记造册,制订整改方案,实施逐项整治销号。成立市南区校园及周边环境综合治理领导小组,21 个相关职能部门参与,强化校园内及周边综合治理工作。完善 12 项学校安全管理制度以及 13 项安全应急预案。通过公开招标配备专职保安员 210余人,校园门卫 130 余人,充实校园人防队伍。投入790 余万元,布设视频监控探头 2655 部,编解码服务器 112 部,基本实现 56 所学校、幼儿园视频监控的全覆盖。构建无线对讲指挥系统和预警短信发布系统,配备 121 部无线对讲设备,153 部应急通信终端设备,整理应急预警信息 170 余条。配备应急装备储存箱等防卫应急装备 5000 余件套,提升校园安全综合应对能力。强化校园安全管理人员专业培训,培训369 人次。全年组织各项安全应急演练 500 余次,8500 余名师生参加校园安全实践体验培训。完善《市南区教育体育系统食堂管理安全责任书》,投入约35 万元在全市率先实施食品安全专项技术服务,提高学校食品风险管理水平。

教师队伍建设

2016 年,区教体局开展中国教育学会市南区教师专业发展基地培训,实现全员素养提升。重视远程研修,初小幼三学段研修成绩均居全市前列。针对教师专业发展需求,架构以"五格"(入格、升格、优格、风格、高格)为基础,以"三全"(学段全面化、教师全员化、职业全程化)为目标,以"一体两翼"("一体"即构建"新教师—骨干教师—学科带头人"的梯度培训;"两翼"即音体美教师专业加全能培训、班主任专业导师培训)为模式,多部门联动为保障的培训体系,实施市南区教师素养提升"品格"教师培养工程。全年组织研讨培训活动 600 余次,参训人员 55000 余人次。市南区 15 名教师被评为青岛市学科带头人,2 名教师入选名师名园长培养工程。

品德教育

2016 年,区教体局从"传统文化弘扬、德育课程建构、行为习惯培育、实践育人、德育队伍建设"五项研究实践入手,推进夯实"德润一生"品牌建设。开展"我们的节日"系列主题活动,传承与培育社会主义核心价值观与中华优秀文化。将德育课程与良好习惯

2016 年 5 月 29 日,青岛南京路小学在美国举行的第 37 届世界头脑奥林匹克竞赛中获得装置项目第一名。

教育进行有机整合,组织"遵守规则 培养好习惯"主题班会优质课评选。规范组织实践育人工作,开展贴近生活、体现公益、自主多样的校外德育实践。设立市级优秀班主任工作室和 7 个区级优秀班主任工作室,开展班主任工作共同体建设研究,提升区域班主任队伍的整体水平。组织 2 次学校德育工作优秀成果展示,青岛燕儿岛路第一小学的"小龙人励童志"、青岛太平路小学的"六好习惯,固本培元"、青岛第五十九中学的"健全人格,阳光心态"德育品牌被评为第五批青岛市中小学十佳德育品牌。

教育经费和教育基本建设

2016 年,安排国家财政性教育经费 102001 万元(含教育费附加 15779 万元),比上年增长 6.91%,高于财政经常性收入增长比例。其中,预算内教育拨款达到 86223 万元,教育费附加及时足额拨付,义务教育经费实现"三个增长"。预算内小学、初中生均公用经费分别为 2500 元和 2700 元,增长比例分别达到 4.17% 和 3.85%。区财政为困难学生提供免费午餐、发放助学金和慰问金等 104 万元;义务教育段免除学生教科书费和作业本费 714 万元。设立学生午餐补贴专项资金,投入 2113 万元为全区 24 所学校的食堂进行补助。投入 203 万元为区属公办中小学免费配发学生制服装约 8000 套。

2016 年,青岛宁夏路小学顺利回迁,项目按照绿色三星级标准进行建设,是全国达到此项标准的唯一一所基础教育学校,项目被评为全国优质工程、2016 年山东省人居环境范例项目和青岛市可再生能源建筑应用示范项目。投资约 2.3 亿元、规划总建筑面积约 3.17 万平方米、设计办学规模 48 个班的青岛南京路小学建设工程开工建设。青岛宁夏路第二小学和青岛燕儿岛路第一小学改扩建项目顺利推进。完成青岛定陶路小学等 4 所学校维修改造工程,配合推进青岛市第五十九中临街二层房改造工程、四方路 10 号幼儿园改造工程,投入约 230 万元为四方路幼儿园配备玩具、家具、教学及监控等设备。

现代教育技术装备与信息技术教育

2016 年,区教体局投入约 575 万元配备新班班通设备,投入约 700 万元完成教师机和微机室的更新。全区中小学校实现无线网络全覆盖,通过教育城域网有线、无线一体化架构,打造全市首家具备有线和无线两套云计算架构的网络系统。建设"市南区基础教育资源公共服务平台",共享视频 4000 余节,实现初中、小学、幼儿园三个学段全涵盖服务。市南区教育信息化应用案例,作为全省唯一的区域应用经验入选《2016 年中国互联网学习白皮书》。

体育、卫生、艺术、科技工作

2016 年,区教体局投入 1000 万元购买服务,推进游泳、击剑、足球、武术、帆船等体育项目进校园活动,打造市南学校体育特色品牌项目。推动全区校园足球开展,7 所学校被评为国家级足球特色学校,12 所学校被评为青岛市足球特色学校。实施阳光体育活动,对全区二年级的传统体育项目、三年级击剑、四年级游泳和全部年级的体质健康进行质量检测。全面创建"健康校园",全年完成二年级学生窝沟封闭 4000 人、三至六年级恒牙龋齿充填近 1000 人,免费为全区中小学生进行健康体检和视觉系统检测。2 所学校被评为省卫生先进单位,5 所学校评为市级卫生先进单位。为每所公办中小学校拨款 25 万元作为艺术教育专项经费,推进合唱工程,做到"班班有歌声,人人都参与",投入 100 余万元用于奖励艺术成绩优异的学校。在全国中小学艺术展演中,市南区两所学校获一等奖,一所学校获三等奖;三支合唱团在省展演中获得一等奖。青少年科技教育加大普及力度，活动水平又上新台阶，在全国竞赛中获得团体荣誉18项，学生个人获一等奖达200余人。在第37届世界头脑奥赛和亚洲十大创造力比赛中，市南区中小学校代表队分别获得国际团体第一名和第四名的优异成绩。

学前教育

2016年，公办园生均公用经费增长到1500元，普惠性民办园生均补助标准提高至每生每年3000元，对困难家庭幼儿的助学金平均补助标准保持在每生每年2400元，三项补助标准均高于青岛市标准。科学制订招生方案，将辖区内10个街道划分5个片区实行相对就近入园，公办园、普惠性民办园在园幼儿人数达到全区幼儿总数的92％。成立"市南区医幼结合专家指导团"，为幼儿园、早教中心提供入园指导，设立4所试点幼儿园探索幼儿健康发展新途径。利用"晓健康"微信平台，组织11期公益性"医幼结合微课堂"，使园长、教师、0～6岁婴幼儿家长足不出户即可享受专业医学健康指导。区政府投入130万元用于园长、教师"5518培训项目"和保健员、保育员、炊事员"三员轮训项目"，组织第五届"三员岗位练兵比武"活动，在岗教职工培训率达到100％。创新公益早教模式，组织第六期高级育婴师培训班，编印《市南区0～3岁婴幼儿早教指导工具书》，免费向幼儿园及适龄幼儿家长发放。

特殊教育

2016年，区教体局加大特殊教育经费投入力度，按照不低于普通初中生均公用经费8倍标准，将特殊教育生均公用经费提高至20800元，随班就读和送教上门的中小学残疾学生生均公用经费按此标准执行。为13所学校配备随班就读资源教室设备。制定下发《市南区教体局等8部门关于印发市南区国家特殊教育改革实验区实施方案的通知》等四个文件，确保特殊教育工作依规推进。全力打造国家特殊教育改革

试验区教师梯队。深入开展随班就读规范校园、送教上门"三送服务"、自闭症中医康复及海豚音疗实验等特色研究实践。市南区送教上门工作在山东省特殊教育工作推进会上进行经验交流。

民办教育

2016年，区教体局做好区级行政权力清单、行政处罚等四类事项梳理审核工作。完成关于举办实施义务教育阶段民办学历学校的设立、变更、解散及分立合并业务规范要求的修订，制定下发《青岛市市南区教育体育局各科室（部门）对民办学校的主要管理服务事项》。规范民办学校变更事项和变更行为，为榉园等学校办理校长、董事变更备案。做好青岛海信科技文化管理有限公司筹设青岛（市南）海信学校相关工作。

社区教育

2016年，区教体局与19个职能部门、10个街道办事处签订《市南区2016年社区教育工作责任书》，出台《市南区社区教育工作考核细则》，实现社区教育工作机制由"五动"向"六动"（即政府拉动、教育带动、部门联动、社区推动、居民齐动、督导促动）的完善。加强社区学院能力建设，开设老年零基础英语、推拿按摩班等26个班次，5000余名居民免费学习。整合驻区教育资源，开展送教进校园、进社区，职教义工进社区等公益培训，全年开设公益课1156节。研发社区教育特色课程，编印《老年零基础计算机知识》和《老年智能手机应用》社区教育培训教材。组织开展第十一届迎新春社区教育大集、社区教育读书宣教活动、社区教育惠民服务活动等社区教育主题活动，举办第十一届社区教育节暨2016年全民终身学习活动周。珠海路、香港中路、八大关3个街道被评为全国社区教育示范街道，两节微课获评全国社区教育微课程优秀奖，学习达人侯修圃获评"全国百位百姓学习之星"。

2016 年市南区中小学基本情况表

小学

序 号	学 校	地 址	电 话	校 长	教师人数	学生人数
1	青岛八大峡小学	明月峡路 1 号	82682461	陈 蔚	43	516
2	青岛北京路小学	北京路 65 号	82840270	金 颖	42	483
3	青岛朝城路小学	朝城路 5 号	82656699	刘红岩	61	751
4	青岛大学路小学	大学路 54 号	82878356	陈 英	114	1885
5	青岛德县路小学	德县路 14 号	82880263	梁景萱	72	990
6	青岛定陶路小学	定陶路 9 号	82610600	赵 琳	54	690
7	青岛福林小学	宏大路 12 号	85782798	安小兵	70	1015
8	青岛贵州路小学	贵州路 12 号	82685245	卢华丽	58	711
9	青岛基隆路小学	基隆路 2 号	85871221	王明明	95	1401
10	青岛嘉峪关学校	嘉峪关路 20 号	83879629	徐学红	112	1638
11	青岛金门路小学	上杭路 7 号	85892550	徐文淳	91	1262
12	青岛镇江路小学	泰州一路 1 号	85821696	焉永红	81	1458
13	青岛莱芜一路小学	莱芜一路 19 号	82799299	邱 琳	57	910
14	青岛南京路小学	洪泽湖路 2 号	85733713	薛 清	89	1310
15	青岛宁夏路第二小学	高田路 72 号	85770625	刘 群	65	905
16	青岛宁夏路小学	宁夏路 173 号	85783919	宫 君	71	1033
17	青岛市市南区第二实验小学	濮县路 10 号	82626403	张 璐	47	536
18	青岛市市南区实验小学	新湛二路 11 号	83879428	张俊华	100	1658
19	青岛三江学校	观象二路 15 号	82838393	战永华	27	99
20	青岛市实验小学	江苏路 9 号	82866766	邓晓红	103	1509
21	青岛太平路小学	太平路 17 号	82891308	于庆丽	75	945
22	青岛天山小学	宁国二路 18 号	85973766	张晓迎	63	968
23	青岛文登路小学	文登路 4 号	82870201	朱雪梅	77	922
24	青岛香港路小学	徐州路 28 号	85810659	赵 璐	68	1206
25	青岛燕儿岛路第一小学	燕儿岛路 46 号	85735010	贺 卫	61	822
26	青岛新昌路小学	天台二路 20 号	85734084	刘晓娟	49	627
27	青岛新世纪学校	逍遥三路 4 号	85935657	张国丽	98	1454
28	青岛莘县路小学	莘县路 162 号	82628154	曹 磊	33	0（学校拆除重建）
29	青岛银海学校	东海东路 16 号	86685818	苏静波	126	1382
30	青岛榉园学校	湖南路 29 号	82861688	张 媛	74	981

中学

序　号	学　校	地　址	电　话	校　长	教师人数	学生人数
1	青岛第五中学	上杭路 5 号	85873228	董　涛	101	941
2	青岛第七中学	德县路 27 号	82865369	王　卫	100	1019
3	青岛第二十四中学	云南路 287 号	82610150	刘晓云	114	830
4	青岛第二十六中学	京山路 18 号	82879186	李成胜	127	1324
5	青岛第四十八中学	菏泽四路 4 号	82612401	刘松山	58	0(学校拆除重建)
6	青岛第五十一中学	永嘉路 17 号	85729566	刘青山	105	1019
7	青岛第五十七中学	江西路 157 号	85892186	吴秀伟	90	627
8	青岛第五十九中学	延安三路 216 号	83869859	李长城	135	1662
9	青岛智荣中学	团岛二路 23 号	82658304	尚延亮	37	245
10	青岛银海学校(初中)	东海东路 16 号	85931299	潘存光	65	302

文　化

文化活动

　　2016 年,市南区文化新闻出版局积极打造"社区公益系列"品牌,推出 20 处社区公益剧场,引进专业团体举办公益演出 100 场;提升"欢起剧社"品牌影响力,拍摄微视频网络点击量 40 余万次,原创小品剧演出 10 场,原创作品《相亲》获得第三届全省小品新作大赛一等奖;推出"公益美展进社区"项目,联合赞一美术馆、东方名家、市集邮协会、名家工作室等机构,举办社区公益美展、"指尖的艺术"民间艺术展等主题展览 50 余场,展出作品近千件;提升"琴岛音乐之声"品牌,承接中国国际小提琴比赛等高端赛事和专场演出近百场;推出公益文化课、公益培训等 2000 余课时;持续开展文化惠民行动,举办"我们的节日"、百姓时尚秀等群体文化活动 1000 余场次。

公共文化服务体系建设

　　2016 年,市南区公共文化服务体系建设以区图

2016 年 11 月 26 日,区文化新闻出版局召开纪念《骆驼祥子》创作发表 80 周年学术交流会。

书馆、区文化馆和青岛音乐厅为核心,辐射拓展近 200 处"露天剧场展示点"、"社区阅读服务点"、社区公益培训点和"公益文化共享点"(包括美术馆、博物馆、独立书店、咖啡馆及其他休闲场馆);新增 3 处社区文化馆,推出 31 个艺术培训班、培训学员 1200 余名;打造岛城首个社区音乐厅,引入专业艺术团体,每

月推出专场音乐会,吸引观众近 2000 人;创新推出青岛(市南)艺术人文视频杂志,刊出 18 期名家精华典作推介欣赏,以访谈、纪录片等形式记录青岛文化史;推进"啡阅青岛"图书馆项目,搭建"青云图"互联网阅读服务平台,打造覆盖全域的图书馆集群,全年配送图书 3 万余册;为各街道社区文化活动中心配置平板电脑、数码相机、多功能一体机等文化设备近 200 台,送文化讲座、辅导 200 余次。中山路社区综合性文化服务中心、漳州路社区综合性文化服务中心被评为青岛市第二批村(社区)基层综合性文化服务中心示范点。

文化产业

概　况

2016 年,市南区文化产业工作以提升产业园区发展品质和做强文化企业为根本,完善政策支撑体系,完善"啡阅青岛"品牌,推出《青岛时尚》杂志,推进公益美展进社区模式和注重时尚产业发展等,促进产业融合,优化产业发展的整体环境,区文化产业保持平稳发展势头,实现文化产业增加值增长率 13.1%。新引进方所、北京光影在线影视投资有限公司、青岛书房等 10 家文化企业和《神娃传》电影项目。

落实文化产业发展规划,制定产业扶持政策

2016 年,落实《青岛市市南区文化产业发展规划》,根据规划目标任务分解,分阶段扎实推进,确保各项指标按时完成。完成文化产业扶持政策,根据国家、省、市等文化产业相关政策,研究制定《市南区促进文化旅游业发展政策实施细则》,为区文化企业发展提供良好的政策环境。

增强文化产业总体实力,园区品质稳步提升

2016 年,以徐州路 77 号青岛出版社原址改造为契机,以互联网、文化创意、数字出版、新媒体等领域为重点,建设总占地面积 1.86 万平方米,建筑面积 1 万平方米,总投资 5000 万元,预计实现年产值 5 亿元,在全国具有影响力和知名度的新媒体产业聚集地;以新壹百创意文化产业园(原创意 100)平稳交接为契机,督促园区软硬件升级改造,以合作、共赢为理念,基于产业链发展为核心的创新生态圈,建立产业创新共享平台网络,重点突出产业孵化、源头创新,打造集"互联网＋"与"创客"思维于一体的线上线下展示交易平台。

拓展"啡阅青岛"服务领域,助力小微企业发展

2016 年,在前期调研的基础上将"啡阅青岛"咖啡馆服务领域拓展到里院客栈、凯越等青年旅舍里面的咖啡空间,受到来青游客和青年旅舍的欢迎;将"啡阅青岛"图书馆项目拓展到赞一美术馆、嘉木美术馆等艺术展厅;新增逸美时光、艺术空间、1907 光影俱乐部等 3 个通借通还点,推广"咖啡馆兼公益图书馆"新模式。自 3 月份起,为前期参加的咖啡馆进行图书置换,促进咖啡馆之间图书有序流动。截至 2016 年底,为辖区 100 余家咖啡馆配送图书 20000 余册。获邀参加第二届山东省文化创新奖成果交流会。

打造公益美展进社区模式,促进产业融合发展

2016 年,联合辖区 10 个街道办事处及驻区民营美术馆、艺术馆等专业文化机构,开展市南区"社区公益美展"系列活动,让社区居民在家门口就能欣赏到高端、专业的艺术精品,带动民营文化机构服务公共文化事业,促进文化产业与公共文化融合发展。活动期间举行画展 20 场,展出作品 500 多幅,东方名家、一叶美术馆、赞一美术馆和木版年画馆等 4 家艺术场馆 10 多名画家参与,在全区 10 个街道 20 个社区展览,参观上万人次。

推出《青岛时尚》杂志,推动时尚产业发展

2016 年,围绕时尚幸福的现代化国际城区建设,与《青岛指南》杂志合作,组建专门编辑团队,推出《青岛时尚》杂志。杂志围绕"时尚经济、时尚生活、时尚文化",面向城市中高端、中青年时尚群体,搜集青岛前沿、潮流的时尚资讯,宣传推广辖区时尚资源,搭建行业交流平台,拉动时尚产业消费。全年出版 7 期。

挖掘辖区人文资源,推出"人文研究丛书"

2016 年,为系统地传承和保护市南区丰富的文化遗产,策划推出"市南区近现代人文研究丛书",首本入选的《风雨半城山——刘子山传奇》定稿,进入印刷和宣传推广阶段。

开放特色文博场馆,吸引优质文化项目落户

2016 年,推进水师饭店旧址保护利用,作为中国现存最早的商业电影放映场所,青岛光影在线影视科技有限公司打造的以电影艺术文化为主题的城市文化客厅——1907 光影俱乐部,8 月 26 日正式对外开放。青岛出版社有限公司和青岛脉道新媒国际文化

传播有限公司投资成立的青岛书房文化传播有限公司6月19日试营业,7月正式开启,成为岛城首家开进单体别墅院落的民营书店。引进中国最美书店的方所,位于市南区万象城内,藏书5万种12万册,营业面积3400平方米,成为城市的文化新地标。市南区青岛金视电影投资有限公司作为第一出品方参与制作的《新东方神娃》首映式发布会举行,总投资1200万元,票房突破1亿元;引进青岛影视大厦项目,项目由山东影视传媒集团投资运营,计划2019年竣工,总投资8亿元,预计实现年产值7000万元。

文物保护

加强不可移动文物的管理工作

2016年,建立《市南区不可移动文物使用管理台账》,梳理各级文物保护单位建筑信息及开放情况,开展辖区各级文物保护单位安全检查专项整治行动,完成"三普"新发现不可移动文物建筑的复核工作,及时处理栈桥回澜阁、台西镇炮台旧址等舆情。联合有关部门实地勘察、拟定辖区67处区级文物保护单位和未核定的文物保护单位的保护范围与建设控制地带。推进"国家近现代文物建筑保护利用示范区"建设,两次赴国家文物局汇报有关工作。

推进文物保护单位和名人故居保护利用工作

2016年,完成赵太侔故居、梁实秋故居、王献唐故居保护修缮工程,完成三江会馆和广东会馆修缮方案审批工作。完成《赵太侔传》初稿编撰和《赵太侔与青岛》专题纪录片脚本创作。联系老舍、杨振声、赵太侔、洪深、黄际遇等文化名人的家人,征集部分珍贵史料和原件、老版本图书等。修缮建成、开放蝴蝶楼、公主楼、东方惠合艺术博物馆等文物保护单位和文物场

馆,推动完成栈桥回澜阁的史料征集论证及开放。区内已建在建博物馆23家,登记注册博物馆16家。组织召开《骆驼祥子》创作发表80周年学术交流会,举办为期一个月的"老舍点戏"特展,这也是"老舍点戏"在全国的首次展出。

完成第一次可移动文物普查工作

2016年,经省、市级普查办审核认定,市南区国有可移动文物收藏总量为393件套(944件)。编写《市南区第一次国有可移动文物普查工作报告》《市南区第一次可移动文物普查新发现》等总结资料,展现文物普查成果,获"山东省第一次全国可移动文物普查先进集体"荣誉称号。

发挥骆驼祥子博物馆的社会文化教育功能

2016年,接待国内外游客7万余人,接待团体200余个,讲解400余场,开展素质教育社会实践基地活动8次。对馆内环境、展品展陈和消防安全设备进行更新和升级,更换院内车夫的铜制雕塑和展厅投影仪,进一步丰富馆藏展品。与嘉木艺术博物馆创始人修方舟合作开办"荒岛书店",积极恢复文化"老字号",围绕老舍故居和青岛文化研发、丰富文博衍生品。

非物质文化遗产保护

2016年,积极做好项目收集、整理、申报,在省政府公布的第四批省级非遗代表性项目名录中,市南区春和楼香酥鸡等5个项目入选。市南区的九嶷派古琴传承人张林等4位传承人入选市第三批非遗项目代表性传承人。市南区文化馆在燕儿岛路第一小学、太平路小学、天山小学等5个未成年人非遗传习基地,开设武术、古琴、口哨、剪纸等传习班25个,授课800余节。组织第五届"青岛记忆"青少年非遗夏令营。

科　　技

工作概况

2016年,市南区科技局围绕建设创新型城区的

总目标,实施创新驱动发展战略,推进大众创业万众创新,探索新常态下"中心城区"科技创新思路,优化创新生态、集聚创新要素、提升创新竞争力,增强科技创新供给能力。新增市级科技企业孵化器1个,国家

级众创空间 15 个，集聚和服务创客 8140 人。新增青岛市国际合作基地 3 个、高新技术企业 27 家、市级以上领军人才 12 名。获得市级以上科技奖励 39 项，有效发明专利达 2903 件，各项指标均居全市前列。

科技管理

强化顶层设计

2016 年，市南区发挥科创委统筹作用，形成科技创新合力；青岛软件园提质升级，打造高端的市南区创新中心；建立"千人计划"研究院，谋划建设区高端人才研究中心；探索科技总部集聚区发展思路，形成"内部优势发展＋外部资源吸引"的良性循环。

优化创新环境

2016 年，市南区完善政策体系，加大区级财政支持科技发展资金投入力度，出台支持创新创业载体建设、增强自主创新能力政策，实现科技创新政策全链条。政务、法务、生活环境优化，形成良好创新生态。

深化科技管理改革

2016 年，市南区改革财政资金投入方式方向，接轨青岛市科技计划项目体系，首次实施科技项目异地评审，首次实施重大科技专项，重点扶持一批优秀重大科技成果转化项目，为虚拟现实、智能装备、智慧城区等区域优势产业发展提供智力支撑。

2016 年 5 月 14 日，市南区科技活动周启动仪式在青岛国际新闻中心举行。

科技创新建设与引导

加大科技企业培育力度，助力科技惠及民生

加快推进创新平台建设　2016 年，市南区积极融入全市"三中心一基地"建设，加快推进海洋科技、智能制造、虚拟现实、大数据、云计算等创新中心建设。支持企业引进中国工程院院士王子才筹建仿真技术专业组产业化研究推广中心华东分中心，引进中国工程院院士王浩筹建水环境修复实验中心。实施"基地＋项目＋人才"相结合的国际合作新模式，建设国际科技合作基地，增强企业国际市场竞争能力，青岛阿斯顿工程技术转移有限公司等 3 家公司获批青岛市国际合作基地。全区建成市级以上创新平台 95 个、产业技术创新战略联盟 22 个，居全市前列。

培育科技企业"小巨人"　2016 年，市南区发展高新技术产业和战略性新兴产业，高新技术企业总数达 76 家，全年新增 27 家，创历史新高。青岛鼎信通讯股份有限公司从 2008 年的 8 名员工发展到 2500 多人，载波通信技术产品在国网用电信息采集系统载波类产品招标中应用的份额超过 40％，位列全国第一，成为区内首家主板上市的科技型民营企业。区内挂牌上市和产值过 1 亿元科技企业超过 30 家，科技企业成为区域经济发展的新引擎。

加快推动新兴产业发展　2016 年，市南区智能制造、VR、新能源新材料等新兴产业迅猛发展，无人机、3D 打印、机器人领域实现产业化。青岛杰瑞工控技术有限公司研制的钻井、修井作业一体化智能系统装备、海洋平台一体化智能管控系统等系列化产品，广泛应用于军工、轨道交通、海工装备等行业；青岛欧森系统技术有限公司拥有自主知识产权的工业级中型无人机，在多次海事演习中取得优异成绩，并在中国航空创新创业大赛中获得三等奖，上市销售以来合作订单近千万元；山东金东数字创意股份有限公司设计开发的地产三维动画、数字沙盘、360度全息成像等 10 多个产品技术处于国内领先水平，作为 VR 产业领军企业与山东大学管理学院建立战略合作伙伴关系，成为山东大学 EDP-VR 教育基地；海洋化工研究院有限公司高性能石

墨烯新材料产业化关键技术达国际先进水平,石墨烯防腐涂料项目应用于海洋工程中。

强化科技惠民 2016年,市南区积极推动科技产品和技术在健康产业、智慧城区建设、安全生产、城市建设、社区发展等民生领域的研发和应用。青岛特利尔环保股份有限公司成为中国煤炭浆体化清洁燃烧技术领军企业,其水煤浆悬浮硫化清洁燃烧锅炉达国内技术领先水平,细分领域占有率居全国第一;青岛盛腾节能科技有限公司研发的汽车环保节油器,是世界首款臭氧助燃及纳米远红外高分子技术柴油车节能减排产品,获得18项国家专利;青岛松立软件信息技术股份有限公司的智慧停车系统,解决停车难、管理难、收费难问题,在北京、重庆等城市核心城区实施推广,成为中国领先的智慧城市停车综合管理服务商;青岛福创环境科技有限公司运用原始创新、集成创新及全自动、机械化的分选技术,减轻百姓在家庭进行垃圾分类的问题,解决混合生活垃圾分选难题;青岛正信科技有限公司研发的应急指挥平台、城市管理指挥中心、电梯监控平台等,为智慧城市提供技术解决方案。

打造专业孵化载体,助推创新创业发展

加快孵化器提质增效 2016年,市南区强化孵化服务功能,创新企业融资渠道,建成各级科技企业孵化器11个。五四创客城获青岛市首批创新创业街区,并在蓝海股权交易中心挂牌,成为全省首个挂牌区域性股权交易中心的创客街区;青岛创联科技孵化器入选"青岛市十大标杆示范孵化器",成立全省首支科技企业孵化器种子基金并完成首笔投资,筹备新三板上市。

大力发展特色众创空间 2016年,市南区积极引导社会力量建设满足创客个性化需求的特色、专业众创空间。建成全国首家以法律服务为特色盈科创客空间、省内唯一以"仿真技术"为主题的航天科工众创空间、省内首家以知识产权转移为特色的华慧泽知识产权众创空间和首家虚拟现实领域众创空间金东VR创客空间等一批专业、特色化众创空间。联合U秀2050天使投资众创空间、青岛创益客众创空间等创新载体搭建金融服务、法务服务、市场推广、技术支持、服务外包、知识产权保护等创客创业平台。全区有众创空间18个,其中国家级众创空间15个,全年集聚和服务创客突破8140人。

优化提升科技服务,助推科技企业发展

加快发展科技服务业 2016年,市南区拓展服务领域、提高服务水平、强化服务能力,引导科技服务机构向专业化、规模化和规范化发展。建立国家海洋技术分中心3个,市级以上技术转移服务机构达32家,占全市的1/4。全区技术合同交易额突破13亿元,同比增长56%。引进国内外高水平、专业化服务机构,重点对接阿里巴巴创新中心、车库咖啡、星河互联集团、山东大学创客学院等一站式创业服务开放平台。支持本地科技服务机构与上海迈坦信息科技有限公司深度合作,引入国际国内先进的技术交易标准化流程,提供线上线下相结合的技术对接服务。

搭建平台促进科技成果转化 2016年,市南区积极探索"院所经济"发展模式,鼓励院所和科研人员以项目、团队方式注册企业,通过科技服务机构、与市南区企业合作等方式,实现成果本地转化。青岛海滨食品股份有限公司与中国水产科学院黄海水产研究所,联手成立青岛首个蓝色海洋食品联合研发中心,使得科技成果能够迅速转化为产业化商品,增强对产业的引领和层次提升作用,共同研发"鲜食Q参"等系列产品,给青岛海洋产品带来新鲜血液。强化政策引导实施重大科技项目、突破重大关键技术,加速科技成果转化,青岛杰瑞工控技术有限公司、青岛特利尔环保股份有限公司获省级重大关键技术项目支持,占全市1/3;海洋化工研究院有限公司等单位获市级自主创新重大专项立项;53家单位85个项目获得区科技成果转化项目立项。

加快科技人才培育引进 2016年,市南区通过政策引导和个性化、精细化、专业化的"保姆式"服务,吸引科技创新人才和团队集聚。拥有18名院士,外聘院士7名,"千人计划"专家11名,5名院士在谈入驻。新增中组部"万人计划"专家2人、泰山产业领军人才3人、市级以上创新创业领军人才7人。

优化知识产权服务 2016年,市南区与银行、企业共同探索专利质押融资工作模式,青岛诺亚信息技术有限公司、山东金东数字创意股份有限公司成为首批获得专利质押贷款的企业,获得资金900万元。全区发明专利授权量933件,有效发明专利2903件,处理专利执法案件13起。

科普系列活动

举办"2016年市南区科技活动周"

2016年5月14日,市南区科技活动周启动仪式在青岛国际新闻中心举行。市南区两国家级众创空

间"创联工场"与"青岛梦部落众创空间"达成战略合作并签约,启动创梦未来——全国"十佳创业之星"评选活动,促进区域创新创业服务水平的提升、创新创业载体的发展及品牌的树立。活动周期间,联合社区开展科普有奖知识竞赛、科普书和科普教育片首发式等系列科普活动,让"爱科学、讲科学、学科学、用科学"在全社会蔚然成风。开展"牵手基地·科技惠民"互动体验活动,组织青岛海洋地质研究所科技馆、金东π数字实验室、青岛观象台等8所科普场馆面向公众免费开放。通过开展各种形式的参观、学习和体验活动,让广大居民直观地学习了解各类科技知识,为提高城区居民科学素质奠定良好基础。区科技局与区教体局共同组织"科学使者入校园"活动,7位企业院所的高层次科技人员走进市南区中小学校,向近千名中小学生举办科普讲座。

举办科技政策宣讲活动

2016年,市南区科技局相继举办四期科技政策培训班。邀请青岛市科技局、知识产权中心、生产力促进中心等领导、专家,针对企业关心的高新技术企业申报、知识产权管理、千帆计划实施细则、创新创业政策等进行解读,提升企业自主创新能力。

创新知识产权周活动

2016年,市南区科技局送知识产权知识进社区、走企业、到校园,深入10个街道68个社区及科研院所、中小学、驻区高校等,发放600套3000张宣传挂图,3000份知识产权宣传手册(企业专利工作问答、PCT、专利权质押融资、知识产权贯标);发挥新闻媒介的作用,积极提供宣传报道的素材,提高全社会的知识产权意识。

开展创新创业活动

2016年,市南区积极参与青岛创新创业活动周系列活动,7家在孵企业,14家孵化器、众创空间参展"创新创业创客成果展",2个VR虚拟现实互动体验区接待体验者近500人。期间,组织举办"中国合伙人"科技创业项目筛选讨论、创客教育嘉年华等专题活动10场,参与创客达500人次。参加"2016青岛创客运动会暨黑马城市运动会"等创新创业活动周系列活动,获最佳组织奖。

创新创业大赛成果丰硕

2016年,市南区科技局组织28家企业、13个项目团队参加第五届中国创新创业大赛暨"千帆汇"第三届青岛市创新创业大赛,23个企业或团队在青岛市行业赛中获奖,其中青岛乾元通数码科技有限公司、山东金东数字创意股份有限公司等2家企业晋级国家赛,青岛系统仿真科技有限公司(拟)获团队组二等奖,总获奖企业数和晋级国家赛企业数均居全市前列。

科协工作

工作概况

2016年,市南区科学技术协会深入学习贯彻习近平总书记系列重要讲话精神,根据区委、区政府总体工作部署和要求,开展公民科学素质提升行动,优化科技创新发展环境,促进全区经济社会持续健康发展。区"十二五"公民具备基本科学素质指标达到20.8%,超过全市10%指标,居全市首位。市南区荣获2016～2020年全国首批"全国科普示范区"称号。

基层组织建设

2016年,市南区科协把推动基层组织建设规范化作为抓手,扩大科协组织的覆盖面,坚持为经济社会发展服务、为提高全民科学素质服务、为广大科技工作者服务的宗旨,努力提高服务水平,全区科协基层组织建设取得较好的成效。在2016年青岛市全民科学素质工作领导小组会议上,副区长周国栋作了题为《以科普信息化建设为突破,不断推动全区科学素质再有新提升》的会议发言。在2016年9月召开的全省反邪教协会基层组织建设经验交流会上,市南区科协所作的题为《强化基层组织建设 筑牢反邪坚固堡垒》的典型发言,反响强烈。

创新科普机制

2016年,市南科普在线微信平台快速发展,新增用户5万余人。市南科普在线网站成功改版,进入全国科普类网站50强。出版全省首本《带你逛科普馆》图书。围绕科技热点和社会公众科普需求,推出6期《科普100》读本,发行12000册。设计印发《漫画科学》第2期,对区创客及创客企业进行全面宣传。推出"科普公开课",实现科普资源的重复开发利用。年发信息300余篇,获得市信息工作先进集体称号。

学术活动与交流

开展国际和地区间学术交流 2016年,承办第

2016 年 6 月 22 日，区科协联合区环保协会举办"防雾霾知识"系列科普讲座。

六届中日水环境技术研讨会，200 余家中日水环境技术科研院所和相关企业进行学术交流和技术合作洽谈。协助举办第 24 届海峡两岸都市智慧交通研讨会，40 余名台湾专家和 200 余名内地专家参会交流，举办近 20 场学术交流会，取得良好的学术成果。

学会学术交流活动日益丰富　2016 年，支持市天文协会举办青岛天文科普教育高端论坛，中科院天文台、紫金山天文台专家学者围绕天文科普进行交流。组织举办第三届数字科普工程研讨会，推出《2016 数字科普调查报告》，该项目连续三年入围青岛学术年会项目。创办塔楼论坛，举办 20 场创客活动，培育良好的创新创业发展环境。

自身建设和科协各项事业发展

科协换届工作顺利完成　2016 年 11 月 18 日，市南区科协第六次代表大会在青岛湛山花园酒店举行。市科协党组书记、主席胡辛代表市科协向大会致贺词，区委书记、区人大常委会主任王久军作重要讲话。大会审议通过区科协第五届委员会所作的工作报告；选举产生区科协第六届委员会，孙海岩为主席，林向阳为副主席，常务委员 13 人。

"科普益民"又获佳绩　2016 年，区科协、区财政局联合制定实施《市南区"科普益民"行动计划》。承办青岛市全国科普日暨青岛科普节主会场系列活动。年内成立 10 所社区科普大学，按照"六个有"原则实施规范管理，组织 1 万余名居民走进辖区科普场馆参观，发放网上学习卡 1580 余张，举办各类科普讲座 374 场，受众达 18000 人。在中国科协、财政部 6 月 10 日公布的全国 500 个国家级"科普示范社区"名单中，市南区八大湖街道高邮湖路社区榜上有名，并被评为"2016 年基层科普行动计划奖补单位"，获得 20 万元奖补资金。这是市南区成功创建的第五家全国科普示范社区。

"全国科普示范区"督导工作完成　2016 年 10 月 26 日，受中国科协委托，山东省全民科学素质督导组组长、省科协党组成员、副主席于洪文一行 5 人在青岛市科协党组书记、主席胡辛等陪同下，到市南区督导验收 2016～2020 年全国科普示范区创建工作。区委书记、区人大常委会主任王久军会见督导组一行，并就如何提升全民科学素质和创建全国科普示范区等工作进行交流。督导组对市南区创建全国科普示范区工作给予了充分肯定。市南区通过中国科协全国科普示范区复查验收。

院士工作站建设扎实推进　2016 年，区科协认真进行院士工作站建设，做好院士工作站的服务和管理工作，培育新建青岛大学附属医院、青岛特利尔环保股份有限公司 2 家院士工作站。至此，市南区省级院士工作站 2 家、市级院士工作站 5 家，柔性引进院士 8 名，15 名中青年科学家荣获青岛市青年科技奖。

民　　政

工作概况

2016 年,市南区民政局学习贯彻党的十八大和十八届四中、五中、六中全会精神,开展"两学一做"学习教育,民生服务水平大力提升。困难居民医疗救助、养老事业、社区减负、社工人才队伍建设等方面的经验做法被民政系统推广。获"省级精神文明单位""山东省双拥模范区"荣誉称号。

主要工作

困难群众救助保障

2016 年,区民政局落实各项救助政策,发放低保金及各类专项补贴金 4550 万元。完成 2016 年区政府为民办实事,为辖区 903 名低保、低保边缘家庭中失能和半失能人员发放护理补助 350 万元。推行新的医疗救助,发放救助金 1034 万元。开展"送温暖、惠民生"活动,采购价值 400 余万元的慰问品,发放给1.5 万余名困难群众。利用政府及社会组织资源,完善"智慧民政"综合管理平台(二期)建设,实现精准救助。施行"一门受理、协同办理"工作方式,细化各部门在基层社会救助服务中为困难群众提供救助服务的内容,形成个性化家庭救助菜单,及时发布救助需求。

基层社会管理服务和养老服务

2016 年,区民政局组织开展"四社联动"社会工作服务项目,发挥社区的平台作用,整合社会组织的资源优势、社工人才的专业优势和志愿者的服务优势,打造"以社区为平台、以购买服务为保障,政府扶持监督、社会组织承接、专业社工引领、项目化运作、志愿者参与"的社区社会工作服务模式。出台《市南区社区专职类工作人员管理办法》,加强对社区专职类工作人员的规范化管理。修改完善"市南区社区综合服务设施服务管理规范""社区工作人员服务规范"等"10＋1"项社区工作制度,加强社区规范化建设。开展社区基层民主协商示范点建设,通过社区对话、民情恳谈、社区民主日等活动,提高社区自治水平。新建老年公寓 4 处,新增养老床位 586 张。投入经费1200 余万元,深化以"送奶、送报、送家政、送爱心、送午餐、送健康"为主要内容的居家养老服务,推动普惠型居家养老服务发展,约 8.8 万名老人受益。落实《市南区扶持社会力量参与养老服务实施办法》,投入经费 720 余万元,组织实施购买居家养老服务、设立社会工作岗位、开展关爱失独或空巢老人等为老服务项目。推广青疗"候鸟式"养老服务模式,提升疗养机构的为老服务能力。

优抚双拥

2016 年,区民政局全面落实优抚救助政策,打造立体化优抚保障制度体系,妥善安置无军籍职工,全年为各类优抚对象发放抚恤补助金 4500 万元。实现创建全省双拥模范区"八连冠",推进军民融合式发展。协调解决部队的困难和问题。协调解决滨海步行道太平角断点工程施工。区政府投资 800 万元,对一疗家属院进行综合整治。协调相关部门解决官兵家属就业、子女入学入托等生活中的困难,开展困难军人家庭救助活动。为 11 名舰载机飞行员子女解决入学问题。

社会组织管理改革和社会事务

2016 年,区民政局深化社会组织登记管理改革,推行社会组织登记"三证合一""一证一码"制度改革,实施社会组织统一信用代码制度。推进社会组织承接政府转移职能和购买服务工作,组织实施政府购买养老、社会救助、优抚安置、社区服务等社会组织公益服务项目。做好流浪乞讨救助工作,开展"寒冬送温暖"活动。年内全区办理结婚登记 5936 对。

卫生和计划生育

工作概况

2016 年,市南区卫生和计划生育局按照"供给侧结构性改革"要求,学习贯彻全国卫生与健康大会精神,深化医药卫生体制改革,全面落实国家二孩政策,构建居民全生命周期健康服务体系,推进"健康市南"建设。市南区被国家卫计委确定为"养老照护"项目、"新家庭计划·家庭发展能力建设"项目试点单位,被中国计生协与联合国教科文组织确定为青春健康"沟通之道"家长培训项目试点单位。通过山东省青春健康俱乐部的认证及山东省第一批创建县(市、区)计划生育药具管理示范站项目验收。

2016 年 3 月,市南区被中国计划生育协会与联合国教科文组织确定为青春健康"沟通之道"家长培训项目试点单位。图为青春健康家长课堂系列活动现场。

截至 2016 年底,全区有卫生机构 424 处,其中,医院 29 处,疗养院 17 处,疾病预防控制中心、社区卫生管理中心、妇幼保健机构、卫生监督所、血站各 1 处,门诊部 35 处,诊所及医务室 289 处,社区卫生服务中心(站)47 处,其他类别卫生机构 2 处。拥有各类卫生技术人员 10113 人,其中执业医师 3881 人、执业助理医师 167 人。拥有医疗床位 6900 张,其中医院床位 5596 张。

主要工作

依法行政工作

2016 年,严格规范行政行为,梳理审批清单 11 项、责任清单 75 项、权力清单 299 项,办理各类医疗机构校验 175 件次,辖区内执业医师(含助理职业医师)、护士注册变更 547 人次,查处违法生育举报 4 件。办理卫生许可证 361 个,培训 421 个公共场所从业人员 3765 人次。开展住宿消费市场专项整治、打击非法医疗美容等多项专项整治活动,处理医疗纠纷 30 余起,处理投诉举报 94 起。行政处罚 48 起,罚款 74000 元。

医疗机构建设

2016 年,启动公立医院改革,实行药品零差率,完成人员控制总量备案工作。推进医联体建设,探索适宜社区的分级诊疗模式,建立心电远程诊断系统,与市立医院远程心电会诊 273 例。副高级职称以上专家社区坐诊 871 次,诊疗 3184 人次。全科医生团队签约 636 户服务 931 人。区属公立医院、政府办社区卫生服务机构配备使用基本药物并实行零差率销售,减少居民费用支出 404.3 万元。开展"健康促进示范区"创建活动,组织辖区医疗卫生专家 40 余人、护士 100 余人,义诊 1200 余人次。开展中医药适宜技术培训和养生保健指导医师培训,举办中医养生知识讲座 37 场、义诊咨询服务 11 场,主办山东省中医药继续教育项目中医外科省级学术会议 1 次,新申建国医馆 2 处。持续推进医养结合,完善医护、院护、家护、巡护四位一体医养融合发展体系,满足多样化养老服务需求。

妇幼保健工作

2016 年,大力推进出生缺陷干预。开展免费婚(孕)检 4570 人次,发放免费叶酸制剂 11160 瓶。提供免费孕妇建册 7318 人,发放多元维生素 13665 瓶。完成妇女病普查 5246 人,免费产前筛查 4816 人。提供免费新生儿疾病筛查、保健服务 9397 人次,提供免费技术服务 9780 人次,免费"两癌"筛查 5869 人次。免费发放避孕药具 6 万余只。开展新生儿疾病筛查 11920 人。完成市南区 0～3 岁儿童管理 12710 人,入托儿童查体 7241 人,完成 75 所幼儿园 16645 名在园儿童年度免费健康查体及免费护齿工作,开展儿童听力筛查 11860 人。

卫生监督

2016 年,补充完善被监督单位信息 1808 条,其中公共场所 1405 条、生活饮用水 61 条、医疗机构 320 条。全年录入日常监督 2688 家次数,监督覆盖率 100%。向市、区两级报送信息 33 篇次。开展住宿消费市场专项整治,出动执法人员 330 人次、监督车辆 110 车次,监督检查单位 510 家,下达意见书 230 份,行政处罚 6 家。开展打击非法医疗美容专项整治,对生活美容场所进行全面摸排,监督检查生活美容店 79 家,立案处罚 3 家。开展职业卫生技术服务机构专项整治,对仅有的 1 家职业健康检查机构进行督导检查,该机构管理制度健全,严格按照批准的资质范围开展工作,人员均符合有关的任职资格。开展涉水产品专项整治,调查经营水质处理器的商场 11 家,13 个品牌 22 种型号水质处理器产品 40 个。举办市南区二次供水单位法律法规和卫生知识培训班,59 家二次供水经营单位的负责人和管理人员共 81 人参加培训。开展疫苗使用管理专项检查,出动人员 136 人次、车辆 40 辆次,检查医疗机构单位 400 余家次。实行责任制和全方位监督管理,做好区"两会"、第五届全国中小学生艺术展演活动、高考与中考、C20 会议等重大活动的公共卫生安全保障工作。

疾病控制

2016 年,加大对传染病的控制力度,做好结核、艾滋病等传染病的防治宣传及管理工作,在季节性传染病、手足口病等传染病高峰到来之前做好预警预测工作。完成 2015 年度市南区居民死亡原因分析报告、2015 年度市南区居民伤害原因分析报告、2015 年度市南区居民肿瘤发病分析报告、2015 年市南区居民脑卒中和冠心病监测分析报告。全年一类疫苗常规免疫共接种 79236 剂次,二类疫苗免疫共接种 10423 剂次,为市南区 0～6 岁儿童建立预防接种证 4251 个。开展以烟草危害、控烟立法、争创无烟单位等为主要内容的控烟宣传活动。配合市疾控中心举办青岛市戒烟大赛,走进香格里拉酒店与酒店各岗位代表共同讨论烟草危害和戒烟相关话题。

卫生应急处理

2016 年,加强公共卫生应急体系建设,组织食源性疾病流行病学调查 98 起。落实传染病防控措施,对 8 所幼儿园 8 个班级停课。完成手足口病患者个案流调 60 例,全部录入 epidata 数据库。调查处置手足口病疑似聚集疫情 14 起,撰写调查报告 14 起。采集手足口病患儿咽拭子标本 30 份,并结合市疾控中心实验室检测结果进行网络订正。规范食物安全事故流行病学调查处理工作,接到食源性疾病暴发事件报告 98 起,其中肇事地为市南区的 65 起、肇事地为外区(市)的 33 起。做好卫生应急物资采购工作,为局属单位配置价值 5 万元的应急物资。制定《2016 年 5·12 防灾减灾宣传计划》,开展以"减少灾害风险,建设安全城市"为主题的防灾减灾宣传活动,发放《公众公共卫生安全教育读本》《灾害事故避险应急手册》和《防灾减灾,从我做起》2000 册。各社区卫生服务机构开展健康讲座和公众咨询活动,讲解家庭应急应具备的常用应急器材,向居民发放《公众公共卫生安全教育读本》15000 册。

基本公共卫生服务

2016 年,全面落实国家基本公卫服务项目,管理 65 岁以上老年人 51528 人、高血压患者 41720 人、糖尿病患者 20008 人,检出重性精神性疾病病人 1182 人、在管 685 人。为辖区 60～79 周岁无体检单位老年人健康体检 25170 人,为辖区 60 周岁以上老年人实施免费白内障复明手术 679 人。落实市办实事项目,为适龄儿童免费接种水痘疫苗、灭活脊灰疫苗 8726 针次;为 60 周岁以上低保无牙颌患者免费安装义齿 32 人、转诊 2 人。云南路、八大关、湛山街道三处社区卫生服务中心的区办实事项目开工。开展"健康促进示范区"和"省级慢病示范区"创建活动,发放宣传材料 17 种 32916 份,开展公众咨询活动 13 场,举办专家讲座 16 场。

干部保健

2016 年,区保健办在充分了解机关工作人员性别、年龄等实际情况基础上,增设体检项目,扩大体检范围。组织科级以上领导干部查体 1594 人,一、二类保健干部查体 32 人;邀请医院专家为机关工作人员授课,普及健康知识;创立健康小屋,增设中医诊疗项目,为机关工作人员提供多样化服务。

行风建设

2016 年,加大党风廉政建设力度,组织廉政教育 8 场次,并与委属单位签订廉政责任书。解决群众身边"四风"和腐败问题,现场督导检查 3 次,处理信访件 25 件、办结中央巡视组转交信访事项 2 件,处理办结公开电话件 976 件。开展"两学一做"学习教育,先后组织党员干部集体学习 41 次、党课专题研讨 4 次,撰写学习心得体会 25 篇。开展党员组织关系集中排查工作,公开党费收缴情况。3 名基层同志被评为区级劳动模范。组织参加全市免疫预防工作岗位技能竞赛,获得团队现场竞赛第一、总排名第二的成绩,并组队代表全市参加省级比赛。在青岛市首届精神卫生工作岗位技能竞赛中获得团体总分第一名。在市级新生儿急救复苏技能大赛、市级危重孕产妇抢救技能大赛中均取得优异成绩。

人口和计划生育工作

2016 年,全面贯彻实施"全面两孩"政策,对全区 200 余名卫生计生工作人员进行业务培训。为 2051 名无业、失业和社会公益岗计划生育独生子女父母发放一次性养老补助金 2818.33 万元;为 3587 名育龄妇女发放住院分娩补助金 179.35 万元;为 4418 名独生子女父母发放独生子女费 36.97 万元;为 463 户失独和困难家庭发放公益金 27.98 万元;为 85 户未成年病残家庭发放补助 6.95 万元。为 1112 人发放计划生育特扶救助金 697.8 万元。中秋节期间为 712 户计划生育特扶家庭发放公益金 28.84 万元。发放计划生育奖补特扶资金 3796.22 万元,惠及 1.3 万人。推进"新家庭计划·家庭发展能力建设"项目,开展"中医养生宣传月""志愿服务美湛山""您需要我服务"等系列活动 40 余场。市南区被中国计生协与联合国教科文组织确定为青春健康"沟通之道"家长培训项目试点单位,通过山东省青春健康俱乐部的认证及山东省第一批创建县(市、区)计划生育药具管理示

2016 年 11 月 15 日,区卫生和计划生育局邀请国家卫生和计划生育委员会卫生发展研究中心专家对辖区医疗机构进行数据采集培训。

范站项目验收。

计生协会工作

2016 年,开展人口关爱基金救助工作,募集捐款 12 万元,救助困难家庭 79 户。以"冬季送温暖,真情暖寒冬"为主题,开展"真情送温暖""新春送福书法展""观灯猜谜闹元宵"等系列活动,关爱独生子女困难家庭、流动人口和失独家庭。举办"相邻相亲·云霄吾林群英会活动",摆起百家宴,庆祝邻居节。结合"5·29"协会会员活动日,开展"卫生计生服务大集进社区"主题活动。邀请专家为辖区居民进行"慢病防治""母婴健康"等义诊咨询,免费发放"提高居民家庭发展能力一封信"500 余份、健康教育宣传资料和宣传品 300 余份。联合区疾病预防控制中心开展"艾滋病防治宣传双进"活动,为辖区居民和新市民举办"预防艾滋病知识讲座",在卫生学校、市试验小学开展"青春健康进校园、防艾天使有你我"等系列活动。

信息化建设

2016 年,根据区政府投资智慧城区建设项目要求,完成《市南区社区卫生服务机构信息化建设项目建议书》。对社区卫生服务机构远程心电系统的网络传输硬件进行升级维护。对区人民医院信息化一期工程进行维护、细化和巩固,自筹资金建设血库管理系统,更新部分监控摄像头;对信息化二期工程进行调研、参数准备、招标和实施,完善体检中心的硬件建设。

健康产业

2016 年,按照国家、省、市发展健康服务精神,组织《市南区健康产业发展规划》编制工作,完善《市南区健康产业发展实施意见》《市南区健康产业发展政策细则》等配套政策并经区政府印发。加大健康产业薄弱环节、重点领域的扶持,满足人民群众多样化健康服务需求。创新开展健康产业统计指标体系研究,对健康产业发展目标和重点培育领域的推进情况进行合理评价,为领导决策提供依据。

老 龄 事 业

工作概况

2016 年,市南区老龄办着眼"五个老有"工作目标,履行综合协调、参谋助手、督促检查职能,加大老龄宣传力度,深化"敬老文明号"创建活动,维护老年人合法权益,丰富老年人精神文化生活,加强基层老年协会建设,促进老龄事业发展,全区老龄工作实现新跨越。

主要工作

2016 年 10 月 9 日,区老龄委表彰 2016 年度创建"敬老文明号"单

东部老年活动中心建设

2016 年 1 月 28 日,位于青岛市宁国路 13 号的市南区东部老年活动中心正式启动。该中心于 2014 年初开工建设,2015 年 12 月完工,总建筑面积 6676 平方米。市南区形成东、西部老年活动中心各具特色、相互兼顾的为老服务格局。

老龄事业统计

2016 年,做好百岁老人统计,统计上报 118 名百岁老人。做好老年人口统计,市南区老年人口达到 12.8 万,占全区总人口的 23.4%。按照省老龄办要求,完成市南区老龄人口情况、老龄事业发展情况、老龄组织建设情况等四项统计,按时上报省老龄办。

老年维权

2016 年,开展"老年法律志愿服务暨宣传月"活动,为 21 名老人进行解答咨询维权,答复率 100%,满意率达 97%。开展"一法一条例一规定"执法检查,加大对老年人优待政策执行情况检查力度,依法维护老年人的合法权益。开展"山东省老年人公益维权服务示范站"创建活动,推荐市南区法律援助中心为第二批"山东省老年人公益维权服务示范站"。联合青岛市中老年健康研究会举办"为老健康服务百家社区大讲堂",全年在 65 个社区授课 120 节,助益健康老龄化。

基层老年协会建设

2016 年 10 月 18 日下午,在区东部老年活动中心采取观摩学习、交流互动和集中授课相结合的方式,对辖区内 65 个社区的老年协会会长进行培训,培训内容主要包括社区老年协会规范化建设档案资料观摩、老年协会会长如何履行职责、怎样开展活动等,提升全区社区老年协会会长的能力素质。

开展"敬老月"活动

2016 年 10 月"敬老月"期间,区委、区人大常委会、区政府和区政协主要领导及分管领导,分两个组走访慰问部分百岁老人；老龄委成员部门、各街道办事处对辖区内养老机构，百岁、特困、残疾老年人开展走访慰问送温暖活动。举办市南区孝亲敬老表彰会暨第五届老年艺术节，对 10 名市南区"敬老模范个人"、10 名市南区"模范老人"进行表彰；对 9 个市南区"敬老文明号"进行命名授牌。举办市南区中老年广场舞大赛，并选拔 2 个舞蹈队代表市南区参加青岛市第二届"银龄·邮政杯"中老年广场舞大赛。

创建"敬老文明号"

2016 年，对青岛海滨风景区小鱼山公园、市南区乐万家老年公寓等 14 家市级"敬老文明号"进行复核，推荐上报台西老年公寓等 3 个单位为青岛市 2016 年度"敬老文明号"，评选八大峡街道团岛社区等 9 个单位为 2016 年度市南区"敬老文明号"。

老龄工作调研

2016 年，对老年宜居社区建设进行调研，撰写的《加强老年宜居社区建设，不断提高老年人的幸福指数》在山东省第五届老年健康与长寿理论研讨会上获得三等奖。对社区居家养老进行调研，发放问卷 1000 份，收回有效问卷 918 份，撰写的调研报告《市南区社区居家养老服务的调查与研究》，被评为青岛市老龄工作调查研究提升年活动"十佳调研报告"。

档　案

工作概况

2016 年，市南区档案局（馆）在区委、区政府的领导下，在市档案局的指导下，圆满完成各项工作任务。市南区档案馆通过"全国示范数字档案馆"测评，成为全国第一家通过测评的区级档案馆，为建设宜业宜居幸福市南区作出贡献。

主要工作

"全国示范数字档案馆"测评

2016 年 5 月 16～17 日，全国数字档案馆专家测评组从基础设施、系统功能、档案资源、保障体系、服务绩效等方面进行实地检测，市南区档案馆以优异成绩通过专家组测试，成为全国首家通过"全国示范数字档案馆"的区级档案馆。测评结束后，根据专家组的反馈意见，市南区重新对馆内数据进行全面开放控制鉴定和密级划分。

档案馆扩建改造

2016 年，为贯彻中央、省、市《关于加强和改进新形势下档案工作的意见》有关精神，市南区召开区委

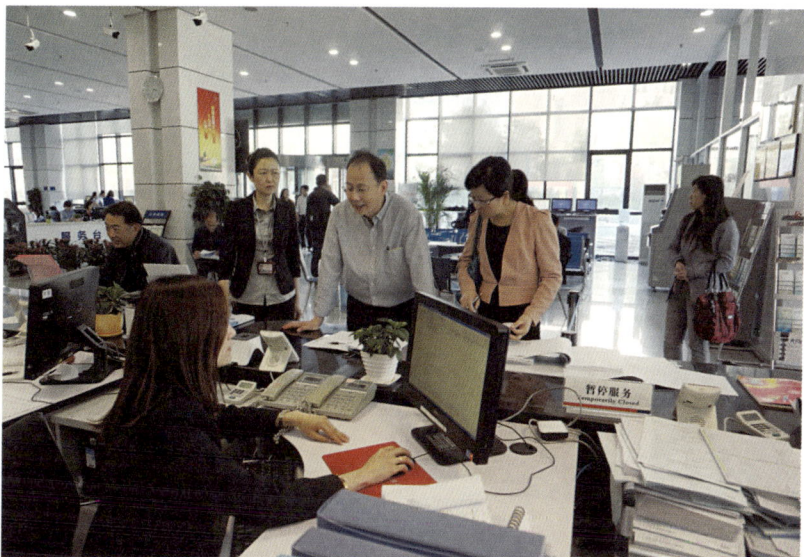

2016 年 5 月 16～17 日，国家档案局组织专家对区档案局数字档案馆系统进行现场测试。

常委会和区政府常务会议，专题研究档案工作。会议研究决定，在区机关大楼第四层的基础上，将第五层和第二十八层调剂给档案馆使用，档案馆建筑面积达到 5010 平方米。市南区档案馆扩建改造工程于 2016 年 10 月中旬正式动工。年底，第五层东半部分办公区域和部分功能用房改造基本完成。

档案馆基础业务建设

2016 年，区档案局推行精细化管理理念，做好档案制度建设、档案馆库安全建设、档案信息化建设、档

案接收征集管理等档案馆业务工作,确保 2～3 年内实现基础业务水平整体提高。推进档案资源建设,将机关档案接收"化整为零",全年接收原区卫生局等 5 个单位档案 9132 件,5060 卷。开展"市南记忆"工程,对特色街道进行集中拍摄,收集照片档案 8576 张、4093 分钟。做好文档服务工作,全年接待查档 2693 人次、1935 卷次、1728 件次。与区文化新闻出版局联合开展"艺术人文视频档案史料留存工程",依托移动互联网平台,打造《青岛(市南)艺术人文视频杂志》。视频杂志聚焦青岛本土文化,收集、整理、挖掘、留存在青岛有居住、工作、生活、学习经历的艺术名家及其作品,为每位被拍摄者录制不少于 50 分钟的影像资料,形成不少于 5000 字的文字资料,并制作成 4～12 分钟的微纪录片。完成 30 位书画家、武术家、版画家和陶艺家微纪录片的制作,并通过"青岛(市南)艺术人文视频杂志"微信公众号定期播出。

档案监督指导与法制化建设

加强机关档案监督指导　2016 年,继续发挥网络监督指导的优势,对全区街道办事处、区直单位、机关部门 2015 年度文件材料归档情况进行全面数据检查,检查单位 65 家,审查纸质档案 4 万余件(卷)、电子数据 5 万余条,确保全区档案归档准确率及规范性。对机关单位归档范围和保管期限表编写进行审核指导。做好区综合行政执法体制改革工作中档案处置工作,规定机构整合过程中档案的处置办法和流向,对档案整理和交接工作进行具体指导,确保机构改革过程中档案材料安全完整。

加强档案业务培训　2016 年,加强全区档案规范化建设,举办 2016 年度全区机关、街道归档工作培训会;提高教育系统档案规范化水平,召开全区教体系统档案培训会议,全区中小学校、幼儿园档案管理人员 100 余人参加。组织做好《山东省档案工作科学化管理规范》测评申报工作,区环保局、湛山街道办事处、八大关街道办事处被评为测评先进单位。开展法治政府建设指标体系评估检查工作,对 2015 年法治政府建设总体运行情况进行全面自评自查。以权力清单和责任清单为基础,确定行政许可项目信息,完善"主体类别"等信息内容,并通过"信用青岛""信用山东"等有关媒体向社会公示。梳理调整区档案局行政权力清单,将行政许可事项纳入山东省行政权力事项动态管理系统。

档案信息资源开发与档案宣传教育

探索"互联网＋档案服务"模式　2016 年,研发触摸屏版"虚拟档案馆",在部分社区实现数据网络共享,在线更新。推广"市南档案"微信号,打造"指尖上的档案馆",两种新服务载体收录照片 1200 余张、公开档案及现行文件 2863 余件、影视视频 400 余分钟。持续做好"市南档案信息网"的维护更新工作,不断扩大档案工作影响力。

开展"档案馆日"系列活动　2016 年,围绕"档案与民生"的主题,举办《记录城市历史变迁,探寻市南发展轨迹——"市南记忆工程"工作成果掠影》展览;为每个社区免费发放档案文化海报和家庭建档宣传折页;开放"百年中山、世纪印象"(中山路社区)、"湛山村的变迁"(湛山社区)、"奥运情怀"(澳门路社区)、"家事—仙游路社区发展历程纪实"(仙游路社区)等社区展馆,社区居民在家门口感受档案文化魅力。

档案教学走进党校课堂　2016 年,为加大档案工作宣传力度,区档案局局长刘宇走进市南区委党校课堂,为新录用公务员、区内拟提拔领导干部作了题为《档案解密市南区》的档案文化讲座,受到区委党校和学员的好评。

民族宗教工作

民族工作

2016 年,市南区民族宗教局开展民族宗教基层基础建设工作,对辖区内少数民族常住人口、流动人员、清真饮食网点等情况进行更新;做好为少数民族群众服务工作,完成"少数民族群众清真饮食补贴发放""少数民族子女高考加分审核""穆斯林群众朝觐审批"以及"少数民族流动人员子女就学登记"等工作,先后为 2000 余名少数民族群众提供服务,发放专项补贴资金 15 万余元；配合完成全国人大常委会副委员长向巴平措、威海市民族宗教局等到八大湖街道高邮湖路社区调研考察工作。高邮湖路社区被国家民委命名为"第三批全国民族团结进步创建活动示范单位"。

宗教工作

2016 年，市南区民族宗教局组织开展非法宗教

聚会点排查清理专项活动，各街道办事处对辖区内的非法宗教聚会点进行排查、摸底。加强对宗教活动场所安全工作检查监督，与全区各宗教活动堂点负责人签订安全工作责任书，定期对各宗教活动堂点进行走访检查。积极开展宗教法规宣传月活动，在保罗堂开展宗教法规集中授课，取得良好效果。

体 育

工作概况

2016 年，市南区教体局不断深化体育事业各项改革，创新全民健身活动模式，争取社会支持少儿体育技能培训，竞技体育水平不断提升，体彩销售再创新高，全区体育工作蓬勃发展，群众身体素质和健康水平不断提高。市南区被评为山东省第六届全民健身运动会先进单位，是青岛市唯一获此称号的区（市）。

2016 年 8 月 15～19 日，第二届"梅沙教育杯"全国帆船青少年俱乐部联赛（青岛站）暨市南区"区长杯"帆船邀请赛，在青岛奥帆基地南下水坡道举行。

主要工作

公共体育服务体系建设

2016 年，投资 500 多万元建设 8 片笼式多功能运动场，更新 2010 年以前的健身路径 137 处，更新健身设施 700 余件，全部社区安装健身器材，基本形成公共体育健身设施"五分钟健身圈"，人均场地面积达到 2.13 平方米。为了保证招标健身设施维修，增加巡检服务，全年维护健身设施 200 余处，修缮健身器材 60 余件，全区健身设施安全运转，为居民安全健身提供保障。

全民健身活动

2016 年，市南区全民健身运动呈现多样化、创新

化、本土化、群体化特色。各类体育健身队伍、群众性体育组织不断发展，形成区、街道、社区三级体育组织网络，其中，体育协会 9 个，健身俱乐部 10 个，健身站点 326 个。打造具有区域特色的体育项目群，开展帆船、网球、健步长跑、冬泳、健步行、登山、拳击、游泳、乒乓球、羽毛球、篮球、象棋等健身活动。依托体育协会，开展抖空竹、武术、健身气功、八段锦、五禽戏等民间传统体育品牌活动。羽毛球代表队参加青岛市举办的第三届"青岛球王"争霸赛羽毛球总决赛，在九个单项中获得八项冠军；全市 14 人获球王称号，市南区占 13 人。市南区被授予 2016 年青岛市全民健身活动贡献奖。从 5 月起历时 6 个月，在 10 个街道社区休闲广场举办市南区全民健身运动会分站赛，65 个

社区近 3000 名居民参与；10 月份举行全民健身运动会总决赛。举办键球、帆船、武术社会体育指导员培训班，全区有三级以上体育指导员 1116 人。

运动技能培训

2016 年，区教体局率先在全国范围内首推帆船技能进机关、进社区、进家庭培训，历时 3 个月开设 1500 节课，普及帆船知识、帆船运动。开展"传统体育项目"进学校活动，邀请市南区民间体育项目协会优秀骨干人员进校园授课，全区 22 所学校部分学生学习武术、抖空竹、太极扇、八段锦、五禽戏等健身项目。推进游泳进校园工作，加强科学管理，注重设备更新，提升培训水平。

群众体质监测

2016 年，构建国民体质监测工作的新模式，完成市体质监测中心分配的监测任务，受到省、市体育局的表彰，在全市介绍相关经验。建立区、局、校三级体质监测工作机构，组建专职和兼职相结合的测试队伍，使体质监测工作系统化、正规化、科学化。加大投入购置仪器设备，在区少儿体校建立国民体质监测室，方便工作的开展。全年完成近 800 人体质监测样本量，为有关部门开展全民健身研究提供翔实的资料。

体育产业发展

2016 年，市南区体育彩票销售 1.82 亿元，同比增加 0.2 亿元。新增友客、迷你岛、可好等连锁超市销售网点 65 处，全区体育彩票销售网点 150 余处。市南区荣获山东省体育彩票特殊贡献奖、青岛市体育彩票突出贡献奖。

防 震 减 灾

工作概况

2016 年，市南区优化调整地震应急管理组织指挥体系，修订完善地震应急预案，加强地震应急机构队伍和志愿者队伍建设，加大地震应急避难场所、物资储备和速报队伍建设力度，健全震情灾情技术系统，增强防灾减灾措施的针对性和实效性，较好地完成各项既定工作任务。

主要工作

加强地震应急管理组织领导和指挥体系建设

2016 年，市南区对区抗震救灾指挥部进行优化调整，指挥部总指挥由市南区政府区长担任，副总指挥由分管副区长担任，下设 10 个工作组，分别承担组织协调、抢险救灾、宣传报道、社会交通治安、后勤保障、灾民安置、社会治安、次生灾害防御等职责，成员单位调整至 39 个。完善区地震应急管理组织机构。督促各部门、各街道完善抗震救灾指挥部。区抗震救灾指挥部多次召开会议，贯彻落实市委、市政府防震减灾会议精神，研究市南区防震减灾工作。4 月，组织区政府 50 个部门、单位分管应急管理工作的负责同志 60 余人赴浙江大学培训，提高机关干部地震应急和处置工作能力。

修订和完善地震应急预案

2016 年，区地震局认真学习市地震应急预案，结合区域实际，对市南区的地震预案进行全面修订。明确区政府有关部门、驻区有关部门单位、各街道办事处的工作职责，确保地震应急救援和救灾工作快速、协调、高效、有序展开。推进区地震应急预案制订和修编工作，年底前完成。区人防、城管、旅游、教育、安监、商务等重点行业、重点单位完成地震应急预案制订和修编工作。辖区中小学、幼儿园、大型商场超市、旅游景点、人防工程设施、高层楼宇、建筑施工工地等重点场所和区域均编制相应的地震应急工作预案。各街道均制订和修订地震应急预案。定期组织区应急办、区安监局、区红十字会等部门专业人员，深入学校、幼儿园、商超、企业以及旅游景点等重点单位对负责人和工作人员进行预案推演、防震应急避险、现场急救等专门培训,并为培训合格者颁发相关资质证书。

强化地震应急机构队伍和志愿者队伍建设

2016年,依托市南消防大队、市南边防大队、市南区人民医院,组建市南区地震灾害紧急救援队和市南区志愿者应急救援队,这是青岛市与德国国家救援署合作引入"第一响应人"应急救援模式后,首支按照国际新理念成立的应急救援队伍。全年投入180万元购买应急救援装备物资用于专业救援队伍建设,投入650万元购买地震灾害应急救援车辆及随车救援装备。辖区机关企事业单位、街道、社区均成立志愿者队伍,志愿者近5000人。区共青团应急宣传志愿者、区红十字会应急救援队伍、区机关应急救援突击队处于常态应急状态,统一配备个人应急装备,并进行专业应急救援培训。区城管系统市政、环卫、绿化等行业单位成立专门的应急救援队伍。基本形成专兼结合,区、街道、居建制全覆盖的应急救援队伍和应急志愿队伍体系。

加大地震应急避难场所、物资储备和速报队伍建设力度

2016年,加快推进避难场所建设,完善地震应急避难场所安全避险、医疗救护、基本生存保障等功能。区机关建立130平方米的应急物资储备库,区民政局建立综合救灾物资储备仓库,区城管局建立防汛应急物资仓库,区卫生局建立医药、器械应急物资储备库,区红十字会建立救灾物资仓库,10个街道办事处均建立物资储备库,按照实物、企业储备、协议供货等方式,分别储备相关应急物资和食品。完善汇泉广场、太平角公园和五四广场应急避难场所设施,建成设施相对完备应急避难场所30处(包括12所学校操场),总面积约54万平方米,可容纳22万余人。为街道地震安全社区和地震科普示范学校配备手动破拆工具。建立173人的震情速报员队伍,将社区楼组长、街道相关领导纳入队伍;对社区震情灾情速报员队伍进行地震异常信息报告、地震科普宣传、地震灾情速报培训。加强地震应急值守,实行24小时地震应急值班制度。

健全震情灾情技术系统

2016年,加强机关办公楼内强震台网建设及维护管理,确保软硬件系统稳定运行。建成区级综合应急指挥平台,对视频监控系统、"天网"工程和市南区应急辅助决策系统进行有机整合,对各类隐患实现视频监控全覆盖,加强车载无线图像语音对讲系统、3G可视化数字集群应急调度系统、智能单兵设备、车载系统以及中央控制系统的配备,支持车载无线对讲系统和智能手机APP实时调度指挥。为辖区10个街道办事处配备高清视频会议系统,提升区、街道应急快速响应能力。

强化防震减灾演练和宣传

2016年,"5·12"防灾减灾日及防灾减灾宣传周期间,在市南区八大峡广场开展防灾减灾日宣传暨应急疏散演练活动,区民政局、区卫计局、区人防办、区红十字会、区安监局等部门相关人员,300名社区居民参加演练和应急知识宣传活动。投入20余万元印制防灾减灾宣传手册等宣传资料6万余份发给社区、企事业单位和居民。以购买服务方式,在10个街道选取20个社区,围绕地震减灾、防踩踏、应急逃生等开展应急演练活动,并对楼组长、学校和幼儿园负责人开展"第一响应人"培训600余人次。各街道通过播放宣传片、发放宣传手册等形式,开展30期应急培训并进行应急演练,参与人员2万余名。

残疾人事业

工作概况

2016年,市南区残疾人联合会学习贯彻落实党的十八届五中、六中全会精神,扎实开展"两学一做"学习教育,以"十三五"发展规划开局之年为契机,开拓思路,锐意进取,做好残疾人各项服务工作,为残服务更加精准化,残疾人事业取得新进展。

主要工作

基层组织建设

2016 年,区残联贯彻中国残联和省、市残联关于基层残疾人组织规范化建设文件精神,从大局工作、组织工作、设施建设、政策理论、任务完成等方面,采取"量化指标、规范管理、明确责任"的方式管理考核街道残联工作。残疾人工作者队伍管理更加规范,横向到边、纵向到底的区、街道、居三级组织网络体系日益成熟,基本形成工作制度健全、机制运行良好的组织工作体系。精减调整社区残疾人联络员,将年富力强的、热心残疾人事业的同志充实到残疾人联络员岗位。

2016 年 9 月 28 日,区残联举办 2016 年度市南区残疾人康复、法律工作培训班。

残疾人就业

2016 年,区残联依托青岛老转村集团有限公司成立青岛市市南区和合圆梦残疾人辅助性就业中心,帮助 44 名残疾人在中心实现就业。为 89 名符合政策的残疾人申报重度残疾人居民社会医疗保险费补贴 15575 元。救助贫困残疾学生及贫困残疾家庭子女 262 人,奖励残疾大学生 4 人,共计 31.2 万余元。为符合条件的 218 人次成年重度残疾人,审核申报就业生活补贴 36.8 万余元。举办微商培训班、面食糕点培训班、康复技能培训班各 1 期,指导远程网络就业指导员培训。全年培训残疾人 460 余人次,举办残疾人专场招聘会 1 期。为 59 名残疾人作就业困难认定。实现残疾人新增就业 216 人,鼓励支持残疾人自主创业 8 人。完成市办实事为重度视力、肢体、智力、精神困难残疾人护理补贴发放工作,为 2482 名残疾人发放补贴 288.44 万元。6 月份,开始地税代收残疾人就业保障金工作,全年征收总额为 8886 万元。

残疾人康复服务

2016 年,区残联对区 0～15 岁残疾儿童进入定点康复机构接受康复训练且持续康复训练一年的实施康复训练救助,对进入定点康复机构训练的困难家庭聋儿和智力残疾儿童给予每人每月 1500 元康复救助、脑瘫和自闭症儿童给予每人每月 3000 元康复救助;对进入定点机构训练的其他家庭残疾儿童按其对应的救助标准减半救助,实施救助资金 253.8 万元。实施市残疾人福利基金会"经颅磁脑瘫儿童康复项目",为区在训脑瘫儿童和脑瘫儿童康复训练机构配发专用康复训练机 48 台。为困难家庭残疾人配发 690 件基本型辅助器具。按照小件 300 元以下、大件 300～800 元的标准,将康复器具分批次有步骤地进行免费适配。对全区所有持证精神病患者且符合免费服药条件、病情稳定并自愿申请免费服药的,补助标准由每人每年 1000 元提高到 2000 元。对 620 名精神残疾人实施免费服药,实施救助金额约 65 万元。全区实施盲行训练 95 人。对 121 名肢体残疾人实施肢体康复训练,每位肢体残疾人投入经费 1000 元。实施 11 例假肢安装,救助资金 6.2 万元。举办社区康复管理人员和技术人员培训班,培训 108 人,优化康复管理和技术人员队伍。建立以 10 个街道残联为单位的 300 余人的相对稳定和专业化的社区养护员队伍,社区养护员均持有家政服务资格证和健康证,有 417 名残疾人享受残疾人居家安养服务,青岛市市南区残疾人爱心之家有 93 名残疾人享受残疾人机构托管服务,2014 年 11 月成立的青岛市市南区残疾人阳光安养服务中心有 70 名残疾人享受残疾人机构托养服务,截至 2016 年底托养残疾人 563 人。全年实施残疾人托养资金合计 451 万元。

残疾人文体活动与维权

2016 年,区残联协助市残联承办第 25 次"全国助残日"活动,组织市南区肢体残疾人协会在广电中心进行现场献血,献血 13000 毫升,组织聋哑女子舞蹈队在市广电中心 800 米演播大厅以现场直播的形式演出舞蹈获奖作品"春雨莎啦啦",组织举办市南区第十五届残疾人田径运动会,并选拔优秀运动员参加市残联运动会。年内接待残疾人法律咨询 129 人次,办理残疾人法律援助案件 9 件,举办由街道残联理事长、专干及联络员 130 余人参加的法律知识培训班,受理市、区政务服务热线 18 件,政府信箱 2 件,市 12345 热线办理单 35 件,办结率达到 100%,群众满意率达到 100%。

残疾人生活保障

2016 年,春节和中秋节期间,投入 350 万元为全区 2800 余户低保和低保边缘的困难残疾人家庭发放生活物品。协助市残疾人福利基金会开展"迎新春送温暖"活动,为困难残疾人发放大米 160 袋、面粉 160 袋、花生油 160 桶等慰问品。落实低保边缘家庭残疾人生活补助金政策,发放救助金 100.2 万余元,对 336 名残疾人进行爱心救助。全年为残疾人办理公交卡 520 张。

社会服务

2016 年,投资 75 万元为辖区内 3000 名残疾人实施免费查体,残疾人免费查体实现常态化。投资 77 万元,在全区 9 个街道 34 个社区的 300 余个点,进行无障碍设施改造建设,安装不锈钢栏杆、扶手 2000 余米,改造坡道 50 平方米,对 80 户残疾人家庭的厨房、卫生间进行无障碍设施改造。在全市率先完成无障碍建设全覆盖。

红十字事业

工作概况

2016 年,市南区红十字会贯彻落实国务院《关于促进红十字事业发展意见》精神和市红十字会的工作部署以及区委、区政府的总体要求,深入基层广调研,凝心聚力谋发展,发挥政府人道助手作用,扎实开展募捐救助、应急救护培训、文化宣传、人道救助、志愿服务及"三项捐献"等工作。

主要工作

募捐救助

2016 年春节、"5·8"红十字博爱月及国庆节期间,市南区多渠道开展"博爱送万家、幸福在市南"主题救助系列活动,募集人道救助款 42.57 万元。对因病致困家庭和遇到困难的热心公益志愿者家庭开展人道救助,先后救助癌症、大病、妇女及困难学生家庭 253 户,全年发放救助金 44.7 万元,760 余人受益。

救护培训

2016 年,区红十字会全面落实市政府 2016 年市办实事项目,完善"第一响应人"应急救护培训长效机制。联合社会公益组织,对旅游、物流、健身、超市及宾馆酒店等人员密集的窗口服务行业开展"第一响应人"应急救护培训。全年举办培训讲座 102 期、综合演练 10 场次,受益 2.7 万人次,1600 人考取救护员证。在区机关会议中心举办"第一响应人"应急救护知识培训,区机关 50 余个部门 100 余人参加培训;区文明办、安监局、应急办和人防办等部门,将本部门工作与应急救护培训有机结合,携手举办大型宣传活动和知识普及活动,并对辖区中小学(幼儿园)、街道、社区及楼组长等基层单位应急安全负责人和工作人员进行"第一响应人"应急救护技能培训。不断拓展宣传普及范围,配合老年大学和社区志愿服务组织开展针对老年群体和行动不便家庭的救护知识培训。

"三项捐献"宣传推动

2016 年,区红十字会以"三上门"(即上门讲解、上门走访、上门协调)为抓手,用活动促志愿者队伍发展。深入社区、企业开展"三项捐献"宣传推动活动,

2016 年 5 月 11 日,区红十字会在区机关会议中心举办"第一响应人"应急救护知识培训。

先后在云南路街道、八大湖街道和船员学院等辖区高校举办多场"三项捐献"及防艾滋病宣传专题讲座。协调各方力量,组织无偿献血活动 4 次,动员大学生志愿者、企业员工、公务员及社区居民等 500 余人,献血约 12 万毫升;采集造血干细胞血样 80 人,再动员 16 人,4 名志愿者进行造血干细胞高分辨检测;400 余人咨询并领取《遗体捐献登记表》,20 人办理遗体捐献登记手续,2 人实现捐献。

红十字文化宣传及志愿服务

红十字文化宣传　2016 年,区红十字会将日常工作宣传与红十字特色主题、社会关注热点等相结合,多形式、多渠道开展红十字文化宣传。利用志愿者服务月、"5·8"世界红十字日、"5·12"防灾减灾日、世界艾滋病日等开展主题宣传和志愿服务活动 20 余场(次);采取群众喜闻乐见的方式,大力宣传《中华人民共和国红十字会法》,普及红十字运动基本知识和"人道、博爱、奉献"理念。世界急救日期间,联合八大关、八大峡、八大湖及中山路等街道开展以"儿童学急救"为主题的宣传教育活动。在珠海路街道海口路社区增建 1 处社区博爱驿站,并完善原有驿站内部设施和服务项目,优化拓展服务空间。依托博爱驿站开设社区人道讲堂,结合当前形势、关注热点等在社区巡回举办讲座,宣讲人道、博爱、奉献的红十字精神。制作发放红十字知识宣传品 2 万余份,与区委宣传部等部门共同组织国际志愿日宣传活动,联合辖区各高校举办"如何做一名合格的红十字志愿者"主题培训。征订《中国红十字报》和《博爱》杂志 266 份;通过新闻媒体及省、市红十字会网站宣传区红十字会工作,刊登稿件 60 余篇。

志愿者队伍服务与管理　2016 年,区红十字会加大志愿者队伍扶持力度,制定《资助公益性组织资金管理办法》,资助"青岛好司机"、天使救援中心、乐活志愿者协会和八大湖街道慈善博爱超市等志愿者队伍与项目 6 万余元,帮助其开展志愿服务活动。发挥志愿者作用,立足社区居民需求开展公益课堂、宣传防灾减灾知识、义诊查体、扶老助残、文明行为劝导等志愿服务活动 10 余场(次),为幸福社区建设作出积极贡献。

街 道 概 况

八大峡街道

概　　况

八大峡街道位于市南区西部,面积 2.265 平方千米,海岸线长 3000 余米,辖 8 个社区 8.93 万余人。辖区有八大峡广场、青岛黄金海岸健身长廊、团岛灯塔等景区。

2016 年,八大峡街道紧紧围绕区委、区政府年度工作部署,深入贯彻习近平总书记系列讲话精神,抓住西部复兴式发展的战略机遇,积极适应新常态,把握民生、稳定、发展三大主线,街道各项工作全面健康发展,较好地完成本年的各项任务指标。被授予省级精神文明单位、青岛市太极拳之乡、市南区敬老文明号等 10 余项荣誉称号,并获得青岛市第十五届社区健身节健身舞展示三等奖、市南区花棍操比赛优胜奖等多项奖励。

党工委书记蒋延灿,办事处主任王轶强。

经济与社会发展

经济工作发展

落实和推进“调结构、稳增长、抓落实”活动　2016 年,八大峡街道办事处围绕“依靠重点项目激活新经济、凭借重点工程打造新西部”的发展思路,依托“调结构稳增长抓落实现场推进活动”,成立服务工作小组,推进辖区重点项目蓝海新港城、华天大酒店改扩建、中苑海上广场二期和海上皇宫等项目的跟踪服务。落实重点项目服务责任制,派驻服务工作组,建立工作台账,及时跟进进度。走访辖区企业 200 多家次,汇总项目推进过程中的问题难题 80 余条。从多个方面向企业提供帮助,推进辖区企业兴业发展的积极性。

以企业服务为抓手,做好财源税收工作　2016 年,加强与税务部门的合作和信息交流,建立联席会议制度,定期会同市场监督管理所、税务所等工作部门排查零散税源,及时催收入库。重点做好税务部门与企业之间“营改增”业务对接和服务,帮助企业联系税务部门,做好税务变更和过渡。把街道打造的创业扶持机构“团岛湾小微企业奋进园”做实做强,做好小微企业服务工作。创新企业服务方式,培育新税源,鼓励和支持重点企业发展。2016 年,辖区区级地方财政收入 54143 万元,新增企业税收 218 万元,限额以上重点服务业完成总量 245588 万元,实际增量 21288 万元,经济发展保持总体平稳。

盘活管区招商资源,全力招商引资　2016 年,结合青岛市“十个千万平方米工程”建设,积极引导优势企业行业向专业商务楼宇及创客基地聚集。全面梳理管区招商资源,走访辖区全部商务楼宇,摸清辖区内招商载体,深挖项目信息,对 200 余家企业实行网上动态实时管理。截至 2016 年底,蓝海新港城项目总计完成投资额 50 亿元,正在进行二期建设,全年完成投资 8 亿元。帮助解决海悦精品酒店规划纠纷事宜,海上皇宫招商工作得以推进。

城区环境改善

探索开放式楼院准物业化管理模式 2016 年,按照政府购买服务和市场化原则,通过招标引进 3 家物业公司,对辖区 353 个开放式楼院进行准物业化管理。通过"加大楼院巡查、落实奖惩措施、例会督促讲评"等手段,对 3 家物业公司加强管理,提升城区居民楼院的卫生水平。

环境综合整治进行难点突破 2016 年,坚持规范、整治、督查,确保环境卫生工作机制不松、力度不减、标准不降。运用"互联网+3 个平台"(数字化管理平台、城管微信平台、全民城管平台),巩固"创卫"复审成果,助推街道城市环境管理水平提升。强化城管执法队伍与城市管理联动,下力气整治团岛市场周边、沿海岸线烧烤和主干线游商浮贩占路经营问题,环境秩序大为改观。针对团岛山违建多、环境差的情况,采取多种措施,实现拆违工作由被动处理举报转变为前置预防管理,杜绝出现新的违法建筑产生。集中拆违清运垃圾 20 多车近 100 吨,恢复山体面积近 1200 平方米,团岛山环境面貌得到较大改观。针对团岛四路渣土运输堆放问题,约谈企业,协调并督促相关执法部门联动执法,基本消除渣土扬尘污染源。

加快老旧楼院改造步伐 2016 年,借助区政府对西部的倾斜政策,街道投资 2000 万元启动老旧楼院改造工程,涉及 169 个开放式楼院、227 栋居民楼、12700 余户,主要对楼院破旧、地下管网破损、建筑物安全等问题进行整治。完成测绘、设计和造价工作,正依法依规推进招投标工作。

稳步推进棚改项目 2016 年,采取"项目部"运行模式,实行"一居一项",由社区第一书记担任项目经理。街道抽调 5 名人员组成棚改办,同实施棚改的社区一起推进当年危旧房征收和往年未签约住户的清零工作。经过工作,圆满完成 2016 年区政府下达的 300 户征收任务,涉及 7 个楼院,实际征收 320 户。对已征收的危旧房,街道社区对门窗及时进行封堵,并做好巡查监管工作。对往年存量危旧房,做到"一户一档",逐户分析原因,开展问题攻关。2013 年启动棚改工作以来,共征收危旧房 1000 余户,居民居住条件得到显著改善,未发生一起出区上访情况。

民生保障服务

困难群体救助力度加大 2016 年,以"精准扶贫"为指导思想,借助民政全业务平台,做到低保审查、办理更加公平公正透明。做好残疾人康复工作,利用"助残日""爱耳日"等活动宣传残疾人工作,呼吁社会各界关心残疾人、爱护残疾人。全年发放低保金 1074 万余元,发放困难群体各类补贴、救助金近 200 万元。办理临时救助 167 户,特殊救助 62 户,医疗救助 19 户。保障性住房享受廉租房租赁补贴 342 户家庭,发放廉租房租赁补贴金 188 万余元。为街道低保、低保边缘的 33 名残疾人免费配发辅助器具,对辖区内的 163 名残疾人进行免费健康查体,为精神残疾人免费服药建立台账,全年发放残疾人各类补贴 181.3 万元。

为老服务模式更加灵活 2016 年,探索创新医养结合养老模式,将医疗设施服务与老年公寓养老服务平台相结合。在现有老年公寓和日间照料中心的基础上,协调指导青岛医保城药业集团建成"医保城超百岁养老院"和台西老年公寓南阳路日间照料中心,增加辖区老年人服务照管机构。继续开展"六送"活动,为 1600 余名孤寡困难老人、独居老人开展探视送奶工作,为 3040 名老年人送报服务,为街道 60 岁以上老人免费查体,为低保困难老人免费送午餐。街道成武路社区、台西五路社区、三门峡社区挂牌成立"爱心陪伴空巢老人"志愿者服务基地。全年走访慰问老年人 85 人,送去慰问品及慰问金 5 万余元,为辖区 3300 余名 80 岁以上老人发放高龄补贴和高龄查体补贴 250 余万元。团岛社区荣获"市南区敬老文明号"称号,三门峡社区副主任王克华被评为"敬老模范"。

社区教育文体不断发展 2016 年,开展社区老年大讲堂活动,邀请青岛海慈医院、青岛市急救中心等岛城名医专家走进社区,开展 20 余次公益讲座。在纬五路社区设立晨光幼儿园公益早教中心,开展管区早教指导。发挥青年志愿宣讲团、关工委"五老"宣讲团、社区教育讲师团等专家、讲师、志愿者作用,把时政知识、文明知识、党史知识、区情知识、科普知识、健康知识,送进机关、进企业、进学校、进社区、进楼院、进家庭。街道老年文体队伍在青岛市第十五届社区健身节健身舞比赛中荣获三等奖;街道荣获"青岛市太极拳之乡"称号;街道老体协被评为"2016 市南区老年体育工作先进集体",10 名老年体育骨干被评为"2016 年市南区老年体育先进工作者",9 名社区辅导站体育骨干被评为"市南区老年体育活动优秀辅导员",街道 8 个社区辅导站荣获"市南区优秀辅导站"称号。街道选送的舞蹈《万泉河水清又清》荣获"市南区老年舞蹈大赛二等奖"；300 余人的老年健身操队伍荣获"市南区永新穴位操交流比赛优胜奖"；街道64 人的花棍操队伍参加市南区花棍操展演荣获优胜奖。

安全生产形势稳定

进一步落实监管责任　2016 年，始终将"安全"作为重中之重，落实"管行业必须管安全，管业务必须管安全，管生产必须管安全"的要求，与街道辖区内企业签订安全生产责任书，强化企业安全生产主体责任。建立街道、社区、和生产经营单位三级安全生产、食品安全管理体系，进一步明确街道、社区和生产经营单位在安全生产和食品安全网格监管中的职责，做到定区域、定人员、定责任，确保安全生产监管工作无遗漏、全覆盖，建立安全管理基本信息档案，并按照安全生产评估分级标准对所有企业进行安全评估和分级，列出重点监管企业名单。各网格按照各自的职责和频次对辖区内生产经营单位进行检查，对排查出的隐患责令当场整改或限期整改，对重大隐患进行挂牌督办。

大力开展隐患排查　2016 年，始终把安全隐患排查作为安全生产工作的牛鼻子来抓，社区实行"周部署，周总结，日巡查、日报告"制度，把隐患排查作为一项重要工作，安全检查成为社区工作常态，把辖区内高层建筑、养老院、幼儿园、大型超市、集贸市场等安全生产重点场所纳入重点监管对象，把餐饮商户、超市、面点作坊、农贸市场作为食品安全重点监管场所，把加油站、大型超市和餐饮场所以及老危楼作为消防安全重点监管对象，并建立台账。对重点行业、节假日等开展大型联合检查 7 次，检查各类场所、摊点 265 处，全年上报大小隐患 546 条，均责令整改。

提高安全管理水平　2016 年，及时维修安全生产宣传栏，丰富各类安全生产宣传画、常识介绍等；印制发放"注意关电关气，注意防火"温馨提示即时贴2.5 万份，提醒居民安全使用燃气、电器等；发放"食安你我共同守护齐心共创国家食品安全城市"致居民一封信 2 万余份；开展"安全生产月"活动，在前海利群购物广场举办以"科学发展，安全发展"为主题的"安全生产月"宣传活动，通过安全知识咨询、现场教用消防器材、发放宣传资料等形式，向市民宣传安全生产法规常识，发放宣传资料 500 余份，悬挂安全生产宣传标语 20 条。通过组织生产经营单位参加安全生产培训、邀请消防市南大队专家现场演示讲解居家生活安全知识等宣传与培训，强化辖区居民和经营主体的安全意识，夯实辖区生产安全基础。

工作特色

创建团岛社区便民健康角

2016 年，在团岛社区创建旨在"传播健康知识，打造健康人生"的便民健康角，为社区居民提供健康指导服务。团岛社区便民健康角重点从中医体质辨识、血压监测、身高体重等三个方面，引导社区居民做好自我健康管理。(1)通过中医体质辨识，让居民根据自身情况进行调查填写，问卷完毕后即可获知自身体质类型，让居民从中医角度了解自身体质。(2)在便民健康角安装全自动血压检测仪，液晶显示屏、微电脑全自动控制，能迅速、准确地测量出居民的血压值与脉搏数，帮助居民定期检测血压及脉搏。(3)固定在便民健康角内的身高体重智能检测仪，可以让居民随时了解自身体重状况，结合血压仪数据，改善自身体质。

创建安全管理制度

2016 年，每周召开专门会议对一周来的集中行动开展情况进行总结和部署。每天各社区主任、分管副主任轮流带领社区安全助理对管区内居民楼院、小业户、小饭店进行排查，建立一户一档安全生产检查档案。(1)实行日报告日巡查，社区每天对辖内的"九小"场所、工地、码头等部位进行拉网式安全巡查，查看安全设施使用情况，填写安全检查文书资料，确保每天检查不少于 5 家，巡查情况于当天下午 4 时前通过街道微信工作群报告。(2)坚持周总结周调度，每周召开城管中队、交警中队、市场监管所和各社区、各科室负责人安全生产工作联席会，各社区、各科室汇报一周安全生产巡查情况，安监办报告工作进度和成果，驻街单位通报工作情况，街道主要领导研究调度，协调和督促相关单位及时整改存在问题。(3)建立八大峡街道安全生产工作微信群，各社区、各科室负责人以及街道、社区工作人员等通过微信群实时报告工作情况，街道领导及时掌握工作进展，处置突发事件。

云南路街道

概　　况

云南路街道位于市南区西端,东至火车站,北与市北区即墨路街道接壤,南与八大峡街道为邻,西靠胶州湾,面积 1.3 平方千米,辖 6 个社区,有住户 1.8 万余户 5 万余人。自 2007 年 4 月启动拆迁工作以来,拆迁居民 1.4 万余户。

辖区驻有解放军四八〇八厂、青岛轮渡股份有限公司、青岛第五人民医院、市南区人民医院、青岛第二十四中学、悦喜客来云南路生活广场等单位。2011 年胶州湾海底隧道开通后,辖区经济迅速发展,形成以渔港码头为基地,以莘县路海产品批发市场为集散口,以冷藏厂为海产品加工、储藏和出口的区街特色经济。街道党工委深化新建小区管理服务,启动"金翅助飞"工程,进一步开创街居工作新局面。被评为"青岛市安全生产先进镇街"、青岛市教育转化决战突出成绩单位。

党工委书记吴坚,办事处主任杨明强(6 月免)、吴启涛(6 月任)。

经济与社会发展

调整经济结构,优化投资环境

开展"调结构稳增长抓落实"活动　2016 年,对辖区内重点企业进行走访,了解企业经营状况,并和企业建立动态联系机制,及时把利于企业发展的政策信息通知到企业,对有投资意向和扩大发展的企业,协助做好各项工作。通过税源普查,挖掘辖区内的经营房产、闲置房产、楼宇、网点及其他可以登记注册的房源、场所的经营面积、企业名称、租赁期限等信息,建立辖区经营性房产信息数据库。

做好招商引资、企业服务等工作　2016 年,建立并完善"一站两制度":推进辖区中小企业服务站建设工作,更好更便捷地为中小企业服务;建立企业回访制度,及时了解企业需求,在第一时间为企业排忧解难;建立联席会议制度,协调工商、税务、公安、综治、商务局、服务业发展局等职能部门定期与中小企业沟通交流。配合商务局做好再生资源网点的整合和利用工作。

开展防范和打击非法集资活动　2016 年,在各社区举办防止非法集资和金融诈骗宣传活动,发放相关宣传册和资料,引导群众提高风险防范意识;开展辖区非法集资风险专项排查,确保人民群众财产安全。

创新管理机制,改善街区面貌

扎实推进"六项整治"工作　2016 年,特别是 8 月份迎接创建全国卫生城市复审以后,组织机关工作人员、社区居委会成员、网格化队员、社区志愿者 8000 余人次对费县路 35～47 号,四川路 52、68 号等 109 个开放式楼院 227 个单元多次开展集中整治行动。集中整治期间,清理乱堆乱放 1600 余处,乱贴乱画 7600 余处,清运垃圾 264 车共 1300 余吨,累计清理卫生死角 260 余处,确保集中整治楼院无卫生死角。协调城管执法,开展莘县路、南村路、嘉祥路等市场周边专项整治,纠正乱摆乱放、跨门经营、侵占公共场地等违法违章行为,清理各类垃圾 51 吨,市容环境得到改善。开展垃圾分类试点、餐余垃圾、大件垃圾清运工作。

"三项延伸"解决开放式楼院管理难题　2016 年,针对辖区老旧楼院多、基础设施短缺,房源复杂,居民身份多元,无物业无自治管理的开放式楼院有 109 个 237 个单元(占全部楼院总数的 93.2%),开放式楼院管理任务重、难度大的情况,街道办事处推进开放式楼院准物业化管理、准市场化运作,将全部开放式楼院按照人口密集程度划分为 44 个网格,整合社区公益岗人员、卫生协管员、下岗失业人员、生活困难人员等 44 人作为网格管理队员,深化楼院网格化管理。设立 109 处公示监督牌,开放式楼院 100% 做到责任上墙、管理制度上墙。通过做实队伍延伸、服务延伸、平台延伸,解决管理组织不健全、制度不完善、工作人员素质和服务热情不高、居民参与度欠缺等一系列难题。通过多次网格化专项整治、集中整治，解决开放式楼院乱堆乱放、跨门经营、卫生脏乱等顽固问题，开放式楼院管理更加规范、服务质量有效提升，基本实现"零投诉"，居民居住环境明显改善。

创建平安街道，社区和谐稳定

开展治安综合治理工作　2016年，狠抓社区安全自防队伍的管理和培训工作，结合管区实际制定社区自防队员奖励和处罚办法，并出资7000多元为社区安防队员统一定制"红马甲"服装。建立社区戒毒康复办公室，与派出所密切配合，建立健全社区吸毒人员档案，开展禁毒宣传月活动。

做好安全生产工作　（1）制作"消防宣传栏""消防应急救援器材柜"（即微型消防站）3套，配备常用消防灭火器材，安装在云南路、嘉祥路、莘县路回迁小区。（2）筹建"移动微型消防站"，将二氧化碳灭火器、干粉灭火器、水龙带、水龙枪、防火手套、防火面罩、消防斧等消防器材放置于电动三轮车上，一旦有火情，立即赶赴现场。建立工作时间以街道安监人员为主，下班时间及节假日以街道值班人员为主，以社区工作人员、小区物业工作人员及保安、网格化队员、楼长等为辅，进行初期火情的扑救及人员的疏散机制。（3）针对辖区小餐馆、小旅馆等小餐饮场所较多的状况，将小餐饮场所液化气使用作为安全生产管理工作的重点。落实属地管理责任，摸清辖区液化气使用情况。加大使用无证照瓶装液化气、违章存放钢瓶等违法行为的查处力度。截止到2016年底，共检查液化气使用单位130余家次，收缴违规瓶装液化气钢瓶1个，督促违规使用液化气单位50余家整改。投入资金为10家小餐饮场所配备燃气报警器，消除安全隐患。（4）利用专业力量和社会资源，组织社区、企业举行多次演练培训活动。2月上旬，第五人民医院联合消防大队，举行消防逃生演练；5月上旬，莘县路社区联合青岛海洋技校举行集急救、逃生、灭火于一体的演练活动；4月和5月，嘉祥路社区、邹县路社区、四川路社区分别联合物业，举办高层楼宇居民消防逃生演练。创新培训形式，开展居民消防知识竞赛等活动。嘉祥路社区、寿张路社区、莘县路社区、邹县路社区等利用党员学习，集体活动等时机，举办多次安全生产及消防知识竞赛。全年举行演练6次、参演210余人次，培训16次、参训620余人次。

工作特色

围绕"两学一做"，抓好教育实践

坚定信念，深化党内教育　（1）党工委成员带头履行"一岗双责"，既抓好自身学习，又履行社区第一书记的责任，在社区开展专题党课，督导分管社区"两学一做"学习教育任务落实。（2）机关党支部坚持"每周一学"，定期开展读书笔记评比交流等活动，强化"两学一做"学习教育基本内容的理解。（3）针对整体文化素质较高、接受新生事物能力强的青年党员群体，采用社区微信公众号、《云南路新闻》等信息手段，实行"智能式"的教育；针对文化水平偏低、学习主动性较差的党员群体，在开展"三会一课"、民主生活会时采取"引领式"的党内教育；针对那些居住分散、行动不便、年老体弱党员设立"党员家庭学习点"，采取送学上门，结对帮学等形式，做到学习教育全覆盖。邹县路社区第六党支部"三个不能"助推学习教育的做法被青岛市"两学一做"学习教育工作简报刊发。（4）倡导广大党员从点滴小事做起，真心服务群众。四川路党支部、莘县路党支部多名党员义务对多处木质长廊、座椅、消防箱等进行油漆粉刷；寿张路社区党员义工主动承担对辖区多名独居、残疾老人的买菜做饭、水电维修、送医等帮到家服务；嘉祥路社区支部主动做工作，成功化解金茂湾讨薪冲突。（5）结合"七一"开展特色活动，发挥先进典型的引领示范作用。莘县路社区开展"两学一做"知识竞赛；邹县路社区利用周日组织社区工作人员以及社区党员骨干开展"党员奉献日"活动；嘉祥路社区组织各支部观看"党的历程"教育片，带领党员向党旗宣誓，重温入党誓词；四川路社区举办"庆七一·纪念建党95周年四川路社区文艺演出"活动；广州路社区组织37名优秀党员参观"两学一做馆""党史馆"；寿张路社区组织社区老党员，举办"庆党95周年，红歌大联唱"活动。组织街道、社区党员干部对辖区生活困难的老党员开展走访慰问活动，发放慰问金1.5万余元。

夯实基层党建根基　（1）完善党委抓党建工作责任制，完善社区党委书记向街道党工委和社区党员群众双向述职工作制度，探索建立社区党建月考核制度，细化任务清单，随机督查暗访，推动基层党建工作。（2）每月组织社区党委书记召开一次例会，部署党建工作任务，听取社区本月党建工作总结及下月工作打算，交流党建工作经验，研讨加强党建工作的方法和措施。(3)通过市场巡查、年检验照等环节,结合实地调查、网上调查、电话联系等方法,对辖区 436 家非公企业的基本情况、党组织基本情况进行排查摸底,健全工作台账;组织辖区所有符合条件的非公企业党组织进行换届选举。(4)年内对街道所属 64 个党支部 2647 名党员的基本情况进行全面排查,对不合格党员进行妥善处置,健全流动党员动态管理机制,组织专人对所辖党员 2008 年以来工资缴纳基数情况进行清算摸底。(5)遵循统筹规划、分步实施、收支平衡、略有结余的原则,采取预期计划与临时计划相结合的方式,及时对社区党组织服务群众专项经费的使用和管理进行指导监督,确保专项资金管好用好。(6)对社区原有品牌进行再整合,深化"帮到家"党建服务品牌建设,以邹县路社区"集惠民生"品牌为着力点,在 6 个社区全部建立"帮到家"便民服务站,并配备工具,开展精细化、精准化、贴心化服务。(7)加强党建文化宣传阵地建设,打造嘉祥路党建文化宣传街,制作悬挂党史知识、"两学一做"系列知识展牌64 块,营造浓厚的基层党建氛围。

加强民生工作,社会协调发展

坚持以服务改善民生 (1)在"民生大集"的基础上推出"365 便民坊"。100 余名能工巧匠志愿者以及15 家驻区单位,在民生大集为居民提供理发、测血压、家电维修等 10 余类便民服务。截至年底,民生大集开办 32 届,累计服务居民 5842 人次,为困难居民提供换锁、维修家电等登门服务 293 人次。"365 便

民坊",将民生大集最受欢迎的便民服务项目如缝纫、维修等项目固定下来,组织志愿者实行坐班制;开展"便民服务宅急送",为社区孤寡、独居和行动不便的老人,提供上门更换水龙头等服务。(2)以合唱团、舞蹈队、柔力球队为主参与全区老龄委和老体协组织的活动,举办"云南之春文艺大展演""猜灯谜""粽艺大赛"等文体活动,在母亲节和"七一"期间,开展多种形式的活动,组织社区居民参加"邻居节"活动和最美社区热心人评选。

持续关注弱势群体 (1)通过民政全业务平台系统排查低保和低保边缘家庭情况,严格按照政策审核社会救助,584 户居民享受低保待遇,全年享受临时救助的家庭 59 户,享受特殊救助的 48 户。平时积极入户,为辖区残疾、重病、大病家庭提供及时周到的救助服务。2006 年上半年,云南路办事处联合红十字会为 6 户特殊困难家庭申请到红十字会救助。联合慈善协会,利用"慈善一日捐"等形式组织捐款 23147元。(2)开拓残疾人康复工作新途径,完善康复服务体系建设,开展残疾预防工作,组织"爱耳日"等宣传活动,普及残疾预防知识。为残疾家庭贫困学生申请助学金。(3)开展"金色翅膀"助飞工程,面向辖区单亲困难家庭青少年开展专业心理辅导项目,3 月下旬,通过公开招募、面试选拔的方式,组织 78 名中国海洋大学品学兼优的志愿者,每周轮流到 26 家残疾、单亲、贫困孩子家中以辅导功课的名义对孩子进行心理疏导,取得实效。

中山路街道

概　　况

中山路街道地处市南区中西部地区,东起火车站与云南路、八大峡街道相接,西至江苏路与江苏路街道相邻,东北起济南路、四方路与市北区接壤,南至太平路前海岸线,面积 1.74 平方千米。有户籍人口48713 人,常住人口 40092 人,流动人口 16769 人。其中,老年人 9474 人,占户籍人口的 19%。有 2 个物业小区,6 个社区(北京路、黄岛路、中山路、观海山、太平路、泰安路),党员 2623 人。

管区历史文化底蕴丰厚,是百年老街中山路所在的街道、青岛历史文脉的传承地,汇集了一批近现代建筑,是青岛百年历史的见证;旅游资源丰富,辖区内有栈桥、火车站、第六海水浴场、观海山等景点,天主教堂、胶澳总督府旧址、青岛水兵俱乐部、邮电博物馆等欧式建筑,以及王统照、王献唐等名人故居;驻区重要机关较多,有省出入境检验检疫局、市人大常委会、市政协,市公安局、市市政公用局、市邮电局、青岛报业集团。

党工委书记肖辉,办事处主任王宇平。

经济与社会发展

经济工作

劈柴院街区展现新面貌　2016年,投入资金47万元,对部分楼院进行整治、维修和改造。对公共卫生间进行升级改造,增设残疾人专用座、母婴哺乳室等设施,通过青岛市AAA级厕所评定。定期组织公安、消防、城管、市场监管等部门对商户违规使用煤气罐、占道经营等消防和安全问题进行整治,提升景区环境秩序。

经济业态出现新变化　2016年,引入中国首家电影生活馆——1907光影俱乐部、青岛书房、圣爱尔美术馆等一批集历史、创意、时尚、商务于一体的文化产业项目,初步形成中山路管区"一公里"文化圈。投入资金近40万元,对有特殊贡献的"老字号"企业进行专项扶持。依托海滨小金辟建"老字号"文化陈列展示室。组织辖区30余家青年旅舍成立中山路青年旅舍协会,加强自我管理和学习交流,营造规范有序的旅游住宿环境。帮助中山路干海产品协会103家会员企业拓展网络销售渠道,营业收入明显增加。

服务举措实现新提升　2016年,健全管区闲置楼宇资源、招商资源信息库动态更新机制,整合闲置资源1.2万余平方米。引导中山路78号皮草项目完成落地,做好中山路82号、地铁综合楼改造项目跟踪服务工作。实行领导干部联系百家重点纳税企业制度,帮助企业协调解决用电、用工、政策落实等方面的问题。加强对金融类投资企业的监管,走访、排查企业170余家,发放防范非法集资宣传材料2000余份。新增注册企业210余家。

优化管区环境

2016年,利用区级财政资金160万元,对观海二路10号等4处居民楼院基础设施实施改造提升。投入资金194万元,在5个社区推行物业化管理模式,提升辖区环境卫生管理水平。利用基层党组织服务群众专项经费近21万元,为山西路11号等15处居民楼院解决公厕堵塞、管道破裂等问题,为黄岛路88号等36个居民楼院安装、维修铁艺门,为北京路66号等5个居民楼院维修楼道感应灯,为肥城路25号等10个楼院安装楼道塑钢窗。开展市容环境整治专项行动,对150余个居民楼院乱堆乱放进行清理,消除卫生死角330余处,清理小广告13000余处。加强楼院绿化管理,对湖北路1号甲等12个楼院的树木进行修剪清理,消除安全隐患。

民生工作

推进博爱公社品牌提质扩容　2016年,依托博爱食堂,为35位生活困难、热爱公益活动的老年人提供午餐配送服务。依托博爱理发工作室、博爱陪护工作室、博爱暖冬家园,为100位符合条件的低保家庭老人、优抚对象提供免费理发,为行动不便的老人提供登门理发服务,为42位孤寡老人组建帮扶对子,为26位生活困难的空巢老人提供暖冬服务和免费午餐。设立10万元专项资金,实施博爱助幼项目,依托艺宝幼儿园对生活困难的在读儿童家庭给予学费减免扶助。为北京路社区、黄岛路社区安装暖气,完成黄岛路社区管理服务中心用房装修并投入使用,6个社区用房面积均超过1000平方米。

加强特殊群体救助帮扶　连续6年组织开展"爱心企业、幸福中山"送温暖活动,结合"博爱公社"救助,救助低保边缘等困难家庭1600户。2016年,在辖区企业和居民中组织开展"慈善一日捐"活动,募集善款2万元。为辖区失业、无业、流动育龄妇女开展免费查体、孕前优生检测服务1000余人次。在春节等节点对56户失独家庭开展走访慰问,辅以精神慰藉、心理疏导和结对帮扶等服务,增强失独家庭的社会归属感。

大力推进文化建设　2016年,投入资金5万余元,组建三支社区舞蹈队和一支社区锣鼓队,组织各类文艺演出10余场,举办第四届"情满中山 幸福街里"文化艺术节活动和首届"街里情·中山梦"社区居民摄影书画展活动,丰富居民文化生活。指导百姓宣讲团开展宣讲50场,惠及听众1500余人次。加强社区新闻报和微信两个宣传教育平台主题策划,发行社区报25期,推送微信200余篇,提高居民对街道、社区工作的认同感和向心力。策划春节送温暖、学雷锋志愿服务、中国共产党成立95周年等主题宣传活动,挖掘"老字号"、老建筑、首个社区音乐厅等优势资源,全年媒体报道600余次。

安全与社会治理

2016年,投入资金18万元,为辖区部分低保困难家庭配备燃气报警器,为辖区5800户居民购买盗抢和火灾燃爆复合险,对前期配备的消防器材进行维修或更新。聘请安全生产顾问,对管区餐饮类、旅馆类商户等进行安全培训 15 次,组织居民开展应急演练 10 余次。发放《致管区居民的一封信》、宣传册、挂图等各类宣传品 10000 多份。在 60 家"九小场所"实行安全生产实名制管理,落实生产经营单位主体责任,与 40 多家驻街单位签订安全生产责任书,与"九小场所"、小微企业签订安全承诺书 1200 余份。联合公安、消防、城管等部门集中开展隐患整治活动。建立 6 个社区矛盾纠纷调解工作室,开展矛盾纠纷攻坚化解活动,调处各类纠纷 165 起。积极开展信访维稳工作。

工作特色

推进政治文明建设

开展"两学一做"学习教育　2016 年,落实"三会一课"制度,通过设立专题学习日、观看宣传片、专题研讨等形式,深入开展学习交流,引导党员干部切实增强"四个意识"。贯彻落实党的十八届六中全会和习近平总书记系列重要讲话精神,用科学理论武装头脑。结合建党 95 周年节点开展精品党课展评活动,党工委书记、社区党委"第一书记"为机关、社区党员上专题党课。

大力加强党员教育管理　2016 年,以党支部为单位,以公安、劳动保障信息库为依托,对辖区近3000 名党员进行组织关系排查,找回失联党员 336人。对 2008 年 4 月以来在册党员的党费缴纳情况进行核查,收回欠缴党费 12.4 万元。开展民主评议党员活动,开好专题民主生活会和组织生活会。落实全面从严治党政治责任,派驻工作组对软弱涣散党组织进行作风整顿,开展个别谈心、座谈讨论等 15 次,解决突出问题 8 个。

全面落实党建工作责任　2016 年,制定问题、责任和任务 3 张清单,完成 7 项重点任务和 10 个党建重点项目。在 6 个社区建立"帮到家"便民服务站,打造德县路党建文化一条街。对青岛世纪瑞丰集团党员活动室实施改造升级。连续 3 年对街道、社区工作人员举办学习教育培训周活动,提升服务居民的能力和水平。制定街道项目采购监督管理办法,促进工程和服务类项目规范化实施。加强党风廉政建设,加强社区党务、居务、财务公开工作,强化党内党外监督。

推进棚户区房屋征收项目

2016 年,把棚户区房屋征收作为街道工作的重中之重,在房屋征收现场指挥部成立临时党支部,开展党员干部包干到户活动,分解任务、靠前工作。全年累计启动 4 个征收批次,涉及 52 个楼院 1997 户居民,签订征收补偿协议 1717 户,签约率达 86%,超额完成全年征收任务。按照综治牵头、街道负责、警管联动的模式,聘用看护人员对已征收的近百个楼院2100 余套房屋进行全天看护。联合城管、环卫等部门,对已征收的 35 个楼院开展环境卫生综合整治,消除安全隐患 200 余处,清运垃圾 2400 吨。对已启动楼院征收但未签订协议、抱有观望心态的居民进行走访、约谈,开展安全教育,保障居住安全,加快征收进程。

江苏路街道

概　　况

江苏路街道位于市南区中西部,东邻八大关街道,西接中山路街道,南面大海,北与市北区交界。面积 1.238 平方千米,有主要街道 30 条。常住居民13162 户,户籍人口 38813 人。辖 6 个社区,分别为大学路社区、江苏路社区、齐东路社区、掖县路社区、龙江路社区、伏龙路社区。

辖区历史人文气息浓厚。辖区内有信号山、迎宾馆、基督教堂、天后宫、观象山天文台、欧人监狱旧址等著名旅游景点,以及老舍、萧红、萧军、杨振声等名人故居 10 余处;青大附院、育才中学、青岛第六中学、市实验小学、大学路小学、太平路小学、莱芜一路小学、三江学校、湖南路幼儿园等坐落辖区。伴随旧城改造步伐加快,依托欧陆风情老建筑的保护开发利用，一批小型博物馆、美术馆、咖啡馆、民俗馆应运而生。大学路咖啡文化街区入选首批"青岛经典"旅游品牌。

2016年，获青岛市文明单位标兵、青岛市理论宣教基地、山东省社会科学普及示范村（居）、山东省拥军优属拥政爱民先进单位、山东省消防先进街道、全省残疾人组织建设示范街道等20余项称号。

党工委书记王建，办事处主任刘九红。

经济与社会发展

经济工作

探索特色经济发展途径　2016年，推动"品味·咖啡"大学路特色咖啡街打造进程。通过以商招商、合作招商以及区域招商等方式，广泛构建招商引资网络，吸引外来资本入驻；与辖区市场主体建立良好的沟通交流机制，通过多种形式的跟进服务工作，促进限上服务业培育和个转企升级工作；联合市场监管、税务、城管中队和派出所等部门，通过社区讲堂、宣传栏、社区LED显示屏以及举办专题咨询日、讲座和培训等形式，开展"调稳抓"现场推进活动、打击和处置非法集资以及消费市场秩序整治等专项活动，设置宣传园地50余个，张贴、发放宣传材料1万余份，举办讲座培训20余次；利用网络、报纸等媒体宣传推广《市南区优化经济发展环境促进经济提质升级若干政策措施及实施细则》，并印刷2000册向辖区企业免费发放；设立企业虚拟注册平台，为外地客商或创业项目提供落户便利注册地址，吸纳信息化、网络化、技术化企业400余家。

促进重点项目发展　2016年，跟进东方饭店改扩建项目，及时了解项目进展情况，与有关部门对接协调，协助解决项目推进面临的难题，促进项目尽快动工；专人对接青岛栈桥广场项目，协助开展招商宣传、创业基地建设以及品牌战略实施等工作，项目入驻企业20余家，旅游旺季另有众多临时商铺经营，其中，营业面积1800余平方米的满满地美食广场是前海一线最大的美食广场，建筑面积5000余平方米的金沙蜡像馆是山东省第一家专业展示名人蜡像的展馆，东方菜市是周边唯一专营绿色生鲜菜品的大型室内市场，另有陶瓷博物馆、婚纱摄影馆等较大企业入驻。策划实施的"天昼宫苑"品牌战略，将打造集服饰、小商品、国学、健康、餐饮、保健、娱乐等领域产、供、销于一体的青岛民俗文化健康产业项目，已向国

家商标局注册商标26个大类300多个小类。2016年，区级财政收入5843万元，新增企业税收87万元；新增市场主体约110家；落户内资项目16个，注册资金3.85亿元；外资项目1个，注册资金500万美元。

民生工作

以人为本，提升民政服务　2016年，为辖区低保家庭360户590人发放低保救助金526.3万余元；按照"扶贫帮困，分类施救"的指导思想，发放困难家庭大病救助金22万余元、临时救助金37万余元、特殊救助16.50万元，发放红十字博爱救助金3万元；发放廉租房补贴70.70万余元，办理各类保障房149户，受理审核廉租房保障家庭181户；发放贫困学生救助金3.32万元，办理低收入残疾人的残贴15.78万余元、重度困难残疾人就业生活补贴10.55万余元、重度残疾人护理费26.95万元、残疾人个体户保险补贴14.04万余元，发放残疾人康复器械150人次，为精神病残疾人送药224人次，对残疾人康复查体125人次；为辖区10位老人实行免费送餐服务，为25位老人实行送时服务，为634位老人实行每天一袋奶的探视服务，为2075位80岁以上老人办理查体补贴登记；协调12349为辖区40余名失能老人进行家庭护理，完成辖区2266名60～64周岁老年人办理半价乘车卡工作；建立社区党组织、社区居委会、社区工作站"三位一体"的社区管理新体制，制定《社区专职类工作者管理办法》，调动社区工作者的积极性。

创新模式，打造优质计生服务　（1）做好优生优育指导工作，免费为群众提供服务，送免费孕前优生健康检查介绍信600余份，对一孩二孩登记有困难的主动提供上门服务，开展送避孕药具上门服务活动。（2）落实计生奖励政策，审核无业失业及社会公益岗独生子女父母退休一次性养老奖励和分娩补助等申请材料，利用春节、中秋等节日走访慰问独生子女困难家庭及失独家庭并发放救助金和慰问品。（3）开展老年人健康查体和白内障复明等工作，完成60～79周岁无体检单位老年人健康体检工作，查体2339人。受理审核白内障复明工程报名材料45人，全部实施白内障复明免费手术。开展慢病防治和健康教育，邀请市立医院中医科专家到社区开展夏季养生知识讲座，提升居民的健康意识和水平。

丰富载体，活跃居民文体活动　2016年，组织辖区文艺骨干参加百姓时尚秀、"唱响中国梦 颂歌献祖国"广场交响合唱音乐会等文化活动200余场次，举办社区工艺美展等培训、讲座40余场次，参加活动者

达 3000 余人,观众 1 万余人;举办"时尚市南·味道老街"大学路咖啡季开幕式暨"综艺大舞台"演出和"'老城新秀 达人圆梦'梦想达人秀"艺术选拔展演活动,营造社区文化氛围;在市南区文化馆的指导、帮助下,街道"群众文化艺术团"不断发展壮大,合唱、舞蹈等分团定期开展辅导培训,并代表街道参加市、区多项活动比赛。推进老年人体育活动,组织社区居民参加市南区社区运动会分站赛、市南区太极拳表演赛、千人柔力球比赛等,形成全民健身的良好风气。

安全与社会治理

2016 年,全面实施"1+4"工作法(握紧安全第一方向盘,夯实网格基础、强化责任落实、健全制度机制、督导隐患整改),建立地毯式逐户排查机制,形成"闭合圈"式监督检查模式,消除安全隐患,防范和遏制各类事故发生。制定 2016 年度安全生产工作要点,每月编撰《街道安全生产简报》2 期,开展"安全生产制度年"活动,制订《安全生产网格监管实施方案》《安全生产条块结合监管分工表》,完善辖区生产经营单位"网格化、实名制"监管台账;以安全月、安全周及重大节庆活动为契机,开展联动联检。全年出动检查组 70 余次,排查各类隐患 1100 余处,督导整改 1000 余处;完成涉燃经营业户 89 家、学生托管班 41 家、宾馆 12 家、较大企业 7 家的隐患排查,排查各类隐患 250 处,督促整改 230 处;领导督导检查企业 660 家(次)、社区 330 个(次)。建立辖区安全评估机制,引入青岛青科安全技术服务有限公司对 87 家涉燃单位、41 家托管班、19 家酒店、10 家较大企业进行全程安全评估,排查安全生产风险点。更新更换街道社区灭火器、消防箱 1200 余件套,为辖区 160 余家涉燃经营业户配备燃气报警器。招募组建 140 人的社区安全自防队伍,建立日督查、周小结、月总结制度,筑牢管区安全防线。联合消防大队、派出所、辖区重点单位及社区培训演练"六进"活动 30 余次,普及消防安全、卫生急救、家庭应急等应急安全知识和技能,3000 余人受益。

优化街区环境

建立长效管理机制 2016 年,完善"社区管家"运行机制,坚持"日查、周评、月考"长效管理机制,将检查考核与居民监督相结合,组织驻区人大代表和政协委员对社区管家服务情况进行监督,实现楼院卫生保洁全覆盖。全年清理楼院 400 余个,清运垃圾 150 余车,伐除死树 20 余棵,修剪枯枝 150 余处,对 600 多个楼院的树木完成喷药任务。给辖区有条件、有需求的部分楼院安装庭院灯。投入 600 余万元,对近 300 个院进行基础设施改造,对涉及楼院进行综合整治。

推进征收工作 2016 年,地铁 1 号线江苏路站房屋征收项目完成征收区域内 149 户房屋征收协议签署,并完成 2 处未登记建筑的认定与签约工作;地铁 4 号线江苏路站房屋征收项目征收区域涉及楼院 6 座,居民 56 户,并下达房屋征收决定;下半年对苏州路片区棚户区改造房屋项目达到启动预征收条件的 28 个楼院(379 户居民)展开预征收工作,完成征收区域内所有楼院的预征收协议签署工作;中西部零星片区危旧房房屋征收大学路 12 号项目,完成 16 户居民的签约及腾房工作。

工作特色

夯实基础建阵地,增强活力

2016 年,确定 20 项重点工作,并顺利实施完成。开展"两学一做"学习教育,构建"1+1"学习模式,培训党员 1000 余人。街道党工委书记以"打铁还需自身硬"为题,为党员干部讲党课,党课视频入选市南区"两学一做"学习教育精品党课库;建设"五有"("有阵地、有制度、有考核、有经费、有载体")党支部,完成 14 处党员之家建设。完成失联党员排查工作,党费收缴排查工作有序推进。打造"三维"志愿服务品牌,在 6 个社区建立"帮到家便民服务站",配备近百种便民工具;成立以党员为主体的"小红帽引导志愿服务岗"等多支队伍,开展为游客指路、助老、清洗宣传栏等活动 120 余次。挖掘培育好人线索 1000 个,推荐的道德模范张默道被评为 5 月份青岛市文明市民。举办"心灵港湾——快乐工作、幸福生活"专题讲座,引导党员干部更好地为群众服务。

围绕特色准发力,壮大经济

2016 年,借助大学路优雅的环境,丰富的文化底蕴,打造大学路特色咖啡街区。5 月底,筹办"时尚市南 味道老街"青岛市首届大学路咖啡文化季活动,历时 10 天,5 万余人次参与,取得了良好的社会效应。借助咖啡街的品牌优势,与大学生创业、产业创新、创客空间相结合,联合北京知名企业建设兼具图书借阅、文化沙龙、公益论坛、创业指导等多项功能的求索书舍,同时启用"市南区大学生创业就业实践基地"

"求索公益大讲堂"及"创客总部青岛活动中心";7月,大学路特色咖啡街区入选青岛旅游集团"青岛经典"旅游品牌,成为首批最能代表青岛特色的38个旅游景点之一。

立足民生强服务,促进和谐

2016年,开展暖民"微行动",为辖区13000余户家庭制作、发放《便民记事簿》,簿上与居民生活息息相关的民政服务、计生政策、劳动保障服务、便民服务热线号码等信息一应俱全,方便居民生活。完成辖区两处日间照料中心的建设,新改建的龙江路社区日间照料中心引进社会组织参与运营,争取建成集托老服务、配餐送餐、娱乐健身于一体的社区老年人日间照料中心;信号山路2号老年食堂投入使用,为老年人提供优惠就餐服务。开展"容光焕发"和"咖阅青岛——青少年课外拓展活动",伏龙路13号的"残疾人之家"运营正常,为辖区未成年残疾人提供服务。在全区10个街道中率先开展"一门受理,协同办理"工作,在街道服务大厅设立社会救助服务窗口,健全社会救助工作机制。

八大关街道

概　　况

八大关街道地处市南区中部,西起大学路,东至太平角六路,北以京山、太平山与市北区交界,南至旖旎海岸。辖区面积6.72平方千米,下设红岛路、金口路、福山路、八大关和太平角5个社区,有726个居民楼院,户籍人口5.1万。

辖区风景优美,有八大关风景区、中山公园、鲁迅公园、小青岛、小鱼山等青岛市著名景点,形成"红瓦绿树、碧海蓝天"的独特风景;人文气息浓厚,有八大关和小鱼山两条中国历史文化名街,一个街道集中两条历史文化名街系全国唯一;鱼山历史文化街区,八大关、汇泉角、太平角历史文化街区,八关山历史文化街区被评为山东省首批历史文化街区;利用沈从文、梁实秋、童第周等名人故居集中在辖区的优势,建成"福山路名人故居一条街"。驻街道各类单位1200多家,其中县(团)级以上机构92个;有中国海洋大学、二十六中、三十九中、嘉峪关学校、文登路小学等大、中、小学7所和中科院海洋研究所;八大关宾馆、黄海饭店等重要保障单位也驻在街道。

2016年,街道获全国优秀巾帼志愿服务队、全国城市街道区域化团建示范创建单位、山东省文明单位、山东省文明社区、山东省档案工作科学化管理规范先进单位、山东省首批省级创业型街道、山东省工商联系统五好商会、山东省"平安家庭"示范街道、青岛市文明社区标兵、青岛市消防安全"责任落实年"活动先进单位、青岛市2015年1%人口抽样调查先进集体、青岛市计划生育协会工作先进镇街、青岛市基层理论宣讲先进单位等省(市)级以上荣誉近20项。在2015年科学发展考核中,街道办事处被评为优秀等次。

党工委书记毕建国,办事处主任孙静。

经济与社会发展

经济工作

协税护税取得新进展　2016年,实现区级税收3.09亿元。街道协调财税等部门对纳税大户逐一排查,建立企业税源台账,实行税源分类精细化管理,实施上门"保姆式"服务。成立企业走访活动领导小组,对辖区内59家重点纳税企业、2个重点建设项目、10个招商引资项目开展实地走访和深入洽谈,解决企业反映问题2个,向上级部门反映企业需求1个。联合区金融办积极协调金融机构对近几年有较稳定成长的中小企业提供融资帮助。

招商引资再出新成果　2016年,落实《市南区优化发展环境促进经济提质升级若干政策措施及实施细则》等一揽子经济发展支持政策。引进青岛海润国际教育服务有限公司、青岛志中天建设工程有限公司、青岛圣恩聚新能源有限公司、青岛东岳装饰科技有限公司等15家民营内资项目,注册资本3.24亿元。截至2016年底,海博改扩建项目完成投资2.2

亿元,中润栈桥海景项目完成投资 5.54 亿元,山海关路 21 号"蝴蝶楼"电影博物馆、湛山二路 1 号地质之光展览馆对外开放。

社会民生事业

品牌引领民生事业发展   2016 年,依托"帮到家"品牌,组建帮到家便民服务队,拓展为民服务。继续为 90 岁以上的老人和低保困难家庭开展"六送"服务。开展"新家庭计划"项目,结合家庭保健、科学育儿、养老照护、家庭文化四个方面落实项目指标,提供服务 40 次。落实救助政策,全年临时救助 33 人,救助金额 83181 元;慈善救助 57 人,救助金额 60400元。组织孕前优生免费查体服务 270 人次,为 195 名无业失业及流动已婚育龄妇女提供免费生殖健康查体服务。组织 1624 名老年人参加免费查体,60 岁以上老年人有 20 名报名参加免费白内障复明手术。协调推进街道卫生服务中心项目,协助青岛疗养院进行医疗机构设置审批等准备工作。完成八大关社区日间照料中心扩建工作。

精细务实优化城区环境   2016 年,完成 35 个居民楼院综合整治工作。投资 1700 万元对辖区楼院进行楼院综合整治改造提升,涉及楼院 144 个,惠及居民 4100 户。63 个楼院的综合整治完成立项,进入财政预算评审阶段;80 个楼院的排水基础设施改造完成项目立项、财政预算评审,进入工程施工招标阶段。5 个社区 8521 户开展垃圾分类工作,发放垃圾袋 63.4 万余个,垃圾分类工作成效明显。根据市、区两级安排,做好太平山中央公园征收项目工作。

辖区平安和谐

强化监管确保生产生活安全   2016 年,开展安全生产隐患大排查快整治严执法集中行动,联合相关职能部门完成对辖区 560 个居民楼院、346 家"九小"场所、23 家重点监管单位、12 家较大宾馆、10 所学校、46 家中小宾馆、5 家医疗行业单位、4 家托老养老机构、3 家超市、5 家建筑工地、3 家汽车修理厂的安全督查检查。投资 10 万余元从硬件上改善街道、社区办公场所的应急疏散逃生设施,配备应急疏散指挥声控系统设备 6 套、应急疏散箱 24 套、应急疏散路线图 150 个、补充应急疏散指示标识 62 个,并分批次组织疏散演练。结合"11·9"消防宣传月活动,投资3.5万元对居民楼院内的消防器材进行检查更新,新添置灭火器 300 具,对 118 具灭火器进行换粉,确保消防器材"不漏楼院、取之能用"。通过政府购买服务的方

式,依托"红十字天使救援中心"、"晓慧馨雨"助残中心对居民开展体验式安全培训,受益群众 1000 余人。组织海底世界、中山公园、欢动世界、华普索道,进行冬春火灾防控及应急疏散演练。同时,街道班子成员带队,邀请专家参与,分行业、分社区重点检查建筑工程领域、消防领域、用电用气领域、人员密集场所的生产、生活安全。

区域联动抓好社会治安   2016 年,完成 C20 会议,国际教育信息化大会,国务院安委会安全生产巡查,国家食品安全城市省级验收考核,市、区"两会"等的驻地保障任务,以及各级警卫保障和群众群体性大型活动执勤任务 110 余次。完善人民调解、行政调解、司法调解和社会联动工作体系,加强与公安派出所、交警大队、信访部门之间的联系和配合。深化对景区、学校及周边、地下空间等重点地区突出治安问题的排查整治活动,对辖区幼儿园、中小学重点时段重点部署治安防控力量。加强对群租房的排查和管理。做好重点保障区域、主要敏感时期、重大保障任务的安全稳定工作,开展"无命案街道、无刑事案件社区"、基层安全防范"私家定制"等综治主题创建活动。做好重点区域和主要任务的保障工作,召开辖区社会治安、安全生产暨食品安全工作会议,驻街道部队、学校、企事业等 71 家单位参加。

政风建设

加强街道、社区工作人员作风建设   2016 年,开展"两学一做"学习教育和党的十八届六中全会精神学习宣讲,完善创新首问责任制、午间轮岗值班制、预约办事等制度,抓好"四风"问题、群众反映突出问题的治理,通过明查、暗访等方式开展窗口服务、工作纪律、"节日病"、不正之风等方面的监督检查,优化工作作风。

畅通社情民意反馈渠道   2016 年,完善收集、分办、落实、督查、反馈的社情民意办理机制,通过"社情民意大走访"、居民恳谈会、居民议事会等方式定期了解居民诉求;通过"八大关下微生活"官方微信、微博、民生服务 QQ 群、工作 QQ 群、微视频、微电台"六微"一体的方式以及社区报,发布最新资讯,收集社情民意,解答居民疑惑。

工作特色

特色工作品牌

"六联共建"联席会   2016 年,联席会以精神文

明建设为纽带,以辖区内政府机关、部队、学校、科研院所、社会团体、企事业单位为主体,以"党建工作联抓、经济发展联促、社区建设联兴、城区环境联创、社区管理联做、民生事业联办"为主要内容,通过横向联系、资源共享、互惠互利,推动经济社会发展环境的不断优化。"六联共建"联席会在双拥、志愿服务、城市管理、民生保障等方面工作中发挥着独特作用,品牌经验被刊登于《新华社内参》杂志。

"帮到家"　"帮到家"品牌经历三个阶段的发展。(1)2009年5月,街道成立"帮到家"社区服务中心,开展"帮到家"为民服务,几年后"帮到家"服务机构从"帮到家"社区服务中心扩大成了1个中心加5个"帮到家"社区服务站。(2)2012年5月,"帮到家"社会组织联合会成立,引入专业团队提高"帮到家"的服务水平。(3)2014年8月,创新成立全省首家"帮到家爱心银行",探索志愿服务回馈机制。通过"爱心银行"将辖区内各服务平台、团队、个人有机融合,建立起服务储蓄登记——回馈激励的工作机制,将党员群众或组织提供的服务、企业提供的爱心捐助和服务项目统筹融合;服务主体根据积分随时兑换爱心企业提供的实物或服务,既有效回馈激励志愿行为,又为企事业单位回馈社会提供平台,促进志愿服务的可持续发展。2016年,街道在全国妇联巾帼志愿者服务工作培训班、全省卫生计生系统志愿服务组织负责人培训研讨班上作为代表进行发言。

社会组织联合会　2012年5月,街道成立社会组织联合会,引入专业化社会组织和志愿服务团队,提高为民服务的社会化、专业化、精细化水平。孵化小微社会组织成长,为社会组织提供硬件以及资金支持,通过邀请专家开展辅导等途径,加强对社会组织的能力培养。引入规模社会组织参与社会治理,吸引一批成规模、口碑好的社会组织进驻街道,围绕政府中心工作和民生热点问题确立服务项目,引导有序参与社会治理。例如,为居民提供免费心理咨询服务的"馨海绿洲"团队,为居民和企事业单位免费提供体验式安全培训的"红十字天使救援中心",为聋哑人群提供手语服务的"晓慧馨雨"工作室,为新市民及其子女提供就业培训、交友活动、民俗课堂等服务的"新市民之家"等。

新媒体平台　2014年,开通"八大关下微生活"微信、新浪微博和民生QQ群等新媒体平台,高效、快捷地发布为民服务信息、响应群众诉求、展示为民服务工作动态。截至2016年底,"八大关下微生活"新浪微博总阅读量近2000万,与文化山东、山东省旅游中心、青岛发布、青岛新闻中心、市南发布等微博互动,扩大影响力。2016年,新媒体成为拓展街道社区为民服务渠道的有效手段,增强居民与街道互动的积极性,搭起街道与居民间的连心桥,吸引更多的居民加入到街道社区建设,为辖区经济社会发展营造更加和谐的氛围。街道通过新媒体平台与居民保持常态化沟通的工作模式,被《光明日报》《科技日报》《工人日报》等媒体宣传报道,《大众日报》以头版头条报道。在山东省网信办网络惠民典型集中采访活动中,作为市南区运用自媒体搭建社区服务新平台工作代表进行典型发言。

特色工作机制

2016年,街道党工委探索充分结合实际的"五化两加强"工作机制,提升为民服务水平,为街道经济社会发展提供动力和支持。(1)健全完善街道—5个社区—52个网格—192名网格员的四级社会治理体系,通过网格摸清各片区居民特点、主要需求等,建立社区家庭信息档案,开展有针对性的主动服务。(2)开展两次大范围的社情民意大走访活动,对收集的居民意见建议进行分类处理,了解居民所需所盼。利用微博、微信、民生QQ群等新媒体平台,发布便民服务信息。(3)吸纳一批专业性强、口碑好的社会组织入驻街道,采取契约方式为各类人群提供特色化服务。通过"帮到家"服务社区居民,通过"六联共建"联席会服务辖区企业,通过"新市民之家"服务流动人口,通过"馨海绿洲"、"晓慧馨雨"工作室等服务特殊群体。(4)党工委组织开展沙滩运动会、健步行、音乐节等文体活动,通过活动增强凝聚力。(5)通过运作"帮到家"爱心银行,增强爱心企业的社会认同感,使参与志愿服务的个人、团体得到回馈,促进社会服务更加组织化、社会化、常态化。加强党的领导和基层投入,在符合条件的非公有制经济组织和社会组织建立党组织,配齐党组织书记、委员。加大投入,把有限的资金用于服务百姓、社会发展。

湛 山 街 道

概　　况

湛山街道地处市南区中部,西接著名的八大关景区,南邻浮山湾畔,东毗香港中路街道,北倚青岛植物园和岛城名刹湛山寺,是青岛市 CBD 核心地带。辖区面积 3.7 平方千米。辖 4 个社区,23080 户(其中集体户 52 个单位、8006 集体分户),常住人口 46121 人(其中流动人口 5419 人),集体户人口 9621 人。分 50 个片区,338 个居民小组,227 个居民楼院。其中,封闭式物业居民小区 30 个,管理楼座 255 座;非封闭式物业小区管理居民楼座 82 座,238 个单元;开放式无物业管理楼座 185 座,359 个单元。

2016 年,街道获山东省文明社区、山东省社区戒毒社区康复先进单位、山东省示范乡镇(街道)工会、山东省海峡两岸交流示范点、山东省"平安家庭"建设示范社区、山东省四德工程建设示范点、山东省档案工作科学化管理先进单位、青岛市文明单位标兵等荣誉称号 20 余项。

党工委书记辛民志,办事处主任孔兆锋。

经济与社会发展

"三驾马车"稳增长

挖税源,壮大税收基数　2016 年,通过"智慧湛山"系统、工商税务信息、物业联盟信息员月报表多方数据比对,重点关注新增市场主体的税收实现和重要税源企业的重大税收变化。对于了解到的意向外迁企业,及时上报备案,并开展走访挽留工作。上半年,街道完成区级税收 12.24 亿元,完成全年计划 47.63%;新增企业税收 1156 万元,同比增长 26.6%;新增市场主体 341 家,新增注册资本 15.25 亿元。有 35 家新增企业注册资本超 1000 万元,其中 8 家企业注册资本超 5000 万元。

强载体,拉动项目建设　2016 年,辖区重点项目 5 个(海天大酒店、东海公馆、华润中心、绿城深蓝中心、纺疗地块),街道建立"一个项目、一支队伍、一套措施、一抓到底"的"四个一"推进机制,先后协调解决海天、绿城项目日照遮挡、雷达波反射等问题,项目得以顺利审批,年底完成形象进度。

防风险,净化经济环境　2016 年,有各类金融投资企业 632 家,街道依托物业联盟,联合派出所、市场监督管理所、食药所、城管中队召开联席会议,"宣传预警在前,定期联合排查、应急预案托底",净化金融环境。

立体布局惠民生

抓住一个点,即社区"民情日"　2016 年,每月 20～25 日为"民情日",机关和社区工作人员沉到片区、下到楼院,听取居民意见,了解居民诉求。收集意见建议 370 条,办结 329 条,华严一路整修、楼院绿化硬化、居民防盗门安装维修等热点难点问题得以解决。

突出一条线,即社会组织购买服务　2016 年,成立社会组织联合会,积极培育发展社会组织。引进、孵化、培育 12349、B 社区、心康、竹蜻蜓、娃娃足球队、创益咖啡等社会组织 50 余个,提供家政养老、生鲜采买、心理咨询、青少年美德教育、创业就业等服务。社区建设和社会组织发展得到中央对外联络部领导的认可和肯定。C20 会议期间接待多国社会组织专家,得到外国友人的称赞。

关注一个面,即养老层面　2016 年,协调街道和物业用房,新建两处日间照料中心,芝泉山庄日间照料中心面积 230 平方米,湛山社区日间照料中心改扩建 150 平方米。对孤老、失独等特殊困难家庭老人开展送时服务试点工作,每周两小时上门服务,包括家政、理疗、理发、简易体检、精神慰藉等。

内外结合保安全

压实内部责任　2016 年,以党工委发文的方式,明确分管领导、科室、社区安全生产监管职责,科室按行业、社区按属地定期开展安全生产检查。落实企业主体责任,签订责任书 9000 份,聘请安全顾问,对 80

余家"九小场所"负责人进行轮训。发挥自防队员作用,加强日常巡查和信息报送,提高突发事件预警和处置能力。自防队伍管理经验被《法制日报》《经济日报》等多家媒体报道。

持续借力引智 2016年,探索以购买服务的方式引进专业化安防机构,聘请安全顾问,让专业人员参与形势评估、器材配备维护、安全巡查、安全演练及人员培训等工作。对77家重点商贸场所展开排查,并对127家新增"九小场所"和重点隐患部位进行"回头看"。隐患排查期间,建立起详细的台账,由专家现场指导、督促整改,并持续跟踪督导整改落实情况。

联动机制解难题

阵地建设 2016年,设立为民服务联动中心(位于华严支路8号),面积约150平方米,按照有醒目工作标识、有常设工作人员、有必备办公条件、有明确职责任务、有规范运作程序、有统一工作台账、有严格考核奖惩的"七有"标准建设。联动中心同时作为"智慧湛山"系统的调度室和指挥部,集直观展示、视频监控、实时互动等功能于一体。

信息化支撑 2016年,以"智慧湛山"社会管理服务综合平台项目为支撑,整合经济、综治、城管、安全生产、民政、计生等信息资源,对辖区人、事、地、物、组织等信息进行采集,建立数据翔实、信息全面的云平台,实现数据的集成性、准确性和便捷性。

网格化保障 2016年,划分街道—社区—片区三级网格,为网格员配发移动终端并安装网格APP,网格员在日常巡查中发现问题,通过APP即时向中心报送,由中心进行分流,由相关科室或社区尽快处置,办理情况直接记录反馈。形成"问题收集—分流处置—记录反馈"的闭环。通过联动机制,实现对经济数据、环境卫生、安全生产、食品安全、矛盾纠纷等的监控和调处,解决难点、热点问题和疑难杂症,为创卫迎检、C20峰会顺利举办提供保障。并在综合行政执法、城市违法建设治理等工作发挥作用。

工作特色

抓班子,带队伍,街道各项工作整体创优

2016年,着眼培养一支"想干事,会干事,也能干成事"的街道干部队伍,提出建设"凝聚力强、执行力强、创新力强、夺标力强、亲民力强""五强"队伍的目标;街道内部成立理论辅导、民情访问、业务攻关、技能拓展、督查纠错五支骨干活动小组;建立干部《素质成长手册》《民情日记》和重点工作责任台账,以及周例会、月总结、季考核的调度机制,实施链条式管理模式,激发干事创业活力。

抓基层,打基础,管区连续十年零上访

2016年,街道始终将维护辖区和谐稳定作为头等大事来抓。采取横向联建、纵向扩建、属地统建的办法,构建区域化党建格局。创新片区党组织模式,通过"腾、借、调、租"等手段,为28个片区建起党员活动室。成立社区安全自防队伍,借助信息化手段,推行"五下五上"安全自防模式,社会安全水平得以提升。坚持以群众工作统领信访工作,实现"小事不出片区,难事不出社区,大事不出街道",管区连续十年零非访。

重创新,求实效,多项成果省市领先

2016年,开通"微湛山"和"微湛山·红色驿站"两个微信平台,有效传递党的声音;每月举办"民情日",党员干部沉到片区走遍楼院,收集意见建议,解决房屋漏雨维修、楼院停车、自来水改造等热点难点问题;启动开放式楼院卫生保洁准市场化运作;升级"智慧湛山"系统,建立辖区"人、情、地、事、物、组织"等大数据中心;突破条块界限,与职能部门联动,建立智慧湛山为民服务联动中心,构建"指挥平台统一、部门广泛参与、联动工作顺畅、处置快捷高效"的民情处置体系,提升辖区防控联动应急管理和应对处置突发事件的能力与水平。

办实事,惠民生,群众满意度不断提升

2016年,坚持用家的情感、家的责任、家的荣誉,打造湛山温馨和谐家园。年初就居民最迫切、最强烈、最难办的10件事,公开承诺,接受监督,并推行"群众张嘴,干部跑腿"的为民代理制,建立五个途径受理民情、五个渠道分类办理、五个方式公示反馈的"民情链条"。面对养老难题,探索"三位一体"养老模式,助老食堂、楼院互助、专业机构形成互补,为辖区百名老人就近就便就餐提供保障。面对辖区老旧楼院多的状况,多方筹集资金对掉瓦漏雨楼院进行综合整治。实施"十小十大",解决养犬、毁绿种菜等城市管理顽疾。成立老兵服务队、和事佬协会、护绿小分队等特色志愿者队伍,引入"创益客"训练营助力青年创业,引入"竹蜻蜓"工作室、成立岛城首支娃娃足球队,满足居民的需求。

香港中路街道

概　　况

香港中路街道地处青岛市的政治、经济、文化、旅游、金融、商贸中心,东起燕儿岛路、西至山东路,北起江西路、南至浮山湾,面积 3.8 平方千米。辖香港中路、闽江路、云霄路、东海西路、新贵都、江西路 6 个社区,常住居民约 1.6 万户 6 万人,暂寄住居民 7149 人,有外国人集中居住的小区 14 个,境外居民 1964 户。

街道财政收入占到全区的近 1/3,税收过 1 亿元楼宇 9 座。有 5000 平方米以上的商务楼宇 34 座,有各类企事业单位近 7000 家(其中总部企业 57 家,外资企业、境外办事机构 200 余家)。辖区服务业发达,高端服务业、现代服务业和传统服务业共同发展,有香港中路金融街、"时尚闽江"等特色街区和青啤大厦、绮丽大厦、远雄广场等专业特色楼宇。

2016 年,"红色家园"党建品牌成为青岛市党建品牌,街道获国家级安全社区、山东省安监系统先进集体、省级文明单位等荣誉称号。

党工委书记董晓斌(5 月免)、钮本兵(5 月任),办事处主任钮本兵(5 月免)、管学军(5 月任,副主任,主持工作)。

经济与社会发展

经济工作

推进招商引资工作　2016 年,完成区级税收 29.4778 亿元。新增企业 1113 家,新增企业税收 1927 万元,走访重点税源企业 242 家,重点税源企业跟踪漏户数 1 家,涉税违规企业治理 20 家。

推进重点项目建设　2016 年,新建重点项目 4 个(畅海园二期项目、四季酒店项目、世奥大厦项目、颐中假日酒店项目)。截至 2016 年底,畅海园二期项目基础防水施工完成,正进行主体二层钢筋绑扎及模板支设;颐中皇冠假日酒店改扩建项目完成建设工程规划许可证办理。

开展服务业发展活动　2016 年,完成重点服务业总量 456.6 亿元,实际增量 18.2 亿元;现代服务业完成 413.9 亿元,实际增量 26 亿元。

民生工作

完善社会救助体系　2016 年,辖区低保覆盖人数 117 户(其中 2016 年停办 23 户),发放救助金 1462050.2 元,无一差错;低保家庭子女教育生活补助 18 人,发放补助金 3800 元。办理老年证 920 余人。办理高龄补助 1397 人,办理老龄体检补助 1397 人。收取养老送餐费用 4 万余元。为辖区内"两参"人员、重点优抚对象发放慰问金 2 万余元。办理大病救助 5 人,发放救助款 11618 元。办理特殊救助 18 人,发放救助款 271678 元。办理临时救助 34 人,发放救助款 199900 元。

开展保障房工作　2016 年,办理公租房 68 户,实物配租年审 25 户,租赁补贴年审 65 户,复核经济适用房 15 户,限价商品房 2 户;为 176 户居民发放保障房通知书;发放廉租补贴 268851.82 元。

做好为老服务工作　2016 年,办理老年高龄及体检补助 1397 人。为年满 60 周岁以及 70 周岁的 920 余位老年人办理《老年人优待证》,使更多的老年人享受到政府的优惠福利待遇。为 301 名独居老人、低保老人、市级以上劳动模范的老人开展送奶服务(2016 年新办理养老送奶服务 32 人)。创建新贵都日间照料中心助老食堂,为用餐困难的老年人提供送餐服务,全年送出 3572 份午餐,收取餐费及送餐费 4 万余元。

推进助残工作　2016 年,街道对辖区内的 53 名精神残疾人进行免费健康查体和免费服药 4 次,并为精神残疾人免费服药建立详细台账。为残疾人提供就业信息,协助 15 名残疾人个体工商户申请城镇残疾人个体户基本养老保险和基本医疗保险补贴。为 13 名困难重度残疾人办理残疾人就业生活补贴。

做好计划生育工作　2016 年,合法生育率达到

99.87%以上；出生人口性别比105；办理独生子女证40份，为401名失业无业人口发放独生子女费3.1万余元；办理孕前免费优生体检603人；办理分娩补助353人，发放分娩补助金17.6万余元；办理服务手册633份；避孕节育措施落实率达到100%。

社会管理

社区常态化管理　2016年6月中旬～11月下旬创卫复审期间，建管科科室成员和分管领导全身心投入到工作中，各社区卫生保洁员、城管志愿者、楼组长等先后投入8000余人次，处理各级督办件856多件，处理12319热线35件、市长公开电话投诉件59件、数字化督办件11611余件，协调城管拆除停车器1000余个，拆除违章建筑100余处，整治居民楼院75个，清理楼道乱堆乱放1200余处、清理楼院内乱搭乱建300余处、清理卫生死角3600余处，清除广告30000处、清理高空广告200余处，清运垃圾600余车2000多吨，清理绿化区域10000余平方米、整治"十乱"问题500处、清理户外广告110块、清理菜地90处、修复破损路面50处、新增老鼠屋900余处、改造修缮老鼠屋800余处。

社会秩序和谐稳定　2016年，全年处理数字化督办件7000余件、12319热线督办件180多件、区（市）长公开电话督办件30余件、市政公用局督办件70余件、市容环境指挥部督办件100多件、市政热线督办件30余件。针对数字化督办件返工率高的问题，多次开会研究解决问题的方案，最终得到解决，全年度返工率为0，且无未完成积压件。

市容环境综合整治　2016年，组织开展以清理卫生死角为主要内容的"洁净家园"环境整治活动12次，组织各社区网格队员加班60余次，对新贵都A、B、C片区和江西路大院、云霄路大院、新安路小区等45个楼院进行集中整治，清理卫生死角300余处，出动人员1663余人次，出动车辆650余台次，清理各类垃圾近3300吨，清理小广告26000余条。

生活垃圾分类工作　2016年，街道有垃圾分类小区46个，涉及居民17826户，占辖区居民户数的70.6%，累计发放垃圾桶32830个、垃圾袋8632700个，张贴宣传板7066块，举办垃圾分类有奖知识竞答活动3场，举办垃圾分类知识培训5场。居民生活垃圾分类知晓率达到100%、垃圾袋使用率达到90%、垃圾投放准确率达到85%。制定《香港中路街道办事处居民生活垃圾分类收集工作日常运行监管及奖惩办法》，巩固现有成果，完善管理机制，加快生活垃圾减量化、资源化、无害化进程。由市人大代表、市政协委员和市民代表组成的市容环境综合整治工作视察组，烟台市以及兄弟单位和各级领导多次来街道检查指导，给予充分肯定。

全民爱国卫生活动　2016年，按照区爱卫会的工作部署，开展以楼院整治、单位院内、家庭卫生等为主要内容的卫生清理工作。对170余座老旧楼院楼道进行不同程度的清理，清除各类杂物40余车，清理小广告1300余处。按照爱卫会的要求，开展集中灭鼠工作，设立756个老鼠屋，投放鼠药300余千克。完成每月一次的有害生物监测任务。

工作特色

改造学校环境

2016年，针对香港中路小学门口道路年久失修、坑洼不平，下雨天积水、冬天结冰，存在安全隐患的状况，街道请示协调市政办后列入整治计划，安排施工队利用22天的时间对道路进行铺设整治。学校教职工和学生家长给予高度评价。

创新为老服务

2016年，引进青岛市12349社区便民服务中心负责街道日间照料中心的运营管理服务工作。日间照料中心组建专业送餐服务和专业社工服务团队，细化服务内容，每日有30多人在此就餐、有近20人接受送餐服务，并开展艾灸保健和康复护理等相关服务。2014年以来日间照料中心登记接受服务的老人超过500余人。开展"端午节感恩孝亲"公益活动，以新贵都日间照料中心为基地，进行公益义诊和现场艾灸体验，活动期间免费为100余位老人服务，岛城10余家媒体进行报道。

创建"幸福家园"联合理事会

2016年，以社区党组织、社区居委会、社区工作站、业主委员会、社区社会组织、物业公司为主体，整合"青岛市12349便民服务中心""天使温情空巢乐园""竹蜻蜓社会工作中心""曲同连工作室""青岛艳镱心理研究所"等10余家公益慈善社会组织和富有社会责任感的企事业单位，以社区党建联席会议和社区共建联席会议为平台，设立"幸福家园"联合理事会，探索政府主导、社会组织参与的为民服务新模式，拓展社区教育、文化体育、医疗卫生、法律援助等义工服务领域,建立以社区为平台、社区社会组织为载体、社会工作专业人才为支撑、社区志愿者为依托的"四社联动"机制,为驻街道机关、团体、部队、企事业单位,社会组织和爱心人士提供奉献爱心平台,共同帮助孤寡老人、贫困学生、因重大疾病或特殊事故而陷入困境的居民。

八大湖街道

概　　况

八大湖街道位于市南区东北部,东起福州路,西至延吉路,南起江西路,北与市北区接壤,面积 4.27 平方千米,辖 10 个社区(泰州路、亢家庄、徐州路、金湖路、延吉路、吴兴路、田家花园、天台路、太湖路、高邮湖路),居民 43359 户,户籍人口 10.29 万人,流动人口约 3 万人。辖区驻有青岛市广播电视台、工商银行青岛市分行、农业银行青岛市分行、半岛都市报社、大润发超市等企事业单位。

2016 年,民政部授予高邮湖路社区第二批"全国社会工作服务示范社区"荣誉称号,国家民族事务委员会授予高邮湖路社区全国第三批"民族团结进步创建活动示范单位"荣誉称号,共青团中央授予八大湖街道"全国五四红旗团工委"荣誉称号,中国科协、财政部授予高邮湖路社区"全国科普示范社区"荣誉称号,山东省 1%人口抽样调查工作协调小组办公室授予八大湖街道"山东省 2015 年 1%抽样调查先进集体"荣誉称号,山东省计划生育协会授予八大湖街道"山东省青春健康教育俱乐部"荣誉称号。

党工委书记吕丽艳,办事处主任孙立强。

经济与社会发展

经济工作

2016 年,八大湖街道实施"一推两抓"工作模式。"一推"就是推动企业优化经济结构,促进企业创新发展。以"三创"为突破口,前移服务关口,提升服务软实力,优化产业结构,培育发展新动力。班子成员包干重点项目,定期走访重点企业,了解企业经营状况,"进现场、进企业"成为街道服务企业新常态。扶持新100 产业园与外埠、海外机构开展交流合作;建设创

客空间,举办创客路演,孵化小微企业,不断放大园区的产业集聚效应,吸引优质企业落户。牵头搭建交流平台,实现人大代表、政协委员、银行、风投公司金融中介机构与创意企业面对面、点对点沟通。引导人、财、物等社会资源注入创意产业,推动创意产业成为辖区新的经济增长极。"两抓"就是抓招商引资、抓属地纳税。(1)建立楼宇资源信息库,开展楼宇信息调查,掌握入驻及迁出企业行业分布等基础信息,并与区发改局、商务局等部门对接,掌握招商引资载体资源。2016 年,落户街道注册资金 1000 万元以上税源企业 144 家,吸引新华锦集团山东锦源房地产等注册 5000 万元以上企业 35 家。(2)开展税源摸底调查,建立并完善税源基础台账,对重点纳税企业和税收变化显著企业建立信息库,分析税收增减因素。与地税执法部门沟通协调,更新辖区税源、房源动态管理平台,掌握税源分布、预警税源变动趋势,稳固培植税源。摸排企业外迁动向及原因,做好涉税信息的搜集和报送,配合做好税源挽留工作,确保本区域内税收不流失,全年实现区级税收 6.62 亿元。

民生工作

2016 年,八大湖街道充分利用民政全业务平台,摸清困难家庭经济情况,落实精准救助。进一步扩大低保救助范围,提高低保保障金额,将外来务工人员列入低保救助对象,为困难家庭中的失能、半失能成员发放护理补贴。采取实物配租和发放租金补贴相结合的方式为低收入家庭解决住房困难,为 318 户家庭申请保障性住房,为 182 户家庭完成保障性住房年度复审,为 186 户低收入家庭发放租赁补贴。重视保障残疾人权益,为残疾人提供康复治疗、医疗护理、精神类药物免费服药等方面的服务,全年发放低保金、各类救助金、补贴 790 余万元。为 1152 位育龄妇女发放分娩补助 57 万元,组织 4576 名管区 60～79 周岁老年人参加免费体检。在田家花园社区新建 1 处

一级老年人日间照料中心,引进社会组织负责运营,为社区老年人提供宽敞、设施完善的活动场所。

安全与社会治理

2016年,八大湖街道通过"政府购买服务"的方式,投资9万余元,聘请中介机构,集中开展安全咨询服务和规范化安全生产检查。对辖区内112座高层楼宇进行消防检查,对发现的消防设施损坏、楼道堆放杂物等突出问题,及时发函区有关部门督促整改。联合泰能集团、派出所对辖区内的餐饮业户进行全面检查,为辖区362家使用煤制气的餐饮单位免费配备燃气报警器。街道党工委每月组织召开安全专题会议,研究安全生产工作。街道每月组织由辖区食药、市场监督、公安、消防及城管职能部门参加的安委会,研究安全隐患的解决办法,落实整改措施。联合各职能部门不定期进行联合执法。与辖区800个单位签订年度平安市南建设工作承诺责任书和安全生产、消防目标责任书,明确安全生产和消防责任。每周通报安全检查、安全隐患整改落实情况,以通报促整改。组织检查大小企业11062家次,发现安全隐患1100处,排除隐患1080处。

优化街区环境

2016年,八大湖街道针对开放楼院多、老旧楼院集中的实际,以招投标的方式,将卫生保洁和绿化工作服务外包,对辖区的环境卫生工作实行"一家管",辖区的环境卫生面貌进一步改善。对辖区5个楼院、15栋楼进行整治,修复破损地面、粉刷楼道、安装更换感应灯,城区环境连片提档升级。出资为553个开放式楼院购买配备卫生清扫工具,发挥片长、楼组长、党员骨干带头作用,组织居民自我服务打扫楼道卫生,卫生明显改善。创立物业联席会制度,定期召开由区物业办、办事处、社区及辖区物业参加的联席会议,组织学习物业法规、调解物业矛盾,全年对65个物业小区的物业纠纷成功进行调解。先后召开居民议事会6次,广泛听取居民意见建议,打造群众满意工程。

工作特色

创建八大湖"安防体验馆"

2016年,八大湖街道联合市南公安分局,投资30余万元,在高邮湖路社区创立全市首家安全防范体验馆。体验馆设有家庭防盗宣传、防电信诈骗、禁毒宣传、防扒窃宣传和智能视频监控等五个功能区。体验馆于2016年3月建成并投入使用,向居民和企事业单位免费开放。社区民警及社区工作人员组成专兼结合的讲解员队伍,随时为参观人员提供专业讲解,确保参观体验的效果。针对居民家庭的实际情况和特点,为居民家庭量身设计"基本型""提高型""先进型"三种家庭安全防范套餐,帮助居民选择适合的家庭安防设备。通过直观对比、现场操作和民警分析,提升居民对家庭安防设备的理解和重视程度,增强居民升级家庭安防设备的积极性和主动性。与社区消防体验馆形成"1+1>2"的参观体验品牌,全面提升居民安全、自救、防盗意识和能力。该馆启用以来,接待国家、省、市、社会团体考察团200余次,街道企事业单位、居民参观1.5万余人次。大众网、凤凰网、1377早新闻、半岛都市报等媒体给予报道。

实施数字化"平安市南"宣传工程

建设"LED宣传一条街"　2016年,八大湖街道以宁夏路为试点,建设"LED宣传一条街",发挥商家LED屏"公告板"的作用,利用驻街单位LED显示屏,滚动播放平安市南建设通知公告、法律法规、安全知识等,提升群众对平安建设的知晓率。通过播放宣传标语、公益广告、先进典型等,弘扬正气、鼓励见义勇为,营造人人讲安全的社会氛围。30家商户参与宣传街建设。

打造"微信宣传联盟"　2016年,八大湖街道利用"宜居八大湖"微信公众号,和所辖10个社区的微信公众号,建立"平安八大湖"微信联盟。在街道微信平台开设"安全小常识"板块,发布生产、居家安全知识。微信联盟通过定期发布平安建设公告及活动通知,举办安全知识有奖答题等活动,向群众普及安全常识,提高工作知晓率和满意度。截至2016年底,微信联盟关注量达3542人次。

创建"三微"党建模式

布点"微课堂"　2016年,八大湖街道党工委选择水平高、热情高、威望高、觉悟高的"四高"老党员家庭,授予"党员微课堂"标牌,最大限度方便党员就近学习。利用社区中心、扩建片区党支部活动室,抓好党员集中轮训,形成社区中心"党员活动室"、片区支部"党员活动站"、党员家庭"微课堂"三级阵地。全年建立"微课堂"12处,覆盖党员300余名;组织基层党员集中轮训 42 场次,参训党员 6700 余名。

畅通"微循环" 2016 年,八大湖街道党工委密切党群干群关系,激活党组织的"神经末梢",畅通基层"微循环"。街道干部坚持"访民情、解民忧、暖民心"常态化走访,每人每月走访群众 10 余户;社区建立"走班"制,深入楼院、家庭走访入户。全年走访居民 1.5 万余户,汇总意见建议 368 条,解决问题 315 个。

开展"微服务" 2016 年,八大湖街道党工委坚持把基层党建与民生改善紧密结合,通过"微服务"实现"大民生"。建立"媒体新势力"服务平台,利用微信、QQ 等新媒体,方便在职党员和青年党员,随时随地为居民企业提供服务。成立"宜居八大湖"志愿服务联盟,进一步推广公益积分制度,吸引更多党员群众参与"微服务"。全年服务党员群众 4000 余人次,通过新媒体发布党建服务信息 500 余条。

金门路街道

概　　况

金门路街道位于市南区东部,东与崂山区接壤,南邻珠海路街道,西连八大湖街道,北与市北区交界,面积 4.22 平方千米。辖 8 个社区(高雄路、仙游路、三明路、逍遥、漳州路、大尧、天山、银川西路)、居民 34078 户、户籍人口 67587 人、常住人口 10 万余人。辖区有中小学校 7 所,驻军部队 8 家,企事业单位 2247 家。2016 年,金门路街道党工委贯彻落实党的十八大和十八届三中、四中、五中、六中全会精神及习近平总书记系列重要讲话精神,把握新常态,抓住新机遇,街道经济社会各项事业实现平稳健康发展。

2016 年,金门路街道先后获全省档案工作科学化管理先进单位、省级文明社区、青岛市文明单位标兵、青岛市 2015 年 1‰人口抽样调查先进集体等荣誉称号。

党工委书记张万华,办事处主任於青。

经济与社会发展

区域经济稳步发展

2016 年,走访重点纳税企业 200 家,新增企业 388 家,全年完成区级财政收入 43111 万元。协助赢联科技集团有限公司增资 10 亿元;重点服务业营业收入总量完成 362181 万元,比 2015 年增长 51868 万元,现代服务业营业收入总量完成 4147520 万元,比 2015 年增长 651697 万元。协调帮助青岛鼎信通讯股份有限公司"主板"上市,协调帮助青岛特利尔环保股份有限公司等 4 家企业"新三板"挂牌,协调帮助青岛坤显电子有限公司等 2 家企业"四板"挂牌。推进"十个千万平方米工程"支撑项目建设,新增安全局停车场、青岛大学医学教育综合楼,总建筑面积 5.7 万平方米,投资总额 2.5 亿元。联合青岛银行、华夏银行等,开展防范非法集资宣传巡展活动 13 场次。对商务领域企业进行安全检查 27 家,发现并整改问题 32 件,促进辖区经济健康发展。

基层党建扎实开展

2016 年,开展"两学一做"学习教育,强化党员理想信念及职责使命。开展党员组织关系集中排查,对 6000 余家非公经济组织党建工作进行摸底调研。做好党组织服务群众经费使用,实施居民家庭财产保险、火灾险、党建文化队伍建设等项目。制定街道党工委抓党建工作"三张清单"(党工委、党工委书记抓基层党建工作问题清单、任务清单、责任清单),细化任务分解,责任落实到人。组织走访慰问老党员、困难党员近 400 人,发放慰问金和慰问品价值 12.78 万元。加强道德典型推树工作,编写《优秀社区党员先进事迹选编》。加强党风廉政建设,落实"两个责任"。

民生工作深入推进

2016 年,在 8 个社区实施"新家庭计划"项目,建立四大微信服务群,开展 50 余场主题活动,提升家庭自我发展能力。完善"暖心之家"失独家庭服务项目,为 47 个家庭提供查体、心理疏导等服务。实施"四社联动"工作模式,启动"折翼关爱"和"博爱助残"活动,通过政府购买方式,为 185 个低保残疾家庭提供生活服务,对320个残疾家庭进行应急自救培训。推行垃圾分类投放"起名安家"工程,增设再生资源回收设备30处,完成300个垃圾桶落户,组织开展各类宣传活动30余场次。投资2000余万元对大尧社区、弘信山庄小区、东天山小区实施综合整治。投资150余万元对仙游路、三明路、漳州路社区40余个楼院进行破损维修和设施更新,改善社区环境。投资260余万元,对辖区内429个居民楼院40余万平方米保洁区域和9万余平方米进行绿化养护管理。通过公开招标方式,聘请"社区管家"解决老旧居民楼院保洁管理难题。

社区管理全面加强

2016年,开展安全隐患"大快严"集中行动,对餐饮场所液化气安全使用、高层楼宇、地下室群租群住、居民楼院生活安全等进行专项整治。举办消防应急逃生演练20场次,治理液化气安全隐患300余处,整治市挂牌督办的万里大厦和海洋大厦重大消防安全隐患。开展"无命案街道、无刑事案件社区"主题创建活动,定期与派出所召开联席会议,制定防范改进措施。组建142人的社区安全自防队伍,配备773名楼栋信息员,排查治安重点地区24处。有效化解弘信山庄、铜锣湾小区信访隐患200起,辖区未发生进京到省越级访情况。

工作特色

志愿服务"直通车"进社区,党组织服务群众平台再拓展

2016年,在"两学一做"学习教育中,街道党工委既组织做好"学",又注重对党员为民服务"做"的引导。针对街道老旧楼院多、开放小区多,居民对公共设施维修、家庭维修等需求多的情况,积极为有技术专长的老党员服务群众搭建平台。协助街道党工委兼职委员、社区退休党委书记王洽成立"4S党员志愿服务队",组建"志愿者之家",实行以真诚、服务、快捷、满意为核心的服务群众工作模式。2015年10月,街道党工委协助志愿服务队注册成为社会组织,2016年初又支持他们建立党支部。党员在服务过程中佩戴党徽,主动亮明身份,发挥模范带头作用。服务队规模不断壮大,由起初的20余人发展到100余人,党员也由最初的7人发展至75人,在街道设立志愿服务总站,在8个社区设立分站。随着"两学一做"学习教育常态化制度化,街道党工委把党组织服务群

众工作常态化,每周开进一个社区,为社区居民免费提供理发、修脚、维修、咨询等13项志愿服务,解决居民日常生活问题。"4S党员志愿服务队"自组建以来,为辖区居民解决热点难点问题2000余次,其中为居民义务维修200余次,设立"暖心益剪角"免费为社区低保残疾人理发80余人次,提供免费医疗咨询1000余人次,开展"爱心助弱暖冬"行动免费为低保家庭孩子和新市民子女编织衣物30余套,免费为低保残疾人赠送"4S暖心帽"120余顶,常年结对帮扶困难独居老人4人,免费开展志愿服务培训60余场次。

实施"暖心之家"服务,打造失独家庭"心的港湾"

2016年,金门路街道把关爱失独家庭列为重要的民生工程,倾心打造"暖心之家",在服务项目化上,将失独家庭的服务需求细分为三大类20余项,分解到科室、社区,实行责任落实、分工协作、限期完成;在服务专业化上,成立"暖心使者"服务队,尽量从专业的视角解决失独家庭所面临的问题;在服务精细化上,打造"暖心沙龙",为失独家庭量身定制联谊联欢计划,引导他们融入社区大家庭。开展"阳光驿站"安康关爱服务。为60岁以上失独老人购买"银发无忧"意外伤害保险,发放健康书籍,配备应急救护包和家庭医疗救护箱,联系辖区的医疗机构为他们建立健康档案,每年免费查体一次,享受一次公益健康套餐,并有针对性地赠送辅助器械,提供一定的需求药品;联系社区医疗卫生服务中心定期进行巡诊,为行动不便、健康状况不佳的失独老人开展上门查体,生活困难的失独人员到仙游路社区卫生服务中心就诊享受减诊疗费、医药费和免挂号费的"两减一免"服务。开展"牵手相伴"精神关爱活动。组织大学生和计生协会的志愿者到失独人员家中"爱心敲门",为他们读书、读报、打扫卫生,陪着聊天、过节,让失独人员感受到温暖;邀请3名心理咨询志愿者为有需求的失独家庭进行心理疏导,为他们调理心绪、化解心结,传递关心理解和暖心支持;在社区营造"暖心之家"温馨环境,引导失独人员走出小家、融入大家,参加社区活动,参与社区服务。实施"贴心照护"生活关爱计划。推行"1+6"服务模式,通过建立走访慰问制度,使越来越多的爱心人士帮扶关爱,全年发放救助金、慰问品30余万元;开展"六送服务",为所有的失独家庭订阅《老年生活报》,为每位60岁以上的失独老人送生日蛋糕;给有需求的失独家庭配备手机,使关爱服务"一拨到";为60岁以上有需求的失独老人送上免费

午餐、安装爱心门铃,开展的送时服务解决失独家庭的生活难题。"暖心计划"让失独家庭感受到关爱。街道层面建立相对完善的失独家庭关爱支持网络和居家养老服务体系,把"以情关爱,用心服务"落到实处,帮助失独人员走出家门、融入社区,让"暖心之家"成为失独家庭"心的港湾"。

成立社区 TV 工作室,搭建基层党建新媒体平台

2016 年,作为青岛市首批社区 TV 工作室试点街道,金门路街道强化制度建设和服务保障,开通"金门一家亲"社区 TV 栏目,招募富有社会责任感、有新闻洞察力、喜好新闻摄影的社区党员志愿者,建立社区拍客队伍,以百姓的视角挖掘社区正能量,对社区发生的精彩故事进行拍摄记录,充分展示百姓"小生活"里的社会"大风貌",丰富基层党建宣传手段,建立起服务于基层党建、社区建设和社区发展的新媒体平台。首批青岛党建电视频道社区 TV 工作室授牌仪式在街道举行。

珠海路街道

概　　况

珠海路街道地处市南区最东端,东与崂山区接壤,南邻浮山湾,西至燕儿岛路,北依江西路,面积 2.88 平方千米,辖 6 个社区,居民 2 万余户,常住人口 6 万余人。坐落其中。党工委下辖 6 个社区党委、4 个非公企业党委(总支),有党员 3823 人。有中科院等 11 个部委的疗养院,海尔洲际、海景、丽晶等多家星级酒店,青岛市立医院、山东省眼科研究所等岛城顶尖医疗机构,书城、财富中心、麦凯乐等城市综合体,以及中国水准零点和奥帆中心等景点,服务业繁荣,金融业聚集,产业分布呈现多元化。

2016 年,珠海路街道获全国综合减灾示范社区、全国社区教育示范街道(乡镇)、山东省先进基层党组织、山东省无邪教创建示范街道、青岛市文明单位标兵、青岛市人民满意公务员集体等荣誉称号。

党工委书记牛鲁彬、办事处主任周立文。

经济与社会发展

经济工作

2016 年,珠海路街道实现区级收入 5.47 亿元,新增企业税收 663 万元。通过开展"企业大走访"活动,建立街企信息 QQ 直通车,走访各类企业 529 家,收集各类意见建议 42 条,做到事事有回音、件件有答复。开展拉网式排查,完善 425 家新增企业和 422 户新增个体户台账,制定 44 家无证业户、41 家"外注内营"企业整改计划,并跟踪推进。为天津银行等 72 家企业提供选址服务,并成功落户 59 家;注册资本 3 亿元的青岛中亚前海房地产有限公司等 10 余家优质企业完成注册;积极协助注册资本 2.9 亿美元的青岛昊坤绿色实业有限公司落户海怡名都小区。服务辖区内的 9 个重点项目,分别成立项目工作组,"加"强组织领导,协助项目"减"少审批环节,发挥"乘"法效应对科技大厦等项目实行产业集群招商、产业链招商,清"除"项目建设各类隐患,完成投资 18.34 亿元。引进内资企业 80 家,注册资金 21 亿元,到账资金 7.1 亿元。青岛工人疗养院、海军大麦岛干休所改造工程如期竣工。

民生保障服务

2016 年,珠海路街道完成汕头路社区日间照料中心扩建;发放低保金 60 余万元,发放公租房补贴近 7 万余元;为 21 个困难家庭发放临时救助 7 万元、红十字救助 2 万元。依托专业机构,为重度精神病人提供上门送医服务,为 50 名残疾人提供各类就业技能培训。开展送法进社区活动,举办法律宣传讲座 6 场次,受教育者 300 余人次,解答居民法律咨询 60 余人次,发放各种宣传材料 1500 余份。依托微信公众平台推出"同心圆计划",在香港花园社区建成"同心圆公益小栈",居民可以通过"心愿池"投递心愿,由服务项目库成员单位主动认领,实现志愿服务线上线下"O2O"融合和需求背靠背满足。开展"百家宴"等邻居节活动,举办"国韵古风庆端午"等"我们的节日"系

列活动,成立新家谱文化志愿推广服务协会,举行家风家训书画巡展,举办第九届"左邻右舍"艺术节。山东电视台、青岛电视台等媒体走进社区晚会,吸引近千名观众。

安全与社会管理

2016年,珠海路街道创新"12350"工作思路,强化安全生产工作。围绕"固双基,广宣传,勤排查,严整治,保安全"一条工作主线,搭建管理网和监督网两个网络,深推"街道与部门的横向联合、街道与社区的纵向联合、街道与企业的内外向联合"三向联合,突出"安全文化、燃气安全、特种设备、消防安全、建筑工地安全"五个重点领域,确保安全生产零伤亡。全年印发各类安全宣传册2.7万册,排查存使液化气钢瓶的餐饮场所112家,检查各类电梯481部,核实出租房屋2899套。发放灭火器、灭火毯、防毒面具1000余套,配备燃气报警器,安装防攀刺、推拉窗限位器等。对辖区消防栓开展全面排查,确保全部通水。开展"防灾减灾日宣传暨应急演练",提升灾害应急处置能力。开展"私家定制"普法进社区活动,解答居民法律咨询60余人次。在6个社区均成立司法服务工作室,调解各类矛盾纠纷案件127起,提供法律咨询60余人次。自编人民调解情景剧,举办全市首家反邪教文艺演出,建立警示基地,取得良好社会效果。

城市管理

2016年,珠海路街道实行"3+3"管理制度,建设街道、社区、城管志愿者三级街面监控网络,组建城市管理志愿者队伍上路巡逻,建立街道、城管中队、环卫站三级联动处理机制,整合应急处置队伍,确保城市管理问题在第一时间得到解决。推进居民垃圾分类收集工作,自筹资金4万余元,规范江西路171号垃圾分类宣传亭。探索多部门联合整治的餐饮企业厨余垃圾治理模式,为餐厨垃圾收运提供范例。推进物业管理的专业化、标准化,开展"物业管理政策宣传年",印制《物业知识手册》免费为业主发放,邀请专家上门培训;建立"物业联席会"制度,搭建物业公司、居委会、业主委员会三方议事的平台。推动开放式楼院管理长效化,先后对珠海支路2号等4个老旧住宅小区改造提升,对珠海一路6号破损污水管道等5处基础设施进行维修升级。

工作特色

"为民所为"深化党建内涵

2016年,聘请社会力量对辖区3317家"两新"组织进行全面摸底调研,核查出流动党员53人,建立动态管理库,配齐党建指导员进驻非公企业和社会组织,帮助建立党组织,督导按期换届。新建党员"集结号"4处,引导党员身边找组织;推行街道干部"民情责任田"制度,密切联系群众;率先建立"数字党建"平台,实现基础信息的便捷及时更新,大数据的动态抓取分析,工作运行的图像留痕可查。结合"两学一做"教育,开通"珠彩心语"微电台,支部书记每天领读2分钟左右的党章,举办"两学一做"专题党课,举行庆祝中国共产党成立95周年原创文艺会演。举办年度党员集中培训,邀请市委党校专家教授分三期为全体社区党员和"两新"组织党员集中授课,参训人数1400余人。"三级联动"学习贯彻党的十八届六中全会精神,街道党工委集中学、社区党委书记专题学、社区党员轮流学,中央电视台《新闻联播》、中央人民广播电台《新闻与报纸摘要》等予以报道。

"智慧珠海"创新社会治理

2016年,珠海路街道依托互联网,构建"一网双端"的网格信息管理平台。搭建一张信息网,建立"街道—社区—片区—楼组—户"五级网格管理体系,构建基于GIS地图的房屋模型,以房找人、以房管人,运用互联网互联互通和大数据分析功能,实现基础信息的便捷及时更新、动态统计分析,为街道决策提供依据;融合党建、民政、综治、卫计、城管、安全生产等各类行政事务信息资源入网,服务资源由"散"变"聚"。面向工作人员,推出"社情民意一点通"手机客户端,日常巡查中发现的信息、问题以文字或图片方式及时上报至业务科室,办事进程、反馈结果及时在手机客户端显示;街道干部"民情责任田"走访情况也通过端口直接上报、汇总,社会管理由"窄"变"宽"。面向社区居民,推出"珍珠海岸"微信客户端,每日推送街区动态、便民信息,开通"微纸条"政民互动信箱,基层工作由"繁"变"简"。

附 录

2016 年区级领导简介

华玉松 男,1964 年 11 月生,中共党员。1980 年 9 月山东纺织工学院纺织机械专业学生;1984 年 7 月青岛第八棉纺织厂设备科见习生;1985 年 3 月青岛第八棉纺织厂党办秘书(其间:1985 年 10 月~1986 年 12 月借调青岛市委企业政治工作部整党巡视员);1986 年 12 月共青团青岛市委组织部干事;1989 年 2 月共青团青岛市委组织部副主任科员;1991 年 2 月共青团青岛市委组织部副部长;1993 年 1 月共青团青岛市委青农部部长;1995 年 11 月共青团青岛市委常委、青农部部长(其间:1995 年 12 月~1996 年 12 月挂职任即墨市普东镇党委副书记);1998 年 4 月共青团青岛市委副书记、党组成员;2000 年 11 月青岛市李沧区政府副区长、党组成员;2003 年 1 月青岛市李沧区委常委、政法委书记;2007 年 4 月青岛市李沧区委副书记、政法委书记(正区级);2007 年 7 月西藏自治区日喀则地委委员、日喀则市委书记、青岛市李沧区委副书记;2010 年 4 月西藏自治区日喀则地委委员、日喀则市委书记、青岛市市南区委副书记、区政府副区长、代理区长;2010 年 7 月西藏自治区日喀则地委委员、日喀则市委书记、青岛市市南区委副书记、区政府副区长、代理区长、党组书记;2010 年 9 月青岛市市南区委副书记、区政府副区长、代理区长、党组书记;2011 年 1 月青岛市市南区委副书记、区政府区长、党组书记;2017 年 1 月青岛市市南区委书记、区委党校校长。

高 健 男,1973 年 8 月生,中共党员。1991 年 9 月青岛师范学校少年思想教育专业学生;1993 年 8 月青岛市市南区贵州路小学教师;1996 年 7 月共青团青岛市市南区委干事(1994 年 9 月~1997 年 7 月青岛职工大学经济管理专业学员);1997 年 8 月共青团青岛市市南区委副书记(其间:1997 年 9 月~1999 年 12 月山东省委党校经济管理专业学员);2000 年 2 月共青团青岛市市南区委书记(其间:2001 年 2 月~2001 年 7 月青岛市第二十期中青年干部培训班学习;1999 年 9 月~2001 年 5 月北京大学经济学院经济管理专业研究生课程班学员;1999 年 11 月~2000 年 1 月市南区委党校中青年干部培训班学员);2001 年 10 月青岛市市南区八大关街道党工委书记;2003 年 1 月青岛市市南区政府办公室主任、区政府党组成员(2001 年 4 月~2004 年 5 月华中科技大学经济法学专业学习;2001 年 9 月~2004 年 6 月浙江大学远程教育学院公共事业管理专业学员);2006 年 12 月青岛市四方区委常委;2007 年 1 月青岛市四方区委常委、办公室主任(其间:2009 年 4 月~2011 年 12 月山东科技大学项目管理领域工程硕士专业攻读工程硕士学位);2011 年 12 月青岛市四方区委常委、办公室主任,区政府党组副书记;2012 年 2 月青岛市四方区委常委、副区长,区政府党组副书记;2012 年 11 月青岛市委副秘书长;2015 年 3 月青岛前湾保税港区管委副主任、工委委员(正局级);2017 年 1 月青岛市市南区委副书记、区政府党组书记、副区长、代理区长;2017 年 2 月青岛市市南区委副书记、区政府党组书记、区长。

韩连德　男，1960年12月生，中共党员。1978年3月山东省林业学校林业专业学生；1980年7月胶县张应公社林业站技术员；1985年2月胶县林业局林业工作站站长；1985年7月胶县政府办公室秘书；1986年6月胶县政府办公室综合科副科长；1987年3月胶州市政府农业办公室副主任；1989年12月胶州市张家屯乡政府乡长；1992年2月胶州市张家屯乡党委书记、乡长；1992年11月胶州市北王珠镇党委书记；1995年7月胶州市城乡建设委员会副主任、党委副书记；1996年3月胶州市城乡建设委员会主任、党委书记；1998年1月胶州市政府副市长；1998年2月胶州市政府副市长、党组成员、市委工业工委书记；2002年12月胶南市委常委、市政府副市长、党组副书记；2003年1月胶南市委常委、市政府副市长、党组副书记、市委工业工委书记；2004年11月胶南市委副书记、市政府副市长；2006年12月青岛市市南区委副书记；2011年12月青岛市市南区委副书记、区人大常委会党组书记；2011年12月青岛市市南区人大常委会党组书记；2012年2月青岛市市南区人大常委会党组书记、第一副主任（正区级）；2017年2月青岛市市南区人大常委会党组书记、主任。

任宝光　女，1962年4月生，中共党员。1980年10月山东海洋学院物理系电子技术专业学生；1982年12月青岛电子元件三厂质检科、技术科干部；1985年5月青岛电子元件三厂团总支书记；1985年10月共青团青岛市委常委、研究室副主任（副科级）；1987年3月共青团青岛市委常委、研究室副主任（副处级）；1990年10月共青团青岛市委常委、研究室主任；1991年10月青岛市委研究室秘书处正处级秘书；1993年8月青岛市委研究室秘书处处长；1997年10月青岛市委政策研究室办公室主任；1998年6月青岛市委高科园工委、崂山区委常委、宣传部部长、文化局局长；2001年4月青岛市委高科园工委、崂山区委常委、宣传部部长；2003年5月青岛市委高新区工委、崂山区委常委、宣传部部长；2005年12月青岛市崂山区委常委、宣传部部长；2006年12月青岛市市南区委常委、纪委书记；2011年12月青岛市市南区委副书记；2017年1月青岛市市南区政协党组书记；2017年2月市南区政协党组书记、主席。

张忠　男，1967年10月生，中共党员。1986年9月山东大学中文系汉语言文学专业学生；1988年7月胶南县第三职业高中教师；1991年10月胶南市琅琊镇团委副书记；1993年10月胶南市琅琊镇团委书记；1995年4月胶南市经济技术开发区办公室科员；1995年7月胶南市灵海办事处团委书记；1995年12月胶南市开发区办公室副主任；1996年12月胶南市开发区办公室副主任，团委书记，开发区管委会机关服务中心主任；1997年2月胶南市开发区管委会机关服务中心主任、团委书记（其间：1997年7月～1997年1月胶南市委党校跨世纪年轻干部培训班学习；1997年11月～1998年7月胶南市大珠山镇政府挂职镇长助理）；1998年7月胶南市隐珠镇党委副书记（1996年9月～1998年12月山东省委党校经济管理专业大学学习）；1999年1月胶南市珠海街道办事处党委副书记、主任；1999年8月胶南市珠海街道办事处党委书记；2001年2月胶南市委办公室副主任（正局级）；2001年9月胶南市委办公室主任、海滨工业园工委书记、管委会主任；2001年9月胶南市委办公室主任、海滨工业园工委书记、管委会主任，市委对外开放工委委员；2002年5月胶南市委办公室主任；2003年1月青岛临港经济区管委会副主任（正局级）；2003年8月青岛临港产业加工区管委副主任（正局级）、办公室主任；2004年9月胶南市委经济开发区工委书记，人大办公室主任；2005年12月胶南市委常委，市委经济开发区工委书记，人大办公室主任；2006年12月平度市委常委，纪委书记（2006年9月～2009年6月山东省委党校经济管理专业研究生学习）；2011年12月胶南市委常委、政法委书记；2012年3月胶南市委常委、政法委书记，青岛西海岸经济新区工委委员；2012年11月青岛市黄岛区委常委、副区长，青岛西海岸经济新区工委委员；2014年6月青岛市黄岛区委常委、副区长；2017年1月青岛市市南区委副书记。

张永国　男，1976年11月生，中共党员。1994年9月青岛化工学院机械工程学院高分子材料加工机械专业学生；1998年7月即墨市大信镇镇长助理；1999年6月即墨市大信镇镇长助理、团委书记；2000年7月共青团即墨市委团务部部长（其间：2000年8月～2000年10月即墨市第一期中青年干部培训班学习；2001年2月～2001年5月市委党校第4期青年干部培训班学习）；2002年1月青岛市委宣传部科员；2002年9月青岛市委宣传部副主任科员；2004年12月青岛市委宣传部主任科员；2005年9月青岛市纪委正科级检查员（2003年4月～2005年12月青岛市委办公厅帮助工作）；2006年3月即墨市委政法委副书记，市社会治安综合治理委员会办公室主任（2004年9月～2007年6月中国海洋大学法政学院行政管理专业研究生学习);2008 年 11 月胶南市政府市长助理(试用期一年);2009 年 11 月胶南市政府市长助理;2010 年 12 月胶南市政府副市长;2011年 11 月城阳区委常委;2011 年 12 月城阳区委常委、办公室主任;2017 年 1 月青岛市市南区委常委、纪委书记。

付荣云 女,1974 年 9 月生,中共党员。1998 年 9 月湖北大学法学院马克思理论与思政教育专业学生;2001 年 7 月青岛海洋大学教师;2002 年 7 月青岛市市北区委办公室科员;2003 年 8 月青岛市市北区委办公室主任科员;2005 年 10 月青岛市市北区委办公室研究室主任;2007 年 6 月青岛市市北区委保密委员会办公室主任、区委办公室政策研究室主任;2008 年 4 月青岛市市北区委保密委员会办公室主任;2009 年 2 月青岛市市北区发展和改革局副局长、党组成员;2011 年 8 月青岛市国土资源和房屋管理局副局长、党委委员;2015 年 12 月市南区委常委、宣传部部长。

韩 峰 男,1974 年 7 月生,中共党员。1992 年 9 月山东大学国民经济管理专业学生;1996 年 7 月青岛市政府办公厅政务督查室科员;1998 年 9 月青岛市四方区经济计划委员会科员;1999 年 8 月青岛市四方区经济计划委员会团委副书记;2000 年 12 月青岛市四方区经济计划委员会团委书记;2001 年 10 月共青团青岛市四方区委副书记;2004 年 3 月共青团青岛市四方区委副书记(主持工作);2004 年 8 月共青团青岛市四方区委书记;2007 年 4 月青岛市四方区洛阳路街道党工委副书记、办事处主任;2009 年 2 月青岛市四方区政府党组成员、办公室主任;2011 年 11 月青岛市市南区委常委;2011 年 12 月青岛市市南区委常委、宣传部部长、统战部部长;2012 年 9 月青岛市市南区委常委、办公室主任;2015 年 1 月青岛市市南区委常委、办公室主任、区委全面深化改革领导小组办公室主任。

周国栋 男,1973 年 2 月生,中共党员。1992 年 9 月山东大学历史文化学院学生;1996 年 9 月山东大学历史文化学院硕士研究生;1999 年 9 月山东大学历史文化学院博士研究生;2002 年 7 月山东省委宣传部理论处干部(其间:2002 年 11 月～2003 年 11 月济南市长清区委宣传部挂职);2005 年 9 月山东省委宣传部理论处副调研员;2007 年 1 月山东省委宣传部理论处副处长(其间:2008 年 8 月～2010 年 12 月挂职任胶南市委常委、副市长);2010 年 12 月胶南市委常委、统战部部长;2011 年 12 月青岛市市南区人

民政府党组成员;2012 年 2 月青岛市市南区人民政府副区长、党组成员;2017 年 1 月青岛市市南区委常委、统战部部长。

刘存东 男,1975 年 4 月生,中共党员。1994 年 7 月曲阜师范大学思想政治教育专业学生;1998 年 8 月青岛市城阳区委宣传部科员;2002 年 1 月青岛市城阳区委宣传部副科级干部;2003 年 4 月青岛市城阳区委宣传部正科级干部;2003 年 5 月共青团青岛市城阳区委书记;2004 年 12 月青岛市城阳区棘洪滩街道党委副书记、纪委书记(正处级);2006 年 1 月青岛市城阳区棘洪滩街道党委副书记(正处级);2006年 6 月青岛市城阳区棘洪滩街道党工委副书记(正处级);2007 年 7 月青岛市城阳区棘洪滩街道党工委副书记、办事处主任、企业服务中心主任;2009 年 5 月青岛市城阳区夏庄街道党工委副书记、办事处主任、企业服务中心主任;2011 年 12 月青岛市市南区人民政府党组成员;2012 年 2 月青岛市市南区人民政府副区长、党组成员;2017 年 1 月青岛市市南区委常委、区政府党组副书记、副区长。

张 伟 男,1971 年 5 月生,中共党员。1989 年 9 月青岛海洋大学水产学院渔业工程专业学生;1993年 7 月青岛市市南区工商局政工科科员;1995 年 10 月青岛市委组织部城市组织处科员;1998 年 12 月青岛市委组织部组织处(城市组织处、农村组织处合并)副主任科员;2001 年 12 月青岛市委组织部组织处主任科员;2002 年 3 月青岛市企业经营者评荐中心主任科员;2005 年 12 月青岛市企业经营者评荐中心助理调研员;2006 年 9 月青岛市委组织部干部三处副处长;2010 年 6 月青岛市委组织部干部一处调研员;2011 年 6 月青岛市企业经营者评荐中心副主任(正处长级);2012 年 6 月青岛市委组织部干部二处处长;2015 年 5 月青岛市市南区委常委、组织部部长;2015 年 12 月青岛市市南区委常委、组织部部长、统战部部长;2017 年 1 月青岛市市南区委常委、组织部部长。

杨克敏 男,1972 年 6 月生,中共党员。1992 年 9 月青岛大学师范学院物理教育专业学生;1994 年 7 月青岛第七中学教师;1995 年 9 月青岛第七中学团委副书记;1997 年 4 月青岛第七中学政教处副主任;1999 年 9 月青岛第七中学教导处主任(其间:1999 年 3 月～2001 年 10 月曲阜师范大学物理教育专业本科班学员);2002 年 6 月青岛第七中学校长助理(其间:2001 年 7 月～2003 年 7 月山东师范大学研究生课程进修班学员;2009 年 6 月获山东师范大学教育硕士

学位);2004年1月青岛第七中学副校长;2007年9月青岛第五十七中学校长;2008年7月青岛市市南区教体局党委委员、副局长,青岛第五十七中学校长;2009年11月青岛市市南区香港中路街道党工委副书记、办事处副主任;2010年7月青岛市市南区珠海路街道党工委副书记、办事处主任;2012年8月青岛市市南区珠海路街道党工委副书记、办事处主任、政协工作室主任;2013年8月青岛市市南区开发建设局党总支书记、局长;2015年1月青岛市市南区城市建设局党总支书记、局长;2016年5月青岛市市南区城市建设局党委书记、局长;2017年1月青岛市市南区委常委、政法委书记、区城市建设局党委书记、局长;2017年4月青岛市市南区委常委、政法委书记。

张守润　男,1960年12月生,中共党员。1979年12月某部队守备二十九团七连电话兵;1980年5月某部队守备二十九团九连战士;1981年9月某陆军学校后勤训练大队学员;1982年7月某陆军学校后勤训练大队副排职干部;1983年2月某陆军学校学员一队正排职区队长;1985年3月某部队第一疗养院院务部正排职食管员;1988年1月青岛印刷厂总务科管理员;1991年9月青岛印刷厂膳食科科长;1992年10月青岛市市南区浮山街道办事处科员;1994年9月青岛市市南浮山街道办事处综治办副主任(正科级);1996年7月青岛市市南区浮山街道办事处城管科主任科员;1998年8月青岛市市南区浮山街道党委委员、办事处副主任;1998年12月青岛市市南区八大湖街道党委委员、办事处副主任;2000年7月青岛市市南区八大湖街道党工委委员、办事处副主任;2001年10月青岛市市南区金门路街道党工委副书记、办事处主任;2005年9月青岛市市南区金门路街道党工委书记;2008年4月青岛市市南区金门路街道党工委书记、人大工作室主任;2009年4月青岛市市南区香港中路街道党工委书记、人大工作室主任;2010年12月青岛市市南区人大常委会党组成员、香港中路街道党工委书记;2011年1月青岛市市南区人大常委会副主任、党组成员、区总工会主席、香港中路街道党工委书记;2011年3月青岛市市南区人大常委会副主任、党组成员、区总工会主席;2012年3月青岛市市南区人大常委会副主任、党组副书记、区总工会主席;2017年4月青岛市市南区人大常委会副主任、党组副书记。

孟祥杰　男,1965年11月生,民建会员。1985年9月青岛化工学院有机化工专业学生;1988年7月青岛红星化工厂自力分厂技术科技术员;1992年5月青岛海鸥照相器材联营公司技术员;1992年10月青岛市市南区云南路街道办事处科员;1995年3月青岛市市南区云南路街道办事处综治办副主任;1996年7月青岛市市南区云南路街道办事处综治办主任;1996年11月青岛市市南区云南路街道办事处副主任;1998年12月青岛市市南区珠海路街道办事处副主任(其间:1999年4月～2000年5月挂职任青岛市市南区民政局副局长);2000年12月青岛市市南区工商业联合会副主席、商会副会长;2001年10月青岛市市南区工商业联合会主席、商会会长;2003年1月青岛市市南区政协副主席、区工商业联合会主席、商会会长;2012年2月青岛市市南区政协副主席;2012年3月青岛市市南区政协副主席、区卫生局副局长;2014年9月青岛市市南区政协副主席;2017年2月青岛市市南区人大常委会副主任。

苏　刚　男,1960年8月生,中共党员。1977年8月青岛市市南区市政养护管理所工人;1979年10月青岛市市南区市政养护管理所科员;1981年10月青岛市市南区市政养护管理所团支部书记、科员;1985年5月青岛市市南区城建委团委副书记;1989年3月青岛市市南区市政工程养护管理处办公室主任;1991年4月青岛市市南区市政工程养护管理处副处长;1996年4月青岛市市南区市政工程养护管理处处长;1998年12月青岛市市南区城市管理监察大队大队长;2001年10月青岛市市南区科技工业园管理办公室党支部书记、主任;2004年5月青岛市市南区委建管工委委员、区城市建设管理局副局长;2007年3月青岛市市南区委建管工委委员、区城市建设管理局局长;2007年4月青岛市市南区委建管工委副书记、区城市建设管理局局长、区城市管理行政执法局教导员;2008年10月青岛市市南区城市建设管理局局长、党委书记;2010年9月青岛市市南区城市管理局局长、党委书记;2011年12月青岛市市南区人大常委会党组成员、区城市管理局局长、党委书记;2012年2月青岛市市南区人大常委会副主任、党组成员、区城市管理局局长、党委书记;2012年3月青岛市市南区人大常委会副主任、党组成员。

岳　洁　女,1970年7月生,中共党员。1985年9月青岛市幼儿师范学校幼儿教育专业学生;1988年7月青岛市观象二路小学教师;1989年12月青岛市市南区教育局团委干事;1992年8月青岛市市南区教育局少先队总辅导员;1994年10月青岛市市南区教育局团委书记;1999年7月共青团青岛市市南区委副书记;2001年10月共青团青岛市市南区委书记;2003 年 4 月青岛市市南区珠海路街道党工委副书记、办事处主任;2006 年 3 月青岛市市南区委区直机关工委书记、区委办公室副主任;2008 年 9 月青岛市市南区江苏路街道党工委书记、人大工作室主任;2009 年 11 月青岛市市南区卫生局局长、党委书记;2011 年 12 月青岛市市南区人大常委会党组成员、区卫生局局长、党委书记;2012 年 2 月青岛市市南区人大常委会副主任、党组成员、区卫生局局长、党委书记;2012 年 3 月青岛市市南区人大常委会副主任、党组成员。

蒋延灿　男,1963 年 10 月生,中共党员。1980 年 9 月济南陆军学院学员;1983 年 6 月步兵第 228 团三营九连排长[其间:1984 年 3 月~1984 年 6 月济南陆军学校第三期高中文化师资队脱产(离岗)学习];1984 年 10 月步兵第 228 团政治处正排职书记;1985 年 12 月步兵第 228 团副连职教员;1986 年 6 月步兵第 228 团副连职干事;1988 年 5 月步兵第 228 团政治指导员、正连职干事、干部股副股长;1990 年 3 月步兵第 228 团政治处干部股股长;1994 年 1 月步兵第 228 团二营政治教导员;1996 年 3 月步兵第 228 团政治处主任;1998 年 3 月待安置军转干部;1998 年 9 月青岛市市南区湛山街道办事处未定职军转干部;1999 年 6 月青岛市市南区人事局军转干部;1999 年 9 月青岛市市南区金口路街道党委委员、办事处副主任;2000 年 7 月青岛市市南区金口路街道党工委委员、办事处副主任;2000 年 12 月青岛市市南区纪委办公室主任;2001 年 11 月青岛市市南区纪委副书记(2000 年 8 月~2002 年 12 月中央党校法律专业本科班学员);2003 年 11 月青岛市市南区纪委副书记、区监察局局长、外企工委委员;2004 年 5 月青岛市市南区纪委副书记、区监察局局长;2006 年 3 月青岛市市南区民政局局长(其间:2006 年 9 月~2009 年 6 月省委党校经济管理专业在职研究生班学员);2009 年 11 月青岛市市南区八大峡街道党工委书记、人大工作室主任;2016 年 5 月青岛市市南区八大峡街道党工委书记;2017 年 1 月青岛市市南区人大常委会党组成员;2017 年 2 月青岛市市南区人大常委会党组成员、副主任。

管寿果　男,1966 年 2 月生,中共党员。1983 年 8 月平度师范学校普师班学生;1986 年 7 月青岛市金门路小学大队辅导员、团支部书记;1990 年 8 月青岛市市南区教育局教学研究室教研员;1991 年 8 月青岛市市南区人大常委会秘书;1996 年 11 月青岛市市南区人大常委会办公室行政科副科长(其间:1995 年

7 月~1998 年 6 月山东干部函授大学经济管理专业本科班学员);1998 年 6 月~2001 年 10 月青岛市市南区人大常委会办公室行政科科长(其间:1992 年 5 月~1998 年 9 月青岛市市南区大湛山旧城改造指挥部帮助工作);2001 年 10 月青岛市市南区人大常委会办公室副主任;2004 年 5 月青岛市市南区人大常委会教科文卫工委主任;2005 年 9 月青岛市市南区金门路街道党工委副书记、办事处主任;2008 年 9 月青岛市市南区云南路街道党工委书记、人大工作室主任;2012 年 3 月青岛市市南区政府党组成员、办公室主任;2012 年 9 月青岛市市南区政府副区长、党组成员、区政府办主任;2013 年 8 月青岛市市南区政府副区长、党组成员、区红十字会会长;2016 年 5 月青岛市市南区政府副区长、党组成员;2017 年 4 月青岛市市南区政府副区长、党组成员、区红十字会会长。

孙晋华　男,1963 年 9 月生,民建会员。1982 年 9 月青岛市轻工业学校工业企业电气化专业学生;1984 年 7 月青岛市铝制品总厂科员(其间:1988 年 9 月~1991 年 7 月青岛市职工业余大学企业管理专业专科班学员);1993 年 12 月青岛市市北区南仲街道办事处科员;1996 年 4 月青岛市市北区宁夏路街道办事处城管科副科长;1997 年 8 月青岛市市北区宁夏路街道办事处城管科科长;1998 年 4 月青岛市市北区宁夏路街道办事处副主任(其间:1999 年 8 月~2001 年 12 月中央党校函授学院行政管理专业本科班学员);2002 年 5 月青岛市市北区胶州路街道办事处主任;2003 年 1 月青岛市市北区政协副主席(其间:2004 年 9 月~2007 年 6 月山东省委党校经济管理专业研究生班学员);2007 年 10 月青岛市李沧区政府副区长;2017 年 1 月青岛市市南区政府副区长。

宋建青　男,1974 年 8 月生,中共党员。1994 年 9 月陕西财经学院国际企业管理专业学生;1996 年 7 月毕业待分配;1996 年 11 月青岛唐伟毛纺织有限公司市场开发部科长;1997 年 10 月青岛唐恒药业有限公司市场开发部业务科长;1998 年 6 月青岛市城阳区政府办公室秘书(1997 年 8 月~2000 年 7 月青岛海洋大学国际贸易专业本科班学员);2001 年 1 月青岛市城阳区政府办公室副科级秘书;2003 年 5 月青岛市城阳区政府办公室正科级秘书;2004 年 12 月青岛市城阳区流亭街道办事处副主任;2005 年 4 月共青团青岛市城阳区委副书记(主持工作);2007 年 7 月共青团青岛市城阳区委书记;2009 年 5 月青岛市城阳区河套街道党工委副书记(正处级)(2007 年 5 月~2009 年 6 月青岛大学公共管理硕士班学员,获

得公共管理硕士学位)；2011 年 12 月青岛市城阳区政府办公室副主任、区安全生产监督管理局党组书记、局长；2013 年 6 月青岛市城阳区政府副区长，日喀则市委常委、副市长；2014 年 11 月青岛市城阳区政府副区长，日喀则市桑珠孜区委常委、副区长(2012 年 9 月～2015 年 6 月山东省委党校法学理论专业研究生班学员)；2016 年 7 月青岛市城阳区政府副区长；2017 年 1 月青岛市市南区政府党组成员；2017 年 2 月青岛市市南区政府党组成员、副区长。

辛民志　女，1970 年 2 月生，中共党员。1987 年 9 月青岛大学环境规划与管理专业学生；1991 年 7 月青岛市显像管厂干部；1992 年 7 月青岛市市南区环境保护局环境监测站助理工程师；1996 年 6 月青岛市市南区环境保护局宣传科科长、助理工程师；1996 年 12 月青岛市市南区环境保护局宣传科科长、工程师；1998 年 12 月青岛市市南区委党史研究室正科级干部；2002 年 4 月青岛市市南区委党史研究室副主任；2004 年 7 月青岛市市南区新型经济社会组织党的建设联席会议办公室主任、区委组织部组织科科长；2005 年 9 月青岛市市南区委区直机关工委副书记；2007 年 9 月青岛市市南区湛山街道党工委副书记、办事处主任；2009 年 12 月青岛市市南区湛山街道党工委书记、办事处主任、人大工作室主任；2010 年 7 月青岛市市南区湛山街道党工委书记、人大工作室主任；2016 年 5 月青岛市市南区湛山街道党工委书记；2017 年 1 月青岛市市南区政府党组成员、湛山街道党工委书记；2017 年 2 月青岛市市南区政府党组成员、副区长、湛山街道党工委书记；2017 年 4 月青岛市市南区政府党组成员、副区长。

王胜山　男，1960 年 11 月生，中共党员。1977 年 12 月河北省邢台地区公路管理处工程队工人；1987 年 8 月河北省邢台地区公路管理处工程队干部；1988 年 5 月青岛市台东区经济计划委员会办事员；1990 年 5 月青岛市台东区经济计划委员会科员；1993 年 11 月青岛市台东区经济计划委员会副主任科员；1994 年 4 月青岛市市北区经济计划委员会经济运行管理科副科长；1996 年 4 月青岛市市北区经济计划委员会经济运行管理科科长；1997 年 6 月青岛市市北区经济计划委员会副主任(其间：1998 年 5 月～1999 年 5 月挂职任市北区工业集团总公司副总经理)；1999 年 8 月青岛市市北区经济计划委员会副主任；2000 年 11 月青岛市市北区经济计划委员会副主任(正处级)；2001 年 8 月青岛市市北区经济计划局副局长(正处级)；2002 年 4 月青岛市市北区经济

计划局副局长、招商促进局局长；2004 年 3 月青岛市市北区招商促进局局长(其间：2004 年 5 月～2005 年 4 月挂职任青岛市市北区冠县路街道党工委副书记)；2007 年 2 月青岛市市北区政府党组成员、办公室主任；2011 年 12 月青岛市市南区政协党组成员；2012 年 2 月青岛市市南区政协党组成员、副主席；2017 年 2 月青岛市市南区政协党组副书记、副主席。

张惠臣　男，1961 年 11 月生，中共党员。1981 年 9 月吉林大学法律系法律专业学生；1985 年 7 月待分配；1985 年 12 月吉林省公安专科学校教师；1986 年 12 月吉林省公安专科学校助教、讲师；1996 年 9 月四方区人民法院政策法律研究室书记员(副科级)；1998 年 11 月四方区人民法院政策法律研究室副主任(副科级)；1999 年 5 月四方区人民法院政策法律研究室副主任、助理审判员(正科级)；2000 年 6 月四方区人民法院政策法律研究室主任、助理审判员；2001 年 2 月四方区人民法院政工科科长(副处级)、党组成员、助理审判员；2001 年 3 月四方区人民法院政工科科长(副处级)、党组成员、审判员；2002 年 5 月四方区人民法院政治处主任、党组成员、审判员；2004 年 3 月四方区人民法院副院长、党组成员、政治处主任、审判委员会委员；2004 年 8 月四方区人民法院副院长、党组成员、审判委员会委员；2005 年 6 月四方区人民法院副院长、党组成员(正处级)、审判委员会委员(其间：2006 年 9 月～2009 年 6 月山东省委党校法学理论专业研究生学习)；2009 年 6 月四方区人民法院副院长、党组副书记(正处级，主持工作)、审判委员会委员；2009 年 11 月李沧区人民法院院长；2010 年 1 月李沧区人民法院院长、党组书记；2017 年 1 月青岛市市南区人民法院党组书记、副院长、代理院长、审委会委员；2017 年 2 月青岛市市南区人民法院党组书记、院长、审委会委员。

张钦利　男，1963 年 7 月生，中共党员。1980 年 9 月青岛港湾学校港口机械装卸专业学生；1983 年 8 月交通部石臼港建设指挥部技术员、副团支书、中方现场代表；1985 年 5 月交通部石臼港煤炭装卸作业区翻车机班班长、车队负责人；1986 年 11 月胶南县经济委员会供销科办事员；1987 年 2 月胶南县(市)人事局干部科办事员；1991 年 2 月胶南市人事局秘书科副科长；1991 年 8 月胶南市委组织部办公室秘书(副股级)；1993 年 3 月胶南市委组织部干部科正股级科员、副科长(正股级，1987 年 7 月～1994 年 7 月山东省高教自学考试法律专业大专学习)；1997 年 8 月胶南市红石崖镇党委副书记；1998 年 12 月胶南

市理务关乡党委副书记、人大主席、工会主席;2001年6月青岛琅琊台省级旅游度假区工委副书记、纪工委书记;2001年11月青岛琅琊台省级旅游度假区工委副书记、纪工委书记、管委会办公室主任;2002年7月胶南市总工会党组副书记、副主席(正局级);2004年9月胶南市纪委常委、市监察局副局长(正局级);2005年7月胶南市人民检察院党组成员、副检察长、反贪局局长;2008年4月胶南市人民检察院党组副书记、副检察长、反贪局局长(2006年3月~2009年1月山东农业大学法学专业函授大学学习);2011年12月平度市人民检察院党组书记、代理检察长、副检察长;2012年3月平度市人民检察院党组书记、检察长;2017年1月青岛市市南区人民检察院党组书记、副检察长、代理检察长、检委会委员;2017年2月青岛市市南区人民检察院党组书记、检察长、检委会委员。

杨　斌　男,1965年2月生,无党派。1983年9月青岛大学机械制造专业学生(其间:1986年7月~1987年1月毕业待分配);1987年1月青岛粮油机械电器厂技术员;1991年3月青岛市市南区经济计划委员会科员;1993年9月青岛市市南区外商投资服务中心副主任;1996年6月青岛市市南区外经委主任科员;2001年1月青岛市市南区外经委副主任、经贸发展局副局长;2001年10月青岛市市南区对外贸易经济合作局副局长、经济贸易发展局副局长;2007年3月青岛市市南区对外贸易经济合作局副局长、经济贸易发展局副局长、区招商投资促进中心主任;2007年12月青岛市市南区人大常委会副主任、区对外贸易经济合作局副局长、区招商投资促进中心主任;2008年12月青岛市市南区人大常委会副主任、区贸促会会长;2010年9月青岛市市南区人大常委会副主任、区红十字会会长;2012年1月青岛市市南区人大常委会副主任、区红十字会会长、工商联主席、商会会长;2012年3月青岛市市南区人大常委会副主任、工商联主席、商会会长;2017年2月青岛市市南区政协副主席、工商联主席、商会会长。

修先约　男,1962年12月生,农工党员。1981年9月长春地质学院水工系学生;1985年9月长春地质学院水工系硕士研究生;1988年7月青岛大学环境科学系助教;1992年6月青岛大学食品科学研究所开发部主任、讲师;1995年6月青岛天佑天然食品有限公司总经理助理、销售部经理;1998年1月青岛大学环境科学系讲师(其间:1998年3月~1999年1月挂职任青岛市市南区城市建设管理委员会主任助理);1999年1月青岛市市南区城市管理委员会干部;1999年4月青岛市市南区城市管理监察大队副大队长;2000年7月青岛市市南区城市建设管理委员会副主任;2001年10月青岛市市南区城市建设管理局副局长;2007年12月青岛市市南区政协副主席、区城市建设管理局副局长;2010年9月青岛市市南区政协副主席、区城市管理局副局长;2012年3月青岛市市南区政协副主席、区城市管理局局长;2014年9月青岛市市南区政协副主席。

吕俊川　男,1963年1月生,中共党员。1980年9月山东矿业学院学生;1984年7月山东矿业学院教师;1987年10月青岛市市南区经济计划委员会科员;1992年2月青岛市市南区经济计划委员会计划调度科副科长;1993年12月青岛市市南区经济计划委员会计划调度科科长;1996年2月青岛市市南区财贸委员会副主任;1998年3月青岛市市南区经济计划委员会副主任;2000年11月青岛市市南区经济计划委员会副主任、工业工委委员;2001年2月青岛市市南区软件园管理办公室主任、经济计划委员会副主任、工业工委委员(正处级);2001年10月青岛市市南区经济计划局局长、工业工委副书记;2004年5月青岛市市南区八大关街道党工委书记;2008年4月青岛市市南区八大关街道党工委书记、人大工作室主任;2009年4月青岛市市南区湛山街道党工委书记、人大工作室主任;2009年11月青岛市市南区软件及动漫游戏产业园管理办公室党总支书记、主任(正处级);2010年9月青岛市市南区软件及动漫游戏产业园管理办公室党总支书记、主任(正处级)、青岛软件园发展有限公司董事长、总经理、市南投资公司董事;2010年12月青岛市市南区软件及动漫游戏产业园管理办公室党总支书记、主任(副区级)、青岛软件园发展有限公司董事长、总经理、市南投资公司董事;2013年9月青岛市市南区人民政府党组成员、青岛市市南区软件及动漫游戏产业园管理办公室党总支书记、主任(副区级)、青岛软件园发展有限公司董事长、总经理、市南投资公司董事;2014年3月青岛市市南区人民政府党组成员、青岛市市南区软件及动漫游戏产业园管理办公室党总支书记、主任(副区级);2015年1月青岛市市南区政协党组成员、副主席、区软件及动漫游戏产业园管理办公室党总支书记、主任(副区级)。

王宇平　女,1969年7月生,民革党员。1987年9月青岛海洋大学机械设计与制造专业大学学生;1991年8月青岛市粉末冶金厂教育科教师;1997年7

月青岛市市南区经济计划委员会企业科科员；2000年12月青岛市市南区经济计划委员会综合科行政事务管理副主任科员（2000年9月～2002年7月中国海洋大学金融学专业研究生课程进修班学员，获经济学硕士学位）；2002年5月青岛市市南区经济体制改革办公室副主任科员；2004年4月青岛市市南区经济体制改革办公室主任科员；2004年12月青岛市市南区外经局干部（正科级）；2005年7月青岛市市南区外经局主任科员；2006年11月青岛市市南区政协办公室正科级干部；2008年12月青岛市市南区八大关街道办事处副主任、妇工委主任；2009年11月青岛市市南区发改局副局长；2013年9月青岛市市南区中山路街道办事处主任、政协工作委员会主任；2017年2月青岛市市南区政协副主席、中山路街道办事处主任、政协工作委员会主任；2017年4月青岛市市南区政协副主席。

刘树国　男，1969年10月生，民建会员。1990年9月青岛大学管理工程系财务管理专业学生；1992年9月青岛药材采购供应站会计；1995年8月青岛市四方区财政局国有资产管理科科员；1999年4月青岛市四方区财政局国有资产管理科副主任；2001年1月青岛市四方区财政局国有资产管理科主任；2001年10月青岛市四方区审计局副局长（试用期一年）（1999年8月～2001年12月中央党校函授学院经济管理专业本科班学员）；2002年12月青岛市四方区审计局副局长；2012年9月四方区审计局副局长、调研员（试用期一年）；2013年3月青岛市市南区审计局副局长、调研员（2011年9月～2013年12月云南师范大学工商管理专业硕士研究生班学习，获工商管理硕士学位）；2017年2月青岛市市南区政协副主席、区审计局副局长、调研员；2017年4月青岛市市南区政协副主席。

李钦坤　男，1964年1月生，中共党员。1980年12月青岛市盐化厂工人；1986年11月青岛市盐化厂企业管理科科员；1989年10月青岛市晶山实业总公司业务管理科科员；1990年12月青岛市市南区经济计划委员会科员；1993年6月青岛市市南区经济计划委员会办公室副主任；1993年12月青岛市市南区经济计划委员会企管科副科长；1996年6月青岛市市南区人事局主任科员；1998年12月青岛市市南区人事局科技人员管理科科长；1999年10月青岛市市南区人才交流服务中心主任；2002年4月青岛市市南区人事局副局长、人才交流服务中心主任；2003年11月青岛市市南区人事局副局长、人才交流服务中心主任、行政学院副院长；2004年9月青岛市文化局政工处处长；2005年3月青岛市市南区人事局副局长、人才交流服务中心主任、行政学院副院长；2006年8月青岛市市南区委组织部副部长、区人事局局长、人才交流服务中心主任；2007年3月青岛市市南区委组织部副部长、区人事局局长、编办主任；2008年12月青岛市市南区委组织部副部长、区人事局局长；2009年7月青岛市市南区软件及动漫游戏产业园管理办公室主任（副区级）；2009年11月青岛市市南区委常委、政法委书记；2010年12月青岛市市南区委常委、政法委书记、统战部部长；2011年12月青岛市市南区委常委、区政府党组成员；2012年2月青岛市市南区委常委、区政府副区长、党组成员；2017年1月青岛市市南区政协党组成员。

谈　华　男，1962年4月生，中共党员。1980年12月青岛市电视机厂工人；1983年12月青岛市电视机厂质量科质检员；1988年9月青岛市电视机厂彩电检验组质量分析员；1991年3月青岛市市南区民政局优抚科科员；1993年9月青岛市市南区民政局优抚科副科长；1996年6月青岛市市南区民政局优抚科科长；2000年12月青岛市市南区民政局副局长；2002年4月青岛市市南区政府办公室副主任；2006年3月青岛市市南区委组织部副部长、调研员；2008年12月青岛市市南区委组织部常务副部长；2010年1月青岛市市南区委组织部常务副部长；2010年9月青岛市市南区委党校党委副书记、副校长；2010年12月青岛市市南区委党校党委副书记、常务副校长、行政学院院长；2010年12月青岛市市南区委党校党委书记、常务副校长、行政学院院长。

2016 年青岛市市南区国民经济和社会发展统计公报

青岛市市南区统计局

（2017 年 4 月 24 日）

2016 年，全区认真贯彻落实党的十八大和十八届三中、四中、五中、六中全会精神，主动适应经济发展新常态，着力稳增长、促改革、调结构、惠民生，全区经济实现持续健康发展，社会事业不断进步，民生状况进一步改善。

一、综　　合

全区经济平稳健康发展。经初步核算，2016 年，全区实现生产总值（GDP）1016.41 亿元，按可比价格计算，增长 7.7%。其中，第二产业增加值 83.19 亿元，增长 3.8%；第三产业增加值 933.22 亿元，增长 7.9%。产业结构调整稳步推进，第三产业增加值占 GDP 的比重达到 91.8%。

经济效益实现稳步提高。2016 年，全区实现辖内地方一般公共预算收入 108.3 亿元，同比增长 0.27%；区级一般公共预算收入 100.85 亿元，在区域总部企业分税和支持青岛市金融新区建设的背景下，剔除"营改增"等政策性因素影响，同比增长 8.7%；全区一般公共预算支出 52.02 亿元，同比增长 6.84%。

全年国税系统组织税收收入 76.48 亿元，增长 15.7%；地税税收收入 86.56 亿元，下降 9.5%。

个体、私营经济健康发展。截止 2016 年末，全区经工商注册登记的个体工商户达 27286 户，从业人员 51000 人，注册资本（金）8.58 亿元；私营企业 39986 户，从业人员 111580 人，注册资本（金）1527.43 亿元。

二、工业与建筑业

工业经济平稳运行。全区完成工业增加值 37.51 亿元，同比增长 3.3%。全区规模以上工业企业完成工业总产值 224.19 亿元，增长 4.58%，产品销售率为 99.81%。

建筑业生产保持稳定。全年完成建筑业总产值 369.88 亿元，增长 22.2%；实现建筑业增加值 45.68 亿元，增长 6.46%；实现利税总额 17.73 亿元，同比增长 16.2%。

三、固定资产投资

固定资产投资适度增长。全年累计完成规模以上固定资产投资 128.59 亿元，增长 2.6%。其中房地产开发投资 78.85 亿元，同比增长 19.2%；城镇项目完成投资 49.74 亿元，同比下降 16.0%。全年规模以上固定资产投资施工项目 61 个，新开工项目 11 个，竣工项目 8 个；新增固定资产 8.32 亿元。

全区商品房销售面积 36 万平方米，其中住宅销售面积 32.71 万平方米。

四、国内贸易

全区消费品市场保持活跃。全年累计实现社会消费品零售额 538.2 亿元，增长 9.5%。其中批发业实现零售额 53.5 亿元；零售业实现零售额 396.4 亿元；住宿业实现零售额 15.9 亿元；餐饮业实现零售额 72.3 亿元。

全年限额以上企业实现社会消费品零售总额 297.4 亿元，占全区社会消费品零售总额的比重达到 55.3%；其中，服装类实现零售额 79.1 亿元，增长 2.1%；石油类实现零售额 71.5 亿元，下降 0.5%；粮油食品类实现零售额 27.1 亿元，增长 36.7%。

五、对外经济

全区外贸进出口总额 554.1 亿元，同比下降 11.2%。其中，出口额 359.1 亿元，同比下降 7.7%；进口额 195 亿元，同比下降 17%。主要出口商品为服装纺织品、金属制品、机械设备、钢材等，主要进口商品为铁矿砂、原油、成品油、煤等大宗资源类商品。

全年共批准利用外资项目54个,合同外资7.5亿美元,实际到账外资3亿美元,增长0.09%。全区累计引进500万元以上的内资项目668个,实际利用内资130亿元,增长10%。

六、科学技术和教育

2016年,全区共有1项科技成果获得国家科技进步奖;获得省级科学技术奖励5项,其中最高奖1项,自然科学奖2项,科技进步奖2项;获得市级科学技术奖励33项。90个项目获得市级及以上科技立项扶持,取得资金支持3831.3万元。拥有高新技术企业76家,国家级众创空间15家。全年发明专利申请量4181件,发明专利授权量933件,有效发明专利2903件。

新增中国驰名商标1件,山东省著名商标3件,山东省名牌产品1家,山东省服务名牌4家,奖励15家品牌企业440万元,注册商标总数突破两万件,持续居全市首位。获17项国际、国家、行业标准,标准化奖励资金139.5万元,主持、参与制定、修订的国际标准和国家标准90项。

截至2016年末,全区共有小学29所,在校学生3.01万人,增加3.44%,学龄儿童入学率100%;共有初级中学10所,在校学生0.8万人,减少6.98%,学龄人口入学率100%。

七、文化、卫生和体育

全区共有文化机构12处,其中文化馆1处,图书馆1处,文化站10处。建成新壹百创意文化产业园等6个文化产业园区,中国(青岛)新媒体基地正式开工建设,文化创意企业达到3510家。

全区共有卫生机构424处,其中,医院29处(三级医院4处、二级医院2处、一级医院6处、专科医院17处),疗养院17处,疾病预防控制中心1处,社区卫生管理中心1处,妇幼保健机构1处,卫生监督所1处,血站1处,门诊部35处,诊所及医务室289处,其中综合诊所84处,口腔诊所84处,中医诊所63处,美容诊所23处,卫生所、医务室和保健站35处。社区卫生服务中心、站44处,其他类别卫生机构2处。

年末各类卫生技术人员12459人,其中执业医师3863人、执业助理医师160人。全区拥有医疗床位6901张,其中医院床位5596张。

全区共有省级体育传统项目学校7所,市级体育传统项目学校10所。

八、城区建设与环境保护

城区建设持续优化。全年整治楼院806个、道路19条、背街小巷7处,新建公厕5座,市政设施完好率达到98.27%。

年末道路总长度252千米,道路总面积411.58万平方米。

环境质量得到改善。环境空气中主要污染物二氧化硫、二氧化氮、可吸入颗粒物、细颗粒物年均浓度分别为0.022、0.033、0.094、0.040毫克/立方米。同比改善分别为26.7%、8.3%、持平、13%;区域环境噪声平均值昼间58.7分贝,交通干线噪声平均值昼间68.6分贝。

全区共植树5.8万株,新增和改造绿地2.03万平方米。建成区绿化覆盖率达到35.3%,绿地总面积达1007.5公顷;绿地率33.57%,公共绿地565.24公顷。

九、人口、人民生活和社会保障

人口总量保持稳定。年末全区总人口为58.03万人(常住人口)。

就业形势稳定,全区新增登记失业人员15538人,市南区注册单位吸纳就业108726人,自主创业3979人,失业人员技能培训3016人。

全年共有3162户得到政府最低生活保障救济。

全区有各类养老机构22处,床位3722张。

注:

1.公报中部分统计数据为初步统计数。

2.公报中全区生产总值、各产业增加值、按经济类型分组的增加值绝对数按现价计算,增长速度按可比价计算。

3.根据国家统计局《关于进一步规范平均工资数据发布的通知》规定,市南区单位从业人员及在岗职工平均工资数据须在全国、全省、全市数据发布之后才能发布。

4.常住人口包括:①住本户、户口在本乡镇街道的人(含户口在本户,外出不满半年的人);②住本户半年以上,户口在外乡镇街道的人;③住本户不满半年,户口在外乡镇街道,离开户口登记地半年以上的人;④住本户,户口待定的人。

"市南名片"

3A 以上旅游景点简介

青岛海滨风景区

青岛海滨风景区是国务院 1982 年首批公布的国家级风景名胜区,也是国家首批 AAAA 级旅游区,由栈桥、鲁迅公园、小青岛、小鱼山、八大关、五四广场等著名景点组成。

等级:AAAA

地址:京山路 11 号

电话:(0532)82879737

栈桥 位于青岛湾,始建于 1891 年,全长 440 米,宽 8 米,原是部队运输军需物资的码头,是青岛的象征,被誉为青岛市内十景之首、青岛二十四景之一。驰名中外的青岛啤酒商标便是以栈桥为图案设计而成。

地址:太平路 12 号

电话:(0532)82884548

五四广场 为纪念青岛作为五四运动导火索这一重要历史事件而建造,背倚市政府大楼,南临浮山湾,南北纵长 700 米,总面积 10 余公顷,是青岛重要新地标。广场主题雕塑"五月的风"高约 30 米,直径 27 米,重达 500 余吨,为我国目前最大的钢质城市雕塑。

地址:东海路 24 号

电话:(0532)83886355

八大关景区 全国首批十大"中国历史文化名街"和"中国最美五大城区"之一,是我国著名的旅游疗养胜地。据统计,景区内的建筑群代表了俄、德、英、法、美、日本、丹麦、西班牙、希腊等 24 个国家的建筑风格,故有"万国建筑博览会"的美誉。

地址:武胜关路

电话:(0532)83869357

小鱼山 海拔只有 61 米,却是青岛前海一线著名的旅游景点,是极具特色的一座古典园林式山头公园。矗立山顶的览潮阁是观赏青岛前海全貌的最佳制高点之一,"鱼山海月"被称为青岛的十大景观之一。

地址:福山支路 24 号

电话:(0532)82865645

小青岛 位于青岛湾内,美景天成。其海拔仅为 17.2 米,面积也只有 0.012 平方千米。该岛小巧如螺,山岩俊秀,林木葱茏,因此得名小青岛,是欣赏前海城区景色的最佳观赏地。小青岛最高处有一座白色灯塔,1900 年由德国人建造,是海上过往船只进出胶州湾的重要航标,"琴屿飘灯"为青岛一大胜景。

地址:琴屿路 2 号

电话:(0532)82863944

鲁迅公园 是一座依照狭长岩石海岸修建的公园,起自第一海水浴场,止于琴屿路东端,始建于 1930 年,原名"若愚公园",1950 年为了纪念鲁迅先生定名为鲁迅公园。内设唯一的一座鲁迅先生的立姿雕像,长达 70 余米的"鲁迅诗廊"镌刻了鲁迅手体诗 45 首。20 世纪 30 年代青岛十大景观之一的"汇滨垂钓"位于此地。

地址:琴屿路 1 号

电话:(0532)82868471

百花苑 北依青岛山,南邻中山公园,原为青岛市万国公墓陵园区,1966 年后改为园林苗圃,1990 年改为百花苑,占地 8.25 公顷,是岛城首座规模较大的纪念性园林。1995 年青岛市政府决定在百花苑内为已故青岛籍或客居青岛成就卓著的文化名人建雕塑 20 座,因此,百花苑又称文化名人雕塑园。

地址:延安一路 55 号

电话:(0532)82862461

汇泉广场 位于汇泉湾畔,德国侵占青岛之初将此地辟为跑马场,使其与海水浴场一起成为蜚声东亚的旅游娱乐区。1945 年 10 月,南京国民政府在此处举行驻青日军受降仪式。新中国成立后,跑马场被废除,改为人民广场。2004 年 7 月再次改造,受到了广大市民、来青游客和社会各界的一致赞誉,被称为"城市客厅"。

地址:南海路 15 号甲

电话:(0532)83896855

青岛海底世界

毗邻始建于 20 世纪 30 年代的亚洲第一座水族馆。2003 年建成,总投资 2.2 亿元,建筑面积 7300 平方米,集海底观光旅游和海洋科普于一体,填补了山东省空白并创下多项全国第一,是全国第一个主体展示部分位于地下、第一家拥有开放式海洋实验室的海底世界。

等级:AAAA

地址:莱阳路 1 号

电话:(0532)82878218

银海国际游艇俱乐部

国内第一个以游艇俱乐部为主体的国家 AAAA 级旅游景区,内设中华人民共和国水准零点、中国第一个国际游艇帆船产业发展基地、世界最高的"海上妈祖女神"雕塑、世界第一座可机械开合的海上彩虹桥、帆船之都观光塔以及航海科技博物馆。

等级:AAAA

地址:东海中路 30 号

电话:(0532)85885222

青岛奥帆中心

总占地面积约 109 公顷,是亚洲一流、世界领先的帆船比赛场地,是第 29 届奥运会、第 13 届残奥会帆船比赛场地,2009 年被国家旅游局评定为"国家滨海旅游休闲示范区",2011 年被评定为市级文物保护单位,2012 年被国家旅游局评定为 AAAA 级旅游景区。

等级:AAAA

地址:澳门路 121 号

电话:(0532)66560270

海军博物馆

由海军筹建的全国唯一一座大型专业性军事博物馆,1989 年 10 月 1 日正式向社会开放。2005 年 3 月被中宣部、国家发改委、国家旅游局等 13 部委评定为全国首批百个红色旅游经典景区,2008 年 5 月被国家文物局评定为一级博物馆,是海军唯一的国家级爱国主义教育示范基地。

等级:AAA

地址:莱阳路 8 号

电话:(0532)82866784

青岛德国总督楼旧址博物馆(迎宾馆)

国家级文物保护单位,原德国驻胶澳总督的官邸。是德国威廉时代的典型建筑式样与青年风格派手法相结合的德式建筑,被中外友人赞誉为世界珍贵的建筑"标本",在经历了两次世界大战的德国本土上乃至欧洲大陆,这种风格的建筑已无迹可寻,更显其珍贵价值。

等级:AAA

地址:龙山路 26 号

电话:(0532)82889888

青岛德式监狱旧址博物馆

全国重点文物保护单位,国内现存最早的殖民监狱旧址之一。1900 年由德国人建造而成,主要包含五座监房和一座工场,占地面积 0.8 公顷,建筑面积 5000 多平方米。展区主要分两部分,一部分是青岛司法历史沿革陈列展,一部分是监狱原貌复原陈列展。

等级:AAA

地址:常州路 21 号

电话:(0532)82868820

青岛信号山

德国侵占青岛时期,在山上建立了青岛最早的"信号旗"和无线电台,并悬挂旗帜,以之为信号,指挥进出港口的船只,故有"挂旗山""挂旗台"之说。1923 年中国政府收回青岛后定名为"信号山"。1984 年~1989 年封山建园,属于青岛市十大山头公园之一,并有"红楼暮霞"的美誉。

等级:AAA

地址:龙山路 16 号甲

电话:(0532)82798055

骆驼祥子博物馆

我国唯一一座以现代文学名著命名的专业性博物馆,中国现代著名作家老舍先生曾于 20 世纪 30 年代在此居住,并创作了中国现代文学史上的长篇巨著《骆驼祥子》,以及小说《文博士》《我这一辈子》等一批优秀作品。

等级:AAA

地址:黄县路 12 号

电话:(0532)82867580

劈柴院

位于中山路、北京路、河北路、天津路围合的街坊,占地面积 1.35 万平方米,建筑面积 2.5 万平方米。历经百年沧桑的劈柴院是青岛最早的美食城和游乐场,也是青岛历史发展最为直接的见证,是青岛中山路商业经贸市井文化发展的缩影,在这里可以品特色小吃、观民俗戏曲、住民俗特色住宿,是体验青岛百年民俗文化的特色主题街区。

等级:AAA

地址:中山路 158 号

电话:(0532)82886930

康有为故居纪念馆

始建于 1899 年,是一座德式三层楼房,占地 1600 平方米,1923 年 6 月康有为先生入住其中,称之为"天游园",在青岛近现代文化史上占有重要地位,凝含着近代"中国与世界"文化对话的丰富景深。现为山东省文物保护单位。

等级:AAA

地址:福山支路 5 号

电话:(0532)82879957

邮电博物馆

是原胶澳德意志帝国邮局旧址,1900 年由德国汉堡 FH 施密特公司建造,1901 年竣工使用。该楼竣工后一层为邮局,1905 年德国邮政总局出资买下该楼产权,建立胶澳德意志帝国邮局。100 多年来,它始终为邮电经营场所。现在,这座百年老邮局修复一新,作为博物馆正式对公众开放。可以说,它是青岛百年城市和邮电发展的最好见证。

等级:AAA

地址:安徽路 5 号

电话:(0532)82872386

各级文物保护单位名录

全国重点文物保护单位

名　称	地　址
1.八大关近代建筑	市南区太平山南麓汇泉角至太平角
2.(1)青岛德国总督楼旧址	市南区龙山路 26 号
(2)青岛德国总督府旧址	市南区沂水路 11 号
3.万字会旧址	市南区鱼山路 37 号
4.青岛德国建筑群(21 栋)	
(1)德国警察署旧址	市南区湖北路 29 号
(2)胶州帝国法院旧址	市南区德县路 2 号
(3)欧人监狱旧址	市南区常州路 25 号
(4)俾斯麦兵营旧址	中国海洋大学院内(鱼山路 5 号)
(5)伊尔蒂斯兵营旧址	市南区香港西路 2 号
(6)游内山灯塔	市南区团岛西南角
(7)小青岛灯塔	青岛湾内小青岛上
(8)观象台办公楼	市南区观象二路 19 号
(9)德国领事馆旧址	市南区青岛路 1 号
(10)德华银行旧址	市南区广西路 14 号
(11)山东路矿公司旧址	市南区广西路 14 号
(12)德华高等学堂旧址	市南区朝城路 2 号
(13)基督教堂	市南区江苏路 15 号
(14)天主教堂	市南区浙江路 15 号
(15)海滨旅馆旧址	市南区南海路 23 号
(16)德国第二海军营部大楼旧址	市南区沂水路 9 号
(17)青岛国际俱乐部旧址	市南区中山路 1 号
(18)侯爵饭店旧址	市南区广西路 37 号
(19)路德公寓旧址	市南区德县路 4 号
(20)医药商店旧址	市南区广西路 33 号
(21)水师饭店旧址	市南区湖北路 17 号

山东省文物保护单位

名　称	地　址
1.康有为故居	市南区福山支路 5 号
2.天后宫	市南区太平路 19 号
3.栈桥回澜阁	市南区太平路 10 号
4.水族馆	市南区莱阳路 4 号
5.中山路近代建筑(12 栋)	市南区中山路、河南路
(1)德式建筑	市南区中山路 17 号
(2)中国银行青岛分行旧址	市南区中山路 62 号
(3)山左银行旧址	市南区中山路 64~66 号
(4)上海商业储蓄银行旧址	市南区中山路 68 号
(5)大陆银行旧址	市南区中山路 70 号

名　称	地　址
（6）义聚合钱庄旧址	市南区中山路 82 号
（7）交通银行青岛分行旧址	市南区中山路 93 号
（8）山东大戏院旧址	市南区中山路 97 号
（9）中国实业银行旧址	市南区河南路 13 号
（10）青岛分行公会旧址	市南区河南路 15 号
（11）金城银行旧址	市南区河南路 17 号
（12）胶澳商埠电气事务所旧址	市南区中山路 216 号
6.老舍故居	市南区黄县路 12 号
7.湛山炮台旧址	市南区盐城路某部营区内
8.德国海军军官俱乐部旧址	市南区莱阳路 8 号

青岛市文物保护单位

名　称	地　址
1.湛山寺	市南区芝泉路 2 号
2.观象山地磁房	市南区观象二路 21 号观象山公园内
3.团岛炮台旧址	市南区团岛内
4.汇泉炮台遗址	市南区汇泉角
5.台西镇炮台旧址	市南区团岛公园
6.太平山北炮台及东炮台旧址	市南区太平山顶部
7.德国临时检疫所旧址	市南区嘉祥路 3 号
8.浸信会礼拜堂	市南区济宁路 31 号
9.青岛汽水厂办公楼旧址	市南区香港西路 25 号
10.王统照故居	市南区观海二路 49 号
11.沈从文故居	市南区福山路 3 号
12.洪深故居	市南区福山路 1 号
13.华岗故居	市南区龙口路 40 号
14.闻一多故居	市南区鱼山路 5 号中国海洋大学东北角
15.梁实秋故居	市南区鱼山路 33 号
16.萧红、萧军、舒群故居	市南区观象一路 1 号
17.王献唐故居	市南区观海二路 13 号甲
18.冯沅君、陆侃如故居	市南区鱼山路 36 号
19.朱树屏故居	市南区金口二路 13 号
20.束星北故居	市南区鱼山路 36 号
21.赫崇本故居	市南区鱼山路 9 号甲
22.童第周故居	市南区鱼山路 36 号
23.青岛市礼堂旧址	市南区兰山路 1 号
24.观象二路基督教堂	市南区观象二路 1 号
25.青岛奥林匹克帆船中心	市南区燕儿岛路 1 号

市南区文物保护单位

名　称	地　址
1.青岛春和楼	市南区中山路 146 号
2.东莱银行旧址	市南区湖南路 37 号
3.青岛两湖会馆旧址	市南区大学路 54 号
4.劈柴院	市南区中山路北端与北京路交界
5.美口酒厂原址	市南区湖南路 34 号乙
6.青岛市物品证券交易所旧址	市南区大沽路 35 号
7.青岛三江会馆旧址	市南区四方路 10 号
8.宋春舫旧居	市南区福山支路 6 号
9.望火楼旧址	市南区观象一路坡顶
10.青岛广东会馆旧址	市南区芝罘路与四方路口
11.徐州路炮台遗址	市南区徐州路 28 号
12.中山公园石桥及石碑	中山公园南门内东南角
13.总督府屠宰场旧址	市南区观城路 65 号
14.黄县路石桥	市南区黄县路与黄县支路交界处
15.德国胶州邮政局旧址	市南区安徽路 5 号（3 号甲）
16.谦祥益青岛分号旧址	市南区北京路 9 号
17.青岛商会旧址	市南区中山路 72 号
18.天主教会宿舍旧址	市南区湖南路 8 号
19.福柏医院旧址	市南区安徽路 21 号
20.青岛中国银行广厦堂宿舍旧址	市南区大学路 14 号、14 号甲
21.比利时领事馆旧址	市南区金口一路 19 号
22.日本商校宿舍旧址	市南区鱼山路 36 号
23.杨振声旧居	市南区龙江路 11 号
24.赵太侔故居	市南区龙江路 7 号
25.吕美荪故居	市南区鱼山路 7 号
26.张玺旧居	市南区莱阳路 28 号甲
27.青岛湛山小学旧址	市南区盐城路 1 号
28.青岛圣功私立女子中学旧址	市南区德县路 27 号
29.东平路 37 号里院	市南区东平路 37 号
30.云南路 179 号及枣庄路里院	云南路里院 179 号及枣庄路
31.吉祥里	市南区宁阳路 11 号
32.宁阳路 26 号建筑	市南区宁阳路 26 号
33.早稻善本德旧宅	市南区莱阳路 3 号
34.宁文元旧宅	市南区莱阳路 5 号
35.苏州路 27 号建筑	市南区苏州路 27 号 2 号楼

名人故居及相关人物简介

康有为故居

位于福山支路 5 号，建于 1899 年，总建筑面积 1118.43 平方米，坐北朝南，系德式古典三段式建筑，砖木结构三层楼房。是山东省文物保护单位。原为德国总督副官宅邸，现为青岛市康有为故居纪念馆，开设卧室、书房、客房复原陈列及"康有为生平史迹""康有为书法艺术""康有为的世界之路"专题陈列。

康有为（1858—1927），又名祖诒，字广厦，号长素，戊戌后易号更生，别称"天游化人"，广东南海人（今属佛山）。近代著名思想家、教育家、书法家，戊戌变法领袖，对近代中国历史进程产生了深刻影响。著《新学伪经考》《孔子改制考》《大同书》等。

老舍故居

位于黄县路 12 号，建于 20 世纪 20 年代，建筑面积约 400 平方米。坐北朝南，是一座"一"字形的砖石结构二层楼房。现为骆驼祥子博物馆，是山东省文物保护单位。

老舍（1899—1966），原名舒庆春，北京人。现代著名作家、学者，是唯一获"人民艺术家"荣誉称号的现代作家。中国现代文学大师，代表作有长篇小说《骆驼祥子》《四世同堂》《正红旗下》，中篇小说《月牙儿》，话剧《茶馆》《龙须沟》等。1934～1936 年应聘担任国立山东大学教授，1935 年与洪深、王统照等共创《避暑录话》，1936 年辞职后成为职业作家，在黄县路寓所创作了长篇巨著《骆驼祥子》，散文《五月的青岛》，小说《老牛破车》等作品，在此期间的创作成果奠定了其在现代文学史上的大师地位，见证了他走向辉煌的历程。1935～1937 年，老舍一家居住于楼下一楼。

王统照故居

位于观海二路 49 号，建于 1926 年，占地面积为 872 平方米，建筑面积为 216.44 平方米。两栋 17 间，砖木结构，依坡地而建。乱石墙基，水刷墙面，红瓦坡顶，有木柱挑廊。是青岛市文物保护单位，现为民宅。

王统照（1897—1957），字剑三，笔名息庐、容庐，山东诸城人。现代著名作家。新文化运动代表人物之一，"文学研究会"的开创者，代表作为长篇小说《山雨》。1926 年开始定居青岛，为青岛本埠文学的拓荒者，创办《青潮》刊物。1935 年与老舍、洪深等共创《避暑录话》。1946 年出任国立山东大学中文系教授。

闻一多故居

位于鱼山路 5 号海大校园西北角，始建于 1900 年前后，原为德军俾斯麦兵营的一部分。占地面积 214 平方米，建筑面积 607 平方米。具有南欧建筑风格，砖石结构，地上二层，有地下室和阁楼，屋顶呈四面坡状。是青岛市文物保护单位，现为中国海洋大学王蒙文学研究所。

闻一多（1899—1946），湖北蕲水（今黄冈市浠水）人，原名闻家骅，又名多、亦多、一多，字友三、友山。伟大的民主战士、现代著名作家、学者。新文化运动代表人物之一，白话格律诗的开创者，代表作有诗集《红烛》《死水》，文论《宫体诗的自赎》等，在古典文学和神话研究中卓有成效。1930 年 9 月任国立青岛大学文学院院长兼中文系教授，开始唐诗研究，作诗《奇迹》。1932 年离开青岛。

梁实秋故居

位于鱼山路 33 号，建于 1928 年，占地面积 546.69 平方米，建筑面积 447 平方米。建筑为中西混合式建筑，砖石结构，地上二层，地下一层。是青岛市文物保护单位，现为民宅。

梁实秋（1903—1987），北京人，原名梁治华，字实秋，号均默。现代著名作家、学者、文学批评家和翻译家。新文化运动代表人物之一，知名教授，与闻一多共同开创新月派，代表作有散文集《雅舍小品》，学术著作《英国文学史》及译著《莎士比亚全集》等。1930 年 9 月任国立青岛大学外文系主任兼图书馆馆长，期间开始翻译《莎士比亚全集》。1930～1934 年，梁实秋在山东大学任教时，在此楼一层居住。

沈从文故居

位于福山路 3 号，建于 20 世纪 20 年代，占地 1055.6 平方米，建筑面积 489 平方米。为中西混合式建筑。砖石结构，地上二层，地下一层。是青岛市文物保护单位，现为民宅。

沈从文（1902—1988），湖南凤凰人，原名沈岳焕。现代著名作家、学者、博物学家。新文化运动代表人物之一，中国古代服饰研究大家。代表作有长篇小说《边城》《长河》，散文集《湘行散记》，考古著作《中国古代服饰研究》等。1930 年任国立青岛大学中文系讲师。在青期间创作了小说《八骏图》《月下小景》及传记《从文自传》等。1930～1932 年,沈从文在青岛大学任教期间居住于此。

洪深故居

位于福山路 1 号,建于 1932 年,占地 360 平方米,建筑面积 501.42 平方米,砖石结构二层楼房,有阁楼、地下室。是青岛市文物保护单位,现为民宅。

洪深(1894—1955),江苏武进(今常州)人,原名洪达,号伯骏,字潜斋。现代著名作家、导演、戏剧教育家。新文化运动代表人物之一,中国现代话剧及电影事业的奠基人之一。有《洪深文集》传世。1913 年随父迁居青岛。1934 年任国立山东大学中文系教授,1935 年与老舍、王统照等共创《避暑录话》。在青期间创作了著名电影文学剧本《劫后桃花》。1933～1936 年,洪深在山东大学任教时居住于此。

宋春舫故居

位于福山支路 6 号,建于 1928 年,占地面积 250 平方米,建筑面积 300 平方米,砖木结构,坐北朝南。房屋共为三层,带半地下室,花岗岩砌基,花岗岩条石窗台,外墙无任何装饰。是青岛市市南区文物保护单位,现为民宅。

宋春舫(1892—1938),别署春润庐主人,浙江吴兴(今湖州)人,现代著名剧作家、戏剧理论家,是我国现代剧坛上最早研究和介绍西方戏剧及理论的学者,中国海洋科学研究的开拓者之一。有《宋春舫论剧》传世。1928 年出任青岛观象台海洋科科长。1930 年在山大筹办时期任图书馆馆长,在福山路寓所创办了"褐木庐"图书馆。1930 年与蔡元培、李石曾、蒋丙然共同倡议设立青岛水族馆。1931 年购买此楼并在此创办了图书馆"褐木庐",在此居住至 1937 年。

萧红、萧军、舒群故居

位于观象一路 1 号,建于 1928 年,建筑面积 380 余平方米。地上二层,德国三段式,花岗岩墙基,折坡屋面,二楼屋外 9 平方米阳台。是青岛市文物保护单位,现为民宅。

萧红(1911—1942),黑龙江呼兰(今属哈尔滨),原名张乃莹。现代著名女作家。

萧军(1907—1988),辽宁义县(今凌海),原名刘鸿霖。现代作家。

舒群(1913—1989),黑龙江哈尔滨人,又名李书堂。现代作家。

三人均为 20 世纪 30 年代"东北作家群"代表人物。萧红为现代文坛上的传奇女作家,代表作为长篇小说《生死场》《呼兰河传》。萧军的代表作为长篇小说《八月的乡村》。舒群的代表作有短篇小说集《没有祖国的孩子》。舒群于 1933 年到青岛,1934 年离开。1934 年,萧军、萧红抵达青岛,在此完成了各自的代表作,开始与鲁迅联系,书信通过荒岛书店转送。1934 年,萧红、萧军伉俪租居楼上,舒群夫妇住楼下。1936 年,萧军再度来青,居住于此。

王献唐故居

位于观海二路 13 号甲,建于 1926 年,占地 872 平方米,建筑面积为 216 平方米。住宅为中式平房,较为简陋。是青岛市文物保护单位,现为民宅。

王献唐(1896—1960),山东日照人,号凤笙,以字行。现代著名历史学家、考古学家、版本学家。在中国现代金石考古学、版本目录学、古史研究等方面占有一定地位,有《国史金石志稿》《炎黄氏族文化考》《山东古国考》等专著传世。新中国成立后,向国家捐献出越王勾践剑、李自成闯王印等珍贵文物 8000 多件及 5 万册古籍。1907 年来青岛,王献堂入礼贤书院读书,1913 年入青岛特别高等专门学堂(德华大学)土木工程系学习。1918 年后以济南《商务日报》和《山东日报》特派记者身份长驻青岛。1926～1949 年,王献唐在此居住。

冯沅君、陆侃如故居

位于鱼山路 36 号 1 号楼西端,建于 1931 年,地上两层,有塔楼。在院内 1 号楼西端居住,楼上、楼下共约 76 平方米。是青岛市文物保护单位,现为民宅。

冯沅君(1900—1974),原名冯恭兰,改名淑兰,字德馥,河南唐河人。现代著名学者、作家、教育家。

陆侃如(1903—1978),原名侃如,字衍庐,笔名小璧,江苏海门人。现代著名学者、教育家。

冯沅君、陆侃如夫妇为著名的古典文学研究专家,也是 20 世纪四五十年代山东大学的著名教授。1947 年应国立山东大学之聘来青岛任教,冯沅君曾任山东大学副校长。在青岛工作期间,冯沅君写出了《古剧说汇》等著作,与陆侃如一起修订了《中国文学史简编》,与北京大学教授林庚主编《中国历代诗歌选》;陆侃如还编写了《中国文学理论简史》。

华岗故居

位于龙口路 40 号,建于 20 世纪 30 年代,欧式住宅,建筑面积约150平方米,红瓦黄墙,砖石结构,地上二层。是青岛市文物保护单位,现为青岛市科学技术信息研究所。

华岗(1903—1972),原名华延年,又名华少峰、华西园。现代著名学者、教育家。为我国马列理论研究的代表人物之一,有《中国大革命》《辩证唯物论与历史唯物论大纲》等著作。为山大在20世纪50年代的发展作出重要贡献。1951～1955年任山东大学党委书记兼校长,创办《文史哲》并任第一任社长。1951～1955年,华岗在此居住。

童第周故居

位于鱼山路36号1号楼东端,建于1931年,欧式住宅,地上两层,有阁楼。是青岛市文物保护单位,现为民宅。

童第周(1902—1979),浙江鄞县人,现代著名生物学家、教育家。我国生物科学研究的杰出领导者,我国实验胚胎学和胚胎克隆技术的主要创始人。1930年来青岛,在山东大学任教,曾任山东大学副校长,为山东大学生物与海洋学科的建立和发展发挥了关键作用,创建中国科学院水生生物研究所青岛海洋生物研究室(中科院海洋所前身),使其发展成为中国海洋研究的桥头堡。在青岛进行了一系列重要的科学实验,取得了世界级的科研成果,留下了丰富的科学文献,被誉为中国的"克隆之父"。

束星北故居

位于鱼山路36号2号楼西端,建于1931年,欧式住宅,建于1931年,地上两层,有阁楼。是青岛市文物保护单位,现为民宅。

束星北(1907—1983),江苏扬州人,现代著名物理学家、海洋物理学家和教育家。我国早期从事量子力学、相对论研究的物理学家之一,被誉为"中国雷达之父"。1952～1958年任山东大学物理系教授,并受聘海洋系气象研究室主任。1960～1978年在青岛医学院兼任教员。1965年完成我国首部《狭义相对论》。1978～1983年任青岛国家海洋局第一海洋研究所研究员。1934～1937年,1946～1957年,束星北两度在此居住。

赫崇本故居

位于鱼山路9号甲,建于20世纪30年代,欧式住宅,占地面积400平方米,建筑面积247平方米,三层带阁楼,黄墙红瓦,花岗岩基石。是青岛市文物保护单位,现为民宅。

赫崇本(1908—1985),又名赫培之,辽宁凤城人。现代著名海洋物理学家。中国物理海洋学奠基人,原山东海洋学院(现中国海洋大学)创建者之一,毕生致力于海洋科学的研究及海洋科学教育事业的发展。有《黄海冷水团的形成及其性质的初步探讨》等专著。1949年任国立山东大学教授。新中国成立后,历任山东大学海洋研究所副所长、山东大学海洋学系主任、山东大学海洋学院教务长、副院长兼山东海洋学院海洋研究所所长。1949年,任国立山东大学教授时,始在此居住。

朱树屏故居

位于金口二路13号2楼,建于20世纪20年代,欧式住宅,占地面积400平方米,建筑面积247平方米,三层带阁楼,黄墙红瓦,花岗岩基石。是青岛市文物保护单位,现为民宅。

朱树屏(1907—1976),山东昌邑人。现代著名海洋生态学家、水产学家和教育家。中国海洋生态学、水产学及湖沼学研究的先驱和奠基者。有《中国近海浮游植物与水文及渔业的关系》《海带施肥养殖》《海带自然光育苗》等专著。1946年任国立山东大学教授兼水产系主任、中国科学院水生生物研究所青岛海洋生物实验室研究员。1949～1976年,在此居住。

杨振声故居

位于龙江路11号,建于1931年,建筑面积419.46平方米。建筑为中西混合式建筑,砖石结构,地上二层。是青岛市市南区文物保护单位,现为民宅。

杨振声(1890—1956),山东蓬莱人,字今甫,亦作金甫,笔名希声。现代著名作家、学者、教育家。新文化运动代表人物之一,作为著名作家和教育家,为国立青岛大学的创办作出杰出贡献。代表作有中篇小说《玉君》。1930年出任国立青岛大学创校校长,依循蔡元培在北大确立的兼容并蓄、学术自由方针,广聘贤才,为青岛大学迅速成为国内三大学术重镇发挥了关键作用。1932年辞职并离开青岛。1930～1932年,任国立青岛大学校长,在此楼二层居住。

张玺故居

位于莱阳路28号甲,建于20世纪30年代,占地400平方米左右,建筑面积约600平方米。砖石结构,地上二层,有阁楼,屋顶呈四面坡状。是青岛市文物保护单位,现为市公路管理局养路费稽查大队办公楼。

张玺（1897—1967），字尔玉，河北平乡人。现代著名海洋动物学家、教育家。中国湖沼学、动物学研究的先驱，中国海洋无脊椎动物研究的奠基人之一，毕生致力于海洋科学的研究及科学教育事业的发展。所著《贝类学纲要》是我国第一部软体动物著作。1935 年至 1936 年主持"胶州湾海产动物采集团"科研项目。新中国成立后与童第周、曾呈奎等一起筹备建立中国科学院水生生物研究所海洋生物研究室（中国科学院海洋研究所的前身），曾任海洋研究所副所长。1950～1967 年，张玺在此居住。

毛汉礼故居

位于福山路 36 号，建于 20 世纪 50 年代，建筑面积 100 平方米，砖混结构，坐北朝南。现无文物保护级别，现为民宅。

毛汉礼（1919—1988），浙江诸暨人。现代著名海洋物理学家、教育家。中国物理海洋学奠基者之一，著有《动力海洋学》《海洋》《湾流》等专著。1954～1988 年在中国科学院青岛海洋生物研究室（中国科学院海洋研究所）任职，曾任海洋所副所长。1954～1988 年，在此居住。

刘知侠故居

位于金口二路 42 号西单元二楼，建于 1986 年，砖混结构，本户建筑面积约 200 平方米。现无文物保护级别，现为民宅。

刘知侠（1918—1991），河南卫辉人。当代著名作家。当代著名作家，著有《铁道游击队》《沂蒙飞虎》等长篇小说。1985 年任青岛市文学艺术界联合会名誉主席，定居青岛。1986～1991 年，在此居住。

赵太侔故居

位于市南区龙江路 7 号，江苏路街道办事处管区内。建于 20 世纪 20 年代。砖木结构，地上二层，有阁楼及地下室。现为民居。近期自行修缮，现处停工状态。

赵太侔（1889—1968），山东青州人，戏剧家、教育家。1930～1932 年任国立青岛大学教授、教务长；1932～1936 年、1946～1949 年两度出任国立山东大学校长。新中国成立后任山东大学、山东海洋学院教授。

台静农故居

位于市南区黄县路 19 号，信号山南麓，江苏路街道办事处管区内。欧式住宅，建于 1936 年以前，建筑面积约 362 平方米。砖木结构，地上二层，有阁楼和地下室。现为民居，保存较好，私人产权。

台静农（1903—1990），安徽霍邱人，作家、文学评论家和书法家。1936～1937 年，在国立山东大学文学院任教。有小说集《地之子》《建塔者》等作品。

蒋丙然故居

位于市南区观象二路 10 号，江苏路街道办事处管区内。建于 1910～1912 年，德式住宅，砖木结构，地上二层，有阁楼和半地下室，另有辅助平房。现为民居，保存较好，待修缮。

蒋丙然（1883—1966），福建闽侯人，天文学家、气象学家和海洋学家。1924 年来青岛，任观象台台长并于 1928 年创办观象台海洋科，1931 年与宋春舫等创建青岛水族馆，1935 年主持筹建青岛海滨生物研究所。

陈干故居

位于市南区观象一路 5 号，江苏路街道办事处管区内。约建于 20 世纪 20 年代，建筑面积约 239 平方米。砖木结构，地上一层，有阁楼和半地下室。现为民居，保存较好，私有产权。

陈干（1881—1927），山东昌邑人，中国同盟会早期成员。1908 年在青岛创办震旦公学，1922 年任中日鲁案谈判代表、胶澳商埠顾问。有《侼偬集》《鲁案》等著作。

林济青故居

位于市南区观象一路 5 号，江苏路街道办事处管区内。约建于 20 世纪 20 年代，建筑面积约 239 平方米。砖木结构，地上一层，有阁楼和半地下室。现为民居，保存较好，私有产权。

林济青（1886—1960），山东莱阳人，学者和教育家。1924 年任私立青岛大学教务主任，1936～1938 年任国立山东大学代理校长。

栾调甫故居

位于市南区龙山路 19 号，江苏路街道办事处管区内。建于 1936 年以前。砖木结构，地上二层，有阁楼。现为民居，保存较好，私有产权。

栾调甫（1889—1972），山东蓬莱人，墨学家、文字学家和藏书家。1936～1937 年任国立山东大学文学院教授。斋号"三经堂"，有《墨学讲义》《文字学概论》

等著作。

刘芳松故居

位于市南区苏州路 20 号,江苏路街道办事处管区内。建于 20 世纪 20 年代。欧式住宅,砖木结构,地上二层。现为民居,保存一般,私有产权。

刘芳松(1910—1994),山东蓬莱人,作家,笔名西蒙。1928 年在青岛开始文学创作,1933 年任青岛《民报》编辑,1935 年与老舍、洪深、王统照等共创《避暑录话》。

孟超故居

位于市南区苏州路 20 号,江苏路街道办事处管区内。建于 20 世纪 20 年代。欧式住宅,砖木结构,地上二层。现为民居,保存一般,私有产权。

孟超(1906—1976),山东诸城人,作家、戏剧家。1935 年与老舍、洪深、王统照等共创《避暑录话》,1936 任青岛《民报》编辑。戏剧代表作《李慧娘》。

丛良弼故居

位于市南区齐东路 2 号,江苏路街道办事处管区内。建于 1925 年,占地面积 1564.11 平方米,建筑面积 869.46 平方米,庭院中设有喷水池。主楼为砖木结构二层楼,有阁楼,利用东高西低的地势落差形成半地下室。近年来此楼由个人购得,开办为新龙源皇家饭店,经修缮,保存完整。

丛良弼(1868—1945),山东蓬莱人,实业家和慈善家,山东火柴工业创始人。1922 年创办世界红卍字会青岛分会,20 世纪 30 年代主持建造鱼山路卍字会新址。

吴郁生故居

位于市南区湖北路 33 号,中山路街道办事处管区内。约建于 1912 年。砖木结构,地上二层,有阁楼。蘑菇石砌基,黄色拉毛墙,红瓦坡顶,开长方形老虎窗。现为民居,保存一般,楼内杂物堆积较多,院内有违章建筑。

吴郁生(1854—1940),江苏吴县人,书法家,曾任晚清礼部尚书和军机大臣。1912 年寓居青岛,1940 年病故于青岛。

黄公渚故居

位于观海二路 3 号,中山路街道办事处管区内。建于 1935 年,为欧式住宅,砖木结构,地上二层,有阁楼和地下室。原为黄家私宅,1995 年转卖于他人。现为港务局港青公司办公使用。建筑保存较好,门窗更换,局部失修。

黄公渚(1900—1964),福建长乐人,文学史家和书画家。1912 年始居青岛,1934～1937 年、1946～1949 年两度任国立山东大学教授,1949 年后任山东大学教授。斋号"辅唐山房",有《劳山集》《天问达诂》等著作。

周叔迦故居

位于市南区福山支路 13 号,八大关街道办事处管区内。建于 1930 年,屋宇为砖木结构欧式小楼,地上二层,有面积 480.25 平方米。

周叔迦(1899—1970),安徽东至人,佛学家和佛教教育家。1929 年在青岛开办佛学研究社,后与叶恭绰等倡建湛山寺。

吕美荪故居

位于市南区鱼山路 7 号,八大关街道办事处管区内。建于 1930 年,房屋占地面积 748 平方米,建筑面积 253 平方米。砖木结构,地上二层,有阁楼及地下室。现为民居,保存较好,环境风貌尚完整,院内有少量违章建筑。

吕美荪(1881—1945),安徽旌德人,诗人和教育家。1930 年至 1945 年居青岛,自题寓所为"寒碧山庄",创作了《蔄丽园诗》《蔄丽园随笔》等作品。

周钟岐故居

位于市南区荣成路 19 号,八大关街道办事处管区内。建于 1933 年,北欧哥特式别墅,建筑面积 605 平方米,砖木结构,地上二层,有阁楼及地下室。现为部队宿舍,保存较好。

周钟岐(1892—?),山东单县人,物理学家和教育家。1933 年任国立山东大学教授、工学院院长,1946 年任国立山东大学总务长兼复校委员会主任。

丁西林故居

位于市南区鱼山路 33 号,八大关街道办事处管区内。为青岛市文物保护单位和山东省历史优秀建筑。建筑保存基本完好,风格与格局依旧,院内加建部分小体量构造物。

丁西林(1893—1974),江苏泰兴人,物理学家和剧作家。1947～1949 年任国立山东大学物理系教授、理学院院长,1949 年 8 月～1950 年初任山东大学校务委员会主任。有喜剧《一只马蜂》《等太太归来》等作品。

何思源故居

位于市南区荣成路 36 号，八大关街道办事处管区内。欧式别墅，建于 1930 年。建筑面积 315 平方米，砖木结构，地上二层。现为民居，保存较好，待修缮。

何思源（1896—1982），山东菏泽人，教育家。1928～1942 年任山东省教育厅厅长。其中，1929 年 6 月～9 月任国立青岛大学筹委会主任。

熊希龄故居

位于市南区福山支路 12 号，八大关街道办事处管区内。建于 20 世纪 30 年代，砖木结构，地上两层，有阁楼和半地下室。花岗石砌基，黄色水刷墙，红瓦坡顶，开有老虎窗。现为民居，保存良好，个人产权。

熊希龄（1870—1937），湖南凤凰人，教育家和慈善家，曾任中国红十字会会长。1936～1937 年曾居青岛。

王正廷故居

位于山海关路 11 号，八大关街道办事处管区内，建于 1934 年，建筑面积 326 平方米，砖木结构，地上二层。现为接待宾馆使用，保存完整。

王正廷（1882—1961），浙江奉化人，外交家，中国首位国际奥委会委员。1919 年参加巴黎和会，力争收回青岛主权，1922 年担任鲁案善后委员会督办，主持接收青岛。

孔祥熙故居

位于郧阳路 33 号，八大关街道办事处管区内。建于 1937 年，欧式别墅，建筑面积 636 平方米，砖石结构，地上二层，有阁楼和地下室。现为青岛市园林管理处办公楼，保存完整。

孔祥熙（1880—1967），山西太古人，银行家。1922 年参与接收青岛，曾任胶澳商埠电话局局长。

周志俊故居

位于市南区香港西路 40 号，八大关街道办事处管区内。建于 1931 年，欧式别墅，建筑面积 243.11 平方米，砖石结构，地上二层，局部一层。现为民居，保存较好。

周志俊（1898—1990），安徽东至人，实业家。1918 年协助其父周学熙创办青岛首家民族资本纺织厂——华新纱厂，1925 年任常务董事，主持厂务。

丁惟汾故居

位于市南区齐河路 4 号，八大关街道办事处管区内。砖木结构，地上二层，有阁楼和地下室。现为民居，保存较好，待修缮。

丁惟汾（1874—1954），山东日照人，音韵学家和藏书家，中国同盟会首批会员。1908 年倡办青岛震旦公学，1923 年创办胶澳中学。斋号"诂雅堂"，有《毛诗韵聿》《诂雅堂丛集》等著作。

四星级以上酒店简介

青岛丽晶大酒店

青岛丽晶大酒店地处青岛市东部商业区中心，依山傍海，交通便利，系山东省首家五星级酒店，酒店装饰华贵典雅，具有浓郁的欧陆风格。

星级：五星
地址：台湾路 1 号
订房热线：800 860 0202

青岛香格里拉大酒店

青岛香格里拉大酒店位于青岛市商业中心，方便前往游览美丽的海滩，品位欧式文化遗迹。下榻香格里拉大饭店，客人更可体验到香格里拉闻名遐迩的殷勤待客之道。

星级：五星
地址：香港中路 9 号
订房热线：(0532)83883838

青岛海景花园大酒店

青岛海景花园大酒店是青岛市中心唯一的一家欧陆庭院花园式五星级酒店，比邻极地海洋世界、奥帆中心、五四广场等著名景区，周边是青岛市中心商业区，交通便利，环境典雅。

星级：五星
地址：彰化路 2 号
订房热线：(0532)85875777－6002

青岛汇泉王朝大饭店

青岛汇泉王朝大饭店是由国家旅游局评定的五星级饭店，毗邻汇泉广场，似一颗明珠镶嵌在风光秀丽的汇泉湾畔,依山傍海,风光无限。以其得天独厚、美不胜收的旖旎景色,吸引了无数国内外宾客纷至沓来。

星级:五星

地址:南海路 9 号

订房热线:(0532)82999888

青岛海尔洲际酒店

青岛海尔洲际酒店是唯一一家坐落于奥运帆船中心的五星级酒店。酒店位于青岛商业、金融中心,地理位置优越,距流亭国际机场 40 分钟车程,距青岛火车站 20 分钟车程。洲际酒店品牌独特的礼宾服务"深入洞悉"可以伴随宾客深度探究当地风土人情和文化精髓。

星级:五星

地址:澳门路 98 号

订房热线:(0532)66656666

青岛国敦大酒店

青岛国敦大酒店是一家享有青岛最好地理位置的国际豪华型酒店,坐落于青岛市中心及商业中心的黄金地段,五四广场及令人神往的海滩近在咫尺。酒店拥有 455 间客房及套房,可为成功的商务人士及休闲度假的游客提供完善的设施和周到的服务。

星级:四星

地址:香港中路 28 号

订房热线:(0532)86682331

青岛海情大酒店

青岛海情大酒店坐落于青岛著名的海滨大道东海中路,是一座汇聚欧陆风情的四星级涉外酒店。有 A、B、C 三个楼座,是集住宿、餐饮、商务、度假于一体的高层公寓式酒店,备受到国内外客人尤其是高端客人的青睐。

星级:四星

地址:东海中路 11 号甲

订房热线:(0532)85969888－6002

青岛泛海名人酒店

青岛泛海名人酒店是集客房、餐饮、娱乐于一体的豪华涉外酒店,是泛海实业股份有限公司和美国 O. W. 国际有限公司共同投资兴建,位于青岛著名的栈桥风景区,毗邻栈桥、小青岛、海军博物馆等著名景点。

星级:四星

地址:太平路 29 号

订房热线:4006266699

青岛黄海饭店

青岛黄海饭店坐落在风景秀丽的汇泉湾畔,主体大楼巍峨耸立。远眺万顷碧海,俯瞰千亩草坪,青岛美景尽收眼底。毗邻海水浴场、汇泉广场、环境优美、空气清新,是中外宾客在青岛旅游、商务、会议活动和食宿的理想下榻之处。

星级:四星

地址:延安一路 75 号

订房热线:(0532)82963040

青岛德宝花园大酒店

青岛德宝花园大酒店坐落于市区黄金位置,交通便利,环境优美。建店十多年来,酒店始终秉持"以亲情服务,造温馨家园"的服务宗旨,不断提升服务品质,为顾客提供细微的亲情化服务,并以此赢得顾客的最大满意。

星级:四星

地址:香港中路 122 号

订房热线:(0532)85899898－6268

北海宾馆

北海宾馆隶属于部队,于 1986 年开始营业,是青岛市最早的星级宾馆之一,坐落于风景旖旎、闻名遐迩的青岛市海滨旅游区和政治、经济、金融中心,地理位置优越,距火车站 6 千米,北上 25 千米即可到达青岛流亭机场。

星级:四星

地址:香港中路 7 号

订房热线:(0532)83867878

山东山孚大酒店

山东山孚大酒店坐落于青岛繁华的中央商务区,地理环境优越,文化氛围浓郁,酒店典雅舒适的特色客房,馥郁香醇的美味享受,流光溢彩的娱乐中心,精心为您打造完美的商务休憩空间,是您在青岛旅游、商务、娱乐、食宿的最佳选择。

星级:四星

地址:香港中路 96 号

订房热线:(0532)83993888

青岛府新大厦

青岛府新大厦是一座四星级涉外宾馆、金叶级绿色旅游饭店,系世界金钥匙酒店联盟成员单位。大厦坐落于青岛市东部政治、经济、文化中心,位置优越,交通便捷。

星级:四星

地址:闽江路 5 号

订房热线:(0532)85913688

青岛丽天大酒店

青岛丽天大酒店位于堪称青岛"酒店一条街"和"金融一条街"的香港中路,依山傍海,美轮美奂。同时拥有中西餐厅、宴会厅、各种会议厅、商务中心及娱乐中心等配套设施,可满足各阶层人士的不同需求。

星级:四星

地址:香港西路 87 号

订房热线:(0532)83999798

青岛金海大酒店

青岛金海大酒店紧邻青岛火车站,由青岛铁路经营集团有限公司投资建设,建成于 1994 年,2012 年12 月评为四星级饭店。饭店占地面积 866 平方米,建筑面积 14570 平方米,拥有各类客房 170 间、宴会厅 2 个、会议室 4 个,可满足不同客人的多种需求。

星级:四星

地址:泰安路 14 号

订房热线:(0532)88081111

"老字号"店铺、大型商场简介

春和楼饭店

青岛春和楼饭店始业于清光绪十七年(1891年),总部坐落于百年老街中山路 146 号,是青岛唯一被国内贸易部和商务部共同命名的中华老字号餐饮企业,也是山东省历史最久的鲁菜饭店。主要经营正宗鲁菜和海鲜特色菜。饭店一楼设有以经营中华名小吃春和楼蒸饺系列产品和面食制品为主的蒸饺餐馆;以经营中华名小吃春和楼香酥鸡及家常菜品为主的香酥鸡菜馆及特色馄饨餐馆;二楼设有春和厅、维新厅、恩师厅、将军厅等 16 个风格各异的雅座包间和8 个中式商务小包房,主要经营宴会酒席和商务套餐;公司兼营客房、商贸与文化传媒。

饭店技术力量雄厚,技艺高超,烹调精良,在国内外有较高的声誉。春和楼作为"岛城鲁菜第一楼",经常开展"正宗鲁菜美食节""文化餐饮品鉴会""岁末酬宾感恩惠客"等经营创新活动,在继承发扬鲁菜优秀菜品的基础上,大力开展研制创新菜品和精品面点,还采取"走出去、请进来"等多种形式与北京、上海、苏州、扬州、宁波、武汉等"百年老字号"联袂献艺,相互交流切磋经验,共同提高。并以青岛十大景观为主题,融食品雕刻艺术与烹调技艺为一体,烹制了"青岛十大风景菜",开中国风景菜之先河,受到国内外同行和中外宾客的高度赞扬。坚持每月推出创新菜,让到店顾客常吃常新,寓餐于乐。香酥鸡、油爆活海螺、葱烧海参、春和楼蒸饺系列、春和楼精品面食系列等被评为国家名菜名点,另有爆炒腰花、龙凤双腿等近 20个菜品分别被评为省级、市级名菜和青岛海鲜名菜,为繁荣青岛餐饮市场和旅游业发展作出了积极贡献。

2002 年 9 月企业改制为青岛春和楼饭店有限责任公司,全体"春和楼人"统一思想和目标,同心同德、齐心协力,擦亮百年老字号的金字招牌,企业有了长足的发展,经济效益和社会效益同步大幅度提高。荣获青岛市物价计量信得过单位、青岛市消费者满意单位、青岛市开拓市场先进单位、青岛市文明单位标兵、山东省先进企业、全国中华老字号传承创新先进企业等荣誉称号,2010 年被商务部(中华老字号保护和促进发展委员会)作为"审时度势,发挥自有优势,大胆创新产品"的典型,向全国老字号推广,成为全国老字号的样板。

公司辖有青岛中山路总店、省内 4 家连锁分店及市内三个春和楼蒸饺连锁店,一个配送中心和一处宾馆。现为中国鲁菜名店,中华餐饮名店,中国中华老字号百年品牌联盟成员(山东唯一,全国 50 家)。企业将充分发挥老字号商誉,在挖掘传承传统鲁菜的基础上,注重研发创新菜品,保护传统烹饪制作技艺,大力传播和弘扬鲁菜文化。加大对非遗产品"香酥鸡"宣传与推介,尽快实现基地加工、批量生产、商超与电超并举销售的产销链。同时,继续发展连锁分店,不断扩大经营规模,为发展好"春和楼"这一中国著名的民族餐饮品牌、争创国内一流餐饮企业而努力奋斗。

海信广场

青岛海信广场于 2008 年 6 月 21 日盛大开业。海信广场总建筑面积 6.28 万平方米,经营面积 4 万余平方米,总投资 13 亿元,采用"高级百货店＋SHOPPINGMALL"的最新组合业态,聚集了包括

LV、Hermès、Prada、Cartier、Gucci 等 300 多个世界著名品牌,囊括男女高级时装、化妆品、鞋包配饰等众多品类,独有品牌 200 余个,世界级品牌的比例达到了品牌总量的 80%,成为青岛市的亮丽城市名片。

海信广场聚集了包括 LV、Gucci、Cartier、Hermès、Prada 等 800 多个世界著名品牌,囊括男女高级时装、化妆品、鞋包配饰等众多品类,世界级品牌的比例达到了品牌总量的 80%。

负一层主要经营超市、珠宝、部分女装和餐饮,一层为国际精品和名表,二层为名表和女装,三层主要经营女装,四层经营高档家居用品、小家电、餐饮。

海信二期项目延续原有建筑主体的外墙风格,规划建筑面积 64327.54 平方米,地上五层及负一层规划为经营区域,地下四层层开辟停车场,从而整体经营面积达 12 万多平方米。海信广场秉承高端的定位,提升与完善现有的品牌与品类组合,优化"高级百货店＋MALL"的业态功能,为集商业、休闲、餐饮和其他公共服务为一体的高端商业购物中心。

麦凯乐(青岛)百货总店

麦凯乐青岛总店(青岛麦凯乐商贸有限公司)是大商麦凯乐连锁集团旗下的大型店铺。麦凯乐(青岛)百货总店有限公司成立于 2006 年 9 月,总店坐落于香港中路 69 号,以"年轻健康的舒适生活"为经营理念,定位于大型高档生活百货店。目前拥有员工 400 余人,建筑面积近 11 万平方米,营业面积 6.5 万平方米。地下一层为超市,地上八层,单层面积 1.2 万平方米。一至六层为百货、七层为餐饮、八层为影院和健身会所。其中五至七层有一半的面积建为空中停车场,停车面积 1.5 万平方米,车位 400 多个。今年 1～9 月份,共实现销售额 10.8 亿元,同比下降 4.4%。目前,麦凯乐青岛总店正与地铁公司洽谈地铁联通事宜,计划建设 1 个联通接口。

青岛华润万象城

青岛华润万象城地处香港中路和山东路的交界处。建筑面积达 45 万平方米,9 层垂直空间,规划停车位 3500 个,是目前全国规模最大、业态组合最丰富的购物中心之一。是华润置地倾力打造的全新升级版万象城,是青岛华润中心的重要组成部分。

青岛华润万象城实现由四大主力店升级至八大主力店的全面创新,囊括百盛百货、Ole'精品超市、冰纷万象滑冰场、CGV影院、Family Box 儿童教育成长中心、JOYPOLIS 室内主题乐园、四海一家大型自助餐厅,以及涵盖了图书、美学、植物、衣饰设计、咖啡与展览空间于一体的方所书店。

餐饮配置上,60 余家餐饮租户,汇集了东南西北各方美食,一半以上为首次进入,包括国际美食之都四海一家、充满浓郁法越风情的安南餐厅、精美泰菜 Mango Tree、最佳拉丁餐厅 Latina、德国餐厅 Brotzeit、欧式面包房 Baker & Spice、日本料理将太无二、汇聚亚洲美食的亚洲土地、以本帮菜式为主的上海小南国、著名正宗港式茶餐厅太兴餐厅,以及时尚餐饮代表外婆家、西贝莜面村、望湘园、旺池、炉鱼、千味涮、新石器等。

在零售配置上,有 70 余家国际一线品牌,近 500 个零售品牌入驻,APPLE、AAPE BY A BATHING APE®、Abercrombie & Fitch、ARMANI JEANS、A BATHING APE ®、CHARLES & KEITH、CHOCOOLATE、Chris by Christopher Bu、COS、ck Calvin Klein、DKNY、FCUK、GAP、H&M、i.t、Juicy Couture、Massimo Dutti、MUJI、NEWLOOK、SEPHORA、UGG、UNIQLO、UR、ZARA……30% 的品牌属首次进驻青岛,成为山东乃至华北地区的顶尖时尚聚集地。

在文化娱乐方面,首次引入方所艺术品书店、猫的天空之城概念书店、JOYPOLIS 室内主题乐园等,构筑青岛文化娱乐新地标。

在家庭儿童配置方面,青岛华润万象城携手英国卫生标准的 Family Box 儿童教育成长中心、奥运标准的冰纷万象滑冰场、风靡全球的 Toys "R"Us、The Little Gym、Nicholas & Bears 等 30 余家儿童品牌,打造岛城家庭儿童欢乐聚集地。

青岛华润万象城还创新性地关注健康主题、升级家居概念,增设东阿阿胶博物馆等项目,引入 HOLA、Harbor House 等家居品牌。

索　引

说　明

1.本索引主体采取主题分析索引方法,按主题词首字拼音字母顺序排列。

2.索引名称后的数字表示内容所在页码,数字后面的 a、b 表示该索引名称所处的页码中由左至右的栏别顺序。

A

爱国卫生	183b
安全生产监督管理	139b
安全隐患治理五落实	18b

B

八大关街道	229
八大关近代建筑	254a
八大关景区	252a
八大湖街道	236
八大峡街道	219
百花苑	252b
保密工作	66a
北海宾馆	262b

C

"菜篮子"工程	158a
财政	158a
财政收入	159a
财政支出	159a
残疾人事业	215

陈干故居	259b
城区管理	176
城区规划	176a
城区建设	174
城区建设与管理	174
城区综合管理	177a
春和楼饭店	263a
丛良弼故居	260a

D

大快严集中行动	18b
大事纪要	52
党史研究	79b
党校教育	78b
档案	211
地方税收	160b
地方志工作	95b
地理位置与面积	42
地貌	42
地质	42
电子政务	89b
调研工作	65a
丁惟汾故居	261b
丁西林故居	260b
督查工作	64b
对外及对港澳台贸易	153a
对外投资合作	155b

E

2017 年实现两个"翻一番"的测算说明	17a

F

发展与改革	134a
法院	127b
法治政府建设	118b
防震减灾	214
房产管理	189a
非物质文化遗产保护	201b
分享经济	17b
冯沅君、陆侃如故居	257b
服务外包	155b
付荣云	244a
附录	242

G

高健	242a
工业与现代服务业发展	137b
公安	120b
公共文化服务体系建设	199a
公共资源交易	99b
共青团市南区委	111b
管寿果	246a
国际理解教育	17b
国内贸易	157

H

海滨风景管理	184b
海岛	43
海军博物馆	253a
海湾	43
海信广场	263b
海洋 U+	17b
韩峰	244a
韩连德	243a
何思源故居	261a
河流	42
赫崇本故居	258a
红十字事业	217
洪深故居	257a
华岗故居	257b
华玉松	242a
环境保护	187b

黄公渚故居	260a
汇泉广场	252b

J

机构编制工作	73a
机关建设	74b
机关事务管理	96b
岬角	43
检察	123b
江苏路街道	226
蒋丙然故居	259b
蒋延灿	246a
交通管理	190a
礁石	43
教育	194
街道概况	219
节庆	173a
金门路街道	238
金融	162
经济	134
经济管理与监督	134

K

康有为故居	256a
康有为故居纪念馆	254a
科技	201
科技创新	202b
科技管理	202a
科普系列活动	203b
科协工作	204b
科学发展综合考核	66a
孔祥熙故居	261a

L

老干部工作	76b
老龄事业	210
老舍故居	256a
李钦坤	249a
历史沿革	41
利用外资	154a
梁实秋故居	256b
林济青故居	259b

"六送"养老服务 17a
刘存东 244b
刘芳松故居 260a
刘树国 249a
刘知侠故居 259a
鲁迅公园 252b
吕俊川 248b
吕美荪故居 260b
旅游 171a
栾调甫故居 259b
骆驼祥子博物馆 253b

M

马德里国际商标注册 18a
麦凯乐(青岛)百货总店 264a
毛汉礼故居 259a
孟超故居 260a
孟祥杰 245a
美丽海岸行动 17a
民政 206
民族工作 212a

P

劈柴院 254a
平台建设 149b

Q

气候 44
千帆计划 17a
青岛(市南)软件园 149a
青岛奥帆中心 253a
青岛德宝花园大酒店 262b
青岛德国建筑群 254b
青岛德国总督楼旧址 254a
青岛德国总督楼旧址博物馆 253b
青岛德式监狱旧址博物馆 253b
青岛鼎信通讯有限公司 151a
青岛泛海名人酒店 262a
青岛芳林信息技术有限公司 151b
青岛府新大厦 263a
青岛高校信息产业有限公司 151b
青岛广电无线传媒集团有限公司 152a

青岛国敦大酒店 262a
青岛国际动漫游戏产业园 149a
青岛海滨风景区 252a
青岛海底世界 253a
青岛海尔洲际酒店 262a
青岛海景花园大酒店 261b
青岛海诺投资发展有限公司 165a
青岛海情大酒店 262a
青岛华润万象城 264a
青岛黄海饭店 262b
青岛汇泉王朝大饭店 261b
青岛火车站周边区域管理 192a
青岛金海大酒店 263a
青岛丽晶大酒店 261b
青岛丽天大酒店 263a
青岛壳牌石油有限公司 156b
青岛市南投资有限公司 163b
青岛市市南区经济社会发展亮点 36
青岛市市南区人大常委会工作报告 18
青岛市市南区人民代表大会 80
青岛市市南区人民代表大会常委会 48
青岛市市南区人民政府 48,85
青岛市文物保护单位 255a
青岛特利尔环保股份有限公司 152a
青岛香格里拉大酒店 261b
青岛信号山 253b
青岛意才财富管理有限公司 156b
区监察局 107
区情综述 41
全面深化改革工作 65b

R

人防建设管理 186b
人口简况 42
人力资源和社会保障工作 93b
人民武装 132a
任宝光 243a
软件及动漫游戏产业发展 148

S

三岛组团 17b
三去一降一补 17b
三湾一带 17b

三中心一基地	17a	市南区中小学基本情况	198
山东金东数字科技有限公司	152b	市南区总工会	110a
山东山孚大酒店	262b	束星北故居	258a
山东省文物保护单位	254b	数字化城市管理	181b
山东十川节能科技股份有限公司	153a	司法行政	130b
山脉	42	私募基金阳光汇	17b
商业零售业	157a	四社联动	18b
社会生活与各项事业	194	宋春舫故居	257a
社会团体	51	宋建青	246b
沈从文故居	256b	苏刚	245b
审计监督	140b	双随机、一公开	18a
十大现代服务业	17b	孙晋华	246b
世界最美海湾	17a		
食品药品监管	145a	**T**	
市场监督管理	143b		
市场建设管理	147a	台静农故居	259a
"市南名片"	252	谈华	249b
《市南年鉴 2016》	96a	特色街区建设和管理	157b
《市南区志》	95b	特载	1
市南区 2016 年大事记	52	体育	213
市南区残疾人联合会	115a	"天网"工程	17a
市南区第十八届人民代表大会第一次会议	80a	童第周故居	258a
市南区第十七届人大常委会会议	81a	统计管理	142b
市南区第十七届人大常委会主任会议	81b	统战工作	72a
市南区第十七届人民政府常务会议	85a	土壤	43
市南区第十七届人民政府全体会议	85a		
市南区妇女联合会	114a	**W**	
市南区概要	41		
市南区工商业联合会	115a	外向型经济	153
市南区国民经济和社会发展概况	44	万字会旧址	254b
市南区国民经济和社会发展统计公报	250	王胜山	247a
市南区红十字会	116b	王统照故居	256a
市南区金融机构	166	王献唐故居	257b
市南区科学技术协会	116b	王宇平	248b
市南区人民法院	51	王正廷故居	261a
市南区人民检察院	51	卫生和计划生育	207
市南区人民武装部	51	文稿工作	65a
市南区人民政府 2016 年为民要办实事	60	文化	199
市南区委第十二届第十次全体会议	64a	文化产业	200a
市南区委第十二届第十二次全体会议	64b	文化活动	199a
市南区委第十二届第十一次全体(扩大)会议	64b	文秘工作	65b、88b
市南区文物保护单位	255b	文物保护	201a
市南区政协第十二届常委会议	100a	闻一多故居	256b
市南区政协第十二届主席(扩大)会议	100b	吴郁生故居	260a
市南区政协第十三届第一次会议	99a	五四广场	252a

物价管理　136a

X

香港中路街道　234
萧红、萧军、舒群故居　257a
小青岛　252b
小鱼山　252a
辛民志　247a
信访工作　77b
信息工作　65b
行政区划　42
行政审批服务　98a
熊希龄故居　261a
修先约　248a
宣传思想工作　69a

Y

盐土　43
杨斌　248a
杨克敏　244b
杨振声故居　258b
一个率先、四个走在前列　17b
"一窗通办"服务模式　18a
银海国际游艇俱乐部　253a
应急管理　91a
优势产业　149b
邮电博物馆　254a
岳洁　245b
云南路街道　222

Z

栈桥　252a
湛山街道　232
张惠臣　247b
张钦利　247b
张守润　245a

张伟　244b
张玺故居　258b
张永国　243b
张忠　243a
赵太侔故居　259a
政法及综合治理工作　116a
政府调研　87b
政府工作报告　9
政务　63
政务督查　88b
政务服务热线　90a
政务公开　89b
政务云大数据平台　17b
政协青岛市市南区委员会常委会工作报告　23
政治　63
植被　44
中共青岛市市南区第十三次代表大会报告　1
中共青岛市市南区纪律检查委员会　107
中共青岛市市南区纪委工作报告　28
中共青岛市市南区委2016年工作要点　32
中共青岛市市南区委员会　46、63
中共市南区纪委十二届七次全体(扩大)会议　107a
中国共产党青岛市市南区第十三次代表大会　63a
中国人民政治协商会议青岛市市南区委员会　50、99
中山路街道　224
重要会议　63a
周国栋　244a
周叔迦故居　260b
周志俊故居　261a
周钟岐故居　260b
朱树屏故居　258b
珠海路街道　240
自然环境　42
宗教工作　213a
综合行政执法　180a
棕壤　43
总部经济　156a
组织工作　66b

图书在版编目(CIP)数据

市南年鉴. 2017 / 青岛市市南区史志办公室,青岛
市市南区档案局编. —青岛:中国海洋大学出版社,
2017.12

　　ISBN 978-7-5670-1639-2

　　Ⅰ.①市… Ⅱ.①青…②青… Ⅲ.①区(城市)—
青岛—2017—年鉴 Ⅳ.①Z525.24

中国版本图书馆CIP数据核字(2017)第291500号

出版发行	中国海洋大学出版社
社　　址	青岛市香港东路23号　　邮政编码　266071
出 版 人	杨立敏
网　　址	http://www.ouc-press.com
电子信箱	coupljz@126.com
订购电话	0532—82032573(传真)
责任编辑	李建筑　　　　电　　话　0532—85902505
印　　制	恒美印务(广州)有限公司
版　　次	2017年12月第1版
印　　次	2017年12月第1次印刷
成品尺寸	210 mm×285 mm
印　　张	17.75
插　　页	76
字　　数	550千
印　　数	1~1000册
定　　价	298.00元

发现印装质量问题,请致电13250202871,由印刷厂负责调换。